Diseño Humano

El revolucionario sistema de autoconocimiento

Un mensaje de Ra Uru Hu
Para los lectores de este libro

Para los que quieren vivir su vida siendo ellos mismos:

El Diseño Humano ofrece un entendimiento mecánico de la naturaleza del ser. Con el entendimiento llega una revolución genuina, la reestructuración de la vida y el despertar de la conciencia. El Diseño Humano te ofrece una metodología hecha justo a la medida de tu diseño único, que te libera del condicionamiento del «no-ser». Esa metodología se llama «Estrategia y Autoridad» y es el catalizador de la transformación.

Lo más importante es reconocer que este conocimiento es para experimentar con él. Hay un «camino», pero solo puede ser tu camino. Deja que este libro te guíe y te informe. Y luego, si es correcto para ti, entra en el viaje más extraordinario de tu vida.

Ra Uru Hu, Ibiza
1 de marzo de 2011

DISEÑO HUMANO

EL REVOLUCIONARIO SISTEMA DE AUTOCONOCIMIENTO

LYNDA BUNNELL
DIRECTORA DE LA ESCUELA INTERNACIONAL DE DISEÑO HUMANO

RA URU HU
FUNDADOR DEL SISTEMA DE DISEÑO HUMANO

Primera edición: julio de 2014
Primera reimpresión: septiembre de 2016
Cuarta reimpresión: septiembre de 2023

Título original: *The Definitive Book of Human Design – The Science of Differentiation*

Traducción: Iñaki Moraza

© 2011, Lynda Bunnell
Publicado por acuerdo con HDC Publishing,
7040 Avenida Encinas, 104-380, Carlsbad, California 92011, EE. UU.

De la presente edición:
© Distribuciones Alfaomega, S. L., Gaia Ediciones, 2012, 2020
   Alquimia, 6 - 28933 Móstoles (Madrid) - España
   Tel.: 91 617 08 67
   www.grupogaia.es - E-mail: grupogaia@grupogaia.es

Depósito legal: M. 11.522-2016
I.S.B.N.: 978-84-8445-486-1

Impreso en Turquía

Cualquier forma de reproducción, distribución, comunicación pública
o transformación de esta obra solo puede ser realizada con la autorización
de sus titulares, salvo excepción prevista por la ley. Diríjase a CEDRO
(Centro Español de Derechos Reprográficos, www.cedro.org)
si necesita fotocopiar o escanear algún fragmento de esta obra.

DEDICATORIA

*Este libro está dedicado a Ra Uru Hu,
el fundador y mensajero del Sistema
de Diseño Humano,
a nuestros nietos
y a todas las generaciones futuras.*

Ra Uru Hu

Fundador del Diseño Humano, mensajero y profesor del Sistema de Diseño Humano

Ra Uru Hu, nacido Robert Allan Krakower, fue el cuarto hijo de una familia acomodada y culta de Montreal, Canadá. Las artes estuvieron siempre en su entorno y aprendió a expresarse a través de la música, como compositor y músico, una ocupación que continuó hasta su muerte. Se licenció en Letras en la Universidad Sir George Williams, pero su trayectoria profesional le llevó al mundo de los negocios como ejecutivo de publicidad, editor de revistas y productor de medios de comunicación.

Una mañana de 1983 simplemente dejó a su familia y su vida apresurada de empresario —la vida que conocía— y «desapareció». Varios meses más tarde se encontraba en la bella y mediterránea isla de Ibiza. En este «Edén», como le gustaba llamarla, es donde comenzó su vida «real» como Ra Uru Hu.

El anochecer del 3 de enero de 1987 se encontró con la «Voz». Fue una experiencia terrorífica. La Voz dijo: «¿Estás listo para trabajar?». Y trabajó durante ocho días y ocho noches, transcribiendo con gran detalle lo que ahora se conoce como el Sistema de Diseño Humano. Ra se refiere a ese encuentro como una llamada a despertar, una formación que le mostró lo ciegas e ignorantes que eran sus conjeturas sobre la naturaleza del ser, el cosmos y la manera en que funcionan las cosas.

Ra se consideraba a sí mismo el mensajero del Sistema de Diseño Humano, que ahora es su legado, y desde el encuentro dedicó su vida a difundir por todo el mundo la Ciencia de la Diferenciación. Vivió y trabajó en Ibiza, donde disfrutó enseñando, componiendo e interpretando música, ocupándose del jardín y pasando tiempo con su mujer, sus tres hijos y su nieto.

Como Ra dijo tantas veces: «No creas ni una palabra de lo que te digo; pruébalo tú mismo». Ahora hay miles de personas por todo el mundo que han usado el Sistema de Diseño Humano y han descubierto que revela con verdadera precisión las mecánicas de cómo funciona la vida.

Ra falleció en su casa el 12 de marzo de 2011 a las 5:40 de la mañana, a menos de un mes de cumplir sesenta y tres años.

Lynda Bunnell

Profesora de Diseño Humano y directora de *The International Human Design School*

Lynda Bunnell es la directora de *The International Human Design School*. Trabajó con Ra desde 1999 y fue una de las primeras personas que comenzó a enseñar y formar analistas y profesores de Diseño Humano en todo el mundo, incluyendo la primera clase de analistas bajo el nuevo programa educativo reestructurado por Ra en 2003. En 2005, ella y Ra estuvieron entre los primeros en enseñar Diseño Humano *on line*, creando un espacio virtual en el que estudiantes de todo el mundo podían reunirse y estudiar juntos. En 2006, a instancias de Ra, reintrodujo el programa de formación de Guía de Vivir Tu Diseño. Lynda ha sido la pionera de muchos métodos y modalidades de formación usados hoy en los programas de formación *on line*, y es la autora de la edición inglesa de los manuales de Vivir Tu Diseño para estudiantes y profesores.

Ra le pidió en 2006 que fuera la decana de *The International Human Design School*, y en junio de 2010 puso en sus manos toda la escuela, confiándole sus programas educativos y la tarea de mantener los estándares educativos globales del Sistema de Diseño Humano. Lynda es una ferviente pionera de la difusión del Diseño Humano en el mundo y se ocupa con plena dedicación a apoyar y expandir la comunidad de estudiantes y profesionales de todo el mundo, poniendo empeño en preservar el Sistema de Diseño Humano tal como fue enseñado por Ra.

«Durante los doce años que trabajé con Ra, tuve la profunda buena fortuna de ser de hecho su estudiante privada, ya que nos escribíamos casi a diario acerca de los detalles del conocimiento del Sistema de Diseño Humano y su visión para él. Me enseñó la importancia de mantener la autenticidad de los conocimientos que había recibido y me confió sus sueños, deseos y visión general del Sistema de Diseño Humano. Durante ese proceso, transformó mi vida y mi manera de ver el mundo que me rodea. Y me inculcó las herramientas que necesito para continuar llevando este conocimiento a todos los que puedan usarlo, y por ello estoy eternamente agradecida.»

La trayectoria de Lynda incluye más de treinta años de éxito como mujer de negocios, y la pasión por los estudios espirituales y metafísicos. Se crió y aún reside en el sur de California, y tiene dos hijos y cuatro nietos.

Organizaciones oficiales de Diseño Humano

La comunidad de Diseño Human es verdaderamente global. Ra Uru Hu era plenamente consciente de que el Sistema de Diseño Humano es un campo de conocimiento especial y único. Lo nutrió durante 25 años, revelando cuidadosamente sus detalles según iba sintiendo que la gente estaba preparada para recibirlos. Estableció una red de organizaciones con la intención de que continuaran su trabajo y llevaran el verdadero mensaje del Diseño Humano al mundo y al futuro. Las organizaciones oficialmente autorizadas que aparecen en la siguiente lista tienen el privilegio de mantener la pureza y la esencia de este gran conocimiento y el legado de Ra Uru Hu. Las organizaciones y los profesionales autorizados mostrarán el logo oficial:

En español: Human Design Hispania: www.humandesignhispania.com
Además de ofrecer extensa información y la lista de profesionales certificados para trabajar en español, te permite acceder gratuitamente a la Carta de tu Diseño, la versión básica del *software* y múltiples descargas. Su Tienda *on line* ofrece una gran variedad de productos.

Jovian Archive: www.jovianarchive.com
La página web personal de Ra Uru Hu, en la que encontrarás, en inglés, su biblioteca de libros digitales, material de autoestudio, *software*, vídeos y la Televisión de Diseño Humano.

International Human Design School: www.ihdschool.com
Estándares internacionales de la formación de Diseño Humano

Human Design Concepts: www.humandesignconcepts.com
Marketing, Diseño Gráfico, Tecnología y Gestión

Human Design América:
www.humandesignamerica.com
Human Design Australia:
www.humandesignaustralia.com
Human Design Canadá:
www.hdcanada.org
Human Design Grecia:
www.humandesignhellas.com
Human Design Italia:
www.humandesignitalia.it
Human Design Reino Unido:
www.humandesign.info

Human Design Austria:
www.humandesignsystem.info
Human Design Brasil:
www.desenhohumanobrasil.com.br
Human Design Francia:
www.designhumainfrance.com
Human Design Islandia:
www.humandesigniceland.com
Human Design Japón:
www.humanjp.com

El impacto del Sistema de Diseño Humano en todo el mundo...

«Me produce un gran placer poder decir por fin: "Aquí está". Este libro es para todos los que buscan una descripción global y fidedigna del Sistema de Diseño Humano y su fórmula. Este libro ofrece, paso a paso, la progresión de la tarea, desde los conocimientos fundamentales hasta los matices más sutiles de quiénes somos y cómo podemos encontrar nuestra vida siendo nosotros mismos. Que yo sepa, es la única obra publicada que ha contado con la colaboración activa del fundador y primer estudiante del sistema, Ra Uru Hu. No puedo recomendarla con más entusiasmo.»

J. R. Richmond, *Sedona, AZ, EE.UU.*
Presidente y secretario del registro del IHDS

«Debo a mi padre el descubrimiento del Sistema de Diseño Humano y el haber conocido a Ra, dos cosas que le agradeceré siempre. Tras conocer en 2001 a Ra y hacer varios cursos con él, me ofreció ser directora de Human Design Italia. Unos años después compré también los derechos para España y la lengua española, y ahora comparto la dirección de Human Design Hispania con Iñaki Moraza, sin el cual no habría sido posible ver crecer a esta empresa. Viviendo en Ibiza, he tenido la fortuna de trabajar y compartir mucho tiempo con Ra. Era una persona increíble, con una inteligencia tan aguda como su sentido del humor. Debido a ello y a su carismática presencia, su desaparición ha dejado un gran vacío en mi vida. Sin embargo, su regalo sigue vivo: el Sistema de Diseño Humano es la mejor herramienta para entender tus propias contradicciones y para comprender a los demás y encontrar nuevas formas de comunicación que implican reprimir tu propia naturaleza. ¡Es el sistema más completo y eficaz que he encontrado nunca y sus aplicaciones son ilimitadas!»

Viviana Lucarini, *Ibiza. Directora de HDI de 2003 a 2011,*
directora de Human Design Hispania, profesora
y analista internacional certificada de todos los niveles

«He estado usando el Sistema de Diseño Humano para mí misma y como recurso para mis estudiantes durante varios años. Como profesora y asesora de desarrollo interno personal, este sistema se ha convertido en una de mis herramientas más precisas y fiables. Cuando se comprende, puede ayudar a quien lo usa a comprender de manera personal dificultades que todos afrontamos diariamente. Conociendo tu diseño, puedes encontrar un nuevo alivio en tus experiencias. Aprendes a simplemente «ser» en la vida, en vez de seguir haciendo. Lynda ha tomado el Sistema de Diseño Humano, que es multidimensional, y ha encontrado una manera de simplificarlo en un libro significativamente fácil de usar. Este es EL sistema, desarrollado por Ra Uru Hu, que nos lleva a todos al futuro y nos apoya como individuos.»

Dra. Barbra Dillenger, *Del Mar, CA, EE.UU.*
Desarrollo Transpersonal, creadora de Metanoia Services

El impacto del Sistema de Diseño Humano en todo el mundo...

«Más que cualquier otra cosa, el Diseño Humano me enseñó que estamos aquí para ver; para ver lo que cada uno de nosotros está diseñado a ver. No estamos aquí para solo sobrevivir, competir, pelear o compararnos con otros; sino para ver y comunicarnos con los demás sin mentir. Ese es el único lugar en donde puede nacer el amor y la conciencia. Es respetando y honrando nuestra Estrategia, Autoridad Interna y Unicidad, como podemos escapar a la confusión y sufrimiento inútil. Entregar el timón de mando a nuestra forma o vehículo nos aterroriza, pero haciéndolo vemos que una enorme energía es finalmente liberada para el viaje de la conciencia. Mientras la mente domine nuestras vidas, no podremos ver nada, ni tampoco hacer nada.»

Carolina Lega, *Córdoba, Argentina.*
Analista y profesora de Diseño Humano

«El Diseño Humano aporta algo fundamental y básico a mi vida: ¡me facilita tener mi experiencia de mi vida! Parece idiota, pero ¿alguna vez te preguntaste cómo tener *tu* experiencia de *tu* vida? Para mí, viene cuando me veo y me descubro a través de mis experiencias y cuando puedo observar cuáles son los dictados de mi mente con los que me identifico y que me roban mi observación de mi vida. El Diseño Humano tiene la gracia de poder ofrecerme el mapa que apunta directamente hacia esta joya de la vida que tanto me asombra: ¡mi experiencia!»

Dirk Nellens, *País Vasco francés.*
Analista Internacional de Diseño Humano

«El SHD ha sido el instrumento que ha hecho posible que una vida de lo más corriente se convierta en una experiencia extraordinaria. Cada día soy más consciente de que mi modo de filtrar e interpretar la realidad es único. ¡Y qué tesoro puede haber más preciado que reconocer el valor de esta contribución a la existencia! Cada nuevo día es una aventura; poner a prueba mi estrategia como manifestadora ha hecho que la carga, esa rabia contenida, esa sensación de que el mundo me priva de libertad, se vaya diluyendo, dejando cada vez más espacio en mi corazón para disfrutar de una paz interior que solo desde la aceptación de lo que soy puedo regalarme.»

Rashna Manero, *Zaragoza, España.*
Analista y profesora de Diseño Humano

El impacto del Sistema de Diseño Humano en todo el mundo...

«Mi vida con el Sistema de Diseño Humano ha pasado a ser más mágica y me atrevo a decir que también más humana de lo que parece ser cuando uno no ve más que por las lentes homogéneas que se nos imponen en los primeros años de vida. Con las herramientas prácticas que el Diseño Humano provee desde el primer día, ese proceso de despertar de esa visión del mundo errónea para mí pasó a ser un juego con la vida. Cosas tan básicas como aprender a tomar mis decisiones correctamente y sin miedo ni arrepentimientos; amarme incondicionalmente mientras surge lo más oculto de mi inconsciente, así como alinearme emocionalmente entre las contradicciones del ser humano de hoy en día son regalos que el Diseño Humano trajo a mi vida y que aún continúo disfrutando después de más de diez años de plena implicación en el experimento de ser uno mismo.»

Javier Ares *«Happy»*, Menorca, España.
Analista y profesor de Diseño Humano

ÍNDICE

Prefacio 18
Agradecimientos 20
Introducción 23

UNO • LOS FUNDAMENTOS DE UNA NUEVA PERSPECTIVA REVOLUCIONARIA

El Diseño Humano desde el principio 36
Parte 1 • El Sistema de Diseño Humano 37
Parte 2 • El Mandala del Rave 44
Parte 3 • El Cuerpo Gráfico del Diseño Humano 51

DOS • LOS NUEVE CENTROS: EL FLUJO DE LA ENERGÍA

El Centro de la Garganta 76
El Centro de la Cabeza 81
El Centro de la Raíz 86
El Centro Ajna 91
El Centro del Bazo 96
El Centro del Plexo Solar 102
El Centro del Corazón 112
El Centro Sacral 117
El Centro G 124

TRES • LA AUTORIDAD: NUESTRA ÚNICA VERDAD AUTÉNTICA

Autoridad del Plexo Solar 135
Autoridad Sacral 135
Autoridad del Bazo 136
Autoridad Manifestada del Centro del Corazón (Ego) 137
Autoridad Proyectada del Centro del Corazón (Ego) 137
Autoridad Proyectada del Ser 138
Entorno (Proyectores Mentales) 138
Autoridad Lunar (Reflectores) 139

Cuatro • Los cuatro tipos y estrategias

Cómo vivir nuestro diseño 142
El Manifestador 145
El Generador 152
El Proyector 159
El Reflector 167

Cinco • Las cinco definiciones

Dinámicas de la energía 180
Ejemplo de definición 181
Definición Singular 183
Definición Partida Simple 184
Definición Partida Amplia 185
Definición Partida Triple 185
Definición Partida Cuádruple 186

Seis • Circuitos, canales y puertas

El tablero de circuitos de la energía vital 190
Índice de canales / puertas 191
Los Canales de Integración y sus puertas 192
El Grupo de Circuitos Individuales 202
    El Circuito del Saber • canales y puertas 204
    El Circuito de Centrarse • canales y puertas 224
El Grupo de Circuitos Colectivos 230
    El Circuito del Entendimiento (Lógico) • canales
        y puertas 232
    El Circuito de la Sensación (Abstracto) • canales
        y puertas 248
El Grupo de Circuitos Tribales 264
    El Circuito de Defensa • canales y puertas 266
    El Circuito del Ego • canales y puertas 272

Siete • Los 12 perfiles

La vestimenta de nuestro propósito 286
Los roles primarios en el trigrama inferior:
    líneas 1-3 288
Los roles primarios en el trigrama superior:
    líneas 4-6 290
Las tres geometrías 293

Perfil 1/3 296
Perfil 1/4 298
Perfil 2/4 300
Perfil 2/5 302
Perfil 3/5 304
Perfil 3/6 306
Perfil 4/6 308
Perfil 4/1 310
Perfil 5/1 312
Perfil 5/2 314
Perfil 6/2 316
Perfil 6/3 318

Ocho • El índice global de Cruces de Encarnación

Nuestro verdadero propósito 322
El Cuarto de la Iniciación 324
El Cuarto de la Civilización 325
El Cuarto de la Dualidad 326
El Cuarto de la Mutación 327

Nueve • Compendios de cartas de ejemplo

El Diseño Humano en la práctica 346
Compendio de Manifestador 348
Compendio de Generador 353
Compendio de Generador Manifestante 357
Compendio de Proyector 362
Compendio de Reflector 368

Diez • Descripción de las líneas del hexagrama

Una exploración más profunda 378
Las líneas de los hexagramas 1-64 380

Once • Otros recursos

Apéndice A • Pasos recomendados 446
Apéndice B • Áreas de estudio e interés
   en el Sistema de Diseño Humano 447

Apéndice C • Material recomendado 451
Apéndice D • Índice de canales, puertas
 y sus ideas clave 452
Apéndice E • El Diseño de las Formas 457
Apéndice F • Glosario de términos de Diseño
 Humano 459

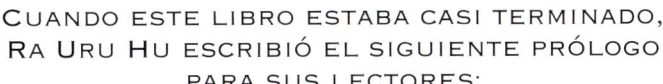

CUANDO ESTE LIBRO ESTABA CASI TERMINADO,
RA URU HU ESCRIBIÓ EL SIGUIENTE PRÓLOGO
PARA SUS LECTORES:

Con el aumento de la popularidad del Sistema de Diseño Humano, están surgiendo libros no autorizados. Hay algunos estudiantes míos a los que he animado y autorizado a escribir libros acerca de este conocimiento. Es un placer para mí poder ofrecer al público una obra de esta calidad y profundidad, escrita por una de las más destacadas educadoras de Diseño Humano. He observado el proceso de Lynda durante muchos años como estudiante, analista, profesora y, por último, directora de *The International Human Design School*. Ella ha contribuido enormemente, y continúa haciéndolo, al mantenimiento de la integridad de este conocimiento y su crecimiento en el mundo.

RA URU HU
IBIZA
8 DE FEBRERO DE 2011

Prefacio
Lynda Bunnell

Imagina por un momento lo diferente que podría haber sido tu vida para ti y para tus padres si hubieras tenido desde tu nacimiento una *Guía del usuario*. Imagina cómo habría sido si de niño te hubieran animado a conectar con esa parte que hay en lo hondo de ti y que siempre sabe lo que es o no es correcto para ti; un lugar interno en el que podías confiar en que diría «sí» o «no» a todo lo que te llegaba en esta vida. Imagina por un momento lo maravilloso que habría sido saber lo increíblemente único que naciste para ser, lo diferente a cualquier otra persona viva, y celebrar esa unicidad amándote a ti mismo sin compararte. E imagina lo maravilloso que sería hoy que tu familia y tus amigos celebraran tu unicidad. Esta es la posibilidad que el Sistema de Diseño Humano te ofrece a ti y a las generaciones futuras.

Aunque el Diseño Humano no existía cuando nacimos la mayoría de nosotros, puede afectar y transformar una vida a cualquier edad. Mi propia experiencia personal con este asombroso sistema comenzó cuando tenía cuarenta y pocos años. Como mujer de negocios de éxito consolidado en el sur de California en los años 90, pensaba que había conseguido todo lo que cualquiera necesitaría para ser feliz; sin embargo, sabía que no era feliz. Había una desconexión entre lo que pensaba mi mente y mi propia verdad interior. Ninguna de mis exploraciones con otros sistemas de autodescubrimiento había logrado hacer esa conexión o llenar el vacío que sentía dentro de mí.

Un nuevo capítulo de mi viaje comenzó en 1998 cundo estaba de vacaciones en el sur de España. Mi compañera de viaje, una buscadora espiritual como yo, había traído algunas *cassettes* que describían todo un nuevo sistema para la transformación personal. Las escuchamos mientras recorríamos las laderas en nuestro coche. No podía ni imaginar que el asombroso encuentro de ese hombre en una pequeña isla del Mediterráneo —a solo algunos kilómetros de donde estábamos entonces— transformaría por completo mi vida. Ese hombre se llamaba Ra Uru Hu y el sistema era el Diseño Humano.

Mi amiga tardó un poco en convencerme, pero en cuanto recibí una lectura de Diseño Humano me enganché. Descubrí que el Diseño Humano era lo que había estado buscando. Abandoné mi carrera sin mirar atrás y me dediqué a leer y a escuchar todo lo que pude encontrar sobre ese conocimiento. Participé en lecturas privadas y tomé extensas clases con Ra en Europa y América, durante días y semanas seguidas. Fue una experiencia increíble que reorientó mi vida, desmantelando paso a paso, decisión a decisión, mis conceptos equivocados, pero firmemente asentados, acerca de mí misma y de la vida.

Según me iba rindiendo a mi sabiduría interna, la vida me llevó en direcciones inesperadas a destinos satisfactorios en los que no habría podido soñar por mí misma. Hubo también momentos de transformaciones internas profundas y difíciles. El Diseño Humano no solo me ha mostrado por qué mis éxitos pasados en la vida habían hecho que me sintiera vacía, también me puso en un camino único que me ha llevado a este momento, realizada, desafiada y satisfecha con mi trabajo, parte del cual es escribir este libro. Esta ciencia tiene un valor inestimable para la humanidad. He visto crecer el Diseño Humano a lo largo de los años y aún me siento tan apasionada con él como cuando encontré por vez primera este asombroso cuerpo de conocimientos. Cuando aumentó su popularidad y empezaron a publicarse libros escritos por otros por todo el mundo, Ra me pidió que recopilara un libro definitivo y exhaustivo, en colaboración con él, que representara y registrara con precisión este conocimiento.

Cuando estábamos preparándonos para publicar este libro, Ra murió de repente en su casa, en Ibiza. Había sido mi profesor, mentor y amigo desde 1999 y siempre echaré de menos su impresionante presencia. Él vivió lo que enseñaba y usó las experiencias de su propia vida para validar el conocimiento. Yo no podía ni imaginar mientras trabajaba para publicar este libro que su significado para mí se expandiría hasta ser un tributo para honrar a este hombre y su contribución a la humanidad.

A lo largo de los años, el Diseño Humano me ha demostrado su validez y nunca me ha defraudado. Es increíblemente preciso y profundamente transformador. Hay ahora miles de personas que han encontrado su propia verdad entrando en el camino del despertar con el Diseño Humano.

Una vez que tú, también, comiences a captar tu unicidad y a comprender que no estabas destinado a ser como nadie más, experimentarás la estimulante libertad de vivir siendo la persona que naciste para ser. Nunca es demasiado tarde para empezar a vivir la expresión más completa de ti mismo.

Bienvenido al viaje.

Lynda Bunnell
Directora, International Human Design School
Carlsbad, California, 2011

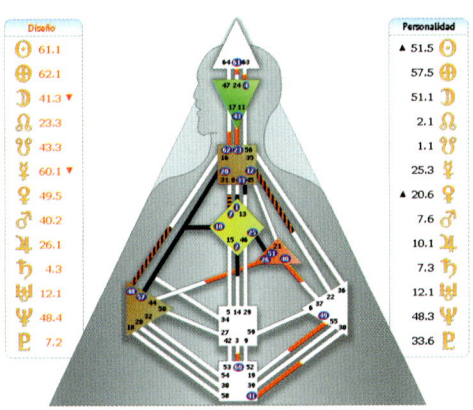

Ra Uru Hu
Manifestador 5/1

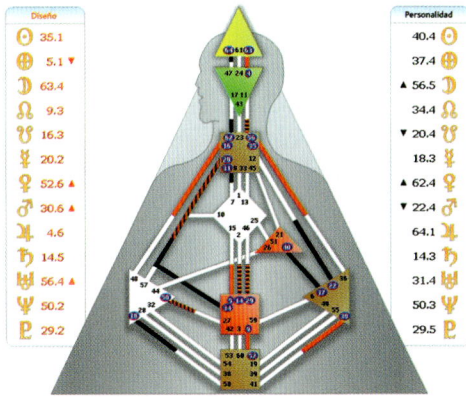

Lynda Bunnell
Generadora
manifestante 4/1

Agradecimientos

En primer lugar, tengo que dar las gracias a Ra Uru Hu. Pasamos mucho tiempo colaborando en varios proyectos a lo largo de los años y agradezco a mi buena estrella que los hados y mi propia trayectoria me pusieran en alineamiento con este hombre inusual, brillante y tan fuera de lo común. Trajo una mutación real, perdurable y significativa a mi vida y la de decenas de miles de personas. Predigo que su legado continuará hasta un futuro muy distante y afectará a muchas generaciones. Compartíamos el amor por el Diseño Humano y me siento satisfecha de haberle expresado mi gratitud una y otra vez a lo largo de los años. Fue un hombre bueno, nunca quiso que le siguieran como a un gurú y sus estudiantes sabían lo mucho que amaba a su familia y su vida. Es realmente un evento poco frecuente que una persona venga al mundo para ser el clarión que planta la simiente de un cuerpo de conocimientos como este. «No hace daño ser agradecido», me dijo durante una de mis conversaciones con él…, y estoy agradecida. También me siento profundamente agradecida a la familia de Ra, su mujer Ambuja, su hija Sarah, su yerno Mau, sus hijos Loki y Jiva y su nieto Kian, por proveerle de una familia amorosa y el sistema de apoyo que le permitió dedicarse a este trabajo. El Diseño Humano no podría haber sucedido sin ellos.

Este libro ha sido un trabajo realizado con amor y crearlo ha requerido un esfuerzo monumental. Tengo que rendir especial tributo a Donna Garlinghouse como editora colaboradora y asesora en este proyecto. Donna ha trabajado conmigo paso a paso en los últimos años, cuando este libro iba tomando forma. Ella tiene una «mente-izquierda» y yo tengo una «mente-derecha», lo que propició una excelente colaboración. Donna es una fuerza de la naturaleza y un regalo para todos nosotros. Me ayudó a ver las cosas con claridad en algunos momentos difíciles. Es una mujer asombrosa y somos afortunados de que forme parte de nuestra comunidad.

Ofrezco un agradecimiento sincero a Bethi Black. Sus contribuciones como asesora, editora y en lo referente al diseño gráfico fueron inestimables. Aunque habíamos trabajado juntas en otros proyectos, nunca imaginé que cuando la llamé el verano pasado (2010) para pedirle que me ayudara con la escuela acabaríamos trabajando juntas en *este* proyecto. Al mirar hacia atrás, veo ahora que estuvo perfecta y divinamente orquestado. Bethi se mudó literalmente a mi casa para que pudiéramos comer, respirar, dormir y trabajar para crear este libro durante la recta final. En muchos niveles, habría sido imposible pasar este pasado año sin ella.

Y gracias a Becky Markley, editora colaboradora de la edición inglesa de los manuales de Vivir Tu Diseño, por tu ojo avizor para los detalles, tus valiosos comentarios y tu ayuda con la edición; a Cathy Kinnaird y Carol Zimmerman, por vuestra inspiración, amor y apoyo; a Genoa Bliven, por tu genuina humanidad y por comprender la importancia de preservar y honrar el trabajo y el legado de Ra, y a Mary Ann Winiger y Randy Richmond, tesoros de nuestra comunidad, por proveer una guía objetiva para todos nosotros.

Sarah Krakower y Maurizio Cattaneo, con *Human Design Concepts*, proporcionaron una brillante portada para el libro y excelentes gráficos. Ra solía decir: «El Diseño Humano es un medio visual, un mapa de carreteras visual para comprender nuestra verdadera naturaleza», y Mau muestra esto claramente y lo adopta en su corazón, como vemos en las hermosas ilustraciones de este libro. Sarah y Mau forman un gran equipo, y es obligado destacar que su amor y su energía formen parte de este libro.

Hay muchas personas en la comunidad que han contribuido de más maneras de las que puedo nombrar como amigos y asociados. Esto incluye a toda la Facultad de la *International Human Design School:* Bethi Black, Glenda Anderson, Deborah Bergman, Genoa Bliven, Alokanand Díaz, Carol Freedman, Martin Grassinger, Cathy Kinnaird, Josette Lamotte, Becky Marley, Dra. Andrea Reikl-Wolf, J. R. Richmond, Peter Schober, Ilse Sendler, Dharmen y Leela Swann-Herbert y Carol Zimmerman. También quiero agradecer a los directores de las Organizaciones Nacionales de Diseño Humano: Glenda Anderson, Richard Beaumont, Genoa Bliven, Nicholas Caposiena, Maurizio Cattaneo, Viviana Farran, Unnur Inga Jensen, Sarah Krakower, Josette Lamotte, Spyraggelos Marketos, Iñaki Moraza, Meris Oliveira, Virginia Page, Ilse Sendler y Koji Ueda. Todos nosotros tenemos algo en común: queremos lo mejor para la perseverancia y el crecimiento del Sistema de Diseño Humano.

Gracias a mi hermana Kathy Kinley, a mi hija Alisa Hawkins y a mi yerno Matt Hawkins, por su amor, apoyo y aliento…, y por su paciencia cuando mi vida se consumía con este proyecto según me aproximaba a la línea de llegada; y a mis nietos, Sara, Sabrina, Kingston y Landon. Pasar juntos nuestros ratos mágicos nutrió mi alma y constituyó un muy necesario alivio para mí. Y gracias a Jerry e Ida Bunnell por traerme a este mundo; a John y Shirley Barry por acogerme bajo vuestras alas amorosas hace muchos años; a Michael y Barbra MaKay por vuestro aliento e inspiración; a Martha Morrow, una querida amiga amorosa y comprensiva, y a mi amiga Proyectora Judy Thompson, por persistir y preguntarme tres veces si quería una lectura de Diseño Humano. Un agradecimiento especial a mi amiga de toda la vida y confidente diaria Dona King. Ella ha estado siempre junto a mí a lo largo de todo este proyecto, preguntándome todos los días: «¿Vas a trabajar en el libro hoy?». ¡Me pregunto qué me preguntará ahora que está hecho!

Aunque hay demasiadas personas a las que nombrar, este libro tiene su mayor deuda con los estudiantes, analistas y profesores del Sistema de Diseño Humano: ellos son los verdaderos héroes y pioneros. Cuando vivimos nuestra vida conforme a nuestra verdadera naturaleza, cambiamos el mundo para bien, persona a persona. El Diseño Humano no podría haber progresado hasta donde está hoy sin todos vosotros haciendo vuestro gran trabajo en la comunidad del Diseño Humano. Sé que todos me habéis conmovido de alguna manera. Estamos sobre los hombros de quienes nos han precedido y elevamos y apoyamos a quienes se unen a nosotros en este movimiento increíble del Sistema de Diseño Humano en su salida al mundo. Ra nos pasó el relevo el día que se fue de esta Tierra, y ahora depende de nosotros continuar lo que él comenzó.

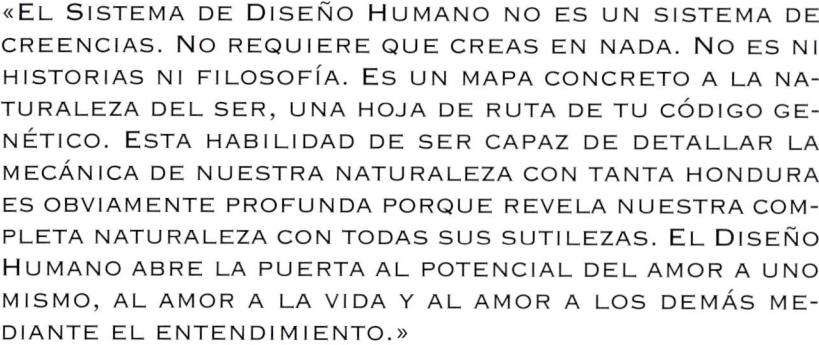

«El Sistema de Diseño Humano no es un sistema de creencias. No requiere que creas en nada. No es ni historias ni filosofía. Es un mapa concreto a la naturaleza del ser, una hoja de ruta de tu código genético. Esta habilidad de ser capaz de detallar la mecánica de nuestra naturaleza con tanta hondura es obviamente profunda porque revela nuestra completa naturaleza con todas sus sutilezas. El Diseño Humano abre la puerta al potencial del amor a uno mismo, al amor a la vida y al amor a los demás mediante el entendimiento.»

RA URU HU

Introducción
El Sistema de Diseño Humano

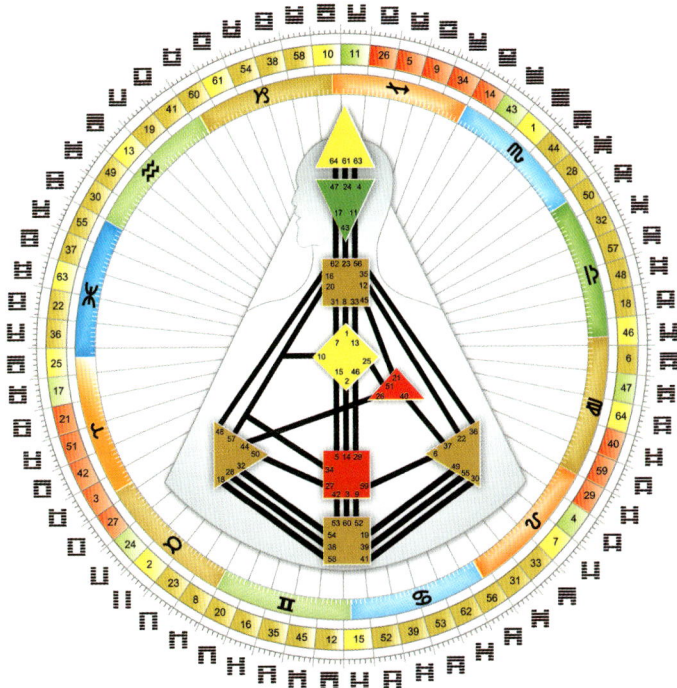

El Mandala del Rave™
Marca registrada de Jovian Archive Corporation
y el Sistema de Diseño Humano

Al venir al encuentro de este cuerpo de conocimientos te estás embarcando en una aventura; un viaje de descubrimiento hacia la encarnación completa de lo que significa «ser **tú**».

INTRODUCCIÓN

Transforma tu vida con el experimento de vivir siendo tú mismo y afirmar tu unicidad

El Sistema de Diseño Humano es la Ciencia de la Diferenciación. Nos muestra a cada uno de nosotros que tenemos un diseño único y un propósito específico que desempeñar mientras estamos en la Tierra. Dentro de nuestra matriz genérica existe un sinfín de posibilidades para la unicidad individual. Hay millones de variaciones de seres humanos y, sin embargo, cada uno de nosotros tiene una configuración de Diseño Humano específica y única con una Estrategia clara que nos alinea sin esfuerzo a nuestra unicidad. El Diseño Humano no te pide que creas nada. Te invita a participar en un experimento vital potencialmente transformador y te ofrece las herramientas prácticas y la información necesaria para vivir la vida siendo tú mismo. Sin este experimento vital individualizado —y que individualiza—, el Diseño Humano es tan solo un complejo sistema de información fascinante para entretener a la mente.

Al observar miles de cartas, hay una cosa que resalta: no hay dos que sean exactamente iguales. Incluso si alguien tiene una carta muy similar a la tuya, no será «tú». ¿Pero cómo determinamos nuestro diseño único?

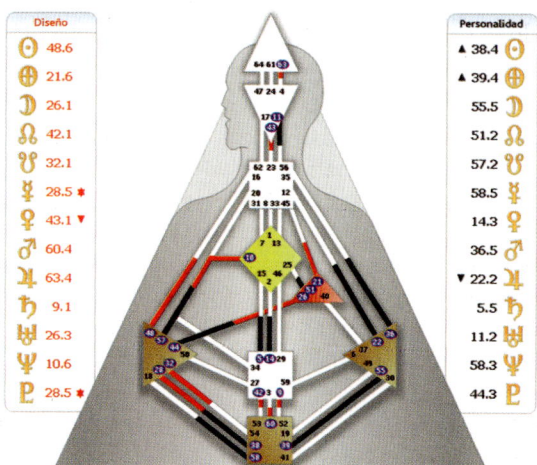

Una Carta o Cuerpo Gráfico de Diseño Humano es un mapa preciso y una guía del usuario que te da acceso a cómo estás diseñado genéticamente para involucrarte con el mundo y cómo funciona nuestro sistema único de guía interna. Nunca antes hemos sido capaces de ver con tanta claridad todas las partes de nosotros mismos. Nuestras partes conscientes e inconscientes, los aspectos nuestros que nadie puede arrebatar, así como los aspectos que han sido enseñados o condicionados para que creamos que es lo que somos, pero que no somos.

Como Ra Uru Hu ha dicho a menudo: «En lo que puedes confiar, nunca has confiado en tu vida. De lo que no puedes fiarte, has estado tratando de fiarte toda tu vida. De lo que has tratado de fiarte nunca ha sido tú. Lo que has estado ignorando siempre ha sido tú. Trata de confiar en lo que es realmente tú y ve lo que sucede». Cada uno de nosotros está creado para ser diferente a todos los demás. Ahora podemos ver y conectar con esas diferencias. Estamos aquí para vivir nuestra vida y expresar nuestra verdad de nuestra manera única. Comprender esto puede quitarnos un gran peso de encima. ¿Con cuánta frecuencia nos hemos comparado con otros? ¿Con cuánta frecuencia, cuando éramos niños, nos comparó con alguien uno de nuestros padres, o algún profesor o compañero?

Compararnos con otros crea en lo hondo de nosotros la impresión de que no está bien ser quien somos. Cuando añadimos esto al condicionamiento de nuestros primeros años, nos encontramos tratando de cambiar o de adaptar nuestra manera de actuar para agradar a otros, lo que nos distancia aún más de la persona que nacimos para ser. Cuando comenzamos a comprender y aceptar nuestra propia unicidad, algo dentro de nosotros se abre y se relaja. Poco a poco, las capas y capas de condicionamiento se desprenden y comienza a aflorar la persona que realmente somos, nuestra esencia interior.

El primer paso es obtener tu carta de Diseño Humano

Al seguir leyendo este libro, querrás tener delante los diseños de tu familia y tus amigos. Puedes obtener gratuita e instantáneamente Cartas de Diseño Humano en español en:

www.humandesignhispania.com

Si prefieres tenerlas en algún otro idioma, en la página 8 de este libro se ofrece la lista de las Organizaciones oficiales de Diseño Humano autorizadas. También puedes descargar la versión gratuita del programa de *software* oficial y autorizado para confeccionar tú mismo Cartas de Diseño Humano en:

www.jovianarchive.com

Una vez instalado el programa original en inglés, puedes descargar también el módulo que te permite disponer del programa en español.

Lo que revela tu carta de Diseño Humano

- Tu carta te muestra tu diseño genético específico: afirmando quién eres realmente, cómo ser tú mismo y cómo navegar con éxito por un mundo en continuo movimiento.
- Te ofrece las herramientas que necesitas para vivir una vida consciente y despierta: una Estrategia sencilla en la que puedes confiar para conectar certeramente con

tu Autoridad personal para tomar, momento a momento, decisiones correctas para ti, para que tu propósito de vida único pueda ir desplegándose con naturalidad.
- Tu Estrategia te ayudará a eliminar resistencia (frustración, rabia, desilusión, amargura) y miedo, para vivir de manera relajada, única, creativa y evolutiva/revolucionaria.
- Tu diseño esboza la dinámica de tus relaciones para ayudarte a comprender cómo se manifiestan las atracciones, resonancias y conflictos entre tú y los demás.
- Te proporciona guía sobre cómo aliarte con personas que realzan tu vitalidad, apoyan tu propósito de vida y comparten tu camino verdadero.
- Comprender las cartas de otras personas esclarece la naturaleza verdaderamente única e individual de tus allegados, como tu familia y tus amigos, y cuál es la mejor manera de respetarlos e interactuar con ellos.
- Sobre todo, una carta de Diseño Humano nos muestra cómo crear el mejor entorno para los niños, para que puedan potenciarse para ser ellos mismos, únicos, y aprendan y se desarrollen como seres humanos individuados.

Quién eres • Los cuatro tipos del Diseño Humano

Tu carta te ofrece las herramientas de tu tipo, tu Estrategia y tu Autoridad (inteligencia centrada en el cuerpo) para mostrarte la manera en que estás diseñado para navegar por la vida e interactuar con el mundo. Si bien hay millones de variaciones de diseños, existen solo cuatro tipos de seres humanos. Cada uno de nosotros es uno de esos cuatro tipos, y tu tipo sigue siendo el mismo a lo largo de toda tu vida. Lo que sigue es una explicación muy breve de los cuatro tipos. (Hablaremos en profundidad de los tipos en la Sección Cuatro.)

Generadores: los constructores, representan alrededor del 70 por 100 de la población. Su Estrategia es involucrarse con la vida esperando a que les lleguen las cosas para poder responder. Cuando inician en vez de esperar a responder, por lo general acaban sintiéndose frustrados. Los Generadores son la fuerza vital del planeta y están diseñados para conocerse a sí mismos observando a qué responden. Respondiendo, experimentan la satisfacción en su trabajo y en su vida. Su trabajo es su regalo al mundo.

Proyectores: los guías, son aproximadamente el 20 por 100 de la población. Su Estrategia para involucrarse con la vida es esperar a que sus cualidades específicas sean reconocidas y les inviten a hacer o a participar en algo. Es a través de la invitación que experimentan el reconocimiento y el éxito en la vida. Si inician en vez de esperar, se encuentran con resistencia y rechazo, y pueden acabar sintiéndose amargados. El regalo del Proyector al mundo es comprender a los demás y ser su guía.

Manifestadores: los iniciadores, constituyen alrededor del 9 por 100 de la población. Su Estrategia es informar a los demás de sus decisiones antes de pasar a la acción, para así eliminar las resistencias. Cuando los Manifestadores no pueden manifestar en paz, sienten rabia. Los Manifestadores están diseñados para tener un poderoso impacto y ser mecanismos de iniciación para los demás tipos. Iniciar es su regalo al mundo.

Reflectores: los discernidores, representan aproximadamente el 1 por 100 de la población. Su Estrategia es esperar un ciclo completo de la Luna antes de tomar decisiones importantes. Los Reflectores se deleitan con las sorpresas de la vida. Cuando inician y no usan su Estrategia, acaban desilusionados con la vida. Los Reflectores están diseñados para ser los jueces de la humanidad, para reflejar las injusticias que la humanidad se inflige a sí misma. Su don es su habilidad de discernir claramente el «esto y aquello» del mundo.

El experimento de vivir tu Estrategia y Autoridad

El cuerpo y alma del Sistema de Diseño Humano radica en el despertar potencial que está disponible para ti a través de vivir realmente tu diseño único. La Estrategia y la Autoridad, que se explicarán detalladamente más adelante en este libro, son las puertas para vivir siendo tú mismo, afirmando lo que eres realmente y comprendiendo y soltando lo que no eres.

En el pasado hemos ido por la vida dejando que nuestra mente fuera la que tomara las decisiones finales. Nuestra mente no está equipada para seguir haciendo esto. La verdadera genialidad de la mente radica en acumular información y experiencias, comparar unas cosas con otras y tener percepciones y reflexiones únicas que puedan ser compartidas con los demás. Sin embargo, solo puede hacer esto cuando no está tomando nuestras decisiones. Como mejor está la mente ahora es siendo un pasajero: estando aquí para mirar la película y ver las escenas de la vida como un observador involucrado.

Lo que de verdad nos lleva por la vida en nuestro camino único es la inteligencia o consciencia superior de nuestro cuerpo, la forma que habitamos. El Sistema de Diseño Humano es la revelación de cómo funciona nuestra forma y cómo se puede convertir en la fuerza orientadora de nuestra Autoridad personal. Cada uno de nosotros está diseñado con una manera única de tomar decisiones con su consciencia corporal, y cada decisión es crucial según cada uno va moviéndose por la vida en una trayectoria particular. Una decisión errónea puede dirigir nuestra vida hacia un curso que puede tener serias consecuencias. Tomar las decisiones mentalmente raras veces es más que una conjetura con un 50 por 100 de posibilidades de acertar, y la mente no es un sistema de guía personal fiable. Para sobrevivir en este planeta, cada uno necesita saber cómo acceder a su propia Autoridad. Las decisiones que surgen de lo hondo de nosotros nos devuelven a, o nos mantienen en, el camino correcto para nuestra vida, potenciándonos para vivir la vida auténticamente desde nuestra verdad personal.

Las herramientas del Sistema de Diseño Humano para despertar son diferentes a todas las demás. Cuando te familiarizas con tu diseño único y aprendes a usar eficazmente tu Estrategia y Autoridad, puedes comenzar a experimentar inmediatamente con ellas y descubrir por ti mismo cómo transforman tu vida. Al vivir como estabas diseñado para vivir, siendo tú mismo, tu mente empieza a desempeñar un papel muy diferente y más apropiado como observador y recurso objetivo, liberándote para experimentar qué es ser un pasajero despierto y consciente. Tu mente participa en tu proceso de autodescubrimiento, pero no interfiere en tus decisiones diarias. El Diseño Humano te proporciona las herramientas y te señala el camino, pero depende de ti usarlas.

> «Si vives conforme a tu estrategia y autoridad, no hay nada que hacer: la acción sucede y "tú" no interfieres.»
>
> Ra Uru Hu

El ser auténtico

A lo largo de este libro compararemos el ser auténtico (o ser verdadero) con el no-ser. Cuando hablamos del ser auténtico o ser verdadero, nos referimos a nuestra naturaleza comportamental pura y natural, diseñada para aflorar en el mundo sin resistencia. Otro término que usamos para referirnos a esto es nuestro propósito, nuestra razón para estar aquí: ser la persona que nacimos para ser. El no-ser es una programación condicionada que enmascara nuestro ser auténtico. Al ir tomando conciencia de nuestro no-ser mediante nuestra Estrategia y Autoridad, poco a poco tomamos conciencia de que nuestro ser auténtico está siempre presente, pero oculto detrás del no-ser. El odio a uno mismo también tiene su fuente en el no-ser; simplemente odiamos que no podemos cumplir las capas y capas de expectativas con las que nos hemos cargado. Cuando conozcamos y aceptemos —y vivamos— desde un espacio cómodo de autenticidad, llegaremos a amarnos de manera natural.

Según vayas adentrándote en tu experimento personal de conocerte a ti mismo, observarás todas las variaciones posibles del condicionamiento de tu no-ser y la resistencia que crea. Cuanto más claramente veas eso, más claramente verás tu ser verdadero. Conocerte a ti mismo es el camino a amarte a ti mismo. El Sistema de Diseño Humano te muestra cómo hacerlo.

El Diseño Humano tiene su foco en la salud, la estabilidad y la dirección de nuestra vida que hay en nuestro cuerpo. Una vez que la forma (el cuerpo) está funcionando óptimamente, la luz de nuestra psique (la Personalidad) o alma brilla en todo lo que pensamos, decimos y hacemos con claridad potenciadora y suave soltura. Esto es la autenticidad, vivir como estábamos diseñados para vivir.

El proceso de descondicionamiento

El descondicionamiento, como lo llamamos en el Sistema de Diseño Humano, es un proceso de ir soltando lo que no somos. Es un proceso lento porque es un proceso profundo. Cuando reclamamos nuestra Autoridad, cambiando nuestra manera de tomar decisiones y de ir por la vida, en realidad cambiamos la manera en que funcionan las células de nuestro cuerpo. La vida se mueve en ciclos de siete años, ya que se tarda aproximadamente siete años en renovar todas las células de nuestro cuerpo. En cuanto empezamos a alinearnos con nuestra propia naturaleza, en cuanto permitimos que nuestro cuerpo viva su vida sin resistencia, comenzamos este profundo proceso de descondicionamiento. Siete años después somos mucho más la persona que nacimos para ser. No es fácil comenzar cuando eres un adulto, pero como hemos oído una y otra vez: NUNCA es demasiado tarde para empezar.

Ya en la antigua China, algunos pensadores y filósofos propugnaron la idea de no-hacer como una manera de hacer. Hay una placentera soltura cuando vives tu vida entregado a tu sistema de guía interior. Vivir despierto y consciente de ti mismo, vivir auténticamente y en armonía con tu diseño, es mucho más interesante que vivir dormido y perdido en las expectativas del condicionamiento del mundo homogeneizado. Aprender a tomar decisiones desde lo hondo de ti, para que tú y los demás os podáis beneficiar por completo de que tú seas tú en vez de una copia de alguna otra persona, merece la pena el esfuerzo, el tiempo y la paciencia que se requieren para llegar ahí. Conocerte a ti mismo ES amarte a ti mismo. Hablaremos del descondicionamiento durante todo el libro.

Señales de resistencia

Una vez que comenzamos a vivir nuestra vida auténticamente mediante nuestro tipo, Estrategia y Autoridad, podemos empezar a prestar atención a si estamos experimentando soltura o resistencia a lo largo del camino. Cuando hemos actuado guiados por decisiones tomadas por nuestra mente pensante, en vez de nuestra Estrategia y Autoridad, sentimos resistencia. Tomar decisiones continuamente con nuestra mente significa que estamos viviendo una vida que no es nuestra; y el estrés acumulado a raíz de esos actos pone en peligro nuestro bienestar físico, mental y emocional. Los temas del no-ser, es decir, la rabia (Manifestador), la frustración (Generador), la amargura (Proyector) y la desilusión (Reflector), son señales de resistencia que nos alertan de que nos hemos salido del rumbo no siguiendo nuestra Estrategia e ignorando nuestra Autoridad. En otras palabras, ¡a lo que nos resistimos es a nuestros actos y decisiones desde el no-ser, no a nuestro ser auténtico! Si nos lo tomamos como algo personal, experimentamos la resistencia como un rechazo o un refrenamiento de nuestro ser verdadero por parte de los demás. Por otra parte, cuando tomamos conciencia de lo que nos está diciendo la resistencia a través de estas señales, nos ofrece la oportunidad de dar un paso atrás y reconsiderar nuestro enfoque/actos/palabras. Cuando nos ponemos enfermos o nos sentimos mal o propensos a los accidentes, sabemos que la resistencia externa continuada se ha manifestado en nuestro interior. Cuando vivimos nuestra autenticidad, nuestro propósito en la vida queda libre para cumplir su misión esencial y llevarnos a la plena capacidad de satisfacción, éxito, paz y sorpresa de nuestro ser verdadero. (Exploraremos este tema más a fondo en la Sección Cuatro.)

Lo primordial: despertar

El Diseño Humano es un nuevo tipo de despertar. Es un proceso de llegar a la conciencia que alinea nuestra mente y nuestro cuerpo con sus roles apropiados. Requiere convertir a la mente en un aliado mediante la comprensión de la mecánica de nuestro diseño y, simultáneamente, vivir nuestra vida conforme a nuestra Estrategia y Autoridad. Una vez que comprendemos la naturaleza del ser verdadero y del no-ser, y tomamos decisiones desde nuestra autoridad personal, podemos soltar nuestro apego a la mente y su control sobre nuestra vida, y liberar sus increíbles dones para ser útiles a los demás. Al hacerlo, nos volvemos pasajeros conscientes y despiertos, y nuestra mente se convierte en un observador objetivo de nuestra vida. El camino singular al despertar de cada individuo comienza con una conciencia creciente de la inteligencia intensificada de nuestro sofisticado cuerpo, y una profunda confianza en que esta inteligencia es nuestra brújula en la vida. No podemos, no nos atrevemos a soltar el anclaje de nuestra mente hasta que sabemos que podemos confiar implícitamente en nosotros mismos. Confiando plenamente en nuestra propia habilidad para movernos por la vida, nos aceptamos cada vez más a nosotros mismos y somos cada vez más capaces de amarnos genuinamente a nosotros mismos… y a los demás. Este es, en Diseño Humano, el propósito de la transformación personal: ver más allá de la ilusión y movernos por la vida despiertos y conscientes.

Cómo usar este libro

Aunque el Sistema de Diseño Humano es un cuerpo de conocimientos profundo y complejo, es accesible para todos. Este libro está diseñado para guiarte por este conocimiento paso a paso, cada capa fundamentando la siguiente. Cada una de estas secciones se presenta en un orden específico, introduciendo y explicando términos que necesitarás según vayamos avanzando. Inicialmente, te resultará útil proceder de sección en sección en el orden en que aparecen. Una vez que te hayas familiarizado con los diversos niveles de información y cómo están interrelacionados, puedes usar este libro como una guía de referencia.

1. Los fundamentos de una nueva perspectiva revolucionaria, el Diseño Humano desde el principio

Visión general e introducción a los conceptos básicos y los orígenes del Sistema de Diseño Humano. Esto pondrá los cimientos para tu experimento personal hacia tus propios fundamentos.

2. Los nueve centros, el flujo de la energía

Comprender los centros es información fundamental en Diseño Humano. Para liberar el potencial de tu tipo, tu Estrategia, tu Autoridad y, en última instancia, de ti mismo, debes comprender cómo operan los centros.

INTRODUCCIÓN: EL SISTEMA DE DISEÑO HUMANO 31

3. La Autoridad, nuestra única verdad auténtica

Las decisiones son la clave para movernos por la vida y vivir nuestra verdad y nuestro propósito. Usar tu Autoridad personal para tomar tus decisiones es potenciarte a ti mismo. Comprender cómo tomar decisiones siendo tú mismo te mantiene alineado con tu camino vital correcto.

4. Los cuatro tipos y estrategias, vivir nuestro diseño

Una exploración de los matices de los cuatro tipos y la Estrategia de cada tipo en detalle. Comprender cómo movernos por la vida nos permite relajarnos y rendirnos a nuestro propósito de vida único.

5. Las cinco definiciones, dinámicas de la energía

Comprender las vías por las que fluye nuestra energía revela cómo procesamos la información y cuál es la mejor manera para nosotros de interactuar con los demás.

6. Circuitos, canales y puertas, el tablero de circuitos de la energía vital

Somos una mezcla de energías vitales TRIBALES, COLECTIVAS E INDIVIDUALES, maneras en las que estamos diseñados para encontrarnos con el mundo y compartir, potenciarnos y mutarnos los unos a los otros.

7. Los 12 perfiles, la vestimenta de nuestro propósito

Los Perfiles nos ayudan a comprender nuestros roles, las maneras en que expresamos nuestro personaje único en el escenario de la vida. Cuando vivimos conforme a nuestro rol, encontramos nuestro propósito de vida.

8. El Índice global de Cruces de Encarnación, nuestro verdadero propósito

Una introducción a nuestro propósito de vida único, alcanzado y expresado como resultado de vivir auténticamente.

9. Compendios de cartas de ejemplo, el Diseño Humano en la práctica

Los compendios de cartas de ejemplo de cada uno de los tipos te proporcionarán una muestra superficial del uso de las ideas clave, así como la síntesis que tiene lugar cuando un analista trabaja con tu carta. La base de una lectura profunda, realizada por un analista formado profesionalmente, es el tramado de tu información genética con herramientas prácticas para vivir tu vida auténtica.

10. Descripción de las líneas del hexagrama, una exploración más profunda

Un recurso para una exploración más avanzada del Sistema de Diseño Humano. La descripción de las líneas del hexagrama proporciona una visión más profunda de las características de tu carta al nivel de las líneas, así como una excelente meditación sobre lo que significa ser tú.

11. Otros recursos, glosario, ideas clave y más...

Aunque este libro está lleno de información profunda y práctica, no puede reemplazar a una lectura personalizada a cargo de un Analista de Diseño Humano plenamente formado y certificado. Encontrarás la lista de todos los Analistas Certificados que ofrecen sus servicios en español en **www.humandesignhispania.com**, y a nivel internacional en **www.ihdschool.com**. Si buscas un profesional en una lengua o país determinado, en la página 8 encontrarás la lista de las Organizaciones oficiales de Diseño Humano autorizadas.

Leer este libro es una excelente preparación para una Lectura Individual personalizada y te proporciona una sólida plataforma para la experimentación con tu propio diseño y tus estudios futuros. Existen otras áreas para explorar el Sistema de Diseño Humano que se enumeran también en la página 8. Si estás interesado en aprender más, por favor visita www.humandesignhispania.com. Si dominas el inglés puedes visitar también www.jovianarchive.com y www.ihdschool.com. Como verás, tenemos una red mundial de Organizaciones oficiales y excelentes analistas y profesores dispuestos a apoyarte y guiarte en la exploración de este conocimiento.

«La mayoría de la gente quiere una solución inmediata o respuestas rápidas para sus problemas. Este es un conocimiento profundo y requiere conciencia, experimentación, autorreflexión y tiempo. El Sistema de Diseño Humano te proporciona las claves, pero depende de ti usar las herramientas que provee. Este es un manual del usuario para tu vida, pero tú tienes que dar el salto, girar la llave y descubrir por ti mismo. La magia está en la experiencia.»

Lynda Bunnell

¿Te gustaría emprender este viaje?
Por favor, considérate invitado...

«El Sistema de Diseño Humano no es un sistema de creencias. No requiere que creas en nada. No es ni historias ni filosofía. Es un mapa concreto a la naturaleza del ser, una hoja de ruta de tu código genético. Esta habilidad de ser capaz de detallar la mecánica de nuestra naturaleza con tanta hondura es obviamente profunda porque revela nuestra completa naturaleza con todas sus sutilezas. El Diseño Humano abre la puerta al potencial del amor a uno mismo, al amor a la vida y al amor a los demás mediante la comprensión.»

Ra Uru Hu

Sección Uno

Los fundamentos de una nueva perspectiva revolucionaria

El Diseño Humano desde el principio

Sección Uno

Los fundamentos de una nueva perspectiva revolucionaria

El Diseño Humano desde el principio

Dos incidentes ocurrieron en los primeros meses de 1987, cuando Ra Uru Hu vivía en Ibiza. El primero fue su encuentro con la Voz. En *Encounter*, una grabación de vídeo que recoge sus reflexiones acerca de ese evento, Ra habla abiertamente de la estremecedora experiencia que comenzó al finalizar el día 3 de enero de 1987. Durante siete noches y días consecutivos una Voz, como él la llamó, penetró en él; le reveló información científica referente a los orígenes y el funcionamiento del universo y le dio la fórmula del Sistema de Diseño Humano. Salió de esta experiencia mística con un nuevo nombre, una perspectiva de la vida diferente y un entendimiento más profundo de la mecánica del universo. Al encuentro le siguieron varios años de formulación y experimentación con la información. Desde 1987 hasta 2011, Ra dedicó su vida a dar a conocer al mundo, de maneras prácticas, este potenciador cuerpo de conocimientos.

El segundo incidente fue un extraordinario evento cósmico que se pudo observar a simple vista desde la cima de una montaña en Chile. Fue una supernova: la muerte de una estrella y una enorme explosión de increíble intensidad. Con su último aliento, esa estrella bombardeó nuestro planeta con información subatómica y durante 14 minutos todo el mundo en la Tierra recibió tres veces más neutrinos de lo normal. El impacto o impronta de ese evento en la consciencia humana continúa desplegándose dentro y alrededor de nosotros hasta el día de hoy.

El Sistema de Diseño Humano, la Ciencia de la Diferenciación, es un nuevo sistema de autoconocimiento que difiere fundamentalmente de cualquier otra cosa que existe en el mundo porque es el único diseñado para ocuparse directamente de la transformación de los seres humanos de 9 centros. Según la Voz, el año 1781 marcó un importante cambio evolutivo que impactó para siempre la dirección, el impulso y la capacidad innata para la autoconciencia de la humanidad. Fue el cambio del ser humano de 7 centros, orientado a la mente y a los demás, a nuestras formas transicionales de 9 centros, más sofisticadas y orientadas a su interior. Todos nosotros que vivimos hoy habitamos formas de 9 centros.

El Sistema de Diseño Humano sintetiza aspectos de dos tipos de ciencia: los antiguos sistemas observacionales de la astrología, el I Ching chino, los chakras hindu-bramines y el Árbol de la Vida de la tradición zohar/cabalística; y las disciplinas contemporáneas de la mecánica cuántica, la astronomía, la genética y la bioquímica. Como sistema lógico, empírico y práctico, el Diseño Humano no te pide que creas en nada. Solamente te ofrece la oportunidad de explorar y experimentar con las mecánicas de tu naturaleza y tu consciencia en evolución, para descubrir por ti mismo exactamente lo que funciona para ti.

SECCIÓN UNO: LOS FUNDAMENTOS DE UNA NUEVA PERSPECTIVA REVOLUCIONARIA

Parte 1
El Sistema de Diseño Humano

Sintetiza la ciencia antigua y moderna

Los astrofísicos han establecido que nuestro universo comenzó hace 13.700 millones de años, siguiendo a un evento astronómico que denominan el Big Bang. Lo más extraordinario a considerar sobre este evento es que antes del Big Bang todo lo que tenía masa existía en una sola partícula que era más pequeña que un átomo. Algo prendió esta mota y la «explosión» resultante causó que el universo comenzara a expandirse. Según se expandía, y continúa expandiéndose a un ritmo cada vez mayor, todo lo que existía se separó en dos grupos creando una dualidad básica: quarks y leptones, o una familia yin y una familia yang.

Como muestra la ilustración, la familia yin es fundamentalmente material (tiene masa) y se compone de 6 quarks. Los quarks son los bloques constructivos de materia más pequeños que se conocen y generalmente se encuentran en combinaciones. Los científicos les han dado los nombres «arriba, abajo, extraño, encanto, belleza y verdad». Dos de estos 6 quarks, concretamente arriba y abajo, se reúnen en dos grupos (arriba, arriba, abajo; y abajo, abajo, arriba) y forman lo que se denomina el protón y el neutrón del átomo. Los protones portan una carga eléctrica positiva, mientras que los neutrones son partículas elementales eléctricamente neutras. Al otro lado de la dualidad está la familia yang, que se considera que es energía pura o luz. A esta familia se le denomina leptones (*leptos* es una palabra griega que significa diminuto o pequeño). Hay también 6 leptones:

tres tipos diferentes de electrones y tres tipos diferentes de neutrinos. Los electrones son partículas cargadas negativamente. Cuando se juntan un electrón, un protón y un neutrón forman el átomo.

Los científicos dicen que si sumamos todo lo que sabemos que es atómico, es decir, que tiene masa —las estrellas, todas las galaxias y supercúmulos, y todo lo demás, incluidos nosotros—, descubriremos que su suma representa menos que una décima parte de todo el universo. El resto, o el espacio entre todo, se compone de cosas como la materia oscura y la energía oscura. Eso nos lleva al enigmático neutrino.

El neutrino • La primera predicción cumplida

Durante su experiencia, Ra aprendió que los neutrinos eran capaces de dejar una impronta, lo que significaba que los neutrinos eran partículas con masa. Esto aún no había sido demostrado por la ciencia. Al principio, los científicos pensaban que estas partículas subatómicas (los neutrinos) que fluyen por el espacio eran pura energía como el protón, pero como viajan 1 o 2 por 100 más despacio que la velocidad de la luz, no podían ser pura energía. Esta primera predicción se demostró científicamente once años después. Para 1998, los científicos habían demostrado que las mayores de estas inusuales partículas apenas detectables llevan una cantidad infinitesimal de masa: alrededor de una millonésima del peso de un protón. Tener masa permite a los neutrinos llevar información, a la vez que son lo suficientemente pequeños para atravesar sin resistencia cualquier barrera atómica.

Estos diminutos mensajeros cósmicos son llamados el aliento de las estrellas, la energía exhalada de la fusión estelar, y existen más de ellos que de cualquier otra cosa en el universo. Tres billones de neutrinos, y la información material que llevan, pasan por cada pulgada cuadrada (2,54 centímetros cuadrados) de nuestro planeta —y por nosotros— por segundo. Nuestro Sol, que es la estrella más próxima a la Tierra, produce alrededor del 70 por 100 de todos los neutrinos que viajan por nuestro sistema solar. El 30 por 100 restante es emitido por otras estrellas en nuestra galaxia, la Vía Láctea, y un pequeño porcentaje procede del planeta Júpiter.

Los neutrinos podrían ser considerados el equivalente moderno de lo que algunos pueblos antiguos llamaron *chi* o *prana*. Estas extraordinarias partículas penetran continuamente en nosotros con pedacitos de información, lo que significa que vivimos y nos movemos en un enorme campo de información, continuo e ineludible.

Los Cristales de Consciencia

La increíblemente detallada información científica recibida de la Voz acerca de la naturaleza del cosmos puso al Big Bang, reconocido por los físicos como el principio aceptado de la expansión del universo conocido, en un contexto más amplio. La Voz describió el Big Bang como meramente la concepción de nuestro universo, no su nacimiento. Eso significa que nuestro universo entero es una única entidad viva, un feto que todavía no ha nacido, que sigue expandiéndose y avanzando hacia el momento de su nacimiento.

Al principio, dijo la Voz, había un óvulo yin, un huevo cósmico que contenía toda la materia (atómica) del universo. La estructura de este óvulo se puede describir como cristalina. Aunque no es un cristal per se, el término nos ayuda a visualizarlo. Había también una simiente yang que contenía otra estructura similar al cristal. Cuando el óvulo yin y la simiente yang confluyeron en el Big Bang, se hicieron añicos y un número infinito de aspectos cristalinos se diseminaron por el universo en expansión, llevando cada aspecto una «consciencia» de su orientación yin/yang original. Todo lo que podemos imaginar y todas las formas de vida en este planeta —incluso los objetos inanimados— están dotados de estos Cristales de Consciencia. En la Parte 2 de esta sección explicaremos cómo los Cristales se incorporan al cuerpo.

En un ser humano, el Cristal de Consciencia de la Personalidad, un aspecto de la simiente yang original, está asentado sobre la cabeza (justo encima del cuero cabelludo), en el Centro de la Cabeza, en la parte superior del Cuerpo Gráfico. Este Cristal de Personalidad manifiesta aquello con lo que te identificas como tu Ser, o «quién crees ser», y se denomina el Pasajero o la consciencia de pasajero.

El Cristal de Consciencia del Diseño, un aspecto del óvulo yin original, está asentado en el Centro Ajna (entre las cejas) y manifiesta la biogenética de tu cuerpo, la fisicalidad de la forma. Nos referimos a él como el vehículo o la consciencia de la forma. La relación entre estos dos cristales se asemeja a un pasajero en el asiento de atrás (la Personalidad) que va en un vehículo (el Diseño) conducido por un tercer elemento: el chófer.

El Monopolo Magnético • La segunda predicción cumplida

El chófer del vehículo, el Monopolo Magnético, es el tercer componente clave descrito por la Voz. El 4 de septiembre de 2009, la segunda predicción de la Voz fue corroborada cuando la comunidad científica anunció que había observado la existencia de monopolos magnéticos. Sucintamente, los monopolos son partículas que portan una sola atracción magnética, un polo norte o sur. Habían eludido ser detectados desde que comenzó su búsqueda poco después de 1920.

Según la Voz, nuestro Monopolo Magnético está situado en el área del esternón conocida como el Centro G, y tiene dos funciones. En primer lugar, nos mantiene (y a todo) en la «ilusión» de ser entes separados. Como monopolo, o imán que solo atrae, mantiene al Cristal de Personalidad y al Cristal de Diseño unidos en una relación, de igual manera que el matrimonio mantiene juntas a dos personas en una unión mística. La segunda función del Monopolo Magnético es conectarnos con nuestro movimiento en el tiempo a través del espacio, guiándonos por nuestro camino o nuestra geometría en la vida: lo que llamamos nuestro destino. Esta conexión se puede comparar a la manera en que el brazo de un tranvía lo conecta con la línea de corriente eléctrica. Todas las formas de vida están dotadas de un Monopolo Magnético.

Los tres componentes del sistema de navegación

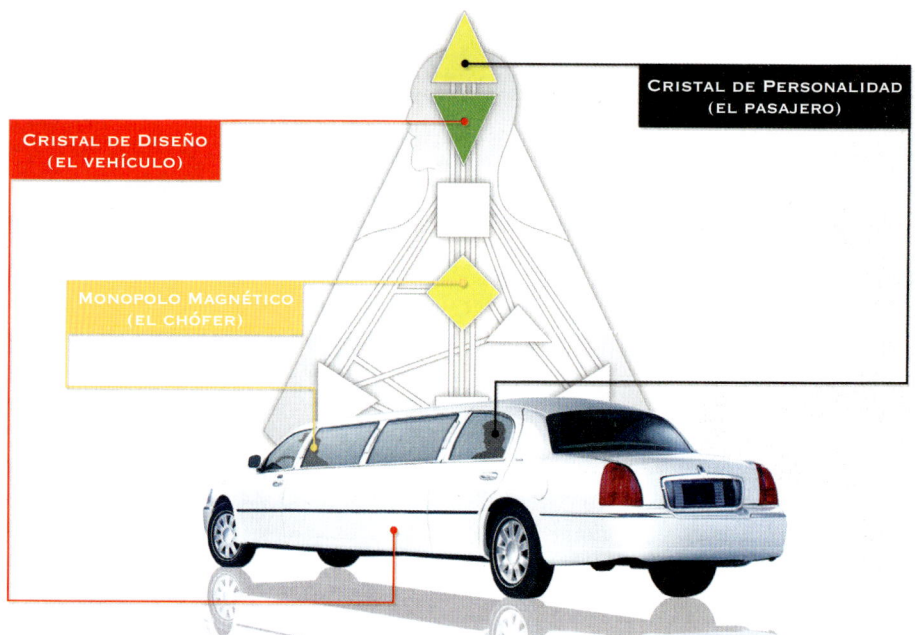

Volviendo a la analogía del vehículo, el pasajero y el conductor, imagina una limusina con un chófer al volante que sabe conducir perfectamente el vehículo y sabe exactamente adónde ir y cómo llegar allí. El vehículo representa el Cristal de Diseño y el conductor es el Monopolo Magnético. El Cristal de Personalidad, o quien pensamos que somos, no es ni el vehículo ni el conductor. El Cristal de Personalidad no tiene ni idea de adónde ir ni de cómo llegar allí; es simplemente el pasajero. A un pasajero le toca estar tranquilo y relajado y mirar pasar el paisaje, en vez de luchar con el conductor por el control del volante. Las herramientas del Sistema de Diseño Humano para tu vida hacen que el pasajero se sienta cómodo en el asiento de atrás del vehículo y pueda relajarse y disfrutar el viaje.

La transición de seres de 7 centros a seres de 9 centros

Con el descubrimiento del planeta Urano por Herschel en 1781 entramos en la «Era Uraniana», en la que seres humanos con formas muy evolucionadas de 9 centros comenzaron a reemplazar al Homo Sapiens de 7 centros, orientado a la mente. Para finales del siglo XIX, el proceso estaba completo, de modo que todos los que vivimos ahora somos seres de 9 centros, u «Homo Sapiens en Tránsito», un término acuñado por Ra Uru Hu para distinguir a los seres de 9 centros (una especie de interregno) del Homo Sapiens y de las nuevas formas, considerablemente más evolucionadas, que llegarán en 2027.

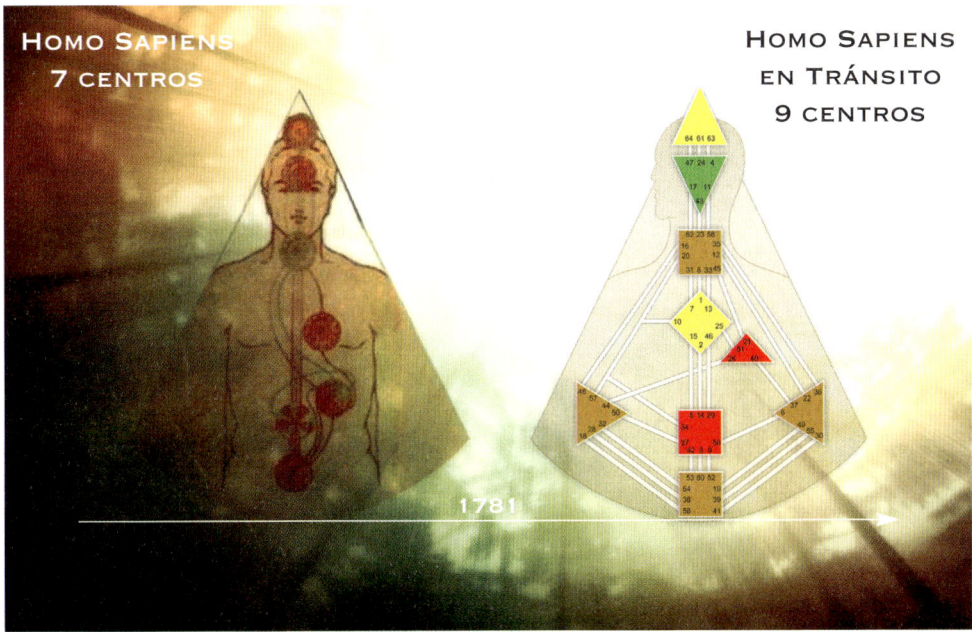

Este momento tan históricamente significativo en nuestra evolución marcó el movimiento de alejamiento de nuestra necesidad de enfocarnos en nuestra supervivencia con la conciencia mental o inteligencia mental de la mente estratégica. Nuestras nuevas formas de 9 centros, liberadas de tener que centrarse en esos miedos básicos de la supervivencia, se están armonizando de nuevo con el flujo del orden natural. Cambios genéticos sutiles, pero marcados, están teniendo lugar en nuestra fisiología, con el apoyo de complejos avances neurológicos en el Centro del Plexo Solar, en preparación para su surgimiento como el centro de la consciencia del espíritu en 2027. (Hablaremos a fondo del Centro del Plexo Solar en la Sección Dos.)

Para los propósitos de este libro, comprender el prolongado viaje evolutivo del Homo Sapiens, comparado con nuestra presencia de apenas 230 años en este planeta como Homo Sapiens en Tránsito, nos ofrece una perspectiva del penetrante impacto que tiene en nosotros vivir en estos tiempos de transición como una especie de interregno. Afecta a nuestra manera de tomar decisiones, de relacionarnos los unos con los otros, de liberarnos de los métodos de control del pasado y de alcanzar nuestro potencial pleno como seres conscientes y despiertos. En pocas palabras, los antropólogos especulan que los homínidos Neanderthal de 5 centros, que dependían de la inteligencia instintiva del bazo y sus agudos sentidos para la supervivencia, eran animistas y estaban profundamente conectados e influenciados por las fuerzas o «dioses» de la naturaleza. Vivían en pequeños grupos familiares en armonía con los ciclos solares/lunares del orden natural, y parece que fueron pacíficos y no-agresivos.

Cuando tuvo lugar la mutación Cro-Magnon a lo largo miles de años, el escenario quedó listo para la evolución del hombre moderno, para los Homo Sapiens de 7 centros, nuestros precursores. Su desarrollo se vio enormemente realizado hace 85.000 años, cuando la laringe comenzó a mutar, incrementando el espacio en el cráneo para avances neurológicos en el neocórtex y el córtex visual que delinearon la característica frente elevada y la visión binocular comunes a nuestra especie. La conciencia existencial, instintiva (o instantánea), del Bazo no tardó en ser eclipsada por la conciencia mental o inteligencia, a la que se dio expresión mediante la voz.

Esta metamorfosis continuó distinguiendo a los humanos del resto del reino mamífero. La capacidad de hacer y sintetizar una variedad de sonidos repetibles dio lugar al lenguaje. La comunicación condujo a la cooperación y la habilidad única de compartir inteligencia, lo que a su vez condujo a la especialización y a la organización en pueblos y feudos. Todos estos rasgos evolutivos afianzaron nuevos niveles de maestría personal y de grupo, como parte de la exitosa existencia del Homo Sapiens.

Con el hombre de Cro-Magnon, el énfasis pasó de la supervivencia de la forma y la vida armonizada con el flujo natural al foco y la reverencia de los poderes de la mente estratégica que dominaba al flujo natural. Así es como el Homo Sapiens llegó a la cumbre de la cadena alimentaria. El pensamiento estratégico astuto e inventivo reemplazó los miedos por la supervivencia con estrategias formuladas para controlar el entorno y, con el tiempo, a las personas que hay en él. Como especie, los Homo Sapiens estaban condicionados para considerar como autoridad a fuerzas más allá de sí mismos, como los dioses, los sacerdotes y reyes, para que les guiaran, rescataran y apoyaran, además de para justificar sus conquistas, a menudo agresivas.

Para 1781, la asombrosa mente estratégica había logrado llevar a la forma de 7 centros a su cenit de potencial humano. Entonces aparecieron los Homo Sapiens en Tránsito de 9 centros. Los Homo Sapiens de 7 centros tenían una menor esperanza de vida, marcada por el ciclo de Saturno. Nuestras nuevas formas o cuerpos de 9 centros tienen una esperanza de vida de 84 años, marcada por el ciclo de Urano. Necesitamos vivir más tiempo para procesar e integrar cantidades crecientes de información y desarrollar tecnologías que serán necesarias en el futuro. Movidos por el imperativo genético de la reproducción, los seres de 7 centros encontraron la comunión mediante la sexualidad. El ser de 9 centros está aquí para encontrar la comunión mediante la conciencia. Las maneras de comunicarnos y la forma que tomarán en el futuro nuestras relaciones forman parte intrínseca de la transición a vivir completamente como seres de 9 centros.

Para 1987, cuando el planeta entero fue inundado del potencial para la conciencia elevada, ya estaban sentadas las bases y se había elevado la tensión entre la consciencia de nuestro cuerpo y el dominio de nuestra mente. El momento era propicio para el Sistema de Diseño Humano y su manera práctica y efectiva de abordar este dilema. Lo primordial es que ahora nuestras nuevas formas tan evolucionadas, nuestros vehículos de 9 centros, están diseñados para guiarnos por la vida decisión a decisión. Ya no necesitamos que nuestra mente nos lleve a una autoridad externa para que nos dé dirección. Esto es un duro golpe para la mente estratégica, con su empeño en retener el control que tenía en nuestro proceso de tomar decisiones. Mediante el tipo, la Estrategia y la Autoridad, el Sistema de Diseño Humano dirime la progresión evolutiva de la autoridad mental externa del ser de 7 centros a la revolucionaria autoridad personal, conectada mediante el aura, de la forma de 9 centros.

Parte 2
El Mandala del Rave

Una síntesis de cuatro antiguos sistemas esotéricos con la ciencia moderna

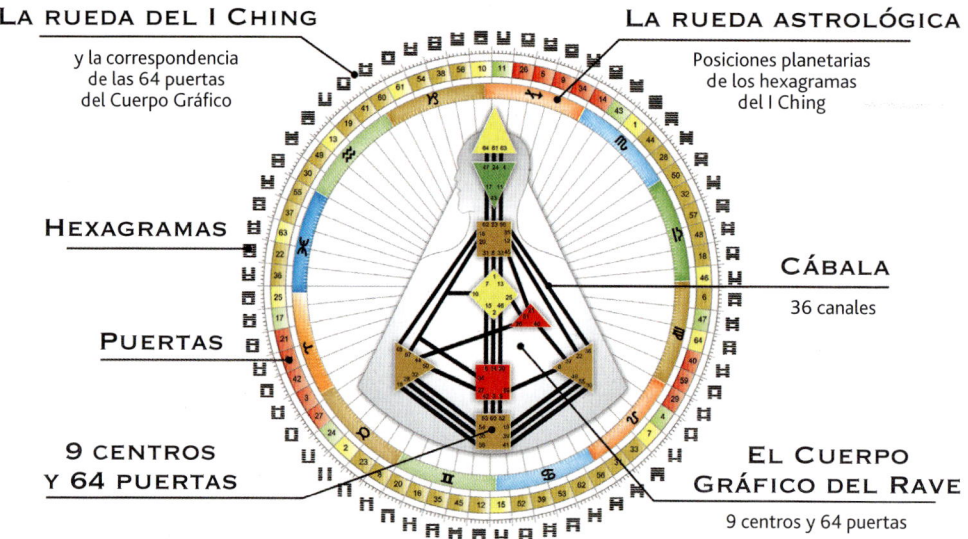

Este bello Mandala es una asombrosa síntesis que se compone de cuatro antiguos sistemas esotéricos o ciencias tempranas: cuatro maneras de comprender el ritmo y flujo de la vida, el cosmos y el lugar esencial de la humanidad en él. La astrología occidental y el I Ching chino aparecen como los anillos del Mandala, mientras que el sistema hindu-brahmín de los chakras y el Árbol de la Vida del Zohar/Cábala forman la base del Cuerpo Gráfico centrado dentro del Mandala.

Esta matriz del ser humano, constituida por 64 puertas, es el rasgo más importante del Sistema de Diseño Humano. Hablaremos más adelante de cada uno de estos cuatro sistemas y los componentes que aportan, además del papel que los neutrinos y los Monopolos Magnéticos desempeñan para dotarlos de vida, y mostraremos su lugar en el Mandala y cómo funcionan relacionándose entre sí. Juntos, forman la base de un nuevo sistema, multifacético y profundamente complejo, que proporciona un medio integral para comprender el misterio de la vida y la mecánica del universo: el Sistema de Diseño Humano. La sinergia de esta totalidad la hace mucho mayor que la suma de sus múltiples partes.

«El Diseño Humano es un espejo de nuestra era de globalización y síntesis. Nos acecha el peligro real de aferrarnos a absolutos relativos, ya que esta es la fuerza que continúa condicionándonos para impedir que aceptemos nuestra unicidad. El Diseño Humano no es para ver o aceptar que hay un camino específico. El camino es todos los caminos. La síntesis abarca toda la sabiduría acumulada por estas culturas y sus sistemas, y no descarta o reduce el valor de los conocimientos y la sabiduría que se derivan de esos sistemas anteriores. Los reúne en su cuerpo global, en su lugar adecuado, en el que sus contribuciones pueden reconocerse y honrarse apropiadamente. Cada cultura, en su evolución, ha explorado y descubierto aspectos de la verdad. La síntesis de estos diversos aspectos crea un cuerpo de conocimientos completo y, como demuestra la ley de las matemáticas, el todo es mayor que la suma de sus partes.»

Ra Uru Hu

La astrología • El anillo interior del Mandala

El anillo interior del Mandala representa la contribución de la astrología a la síntesis. Este círculo de 360 grados, con sus 12 signos del zodiaco occidental (Aries, Tauro, Géminis…), es la manera en que los antiguos seres humanos representaron el universo y siguieron el movimiento de los cuerpos celestes en el cielo nocturno. El Sistema de Diseño Humano usa el Mandala para calcular y registrar en la síntesis dos momentos precisos

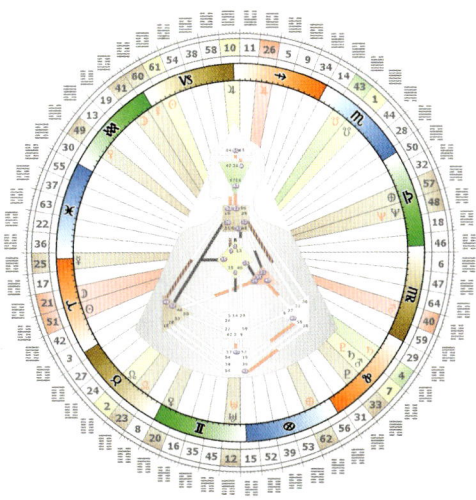

en el tiempo y el espacio. El primero, basado en el momento exacto de tu nacimiento, se anota como los datos de la Personalidad. El segundo, que es 88 grados de arco solar o 3 meses antes del nacimiento, se anota como los datos del Diseño. El uso de dos cálculos distingue al Sistema de Diseño Humano de la astrología tradicional. (Hablaremos más detalladamente del cálculo de los datos en la Parte 3 de esta sección.)

Estamos *rodeados* por un enorme campo de estrellas que genera la corriente de neutrinos que está penetrando e informando continuamente a los objetos por los que pasa. Sucede un tipo de comunicación durante el encuentro en el que la masa infinitesimal del neutrino roza o interactúa con el objeto al pasar por él. Por ejemplo, cuando la corriente de neutrinos pasa por Marte, se comunica con Marte y tiene lugar un intercambio. Después de ser filtrada por Marte, la corriente pasa por los humanos y se produce otro intercambio. Es como si chocaran un coche negro y un coche blanco y ahora hay un poco de pintura negra en el coche blanco y un poco de pintura blanca en el coche negro. Cada coche ha sido modificado por el encuentro, igual que nosotros somos modificados por esta interacción con los neutrinos. De esta forma, cada planeta aporta su esencia a la manera en que nos marca la corriente de neutrinos. Aunque todos existimos en el mismo programa de neutrinos, la manera única en que manifestamos ese programa está determinada por el momento preciso de nuestro nacimiento y los dos cálculos que hemos mencionado.

El I Ching
El anillo exterior del Mandala

> «La información que contiene el Mandala del Diseño Humano es extraordinaria y sus simetrías son hermosas. Los hexagramas alrededor de la rueda tienen una asociación directamente alineada con nuestro código genético, el codón. La estructura de los aminoácidos de los codones de un ser humano opera mediante improntas específicas. Si vas hasta el núcleo de la célula misma, hasta su ADN, encuentras que todo está ahí, todos los componentes fundamentales de un ser humano. Esto es así tanto en una célula sanguínea como en una célula muscular.»
>
> Ra Uru Hu

El antiguo I Ching chino, o Libro de los Cambios, uno de los primeros libros jamás escritos, se lee como un diccionario de la sabiduría arquetípica en las etapas de la vida. Sin embargo, lo que hace que el I Ching sea tan extraordinario en esta síntesis no es su texto filosófico o ético, sino la asombrosa estructura matemática de sus 64 hexagramas. Específicamente, las 64 secciones numeradas que ves en el anillo exterior del Mandala representan los 64 hexagramas del I Ching. Cada uno de estos hexagramas, representados

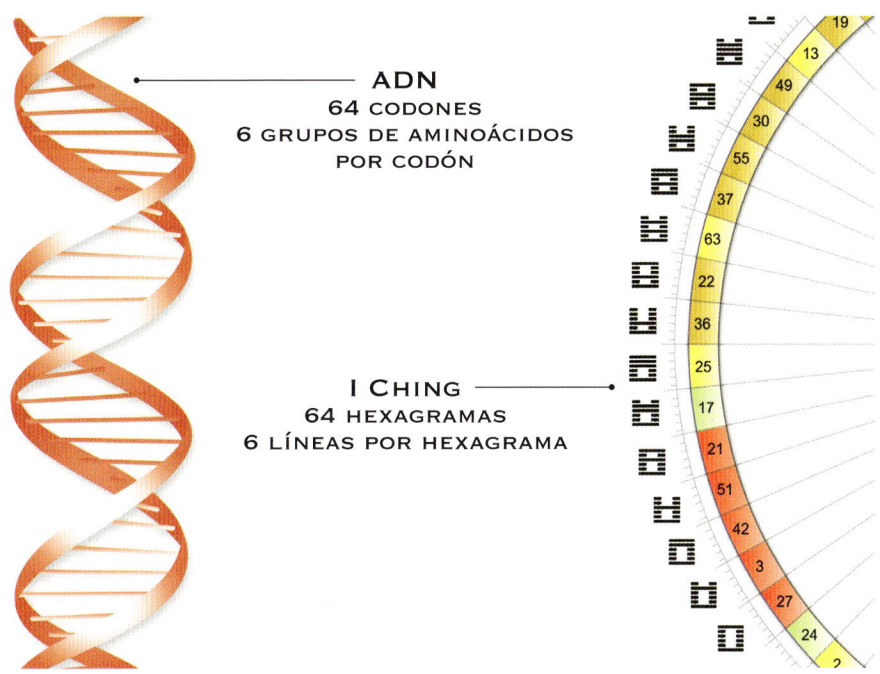

alrededor de la parte externa de la rueda, se compone de una combinación particular de 6 líneas partidas (yin) o enteras (yang). Hay 64 hexagramas y cada uno se compone de 6 líneas, lo que configura un total de 384 marcadores de línea alrededor de este anillo exterior. Cada línea contiene un 'pedacito' de información específica de su posición particular en el hexagrama.

En los años 50, los biólogos Watson y Crick descifraron el código genético, observando al mismo tiempo que los codones del ADN y los hexagramas del I Ching comparten estructuras binarias idénticas. Nuestro código genético se compone de cuatro bases químicas ordenadas en grupos de tres, lo que es similar en organización a los trigramas inferior y superior del I Ching. Cada uno de los agrupamientos químicos se relaciona con un aminoácido y forma lo que se denomina un codón. Hay 64 codones en nuestro código genético, igual que hay 64 hexagramas en el I Ching. Los 64 hexagramas alrededor de la rueda exterior se traducen en el Cuerpo Gráfico como puertas, que en Diseño Humano se pueden usar para comprender o interpretar temáticamente nuestra impronta genética y proporcionar detalles muy específicos acerca de las características que configuran a todos y cada uno de nosotros.

La relación entre los hexagramas (puertas) y los grados

En general, el anillo interior del Mandala se usa para los cálculos y el exterior para la interpretación. Esta ilustración muestra que todo hexagrama, con su puerta correspondiente, tiene un lugar y una medida de arco específicos en el anillo exterior. Para de-

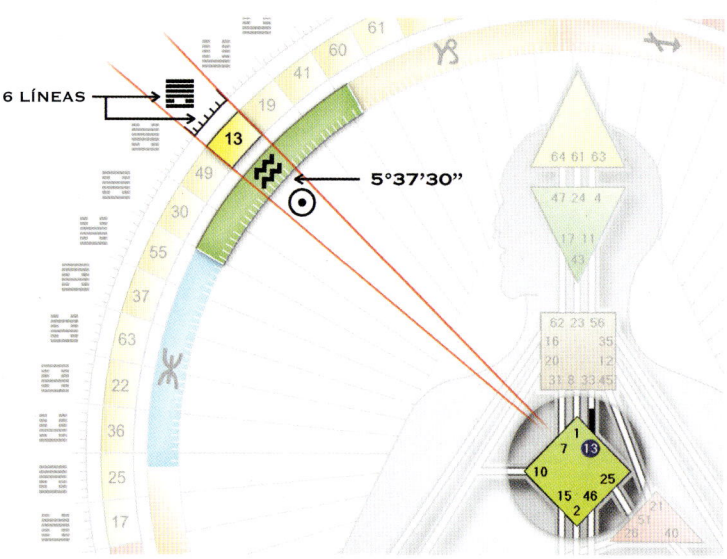

terminar su lugar, necesitamos comprender de nuevo que los 64 hexagramas (cada uno con 6 líneas) tienen un total de 384 líneas, mientras que cada una de las 12 casas del zodiaco abarca 30 grados, lo que completa el total de 360 grados.

Cuando las 384 demarcaciones de línea, visibles alrededor del anillo exterior, se alinean con los 360 grados del anillo interior, vemos que cada hexagrama cubre un espacio/tiempo de 5 grados, 37 minutos y 30 segundos de arco. Este arco es un campo de impronta, un lugar en el espacio; cuando un planeta pasa por él, hay un intercambio de información a través de la corriente de neutrinos.

Cuando nacemos, recibimos la impronta de las cualidades de un hexagrama específico para cada planeta (o Nodo de la Luna) en la carta. La información que lleva la corriente de neutrinos en ese preciso momento nos marca de esa manera específica para el resto de nuestra vida. El momento es capturado y grabado instantáneamente en nuestro Cuerpo Gráfico como nuestra definición, nuestro cianotipo.

En la ilustración anterior tenemos un ejemplo del uso del cálculo. Cuando sabemos la posición de la ubicación del planeta en el anillo astrológico interior, podemos ver su correspondencia en el hexagrama en el anillo exterior. El ejemplo de arriba tiene el Sol situado en la constelación zodiacal de Acuario, lo que lo alinea con una división correspondiente en la rueda del I Ching en el hexagrama 13. Entonces esa información es transferida al Cuerpo Gráfico. Exploraremos el Cuerpo Gráfico en mayor detalle más adelante en esta sección.

El sistema hindu-brahmín de los chakras
Los nueve centros

El sistema hindu-brahmín de los chakras es el tercer componente de la síntesis, aportándonos los nueve centros. Una diferencia importante entre el sistema tradicional de los chakras y los nueve centros del Cuerpo Gráfico, que se puede ver aquí abajo, es simplemente que hay 7 chakras y 9 centros. Esta diferencia refleja el cambio cósmico que ocurrió en 1781, que señaló una progresión evolutiva, del ser de 7 centros al ser de 9 centros, en nuestra especie.

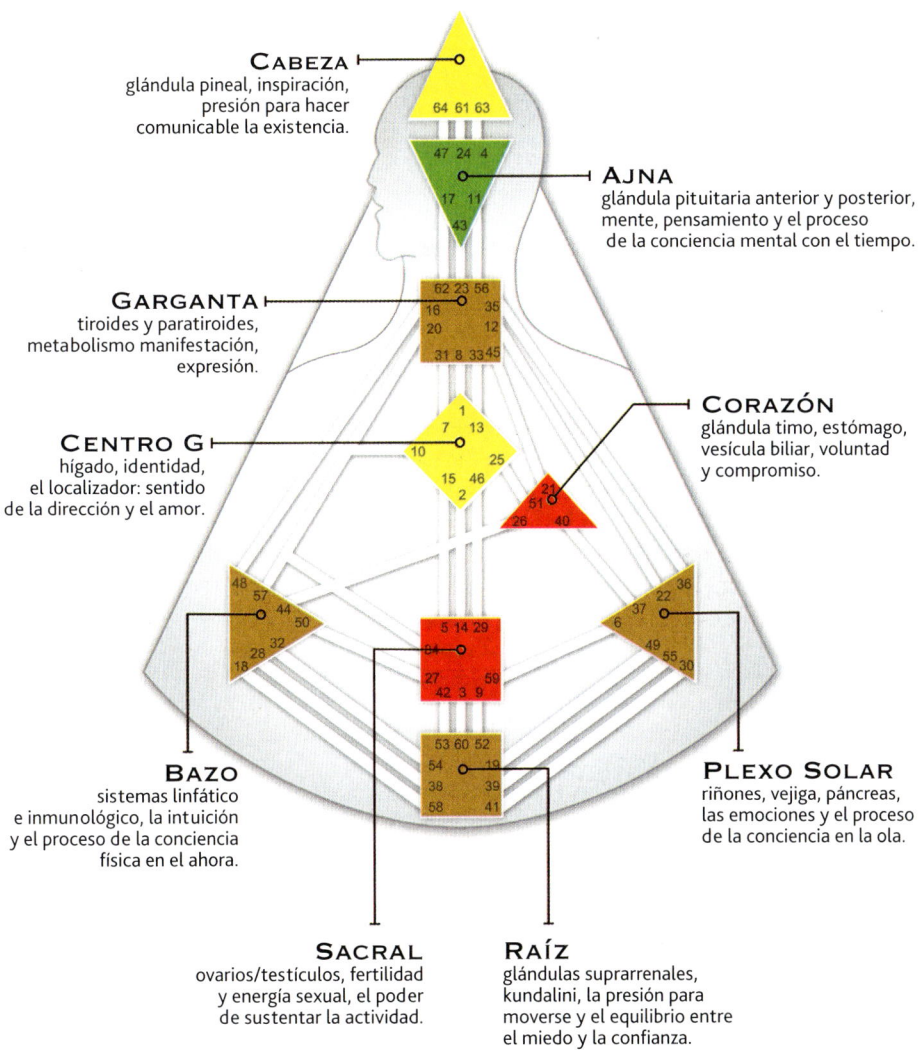

Este proceso supuso una compleja organización interna de la forma, no simplemente la adición de otros dos centros de energía. Cada uno de los nueve centros es un núcleo de energía con sus propias correlaciones biológicas diferenciadas. (Hablaremos detalladamente de los centros en la Sección Dos.)

La Cábala • El Árbol de la Vida
Los 36 canales y las 64 puertas

El Árbol de la Vida de la tradición Zohar/Cábala es el cuarto componente de la síntesis. Su contribución son los caminos que conectan energéticamente los centros mediante las puertas. Estos caminos, llamados Canales, crean un trazado de circuitos que unifica el Cuerpo Gráfico y dirige el flujo de energía dentro de él (ilustración izquierda de abajo). En los dos extremos de cada canal, donde el canal se abre a un centro, verás un número que indica una puerta específica (ilustración derecha de abajo). Las 64 puertas se correlacionan con los 64 hexagramas del anillo exterior del mandala, permitiéndonos transferir la información del hexagrama directamente al Cuerpo Gráfico.

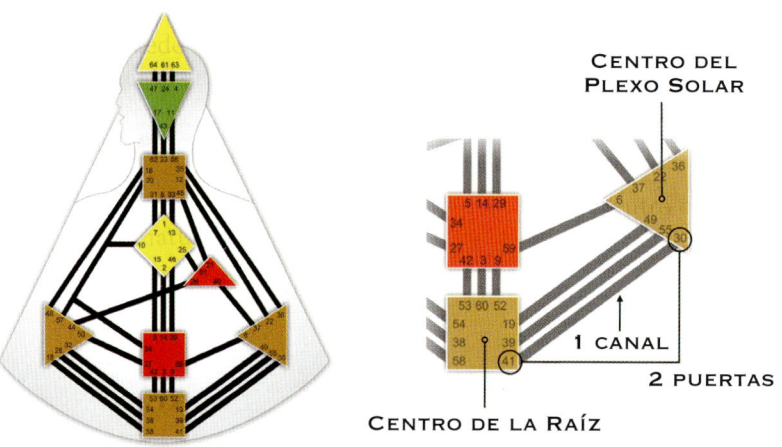

Las puertas son la manera en que la energía entra y sale de un centro; están abiertas a encontrar la energía que hay en el otro extremo del canal. Es necesario que haya definición en las dos puertas que hay en los extremos de un canal para completar o definir ese canal. Como individuos, podemos tener ambas puertas definidas nosotros mismos y, así, definir el canal, o podemos tener solo una puerta definida y encontrarnos con otras personas que nos completen el canal.

Por ejemplo, cuando una persona tiene una puerta en un extremo de un canal, se siente atraída a una persona que tiene la puerta en el otro extremo del canal. Su encuentro las completa o conecta energéticamente a través del nuevo canal completado. Esta tercera dinámica en sus vidas se experimenta como una conexión electromagnética. Es como una chispa de atracción. Esta es una de las muchas maneras en las que estamos diseñados para encontrarnos e interactuar con otras personas en nuestra vida. Básicamente, los canales conectan las energías de centros diferentes, generando así algo nuevo descrito como un quantum. Cada canal tiene sus propias características e idea clave, pero sigue siendo un quantum dinámico o flexible de la energía de las 2 puertas, 12 líneas y 2 centros que une. Los canales coloreados, es decir, definidos, se convierten en un rasgo dominante en la vida de una persona y a esta definición la llamamos su «fuerza vital». Hablaremos de esto con más detalle en la Parte 3 de esta sección, y con todo detalle en la Sección Seis.

SECCIÓN UNO: LOS FUNDAMENTOS DE UNA NUEVA PERSPECTIVA REVOLUCIONARIA 51

PARTE 3
EL CUERPO GRÁFICO DEL DISEÑO HUMANO

EL MAPA CON EL QUE NAVEGAR

«LO QUE HACE QUE EL DISEÑO HUMANO SEA TAN EXTRAORDINARIO ES EL CUERPO GRÁFICO. EL CUERPO GRÁFICO NUNCA HABÍA EXISTIDO ANTES. SÍ, OBVIAMENTE HA HABIDO ILUSTRACIONES GRÁFICAS DE CUERPOS Y SISTEMAS, PERO NUNCA HA HABIDO NADA COMO EL CUERPO GRÁFICO EN EL CENTRO DEL MANDALA. EL CUERPO GRÁFICO ES ÚNICO. EN PRIMER LUGAR, SE BASA EN UNA CONFIGURACIÓN NUMÉRICA ENTERAMENTE NUEVA. NO ES UN SISTEMA DE CHAKRAS DE 7 CENTROS. ES UN SER DE 9 CENTROS. LA MANERA EN QUE SE COMBINA LA INFORMACIÓN TIENE DERIVADOS EN OTROS SISTEMAS. EL CUERPO GRÁFICO ES EL CAMPO SINTÉTICO REAL.»

RA URU HU

La concepción marca el momento en que un Cristal de Diseño, junto con su Monopolo Magnético incorporado, entra en el óvulo mediante el proceso de fertilización. Cuando el Cristal de Diseño comienza a recibir la información de la corriente de neutrinos, se separa del Monopolo Magnético e inicia la creación del feto. El feto continuará

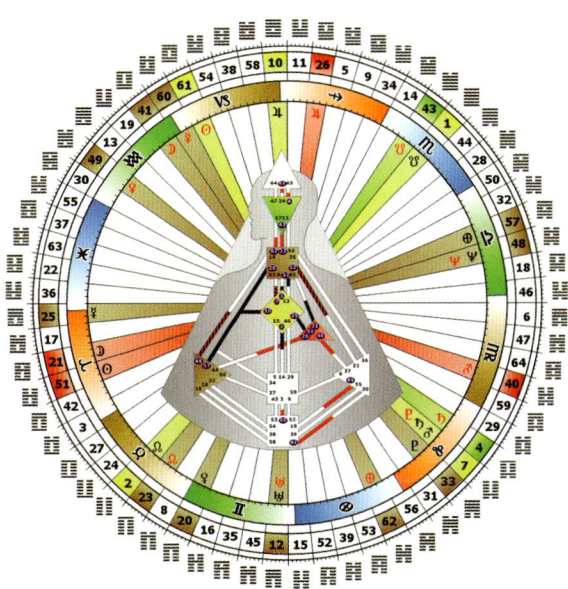

desarrollándose hasta el final del segundo trimestre del embarazo, cuando el neocórtex, la facultad especial del cerebro que solo se da en los humanos, está completamente formado. En ese momento, el Monopolo Magnético emite una señal que trae al cuerpo el Cristal de Personalidad, también llamado alma o psique. El momento del nacimiento, que ocurre aproximadamente tres meses después, marca el momento en que el Cristal de Personalidad recibe su impronta indeleble de la corriente de neutrinos. La hora de nacimiento es el momento en que el bebé ha abandonado el útero y está separado del cuerpo de su madre, fuera del cuerpo de su madre; no es el momento en que se corta el cordón umbilical. El Diseño Humano ilustra nuestra unicidad con detalles precisos y, por tanto, es muy importante comenzar el análisis con datos de nacimiento precisos, especialmente el momento del nacimiento. Si no estás seguro sobre tu hora de nacimiento, por favor consulta a la organización que registra los nacimientos en tu país o estado. Si no dispones de ninguna manera de conseguir una hora de nacimiento precisa, puedes solicitar los servicios de un astrólogo que se especialice en lo que se denomina la «rectificación de la carta». El astrólogo te guiará por un proceso para determinar tu momento de nacimiento de la manera más precisa posible.

El Cuerpo Gráfico

Son necesarios dos cálculos para generar un Cuerpo Gráfico. Comenzamos con la fecha, el lugar y la hora exacta del nacimiento de una persona para establecer el cálculo natal o de Personalidad. Al introducir los datos de nacimiento en el *software* MMI (*Maia Mechanics Imaging*), el programa calcula automáticamente una segunda serie de datos, el cálculo prenatal o de Diseño.

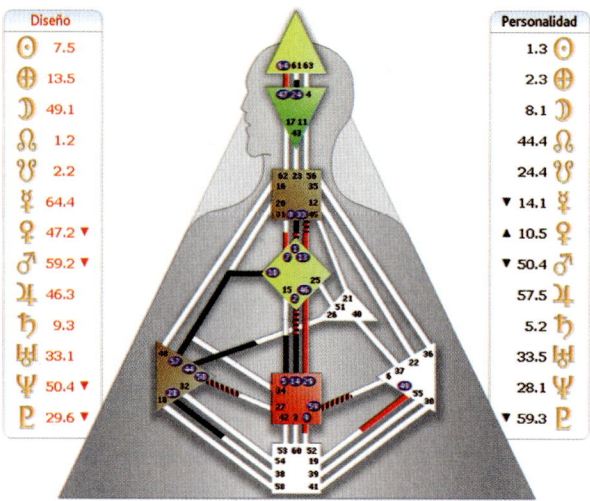

Tu carta de Diseño Humano incluye tu Cuerpo Gráfico y los datos planetarios

El cálculo natal o de Personalidad (en la columna negra de la carta de abajo) se basa en el momento del nacimiento, y el cálculo prenatal o de Diseño (en la columna roja de la carta de abajo) se basa en un momento de aproximadamente 88 días (o exactamente 88 grados del Sol) antes del momento del nacimiento. En tu propia carta verás que tienes una fecha de nacimiento de Diseño y una fecha de nacimiento de Personalidad. Como ambos cálculos se basan en el momento de tu nacimiento, no importa que fueras un bebé nacido a término, prematuro o nacido por cesárea.

Los dos grupos de cálculos se registran en tu carta como la columna de Diseño (en rojo) y la columna de Personalidad (en negro). Los números de puerta indican qué hexagramas han sido activados; los símbolos indican qué planeta estaba en la corriente de neutrinos de ese hexagrama. Los números de puerta también se registran en los centros en el Cuerpo Gráfico. En las cartas de la ilustración siguiente (pág. 54), que separan el Diseño y la Personalidad, se puede ver dónde están localizadas las puertas del Diseño y las puertas de la Personalidad; en la tercera carta se puede ver cómo aparecen cuando se combinan en el Cuerpo Gráfico. La ubicación de las puertas en el Cuerpo Gráfico no cambia; siempre están en el mismo sitio para todos. Lo que cambia es *cuáles* son las puertas específicas que están activadas por los planetas en el momento de cada cálculo.

El significado del rojo y el negro

La Personalidad y el Diseño se pueden considerar como cartas separadas. Tanto el grupo de información negro como el rojo forman parte de tu diseño, pero representan aspectos a los que tienes un acceso diferente. La información de la Personalidad, en negro, es aquello a lo que tienes acceso consciente; sabes estas cosas sobre ti mismo y puedes trabajar con esta información. Es quien piensas que eres, el «tú» con el que te identificas. Tener este acceso consciente es como sentarte sobre una colina con vistas a una carretera. Puedes ver la carretera, el tráfico que hay en ella, la dirección en que va ese tráfico y puedes saludar con la mano a la gente que pasa. En otras palabras, eres un observador que participa plenamente. La información del Diseño, en rojo, es uno de los avances más importantes introducidos por el Sistema de Diseño Humano. Te muestra la naturaleza de tu inconsciente, lo que está pasando por debajo de tu nivel de consciencia. Representa también tu herencia genética, o tu «línea de sangre», como un tema que viene de tus padres y abuelos. No puedes acceder conscientemente a la información en rojo. Es como mirar un túnel. No tienes ni idea de lo que está pasando dentro del túnel, porque no puedes ver los objetos o en qué dirección se están moviendo. Lo único que puedes hacer es esperar y ver qué sale. En otras palabras, ¡lo que sale de tu boca puede sorprenderte tanto a ti como a los demás! Aunque con la edad, la experiencia y la reflexión adecuadas aprendes a conocer tu parte inconsciente, es importante recordar que nunca puedes controlarla. Las puertas y/o los canales coloreados con rayas rojas y negras en una carta indican que hay múltiples activaciones planetarias en esa puerta o canal tanto en tu Personalidad como en tu Diseño. Esas activaciones funcionan tanto consciente como inconscientemente en tu experiencia de la vida.

Un matrimonio forzado o una unión mística

La yuxtaposición de tu Personalidad y tu Diseño a cada lado del Cuerpo Gráfico, como en la ilustración siguiente, puede ser reveladora. La Personalidad es quien piensas que eres; el Diseño es cómo estás programado genéticamente para moverte por el tiempo en el espacio. Estos dos aspectos completamente diferentes se fusionan en el Cuerpo Gráfico y el Monopolo Magnético los mantiene unidos como un campo integrado, una unión mística. También se puede comparar con un matrimonio forzado, porque los dos no son naturalmente compatibles. La Personalidad piensa que tiene el control de la vida, mientras que, de hecho, son el Diseño y el Monopolo Magnético los que realmente lo tienen. La mayoría de los conflictos que surgen y la resistencia que encuentras en la vida se derivan de que la Personalidad trata de gestionar tu vida en vez de asumir su papel adecuado, que es sentarse en el asiento de atrás y disfrutar del viaje.

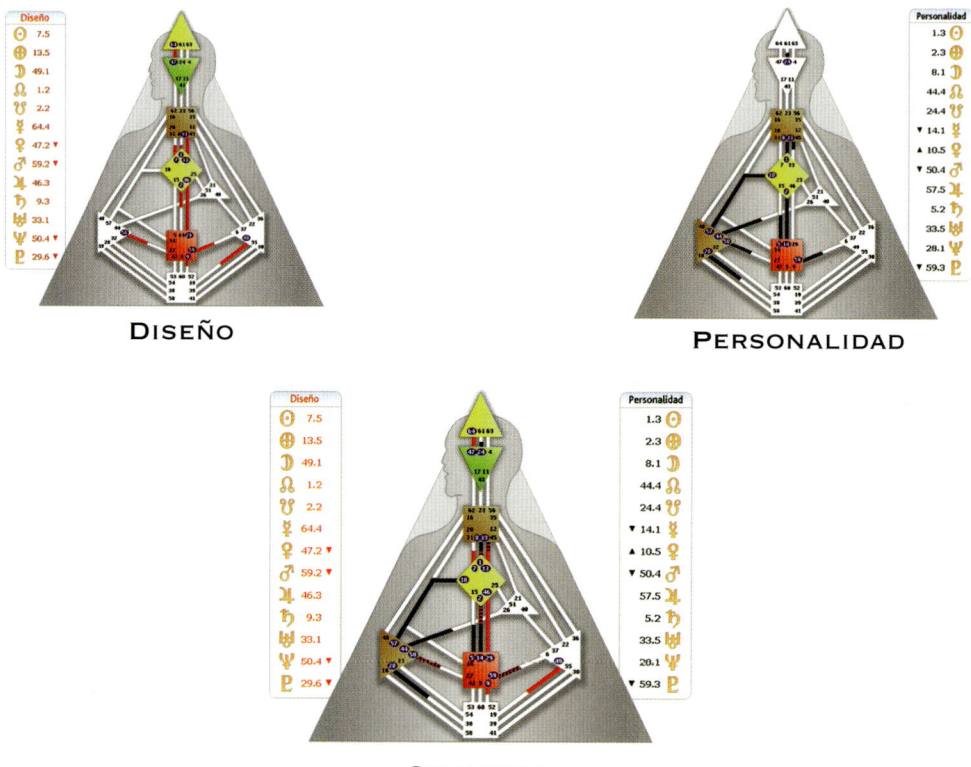

La Personalidad no es consciente de la existencia del Diseño; esta es la razón por la que conocer conscientemente cómo acceder a la inteligencia de tu forma mediante tu Estrategia y Autoridad es tan importante y uno de los focos principales de este libro. Cuando el pasajero, la Personalidad, se rinde a su Estrategia y Autoridad, la Personalidad y el Diseño pueden vivir en armonía, en unión, mientras ambos desempeñan el papel que les corresponde. Es entonces cuando encuentras tu camino y cuando aparece la base de todo amor: el amor a ti mismo. Sin amor a ti mismo no hay amor a los demás. Con amor a ti mismo dentro de ti, sabrás quién es adecuado para ti en el exterior.

La definición en un Cuerpo Gráfico

Cuando las columnas de la Personalidad y del Diseño se añaden (coloreadas) en el Cuerpo Gráfico, se forman canales y se definen centros. Específicamente, cuando las dos puertas en ambos extremos de un canal son activadas por algún planeta, forman un canal definido y se colorean en el Cuerpo Gráfico. Cuando se define un canal, los centros que hay en ambos extremos también se definen o colorean. Esto se denomina la definición en una carta. La definición crea lo que llamamos nuestra fuerza vital.

Por ejemplo, en esta carta se crea definición cuando las Puertas 11 y 56 definen el Canal de la Curiosidad (11-56), que a su vez define los Centros Ajna y de la Garganta. Tu definición total (los canales y centros coloreados en tu carta) te muestra lo que es consistente a lo largo de tu vida, lo que es fiablemente tú. La definición siempre está ahí, cada segundo de cada minuto de cada hora de cada día de cada semana de cada año hasta el final de tu vida. Establece las características de tu fuerza vital con todo detalle. La definición establece tu tipo, Estrategia y Autoridad y te muestra dónde puedes encontrar tu «sí» y tu «no» fiables cuando tomas decisiones.

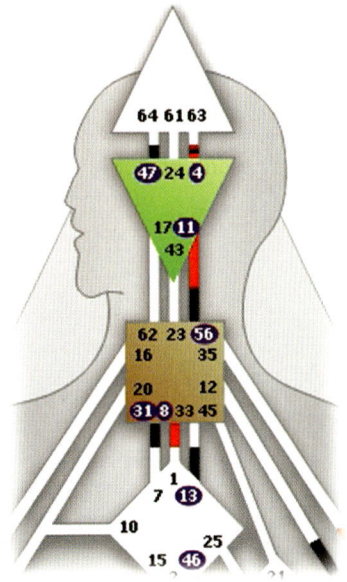

La definición es el núcleo de nuestro ser, un potencial en el que nos convertimos cuando habitamos plenamente nuestros vehículos de 9 centros al vivir auténticamente. Este es el ser que conocemos profundamente dentro de nosotros, y la frecuencia (energía vital) única que proyectamos al mundo con nuestra aura desde que nacemos. Nuestro Cuerpo Gráfico lo confirma y el Sistema de Diseño Humano nos anima a vivirlo.

La definición cuenta nuestra historia. Las perspectivas complejas y revolucionarias de la Ciencia de la Diferenciación requirieron la creación de un nuevo lenguaje para comunicar esa historia. Ra lo llamó «Combinar ideas clave». Las ideas clave forman un lenguaje vivo, simbólico, el lenguaje del Diseño Humano. Son un medio mediante el que una gran cantidad de información se referencia o comprime en una sola palabra o frase. Casi todos los aspectos del sistema tienen su propia idea clave asociada a ellos. Como un mantra, las ideas clave invocan o despiertan o nos conectan con nuestra frecuencia única. Aprender y usar el lenguaje de las ideas clave es como pensar dentro del sistema hormonal de mensajes del cuerpo: nos permite conectarnos energéticamente con los demás.

Combinando con acierto las ideas clave de la definición y de los centros abiertos de alguien, los analistas profesionales crean una descripción vívida o hilo argumental del carácter y propósito de una persona. Una vez se han ofrecido las palabras clave, la historia penetra en la persona más allá del nivel de la mente. Como ejemplo, en la ilustración de arriba, el Centro Ajna está conectado con el Centro de la Garganta por medio del Canal 11-56. Esta definición nos dice que esta persona querrá hablar libremente y decir lo que está pensando. El Canal 11-56 se llama el Canal de la Curiosidad, el diseño de un buscador. La Puerta 11 es la Puerta de las Ideas y la Puerta 56 es la Puerta de la Estimulación. Son sus ideas lo que quiere compartir. Con esta definición, contribuye a que todas las cenas de amigos a las que acude sean un éxito, porque está deseando hablar con cualquiera que le escuche. Disfruta manteniendo a todo el mundo estimulado o involucrado con sus ideas.

Aunque tiene muchas ideas, y a menudo dice que planea hacer algo con ellas, raramente lo hace. Sus ideas no se materializan. Sabe esto sobre sí misma, pero sin entenderlo, es una fuente de profunda frustración para esta persona. Sin embargo, hay una razón por la que tiene este dilema: su definición se detiene en el Centro de la Garganta, el centro de la comunicación. Si el Centro de la Garganta estuviera conectado con uno de los cuatro motores o recursos energéticos del cuerpo (los Centros del Corazón, Plexo Solar, Sacral y de la Raíz, de los que hablaremos más detalladamente en la Sección Dos), entonces esta persona podría convertir la comunicación en acción. Podría poner sus ideas en acción. En realidad, esta persona no está diseñada para hacer nada con sus ideas ella misma. En cambio, lo está para compartirlas, y quizá un día para estimular verbalmente a alguien para que haga realidad sus ideas. Seguir su Estrategia de esperar hasta que le pregunten o le inviten a que comparta sus ideas aumentará sus posibilidades de éxito.

Lo definido y lo no definido forman un binario: naturaleza y cultura • Nuestros emisores y nuestros receptores

«Cuando ves las diferentes activaciones en una carta, estás viendo la impronta única de una persona. Tenemos receptores para todo. Todo lo que está en blanco es el diseño de un receptor. La impronta es lo que te hace diferente; no es lo que te hace lo mismo. Lo que nos hace ser lo mismo es todo el mapa en tu totalidad; lo que nos hace diferentes es nuestra impronta individual. Esta es la Ciencia de la Diferenciación y el Diseño Humano nos enseña nuestra unicidad, lo que es ser únicamente nosotros mismos dentro de la totalidad.»

Ra Uru Hu

La definición es una parte de nosotros fija y fiable de comprender, expresar y vivir. Es consistente a lo largo de toda nuestra vida y, por tanto, confiable. La definición establece los parámetros para el ser en que nos estamos convirtiendo, el potencial que vamos actualizando en el transcurso de nuestra vida. Lo que no está definido en nuestra carta permanece en blanco. Estas partes no están ni vacías ni rotas. Son una parte de nosotros valiosa y plenamente operante, pero, como operan inconsistentemente, no constituyen una base fiable para tomar decisiones. Nuestra apertura es nuestra sala de clases viviente y la fuente principal de la naturaleza que compartimos con otros. Es nuestra apertura lo que determina qué retos o miedos afrontaremos y los que estamos aquí para aprender y descubrir sobre nosotros mismos y el mundo.

De manera conjunta, las porciones definidas y sin definir de nuestra carta forman un binario interactivo entre lo que es fijo y lo que es flexible en nuestro diseño. Ahí es donde se encuentran la naturaleza, o quienes somos por definición, y la cultura. La gente tiende a pensar que la definición es superior a la falta de definición. Esto no es verdad. Es simplemente una dualidad, como la noche y el día.

Nuestra definición es como un transmisor, un mensaje o frecuencia determinante que se emite al mundo a través de nuestra aura. Lo que emitimos condiciona a los demás. A la inversa, nuestros centros, puertas y canales sin definir son como receptores. A través de nuestra apertura experimentamos, reflejamos y amplificamos las energías que recibimos de los demás. Para bien o para mal, somos nutridos y aprendemos sobre nuestro entorno a través de nuestros receptores. Nuestra apertura es también donde somos más vulnerables al condicionamiento. La mayoría de las personas tienen una mezcla de centros definidos y sin definir en su diseño. Se dan excepciones infrecuentes en las que una persona tendrá todos los centros de su carta o definidos o abiertos. Exploraremos a fondo los centros definidos y sin definir en la Sección Dos.

El Sol, la Luna, los Nodos y los planetas en el Cuerpo Gráfico

Podríamos calificar al Sol, la Luna, los Nodos y los planetas como los agentes programadores locales de nuestro sistema solar. La ubicación de estos cuerpos celestes en el momento de nuestro nacimiento determina la manera en que influyen o «aderezan» cómo experimentamos nuestra definición. A lo largo de los eones, cada uno de ellos ha adoptado unas características mitológicas y temáticas específicas.

Sin el Cuerpo Gráfico, no hay análisis posible. La base de datos que hay en el Cuerpo Gráfico se compone de un total de 26 activaciones, 13 de las posiciones del Diseño y 13 de las de la Personalidad. Según la «Voz», solo los objetos celestes que aparecen en la lista pueden activar puertas. Eso no quiere decir que un objeto, como por ejemplo Titán, la gran luna de Saturno que es mayor que Mercurio, no tenga un efecto. Filtra la corriente de neutrinos y, como todo lo demás, añade su cualidad, pero no activa ninguna puerta.

Quirón (o Kirón), el fragmento de cometa descubierto a finales de los años setenta, tampoco activa o «abre una puerta». Sin embargo, si las hipótesis temáticas son correctas y este objeto está asociado con heridas y su sanación, entonces ver dónde está en el Cuerpo Gráfico puede ofrecer cierto entendimiento. Lo mismo puede decirse del ascendente, el medio cielo, los puntos arábigos…, de la astrología, que tampoco activan puertas.

A continuación hay una lista de los cuerpos celestes usados en Diseño Humano. Además de «aderezar» cómo experimentamos nuestra vida, igualmente actúan como maestros.

MAESTRO		LO QUE EXPRESA Y ENSEÑA
☉	Sol	Expresión de la Personalidad / Fuerza vital
⊕	Tierra	Los pies en la tierra / Equilibrio
☽	Luna	Fuerza impulsora
☊	Nodo Norte	Dirección futura / Entorno
☋	Nodo Sur	Dirección pasada / Entorno
☿	Mercurio	Comunicación / Pensamiento
♀	Venus	Valores / Sociología
♂	Marte	Inmadurez / Dinámica energética
♃	Júpiter	Ley / Protección
♄	Saturno	Disciplina / El juez / Restricción
♅	Urano	Lo inusual / Caos y orden / Ciencia
♆	Neptuno	Ilusión / Arte / Espiritualidad
♇	Plutón	Verdad / Transformación / Psicología

Las páginas siguientes explican el Sol, la Luna, los Nodos y los planetas con sus temas o ideas clave. También ofrecen una breve descripción de cómo se usan en el Sistema de Diseño Humano.

☉ **Sol • Fuerza vital.** El Sol en nuestra carta representa nuestra energía fundamental, nuestra fuerza yang primaria. Es nuestro «ser» y lo que «hacemos» y representa el tema de nuestra encarnación. El Sol representa el arquetipo del Padre (el 70 por 100 de los neutrinos que nos condicionan son del Sol). El Sol de nuestra Personalidad es cómo expresamos nuestra «luz» en el mundo. El Sol de nuestro Diseño representa temas genéticos que hemos heredado de nuestro Padre.

⊕ **Tierra • Los pies en la tierra y el equilibrio.** La Tierra representa dónde concretizamos o damos forma y cómo enraizamos y equilibramos la energía del Sol en nuestra forma, nuestro cuerpo. El Sol y la Tierra siempre operan juntos y están localizados en puntos opuestos del mandala. La Tierra provee el equilibrio yin primario, el arquetipo de la Madre. Encontramos el equilibrio consciente cuando somos capaces de integrar la Personalidad correctamente en nuestra vida y encontramos nuestra estabilidad (o equilibrio inconsciente) cuando afrontamos el mundo de la forma. La Tierra es la columna vertebral de nuestra estabilidad.

☽ **Luna • Fuerza impulsora.** La Luna representa lo que nos mueve, la fuerza impulsora en nuestro diseño. La influencia de la Luna es una fuerza poderosa, siempre presente y siempre dispuesta a encarnar el mensaje de la energía de nuestro Sol. La aportación viene del Sol, pero la dirección o fuerza o impulso está representado por la Luna. La Luna es el arquetipo de la hija mayor, y posibilita la tarea de la Tierra (Madre) para impulsar y mover la forma, asegurando así la evolución. La Luna es también la luz reflejada que otros ven en nuestra naturaleza interna, traída a la superficie y a la vista.

☊ **Nodo Norte de la Luna** • **Dirección futura y entorno.** Aunque no son planetas, los Nodos de la Luna son igualmente poderosos. En la parte de la Personalidad, los Nodos no son quién eres, sino que encuadran lo que tu Personalidad piensa sobre sí misma y el mundo. En la parte del Diseño, los Nodos encuadran tu relación con el entorno y las personas que hay en él. El Nodo Norte es la fase madura de experimentar la vida y pasa ahí desde el Nodo Sur en nuestra Oposición de Urano (entre los 38 y 43 años). El paso al Nodo Norte marca un proceso de soltar lo que ya no nos sirve y mantener lo que sí nos sirve.

☋ **Nodo Sur de la Luna** • **Dirección pasada y entorno.** El Nodo Sur representa nuestra fase de desarrollo de experimentar la vida, nuestra inmadurez, hasta que llegamos a nuestra Oposición de Urano. En nuestros cuerpos uranianos de 9 centros, la transición del Nodo Sur al Nodo Norte simboliza la «mediana edad» y nuestra entrada en la edad adulta. Los Nodos representan la fase en la que se desarrolla nuestra vida, cómo percibimos el mundo que nos rodea, y los entornos que experimentaremos a lo largo de nuestra vida que nos apoyarán para vivir nuestro destino único.

☿ **Mercurio** • **Comunicación y pensamiento.** Mercurio, el arquetipo del hijo mayor, representa la expansión de la consciencia humana, así como nuestra necesidad interna de comunicarnos. Mercurio es el que más cerca está del Sol y, así, metafóricamente le oye. Mercurio programa el Cristal de Personalidad desde el momento en que entra en el cuerpo hasta el nacimiento. Donde está definido tu Mercurio de Personalidad te ofrece una idea de lo que necesitas comunicar en esta vida. El Mercurio de tu Diseño también tiene algo que comunicar, pero a menudo no sabemos por qué estamos diciéndole algo a alguien cuando lo expresamos a través de nuestra forma inconsciente.

♀ **Venus** • **Valores.** Venus establece nuestros valores y representa nuestra moralidad y las leyes naturales referentes a cómo nos tratamos unos a otros y al mundo que nos rodea. Venus es el arquetipo de la hija pequeña y representa también el amor y la belleza. Para tu personalidad, Venus es lo que está bien y lo que no lo está, y tus interrogantes y cuestiones morales. Si no actúas con claridad moral, y si los que te rodean no actúan con claridad moral, Venus puede ser muy dura en su represalia. Los valores que se establecen en Venus se convierten en leyes en Júpiter y cualquier represalia tiene lugar a través de Saturno.

♂ **Marte** • **Energía inmadura.** Marte es el arquetipo del hijo menor, energéticamente inmaduro y libre de responsabilidades. Pasivo hasta que se pone en marcha y luego una fuerza con la que hay que contar. Una vez encendido, la capacidad de Marte para generar impulso puede resultar en arrebatos de cólera desmesurados en los que pueden verse sobrepasadas incluso las inhibiciones más básicas. En tu carta, Marte representa una energía extraordinaria que, cuando se refina con el tiempo, puede establecerse como una sabiduría poderosa y madura acerca del uso correcto de la energía. Marte desempeña un papel significativo en nuestra transformación personal.

♃ **Júpiter • Ley y protección.** Aparte del Sol, ningún objeto ejerce una influencia mayor sobre nosotros; Jupiter es el logos del universo y define nuestro desarrollo externo en ciclos de algo más de 11 años, así como nuestra relación con el otro y la totalidad. Cada uno de nosotros tiene una impronta con un tema muy específico de lo que es correcto para nosotros, nuestra ley escrita por Júpiter. Si vives conforme a esa ley, puedes obtener mucha buena fortuna, ya que Júpiter es muy generoso a veces, pero tu habilidad para beneficiarte de la generosidad proviene de una profunda obediencia a tu propia ley.

♄ **Saturno • Disciplina (el juez).** Saturno es el lugar de tu carta en el que tienes que vértelas con las consecuencias de tus actos. Una fuerza yin muy antigua, representa al juez y los puntos de tu vida en los que pagarás por cualquier incorrección cuando no estés siguiendo tus propias leyes y moralidad. Saturno es un profundo indicador que, con el tiempo, te permite ver el progreso en tu proceso. Saturno es un «capataz» expectante sin elogios. Si Saturno te está dejando en paz, eso indica que estás viviendo correctamente; sin embargo, si incumples tus propias reglas, valores y leyes, Saturno te castigará.

♅ **Urano • Lo inusual, caos y orden.** Donde aparece Urano en tu diseño es donde expresas lo que es inusual en ti. El mutativo trasfondo evolutivo de Urano nos permitió transformar nuestra comprensión del Maya y expandir nuestra esperanza de vida a los 84 años vigentes ahora. Urano nos introdujo también al proceso vital tripartito de la juventud subjetiva, la edad mediana objetiva y la edad madura trascendente.

♆ **Neptuno • Ilusión y espiritualidad.** Un gran maestro que exige la aceptación total. Neptuno en cualquier puerta vela su potencial. Este velo puede alterar profundamente al no-ser, ya que no es posible ver a través del velo y perdemos la habilidad de ver cualquier limitación, lo que puede llevar al abuso. Ríndete a Neptuno, déjalo en paz y deja que el potencial mágico surja de detrás del velo. También aprenderás mucho sobre la naturaleza de la entrega, de la rendición.

♇ **Plutón • Verdad y transformación.** Plutón trae a la superficie las fuerzas del subconsciente; representa el renacer. Plutón es «el que dice la verdad», trayendo a la superficie verdades que están ocultas para que las mires a los ojos directamente y sin ambages: la verdad trae la transformación. Donde veas a Plutón en tu carta, esta es tu Verdad. La lección más profunda de Plutón es encontrar la luz dentro de la oscuridad. Explorar el misterio de Plutón, tu misterio, requiere toda una vida.

SECCIÓN UNO: LOS FUNDAMENTOS DE UNA NUEVA PERSPECTIVA REVOLUCIONARIA

El campo de tránsitos de los neutrinos

Todos estamos constantemente sujetos a fuerzas condicionantes, ya sea a través de la química de quienes nos rodean o por los tránsitos planetarios del entorno cósmico mayor en que vivimos. En el Sistema de Diseño Humano, la definición es el «estudiante», los centros sin definir son la «escuela» y los planetas en tránsito son los «profesores». Los planetas en tránsito nos informan y nos afectan directamente con su capacidad de filtrar la corriente de neutrinos.

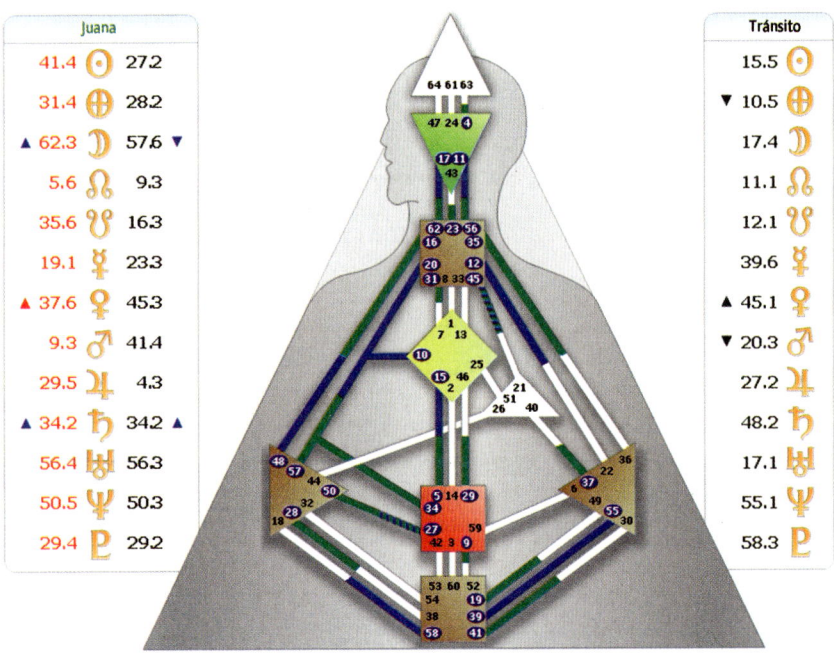

Encuentro de Juana con un tránsito diario

Solo se usa el cálculo de la Personalidad, en negro, para crear una carta de tránsito. Tanto las partes roja como la negra de este diseño aparecen representadas por las activaciones verdes en el Cuerpo Gráfico de arriba. El campo del tránsito planetario de neutrinos aparece en azul. Se puede apreciar dónde el campo de tránsito trae nuevas activaciones para Juana en este momento, que es la manera en que influye en ella o la informa al pasar por ella. Manteniéndose fiel a su Estrategia y Autoridad, puede permanecer enraizada en su propio diseño y evitar ser distraída por su rumbo o por las personas que la rodean que también están siendo afectadas por el tránsito.

Una carta de conexión ilustra gráficamente la interacción entre dos personas

También nos afectan y nos condicionan las personas que nos rodean, especialmente las que están más cercanas. Las tres cartas de la ilustración siguiente demuestran cómo se crea una carta de conexión. La definición de Juan se representa en azul y la de María en verde. Juntas crean un campo cuántico que es mayor que cualquiera de las dos solas. Hay nuevos canales y centros definidos. Se puede aprender mucho de la carta de conexión acerca de cómo interactúan estas dos personas entre sí, cómo influyen, sin saberlo, en las acciones y las decisiones de la otra y lo que proyectan como pareja.

El tema de las Conexiones es extenso y requiere una exploración más minuciosa que la que se puede ofrecer en este libro. Para comprender por completo una carta de Conexión es necesario considerar muchas cosas, incluido el tipo, la Estrategia, la Autoridad, el perfil, la definición, las puertas, las líneas y los centros; y recomendamos consultar a un analista de Diseño Humano. Las siguientes consideraciones proveen información general cuando observamos las relaciones a través del Diseño Humano:

Electromagnético: Cada una de las dos personas define una puerta (una mitad) de un canal, definiendo de ese modo el canal entero y creando energía vital juntas. Representa la dinámica básica de una relación: atracción y repulsión.

Dominio: Una de las personas define el canal entero mientras que la otra no activa (o define) ninguna de las puertas de ese canal. Lo único que se puede hacer es aceptar y rendirse al canal definido como una manera de experimentar a la persona que lo tiene.

Compromiso: Una de las personas define el canal entero y la otra persona define solo una de las puertas de ese canal. La persona que solo tiene activada una puerta del canal siempre tiene que avenirse a la persona que tiene el canal completo.

Compañía: Ambas personas tienen el mismo canal o puerta definidos en su Cuerpo Gráfico. Es el potencial para la amistad, la experiencia compartida.

La síntesis de muchos sistemas reflejada en tu carta de Diseño Humano te ofrece una nueva y extraordinaria visión de tu vida y una comprensión de la continuidad genética que fluye entre aspectos aparentemente separados de tu diseño. La interacción combinada entre tu definición (el ser verdadero) y tu apertura (el no-ser) forma el fundamento para comprender las maneras en que vivirás tu diseño. La conciencia de quién estás diseñado para ser y de dónde estás abierto para recibir el mundo exterior te permite tener la experiencia más completa de la vida y vivir auténticamente tu propósito único como parte de una totalidad mayor.

Ejemplo de conexión

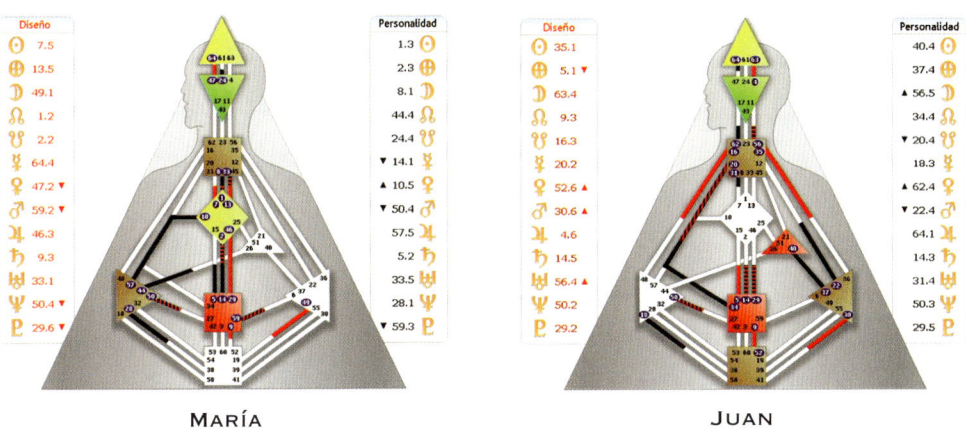

MARÍA   JUAN

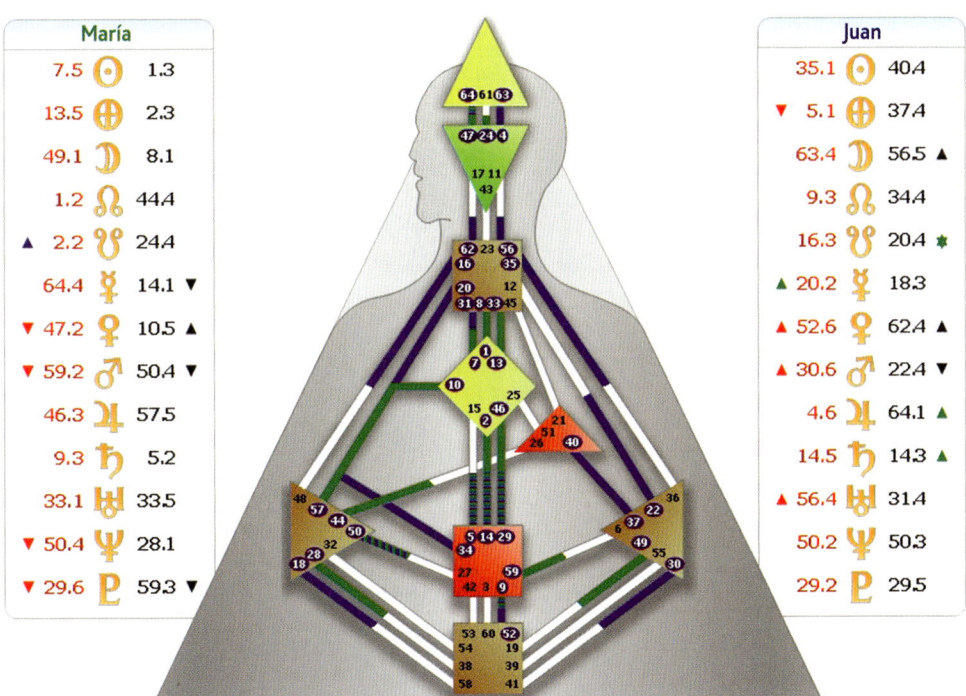

CARTAS COMBINADAS

«La sabiduría está en la experiencia desapegada de nuestra apertura.»

Ra Uru Hu

Sección Dos

Los nueve centros

El flujo de la energía

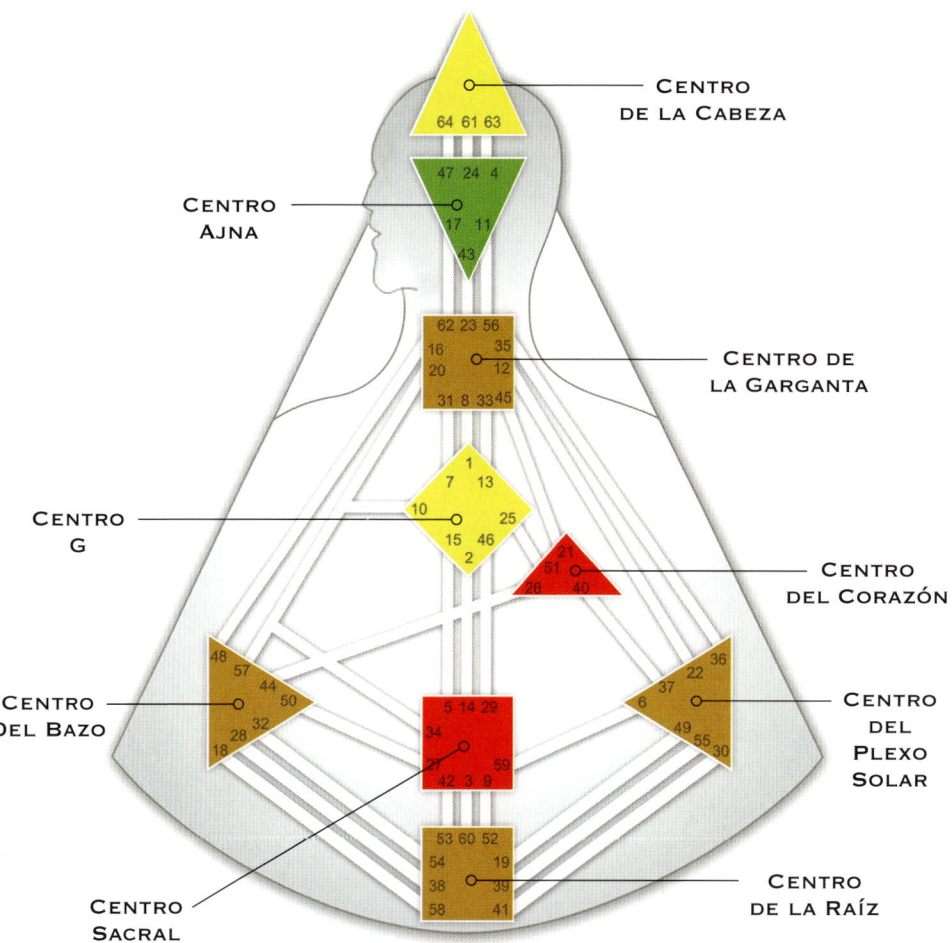

Los nueve centros son núcleos de energía que transforman o transmutan la fuerza vital según fluye por el Cuerpo Gráfico. El resumen siguiente introduce cada uno de los nueve centros con su nombre, sus funciones distintivas y su ubicación en el Cuerpo Gráfico.

Observa que tanto el Centro de la Raíz como el del Plexo Solar aparecen en dos categorías. Hablaremos más detalladamente de cada uno de los nueve centros más adelante en esta sección.

SECCIÓN DOS: LOS NUEVE CENTROS 67

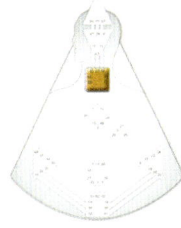

Un centro de manifestación: «Todos los caminos llevan a Roma». El Centro de la Garganta establece el contexto para nuestro comentario de los nueve centros. Su extraordinaria y única función es similar a la de la plaza de un pueblo. Toda la energía se está moviendo por los otros ocho centros hacia la Garganta, donde se le da una «voz» como medio para que manifieste físicamente y/o comunique verbalmente nuestra inteligencia humana. El Centro de la Garganta es la manera en que expresamos con precisión lo que significa un ser humano diferenciado en la cumbre de la cadena alimentaria.

Dos centros de presión: Los Centros de la Cabeza y de la Raíz son dos fuentes de presión que mueven la energía hacia los tres centros de conciencia. Son las presiones de «saber» y de «hacer», de pensar y de seguir vivo. La Cabeza formula la pregunta que mueve la energía hacia el Centro Ajna para que conceptualice la respuesta. La presión de la Raíz provee el impulso adrenalizado para la supervivencia, el ímpetu para que la vida siga adelante. Este «combustible» es una potente energía que se envía a los Centros del Bazo, del Plexo Solar y Sacral, donde se sigue perfeccionando de camino a la Garganta, donde será comunicado o convertido en acción.

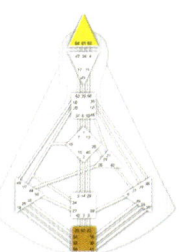

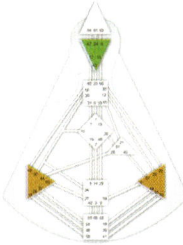

Tres centros de conciencia: Los Centros del Bazo, Ajna y del Plexo Solar son tres áreas potenciales de autoconciencia. Cada uno de ellos se enfoca e interpreta energéticamente nuestras experiencias vitales como conciencia del cuerpo, de la mente o del espíritu. (Los otros seis centros funcionan a un nivel mecánico.) Al llegar a la Garganta, la energía se convierte en una expresión de nuestra inteligencia consciente: o inteligencia esplénica del Bazo (conciencia para la supervivencia), o inteligencia mental (conciencia cognitiva), o inteligencia emocional o del espíritu (conciencia relacional o social).

Cuatro centros motores (de energía): Los Centros de la Raíz, del Plexo Solar, Sacral y del Corazón son motores; son frecuencias específicas que nos proporcionan los recursos de energía necesarios para manifestar nuestra vida. La Raíz nos provee del impulso para continuar. La ola emocional del Plexo Solar nos provee del ímpetu del deseo de más experiencia, de intimidad en las relaciones y de conciencia del espíritu. En el Sacral tenemos la energía generativa para sustentar la continuidad de la Forma, la fuerza vital creativa. El Corazón es el motor detrás de «yo, mí, mío», la fuente de la fuerza de voluntad. Asegura nuestra supervivencia en el plano material a través de jerarquías comunales.

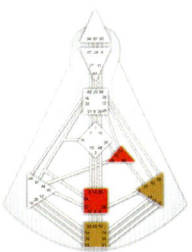

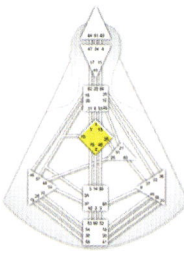

Un centro de identidad: El Centro G es donde reside el Monopolo Magnético. Situado estratégicamente en el Cuerpo Gráfico en el centro del mandala, establece nuestra identidad como una dirección a través del tiempo en el espacio, que llamamos nuestra geometría. Ahí es donde nuestro flujo de energía único (o definición) nos conecta con el flujo de toda la vida; o cómo estamos conectados al universo. El Monopolo Magnético nos va trayendo nuestra vida. Podríamos decir que el universo vive la vida a través de nosotros.

Centros definidos y sin definir

Notarás en el Cuerpo Gráfico que algunos de los centros están coloreados, o definidos, y algunos no están coloreados, o no definidos. Los centros que están definidos son fijos y fiables en su manera de funcionar. Los centros que están sin definir (en blanco) son los lugares en los que experimentas influencias externas o condicionamientos. Los centros sin definir no están rotos, no están vacíos y no necesitan ser reparados. Son lugares en los que somos vulnerables al condicionamiento, y áreas en las que aprender y adquirir sabiduría. Cada uno de nosotros se compone de una mezcla de lo que está definido y lo que está sin definir. No se trata de si eso es bueno o malo. Nuestras partes definidas representan al estudiante que vive la vida, y lo que está sin definir representa dónde vamos a la escuela: la escuela de la vida. El proceso de llegar a ser tú mismo es un proceso de reconocer dónde estás recibiendo condicionamiento en la vida, cómo te afecta y cómo ponerlo en el contexto adecuado. La oportunidad para la sabiduría está en este reconocimiento.

El condicionamiento de los centros sin definir y la mente del no-ser

Cuando pasamos de ser seres de 7 centros a ser seres de 9 centros en 1781, el rol estratégico (tomar decisiones) de la mente cambió de dirigir nuestra vida a convertirse en una fuente de sabiduría y autoridad externa para los demás. La mente todavía insiste en hacer lo que ha hecho durante miles de años, no entiende que su tipo de trabajo ha cambiado, lo que crea tensión entre nuestra forma y nuestra mente, así como entre el ser verdadero y el no-ser. Nuestras increíbles mentes no pueden ser la autoridad personal de nuestra nueva forma de 9 centros.

Al Cristal de Personalidad (o conciencia del pasajero) se le invita a que entre en el feto durante los tres últimos meses del embarazo, después de que nuestro cuerpo esté totalmente formado. El pasajero se familiariza con el neocórtex de su nuevo vehículo, pero no tiene nada que hacer directamente con crear ninguna parte de la forma o cuerpo. Sin nada específico que hacer, el pasajero decide asumir la tarea de conducir desde el asiento de atrás, sin carné. Desde su posición altanera en el Centro de la Cabeza, piensa que está mejor equipado para dirigir la función, tu vida.

Sin embargo, hay dos detalles significativos de los que la mente, el pasajero, no es consciente. El primero es que ya tienes un conductor, tu Monopolo Magnético. El segundo

SECCIÓN DOS: LOS NUEVE CENTROS

es que tu vehículo ha evolucionado recientemente a un nivel de sofisticación y consciencia que supera con mucho a la mente. Es decir, la mente alcanzó su cenit en el ser de 7 centros, habiendo guiado a la humanidad a un nivel de consciencia y logros científicos sin precedentes. Sin embargo, después de 1781, nuestra forma dio un salto evolutivo y ahora nuestro cuerpo tiene 9 centros en funcionamiento, con una conexión incorporada a una brújula fiable e individualizada.

Cada uno de nosotros tiene su propio GPS y está conectado con el universo. Nuestra mente ya no puede competir con éxito en el proceso de tomar decisiones con esta nueva forma o cuerpo de 9 centros al que está unida, pero no lo comprende. Haciendo caso omiso de estos hechos, la mente continúa haciendo lo que siempre ha hecho: trata de dirigir tu vida. Esto no significa que nuestra mente sea un enemigo que hay que vencer, reprimir o ignorar, sino más bien una fuerza creativa con la que hay que contar y hacerse amigo. El papel que le corresponde a nuestra mente, para el que está perfectamente equipada, es pensar y soñar, inspirar y formular, y entender la vida. La mente es un don asombroso cuando está liberada de la toma de decisiones y se usa en servicio a la humanidad. La mente está llamada a ser una herramienta para nosotros y un maestro potencial para los demás. Lo que impide que esto suceda es nuestra ignorancia de cómo estamos diseñados para operar. Convirtiendo a nuestra mente en un aliado y liberándola de la tarea de tomar decisiones, para que pueda asentarse cómodamente en su papel como observador capaz de autorreflexión, permitimos que nuestra mente revele sus verdaderos tesoros y haga su legítima aportación.

Desde que nacemos, estamos continuamente en los campos áuricos de nuestra madre, padre, hermanos, parientes y otras personas. Nuestros canales, puertas y centros sin definir (abiertos) están siendo constantemente definidos o rellenados energéticamente por la definición de otras personas. Con el tiempo, somos sutil pero profundamente influenciados por sus campos energéticos, así como por sus expectativas crecientes con respecto a nosotros. Esto es lo que el Sistema de Diseño Humano describe como condicionamiento. Aunque nunca perdemos el contacto con lo que realmente somos, para cuando cumplimos siete años se han apilado sobre nuestro ser verdadero varias capas de condicionamiento familiar y social.

No podemos esquivar el condicionamiento o escapar de él; tampoco es inherentemente algo malo. Es simplemente inevitable. Los tránsitos planetarios, la gente y todas las formas de vida, incluidos los insectos, los pájaros, los animales y las plantas, conectan con nosotros y pueden influenciar nuestros patrones de pensamiento, nuestra conducta y nuestras decisiones, especialmente si no estamos enraizados en nuestro diseño a través de nuestra Estrategia y Autoridad. A lo largo de nuestra vida, la curiosidad natural de nuestros centros abiertos nos atrae a personas con definición en esos centros. Sin embargo, absorber sus frecuencias pone bajo presión a nuestra apertura y lleva a nuestra mente a pensar en todo lo que nos falta.

Los espacios abiertos en nuestra carta son considerados como la fuente de nuestro no-ser simplemente porque son energéticamente inconsistentes y poco fiables. Tenemos problemas cuando empezamos a confundir lo que experimentamos a través de nuestra apertura (lo que no somos) con nuestro ser definido o ser verdadero (lo que es consistente en nosotros). El Sistema de Diseño Humano examina cuidadosamente dónde estamos abiertos al impacto del condicionamiento y lo distingue de nuestra definición. Nos muestra que, siguiendo nuestra Estrategia y Autoridad, estamos totalmente equipados de manera única para afrontar y resolver los dilemas que surgen de las concepciones de nuestro no-ser.

Nuestros centros sin definir están abiertos a la estimulación y están literalmente diseñados para meternos en la vida. Sin embargo, cuando usamos nuestra mente para tomar decisiones, nuestros centros abiertos forman parte de lo que denominamos la mente de nuestro no-ser. Como lo que es fiable y consistente en nosotros no es realmente interesante para nuestra activa mente, lo que está abierto (sin definir) se convierte en una fuente de profunda atracción. Es lo que anhelamos, lo que deseamos experimentar y lo que pensamos que tenemos que tener o queremos ser. Por desgracia, la seducción de esta atracción puede alejarnos de nuestra naturaleza básica, y esa es la razón por la que a menudo no vivimos nuestro propio potencial único. El problema es que cuando tratamos de ser lo que no estamos diseñados para ser, todo se distorsiona; nos sentimos perdidos, atrapados en la búsqueda de lo que continuamente nos elude en nuestra vida. Basar nuestras decisiones en deseos cambiantes e ilusorios, es decir, en lo que no es consistentemente nosotros, es como tratar de construir una casa sobre arena movediza. Con el tiempo, comienza a tomar cuerpo la falsa suposición de que esto ES nuestra vida. El resultado es una sensación de fatiga y de fracaso, además de frustración, amargura, rabia y desilusión con la vida.

En los primeros años de tu vida, tu mente (el pasajero) pensó que sus decisiones te estaban protegiendo a ti y a tu vehículo de ser superados o heridos por experiencias que te llegaban a través de tus espacios abiertos y vulnerables. Tu mente terminó atrapada en los miedos innatos de tu cuerpo respecto a su bienestar físico, mental y emocional; su necesidad de seguridad, amor y apoyo. Esos miedos se amplificaron muchas veces en tus centros abiertos y tu mente desarrolló una vigilancia extrema a tu entorno. Usó cómo respondían o reaccionaban los demás ante ti para mantenerte haciendo concesiones con tu verdadero ser, comparándote siempre con las expectativas y necesidades de otros respecto a ti. Te llevó a someterte para poder encajar y hacerte la vida más cómoda a ti y a los que te rodean. Y funcionó... durante un tiempo. Incluso hubo compensaciones gratificantes, pero al final tuviste que pagar un precio.

Cada decisión que tomamos en la vida nos mantiene en nuestro camino o nos lleva por un desvío confuso y a veces doloroso: nos acerca o nos aleja de nuestra verdadera naturaleza y propósito. Las decisiones correctas tomadas desde nuestra Autoridad personal, desde lo que está definido en nosotros y en lo que podemos confiar, nos alinean con nuestro destino y nos sitúan en relaciones, lugares y trabajos que son correctos para nosotros. Las decisiones tomadas por nuestra mente, y basadas en el condicionamiento de nuestros centros sin definir, nos llevan a desviarnos de nuestro rumbo. Cuando sucede esto, nos encontramos ante situaciones que no estamos equipados para afrontar, adquiriendo compromisos que agotan nuestra energía e inhiben el uso de nuestros verdaderos talentos.

La sociedad pone mucho énfasis en la mente, o la conciencia mental, y en hacer que sucedan las cosas. La presión del condicionamiento sobre nosotros no va a desaparecer en un futuro cercano. Como generalmente tenemos más espacios sin definir que definición en nuestra carta, la enorme complejidad y amplificación de nuestra apertura por parte de la mente del no-ser ejerce fácilmente una fuerza desmesurada en nuestra vida. A nuestra definición le resulta extremadamente difícil resistir las presiones que pasan por su semejante apertura, especialmente cuando la mitad de nuestra definición discurre por debajo de nuestro nivel de consciencia. Afortunadamente, nuestra Estrategia y Autoridad simplemente eluden la red ilusoria de las persuasiones de la mente y permiten que sea el chófer quien conduzca. A esto se le llama entrega o rendición, el estado de conciencia que buscamos.

Las preguntas del no-ser de los centros abiertos

Los centros abiertos en nuestro Cuerpo Gráfico revelan los principales puntos vulnerables y cómo nuestra mente los ha utilizado para crear su propia estrategia para tomar decisiones tratando de evitarnos más confusión y dolor. Con el tiempo, las estrategias protectoras de la mente se convierten en habituales conductas malsanas o hábitos inconscientes que continúan en la edad adulta. Cuando ves de dónde proceden los hábitos ineficaces y que, para empezar, vienen de un espacio que no es tú, es mucho más fácil soltarlos. Cuando empezamos a ver lo fácil que resulta perdernos en nuestra apertura y luego identificarnos con ella, también comenzamos a ver que los centros sin definir son las ricas fuentes de exploración que se supone que son. A través de ellos vienen nuestros encuentros más inesperados, nuestros mayores descubrimientos y nuestras percepciones más profundas, uniéndose todo ello para, con el tiempo, convertirse en sabiduría. Con el conocimiento acerca de nosotros mismos que nos ofrece el Sistema de Diseño Humano podemos empezar a apreciar y disfrutar nuestra apertura de una nueva manera. La sabiduría reside en la experiencia sin apegos de nuestra apertura. Cada uno de los centros, canales y puertas sin definir en nuestra carta tiene el potencial para semejante sabiduría.

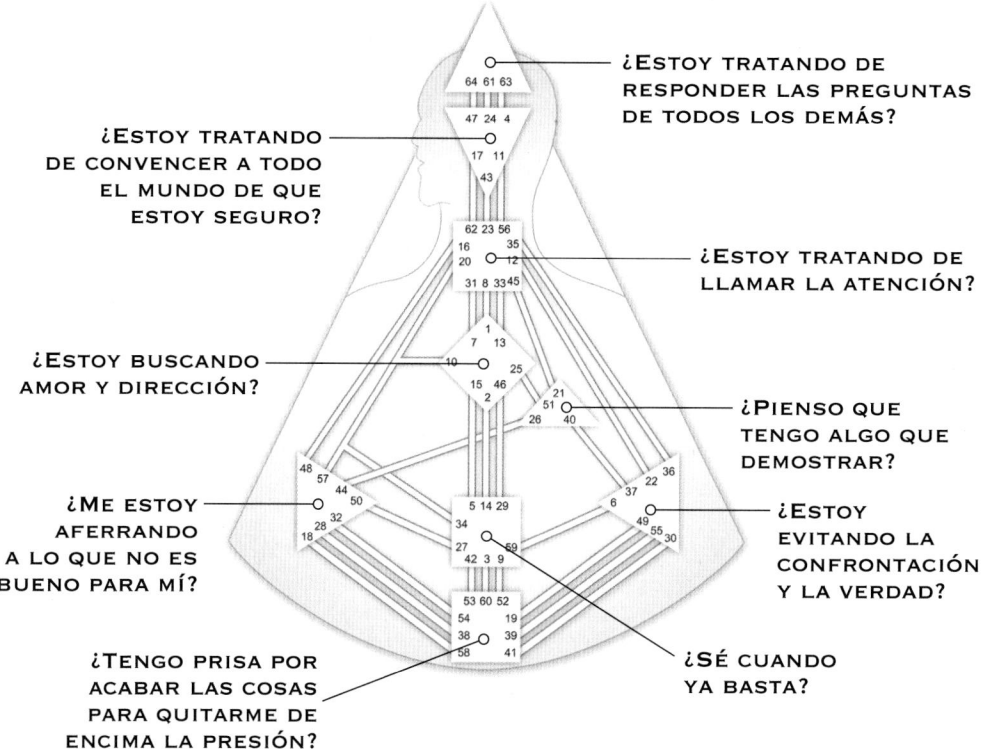

Esta ilustración enumera los mantras del no-ser de cada uno de los centros abiertos. Son preguntas que nos podemos hacer para determinar si estamos operando desde nuestro ser verdadero o desde nuestro no-ser. Exploraremos más en profundidad cada uno de estos centros y sus elaboraciones; sin embargo, tomarte un tiempo ahora para hacerte las preguntas aplicables a tus centros abiertos puede ser un ejercicio muy revelador y una manera efectiva de descubrir lo sutil y penetrante que puede ser el condicionamiento del no-ser.

Ver las ideas clave del no-ser en un Cuerpo Gráfico

El análisis preciso de nuestro Cuerpo Gráfico nos permite literalmente trazar un mapa de cómo hemos sido condicionados para pensar a lo largo de nuestra vida, con sorprendentes detalles y percepciones del funcionamiento de nuestra mente. Lo que descubrimos es una conexión muy fuerte y poderosa entre nuestra mente, nuestras experiencias dolorosas tempranas y nuestros centros sin definir. Vamos a ver las ideas clave de la carta del ejemplo de esta ilustración para mostrar dónde esta persona ha sido más vulnerable al condicionamiento a lo largo de su vida. Comenzando con el Centro del Bazo sin definir, que tiene que ver con la seguridad, vemos que ha sido condicionada para aferrarse a cosas como trabajos, relaciones, lugares y actitudes para sentirse segura.

Al Bazo sin definir le preocupa la supervivencia; sus temores se suscitan fácilmente y pueden ser la causa de que alguien permanezca en trabajos y en relaciones mucho después de que hayan dejado de ser sanos. A través del Centro del Corazón sin definir, esta persona está condicionada para probar su valía: que es lo suficientemente buena para algo, lo suficientemente sexy, lo suficientemente leal, lo suficientemente atractiva, lo suficientemente lista, y así sucesivamente. Es propensa a hacer promesas que no tiene la fuerza de voluntad para cumplir, pero intenta (y fracasa) cumplirlas para demostrar lo valiosa que es, lo que al final resulta en muy baja autoestima. El Centro de la Cabeza sin definir es una mente ocupada pensando cosas que no importan. Su mente está afanosamente ajetreada tratando de resolver las preguntas no respondidas de los demás. Con un Centro de la Raíz sin definir, siente la presión de apresurarse con las cosas y acabarlas para poder pasar a lo siguiente y quitarse de encima la presión.

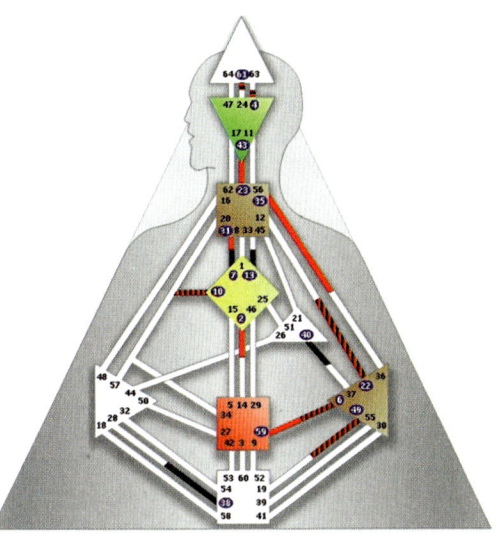

Las ideas clave de sus centros sin definir ofrecen una imagen de aquello en lo que se ha estado enfocando su mente, y basando sus decisiones en ello, la mayor parte de su vida. Cuando sintetizamos toda esta información en una frase, tenemos una persona temerosa de perder la seguridad de su relación o su trabajo, de modo que trabaja muy duro para hacer las cosas rápidamente, tratando de resolver los dilemas de todo el mundo para probar lo valiosa que es.

Si es tu camino avanzar hacia la transformación y la conciencia, lento pero seguro dejarás de dar autoridad a tu mente y te rendirás a la Autoridad de tu forma. Soltarás las ideas de la mente sobre lo que deberías y no deberías hacer y cómo piensas que se supone que tiene que ser tu vida. Aunque la entrega o rendición no es un estado natural para la mente, esta puede aprender a rendirse a tu Estrategia y Autoridad y asumir su verdadera posición como pasajero y observador consciente, disfrutando el viaje en un vehículo que sabe exactamente dónde llevarle.

> «No soy Ra Uru Hu. Ra es alguien que observo. No soy atómico. Estoy hecho de materia oscura. Eso es lo que está observando. Está observando a través del prisma del medio atómico porque sin ello el Yo Soy está silencioso para siempre. El pasajero que soy y que no es atómico puede ser libre en la vida en vez de en la muerte. De eso se trata.»
>
> Ra Uru Hu

Centros definidos, sin definir y completamente abiertos

La manera en que nuestras puertas activadas están configuradas dentro de un centro determina cómo opera el centro, cómo lo experimentamos dentro de nosotros y cómo interactúa con el entorno y las personas que nos rodean.

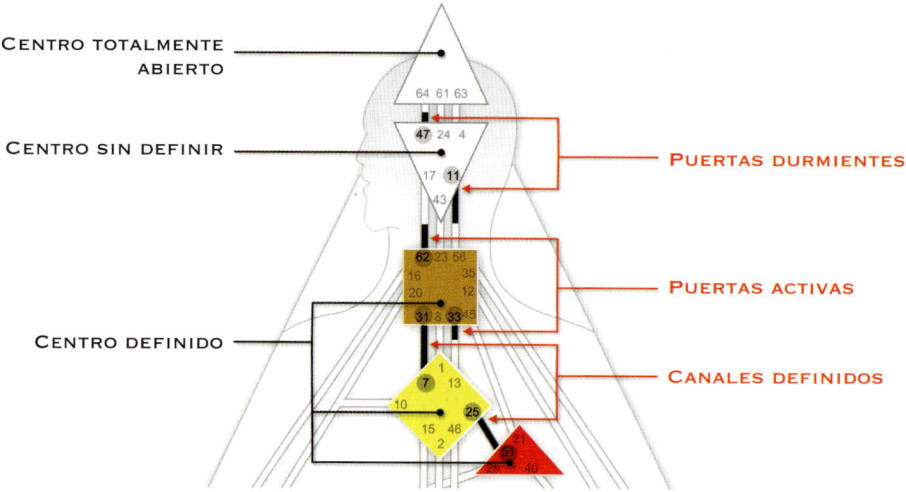

Centro definido: Cuando están activadas las dos puertas en ambos extremos de un canal, forman una definición. En la ilustración de arriba, las Puertas 7 y 31 forman el Canal del Alfa, definiendo los Centros G y de la Garganta, y las Puertas 51 y 25 forman el Canal de Iniciación, definiendo los Centros del Corazón y G. Un centro definido es un núcleo de energía consistente y fiable en nosotros. Las activaciones de una sola puerta en un centro definido (Puertas 33 y 62 en este ejemplo) son «puertas colgantes» que contribuyen de manera fiable con su tema a la definición general. En conjunto, la definición es la frecuencia energética de nuestro ser diferenciado, que se comunica a los demás a través de nuestra presencia.

Centro sin definir: Los centros sin definir (en blanco) son lugares de vulnerabilidad en los que estamos abiertos a oportunidades para aprender y también a la influencia de las fuerzas de condicionamiento que nos rodean. Un centro sin definir en una carta tiene una o más puertas durmientes. Pueden ser aspectos inconscientes (en rojo) o conscientes (en negro) de nuestro diseño. Las puertas durmientes están solas en el canal; están ahí, esperando ser encendidas por una conexión electromagnética, es decir, por la puerta que hay en el otro extremo del canal. La puerta colgante filtra o dirige la energía entrante hacia el centro (o los centros) sin definir, haciéndonos más conscientes de su presencia dentro de nosotros.

Centro completamente abierto: Aunque comparte muchas características con el centro sin definir, el fenómeno de un centro completamente abierto es bastante diferente.

Ninguna puerta durmiente significa no tener nada a lo que agarrarnos, ningún tema o sentimiento familiar con el que reaccionar o conectar la energía con nosotros. Podemos ser muy vulnerables en un centro completamente abierto porque, sin ningún tema al que agarrarnos, la información que está pasando por el centro puede ser confusa, especialmente en su estado amplificado. Afortunadamente, lo contrario también es verdad. Sin ninguna puerta durmiente para filtrar o prejuzgar la energía entrante, estamos abiertos al potencial completo del centro para el aprendizaje experiencial, que se convierte en una fuente de sabiduría cuando maduramos.

En las páginas siguientes exploraremos las características de cada centro, cómo se despliega su energía en tu vida y sus temas del ser verdadero y del no-ser. Por favor, consulta tu carta de Diseño Humano según vayas leyendo, para descubrir tu historia.

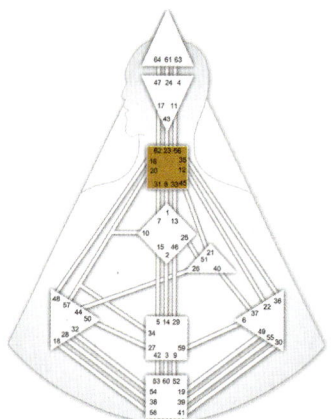

El Centro de la Garganta

Comunicación y manifestación

Metamorfosis y transformación mediante la interacción con el mundo

Correlación biológica

Biológicamente, el Centro de la Garganta se asocia con las glándulas tiroides y paratiroides. Son glándulas endocrinas responsables de la metamorfosis/transformación. El sistema tiroideo supervisa los procesos metabólicos: cómo asimilamos la comida, si la digerimos rápidamente o no, cómo quemamos la energía, si somos rápidos o lentos, si somos grandes o pequeños, delgados o gordos. La resistencia que experimentamos a raíz de palabras y actos prematuros o inoportunos, o al hablar cuando deberíamos estar callados, puede manifestarse en nuestra fisiología poniendo en peligro la salud y el bienestar de nuestras cuerdas vocales y la función tiroidea.

La manifestación como comunicación y/o acción

Importantes cambios fisiológicos en la ubicación y estructura de la laringe, con el desarrollo concurrente del neocórtex, han determinado la evolución de nuestra especie en los últimos 85.000 años, resultando en nuestra capacidad para expresar una consciencia autorreflexiva. Estos cambios posibilitaron la manifestación completa de lo que significa ser humano, tanto a través de la comunicación verbal como de la acción deliberada. Ya esté definido o no en nuestro Cuerpo Gráfico, el Centro de la Garganta desempeña un papel central en nuestra manera de expresar nuestro ser y cómo manifestamos nuestra vida vocacionalmente. Aunque su función es puramente mecánica e inconsciente, el Centro de la Garganta constituye un punto clave en el Cuerpo Gráfico.

Si consideramos el Cuerpo Gráfico como el mapa de un pueblo, el Centro de la Garganta sería la plaza mayor. Al ser el más complejo y central de los nueve centros, toda la energía que fluye por el Cuerpo Gráfico está bajo una gran presión para llegar a la Garganta y ser comunicada o convertirse en acción. La frase «Todos los caminos llevan a Roma» lo resume muy bien. La energía que fluye por el Cuerpo Gráfico se metaboliza y se transforma dentro del cuerpo mismo a través de los procesos biológicos relacionados con este centro.

La *función primaria* del Centro de la Garganta es la manifestación mediante la comunicación, expresando quiénes somos, qué estamos pensando, sintiendo, creando o aprendiendo, lo que sabemos o queremos contribuir y lo que hemos visto u oído y podemos decir para potenciar a otros. Con su potencial de manifestación y once puertas o voces, la Garganta atrae naturalmente mucha atención, que está destinada a crear el marco idóneo para la manifestación. No estamos diseñados para estar solos o aislados los unos de los otros. Nuestra habilidad para comunicar con eficacia asegura la calidad de nuestras relaciones y, por tanto, nuestra supervivencia. El lenguaje y la comunicación no son para decirles a los demás lo que tienen que hacer. Son para manifestarnos o darnos a conocer a los demás de maneras únicas para que puedan responder o interactuar con lo que estamos diciendo o haciendo. Comunicándonos antes de actuar, podemos ver de antemano lo que es viable y lo que no.

Nuestra propia voz viene de activaciones específicas de puertas o canales definidos en nuestro Cuerpo Gráfico. Cualquier centro en nuestro diseño que esté conectado con nuestro Centro de la Garganta tiene una salida a través de ese canal, y es de ahí de donde procede nuestra voz (y/o acción) consistente y fiable. Es muy importante que nuestras palabras y acciones cuenten, porque son nuestra verdad. Es un don inestimable poder confiar en nuestra Autoridad para que nos guíe y en nuestra Estrategia para saber cuándo es correcto manifestarla.

Con tanta presión en el Centro de la Garganta para hablar o hacer, muchas personas son propensas a decir las cosas demasiado pronto o demasiado tarde. Conociendo nuestra voz (o voces) y lo que estamos aquí para expresar o hacer —así como qué puertas están abiertas a la amplificación—, podemos relajarnos y esperar el momento apropiado para involucrar a otros de maneras que sean correctas y satisfactorias para nosotros. La regla de oro del Centro de la Garganta es: «Sigue tu Estrategia y Autoridad y siempre dirás y harás las cosas en el momento perfecto». De esta manera, nuestras palabras y acciones serán recibidas con su impacto completo, sin resistencia, confusión o distorsión.

La *función secundaria* del Centro de la Garganta es la manifestación como acción. La manifestación es posible cuando un motor está conectado a la Garganta. Quienes tienen este tipo de definición son verdaderas personas de acción que pueden poner las cosas en marcha y llevar a cabo lo que conciben. *Nota*: Los Generadores Manifestantes (definidos del motor Sacral a la Garganta) son la excepción, ya que siguen la Estrategia del Generador de esperar para responder, sin iniciar. Elaboraremos más estas diferencias en la Sección Cuatro, dedicada a los Tipos.

La sociedad, así como el no-ser, ejercen una presión enorme sobre nosotros para que aportemos algo con nuestra vida, como elegir un trabajo o vocación. Sin embargo, la capacidad para desarrollarnos y convertirnos en lo que estamos diseñados para ser depende por completo de ir revelando nuestro ser auténtico… y vivirlo.

La posición estratégica del Centro de la Garganta en el Cuerpo Gráfico y su función metamórfica en el cuerpo hacen de él un lugar natural para dirigir y realizar cambios transformadores, mutativos en todos los niveles de la vida. Las frecuencias o puertas específicas activadas en el Centro de la Garganta en nuestra carta indican justamente cómo se expresarán y se desarrollarán en nosotros los cambios necesarios para impulsar nuestra transformación y la evolución de la humanidad.

A continuación aparece la lista de las puertas del Centro de la Garganta.

Puertas del Centro de la Garganta

Puerta 62 • La preponderancia de lo pequeño La Puerta de Detalle	Yo pienso o no Comunicar el detalle y los hechos
Puerta 23 • El fraccionamiento La Puerta de la Asimilación	Yo sé o no Comunicar entendimientos individuales
Puerta 56 • El peregrino La Puerta de la Estimulación	Yo creo o no El narrador estimulante
Puerta 16 • El entusiasmo La Puerta de las Habilidades	Yo experimento/identifico o no Dominar alguna habilidad
Puerta 20 • La contemplación La Puerta del Ahora	Yo soy ahora o no Claridad/acción instantánea
Puerta 31 • La influencia La Puerta del Liderazgo	Yo lidero o no El influyente líder electo
Puerta 8 • La solidaridad La Puerta de la Contribución	Yo puedo contribuir o no Autoexpresión única
Puerta 33 • La retirada La Puerta de la Privacidad	Yo recuerdo o no Compartir lecciones del pasado
Puerta 35 • El progreso La Puerta del Cambio	Yo experimento/siento o no Progreso a través de la experiencia
Puerta 12 • La paralización La Puerta de la Cautela	Yo sé que puedo intentarlo o no Cauteloso socialmente
Puerta 45 • La reunión La Puerta del Recolector	Yo tengo o no El rey/la reina que guía mediante la educación

El Centro de la Garganta definido
• 72 por 100 de la población

Aunque cuando hablamos asumimos que estamos expresando los pensamientos de nuestra mente, en realidad lo que comunicamos está determinado por los once temas de las puertas del Centro de la Garganta. La Garganta es el núcleo de energía para los «mensajes» que llegan de todas las partes del Cuerpo Gráfico; transmuta y dirige cómo se manifiesta esa información en el mundo como comunicación y acción.

Potencialmente, la Garganta puede expresar o actuar directamente desde seis centros diferentes: Ajna, Plexo Solar, Corazón, G, Sacral y Bazo. El Centro de la Garganta sano habla desde su fuente fiable de definición. Por ejemplo, una Garganta conectada al Centro del Corazón habla desde el «yo», como en: «Yo quiero eso, yo tengo eso, yo haré eso». Si la Garganta está conectada al Ajna, dices lo que la mente está pensando y conceptualizando. Si la Garganta está conectada al Plexo Solar, hablas o actúas basándote en emociones o sentimientos. Si la Garganta está conectada al Bazo, hablas espontáneamente desde el conocimiento intuitivo del momento. Si la Garganta está conectada directamente al Sacral, hablas y actúas basándote en las respuestas de los sonidos del Sacral. Si la Garganta está conectada al Centro G, hablas desde tu identidad y dirección personal, desde la esencia superior. Por tanto, la marca de una Garganta definida es la manera consistente, pero limitada, en que se expresa a sí misma de manera fiable.

Las personas con el Centro de la Garganta definido a un motor siempre pueden «hacer» o manifestar, ¡pero eso no significa que deberían hacerlo siempre! Tener el Centro de la Garganta conectado a un motor puede alimentar el afán de ser impulsivo, de sucumbir a la tendencia a hablar demasiado o hacer demasiadas cosas y de malgastar energía con cualquier impulso. Cuando se basan confiada y cómodamente en su Estrategia y Autoridad y saben de dónde viene su voz y cuándo usarla, las personas con el Centro de la Garganta definido pueden manifestar su verdad con soltura, honestidad y claridad.

El Centro de la Garganta sin definir
• 28 por 100 de la población

El tema del no-ser del Centro de la Garganta sin definir es «tratar de llamar la atención». Las personas con el Centro de la Garganta sin definir tienen miedo a que nadie se fijará en ellas, de modo que su mente del no-ser está ansiosa por pensar maneras de llamar la atención. Pueden sucumbir fácilmente a la presión amplificada para hablar, actuar, impresionar, interrumpir o ser el alma de la fiesta. No se dan cuenta de que la Garganta abierta atrae la atención de manera natural, y si esperan les invitarán a hablar. De esta forma, recibirán la atención adecuada, en el momento más oportuno, sin necesidad de perder energía valiosa haciendo o diciendo algo para acelerar el proceso; siempre que su Autoridad esté de acuerdo con que tienen algo que decir que necesita ser dicho. Reduciendo la presión urgente que sienten por hablar, reducen el estrés en sus cuerdas vocales.

Si la presión amplificada por hablar que sienten en su Centro de la Garganta sin definir ha sido condicionada por la definición de la Garganta de otra persona, lo que digan será impredecible y probablemente será mal recibido por los demás. Con el tiempo, pueden llegar a tener temor de abrir la boca. Sentirse fuera de control e incapaz de comunicarse eficazmente puede ser muy perturbador en nuestra cultura tan verbal. El remedio para esto en las personas con el Centro de la Garganta abierto es adquirir confianza en su Estrategia y Autoridad para que guíen sus conversaciones y aprender a comprender la(s) manera(s) en que funciona este centro a nivel mecánico en su diseño.

Cuando están rodeadas de gente con el Centro de la Garganta definido, puede que se sientan incómodas y acaben hablando más que nadie para liberar la presión extra. También usan mucha energía mental pensando en lo que van a decir a continuación, para luego sentirse sorprendidos y quizá incómodos cuando manifiestan algo totalmente inesperado. El dilema es que no pueden planear con ninguna consistencia lo que van a decir.

El enfoque más saludable para las personas con la Garganta abierta es dejar de tratar de controlar lo que dicen; están diseñadas para hablar espontáneamente y disfrutar las diferentes voces o formas de expresión que experimentan. Entonces comprenden que no necesitan «hacer» nada para llamar la atención. Aunque sientan la presión de hablar cuando están con otros, están relajadas y cómodas con su estado de silencio natural. Saben que si esperan se presentará la invitación y el momento adecuados para participar. Su sabiduría es reconocer quién habla y actúa desde su verdad... o no.

Si no se dejan orientar cómodamente por su Estrategia y Autoridad, les preocupan las preguntas: «¿Cómo voy a atraer la atención?» o «¿Qué voy a ser en esta vida?». Tratar de resolver mentalmente estas cuestiones solo les lleva a tomar decisiones a destiempo y a acciones fallidas, sometiendo a presión a su glándula tiroides.

El Centro de la Garganta completamente abierto

Una Garganta completamente abierta es muy excepcional, ya que el centro de la Garganta tiene once activaciones potenciales. Las personas con esta configuración abierta no tienen ni idea de qué decir o de cómo actuar. Por ejemplo, puede que a los niños con el Centro de la Garganta sin definir les cueste más aprender a hablar y se les debería animar a hablar a su propio ritmo. Cuando el no-ser, tanto en niños como en adultos, dicta cómo y cuándo llamar la atención, hablar y actuar, se encuentran hablando con una voz «prestada» o condicionada por otra persona. El resultado es decir algo inadecuado en el momento inapropiado, o ser completamente ignorados. Con el tiempo, la resistencia que encuentran va acumulándose y afecta tanto a su autoconfianza como a su función tiroidea.

Cuando se sienten cómodos con la flexibilidad e imprevisibilidad de su manera de hablar, y confían en la guía de su Autoridad, emerge la considerable sabiduría potencial de este centro. Entre otras cosas, sabrán quién articula bien y quién habla con autenticidad desde su propia experiencia.

La cháchara del no-ser del Centro de la Garganta sin definir

La mente del no-ser es la portavoz de los centros sin definir y nos dice lo que deberíamos decir o hacer. Darse cuenta de esta cháchara es esencial para el desacondicionamiento. Estos son algunos ejemplos de cómo puede sonar el diálogo mental del no-ser con el Centro de la Garganta sin definir: ¿Dónde debo ir para conseguir la atención que quiero? ¿Se está fijando alguien en mí? Si digo esto se fijarán en mí. Si inicio esta conversación conseguiré la atención que me merezco. Mejor que diga algo, porque este silencio hace que me sienta incómodo. ¿Qué iniciativa debo tomar? Mejor que haga algo. ¿Qué o quién voy a ser en la vida?

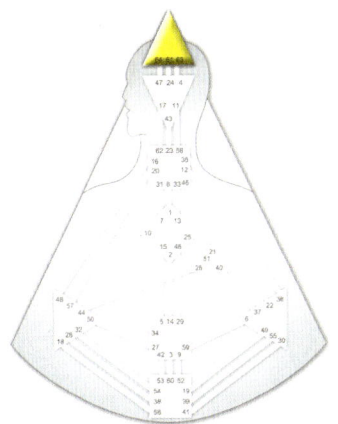

El Centro de la Cabeza

Presión mental
Inspiración

Preguntas, dudas y confusión

Correlación biológica

Biológicamente, el Centro de la Cabeza se asocia con nuestra glándula pineal, que regula el flujo de información entre las áreas grises del cerebro y el neocórtex, o entre los Centros de la Cabeza y Ajna. Más del 90 por 100 de los procesos mentales tienen lugar en lo profundo de las áreas grises del cerebro, por debajo de nuestro nivel de consciencia, y todo lo que procesa nuestro cerebro se filtra a través de la experiencia pasada acumulada. Esto crea una presión que se manifiesta como preguntas que buscan respuesta, o la necesidad de conocer los «porqués» de la vida. Estimula o impulsa nuestro pensamiento y nuestra conceptualización, y cómo procesamos el campo de consciencia.

Presión mental e inspiración

Como es arriba, así es abajo. En la parte superior del Cuerpo Gráfico está el Centro de la Cabeza con su presión mental, entendida como inspiración. En la parte inferior está el Centro de la Raíz con su presión de adrenalina, entendida como estrés. El Centro de la Cabeza funciona como la presión por comprender, por pensar y por ver el sentido de las cosas en el mundo. Su presión mueve nuestros pensamientos hacia la conceptualización en el Centro Ajna, llevando nuestras preguntas hacia fórmulas y opiniones, nuestra reflexión hacia la clarificación y el entendimiento, y nuestra confusión hacia la comprensión y las ideas; y luego hacia el Centro de la Garganta, donde se transforman en lenguaje. A esta presión el Diseño Humano la denomina inspiración, las maneras que tenemos de absorber información del campo cósmico de consciencia.

La inspiración del Centro de la Cabeza no es una energía motorizada que conduce a la acción, sino más bien una presión que impulsa nuestra actividad mental. Estimula nuestra imaginación, nuestro modo único de pensar (Cabeza) y conceptualizar (Ajna), e inicia nuestros pensamientos cotidianos, mundanos, así como nuestros interrogantes más elevados y penetrantes acerca de los misterios de la existencia. Dicho de manera sencilla, esta es la presión para hacer preguntas y esperar respuestas que sentimos a lo largo del día.

Nuestro Centro de la Cabeza ejerce presión o dirige la actividad mental hacia el Ajna a través de tres canales que representan tres marcos de tiempo: formula preguntas enfocadas en asegurar nuestro futuro (Puerta 63); recibe y procesa lo que es nuevo y sobre lo que merece la pena reflexionar en el momento (Puerta 61), y comienza a ordenar el, a veces tan confuso, embrollo de experiencias pasadas para encontrar su significado (Puerta 64). Este encaminamiento es crucial para poner en marcha las tres fuentes de inspiración y descodificarlas para que lleguen a la Garganta con su máximo potencial para impactar y comunicar aún intacto. Esta inquisitiva curiosidad del intelecto, el don extraordinario de la mente para penetrar en lo incognoscible, para encontrar el sentido de la vida y servir de inspiración a los demás, existe para ser disfrutada como fuente de asombro interminable.

Cada decisión que libera nuestra mente de dirigir nuestra vida libera y reorienta la tremenda creatividad de la mente para que pueda hacer su contribución esencial al entendimiento, la evolución y la cualidad de la vida en este planeta. Desgraciadamente, cuando el no-ser usurpa el papel de nuestra Autoridad personal, el Centro de la Cabeza inicia una corriente de preguntas y pensamientos irrelevantes acerca de cosas que no importan realmente. Esto puede convertirse en una presión incesante por saber, que nos llena de dudas y confusión, alejándonos más de nosotros mismos. Si la presión aumenta y no es liberada, puede desencadenar fuertes dolores de cabeza, como las migrañas. Otra consecuencia de dejar que nuestro no-ser distraiga al Centro de la Cabeza de su papel apropiado es que impedimos que nuestra mente alcance su potencial en la vida como la verdadera fuente de sabiduría que realmente puede ser. Con el Centro de la Cabeza aprendemos acerca de la naturaleza de la inspiración, cómo experimentar la presión sin perder de vista el asombro y cómo reconocer qué o quién es verdaderamente inspirador o no.

Las puertas del Centro de la Cabeza

Solo hay tres puertas en el Centro de la Cabeza. La naturaleza de la presión y el tema de cada una de estas puertas establece sus parámetros y modo de inspiración. La presión del Centro de la Cabeza dirige la inspiración hacia el Ajna, y de ahí a la Garganta, para ser comunicada. Las presiones descritas a continuación nos hostigan hasta que las soltamos o encontramos una manera de resolverlas.

Puerta 64 • Antes de concluir La Puerta de la Confusión	Presión abstracta para encontrar el sentido del pasado y resolver el caos y la confusión
Puerta 61 • La verdad interior La Puerta del Misterio	Presión mutativa para saber algo nuevo, para comprender los misterios, para saber lo incognoscible
Puerta 63 • Después de concluir La Puerta de la Duda	Presión lógica para encontrar el patrón a través de la duda; buscar la lógica o un nuevo patrón

El Centro de la Cabeza definido
• 30 por 100 de la población

La definición entre los Centros de la Cabeza y Ajna crea una presión mental consistente para hacer y contestar la pregunta, y para comprender las cosas, incluida la consciencia misma. A menudo resulta difícil vivir con la persistente presión de la inspiración, y puede elevar la ansiedad mental, ya que la inspiración siempre trata de lo que aún no ha sido entendido: meramente plantea la cuestión. Las personas con el Centro de la Cabeza definido tienen una manera fija de pensar. Los temas de sus puertas y canales particulares se convierten en el tema o fuente de inspiración disponible para los demás. Cuando forman parte de un grupo, su aura pone bajo presión para pensar a las personas con el Centro de la Cabeza sin definir. Solo el 30 por 100 de la población mundial tiene definido el Centro de la Cabeza, pero son capaces de inspirar (o de poner bajo presión) al restante 70 por 100 que no lo tiene definido.

Los Centros de la Cabeza y Ajna no están conectados con ninguno de los cuatro motores. Por consiguiente, no hay energía para que puedan llevar sus pensamientos e ideas directamente a su manifestación. Luchar por hacerlo solo conduce a la frustración, la rabia, la amargura o la desilusión. Si esperan el momento oportuno para motivar con sus estimulantes preguntas y posibilidades a otros —como las personas que pueden poner sus ideas en acción—, quienes tienen los Centros de la Cabeza y Ajna definidos eliminan la resistencia que encuentran cuando imponen sus ideas en un mundo que aún no está listo para guiarse por ellas. Es decir, si confían en su Estrategia para determinar el momento apropiado y la receptividad de su audiencia, preservarán su valiosa energía, reducirán su ansiedad e incrementarán su autoconfianza. Es natural que las personas con los Centros de la Cabeza y Ajna definidos se sientan continuamente bajo presión para resolver sus procesos de pensamiento, comprender su propia inspiración y responder sus propias preguntas. Sin embargo, si sucumben a la impaciencia con este estado persistentemente sin resolver y dirigen la presión mental hacia sí mismas, pueden experimentar una profunda ansiedad, dudas sobre sí mismas y depresión. Si tratan de liberar la presión a través de la acción, generalmente el resultado es una decisión apresurada e incorrecta, y una oportunidad perdida de ser una verdadera fuente de inspiración. El reto es aceptar la presión mental sin tratar de actuar basándose en ella o de escaparse de ella. La confusión, la duda y la claridad son procesos naturales que tienen su propio ritmo y resolución. Con la guía de nuestra propia Autoridad, se convierten en cualidades que estimulan preguntas sugerentes y una amplia gama de respuestas capaces de elevar, inspirar y potenciar a otros.

El Centro de la Cabeza sin definir
• 70 por 100 de la población

Las personas que tienen el Centro de la Cabeza sin definir no tienen una manera consistente de deliberar la información mental. Si la inspiración normal se vuelve una presión amplificada para pensar en cosas que no importan, se pueden perder en su propio monólogo mental. Los pensamientos y preguntas irrelevantes del no-ser terminarán por desviarles de los procesos de tomar decisiones correctas. Cuando aumente la ansiedad, puede que traten de aliviarla buscando a alguien o algo inspirador en que enfocarse. Quienes tienen el Centro de la Cabeza sin definir tienden a evitar las ocupaciones intelectuales o se lanzan a un misterio tras otro. Se quedan fácilmente atrapados en las tentativas de tomar decisiones y resolver problemas que ni siquiera son los suyos, sintiéndose perdidos o abrumados por dudas y confusión que en realidad son de otra persona. La presión para resolver cuanto antes las cuestiones de otras personas les abruma, haciendo que les resulte difícil vaciar su cabeza de todas esas cosas para poder relajarse, lo que llena aún más de presión su mente para tratar de entender las cosas y responder sus interminables preguntas. Como no pueden resolver sus problemas con la misma mente del no-ser que los creó, la clave para salir de esta espiral de confusión y duda es circunvalar la ocupación mental del Centro de la Cabeza sin definir confiando en la guía de su Autoridad. El secreto para mantener la salud mental es rehusar a actuar empujados por la presión mental, manteniéndose como observadores desapegados de sus pensamientos y dejando que su Autoridad les dirija a maneras apropiadas de usar su mente.

El verdadero potencial del Centro de la Cabeza sin definir es maravillarse y explorar el misterio de la vida, la consciencia humana y las posibilidades intelectuales de una gama infinita de temas. Puede discernir qué inspiración es digna de contemplación y qué parte del campo mental es simplemente una distracción: quién es una fuente de inspiración y quién es una fuente de confusión. Las personas con el Centro de la Cabeza sin definir pueden usar la información que absorben de los demás para convertirse en grandes reflectores de lo que están pensando los demás y ayudar a discernir la inspiración e ideas que llegan de todas las direcciones. Disfrutan la presión por saber más sin identificarse con ella o sentirse abrumadas. Cuando sienten confusión o dudas, sueltan la necesidad compulsiva de resolverlas porque saben que pasarán. En última instancia, pueden abrirse a la belleza y profundidad de lo desconocido y disfrutar tanto la pregunta como la confusión, a la vez que confían en que las cosas se aclararán, o no; lo que sea correcto para ellas.

El Centro de la Cabeza completamente abierto

Las personas sin ninguna puerta activada en el Centro de la Cabeza no tienen una manera congénita de reconocer cuándo una cosa es más inspiradora o interesante que cualquier otra. No tienen un medio consistente de conectar la presión mental con el resto de su diseño o de llevarla a una manera de pensar familiar acerca de las cosas, o de iniciar un diálogo con otra persona. No saben en qué enfocarse, especialmente en esta abrumadora era de la información. Simplemente no saben en qué pensar, qué importa o no, o por qué, y a menudo temen pensar en cualquier cosa en absoluto. Semejante ansiedad puede llevarles a desconectarse de su intelecto y evitar conversaciones que son intelectualmente estimulantes. O se pueden distraer con facilidad debido a la presión de idear respuestas, o pueden abandonar su Autoridad al dejar que otros les digan lo que es interesante, inspirador o importante. Para disfrutar su sana e ilimitada capacidad para la sabiduría y comprender la presión que hay detrás de la pregunta y discernir lo que es inspirador, las personas con el Centro de la Cabeza completamente abierto necesitan permitir que pase por ellas la presión mental, a menudo amplificada, que experimentan, sin identificarse con ninguna parte de ella. Según van sintiéndose más cómodas consigo mismas con el paso del tiempo, se vuelven sensibles a los matices del Centro de la Cabeza y sus verdaderos dones, y pueden discernir quién usa su mente de manera eficaz y quién no lo hace. Puede incluso que sean lo suficientemente sensibles para averiguar qué están pensando los demás. De esta manera, les llenará de asombro la exploración profunda de todo lo que pueda inspirar su mente.

La cháchara del no-ser del Centro de la Cabeza sin definir

La mente del no-ser es la portavoz de los centros sin definir y nos dice lo que deberíamos decir o hacer. Darse cuenta de esta cháchara es esencial para el descondicionamiento. Estos son algunos ejemplos de cómo puede sonar el diálogo mental del no-ser con el Centro de la Cabeza sin definir: Necesito encontrar algo inspirador. Quizá si voy allí encuentre algo inspirador. Necesito encontrar respuesta a mis preguntas. ¿Dónde puedo ir a encontrar las respuestas? ¿Quién tiene las respuestas? Tengo que comprender esto y/o encontrarle el sentido a esto. ¿Dónde puedo ir o con quién puedo hablar para encontrar las respuestas? ¿Se supone que esto es interesante? ¿En qué debería estar pensando?

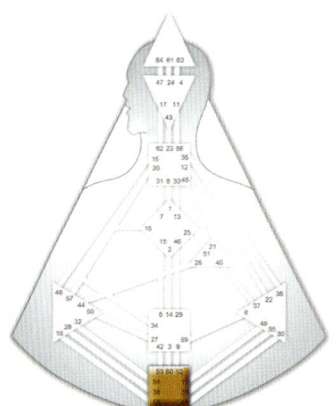

El Centro de la Raíz

Presión física de adrenalina

Mantener el impulso para vivir, estrés

Correlación biológica

Biológicamente, el Centro de la Raíz se asocia con el sistema suprarrenal y la producción de hormonas de estrés. El estrés, como se entiende en el contexto de este centro, es meramente un combustible. Activa en lo profundo de nosotros ciertos procesos bioquímicos que están diseñados para ayudarnos a ser dueños de las situaciones que encontramos en la vida y sustentar nuestro impulso para progresar y evolucionar. El estrés no se puede evitar, ni tampoco podemos luchar contra este combustible vital sin pagar las consecuencias. Si no comprendemos los mecanismos de esta presión en nuestro cuerpo, podemos forzarnos demasiado. Si dirigimos esta presión hacia nuestro interior, podemos deprimirnos y sufrir profundamente. Algo que se deriva de mantener un equilibrio sano entre demasiado y demasiado poco estrés es una sensación de vitalidad que resulta en alegría de vivir.

La presión de la adrenalina (combustible) y la energía motor

Los Centros de la Cabeza y de la Raíz son ambos fuentes de presión, o combustible, que dirigen la energía hacia la Garganta para la comunicación o manifestación. Esta similitud confiere a estos dos centros una profunda e inherente conexión mutua. Mientras que el Centro de la Cabeza trae presión mental en forma de dudas, confusión e inspiración, el Centro de la Raíz trae la presión y el combustible para evolucionar, para adaptarse al mundo y para superar nuestros retos más difíciles. Nos provee de nuestra energía más pura y poderosa y el impulso para que la vida siga adelante.

Sin embargo, a diferencia del Centro de la Cabeza, el Centro de la Raíz es único en cuanto es tanto un centro de presión como un motor. Nueve diferentes procesos vitales son alimentados por la energía que se origina en el Centro de la Raíz. Al final llegan al Centro de la Garganta, pero solo después de que este poderoso combustible que los mueve se procese o atempere al pasar por los centros que lo rodean: el Sacral, el Bazo o el Plexo Solar. La energía presurizada o adrenalizada de la Raíz es demasiado fuerte para conectarse o para ser manifestada directamente por el Centro de la Garganta.

Puertas del Centro de la Raíz

Puerta 58 • Lo jovial La Puerta de la Vitalidad	Presión para corregir y perfeccionar, para mejorar las cosas
Puerta 38 • La oposición La Puerta del Luchador	Presión para encontrar o luchar por un propósito en la vida
Puerta 54 • La muchacha que se casa La Puerta de la Ambición	Presión para lograr, para medrar, para transformar
Puerta 53 • El desarrollo La Puerta de los Inicios	Presión para comenzar, para poner en marcha cosas nuevas
Puerta 60 • La limitación La Puerta de la Aceptación	Presión para mutar, para trascender la limitación
Puerta 52 • La quietud (de la montaña) La Puerta de la Inacción	Presión para enfocar tu energía, para concentrarte
Puerta 19 • El acercamiento La Puerta de Querer	Presión para ser sensible a las necesidades básicas
Puerta 39 • El impedimento La Puerta de la Provocación	Presión para encontrar la pasión y el espíritu en la vida, presión para mostrar pasión
Puerta 41 • La disminución La Puerta de la Contracción	Presión para sentir, el deseo de una nueva experiencia

La presión de la Raíz hace literalmente que se mueva el cuerpo y es un ingrediente esencial de la manifestación en nuestra vida. La manera en que manejamos el estrés, que en sí mismo no es bueno ni malo, está determinada por nuestra propia configuración única del Centro de la Raíz (las puertas específicas que están definidas o sin definir).

El Centro de la Raíz definido
• 60 por 100 de la población

Un Centro de la Raíz definido tiene una manera fija y particular de manejar el estrés y la presión de avanzar en el mundo. La Raíz puede ser definida desde tres centros diferentes: el Sacral, el Bazo y el Plexo Solar.

Las tres conexiones o canales entre el Centro de la Raíz y el Centro Sacral (ilustración de la página siguiente) se denominan Energías Formato. Dictan si la manera en

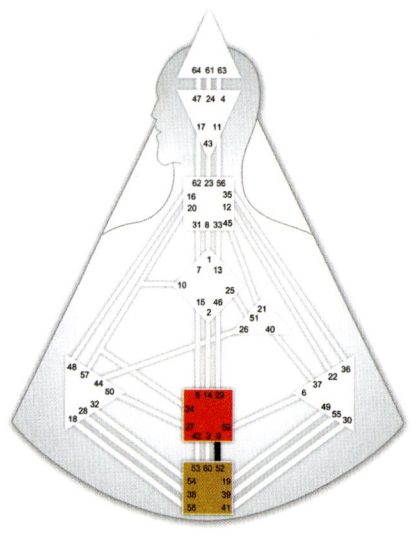

que operamos en el mundo es lógica y enfocada, cíclica y de desarrollo, o impredecible y mutativa. Las personas con la energía formato lógica (el Canal de Concentración 52-9) viven la vida paso a paso de una manera lógica, detallada y organizada; las que tienen la energía formato abstracta (el Canal de Maduración 53-42) viven la vida en múltiples ciclos experienciales con comienzos, mitades y fines definidos, y las que tienen la energía formato individual (el Canal de Mutación 60-3) viven la vida con ráfagas de energía mutativa que se encienden y se apagan. Estas Energías Formato impregnan poderosamente el diseño entero de quienes las tienen y tiene una influencia significativa en las personas que entran en contacto con ellas.

Para permanecer sanas y prosperar en el mundo material, las personas con el Centro de la Raíz definido por conexión al Centro del Bazo pueden confiar en su manera fija de manejar la presión para sobrevivir, medrar y corregir lo que no funciona. De esta manera, la Raíz activa la conciencia existencial y de la supervivencia, incluida la alegría de estar vivo en un cuerpo.

Quien tiene el Centro de la Raíz definido mediante conexión al Centro del Plexo Solar tendrá una manera fija de manejar el estrés emocional, lo que es nuevo y deseoso, y las relaciones personales y sociales. Es la presión que alimenta la conciencia emocional o inteligencia emocional o de relación.

También es posible que las personas con el Centro de la Raíz definido sucumban al estrés del no- ser. Si la poderosa presión que sienten constantemente no se guía de forma apropiada con su Estrategia y Autoridad, pueden volverse obsesivas. Van por la vida iniciando y, de esta manera, encuentran resistencia en forma del tipo erróneo de estrés que es perjudicial para su salud. Tienen la tendencia a proyectar esta presión o estrés en los demás en forma de expectativas poco razonables.

Cuando se sienten cómodos con su propia y consistente presión interna, pueden estar alerta a los momentos en los que las personas con el Centro de la Raíz sin definir están permitiendo que les guíen niveles poco sanos de presión amplificada de la Raíz. Si comienzan algo guiados por su Estrategia y Autoridad y desde un espacio de calma y alegría, entonces, no importa lo desafiantes o llenos de estrés que sean sus cometidos; permanecerán centrados en la energía sustentadora de su Centro de la Raíz.

El Centro de la Raíz sin definir
• 40 por 100 de la población

El Centro de la Raíz sin definir absorbe el estrés de su entorno. Las personas con la Raíz sin definir están sujetas a presiones procedentes de quienes tienen la Raíz definida. Como la presión amplificada es incómoda, siempre están tratando de librarse de ella; sin embargo, en cuanto se libran de una presión, otra presión toma su lugar. Andan con prisa y hacen el trabajo de tres personas, tratando de resolver la presión que no puede ser resuelta. Es un ciclo interminable e insostenible que a la larga tiene como resultado el agotamiento.

Las Raíces sin definir reciben y amplifican el estrés adrenalizado que produce el Centro de la Raíz en el mundo, pero no están equipadas para mantener ese nivel de ímpetu prolongadamente. Con el paso del tiempo, este tipo de condicionamiento puede convertirse en hiperactividad, inquietud incontrolable e incapacidad de centrarse. A menudo, los niños pagan el precio más alto. Cuando la amplificación de la energía de los demás a través de su Centro de la Raíz abierto se malinterpreta como mala conducta, falta de cooperación o deficiencia mental, se les castiga, humilla o se les envía a un terapeuta. Piensa en todos los niños con el Centro de la Raíz abierto a los que les han dado medicamentos para calmarlos. Comprender la mecánica general del diseño de un niño posibilita explorar nuevas maneras de trabajar con estas dinámicas energéticas sin dañar a nuestros niños.

La mayoría de las personas operan sin conciencia y permiten que las dirijan las presiones externas. Cuando los adultos o los niños con el Centro de la Raíz sin definir comienzan a comprender que la presión que sienten no es suya, pueden encontrar maneras de evitar que les abrume. Básicamente, hay dos cosas que pueden hacer cuando experimenten estrés. Una es apartarse y evitarla, a la vez que respiran profundamente para liberar algo de la presión contenida, y la otra es sacar partido de la energía adrenalizada. Por ejemplo, un artista con el Centro de la Raíz sin definir que esté en un escenario puede ser potenciado por la descarga de adrenalina procedente de una audiencia entusiasta. La reacción opuesta a una descarga enorme de adrenalina externa es el miedo paralizador o «miedo escénico». Vivir a expensas de la presión adrenalínica puede convertirse en un hábito o una adicción que deja a la persona vulnerable a todo tipo de problemas de salud y accidentes.

Cuando operan correctamente, las personas con el Centro de la Raíz sin definir esperan a que su Autoridad guíe sus decisiones. No se juzgan a sí mismas como holgazanas o incompetentes si no logran trabajar deprisa o simplemente no quieren hacerlo. Pueden distinguir entre la presión ambiental sana y la insana, y no son adictas a ninguna de las dos; simplemente las reconocen por lo que son. Saben cuándo usar la presión correctamente para incrementar su productividad y cuándo no hacerlo. Se dan el tiempo necesario para disfrutar de verdad completando una tarea una vez que se han comprometido adecuadamente a hacerla.

La sabiduría que se puede obtener del Centro de la Raíz sin definir llega cuando ya no se identifican o se pierden en los hábitos de su condicionamiento. Entonces son capaces de observar cómo funciona el estrés y de discernir cómo usarlo apropiadamente. Saben cuándo es saludable sacar partido de la presión adrenalínica y cuándo evitarla. La clave es reconocer qué presión les pertenece y cuál no.

El Centro de la Raíz completamente abierto

Las personas con el Centro de la Raíz completamente abierto pueden experimentar toda la gama de su presión, desde la profunda quietud de la concentración enfocada a la hiperactividad intensa, pero no la comprenden. Cuando no están prestando atención a su Autoridad, tienden a operar inconscientemente, permitiendo que la presión adrenalínica amplificada y las decisiones mentales incorrectas las lleven a empujones por la vida. Contestan al teléfono automáticamente, dicen que sí, se aceleran, son propensas a los accidentes y se apresuran al hacer las cosas para poder librarse de la presión, creyendo mientras tanto que esa es la manera en que hay que vivir. Como no comprenden ni reconocen la presión, o el hecho de que está amplificada y no es suya, no saben usarla productivamente. Su sistema no puede mantener ese nivel de presión amplificada o ímpetu por mucho tiempo y a la larga se derrumban. Algunos ejemplos son los casos extremos de miedo escénico o los ataques de pánico en los que no pueden avanzar en absoluto en el momento o seguir con su vida. Pueden perder la alegría de vivir.

La naturaleza es un lugar de paz para ellas, un respiro y una zona de amortiguación pacífica del estrés del mundo exigente y acelerado en que vivimos. Cuando han dejado que pase por ellas la presión que no es suya y su sistema se ha aquietado, pueden reconectar con un nivel cómodo y sostenible de presión en su interior. Usando su Estrategia y Autoridad, mantienen un equilibrio sano y productivo entre la presión que hace que avance la vida y la presión para estar en calma. Entonces son posibles la paz, la paciencia y el equilibrio, junto con la sabiduría para ver y evaluar claramente la naturaleza y los efectos de este estrés fundamental, pero a menudo abrumador, en los individuos y la humanidad.

La cháchara del no-ser del Centro de la Raíz sin definir

La mente del no-ser es la portavoz de los centros sin definir y nos dice lo que deberíamos decir o hacer. Darse cuenta de esta cháchara es esencial para el desacondicionamiento. Estos son algunos ejemplos de cómo puede sonar el diálogo mental del no-ser con el Centro de la Raíz sin definir: ¿Qué voy a hacer para que mi vida sea mejor? ¿Dónde está mi propósito? Tengo que lograr algo en mi vida. Tengo que darme prisa y terminar esto. Tengo que empezar algo nuevo ahora. ¿Cómo puedo superar esta limitación? ¿En qué me voy a enfocar? Necesito algo en lo que enfocarme. Necesito que me necesiten. ¿Quién me necesita? ¿Dónde puedo ir para que me necesiten? ¿Dónde está mi pasión? ¿Qué es lo que me apasiona? Me apetece una nueva experiencia. Tengo que darme prisa e iniciar una nueva experiencia. No quiero perder ni un minuto. Tengo que acabar esto.

SECCIÓN DOS: LOS NUEVE CENTROS 91

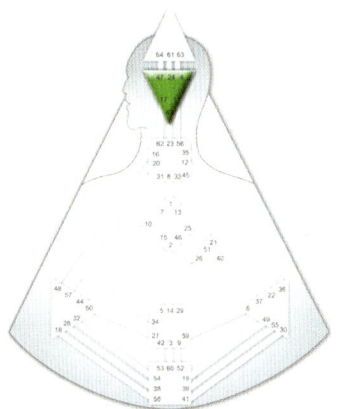

El Centro Ajna

Consciencia mental

Conceptualización, interpretar respuestas, como opiniones, conceptos y teorías

Correlación biológica

Hay tres funciones biológicas que se asocian con el Centro Ajna: el neocórtex, el córtex visual y las glándulas pituitarias. Las diminutas glándulas pituitarias anterior y posterior, ubicadas en la base del cerebro, actúan como la central de mantenimiento de nuestro cuerpo. Envían mensajes hormonales a las glándulas tiroides con instrucciones que nos mantienen vivos, en marcha y funcionando de manera óptima. Estas glándulas maestras del sistema endocrino están íntimamente conectadas a todas las partes del cuerpo y no es sorprendente que durante eones hayamos vivido una vida dominada por la mente. Aunque las pituitarias todavía supervisan todo nuestro sistema, el nivel general de conciencia del cuerpo ha evolucionado y el papel de la mente ha cambiado.

La conciencia mental, la mente y la toma de decisiones

De los nueve centros de nuestro Cuerpo Gráfico, tres son Centros de Conciencia: el Bazo (Consciencia del Cuerpo), con su inteligencia corporal y de supervivencia, el Ajna (Consciencia de la Mente), con su inteligencia mental, y el Plexo Solar (Consciencia del Espíritu), con su inteligencia emocional y su emergente conciencia del espíritu. Mediante estos tres centros tomamos conciencia de nuestra experiencia de estar vivos y en relación con los demás. Los otros seis centros son puramente mecánicos y operan por debajo de nuestro nivel de conciencia.

Los Centros de la Cabeza y Ajna funcionan juntos como la mente. El Centro Ajna es un núcleo procesador para transformar la presión, que llega como inspiración del Centro de la Cabeza, en información útil para la revisión, la investigación y la comunicación. El Ajna es meramente un intérprete; como la Cabeza, no puede manifestar. El Ajna, flanqueado por los Centros de la Cabeza y la Garganta, que no son motores, es el único centro de conciencia del Cuerpo Gráfico separado de la energía. Los otros dos centros de conciencia sí tienen acceso a motores; pueden actuar impulsados por su conciencia. El Centro del Bazo está junto a los Centros Sacral y de la Raíz; el Plexo Solar, que es un motor él mismo, está junto a los Centros de la Raíz, Sacral y del Corazón. La conciencia mental, que fue la segunda conciencia que evolucionó (la conciencia del Bazo fue la primera), domina la manera en que percibimos nuestro mundo hoy. Nuestras percepciones se derivan de dos procesos principales: uno es visual y el otro es acústico. El visual, asociado con el desarrollo del córtex visual, se ocupa de lo que ha sido y lo que podría ser. El acústico se asocia con la pura inspiración y la presión para saber ahora.

La frecuencia de la conciencia del Centro Ajna es diferente de la del Centro del Bazo. La conciencia del Bazo es existencial, espontánea, en el momento. La frecuencia de nuestro proceso mental opera todo el tiempo. ¡Una decisión tomada mentalmente tiene una larga vida útil y podemos reflexionar sobre ella hasta la muerte! Esto significa que cualquier decisión que tomamos basada en lo que sale de nuestra apertura la reviviremos una y otra vez durante el resto de nuestra vida. Permaneceremos estancados en su red ilusoria. Por ejemplo, si tomas una decisión desde tu mente del no-ser y no funciona, tu mente automáticamente sugerirá que pruebes otra opción. Si tampoco funciona, dirá que deberías haber usado alguna otra opción. Ninguna de estas opciones es correcta para ti y ninguna funcionará, nunca. Simplemente te quedas atrapado en una red de sugerencias poco eficaces y callejones sin salida. Reconocer que la mente no tiene autoridad en tu vida es la única manera de salir de la confusión y la desilusión, y de dejar de tomar decisiones mentales incorrectas.

La mente mide o procesa la información de una manera dualista («esto o aquello»): un recurso valioso para sopesar simultáneamente dos o más lados de cualquier concepto. El Ajna puede ver las partes positivas y negativas de una decisión y crear dos argumentos que son opuestos. Un argumento dice que la opción es mala «porque…», mientras que el otro dice que es buena «porque…». Sin embargo, esto es lo único que puede hacer la mente: dar argumentos y contraargumentos. No puede juzgar ni saber qué es lo mejor. Simplemente determina cuántos lados hay que considerar en un tema.

Imagina que has tenido un malentendido con alguien y quieres arreglarlo. Quieres hablar de ello con esa persona y desahogarte. Usas los dones analíticos de tu mente para elaborar listas de los dos lados de la discusión, ¡pero aún no llamas a la persona! Deja que tu Estrategia y Autoridad te guíen para saber cuándo hablar y qué decir; de otra forma, repetirás esa conversación una y otra vez. «¿Hice lo correcto? ¿Y si lo hubiera hecho de esa manera o dicho de esa forma?» El dolor y el arrepentimiento, en vez de la resolución, son las consecuencias de las reacciones a destiempo, simplemente porque la mente dualista no puede soltar la otra parte de cualquier tema. No podemos conocer nuestra propia verdad desde ese espacio de comparación y racionalización mental. Nuestra verdad debe venir de nuestra Autoridad personal.

La conciencia es el resultado final de afrontar con éxito el miedo, y cada centro de conciencia tiene sus propias formas de miedo que confrontar. El miedo que se experimenta con el Centro Ajna se expresa como ansiedad mental alimentada por el miedo a no saber algo, o el miedo a que no nos comprendan. Ambos miedos son sanos cuando nos impulsan a entender mejor nuestras ideas y comunicarlas con claridad. Sin embargo, cuando fracasa la comunicación aflora la ansiedad. La manera en que afrontemos la ansiedad nos llevará a la maestría y la conciencia o a un mayor incremento de la ansiedad. Tengamos el Ajna definido o sin definir, todos tenemos estos miedos. En el Ajna sin definir se magnifican.

El valor de la conciencia, o inteligencia mental, no proviene de controlar, sino de nuestra habilidad para compartir y potenciar a los demás con nuestra perspectiva única, en el momento adecuado y en el lugar apropiado. Estamos aquí para encontrarnos los unos con los otros; para articular nuestra experiencia de ser humanos; para enriquecer, educar y acumular historia para las generaciones futuras, y para contemplar y explorar las posibilidades de la vida.

Cada puerta del Centro Ajna contiene una forma de ansiedad mental que nos alerta de la posibilidad de que estemos sucumbiendo a expectativas externas que impiden nuestra conciencia y ponen en peligro nuestra salud mental.

Puertas del Centro Ajna

Puerta 47 • La opresión **La Puerta de Caer en la Cuenta** *Miedo a la futilidad*	Verle el sentido a la confusión. Ansiedad mental de que la vida sea opresiva y fútil, de no poder el verle sentido a la confusión.
Puerta 24 • El retorno **La Puerta de la Racionalización** *Miedo a la ignorancia*	Saber la respuesta en una pulsación. Ansiedad mental de que nunca conocerás la respuesta, de que nunca llegará la inspiración o de que no serás capaz de explicar lo que sabes.
Puerta 4 • La locura juvenil **La Puerta de la Formulación** *Miedo al caos*	Formular una respuesta lógica. Ansiedad mental de que nunca encontrarás el orden en tu vida y siempre estarás en el caos, la necesidad de encontrar y dar respuestas.
Puerta 11 • La paz **La Puerta de las Ideas** *Miedo a la oscuridad*	Tener nuevas ideas que compartir. Ansiedad mental de no tener una idea nueva estimulante en la que pensar o aprender; ansiedad acerca de compartir y manifestar tus ideas.
Puerta 43 • La resolución **La Puerta del Entendimiento** *Miedo al rechazo*	Tener perspectivas únicas. Ansiedad mental de que tus ideas son demasiado raras y serán rechazadas, la necesidad de hacerte entender por los demás.
Puerta 17 • El seguimiento **La Puerta de las Opiniones** *Miedo al desafío*	Tener opiniones basadas en los hechos. Miedo a que tus opiniones sean puestas en duda, por lo que no las compartes; la necesidad de tener los detalles para secundar las opiniones.

El Centro Ajna definido
• 47 por 100 de la población

Quienes tienen el Centro Ajna definido conceptualizan de la misma manera la mayor parte del tiempo, lo que resulta en funciones mentales consistentes, específicas y fiables. Sus preferencias y predisposiciones mentales están determinadas por sus puertas y/o canales, y no son fácilmente influenciados por la presencia de otras personas. Pueden conceptualizar, inspirar y presionar a otros para pensar. Usan su mente para procesar datos, creatividad y como autoridad externa para otros. De esas maneras, condicionan el campo mental y a las personas que entran en su aura.

Los centros definidos siempre están «encendidos», y quienes tienen el Centro Ajna definido están siempre pensando, siempre procesando. Puede que les resulte difícil meditar porque no pueden detener o controlar su actividad mental. Por otra parte, disfrutan su estimulación mental. El Ajna puede estar definido por conexión a los Centros de la Cabeza o de la Garganta. Si la definición es entre el Ajna y la Garganta, siempre pueden decir lo que piensan conforme a su Estrategia y Autoridad. Ambas definiciones pueden crear una obstinada tendencia a tomar decisiones desde la mente, lo que a menudo conduce a sentirse inadecuado o hipócrita si no se puede cumplir lo que se ha dicho. Cuando las personas con el Ajna definido se vuelven demasiado dependientes de su mente, tienden a malgastar mucha energía obsesionándose acerca de algo que no han acabado o de alguna decisión que es demasiado tarde para cambiar.

El Centro Ajna sin definir
• 53 por 100 de la población

Si el Centro Ajna está sin definir en una carta, también el Centro de la Cabeza estará sin definir. Las activaciones de puertas en alguno de estos centros sin definir proveerán temas relacionados con las maneras en que nuestra actividad mental nos conecta con las personas con las que interactuamos.

Los Centros Ajna y de la Cabeza sin definir pueden tener una mente abierta y flexible. Esto es un signo de la inteligencia mental indicativa de pensadores o intelectuales como Freud, Jung, Einstein o Madame Curie. Cuando la mente de una persona se libera del condicionamiento, está abierta a toda la gama de estimulación intelectual y creatividad. Puede aflorar la sabiduría innata o aprendida acerca del intrincado funcionamiento de la mente. Cuando no se aferran o reclaman la posesión de conceptos, ideas u opiniones como su propia verdad personal, o se identifican excesivamente con alguna de ellas, estas mentes abiertas son capaces de contemplar profundamente y descubrir el mundo mediante sus dones intelectuales.

Las personas con el Ajna sin definir son capaces de discernir qué conceptos tienen valor y de reconocer quién es capaz de proveer una respuesta a la cuestión bajo consideración. Tienen la capacidad de examinar con rapidez las miríadas de posibilidades y deducir qué es lo que importa. A menudo captan los pensamientos e ideas antes de que alguien del grupo las diga en alto.

De niños, puede que crecieran sintiendo que sus ideas, que parecen llegar de ninguna y de todas partes, eran irrelevantes o equivocadas. El miedo y el condicionamiento les llevan a creer que necesitan estar seguros acerca de sus ideas para parecer inteligentes. Temerosos de parecer estúpidos, fingen estar seguros acerca de cosas que no importan. Como esto se puede convertir en un hábito con el paso del tiempo, puede que lo hagan sin ni siquiera darse cuenta.

Imagina un niño con el Centro Ajna sin definir al que le enseña alguien con el Ajna definido. Por ejemplo, un padre o una madre que le presiona para que piense de una manera en particular; cuando el niño no puede hacerlo con solidez empieza a sentirse inadecuado. Esos niños crecerán sintiendo que hay algo que no está bien en ellos, y con el condicionamiento lo compensarán fingiendo estar seguros de las cosas para sentirse aceptados y aceptables.

Sin embargo, cuando se dan cuenta y aceptan que su mente opera de una manera inconsistente y que nunca pueden estar realmente seguros acerca de nada, su mente se convierte en un campo de juego. Vuelve a su papel correcto como sala de clase, una fuente deliciosa de entretenimiento y un tesoro escondido de sabiduría para los demás.

El Centro Ajna completamente abierto

Las personas con el Centro Ajna completamente abierto y el Centro de la Cabeza completamente abierto pueden tener dificultades para saber qué pensar o cómo interpretar o conceptualizar lo que piensan, lo que es muy importante en lo que respecta a encajar en nuestra cultura orientada a la mente. Sin ninguna puerta activada o canales con los que organizar sus pensamientos, no tienen nada fijo y fiable de lo que depender. Esto puede dejarlas con una sensación de desvalimiento, ansiedad e incluso futilidad respecto a los beneficios de pensar. Si su no-ser saca partido de esta situación fortaleciendo sus argumentos para controlar su vida, esto conducirá a la abdicación de su Autoridad personal.

Quienes tienen el Centro Ajna completamente abierto pueden obtener mucho placer contemplando una amplia gama de teorías, conceptos y entendimientos sin apegarse a ninguno de ellos o a ninguna manera particular de pensar acerca de ellos. Aprenden a reconocer un buen pensamiento o concepto que, cuando es estimulado por una invitación correcta, puede pasar al siguiente nivel. Una de sus contribuciones más prácticas es ayudarnos a detectar las maneras en que el no-ser y la mente del no-ser nos seducen para alejarnos de nuestro verdadero camino y propósito.

La cháchara del no-ser del Centro Ajna sin definir

La mente del no-ser es la portavoz de los centros sin definir y nos dice lo que deberíamos decir o hacer. Darse cuenta de esta cháchara es esencial para el descondicionamiento. Estos son algunos ejemplos de cómo puede sonar el diálogo mental del no-ser con el Centro Ajna sin definir: Mejor que entienda esto; tenemos que entender esto. ¿Qué debo hacer con mi vida? Tengo que lograr descifrar qué es lo que debo hacer con mi vida. ¿Cuál es mi siguiente paso? Estoy seguro de que _____ (rellenar el espacio en blanco). Tengo que desentrañar el propósito de la vida, porque parece fútil. Tengo que «saber» la respuesta. Tengo que poner orden en mi vida para librarme de este caos. Tengo que convertir en realidad en mi vida esta nueva idea. Mejor que no comparta esto, porque la gente va a pensar que soy raro o extraño. No voy a compartir mi opinión porque no quiero que la cuestionen. Tengo que estar listo para que me cuestionen. ¿Qué voy a decir?

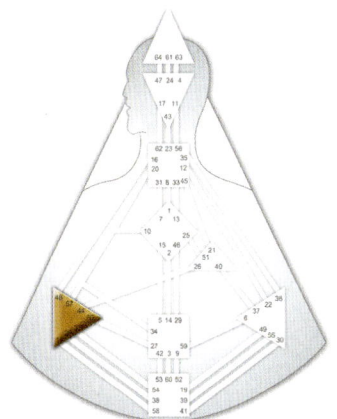

El Centro del Bazo

Consciencia del cuerpo

Vida completamente existencial, espontaneidad, salud y bienestar, valores, sistema inmunológico

Correlación biológica

El Centro del Bazo (también llamado Centro Esplénico) se asocia con nuestro sistema linfático, el bazo y las células T. Las células del sistema linfático actúan como pequeños oídos, narices y lenguas por todo el cuerpo. Siempre alerta, están continuamente escuchando, probando y oliendo para asegurarse de que todo en nuestro entorno está sano y equilibrado. Si algo no lo está, nos avisan. Es el núcleo de nuestro sistema inmunológico. Cuando las células T (soldados esplénicos que constituyen alrededor del 50 por 100 de las células de nuestro cuerpo) se ponen en acción, atacan y destruyen cualquier cosa que invada el cuerpo. Su trabajo es protegernos de la enfermedad.

Los niños con el Centro del Bazo sin definir son probablemente los primeros en llegar a casa con cualquier enfermedad que haya fuera, como la gripe, un catarro, el sarampión o las paperas. Es la manera en que su cuerpo va desarrollando lentamente una inmunidad natural a las enfermedades comunes. La clave para mantener la salud de esos niños es permitir que se recuperen por completo después de estar enfermos. Hay que darles unos pocos días más antes de que vuelvan a la escuela, para que puedan recuperar todo su vigor. Hay que enseñarles a cuidar de sí mismos para fortalecer su bienestar potencial. Como adultos, serán sensibles a su salud y a cómo se sienten, aprendiendo qué comida y qué remedios de salud funcionan para ellos y cuáles deben evitar. Típicamente, necesitan remedios de salud más suaves que quienes tienen definido el Centro del Bazo.

Las personas con el Centro del Bazo definido tienden a dar por hecho que están sanas. Les vienen bien los chequeos regulares para asegurarse de que su Bazo tan trabajador no esté ocultando problemas potenciales. Cuando sucumben a la enfermedad, generalmente requieren un tiempo prolongado de recuperación. Es imperativo que se curen completamente antes de volver a un programa de actividades lleno y activo.

La conciencia como miedo por la supervivencia

Este asombroso centro, con sus miedos primarios respecto a nuestra supervivencia y bienestar, es también una fuente de alegría y risa, espontaneidad y audacia. Su conciencia existencial, su conciencia en el momento, nos mantiene avanzando de forma segura, mientras que en nuestro interior limpia constantemente la acumulación de toxinas y los efectos adversos de las memorias/vibraciones negativas de nuestro sistema. (Repasando: de los nueve centros del Cuerpo Gráfico, solo tres se describen como centros de conciencia: el Bazo, el Ajna y el Plexo Solar. La conciencia es lo que nos permite darnos cuenta de nuestra experiencia de la vida. Los otros seis centros funcionan a nivel puramente mecánico.)

La conciencia ha evolucionado a lo largo de millones de años, y cada uno de los tres centros de conciencia representa una fase diferente en ese proceso evolutivo. El Centro del Bazo es el más antiguo.

Su conciencia primaria impulsada por la supervivencia nos conecta con todas las formas de vida: plantas, reptiles, pájaros, insectos y nuestros parientes más cercanos, los mamíferos (sus diseños, en la ilustración de abajo). Siendo el centro de conciencia más antiguo y el centro más común a todas las formas de vida, su función esencial ha sido siempre mantener viva a la forma: literalmente, impedir que se convierta en la comida de alguien o de algo.

El trabajo de este centro es la alerta instantánea e instintiva ante cualquier cosa que amenace nuestro bienestar, incluidas las vibraciones emocionales negativas. El miedo es su modo de operar, ya que el miedo por la supervivencia genera alerta. Con el tiempo, estos miedos primarios evolucionaron y se transformaron en una forma de inteligencia, un tipo de sensibilización o conciencia corporal enfocada en lo que es necesario para sobrevivir, adaptarse y prosperar en la realidad mundana. Esta inteligencia permanece alerta y en guardia dentro de nosotros hasta hoy día.

De los tres centros de conciencia, el Ajna (específico de los seres humanos) es el doble de fuerte que el Bazo, y el Plexo Solar (que aún no está plenamente evolucionado como centro de conciencia) es el doble de fuerte que el Ajna. El hecho de que el Centro del Bazo, con su responsabilidad para la-vida-y-la-muerte, sea el más débil de los tres muestra lo frágil que es la vida. Las voces del no-ser de los Centros Ajna y del Plexo Solar pueden eclipsar con facilidad las pequeñas y calladas alertas que llegan de nuestra conciencia del Bazo.

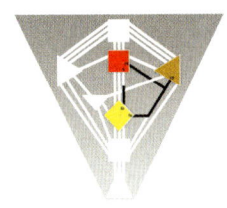
DISEÑO DE LAS PLANTAS

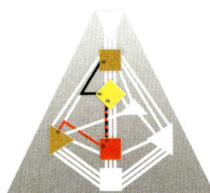
DISEÑO DE LOS INSECTOS

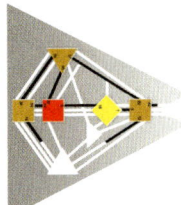
DISEÑO DE LOS MAMÍFEROS

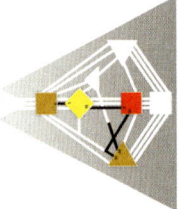
DISEÑO DE LOS PECES, LOS PÁJAROS Y LOS REPTILES

Para una lista completa y detallada de los Diseños de las Formas, por favor, véase la Sección Once.

Toda conciencia comienza con el miedo, y cada uno de los tres centros de conciencia tiene su propia frecuencia de miedo. Cada puerta del Bazo representa un miedo primario por la supervivencia. La conciencia del sistema del Bazo es un aspecto de nuestra inteligencia que se crea cada vez que afrontamos y sobrevivimos a un desafío, cargado de miedo, a nuestra existencia, nuestra confianza y nuestro bienestar.

Puertas del Centro del Bazo

Puerta 48 • El pozo **La Puerta de la Profundidad** *Miedo a sentirse inadecuado*	Conciencia de una solución potencial, o no. Miedo a no tener la suficiente profundidad, o estar buscando la profundidad para librarse del miedo.
Puerta 57 • Lo suave **La Puerta de la Claridad Intuitiva** *Miedo al futuro*	Conciencia de oír la verdad en el momento, o no. Miedo a lo que pueda traer el futuro, que hace que te refrenes.
Puerta 44 • Ir al encuentro **La Puerta de Estar Alerta** *Miedo al pasado*	Conciencia a través del olfato del talento y el potencial de otros, o no. Miedo a que las cuentas abiertas del pasado acaben pasándote factura.
Puerta 50 • El caldero **La Puerta de los Valores** *Miedo a la responsabilidad*	Conciencia de ser responsable de la preservación de otros, o no. Miedo a asumir la responsabilidad, o asumir demasiadas responsabilidades debido al miedo.
Puerta 32 • La duración **La Puerta de la Continuidad** *Miedo al fracaso*	Conciencia de lo que se puede transformar, o no. El miedo al fracaso, te refrena de hacer lo que quieres hacer.
Puerta 28 • La preponderancia de lo grande **La Puerta del Jugador** *Miedo a la muerte/el propósito*	Conciencia de luchar por un propósito, o no; no arriesgarse por miedo. Miedo a que la vida no tenga ningún propósito, a menos que te arriesgues.
Puerta 18 • Ocuparse de lo echado a perder **La Puerta de la Corrección** *Miedo a la autoridad*	Conciencia del patrón que necesita ser corregido, o no. Miedo a ser juzgado por los demás, o juzgarse en exceso a uno mismo.

El Centro del Bazo definido
• 55 por 100 de la población

El Centro del Bazo es responsable de nuestra supervivencia y de prosperar con una sensación de bienestar en el mundo. Regenta nuestro instinto, intuición y gusto, que son procesos de discernir lo que es o no es sano para nuestra supervivencia. Su reconocimiento no-verbal opera en el momento presente, en el 'ahora'. Esta información vital y espontánea es lo que llamamos intuición, instinto visceral o corazonada; nos permite hacer juicios o tomar decisiones espontáneas fiables. Sin embargo, la conciencia momento-a-momento significa que el Bazo nunca repite su primera alarma. Si no prestamos mucha atención a esas pequeñas alertas inmediatamente, nos perderemos su advertencia, que está siempre enraizada en lo que es necesario para sobrevivir ahora mismo.

Quienes tienen el Centro del Bazo definido como su Autoridad deben escuchar a su intuición, hacer lo que les dice que hagan y no dejar que su no-ser o la mente de cualquier otra persona les distraiga de seguir sus propios instintos, que son dignos de confianza y producen resultados fiables. Entonces permanecen alerta y protegidos, se sienten bien y pueden disfrutar los beneficios de un sistema inmunológico fuerte. Pueden proyectar un estado de bienestar que es envidiado por quienes tienen el Centro del Bazo sin definir, que no se sienten consistentemente bien. Vivir plenamente en el momento presente con un abandono despreocupado, pero prudente, es el resultado de una profunda armonización con la existencia. Esto requiere una confianza creciente en la conciencia de su vehículo, la inteligencia de su cuerpo, para que les guíe y les proteja a lo largo de su vida, segundo a segundo.

La mente no es una autoridad, aunque su pensamiento ruidoso y razonado puede abrumar con facilidad al sutil sistema de mensajes del Bazo. Cuando una persona recibe una advertencia repentina, no hay tiempo ni manera de entender por qué el Centro del Bazo envió el mensaje. La conciencia existencial no se puede racionalizar; simplemente hay que confiar en ella. La perspectiva mayor de una experiencia solo se puede comprender mirando atrás después del hecho. Y lo que no es correcto para una persona en un momento puede ser correcto 30 minutos o un día después. Para el Bazo, el momento presente es lo único que importa, lo único de lo que es consciente.

Después de años de dejar que la mente eclipse el saber y la conciencia intuitivos del Centro del Bazo, la gente puede acabar perdiendo por completo el contacto con sus instintos, poniendo en peligro su vida y sufriendo innecesariamente de mala salud e infelicidad. «Piensan» que no se atreven a seguir la inteligencia intuitiva de su cuerpo, pero puede ser desastroso para ellos no hacerlo.

El Centro del Bazo sin definir
- **45 por 100 de la población**

En el Centro del Bazo residen siete miedos primarios. Cuando el centro está sin definir, estos miedos se magnifican con facilidad. Las personas con el Bazo sin definir necesitan afrontar cada uno de sus miedos, uno por uno, para superarlos de una manera sana. Así es como desarrollan la conciencia y honran y aprenden de su miedo en vez de reprimirlo o pretender que no está ahí. Confrontar el miedo les fortalece y hace que estén cada vez menos asustadas cuando vuelve el miedo. El resultado es una sensación de bienestar. Sin embargo, si no son capaces de hacer esto, el no-ser condicionado puede sentirse abrumado por los miedos.

Quienes han nacido con el Centro del Bazo sin definir entran en el mundo con un miedo fundamental de no estar equipados para sobrevivir aquí en la Tierra. También están abiertos y son sensibles a la falta de bienestar en el mundo y lo interpretan de manera personal. Cuando las personas de su entorno que tienen el Bazo definido les condicionan, se sienten mejor y más seguros. Crecen buscando inconscientemente a personas con el Bazo definido y aferrándose a ellas por la seguridad y la sensación de bienestar que parecen proveerles, sin tener en cuenta lo que pueda venir con ello. Típicamente, acaban aferrándose a lo que no es bueno para ellos, y esto puede conducir a todo tipo de dependencias insanas, especialmente en las relaciones familiares, como es el caso de algunos niños con el Bazo sin definir y su padre o madre que lo tiene definido. Incluso si el padre (o la madre) es abusivo, estos niños harán todo lo que puedan para aferrarse a él simplemente para acceder a la frecuencia condicionada de «bienestar» del Centro del Bazo definido. Les aterrorizará que les manden solos a su habitación y a menudo se sentirán rechazados, abandonados y temerosos de no poder sobrevivir. Esto hace que se aferren aún más a la seguridad del padre, creando eventualmente una dependencia poco saludable. Debido a este condicionamiento temprano, la mente del no-ser de estos niños les convencerá para que se aferren a lo que no es bueno para ellos según vayan madurando.

A nivel adulto, quienes tienen el Bazo sin definir y están en una relación con alguien con el Bazo definido que ya no es sano para ellos, dirán cosas como: «Mañana será mejor» o «Quizá la terapia funcione» o «¿Y los niños?». Este es el dilema de muchas mujeres maltratadas que vuelven con sus maridos abusivos. Los miedos profundos por la supervivencia, la atracción de estar con un Bazo definido, puede cegarlas en quién es bueno para ellas y quién no lo es, o cuándo aferrarse a una relación y cuándo dejarla.

Cuando un Bazo sin definir está temporalmente definido por un Bazo definido o pasando una conexión de tránsito, puede experimentar una engañosa sensación de seguridad. El mantra para alguien con el Centro del Bazo sin definir es «Nunca tomes una decisión espontánea». Ser espontáneo, excepto en situaciones potencialmente dañinas o amenazantes, supone un riesgo para el Bazo sin definir, ya que no puede confiar en el siempre cambiante impulso del momento. El no-ser del Bazo sin definir se siente atraído a la espontaneidad, en un esfuerzo por sentirse bien y hacer que desaparezca el miedo, pero normalmente eso tiene un alto precio.

Cuando las personas con el Bazo sin definir están en el aura de un Bazo definido, están naturalmente bajo presión para ser espontáneas. En la mayoría de los casos, no son conscientes de que esto está sucediendo, pero lo que acaban haciendo es vivir la vida de la persona que les está presionando. Sin embargo, esa no es su vida y puede que no sea segura para ellas. Si siguen su Estrategia y la guía de su Autoridad, evitan la tentación de ser impulsivas. Las decisiones impulsivas tomadas en el momento con un Centro del Bazo sin definir y condicionado pueden también hacer que dejen cosas que son beneficiosas para ellas: «Oh, ya no necesito eso». Sin embargo, cuando se rompe el condicionamiento se dan cuenta de que cometieron un error y dejaron algo que era realmente bueno para ellas. Las decisiones repentinas tomadas sin basarse en la propia Autoridad consistente pueden tener consecuencias a largo plazo.

Las personas con una actitud sana respecto a su Bazo sin definir pueden discernir la diferencia entre aquello de lo que necesitan ocuparse en relación con algún aspecto de su salud y lo que es una falta de bienestar que viene del entorno. Cuando están con gente enfermiza o profundamente desdichada y ellas mismas se sienten mal, comprenden que probablemente están absorbiendo la mala salud o las vibraciones malsanas de la otra persona. Siente cuándo alguien o algo no es bueno para ellas. Pueden sintonizar con su conciencia instintiva e intuitiva, a la vez que saben que esta no es la autoridad para sus decisiones. Prestan mucha atención a su salud y nutren la resistencia de su cuerpo. Comprenden la importancia de afrontar sus miedos y de ocuparse del miedo por la supervivencia. Desarrollan la sabiduría de saber cómo funciona la intuición, quién la tiene y quién no. En última instancia, pueden volverse altamente intuitivas ellas mismas. Sin embargo, su Bazo sin definir nunca es un recurso fiable para tomar decisiones, porque es muy vulnerable al condicionamiento de su entorno. Entrando en nuevas relaciones guiadas por su Estrategia y Autoridad, obtienen el condicionamiento esplénico correcto en su vida.

La sabiduría que llega con el tiempo a través del Centro del Bazo sin definir permite a muchos médicos profesionales aportar grandes beneficios a sus pacientes. Cuando entran en el aura de su cliente, hay un reconocimiento espontáneo, la sensación de si la persona está sana o enferma, y qué podría estar desequilibrado. Semejante empatía intuitiva surge cuando el Bazo sin definir aprende a distinguir entre las propias energías y lo que se está filtrando a través de los demás. La sabiduría o conciencia intuitiva sobre alguna otra persona está disponible para el Bazo sin definir solo cuando no se identifica con lo que está sintiendo la otra persona.

El Centro del Bazo completamente abierto

Hay un nivel de miedo sano y natural en todos nosotros. Cuando los niños o los adultos con el Centro del Bazo completamente abierto pierden el contacto con los miedos que les mantienen vivos y sanos, pueden volverse inseguros y asustarse por todo. No saben a qué tenerle miedo y también pueden sentirse intrépidos hasta el punto de hacer tonterías o cosas arriesgadas y poco saludables.

La misma sabiduría del Bazo sin definir que hemos descrito antes se realza con su completa apertura a toda la gama de inteligencia instintiva e intuitiva que vibra a través de este centro. Su conciencia incluye las maneras en que las leyes, los valores y nuestros esfuerzos empresariales nutren, protegen y aseguran la supervivencia de nuestra descendencia, promoviendo así el crecimiento de una sociedad sana.

La cháchara del no-ser del Centro del Bazo sin definir

La mente del no-ser es la portavoz de los centros sin definir y nos dice lo que deberíamos decir o hacer. Darse cuenta de esta cháchara es esencial para el descondicionamiento. Estos son algunos ejemplos de cómo puede sonar el diálogo mental del no-ser con el Centro del Bazo sin definir: Mejor que no haga eso, porque hace que me sienta inseguro, o porque me da miedo o me siento temeroso cada vez que pienso en hacerlo. Mejor que no diga eso, porque puede que moleste a esa persona. Tengo miedo de sentirme inadecuado si hago eso. No voy a hacer eso porque puede que fracase. Tengo miedo de hacer eso porque me asusta cuál pueda ser el resultado, o lo que pasará, o le tengo miedo a la responsabilidad o a las críticas. No puedo hacer eso porque puede que pierda mi conexión con esa persona. Podrían dejarme.

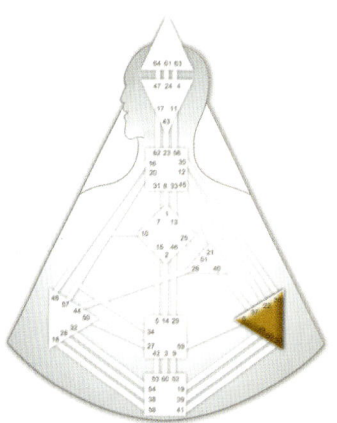

El Centro del Plexo Solar

Consciencia del espíritu

Conciencia emocional y social, espontaneidad, pasión y deseo, abundancia de espíritu, sentimientos, humores, sensibilidad

Correlación biológica

El Centro del Plexo Solar se asocia con los pulmones, los riñones, el páncreas, la próstata y el sistema nervioso. Sus temas son los sentimientos, las emociones y la sensibilidad, y su función es permitirnos desarrollar una sensación de claridad y bienestar emocional. Cuando las emociones de una persona discurren sin limitación durante mucho tiempo, el bienestar físico de varios órganos principales se ve afectado. La retención del agua y el aumento de peso son ejemplos usuales de las consecuencias del estrés emocional no resuelto.

El Plexo Solar proporciona la poderosa energía que dirige la naturaleza cíclica de la experiencia humana; su frecuencia de deseo nos lleva continuamente hacia el encuentro con el placer y su opuesto, el dolor. Es el centro de la revolución, la poesía, el romance, la compasión, la espiritualidad y la religión. Buscamos prolongar sus momentos altos para permanecer conectados con el espíritu y hacemos todo lo que podemos para evitar sus puntos bajos, nuestras expectativas incumplidas y nuestra sensación de separación. Con la mitad de la humanidad actuando impulsivamente desde estos altibajos emocionales y la otra mitad evitando afrontar las emociones, nos encontramos viviendo en un mundo emocionalmente distorsionado.

Estas distorsiones impregnan todos los aspectos de la vida en este planeta. Ningún otro centro en nuestro tiempo tiene un impacto más profundo en la humanidad, individual o globalmente, que el Centro del Plexo Solar. Comprender la dinámica y la química de este centro puede liberarnos de años de dolorosos patrones emocionales, restablecer la salud física, abrir el camino para renovar el placer de vivir y suscitar una compasión saludable hacia nosotros mismos y los demás.

La conciencia emocional y la consciencia espiritual futura

Cada uno de los tres centros de conciencia tiene una frecuencia única. El Centro del Bazo gobierna el sistema inmunológico y opera en el ahora, espontánea y existencialmente.

El Centro Ajna gobierna la conciencia mental y opera con todo el tiempo. El Centro del Plexo Solar, que es tanto un motor como un centro de conciencia, gobierna las emociones y opera con una oscilante ola bioquímica con el paso del tiempo.

El Plexo Solar comenzó un proceso mutativo hace miles de años, en algún momento entre el nacimiento de Buda y el nacimiento de Jesús, moviéndonos hacia un nuevo tipo de conciencia denominada conciencia del espíritu. El proceso culminará al ser apoyado cósmicamente a principios de 2027. La consciencia del espíritu es lo opuesto de la diferenciación; tiene que ver con la unidad y experimentarnos como una única entidad. Semejante consciencia sucede cuando las olas emocionales entre dos o más seres están en resonancia. Como somos una especie muy diferenciada, de interregno, ni siquiera podemos imaginar cómo será compartir semejante consciencia tan profundamente con otros. Esta conciencia en desarrollo yace bajo la superficie de nuestro sistema emocional presente.

Como seres de 9 centros, estamos tan solo empezando a explorar, y a descubrir experiencialmente, la amplitud y profundidad y todas las implicaciones de esta mutación del Plexo Solar de la que todos formamos parte. Lo que sabemos es que cuando eludimos el condicionamiento de la mente y vivimos nuestra diferenciación y nuestra propia verdad, comprendiendo, aceptando y amando lo que somos, liberamos consciencia del espíritu para que madure en el planeta y para que la mutación avance hacia su futura plenitud.

Las frecuencias de la ola emocional

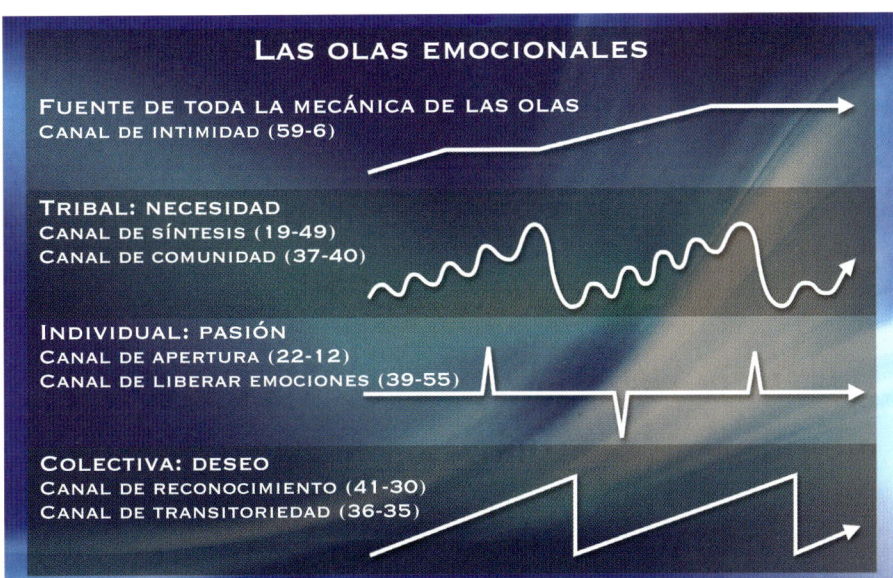

El Centro del Plexo Solar definido emite un patrón de ola que nos lleva de un extremo del espectro emocional al otro. Es una química que experimentamos como sentimientos, necesidades y deseos. Cada ola cíclica va de la esperanza al dolor, de la expectativa a la desilusión, de la alegría a la desesperación…, y vuelta a empezar. Para crear estabilidad emocional en nuestra vida y en todo el mundo, debemos comprender, aceptar y, con el tiempo, trascender este patrón de ola, y nada de esto es posible mediante el control de la mente. La clave para trascender el sistema emocional y las olas potenciales que emite al entorno es «esperar». Al esperar a lo largo de las subidas y las bajadas, va aumentando nuestro entendimiento, la ola comienza a estabilizarse y con el tiempo llega la claridad. Comprendiendo este movimiento continuo de la ola y esperando a que llegue la claridad, alguien que está definido emocionalmente puede dejar de emitir al entorno emociones reactivas, prematuras, caóticas o dañinas.

LA FUENTE DE TODA LA MECÁNICA DE LAS OLAS (Canal 59-6) opera desde la Puerta 6, ya que es ahí donde se crea la ola emocional y luego va al encuentro del poder fértil del Sacral en la Puerta 59. Ahí se crean la necesidad, la pasión y el deseo para derribar las barreras y penetrar y unirnos en la danza de la intimidad. Esta ola emocional parece muy estable y requiere que otra persona la saque a la superficie.

Las tres olas emocionales se categorizan según su frecuencia. Una persona puede experimentar una sola frecuencia o una combinación, dependiendo de su definición.

LA OLA TRIBAL (Canales 19-49 y 37-40) opera mediante el contacto físico y la sensibilidad a las necesidades. Esta ola va subiendo paulatinamente hasta que explota y entonces se reposiciona para volver a empezar el proceso de nuevo. Tomemos como ejemplo a un hombre cuya esposa está haciendo algo que a él le molesta. No le dice cómo se siente, de modo que esto continúa durante semanas. Cada vez que ella hace eso que le molesta al marido, la ola emocional de este sube a un nuevo nivel, hasta que un día explota. La mujer no tuvo ningún indicio, no lo vio venir, así que le produce una gran sorpresa. El arrebato emocional de su marido a ella le puede resultar duro, pero una vez que él ha liberado sus emociones contenidas, él vuelve a la normalidad: todo está bien. Cuando ambos comprenden la mecánica de esta ola tribal —cómo anticipar la explosión, cómo resolver las verdaderas cuestiones y cómo los arrebatos les afectan de una manera diferente— se sentirán más cómodos y comprenderán mejor su relación. Por ejemplo, un aumento gradual de la tensión emocional, mezclado con un deseo de intimidad, puede liberarse calmada y eficazmente poniéndole de una manera sensible la mano en el hombro al final de un día largo y duro. Para la Tribu no son necesarias las palabras; todo está en el contacto físico.

LA OLA INDIVIDUAL (Canales 39-55 y 22-12) opera mediante la expresión de humores cambiantes, emociones, melancolía o pasión (pero solo cuando está de humor para ello). Avanza en un nivel uniforme la mayor parte del tiempo, con subidas y bajadas más pequeñas y más cortas. Lo fundamental es saber cuándo estar solo y cuándo ser social, y quienes tienen esta ola podrían sentirse melancólicos durante un tiempo breve, hasta que pasan a un nuevo espacio en su ola y cambia su humor. La tensión emocional en sus relaciones, cuando están en lo bajo de su ola, se alivia sabiendo cuándo tomarse un tiempo para estar solos con su musa creativa.

LA OLA ABSTRACTA (Canales 36-35 y 41-30) opera mediante el deseo y el sentimiento, y pasa de las cumbres a los valles. Basada en la expectativa, esta ola se derrumba cuando el deseo o la expectativa no se cumple. El truco para trascender esta ola es entrar en algo simplemente por la experiencia, sin poner expectativas en el resultado. Por ejemplo, una mujer imagina que está enamorada después de unas pocas citas. Fantasea sobre lo estupendo que es el hombre y lo maravilloso que será su futuro, y luego descubre que él no está a la altura de sus expectativas o no comparte sus sentimientos. Las subidas y derrumbes de este tipo pueden ser duras de procesar y puede que con el tiempo supongan una desestabilización personal si no se tiene conciencia de la ola emocional.

Lo más importante que hay que comprender sobre la ola emocional es que es simplemente un proceso químico ineludible que mantiene a la ola continuamente en movimiento. Sus cambios y altibajos no van acompañados de ninguna explicación. Desgraciadamente, sin esta conciencia los que están definidos emocionalmente tratan de racionalizar sus emociones y de explicar o idear alguna razón por la que están altos o bajos en su ola. Cuando se sienten tristes, sus amigos quieren saber por qué y si pueden hacer algo para que se sientan felices. Se puede volver más importante para ellos echarle la culpa a algo que aceptar la profundidad y la belleza de la química misma. Echarle la culpa a algo o a alguien de lo que es pura química emocional puede ser una gran fuente de confusión, cuando lo único que necesitan saber es que cuando la ola avance a otro espacio se sentirán de otra manera. No es necesaria ninguna razón para estar donde están ahora en la ola o donde estarán mañana. Simplemente están moviéndose con ella.

En términos generales, ya estemos emocionalmente definidos o sin definir y absorbiendo las olas de condicionamiento de otras personas, tenemos que tener cuidado para no identificarnos con la ola o sus movimientos como si fuéramos eso. Permanece como un observador objetivo: no somos la ola, sino que la ola nos está llevando a nuestras profundidades. Tanto los altos como los bajos de la ola pueden ser hermosos cuando no dejamos que ninguno de ellos perturbe nuestra tranquilidad interior, la tranquilidad de saber que esto es «normal» para nosotros. La sociedad perpetúa la idea de que deberíamos ser felices continuamente. Debido a esto, la mayoría de las personas definidas emocionalmente vive luchando contra la parte baja de su ola, convencida de que le pasa algo malo. La verdadera liberación llega cuando aprenden a observar, aceptar y amar toda la gama y los dones de su ola.

Conciencia y nerviosismo

Los miedos que acompañan al estado presente de conciencia emergente del Centro del Plexo Solar se experimentan como nerviosismo basado en la incertidumbre emocional. Uno nunca sabe con seguridad cómo sentirse con respecto a algo o alguien, o en qué sentimiento basar una decisión. Debido a la naturaleza social/relacional del Plexo Solar, con su amplio movimiento de la esperanza al dolor, este nerviosismo puede ser poderoso y penetrante. Según la persona va pasando por las fases de la ola, el nerviosismo es amplificado o desaparece; está o no está. La incertidumbre emocional puede distorsionar la manera en que vemos las cosas, haciendo montañas de un grano de arena.

El nerviosismo vago o inquietante que surge al vivir con incertidumbre es una forma de miedo que necesita ser afrontada para ser superada. Cuando quienes tienen el Centro del Plexo Solar definido van pasando por su ola, accediendo a la profundidad de su verdad y esperando la claridad, son capaces de confirmar o disipar las incertidumbres y sospechas subyacentes a su nerviosismo. Identificando apropiadamente y confrontando eficazmente su incertidumbre pueden ir más allá de sus miedos emocionales (nerviosismo) y, con el tiempo, trascenderlos. De esta manera, los miedos se convierten en inteligencia emocional.

Cada centro de conciencia engendra una forma particular de miedo. En el Plexo Solar, el miedo se manifiesta como nerviosismo en torno a relacionarse con los demás, ya que la ola bioquímica en constante movimiento les deja inciertos emocionalmente. La descripción de cada puerta que ofrecemos a continuación revela cómo se experimenta el miedo como incertidumbre nerviosa.

Puertas del Centro del Plexo Solar

OLA TRIBAL • NECESIDAD

Puerta 37 • La familia **La Puerta de la Amistad** *Miedo a la tradición*	Produce tratos basándose en los principios de la Tribu. Nerviosismo sobre la posibilidad de tener que asumir papeles tradicionales en la vida.
Puerta 6 • El conflicto **La Puerta de la Fricción** *Miedo a la intimidad*	Una especie de diafragma que produce una ola abriendo o cerrando la intimidad. Nerviosismo acerca de revelar quién eres realmente.
Puerta 49 • La revolución **La Puerta de los Principios** *Miedo a la naturaleza*	Una ola que acepta o rechaza principios basándose en las necesidades de la Tribu. Nerviosismo acerca del rechazo, la imprevisibilidad y las consecuencias.

OLA INDIVIDUAL • PASIÓN

Puerta 22 • La gracia **La Puerta de la Apertura** *Miedo al silencio*	Abierto a escuchar… cuando estás de humor. Incierto sobre si alguien te escuchará o sobre si hay algo digno de ser escuchado.
Puerta 55 • La abundancia **La Puerta del Espíritu** *Miedo al vacío*	Una melancolía que es personal. Nerviosismo que surge de no saber con qué apasionarse.

OLA COLECTIVA • DESEO

Puerta 36 • El oscurecimiento de la luz **La Puerta de la Crisis** *Miedo a ser inadecuado*	Guiado por el apetito de tener el reto de una nueva experiencia. Nerviosismo acerca de ser inadecuado sexual o emocionalmente.
Puerta 30 • El fuego adherente **La Puerta de los Sentimientos** *Miedo a los hados*	Produce una ola muy poderosa nutrida por el deseo de sentir profundamente. Nerviosismo acerca de lo que podría o no podría suceder.

El Centro del Plexo Solar definido
• 53 por 100 de la población

No hay verdad en el «ahora». La verdad se revela con el paso del tiempo

Para quienes tienen el Centro del Plexo Solar definido, ese es el lugar de su Autoridad personal, y opera como conciencia con el paso del tiempo. Están diseñados para esperar mientras van pasando por los altibajos de la ola emocional antes de tomar decisiones. No les resulta fácil ser pacientes. El Plexo Solar es un centro emocional inmaduro dirigido por un motor y alberga mucha energía. Su tarea es aprender pacientemente a sacar partido de los beneficios potenciales de esta energía según van fluyendo con ella. Su tendencia es a entrar en las cosas apresuradamente cuando están en lo alto de su ola y a salir apresuradamente cuando están bajos. En ambas circunstancias son emocionalmente impulsivos en vez de emocionalmente claros. La claridad solo está disponible después de esperar a pasar por la ola emocional. Como mínimo, quienes tienen el Centro del Plexo Solar definido necesitan «consultar con la almohada» las cosas.

Cuando el Plexo Solar está definido, los sentimientos que tienen estas personas acerca de «esto» o «aquello» se convierten en una guía con autoridad. Estos sentimientos son indicadores de lo que es correcto para ellas o no. «¿Me siento bien haciendo eso? ¿Cómo me siento con relación a ello?» Son preguntas importantes que necesitan hacerse. Para estas personas es esencial tomarse un tiempo para experimentar por completo su gama de sentimientos sin apresurarse. La claridad emocional se alcanza cuando su decisión ya no tiene una carga emocional. Tomar decisiones desde las aguas tranquilas es más fácil de decir que de hacer. Cuando la persona está excitada, tiende a apresurarse, y luego lo lamenta cuando alcanza la claridad emocional. Esperar pacientemente a la claridad protegerá a quienes tienen definido el Centro del Plexo Solar de tomar decisiones espontáneas que pueden resultar ser malas opciones.

Según la persona va pasando por su ola, le ayuda comprender que el ciclo emocional es un proceso químico dinámico y que la esperanza y el dolor no son los puntos finales de la conciencia. La conciencia llega en forma de claridad al final del ciclo de la ola emocional. Saber qué es lo correcto lleva tiempo, y no hay atajos. Además, la claridad emocional no es una certeza. El Centro del Bazo ofrece una respuesta absoluta en el momento, mientras que la siempre cambiante ola del Plexo Solar cata el momento presente como uno de los muchos puntos a lo largo del camino. Al final, no hay garantía de que sea posible la claridad emocional al 100 por 100, porque la ola sigue moviéndose. Sin embargo, llegará un momento en el que se alcance la calma emocional y se reconozca una verdad más profunda acerca de la decisión que hay que tomar.

La energía del Plexo Solar es jugosa, seductora y poderosa, lo que confiere a quienes tienen Autoridad emocional una ventaja si esperan a que vaya pasando su ola. Es una especie de «hacerse de rogar». Cuanto más esperen los demás, más querrán la calidez y la energía del Plexo Solar. En una negociación de negocios, esperar hasta estar claros, en vez de consumar un trato rápido, les da mucha ventaja. Si el otro se echa atrás antes de que el Plexo Solar definido alcance la claridad, probablemente el trato no era correcto para ellos para empezar.

Hay una interacción compleja entre quienes están definidos emocionalmente y quienes están abiertos. Los que están definidos son responsables del entorno emocional en su conjunto, porque lo colorean con sus olas. Afectan a los demás meramente por la manera en que se sienten por dentro, por la pura mecánica de su química y cómo se transmite mediante su aura. Cuando los que están definidos se sienten bien o mal, quienes tienen el centro emocional abierto se sentirán MUY bien o MUY mal, ya que amplifican la frecuencia. En otras palabras, la persona con el centro sin definir les refleja a quienes tienen el centro definido justamente cómo se sienten, o dónde están en su proceso emocional. Es interesante notar que las personas con definición emocional, al estar tan familiarizadas con ella, no siempre se dan cuenta de su emotividad, mientras que las que no están definidas están condicionadas para pensar que son ellas las que son temperamentales y emocionales.

La atracción entre un Plexo Solar definido y uno sin definir es común y poderosa en las parejas. A pesar de la calidez y la fuerte atracción de este centro, quienes tienen el Plexo Solar definido necesitan tomarse su tiempo para entrar en una nueva relación. Solo con el paso del tiempo sabrán si alguien es apropiado para ellos o no. Cuando aprendan a conocer a alguien a lo largo de su ola, lo conocerán a fondo. Verán cómo sus emociones afectan a la otra persona, cómo lleva esa persona los altos y los bajos de su ola emocional. En las relaciones pueden aflorar comportamientos manipuladores y pasivo-agresivos entre los sistemas emocionales definidos y sin definir, y lleva tiempo para que se revelen estos patrones. Los periodos de «cortejo» largos no solo son recomendables: son esenciales para el éxito de la relación.

La ventaja de tener definición emocional es la profundidad que se puede desarrollar respecto a cualquier tema. Según vas pasando por la ola, sus múltiples perspectivas pueden traer mucho entendimiento. Por ejemplo, un fotógrafo que quiere comprender la naturaleza de una flor. Un fotógrafo con orientación del Bazo tomaría una fotografía capturando un momento exquisito, pero para quienes tienen el Plexo Solar definido una foto nunca sería suficiente. Tomarían una serie de fotografías todo el día, cambiando la luz, la perspectiva, la cámara. Conocerían el aspecto de la flor por la mañana y también cuando se pone el Sol. Conocerían su fragancia, qué se siente al tocarla y cómo es cuando la mece el viento. Cuando al sistema emocional se le da el tiempo que necesita para desarrollarse, se convierte en inteligencia con una profunda sensibilidad que capta las cosas a un nivel emocional siempre cambiante, el nivel del espíritu.

Cuando las personas que tienen el Centro del Plexo Solar definido no esperan a que se desarrolle su ola, tienden a ser impulsivas, entrando y saliendo de las experiencias y tomando decisiones apresuradamente en lo alto o lo bajo de su ola emocional, creando así caos y confusión. Ponen a otros en su entorno bajo presión para tomar decisiones emocionales inmediatas con ellas. Cuando están molestas, explotan en vez de esperar a que llegue un momento de calma desde el que actuar o hablar, y luego se arrepienten de lo que dijeron o hicieron. No reconocen la importancia de estar solas cuando están en lo bajo de su ola.

Esperar a que vaya pasando su ola permite a las personas emocionalmente sanas no perder el contacto con sus estados de ánimo según van pasando por su ola. Sin ser impulsivas o espontáneas, se toman su tiempo y experimentan sus emociones cambiantes hasta que tienen una sensación de claridad antes de tomar una decisión. Comprenden la manera en que sus emociones afectan a los demás y no ponen presión siendo insistentes. Saben cómo sacar partido de la parte seductora de su definición emocional utilizando su necesidad de «esperar» para alcanzar acuerdos cuidadosamente considerados que satisfagan los deseos de todos los involucrados.

El Centro del Plexo Solar sin definir
• 47 por 100 de la población

El Centro del Plexo Solar sin definir absorbe y amplifica las emociones presentes en su entorno. Este centro conlleva un potencial de condicionamiento especialmente profundo y puede ser particularmente vulnerable a las necesidades, humor y sentimientos de otras personas. Para la salud y el bienestar de las personas no definidas emocionalmente es crucial saber cuándo las emociones que están sintiendo y expresando no son enteramente suyas, y que pueden liberarlas y protegerse no identificándose con ellas. De otra forma, van dando brincos arriba y abajo con las olas emocionales de los demás, sabiendo que sus emociones están descontroladas pero interpretando esto como algo que no está bien en ellas. Reiteradamente, toman decisiones emocionales que luego les dejan apesadumbradas y llenas de culpa o vergüenza, una carga que el Plexo Solar sin definir no está genéticamente diseñado para manejar.

Los centros abiertos son como ventanas abiertas. El Plexo Solar está diseñado para acoger y catar el campo emocional, pero solo con propósitos informativos. No es saludable identificarse con ese campo o personalizarlo; si no, se hace suyo y no tienen una manera inherente y fija para manejarlo. Pierden su transparencia, su habilidad para simplemente reflejarle una emoción a su verdadero dueño.

A quienes tienen el Plexo Solar sin definir les puede parecer que han estado descontrolados emocionalmente toda su vida. Cuando se le confronta emocionalmente, puede que experimenten sensaciones que incluyen el miedo, el terror, el shock y la ira. Puede que pasen de la felicidad a la depresión, personalizando emociones y sentimientos como si fueran suyos cuando, en realidad, simplemente están absorbiendo, amplificando y distorsionando las emociones de quienes les rodean. Puede que algunos les castiguen y rechacen por considerarles emocionalmente inestables. A menudo, sienten que algo no está bien en ellos. Generalmente son tan sensibles al clima emocional que han personalizado sucesos con mucha carga emocional durante años, aferrándose y echándose la culpa por cosas que no son suyas.

Los niños abiertos emocionalmente absorben y personalizan los altibajos emocionales de su familia, amplificando y a menudo exteriorizando su confusión. Pensando que son personalmente responsables de crear las olas, deciden a una edad temprana que es mejor mentir u ocultar dentro de sí su propia verdad que sufrir el estallido emocional de uno de sus padres. Cuando la situación es la inversa y el padre es abierto emocionalmente y el hijo está definido, el padre puede perder el control y tener reacciones desmedidas al amplificar las emociones del niño. Comprender estas dinámicas puede ayudarnos a criar niños sanos, estables e independientes..., y a disfrutar criando a nuestros hijos.

La confrontación pone nerviosas a las personas sin definición emocional. Cuando maduran, desarrollan estrategias del no-ser para evitar reacciones emocionales eludiendo confrontar a los demás por miedo a perturbar la calma o molestar a alguien. Desarrollan un carácter que dice: «Yo no te molestaré a ti si tú no me molestas a mí». Tratan de apartarse de cualquier confrontación potencial que podría suceder si se atreven a expresar su propia verdad o sus necesidades. Aunque quienes tienen el Centro del Plexo Solar abierto nunca disfrutarán tratando con la confrontación emocional, su Estrategia y Autoridad les guiarán a confrontaciones que son correctas para ellos.

A menudo, es solo el pensamiento de la confrontación lo que mantiene a quienes tienen el Plexo Solar abierto paralizados por el miedo. Cuando se guían por su propia Autoridad, la confrontación real puede ser mucho más fácil de lo que imaginaban, y los resultados pueden acabar siendo lo mejor que podía pasar, porque es correcto. Si evitan siempre las confrontaciones, viven su vida a un nivel superficial. Es útil recordar que al otro lado del dolor está el placer, y en el otro lado del miedo está la libertad para ser nosotros mismos. Cuando se maneja correctamente, cuando simplemente decimos nuestra propia verdad en vez de echarle la culpa a otro, la confrontación es un catalizador para la transformación sana.

El acceso a todo el espectro de los grandes placeres de este centro, como la energía sexual, la comida, la pasión, la excitación, el romance y la música, está disponible para quienes tienen el Centro de Plexo Solar definido o sin definir. Sin embargo, para que las emociones sean una experiencia hermosa para quienes tienen el centro sin definir es necesario que no se identifiquen con ellas. La conciencia de la ola emocional les permite soltar los patrones y emociones que nunca les pertenecieron, lo que en sí mismo puede suponer una gran liberación. Cuando comprenden por qué las emociones les han resultado tan difíciles, pueden empezar a reorientar su vida adecuadamente a su propia Autoridad personal. Son capaces de discernir quién es o no es emocionalmente sano para ellos, y cuándo es apropiado confrontar a alguien con su verdad o necesidades o es mejor alejarse. Disciernen qué miedos emocionales son suyos y tienen que ser afrontados y cuáles no, y no toman decisiones emocionales. Se dan cuenta de que las emociones que absorben y sienten en un estado amplificado provienen de otros, y no se apegan a ellas.

Un Centro del Plexo Solar sin definir sano es un barómetro de la salud emocional de los demás; puede ser un buen observador objetivo del clima emocional. Su sabiduría consiste en discernir quién está progresando hacia la salud emocional, la estabilidad y la conciencia del espíritu. Cuando está solo, puede permanecer calmado y permitir que quienes tienen el Plexo Solar sin definir se atengan a su Autoridad. Cuando de pronto se sienten incómodos emocionalmente, saben que pueden salir de la habitación y alejarse del aura condicionante de otros hasta que vuelva la calma. Para ellos es una buena práctica disfrutar estando solos durante un tiempo todos los días para liberar el condicionamiento emocional que han absorbido.

El Centro del Plexo Solar completamente abierto

Aunque muchas características del Centro de Plexo Solar sin definir también le son aplicables, el Plexo Solar completamente abierto difiere en que no tiene ninguna manera de filtrar o conectar con la potente energía emocional entrante. Quienes tienen el centro completamente abierto pueden sentirse confusos por lo que están sintiendo y no saben cómo interpretarlo. No saben qué desear, cuándo ser sensibles o apasionados, o cómo reconocer y manejar las necesidades o el humor de la gente. A menudo sienten que algo no está bien en ellos emocionalmente. Su sabiduría potencial está en conocer y comprender las olas emocionales en su estado más puro sin nada que las coloree o las predisponga.

La cháchara del no-ser del Centro del Plexo Solar sin definir

La mente del no-ser es la portavoz de los centros sin definir y nos dice lo que deberíamos decir o hacer. Darse cuenta de esta cháchara es esencial para el descondicionamiento. Estos son algunos ejemplos de cómo puede sonar el diálogo mental del no-ser con el Centro del Plexo Solar sin definir: No quiero ir allí porque no quiero meterme en una confrontación. Mejor que vaya ahí, porque no me veré metido en ninguna confrontación. Mejor no decir eso, porque puede que moleste a esa persona. Mejor decirlo de esta forma, para mitigar la posibilidad de una confrontación. Mejor ser simpático y sonreír mucho, para caer bien. No tiene sentido ir allí, porque puede que me desilusione o que me rechacen. No merece la pena. Temo que no funcionará, así que para qué molestarme. Me da miedo decirle la verdad porque no quiero herir sus sentimientos.

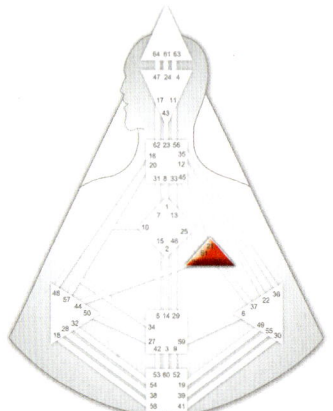

El Centro del Corazón

Fuerza de voluntad

Ego y el mundo material

Correlación biológica

El pequeño tamaño y la posición discreta del Centro del Corazón en el Cuerpo Gráfico son engañosos, ya que tiene un impacto fisiológico significativo en nuestra vida. Sus cuatro puertas se asocian con el estómago (Puerta 40), la glándula timo (Puerta 26), el corazón (Puerta 21) y la vesícula biliar (Puerta 51). Quienes no son conscientes del funcionamiento de este centro son más vulnerables a enfermedades del corazón y del sistema digestivo. ¡Y cuando se para el corazón, se para todo!

Fuerza de voluntad y autoestima

El Centro del Corazón es un poderoso motor que impulsa la fuerza de voluntad y la fuerza del ego, fuerzas enormemente influyentes en el mundo. El fundamento de la sociedad está enraizado en la voluntad: la voluntad de sobrevivir en comunidad y prosperar en el plano material. El Centro del Corazón tiene una conexión directa con el Centro de la Garganta y, por tanto, habla y actúa por la Tribu. Desde el principio, ha sido la Tribu la que ha provisto el sistema de apoyo que aseguró la supervivencia de la familia, la comunidad y las naciones. Estableció las bases para nuestro modo de vida comunal y empresarial. La organización de la comunidad creó un entorno seguro e interdependiente que posibilitó que la gente se especializara, llevara sus talentos únicos a cotas muy altas y progresara como grupos o como individuos. Nuestras grandes civilizaciones no podrían haberse construido sin las estructuras sustentantes y jerárquicas de la Tribu, mantenidas por las cuatro puertas del Centro del Corazón.

Estas puertas determinan las diferentes maneras en que los miembros de la Tribu se conectan entre sí para vivir con éxito lo que llamamos la vida material. Estas puertas tienen que ver con ganarnos nuestro pan de cada día, establecer vínculos y vivir en armonía con los demás, traer hijos al mundo y crear infraestructuras como sociedades, culturas y religiones para nutrir y sustentar lo que creamos.

En el tiempo presente, la Tribu está atravesando cambios estructurales estresantes que desafían sus fundamentos empresariales y comunales; retos que cuestionan la autoridad y la estabilidad de nuestras tradiciones e instituciones más fundamentales. El miedo engendrado por estos cambios magnifica la presión sobre quienes tienen el Centro del Corazón abierto para que prueben su valía para sobrevivir la incertidumbre. Afloran los temas de la autoestima y la valía personal y esto afecta a todos los niveles de la vida, desde las relaciones en nuestro trabajo, lo que creemos y hasta el permiso que nos damos para jugar y disfrutar esta increíble vida que nos ha sido dada.

Lo primordial es que la autoestima es un espacio desde el que nos movemos en el mundo con confianza como miembros que contribuyen valiosamente a la sociedad..., y a cambio reciben apoyo material y personal. Sin esta firme creencia y confianza en nosotros mismos y en nuestra propia valía, perdemos la voluntad de afrontar los desafíos de la vida. A menos que el ego se afirme en su estado saludable y se reasegure su valor para nosotros o para los demás, se cierra y la autoestima se vuelve autoaversión. El odio a uno mismo exige un precio terrible a la humanidad.

En este contexto, se ve claramente por qué tantos problemas digestivos y de corazón están relacionados con las maneras en que el no-ser compensa su poca autoestima. La tendencia a obtener cada vez mejores resultados, hacer promesas o tratos que no tenemos la fuerza de voluntad para mantener, y trabajar más de lo que nuestro músculo del corazón puede aguantar, para demostrar nuestra valía, son síntomas de tratar de probar lo que valemos. Comprender el papel de la mente para determinar cómo nos valoramos o no puede eliminar mucho dolor y sufrimiento innecesarios en nuestra vida.

Puertas del Centro del Corazón

Puerta 21 • La mordedura tajante La Puerta del Cazador/Cazadora	Tener el control Controlar las circunstancias
Puerta 40 • La liberación La Puerta de la Soledad	Liberar La voluntad de proveer
Puerta 26 • El poder domesticador de lo grande La Puerta del Egoísta	Ser el mejor El vendedor
Puerta 51 • Lo suscitativo La Puerta del Shock	Ser competitivo Ser el primero en algo

El Centro del Corazón definido
• 37 por 100 de la población

Si tienes el Centro del Corazón definido, te gusta tener el control de tu propia vida y tus recursos. Eso incluye la ropa que te pones, cuándo y dónde trabajas y cómo decides pasar tu tiempo. También reconoces tu propio valor, aunque a veces tiendas a exagerarlo.

Para quienes tienen definido el Centro del Corazón es saludable ejercitar su fuerza de voluntad, hacer promesas y cumplirlas con regularidad. Con su acceso consistente a su fuerza de voluntad, no tienen problema haciendo y cumpliendo sus promesas o resoluciones. Es importante que hagan lo que dicen que van a hacer. Es así como otros llegan a confiar en ellos, por lo que solo deberían hacer promesas que pueden y van a cumplir. De esta manera, fortalecen su sentido natural de autoestima.

Disfrutan trabajando, aunque prefieren estar en una posición en la que pueden ser su propio jefe. De esa forma, pueden seguir su mecanismo interno natural, que les dice cuándo trabajar y cuándo es hora de descansar. Disfrutan cumpliendo lo que prometen, y ser voluntariosos y competitivos les resulta natural. Cuando escuchan cuidadosamente a su guía interna, saben cuándo es mejor aplicar la fuerza de su ego en una situación y seguir manteniendo el equilibrio entre trabajo y descanso.

Quienes tienen definido el Centro del Corazón no deberían dejar que nadie les niegue la expresión clara y honesta de su ego y fuerza de voluntad. La declaración firme de «yo, mí, mío» fortalece el corazón, mientras que reprimir la energía natural de su ego puede ser perjudicial para su salud. Están probándose a sí mismos todo el tiempo, lo que es importante y correcto para ellos, y lo harán naturalmente mientras sigan su Estrategia y Autoridad. Usarán gustosamente su fuerza de voluntad por la familia y la comunidad cuando es apropiado para ellos hacerlo. Aunque disfrutan su trabajo, les gusta que les aprecien y les recompensen por su contribución.

Con el Centro del Corazón definido, es fácil sobrepasarse y dar la impresión de ser demasiado contundente. Cuando no se guían por su Estrategia y Autoridad personal, ponen expectativas poco realistas en quienes tienen el Centro del Corazón sin definir para que también sean competitivos y tenaces. Pueden tratar de inflar a otros, o de empujarles para que realicen tareas que están por encima de su capacidad, lo que con el tiempo conduce a dolor y malentendidos innecesarios. A la larga, este tipo de comportamiento producirá muchas resistencias, indicando que es hora de dar un paso atrás y recuperar un sano equilibrio interno.

El Centro del Corazón sin definir
• 63 por 100 de la población

Las personas con el Centro del Corazón sin definir no están diseñadas para ser voluntariosas y competitivas, pero a menudo se sienten impulsadas por la necesidad de ejercer su voluntad. «¿Por qué no puedo conseguir lo que tienen ellos?», se preguntan. «¿Por qué no puedo ser tan rápido o tan bueno como ellos? Debería ser capaz de competir con ellos.» Quieren ejercer su fuerza de voluntad, y hacer y cumplir promesas, pero no comprenden que no tienen energía consistente para ninguna de esas cosas.

Vivimos en un mundo que emite una continua corriente de mensajes de que deberíamos/podríamos/podemos ser mejores, más guapos, más ricos, más rápidos y tener más éxito si simplemente hacemos esto o lo otro. Esta propaganda nos pone bajo una presión enorme para hacer más, ganar más y ser más. Las personas con el Centro del Corazón sin definir quedan atrapadas en un círculo vicioso. Si no logran cumplir esas expectativas o cumplir sus promesas y compromisos, hacen más promesas para compensar la sensación de su propia deficiencia, y esto les lleva a nuevos fracasos. Cada vez que fracasan, se sienten peor y su autoestima disminuye más y más.

El afán de conseguir más que los demás es una manera en la que el Centro del Corazón sin definir compensa su aparente falta de voluntad, la sensación de que no tener lo que se requiere para triunfar. Cuando una persona se subvalora, tratará de lograr más que nadie para demostrar lo valiosa que es. Se pone en situaciones imposibles, tratando de hacer algo que no le resulta posible completar.

El Centro del Corazón sin definir es susceptible a la amplificación de la fuerza de voluntad de un Centro del Corazón definido, y puede engañarse pensando que de pronto tiene la voluntad para comprometerse a hacer algo y cumplirlo. Sin embargo, esta fuerza de voluntad «prestada» se evapora en cuanto se va la persona con el Centro del Corazón definido. Esto sucede frecuentemente en cursillos que tratan de afianzar la motivación, de los que se supone que sales con la suficiente dirección y entusiasmo para perseverar y lograr el objetivo, pero luego ves cómo se desvanecen las buenas intenciones y la fuerza de voluntad en cuanto vuelves a estar solo.

El reto para quienes tienen el Centro del Corazón sin definir es que generalmente no se consideran dignos y aceptarán menos de todo, incluido el amor, el dinero y la felicidad, porque asumen que no se lo merecen. Si se fían de su mente, en vez de su Estrategia y Autoridad, seguirán tratando de demostrar su valía eternamente. Cuanto más se inmiscuya su mente en el juego de tratar de probar la valía, más fracasarán, y el ciclo de la pérdida de la autoestima continuará repitiéndose. La solución es relevar a la mente de la autoridad que ha asumido y volver a poner la autoridad donde tiene que estar.

El mantra para el Centro del Corazón sin definir es: nunca hagas una promesa, ni a ti mismo ni a nadie más. El Corazón abierto no tiene NADA que probar a nadie, bajo ninguna circunstancia, nunca. Es un gran don no tener que demostrar la propia valía. Imagina al 63 por 100 de toda la gente contenta consigo misma, sabiendo que será guiada a comprometerse, cuando eso sea correcto para ella, por su Autoridad personal, no por la necesidad de parecer digna.

Al comprender esto llega la sabiduría y la conciencia. Una persona con el Centro del Corazón sin definir puede absorber la vibración de otros egos y adquirir sabiduría sobre quién tiene un sentido sano de la autoestima y quién no. Reconoce quién puede cumplir los compromisos que ha adquirido y quién no. Aprende que no tiene que competir con nadie y no deja que nadie le convenza para hacer o comprometerse a algo meramente para demostrar su valía.

El Centro del Corazón completamente abierto

Las personas con el Centro del Corazón completamente abierto no tienen de manera natural una comprensión buena y sólida de lo que es la valía, cómo medirla o lo que es necesario para lograrla. Cuando no viven en el ámbito de su Autoridad personal, son propensas a fluctuar entre sentirse exageradamente importantes y sin ninguna valía en absoluto. Con la autoestima frágil o inconsistente, y una persistente sensación de inadecuación, son particularmente vulnerables a ser manipuladas o controladas por personas que prometen impartirles valía si se asocian con ellas, o a creer algún tipo de propaganda.

Sin embargo, cuando se trata de la sabiduría respecto al valor de la palabra de alguien, y el uso del dinero y el poder personal en el plano material, estas son personas que hay que tener en cuenta. Su sabiduría se libera cuando aceptan que no tienen nada que probar y que pueden fiarse de su Estrategia y Autoridad para satisfacer sus necesidades.

La cháchara del no-ser
del Centro del Corazón sin definir

La mente del no-ser es la portavoz de los centros sin definir y nos dice lo que deberíamos decir o hacer. Darse cuenta de esta cháchara es esencial para el descondicionamiento. Estos son algunos ejemplos de cómo puede sonar el diálogo mental del no-ser con el Centro del Corazón sin definir: Mejor que haga esto, porque si no lo hago no seré respetado. Tengo que controlar la situación. Tengo que ser valiente. Tengo que inflarme y presumir para sentirme digno y bien conmigo mismo, y entonces los demás verán lo mucho que valgo. Tengo que ser leal para que los demás vean lo valioso que soy y de esta forma demostrarme a mí mismo lo mucho que valgo. Si lo digo de esta manera y hago esta promesa, verán lo estupendo que soy. Si demuestro lo fiable que soy, les caeré bien. Piensan que puedo hacerlo, así que mejor que les demuestre que sí puedo. Si me controlo, puedo demostrar lo que valgo. No soy una buena esposa, amante, amigo…, a menos que lo demuestre.

SECCIÓN DOS: LOS NUEVE CENTROS

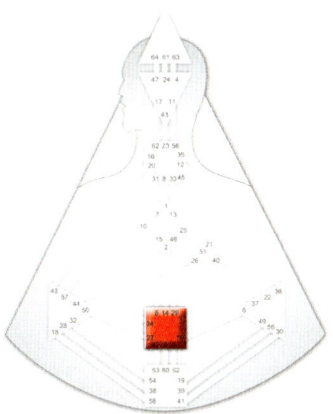

El Centro Sacral

El poder de la fertilidad

Energía vital, capacidad de responder, disponibilidad, sexualidad

Correlación biológica

El Centro Sacral se corresponde con los ovarios en la mujer y los testículos en el hombre. Toda la vida del planeta se nutre de la energía vital generada en este centro. Potencia nuestra supervivencia reproduciendo la vida y proveyendo el impulso para nutrir y cuidar a nuestras crías. Sus temas más importantes son la sexualidad, el trabajo, la fertilidad, la vitalidad, el movimiento y la persistencia.

Como primer motor del cuerpo, el Sacral tiene un poder enorme que funciona tanto de manera generativa como degenerativa. Si no comprendemos cómo emplear y apoyar la mecánica del Sacral, se atrofiará y degenerará prematuramente, dejándonos frustrados y enfermos. El ciclo de trabajo/descanso de este motor requiere que agote su suministro de energía disponible cada día para poder dormir bien. Mientras descansa, recarga sus baterías. Si se le fuerza a hacer algo a lo que no ha respondido, su capacidad generativa se vuelve rápidamente degenerativa y el resultado es el agotamiento. La capacidad generativa del Centro Sacral alcanza su apogeo a los 18 años en los hombres y entre los 33 y los 34 años en las mujeres.

Trabajo, reproducción, sexualidad y perseverancia

Cualquiera que tenga el Centro Sacral definido es del Tipo Generador. El Sacral genera la fuerza vital creativa y tiene la capacidad de guiar y sustentar la vida. Su frecuencia receptiva está diseñada para responder a lo que encuentra de una manera protectora, sana, honesta, creativa y perseverante. Este centro se diferencia de los demás de tres maneras significativas: su complejidad (únicamente superada por el Centro de la Garganta); su capacidad para generar la fuerza vital, y su habilidad para comunicar momento a momento su disponibilidad mediante sus propios sonidos guturales. Esos sonidos sacrales surgen del sistema fiable de guía interna que existía mucho antes de que evolucionara la capacidad de hablar. Como el 70 por 100 de la población mundial es capaz de ser guiada por su Centro Sacral definido, existe en la humanidad un potencial enorme, pero aún sin explotar, para el despertar y la conciencia.

El Centro Sacral es receptivo y está diseñado para responder a la vida, a lo que se le está pidiendo o preguntando, mediante sus ruidos y sonidos expresivos. Estos sonidos primarios, que no se originan en el Centro de la Garganta, sino que vibran desde el vientre (como un diafragma que se abre o se cierra), nos informan si tenemos la energía para algo o no. Estos sonidos nos dicen si nos gusta, o no, lo que vemos u oímos, o lo que nos piden que hagamos. Toda persona que respeta la naturaleza de su Sacral, y la guía de sus sonidos, está en contacto con su propio poder.

Los sonidos pueden variar de persona a persona, de cultura a cultura, pero son sencillos y fácilmente reconocibles. Un «sí» podría ser un sonido abierto como «a-JÁ», mientras que un sonido cerrado como «ÚH-uh» significa «no». Si la respuesta a una pregunta es «hmmmm» («no sé»), entonces quizá no sea el momento adecuado o quizá sea necesario hacer la pregunta de otra manera. Las personas con el Sacral definido no saben realmente, o no pueden saber, lo que es correcto para ellas a menos que oigan la respuesta de su Sacral. Reconectar con sus sonidos y aprender a confiar de nuevo en ellos son los primeros pasos hacia vivir siendo fieles a sí mismas y estableciendo el potencial para la transformación personal. Los niños Generadores hacen estos sonidos de manera natural hasta que se les condiciona para que respondan con palabras; harán pequeños ruidos de «a-já» o «úh-uh» cuando se les pregunte algo que requiere una respuesta de «sí» o «no». Los padres que estimulan ese tipo de respuestas cuando hacen preguntas, y luego respetan la guía interna del niño o niña, están nutriendo su confianza en sí mismo o misma.

El Sacral definido y conectado a la Garganta

La energía manifestante de las conexiones de la Garganta con el motor de los Centros del Corazón, Plexo Solar o Raíz impulsa hacia fuera y mueve hacia algo o alguien, y se describe como energía iniciadora. La energía específica y envolvente que emite naturalmente el motor Sacral acoge a la vida y a la gente en su abrazo para poder responder a ellas, y se describe como energía de respuesta. Esta es la razón por la que los Generadores encuentran resistencia cuando tratan de iniciar. Están intentando revertir el flujo natural de la energía Sacral.

Sin embargo, cuando el motor Sacral está definido y conectado al Centro de la Garganta, por ejemplo a través del Canal 34-20, tenemos una anomalía en la que el poder generativo del Sacral se convierte en un potencial para la manifestación. Entonces, el Sacral definido tiene el potencial para pasar inmediatamente de la respuesta a la acción. Quienes tienen una conexión Sacral-Garganta, llamados Generadores Manifestantes, a menudo experimentan sus respuestas como verdaderos movimientos físicos hacia, o para alejarse de, algo o alguien, en vez de simplemente como sonidos Sacrales. Hablamos con más detalle de los Generadores Manifestantes en la Sección Tres.

Las nueve puertas del Centro Sacral, que se especifican en el siguiente cuadro, describen la disponibilidad de la fuerza vital y revelan los múltiples procesos del apoyo, o no, del Centro Sacral.

Puertas del Centro Sacral

Puerta 34 • El poder de lo grande La Puerta del Poder	Poder puro para potenciar.
Puerta 5 • La espera La Puerta de los Patrones Fijos	La energía para establecer y repetir patrones y rituales para asegurar un flujo consistente.
Puerta 14 • La posesión en gran medida La Puerta de la Habilidad en el uso del poder	Facilita energía (dinero, recursos) para potenciar la dirección en la vida.
Puerta 29 • Lo abismal La Puerta de la Perseverancia	Se compromete por completo a una experiencia por su verdadero potencial para el descubrimiento.
Puerta 59 • La dispersión La Puerta de la Sexualidad	La energía sexual para aparearse.
Puerta 9 • El poder domesticador de lo pequeño La Puerta de la Energía para el Detalle	Energía concentrada para establecer un patrón.
Puerta 3 • La dificultad inicial La Puerta de la Ordenación	Pone orden en la frecuencia del pulso de la mutación.
Puerta 42 • El aumento La Puerta del Crecimiento	Cierra un ciclo y pone fin a las cosas.
Puerta 27 • La nutrición La Puerta del Cuidado	Nutre y protege para la supervivencia.

El Centro Sacral definido
• 66 por 100 de la población

Quienes llegan al mundo con el Centro Sacral definido son los custodios de una enorme fuente de poder. Cada día, su motor Sacral genera una cierta cantidad de energía que se siente como un zumbido que vibra dentro de ellos. Es una vitalidad genuina que se puede experimentar como inquietud, incapacidad de estarse quieto o necesidad de quemar energía estando activo. Para ellos nada es tan importante como encontrar la expresión personal y la satisfacción profunda usando su suministro diario de energía para el trabajo o las actividades que les gusten.

El Sacral es muy poderoso cuando responde. Cuando le hacen una pregunta que requiere un «sí» o «no», su respuesta inmediata revela si la energía requerida está o no disponible en ese momento para sí o para otros. Si la respuesta es afirmativa, o se mueve hacia algo, todo el poder del Sacral está detrás de la decisión. Si la respuesta es poco entusiasta, o parece que la energía se echa para atrás, la actividad no se puede mantener sin extralimitar la energía generativa del Sacral.

Por ejemplo, cuando alguien pregunta: «¿Quieres aprender a jugar al tenis?» y oyes decir «úh-uh» al Sacral, esa es la verdad. Y esta verdad debe ser respetada, porque es la única manera en que los Sacrales definidos sabrán si tienen la energía para aquello sobre lo que les están preguntando. En términos prácticos, lo que oyeron fue la voz Sacral diciéndoles que la energía no está disponible en ese momento. Cada respuesta negativa del Sacral establece un límite claro y sano que les protege del daño potencial, de la vergüenza o simplemente de abusar de su energía. No pueden cumplir compromisos que no han adquirido correctamente a través de la respuesta. La energía Sacral sencillamente no está disponible para apoyar decisiones tomadas con tu mente. Por eso es esencial saber responder y emplear correctamente esta energía de maneras productivas y satisfactorias. Si los Generadores permiten que una decisión mental usurpe su respuesta Sacral inmediata, lo más probable es que se encuentren con resistencia, se agoten, se sientan frustrados y desdichados, o claudiquen.

No acabar lo que han empezado ha hecho que los Generadores se ganen la reputación de ser los mayores «desertores» del mundo. Para evitar esto, hay que comenzar entendiendo que la naturaleza de la frecuencia del Sacral es perseverar para dominar una destreza o adquirir una habilidad. Esta energía se pone en marcha y se sustenta mediante la respuesta, comprometiendo correctamente su energía para empezar. A diferencia de la manifestación, que ocurre a través del Centro de la Garganta, la energía Sacral alcanza determinados niveles y debe tener la fuerza para persistir durante estos puntos de «estancamiento» hasta que un avance repentino (iniciación) nos impulse hasta el nuevo nivel de maestría. Sin la energía Sacral, estas «mesetas» recurrentes pueden convertirse en obstáculos insuperables, fuentes de frustración, de fatiga y de la tentación de claudicar. La única manera de que quienes tienen el Sacral definido puedan estar seguros de que su perseverante energía Sacral les apoya firmemente desde el principio es mediante una respuesta afirmativa.

Así pues, el mantra y la Estrategia para las personas con el Centro Sacral definido es «No inicies». Nunca des el primer paso hacia algo sin que te pregunten para poder responder. En el momento en que inicias, se rompe la conexión con la fuerza Sacral del poder para perseverar. El secreto es esperar y mantener el Sacral disponible para que pueda responder exactamente a lo que es apropiado para cada uno de nosotros individualmente. Escuchar los sonidos primarios de las respuestas sacrales nos dice si hay energía disponible. Saber que hay energía fiable para cumplir un compromiso, y encontrar satisfacción haciéndolo, desarrolla la confianza del Generador para tomar decisiones que son correctas, así como la confianza en los sonidos sacrales.

Otras personas pueden sentir los poderosos recursos disponibles de un Centro Sacral definido y querrán sacar partido de esta energía. Dejar que la mente convenza al Sacral para que haga algo que no es apropiado para él simplemente llevará a la frustración y a una sociedad de «esclavos» que trabajan sin energía en algo que no les gusta. Debemos respetar las limitaciones del Sacral honrando su guía mediante los sonidos que hace.

Quizá lo más difícil de aceptar para las personas con definición Sacral sea que su respuesta fiable es un proceso mecánico, ni racional ni consciente. Las respuestas no son juicios de lo que está bien o mal, y no llegan con un vocabulario racional o articulado que las explique. La respuesta es tan pura que elude por completo la conciencia. Los Generadores a menudo lo describen como que la vida toma una decisión a través de ellos, y eso es exactamente lo que sucede. No importa cómo «piensen» que debería ser su vida, ya que la fuerza vital sabe lo que es correcto para ellos y para qué tienen energía. Esta es su verdad. Su espera paciente y expectante permite que el universo les traiga la vida, mientras que sus respuestas les armonizan con los vaivenes de su camino único y el propósito que están aquí para vivir.

El Centro Sacral sin definir
• 34 por 100 de la población

El Centro Sacral sin definir es siempre vulnerable al intenso campo de condicionamiento (o zumbido) creado por la mayoría de los seres humanos del planeta con el Sacral definido. Es extremadamente sensible a los niveles de energía de las personas y los lugares, y es capaz de magnificar esas energías. Quienes tienen el Sacral sin definir están sujetos a que elevados niveles de energía pasen por su cuerpo, que no está equipado para manejarlos. A menudo funcionan con esta energía «prestada» y se propasan, lo que les lleva al colapso y al agotamiento. Como no están diseñados para vivir respondiendo, nunca pueden fiarse de sus propios sonidos para guiar sus decisiones o decirles cuándo ya es suficiente.

Sin el Centro Sacral definido, los Manifestadores, Proyectores y Reflectores están particularmente sujetos a los excesos energéticos. No nacen sabiendo cuándo ya basta, o cómo establecer límites saludables para sí mismos. Con su Sacral sin definir lleno hasta rebosar de la energía de otras personas, están siempre ocupados con el trabajo y la familia y nunca saben cuándo dejarlo. Se cargan con demasiados compromisos y se sienten como esclavos, pero en realidad no saben qué hacer al respecto. Cuando se dan cuenta de que están cansados, lo ignoran y siguen adelante, poniendo en peligro su salud. No saben cuándo (o no comprenden cómo) separarse de la energía Sacral que les rodea y realinearse con su propia Autoridad personal.

Les resulta difícil saber cuándo es correcto entrar en una situación/relación y cuándo es mejor esperar, o cuánto esperar o cuándo salirse. Están absorbiendo continuamente el «carburante» Sacral de otras personas, así que es sensato asegurarse de que el carburante es del tipo apropiado para su vehículo. La clave para mantener su vitalidad y un Sacral abierto sano es comprender cómo conectan con las personas que les rodean, y esto solo lo pueden lograr experimentando con su Estrategia y Autoridad.

El Centro Sacral tiene que ver con la disponibilidad, o no, de la pura energía generativa de la fuerza vital, particularmente la energía sexual. El Sacral sin definir no tiene límites consistentes, y con su potencial para el profundo condicionamiento en esa área puede estar desde ligeramente curioso a obsesionado con el sexo. Cada experiencia sexual será única porque el Sacral sin definir está siendo condicionado, positiva o negativamente, por su pareja. Esta información es especialmente importante para los adolescentes mientras están madurando. La sabiduría potencial de este centro indefinido es aprender sobre el sexo saludable y los límites seguros, y ser capaz de discernir cuándo ya es suficiente. Para empezar, esto incluye aprender a fiarse de su Estrategia y Autoridad para entrar de manera correcta en las relaciones.

Los niveles consistentes de energía generativa y perseverante no están disponibles para las personas con el Sacral sin definir; la energía está ahí y luego ya no está. Si comprenden y respetan esto, se tomarán tiempo para descansar cuando sea necesario hacerlo. No deberían ignorar sus niveles de energía. No manejar adecuadamente su energía puede conducir a serios problemas para dormir, lo que resulta en el descanso insuficiente y no rejuvenecedor. De la misma manera que amplifican la energía del Sacral definido, también pueden magnificar su fatiga, pensando erróneamente que es la suya. La práctica saludable para el Sacral sin definir es acostarse temprano, antes de estar cansado, para propiciar el sueño. Necesitan estos momentos tranquilos de soledad para desprenderse del zumbido de la energía Sacral que han absorbido durante el día.

La mayoría de las personas con el Sacral sin definir, cuando son verdaderamente honestas, admiten que en realidad no quieren trabajar. Les encantaría relajarse y dejar que otros hagan el trabajo duro. Sin embargo, cuando observamos a quienes tienen el Sacral sin definir no es esto lo que vemos, porque el Sacral es uno de los centros más fácilmente y más profundamente condicionados. La gran cantidad de Sacrales definidos, y el tamaño del campo Generador general del planeta, abruma fácilmente a los Sacrales sin definir.

Sin embargo, cuando están en paz con su Sacral sin definir, los tres Tipos con el Sacral abierto están relajados, tienen límites sanos y, mediante su Autoridad, saben cuándo ya basta. Trabajan en rachas, tomándose mucho tiempo para descansar. Respetan su flujo inconsistente de energía. Disfrutan acogiendo la energía de la fuerza vital de otros sin responder a ella o identificarse con ella. Equilibran su trabajo con el descanso y aprenden las maneras en que opera la poderosa energía creativa y receptiva del Sacral, lo que les hace útiles para quienes la están generando.

El Centro Sacral completamente abierto

El Sacral completamente abierto no sabe para qué usar su energía. Encuentra su propia energía desparramada por todas partes, atraída por esto o aquello. Ya no se trata de saber cuándo es suficiente; simplemente espera que el agotamiento producido por la actividad inapropiada y excesiva le anonade para poder parar.

A través de esta apertura, muchos se han visto atraídos por la fascinación por saber quiénes somos realmente y por qué existimos. Personas con el Sacral completamente abierto como J. Krishnamurti, Osho y Ra Uru Hu nos han dado visiones profundas de la naturaleza del ser. La sabiduría disponible aquí es que uno puede medir de verdad la fuerza vital —puede aprender mucho acerca de para qué es realmente la energía— y entonces puede expresar o describir las múltiples cualidades que esta energía única pone a disposición de la humanidad.

La cháchara del no-ser del Centro Sacral sin definir

La mente del no-ser es la portavoz de los centros sin definir y nos dice lo que deberíamos decir o hacer. Darse cuenta de esta cháchara es esencial para el descondicionamiento. Estos son algunos ejemplos de cómo puede sonar el diálogo mental del no-ser con el Centro Sacral sin definir: Sigamos trabajando; necesitamos terminar esto. Tengo que decir que sí a eso, de lo contrario puede que me pierda algo. Puedo seguir; solo necesito otro café. Puedo hacer eso también; no es ningún problema. Todavía no estoy cansado. No quiero dormir un rato o acostarme; queda mucho por hacer. Hagamos eso para ellos. Tengo que hacerlo yo mismo. Necesito encontrar pareja o un ligue. ¿A quién puedo ayudar? La vida es excitante; ¿por qué decir que no a algo? Sí, estoy haciendo todo el trabajo, pero alguien tiene que hacerlo. No creo que sea suficiente todavía. ¿Límites? ¿Qué límites?

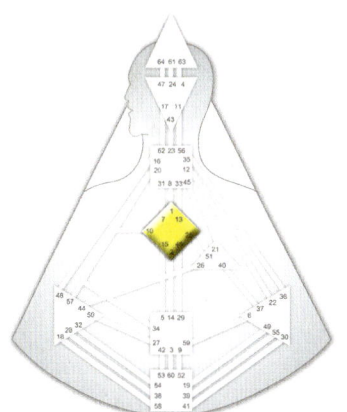

El Centro G

Amor, Identidad y Dirección

(Sede de) el Monopolo Magnético, esencia superior

Correlación biológica

Biológicamente, el Centro G se asocia con el hígado y la sangre. La función hepática determina la salud de nuestra sangre, y la sangre lleva nutrientes y oxígeno a cada órgano y cada célula del cuerpo. Una vez que las células del hígado se dañan, no pueden ser reemplazadas. Sabemos que el alcohol destruye el hígado y roba a una persona su identidad. La naturaleza espiritual de este centro tiene sus raíces en las tradiciones indoeuropeas que mantenían que la reencarnación tenía lugar a través del hígado. Esto coincide con la concepción del Sistema de Diseño Humano del papel del Monopolo Magnético en nuestro proceso de encarnación. Nos lleva a un cuerpo y se va cuando ese cuerpo muere.

Amor, Identidad, Dirección

AMOR: El Centro G es el centro más extraordinario del Cuerpo Gráfico. Su componente esencial y místico, el Monopolo Magnético, es un imán con un solo polo. (Todo lo demás en el Diseño Humano existe como un binario.) Este polo único solo atrae, y lo que atrae es amor y belleza. Observa tu propio Mandala. Fíjate en los rayos de tu definición irradiando desde las ruedas externas hacia el diamante amarillo que hay en la parte central del Cuerpo Gráfico. La posición estratégica del Centro G clarifica su importancia en el Mandala y en nuestra vida. Ilustra que las influencias cósmicas/planetarias giran en torno a este centro, mientras que el Monopolo Magnético que hay en su interior nos atrae hacia lo que debemos experimentar específicamente (por nuestra definición) a lo largo de nuestra vida. Estamos diseñados para vivir el amor que atraemos, comenzando por amarnos a nosotros mismos.

Antes de nuestra encarnación, el Monopolo Magnético y el Cristal de Diseño encajan perfectamente. Según se va formando el cuerpo del bebé durante el embarazo, el Cristal de Diseño pasa al Centro Ajna y el Monopolo Magnético se instala en el Centro G, creando lo que se describe como la ilusión de la separación. Esta separación crea una especie de anhelo entre ellos, que experimentamos como un búsqueda continua de amor. Y, de una manera u otra, toda la vida tiene que ver con el amor. Esta sensación de separación es la que nos impulsa a buscar amor fuera de nosotros, tratando de lograr un sentido de adónde vamos y quiénes somos en relación con los demás. Estamos tratando de ser dignos del amor ilusorio que buscamos. La mente saca partido de esta búsqueda y, a través de nuestros centros abiertos, exagera nuestro anhelo y nuestro deseo de conocernos a nosotros mismos. Lo gracioso es que todo ha estado aquí mismo, dentro de nosotros, todo el tiempo; no tenemos que buscar fuera de nosotros para descubrir quiénes somos, o adónde ir para encontrar amor. El Centro G contiene amor. El amor es la fuerza que impregna y mantiene el universo, llevándolo todo de nuevo hacia un estado de unidad. Rendirse a la dirección de nuestra forma es la manera en que estamos diseñados para experimentar la plenitud de ese amor.

«No estamos aquí para ser amados, sino para ser amor». (Ra Uru Hu)

IDENTIDAD: El Monopolo Magnético es responsable de varios aspectos de nuestra experiencia de la vida, desde antes del nacimiento hasta después de la muerte. Uno de los aspectos es crear nuestra identidad durante la vida manteniendo los Cristales de Personalidad y de Diseño en un quantum en nuestro Cuerpo Gráfico. Este cianotipo único e individual nos separa o diferencia de todos los demás. Incluso si no tenemos un sentido consciente o permanente de nuestra identidad, podemos saber, y literalmente ver en el Cuerpo Gráfico, que está ahí.

DIRECCIÓN: Otro aspecto es la atracción interna ejercida por el Monopolo Magnético, que nos mantiene en nuestro lugar dentro de la totalidad y hace que sigamos nuestro camino. Es como tener nuestro propio GPS interno, y esta fuerza permite que nuestro papel único en la vida se vaya desplegando de manera natural. Sin ella, no tendríamos ningún sentido de la diferenciación; nos sentiríamos uno con la totalidad en vez de estar individuados. Tampoco habría nada que nos mantuviera a cada uno «de una pieza» como individuo, junto con todo lo demás en el universo, en lo que percibimos como nuestra separación. Es el Monopolo Magnético lo que nos diferencia o separa, y su misteriosa y mística fuerza de atracción se llama amor. Nuestros Cristales de Personalidad y de Diseño se mantienen juntos como dos personas en un matrimonio forzado. Cuando aceptamos sus roles específicos y resolvemos nuestro propio conflicto interno entre estas dos partes de nuestro ser, podemos alcanzar un estado en el que nos aceptamos y nos amamos a nosotros mismos. Solo entonces somos capaces de recibir y de dar el amor que nacemos anhelando.

El Monopolo Magnético sabe dónde estamos, adónde vamos y cómo llevarnos allí. Atrae a todas las personas, lugares y acontecimientos que estamos aquí para encontrar, determinando la manera en que la vida misma se atrae y se vive automáticamente a través de nosotros. A este movimiento en el tiempo a través del espacio lo llamamos nuestra trayectoria o dirección. Se nos va llevando por esta trayectoria de decisión correcta en decisión correcta. Resulta vano buscar cualquier cosa, ya que vivir correctamente nos traerá la vida y el amor que es perfecto para nosotros. Tenemos un chófer para llevarnos hacia allí, y lo único que tenemos que hacer es relajarnos y, mediante nuestra Estrategia y Autoridad, dejar que el Monopolo Magnético guíe nuestro vehículo.

> «Desde el principio todo ha estado moviéndose unidireccionalmente en el espacio. Todo lo que existe, en cualquier forma, estado o hechura, forma parte de este movimiento. Según una de las grandes leyes de la ciencia, "Dos objetos no pueden ocupar el mismo lugar al mismo tiempo", todo lo que se está moviendo —y todo se está moviendo— tiene una geometría única. Nuestras vidas están relacionadas con la geometría. Los antiguos, a esto lo llamaban destino. Sin embargo, esa palabra a menudo implica predeterminación. La diferencia entre destino y geometría se puede apreciar bien en la manera en que ambos explican la muerte. El destino, la predeterminación, dice que el 'momento' de la muerte es fijo, está escrito. La geometría dice que solo la 'dirección' hacia la muerte es fija.»
>
> Ra Uru Hu

Las Cruces de Encarnación del Receptáculo del Amor y de la Esfinge

Al situarse en el Mandala, las ocho puertas del Centro G, con forma de diamante, crean una configuración simétrica que pone a los 12 signos del zodiaco de la rueda interna en contacto con las ocho puertas del Centro G en la rueda externa. El Mandala ilustra la manera en que el Monopolo Magnético, mediante su núcleo de amor en nuestro interior, atrae a nosotros nuestra vida desde el macrocosmos del universo que nos rodea e informa.

En esta configuración están representadas dos Cruces de Encarnación fundamentales. La primera es la Cruz del Receptáculo del Amor. Sus cuatro puertas representan el amor a la humanidad (Puerta 15), el amor a uno mismo (Puerta 10), el amor universal, la capacidad de amar la existencia sin discriminación (Puerta 25) y el amor al cuerpo (Puerta 46). El Monopolo Magnético regula la mecánica de estas formas transpersonales de amor, así como sus opuestos integrales, las formas de odio. Sin el anhelo que crea el Monopolo Magnético en su separación del Cristal de Diseño, o sin la tensión entre el Diseño (rojo) y la Personalidad (negro) que mantiene en un quantum nuestra identidad, no habría lugar para experimentar la atracción/repulsión de un binario de amor/odio. Vivimos en una dualidad y lo uno no puede existir sin lo otro. Lo que buscamos es el equilibrio y la ar-

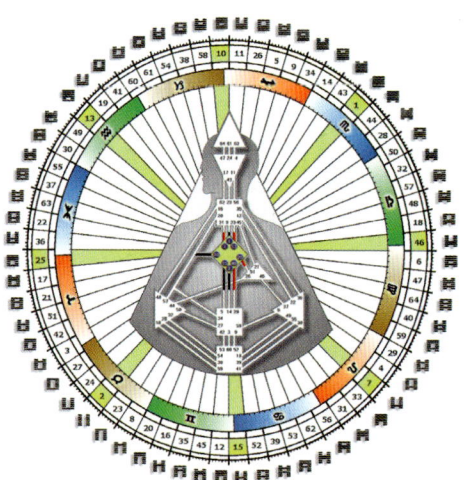

monía en ellos. La segunda es la Cruz de la Esfinge, que representa la dirección. Con la separación y la diferenciación llega la necesidad de un punto de referencia desde el que tomar nuestras coordenadas, un punto de comparación. Si no hubiera diferenciación del ser, no habría ninguna dirección ni necesitaríamos tener una. Si todo es uno, no hay ningún sitio al que ir. Tres de las cuatro puertas de la Cruz de la Esfinge operan como perspectivas que nos apuntan hacia el pasado, el presente o el futuro. La cuarta puerta es el chófer (Puerta 2). El chófer puede mirar su lugar en el ahora (Puerta 1), puede mirar atrás (Puerta 13) o puede mirar hacia delante (Puerta 7). A estas mismas cuatro puertas se les llama puertas de rol, y nuestro rol en la vida se experimenta según la corrección de nuestra geometría, nuestra dirección.

Las complejas y fascinantes matemáticas, belleza y simetría de estas dos cruces se exploran con mayor detalle en cursos avanzados, pero hay que destacar aquí que la Cruz del Receptáculo del Amor contiene el ciclo completo de la vida. Sus cuatro puertas marcan el principio de las cuatro estaciones. El equinoccio vernal (de primavera) tiene lugar cuando el sol entra en la Puerta 25. El solsticio de verano se celebra cuando el sol entra en la Puerta 15. El equinoccio de otoño ocurre cuando el sol entra en la Puerta 46, y el solsticio de invierno, el día más corto del año, comienza cuando el sol entra en la Puerta 10.

Puertas del Centro G

PUERTAS DE DIRECCIÓN

Puerta 1 • Lo creativo La Puerta de la Autoexpresión	Nuestro lugar en el ahora La capacidad para la creatividad
Puerta 13 • La comunidad de los hombres La Puerta de Saber Escuchar	Dirección o dirigir mirando atrás Oír los secretos de los demás
Puerta 7 • El ejército La Puerta del Rol del Ser en la Interacción	Dirección o dirigir mirando adelante Liderar mediante la influencia
Puerta 2 • Lo receptivo La Puerta de la Dirección del Ser	Dirección o visión El director o el chófer

PUERTAS DE AMOR

Puerta 15 • La modestia La Puerta de los Extremos	Amor a la humanidad, adoptando diferentes ritmos y extremos de conducta
Puerta 10 • El porte La Puerta del Comportamiento del Ser	Amor a uno mismo El amor de ser uno mismo
Puerta 25 • La inocencia La Puerta del Espíritu del Ser	Amor universal, conservando la inocencia a pesar de las circunstancias
Puerta 46 • El empuje hacia arriba La Puerta de la Determinación del Ser	Amor al cuerpo Determinación para seguir hasta el fin

El Centro G definido • 57 por 100 de la población

Quienes tienen el Centro G definido tienen una identidad propia fija y fiable, la sensación de ser amados y amables. Seguros en su amor por sí mismos, pueden amar a otros sin volverse dependientes de ellos. Tienen un sentido de su propia dirección correcta o misión en la vida y tienen un talento natural para indicar nuevas direcciones —y posiblemente nuevos amores— para otros. Con un profundo sentido de conexión con su centro, tienen la capacidad de reconfortar a quienes están preocupados por la dirección que está tomando la humanidad, ayudándoles a comprender la naturaleza de nuestra evolución como especie.

Un dilema común para ellos, especialmente si no están ateniéndose a su Autoridad, es esperar que todos vayan donde van ellos, incluso si no siempre saben adónde les llevará la vida o cómo llegarán allí. Esto puede ser decisivo si intentan dirigir o liderar a otros sin que les hayan preguntado o invitado; si olvidan que no todo el mundo está diseñado para ir de la misma manera que ellos. Lo que no comprenden es que no pueden cambiar o controlar su propia dirección, de manera que si otra persona no se siente cómoda o no puede llevar el mismo paso, ambos necesitan ser libres para seguir su propio camino. Aunque su Centro G esté definido, sucumbir a las expectativas que les imponen o condicionan otros, rechazando así su propia dirección y, por consiguiente, negándose su amor, puede llevarles a experimentar una sensación de pérdida tal en su vida que se desencanten por completo de sí mismos.

El Centro G sin definir • 43 por 100 de la población

Las personas con el Centro G sin definir no tienen una identidad fija. Esto no es una desventaja y no hay absolutamente nada malo en ello. Lo que les resulta difícil comprender es cómo vivir sin saber quiénes son o sin tener un sentido consistente o fiable de su identidad. Nadie conoce verdaderamente los parámetros de su personalidad abierta... ¡y ellas tampoco! Se integran o se adaptan a las personas con las que interactúan y pueden encajar en todas partes o en ninguna. De una manera u otra, siempre están sujetas a las influencias áuricas (la definición) de las personas de su entorno. Están aquí para ser iniciadas en las múltiples maneras que hay de «ser». Con el tiempo, surge una especie de identidad cómoda para ellas cuando están en relaciones estables que son correctas para ellas y les brindan apoyo.

Para empezar, son muy vulnerables en las relaciones, ya que los opuestos se atraen. Una persona con definición se siente atraída naturalmente a otra con el centro abierto, y viceversa. Quienes tienen el Centro G abierto adquieren seguridad con la sensación de identidad y dirección «prestadas», y quienes tienen el Centro G definido se ven reflejados y piensan: «Es como yo». Si las personas con el G abierto están alineadas con su propio diseño, reconocerán que lo que ve la otra persona es meramente un reflejo, y quienes tienen el G definido reconocerán que su pareja NO es como ellos. Si la relación continúa aún mientras ignoran las diferencias, la persona definida se impondrá, así como su identidad y su dirección, sin darse cuenta de lo que está sucediendo.

Las personas con el Centro G sin definir no están sin dirección. Tienen un sistema de navegación interno que está siempre funcionando, pero no de la misma manera que alguien con el Centro G definido. El Centro G sin definir será dirigido aquí o llevado allá, y puede ser condicionado por los demás para ir casi a cualquier parte. Eso forma parte de su camino. Este muestreo de direcciones es la manera en que determinan cuál es la correcta para ellos. También recopilan lugares que son adecuados para ellos y a los que pueden volver, como lugares apropiados para comer, comprar, trabajar y jugar.

El mantra para el Centro G sin definir es: Si estás en el lugar inapropiado, estás con la/s persona/s inapropiada/s. El G sin definir está especialmente equipado para sentir si el entorno en el que están no es correcto para él. Si alguien le lleva a un restaurante, casa, tienda u oficina donde no se siente bien, automáticamente transferirá esa sensación de malestar a la persona que le llevó allí, a la gente que encuentre ahí o a las propuestas o compromisos sugeridos mientras esté allí.

Un ejemplo: llevas a una mujer con el Centro G sin definir o abierto a un restaurante para presentarle a un potencial socio de negocios, pero si el restaurante es el lugar inadecuado para ella, la conexión no funcionará. Prueba a cambiar de restaurante. Cuando encuentres uno que es apropiado para ella, entonces se podrá evaluar con precisión la viabilidad de la conexión. Así es como los Centros G sin definir descubren a otros en su trayectoria. Todo tiene que ver con el lugar. Cuando quienes tienen el G sin definir están en el lugar apropiado, la dirección de su ida es correcta y entonces las personas con las que se encuentren serán las correctas. Prosperarán cuando su centro sin definir amplifique y refleje la energía correcta de las personas que les rodean, como si donde están fuera lo que son. En otras palabras, la casa, trabajo o relación equivocados puede ser la causa de gran infelicidad.

La belleza de tener este centro abierto es que las personas que rodean al G abierto se convierten a menudo en sus aliados preferidos, llenos de sugerencias y deseosos de ayudar. Les traen continuamente nuevas direcciones y nuevos amores. Los amigos les muestran donde está todo y les llevan a las personas, lugares y trabajos adecuados. La pregunta del no-ser del Centro G sin definir es: «¿Estoy aún tratando de encontrar dirección y amor?». Cuando están alineados con su vehículo, no tienen que encontrar nada ellos mismos. De hecho, no pueden encontrarlo por sí mismos. No funciona de esa manera para ellos.

Digamos que necesitas un sitio nuevo en el que vivir. Empezarías llamando a tus amigos y agentes inmobiliarios con una descripción exacta de lo que estás buscando. Luego te relajas y esperas a ver qué te muestran. Visitando cada uno de los lugares que han encontrado para ti, sientes cuál es correcto para ti. Cuando encuentras ese lugar, no les debes nada a esas personas, aparte de sus honorarios y una expresión de gratitud por mostrártelo. Simplemente te estaban ayudando, lo que es su papel adecuado en tu vida. La misma estrategia es aplicable al amor. En el momento en que dejas de perseguir el amor, llega a ti. Comprender y aceptar que estás diseñado para esperar que otros te inicien a tu dirección y lugar puede ser profundamente liberador. Las personas con el Centro G sin definir necesitan su independencia y necesitan tener personas a su alrededor que sustenten su libertad para explorar la expansividad de su vida. ¡Si se encuentran en una relación que no es correcta, se sentirán atrapadas y empezarán a buscar una escapatoria!

Asegurarse de que un niño con el centro G sin definir se sienta cómodo en su dormitorio o cuarto de juegos puede significar la diferencia entre simplemente existir y florecer en sus años formativos. Si hay algo que le resulta incómodo o desagradable en un sitio, llévale a otro siempre que sea posible. Lo mismo es aplicable a la escuela. Si no siente que la escuela es un buen lugar, el niño no progresará o aprenderá. Incluso cambiar de mesa al estudiante puede cambiar las cosas.

Una motivación poderosa y convincente que subyace en el pensamiento de quienes tiene el G sin definir es: «¿Qué dirección me llevará al amor?». Casi todas las decisiones que toma la mente mediante su diálogo con el no-ser están filtradas por esta pregunta: «¿Es aquí donde encontraré el amor?». El no-ser puede obsesionarse con adónde va y cuándo va a encontrar el amor. Eso les incita a buscar una identidad tratando de comprender quiénes son. Les puede preocupar obtener diplomas y títulos para poder decir: «Soy doctor o profesor o abogado». Inician una y otra vez y solo encuentran resistencia. No saber quiénes son les lleva a creer que hay algo que no está bien en ellos, y esto hace que se pongan a buscar un «yo» ilusorio. La vida sin un sentido fijo de la dirección puede parecer desorientadora. Un lugar puede parecer un misterio porque no es lo que nuestra mente piensa que es. Cuando las personas con el G sin definir tratan de comprenderse a sí mismas con la mente, se pierden el amor y la dirección correctos. La Estrategia y la Autoridad son siempre la solución para esto.

Cuando están en paz consigo mismos, los G sin definir no necesitan anticipar su siguiente movimiento o cuándo vendrá el amor de nuevo. Están cómodos esperando a que algo o alguien de su entorno les inicie. Se dan cuenta de que no depende de ellos y confían en que se les mostrará el camino. No se aferran a las personas que les llevan al lugar o amor correctos; simplemente les dan las gracias y siguen adelante. Esto les libera para estar cómodos con todo tipo de personas y discernir quién está viviendo auténticamente.

En vez de sentirse perdidas, las personas con el Centro G sin definir pueden disfrutar lo que se les muestra; pueden disfrutar las personas y lugares que encuentran y se sienten libres para sacar partido de la guía que otros les ofrecen. Nos pueden decir qué es el amor y la dirección porque acogen todas las posibilidades de amor y experimentan todas las direcciones diferentes. Aunque nunca pueden ver su rumbo, saben que cada paso les será revelado si viven siendo ellas mismas. En última instancia, no hay mejores guías en la vida que quienes tienen el Centro G sin definir. Al desprenderse de su necesidad de identidad y amor, pueden ponerse en el lugar de cualquiera y ofrecer amor y guía correcta. Están aquí para adquirir sabiduría sobre las maneras en que se expresa la identidad a través del comportamiento de una persona. Muchos grandes actores y actrices del escenario y de la pantalla tienen el G sin definir, sin una fuerte identidad fija propia. Asumiendo el papel (la identidad), son capaces de actuar desde lo hondo de su ser; pueden reflejarlo como una representación convincente y persuasiva de ese personaje.

El Centro G completamente abierto

Un Centro G completamente abierto te deja sin parámetros de identidad claros e identificables y sin un sentido inherente de la dirección. Si no se basan en su Autoridad personal, los G completamente abiertos se sienten flotando e inseguros de sí mismos, y recurren a los demás para que les den identidad y les guíen, y para confirmar que son dignos de amor. Esto les deja vulnerables a la manipulación y abiertos a los dictados condicionantes de otros. Cuando entregan su autoridad a otra persona, figura de autoridad o institución, ya no pueden experimentar su potencial.

Con el tiempo, según van sintiéndose más cómodos con la apertura de su diseño, descubren su camino o dirección y un sentido de su ser único. Como quienes tienen el G sin definir, su amplia experiencia y comprensión de la naturaleza del ser, el amor a uno mismo y la manera en que estamos diseñados para movernos por la vida, se convierte en sabiduría de la que todos nos podemos beneficiar.

La cháchara del no-ser del Centro G sin definir

La mente del no-ser es la portavoz de los centros sin definir y nos dice lo que deberíamos decir o hacer. Darse cuenta de esta cháchara es esencial para el descondicionamiento. Estos son algunos ejemplos de cómo puede sonar el diálogo mental del no-ser con el Centro G sin definir: ¿Quién soy? ¿Dónde debería ir para descubrir quién soy? ¿Quién puede mostrármelo? ¿A quién voy a amar? ¿Quién me va a amar? ¿Cómo puedo encontrarlos? ¿Dónde puedo encontrarlos? ¿Qué voy a hacer con mi vida? ¿Dónde debería ir para averiguar qué hacer con mi vida? ¿Es ahí? ¿Es aquí? ¿Dónde es? ¿Me siento perdido? Voy a ir ahí, porque puede que encuentre algo que me muestre quién soy o qué hacer con mi vida. Voy a tener una relación con esta persona porque me dará un sentido de quién soy.

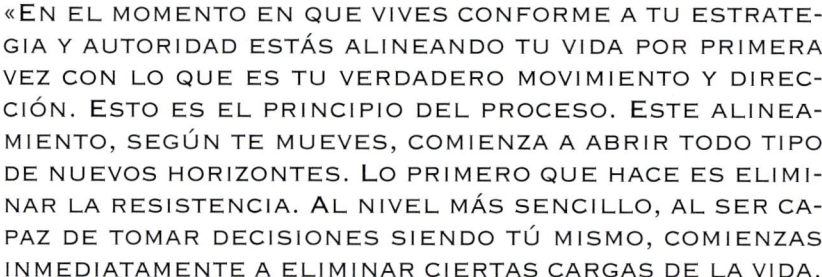

«En el momento en que vives conforme a tu estrategia y autoridad estás alineando tu vida por primera vez con lo que es tu verdadero movimiento y dirección. Esto es el principio del proceso. Este alineamiento, según te mueves, comienza a abrir todo tipo de nuevos horizontes. Lo primero que hace es eliminar la resistencia. Al nivel más sencillo, al ser capaz de tomar decisiones siendo tú mismo, comienzas inmediatamente a eliminar ciertas cargas de la vida.

Empiezas a ver que puedes confiar en un proceso de tomar decisiones que hay dentro de ti. Empiezas a estar cómodo con tu propia autoridad, algo que les ha sido robado a los seres humanos desde el momento en que llegaron al mundo. Estamos dominados por la autoridad de otros. Y en esta lucha puedes ver que si te fías de tu mente para que te ayude, va a estar abrumada por la apertura.»

Ra Uru Hu

Sección Tres

La Autoridad

Nuestra única verdad auténtica

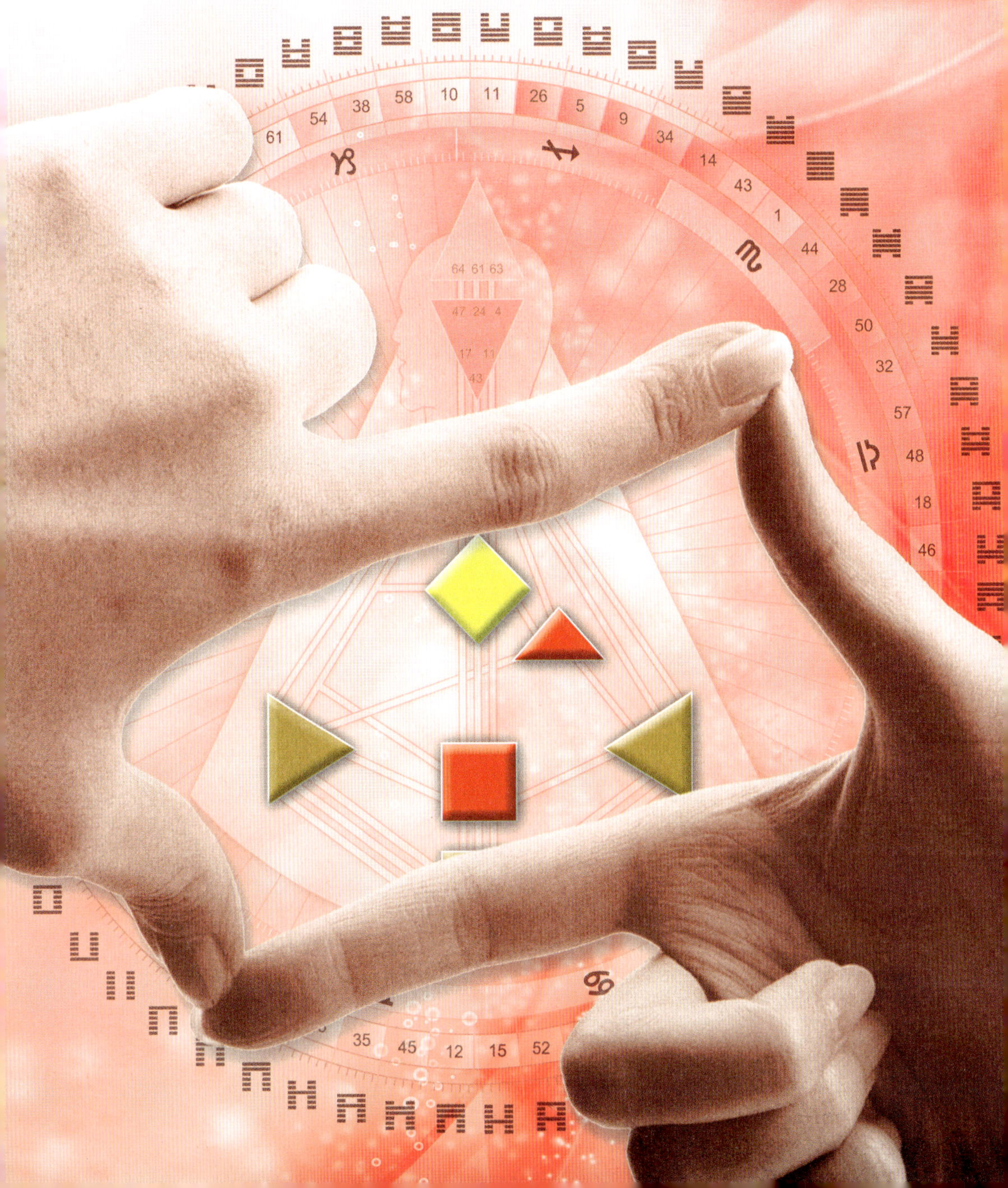

Sección Tres

La Autoridad

Nuestra única verdad auténtica

En la Sección Dos de este libro introdujimos las innumerables maneras en que tu dotada mente trata de ser la autoridad de tu vida, convencida de que sabe lo que te conviene. Tu mente utilizará y pensará cualquier cosa para mantener su apariencia de control, lo que la hace parte del dilema que afrontamos como seres muy diferenciados. Sin embargo, puedes convertir a tu mente en un aliado definiendo y respetando tu Autoridad y profundizando en tu entendimiento de la Estrategia de tu tipo. Cuando se practican juntas, estas tres herramientas liberan la mente para que observe la vida de la forma como un pasajero relajado y reflexivo, capaz de disfrutar de su viaje y desempeñar su papel como autoridad externa para los demás.

El Sistema de Diseño Humano enseña a los seres humanos a vivir siguiendo su propia autoridad; a tomar decisiones que son correctas individualmente. Aunque todos estamos condicionados para buscar aprobación y autoridad fuera de nosotros y para tomar decisiones con la mente, tenemos una Autoridad personal fiable de la que podemos depender a la hora de decidir. Cuando practicamos deliberadamente nuestra Estrategia y Autoridad, nos alineamos con nuestra geometría única (nuestro camino), y entonces nuestra composición genética, nuestra razón para encarnarnos y nuestra unicidad se expresan a través de nosotros como nuestro Ser Verdadero. Las cosas encajan de manera natural, como dónde vivimos, nuestro trabajo y nuestras relaciones.

Hay varios centros en el Cuerpo Gráfico que pueden estar definidos como una Autoridad personal, y cada uno de ellos representa una manera o modo único de tomar decisiones. La jerarquía de estos modos se enumera a continuación y se desarrolla algo más en las páginas siguientes. Una vez que la mente se ha liberado de tomar decisiones, puede tomar su lugar legítimo en nuestra vida como un testigo preciado y valioso de nuestra vida, y nuestra autoridad externa para los demás.

La jerarquía de la Autoridad

- Plexo Solar (Autoridad Emocional)
- Sacral (Autoridad Sacral)
- Bazo (Autoridad del Bazo)
- Corazón (Autoridad del Ego)
- G (Autoridad del Ser)
- Entorno (ninguna Autoridad interna)
- Luna (Ciclo Lunar)

Tu Autoridad personal se indica en tu carta de Diseño Humano. Cada tipo de Autoridad se describe en las siguientes síntesis.

Autoridad del Plexo Solar

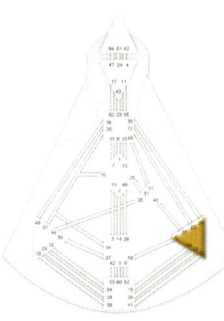

Cuando el Centro del Plexo Solar está definido, tiene preferencia sobre todos los demás centros de autoridad en una carta. En la Sección Dos descubrimos que el Plexo Solar opera a través de una ola emocional y que esperar a la claridad es la clave para vivir en armonía. El 50 por 100 de las personas del planeta tiene definido el Plexo Solar y está diseñado para esperar a pasar por su ola emocional antes de tomar una decisión. Su lema es: «No hay verdad en el ahora». La verdad se revela en su plenitud con el paso del tiempo y eventualmente aflora como una sensación de claridad. La paciencia es el componente clave al esperar a ir pasando por la ola emocional antes de tomar una decisión. Como no hay verdad en el momento, las decisiones espontáneas no son fiables, ya que se trata de decisiones basadas en el no-ser. El tiempo es la clave con esta Autoridad; cuanto más tiempo, mejor. El tiempo establece una distancia entre el momento en que se pide una decisión y la decisión misma. Según esperas, irás adquiriendo claridad, aunque la claridad total o la certeza total es inusual. El objetivo es tener la mayor claridad posible.

Lo mejor es evitar tomar decisiones en los momentos emocionalmente cargados, altos o bajos, a lo largo de tu ola, ya que eso pone más caos en el mundo y generalmente se acaba lamentando. La profundidad no está asequible para ti en la inmediatez del momento presente. Aunque es difícil contener el impulso de reaccionar inmediatamente, es mejor esperar a que se calmen las aguas antes de tomar la decisión. Recuerda, tu verdad (claridad) llega a ti con el paso del tiempo. Cuando te rindes a las profundidades de tu incertidumbre, puedes ir más allá de la reacción momentánea «a favor o en contra». Puedes usar este periodo congénito de espera para discernir y evitar cometer errores espontáneos. El Plexo Solar es un motor potente y una fuente de energía cálida y seductora a la que otros desean tener acceso. A menudo, esperar a la claridad puede ser ventajoso para ti. Si pides a otros que esperen mientras te tomas tu tiempo para considerar adecuadamente su oferta, puede que tú o a tus habilidades les parezcan aún más esenciales y atractivas, asumiendo que lo que te están ofreciendo es correcto para ambas partes. Con la experimentación, aprenderás y comprenderás esta manera de tomar decisiones y descubrirás por ti mismo lo poderoso que puede ser esperar.

Autoridad Sacral

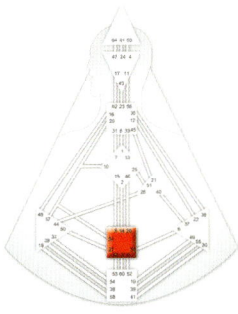

Cuando el Centro Sacral está definido y el Centro del Plexo Solar no lo está, tenemos Autoridad Sacral, el dominio del Generador. Generalmente, la voz sacral, el familiar «a-já» (sí) o «úh-uh» (no) se oye o se siente inmediatamente cuando se le pide a un Generador que ponga su energía en una actividad o una relación. Si hay alguna vacilación, como un «hmmmm», la respuesta es: «No lo sé ahora mismo: vuelve a preguntármelo luego o pregúntamelo de otra manera». La Autoridad Sacral les muestra a los Generadores, a través de la respuesta, lo que es correcto para ellos, cuáles son sus límites y para lo que ahora tienen energía para apoyar e involucrarse. Comparada con el Centro del Plexo Solar, que muestra su verdad con el paso del tiempo, esta es la verdad en el momento presente. El Centro Sacral solo funciona en el momento presente; no puede predecir el futuro. Sus respuestas te dicen qué energías o peticiones son correctas para ti y si tu energía está disponible para dársela a otro o a un cometido. Cuando oyes que tu Sacral te da luz verde, sabes que tienes los recursos de energía para perseverar hasta llevar a su conclusión una tarea o una relación, o hasta que ya no tengas energía para ello. La respuesta sacral es una guía fiable, honesta y digna de confianza para reducir la resistencia y maximizar la satisfacción.

Sin embargo, tras muchos años de condicionamiento, puede que descubras que necesitas reconectar con tu respuesta sacral. Una buena manera de hacerlo es encontrar a alguien que pueda hacerle a tu Sacral preguntas que requieren un «sí» o un «no». Cuando te pregunten, deja que tu respuesta sacral fluya inmediatamente. Puede que tardes un poco en sentirte cómodo con tus respuestas sacrales, pero cuanto más practiques, más clara se volverá tu respuesta. Esa es una manera estupenda de volver a despertar y fortalecer tu respuesta, y volver a emplear este sistema de guía interna que siempre está listo para responder.

Autoridad del Bazo

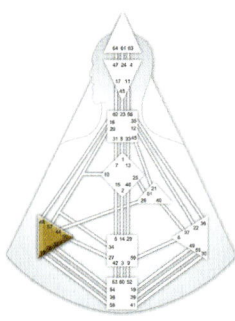

Cuando el Centro del Bazo está definido y los Centros Sacral y del Plexo Solar no lo están, tienes Autoridad del Bazo. Esto lo puedes sentir como una resonancia o reconocimiento inmediato con algo o alguien y un conocimiento interno de si es sano para ti, o no. Nuestra inteligencia altamente evolucionada para la supervivencia nos alerta de qué entornos, dirección, oportunidades o personas son seguros y ventajosos para que nos involucremos con ellos y cuáles no.

Este tipo de autoridad requiere un profundo nivel de atención a muchas sensaciones psicológicas sutiles y la habilidad de actuar si es necesario y corregir, no importa cuáles sean las consecuencias. La voz del Bazo habla suavemente y no se repite. Permanecer en el presente y sintonizado con lo que te está diciendo tu cuerpo es crucial para tu supervivencia. Es una autoridad puramente existencial diseñada para mantenerte a salvo. No permitas que tu mente, o las necesidades emocionales, deseos o presiones de otros, te induzcan a cuestionar o invalidar los mensajes de tu Centro del Bazo.

El Centro del Bazo se está comunicando contigo continua y espontáneamente acerca de tu bienestar momento a momento, de modo que hay mucha sabiduría disponible si escuchas sus alertas. Quienes tienen Autoridad del Bazo no tienen tiempo para profundizar y reflexionar sobre las ramificaciones amplias de sus decisiones con el paso del tiempo. Las decisiones hay que tomarlas en el momento. Si esperas, el momento y la información se han ido.

El Centro del Bazo no es consciente del futuro y puede que diez minutos o una hora o un día después cambie lo que era correcto para ti y tu actividad. «Sabrás» instintivamente cuándo algo es correcto y seguro para ti en el momento presente y cuándo no. Volver a conectar y respetar tu guía del Bazo requiere experimentación y una profunda confianza en la sabiduría inherente de tu vehículo para llevarte a salvo donde, como y con quien necesites ir.

Autoridad Manifestada del Centro del Corazón (Ego)

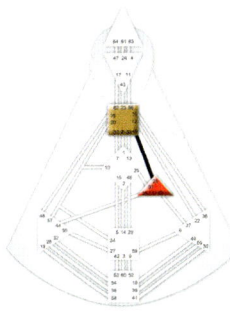

La Autoridad Manifestada del Ego está dirigida por el motor del Centro del Corazón para manifestar. La Autoridad Manifestada tiene que ver con la articulación. Tu Autoridad se expresa verbalmente a través del Centro de la Garganta, y es importante para ti escuchar lo que «dices» para conocer tu verdad, en vez de lo que te está diciendo tu mente. Como Manifestador, para informar necesitas verbalizar en el momento, ya que no se trata de lo que piensas que deberías decir, sino de lo que dices cuando no estás tratando de controlarlo. El no-ser está siempre intentando controlar lo que decimos y, de hecho, lo que dices de repente sin pensarlo (pasando por alto la mente) es tu verdad. Si tratas de planear de cualquier manera lo que vas a decir, pierdes la conexión con tu Autoridad. Estás diseñado para tener impacto y es importante que confíes en lo que vas a decir sin que lo anule tu mente. La clave para ti es rendirte a la verdad de tu voz; ahí se origina tu impacto. Con tantos centros abiertos compitiendo por tu atención, no puedes confiar en que tu mente del no-ser hable por ti. Tu voz inicia y dirige tu vida. Tu voz guía y tú sigues. Confía en tu voz.

Autoridad Proyectada del Centro del Corazón (Ego)

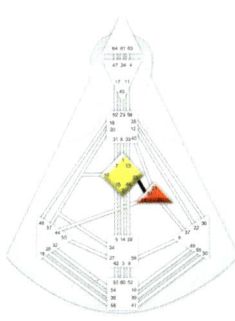

Para quienes tienen Autoridad Proyectada del Ego, el Corazón conecta con el Centro G a través del Canal de Iniciación (Canal 25-51). Se trata de una forma inusual de Proyector, y la Estrategia y Autoridad son esenciales para estos seres, ya que en lo único en lo que pueden confiar es en esperar a la invitación. Con un Centro G de identidad muy poderoso rodeado de varios centros sin definir, te resulta fácil perderte en toda esa apertura. La clave es seguir tu Estrategia de Proyector y esperar a que te reconozcan e inviten, ya que no hay ningún motor conectado al Centro de la Garganta. Necesitas personas en tu vida que vengan a ti y te inviten. El liderazgo del Proyector es una fuerza poderosa en la vida de otras personas, y está aquí para guiarnos. Cuando te invitan, tienes una enorme capacidad para ser una fuerza de transformación. Sin embargo, si te pierdes en la apertura del no-ser, no encontrarás el éxito que está disponible en la vida para un Proyector. Cuando estés tomando una decisión, sé egoísta y pregúntate: «¿Qué quiero? ¿Qué beneficio saco de esto?». El Centro del Corazón es un motor, y tendrás la voluntad (energía) para hacer algo o no. Mientras estés esperando a que te reconozcan, también es importante que uses el tiempo para prepararte, aprendiendo algún sistema que te ayude a guiar a otros.

En cualquiera de las formas de la Autoridad del Ego, o incluso si no es la Autoridad, el Centro del Ego definido permanece sano haciendo y cumpliendo promesas y demostrando que tiene la voluntad para acabar lo que se ha comprometido adecuadamente a hacer. Para evitar someter al corazón físico a esfuerzos excesivos, hay que ser correcto al entrar en situaciones que requieren nuestra energía durante un periodo prolongado de tiempo.

Además, el Corazón definido debe tener un equilibrio entre trabajo y descanso. En efecto, el Centro del Corazón trabaja para poder tener también tiempo para jugar. Mantener este equilibrio es esencial tanto energética como físicamente.

Autoridad Proyectada del Ser

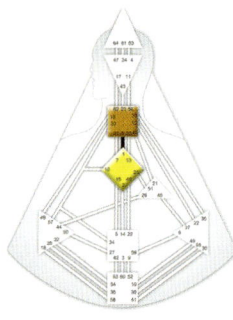

La Autoridad Proyectada del Ser se origina en el Centro G y se conecta con el Centro de la Garganta a través de uno de los cuatro canales que pueden hacerlo. La clave con esta Autoridad es escuchar lo que dices. Todo lo que necesitas saber está en lo que dices, y tienes el Centro G, una voz muy poderosa de identidad, que habla por ti reaccionando a una invitación. Tu verdad siempre se expresa mediante el núcleo de tu identidad. Si no hay verdad para ti, no hay éxito para ti. Cuando te inviten, escucha lo que dices. No trates de determinar mentalmente lo que vas a decir; simplemente escucha tu voz y confía en ella en ese momento.

No hay motores activados en este tipo de Autoridad y puedes perderte por completo en el condicionamiento a través de tus centros abiertos. Te puede resultar fácil ignorar tu propia voz en el momento y, de esta manera, no llevar a su plenitud lo que es ser únicamente tú. Estás diseñado para ser guiado en tus decisiones por lo que te hace sentir «tú» y te aporta disfrute y placer. Pregúntate: «¿Me hará esto feliz? ¿Me dejará esto expresarme a mí mismo? ¿Voy en la dirección apropiada para mí?». Es muy útil hablar con otras personas de tus decisiones inminentes para oírte a ti mismo, para sentir qué nivel de satisfacción contigo mismo puede traer tu decisión. Para evitar tomar una decisión desde tu mente, céntrate en escuchar lo que estás diciendo sin pensar en ello. A menudo, las personas con el Centro G definido proporcionan dirección a otros, pero solo oyen su propia dirección escuchando lo que ellas mismas están diciendo en el momento.

Entorno (Proyectores Mentales)

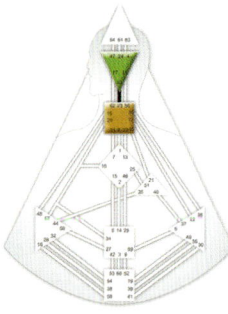

Un Proyector Mental tiene el Centro Ajna conectado al Centro de la Cabeza, o bien los Centros de la Cabeza, Ajna y de la Garganta conectados entre sí. No tener un centro de Autoridad interna personal es excepcional y único. Cuando no hay centros definidos por debajo del Centro de la Garganta, tenemos un diseño que recibe guía de la información sensorial sobre el entorno a través de sus centros abiertos. Si el entorno no te da buena sensación, las personas con las que estás, las ideas que se proponen o los acuerdos hechos allí tampoco serán apropiados. La primera pregunta que debes hacerte es: «¿Es este entorno correcto para mí?». Lo prudente es ser consciente de la fuerza de tu mente y su tendencia a intervenir en la toma de decisiones. Cuando estés tomando una decisión acerca del entorno correcto para ti, es sano y beneficioso visitar físicamente los entornos en cuestión y notar y reconocer en tu cuerpo qué sensación te dan.

Aunque es bueno para ti tener un grupo de asesores fiables a los que recurrir, es mejor *no* hablar acerca de la decisión para que te den opiniones o consejo. La mejor manera de usar a tus asesores es que hagan de caja de resonancia, para que puedas oír *tus* propias consideraciones acerca de la decisión.

Autoridad Lunar (Reflectores)

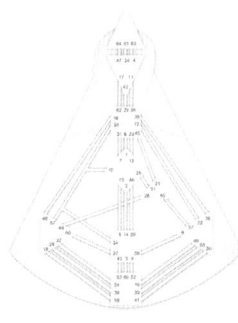

Cuando no hay ningún centro definido, tenemos a un Reflector, cuya autoridad es Lunar y está determinada por el ciclo de 28 días de la Luna alrededor del Mandala, según va pasando por cada una de las 64 puertas. Antes de tomar decisiones importantes, los Reflectores están diseñados para esperar que pase su patrón mensual, personal y consistente, de los tránsitos lunares, que se repite cada mes durante toda su vida. Si comprenden y siguen este patrón, pueden alcanzar la claridad en su proceso de toma de decisiones y disfrutar la constante sorpresa y deleite de la vida del Reflector. Si no respetan su ciclo lunar, pueden sufrir decepciones y malestar. Una de las claves para los Reflectores es no apresurarse y no dejar que el mundo les meta prisa.

Para los Reflectores es importante prestar atención al entorno, ya que lo reflejan. El núcleo del Reflector es su Centro G sin definir, y estar en el lugar correcto con las personas correctas es crucial para su bienestar. Si el entorno no les produce una buena impresión o no es sano, no se sentirán bien o estarán incómodos. A la inversa, si el entorno les da una buena impresión, se sentirán bien. También, los Reflectores deben tener asesores o confidentes fiables con los que hablar de cualquier situación o decisión potencial durante este ciclo. Oyéndose hablar a sí mismos según va pasando el tiempo, los Reflectores un día sencillamente llegarán a saber dentro de sí, con una profunda sensación interna, qué decisión es correcta para ellos. Para más información, puedes consultar la Sección Cuatro.

La mente liberada como autoridad externa

Seguir nuestra Estrategia nos conecta con nuestra propia Autoridad personal. Cuando operamos siendo nuestro ser auténtico único, nuestros centros sin definir se convierten en lugares de gran sabiduría. En vez de condicionarnos de una manera distorsionada, estos centros sin definir nos informan clara y exactamente de lo que está sucediendo en el mundo que nos rodea. Una vez que estamos bien encaminados y alineados con nuestra geometría correcta, la mente puede empezar a revelar su propio potencial como una extraordinaria autoridad externa para los demás. Puede expresar nuestra inteligencia, comunicarse con otros para compartir nuestras experiencias y percepciones únicas e inspirarles con lo que hemos aprendido. La mente está aquí para pensar, cuestionar, interpretar, enseñar, inspirar, recordar, organizar, nombrar y procesar datos. Estas son las maneras en que podemos compartir los dones de nuestra mente con quienes están aquí para recibirlos y responder a ellos desde su propia autoridad.

Cuanto más practicamos nuestra Estrategia y Autoridad y liberamos a la mente de tomar decisiones, más valiosa se vuelve nuestra autoridad externa para los demás. Una vez que estamos alineados con nuestra verdadera naturaleza, estamos sintonizados con nuestra propia fuerza vital y nuestro auténtico propósito en la vida. Entonces surge de la mente algo de valor único, algo que los demás han estado esperando oír. Y nuestra mente liberada recupera el potencial para expresar finalmente nuestra razón única para encarnarnos.

«Considera que el cuerpo es la solución, no el problema.»
Ra Uru Hu

Sección Cuatro

Los cuatro tipos y estrategias

Cómo vivir nuestro diseño

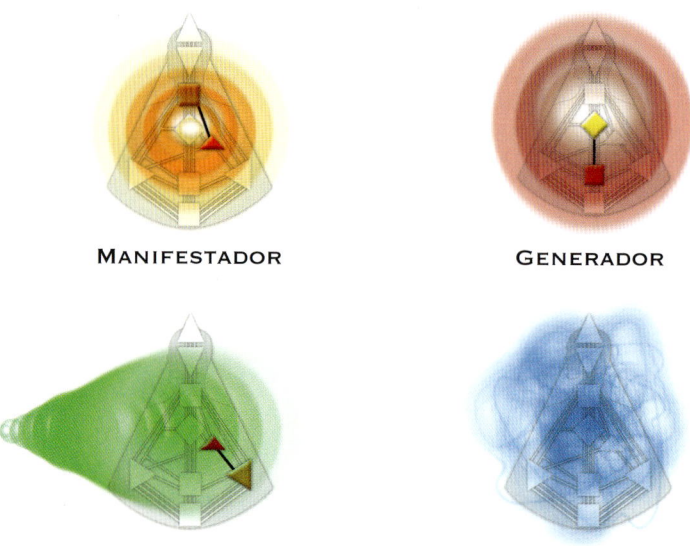

Manifestador

Generador

Proyector

Reflector

El cambio que preludió la aparición del Homo Sapiens en Tránsito en 1781 precipitó también la división de la humanidad en cuatro tipos diferentes: Manifestadores, Generadores, Proyectores y Reflectores. El tipo contiene la esencia del Sistema de Diseño Humano y constituye la base de su información más práctica, potenciadora y transformadora: la Estrategia y la Autoridad. En el Sistema de Diseño Humano, el tipo tiene que ver con el cuerpo, nuestra genética y nuestra aura; no tiene nada que ver con establecer tipos psicológicos o de personalidad. Cada tipo define un modo particular de operar energéticamente y una frecuencia áurica principal tan distinguible como nuestro tipo sanguíneo. Nuestro uso práctico del tipo se basa en el entendimiento de la sutil e inconsciente dinámica de la interacción humana a través del aura. Lo que comunicamos a través de nuestra aura está determinado por la estructura genética de nuestro cuerpo, que vemos definida en nuestro Cuerpo Gráfico. La definición determina el tipo y el tipo se expresa a través de nuestra aura.

Los cuatro tipos se agrupan según su habilidad para generar o iniciar energía consistentemente, o no. Hay dos tipos «energéticos» (Manifestador y Generador) y dos tipos «no-energéticos» (Proyector y Reflector). Los tipos no-energéticos no tienen un acceso constante a su propia capacidad generadora y manifestadora, y su energía y vigor disponible para el trabajo no está fiablemente disponible para ellos. Seguir su Estrategia maximiza su potencial de energía disponible.

Nuestra presencia áurica en el mundo

«Las auras son una expresión completa del ser y un agente controlador de la manera en que la forma va a funcionar. Las auras son la manera en que conectamos con la otra persona y somos experimentados por ella.»
Ra Uru Hu

Hay un campo electromagnético de energía que rodea a cada organismo viviente y se extiende hacia fuera de él. En el caso de los seres humanos, ese campo se extiende aproximadamente a una distancia de dos brazos desde su cuerpo en todas las direcciones. La conectividad áurica es una forma de comunicación poderosa y no verbal que no puede ser ignorada. Si comprendemos y respetamos las diferencias fundamentales entre los tipos a este nivel áurico, creamos el potencial para interactuar y comunicarnos satisfactoria y amigablemente los unos con los otros a todos los niveles. La naturaleza provocativa de nuestra aura habla por nosotros: las auras de los Generadores provocan a los demás para que les pregunten y, así, poder responder; las auras de los Proyectores provocan el reconocimiento y la invitación; las auras de los Manifestadores desafían o inician, y las auras de los Reflectores provocan a los demás para que acudan a ellos buscando su reflejo o asesoramiento. Cada tipo puede relajarse en su Estrategia con confianza cuando comprende su aura y le permite que trabaje para él.

Para evolucionar y cumplir nuestro propósito, estamos aquí como seres altamente sociales para comunicarnos con los demás. Parte de lo que significa conocernos y amarnos a nosotros mismos, para expresar nuestra unicidad con compasión, es apreciar y respetar la unicidad de los demás. Dominar la comunicación áurica entre los tipos comienza con la Estrategia.

La estrategia refleja el modo áurico único de cada tipo

Cuando hablamos en Diseño Humano de la Estrategia del tipo de un individuo, nos referimos a una manera de estar en el mundo sin resistencia; un método que nos alinea con nuestra geometría única en el flujo global de la totalidad y sustenta el proceso de convertirnos en nuestro ser auténtico. La Estrategia no es una filosofía; se basa en la manera en que nuestro vehículo está diseñado genéticamente para operar a todos los niveles. La Estrategia accede a las maneras únicas en que la energía está diseñada para fluir por el Cuerpo Gráfico de cada persona y a la postre determina la manera en que se desarrolla nuestra salud, nuestra sexualidad, nuestras relaciones y nuestro propósito vital.

Todos los análisis de cartas comienzan a nivel del tipo. Cada tipo tiene una Estrategia sencilla y comprensible para interactuar áuricamente de manera eficiente y exitosa con los demás tipos. El Mandala y el Cuerpo Gráfico del Diseño Humano proveen, respectivamente, el trasfondo cósmico y el cianotipo específicos para determinar esta Estrategia. Cuando empiezas a vivir la Estrategia de tu tipo, experimentas sus recompensas como la firma de tu tipo: como paz (Manifestador), satisfacción (Generador), éxito (Proyector) o sorpresa (Reflector). Descubrirás algo dentro de ti que estaba oculto por capas de condicionamiento. Te pondrás en contacto con la parte de ti que siempre ha sabido lo que es correcto o no para ti; ese espacio dentro de ti en el que puedes confiar para que diga sí o no a lo que encuentras en esta vida. La Estrategia supera el hábito de compararte con otros y abre el camino para que descubras tu unicidad, para que puedas simplemente disfrutar siendo quien eres. La Estrategia libera el florecimiento de tu esencia interna para que tu propósito pueda desplegarse de manera natural. Vivir siguiendo tu Estrategia inicia tu experimento individual. Puedes poner a prueba tu Estrategia y descubrir si funciona para ti. Deja que tu propia Estrategia y Autoridad comiencen a sustituir a la fe ciega que la mayoría de nosotros ponemos en cualquier autoridad fuera de nosotros.

El Manifestador

Aura cerrada y que repele

Tema del no-ser: **RABIA**

Estrategia: **INFORMAR**

Firma: **PAZ**

El tipo Manifestador

Hay dos cosas en particular que distinguen el diseño de un Manifestador de los demás tipos. Primero, carece visiblemente de definición Sacral, lo que pone inmediatamente a los Manifestadores en una minoría global. Segundo, hay una conexión directa o indirecta entre el Centro de la Garganta y uno o más de los tres motores restantes en el Cuerpo Gráfico: el Centro del Corazón, del Plexo Solar y de la Raíz.

Los Manifestadores son un tanto inusuales: comprenden menos del 10 por 100 de la población mundial.

Compendio

La saga de la humanidad se desarrolló como lo hizo porque los Manifestadores no tuvieron que esperar a que los «dioses» o las fuerzas externas les pusieran en acción. La habilidad excepcional de los Manifestadores para hacer realidad o hacer manifiesto lo que imaginan, en combinación con la protección de su aura cerrada y que repele, a menudo los situó en posiciones de poder, como las de rey guerrero o sumo sacerdote. Siendo las únicas puras personas de acción entre los tipos, los Manifestadores conquistaron y defendieron los reinos y aseguraron y mantuvieron su poder y autoridad estableciendo las leyes. Nuestras restantes jerarquías religiosas y laicas son un resultado de la tentativa de los Manifestadores de conservar el control y evitar ser desafiados.

Sin embargo, el papel tradicional del gobernante que los Manifestadores detentaron durante siglos acabó alrededor de 1781, cuando los humanos pasaron de la forma de 7 centros a la de 9 centros. Los Manifestadores actuales, que aún son los instrumentos de principio yang/yang (fuerza primaria), ahora viven en un entorno yin/yin (receptivo) dominado por los Generadores. En vez de soñar la creación de imperios o determinar el curso de las civilizaciones, ahora buscan una manera de integrar su independencia inherente y su poder esencial único para interactuar, en una sociedad que les ha despojado de su libertad de acción.

En el mundo de hoy, los dones increíbles del Manifestador son su habilidad para actuar de manera independiente, iniciar la acción e impactar a los demás. Sin embargo, cuando se les percibe como amenazadores o impredecibles, estas mismas cualidades pueden hacer que los otros tres tipos se sientan incómodos, y eso a menudo lleva a tentativas evidentes de controlar al Manifestador. Los Manifestadores están a gusto con la soledad y encuentran una paz sustanciosa manifestando lo que quieren para sí mismos. Este es su camino natural y no requieren asistencia externa. No entienden por qué a los demás les debiera siquiera importar lo que hacen, y mucho menos aún que se les resistan o les controlen, pero sí que tratan de controlarlos, empezando por sus padres.

Una historia temprana y desagradable de experiencias condicionantes, mezcladas con resistencia, empuja al Manifestador hacia el tema de su no-ser: la rabia. Esta rabia se expresará de una de estas dos maneras: como rabia/ira y rebeldía o como pasividad y acomodación. Ambas expresiones reprimen el poder de los Manifestadores y les impiden realizar su valía; por eso es tan importante la Estrategia. Informando, y de esta manera relajando la resistencia de los demás, los Manifestadores encuentran lo que buscan la mayor parte de su vida: la paz para hacer lo que quieren, cuando quieren hacerlo.

Los Manifestadores no están particularmente interesados en sí mismos, ni necesitan depender de que otras personas les pregunten o les inviten para actuar siguiendo su Autoridad. Son agentes autónomos e independientes. Tienden a considerar a los demás bastante extraños, desfasados y estancados o incapaces de salir de apuros por sí mismos. Con su habilidad para vislumbrar el futuro, los Manifestadores a menudo sienten que están esperando a que todos los demás se pongan al día.

Las preguntas que se hacen los Manifestadores son: «¿Me responderán? ¿Se animará alguien con mi impacto o responderá a mi pregunta iniciadora?». Esta presión subyacente para impactar, para hacer que sucedan las cosas, es clave para cumplir su propósito. Los Manifestadores están más cómodos cuando les dejan solos para hacer lo que les parezca, si bien los otros tres tipos están esperando a que el Manifestador los inicie, o un nuevo proceso, para que cada uno pueda contribuir su parte esencial. A menudo, los Manifestadores esperan que los otros tipos les provean la energía específica necesaria para realizar lo que ellos sueñan. En un mundo perfecto, los Manifestadores inician las cosas, los Proyectores guían el proceso, los Generadores proveen la energía para realizarlo o completarlo y los Reflectores les dicen si está yendo bien.

La estrategia del Manifestador: informar

Los Manifestadores tienen una asentada reputación de presentar una amenaza al orden y la estabilidad. A menudo, los demás experimentan (y malinterpretan) su independencia y su aura cerrada y que repele, que literalmente empuja su energía hacia fuera, como la necesidad del Manifestador de tomar el control o hacerse cargo de la situación. Con frecuencia, la gente se siente ignorada o atropellada por los Manifestadores «descontrolados» y, en consecuencia, tiende a tenerles miedo. A la inversa, los Manifestadores crecen condicionados por el miedo a ser controlados, y se rebelan haciendo lo opuesto de lo que es saludable para ellos. El aura repelente del Manifestador hace que las demás auras se contraigan, poniéndose a la defensiva o tratando de protegerse. La mayoría de la confusión y los malentendidos interpersonales entre los tipos se establece energéticamente, muy por debajo de nuestro nivel de consciencia, antes incluso de que se haya iniciado la comunicación verbal.

La sencilla Estrategia del Manifestador —informar— zanja esta interacción áurica tan cargada y abre eficazmente el camino a la comunicación clara, productiva y pacífica. Informar es la única manera en que los Manifestadores superan la resistencia y encuentran la libertad que necesitan para manifestar. Técnicamente, los Manifestadores necesitan informar después de haber tomado una decisión pero antes de actuar, o al menos cuando están actuando. Adicionalmente, cuando deciden no seguir haciendo algo, deben informar también sobre ello.

Aunque informar está lejos de ser agradable y natural para el Manifestador, la vida es mucho más fácil cuando aprende a hacerlo y lo hace bien. Solo informando puede eliminar la resistencia de su camino y tranquilizar a los demás áuricamente, sin ser ni pasivo ni agresivo. En la niñez, informar adopta la forma de aprender a tener modales y pedir permiso. Sin embargo, desde una edad temprana los Manifestadores a menudo optan por no pedir permiso o informar, bien porque les parece demasiada molestia o porque piensan que si mantienen en secreto lo que van a hacer pueden evitar que los rechacen o controlen.

Informar se convierte en una parte aceptable y práctica del proceso de tomar decisiones cuando los Manifestadores comprenden y aceptan el impacto que tienen en los demás. Los Manifestadores no necesitan a la gente de la misma manera que los demás tipos y generalmente no les preocupa cómo los perciben los demás. Por lo común, les sorprende genuinamente descubrir que tienen un impacto en absoluto. Tomar conciencia de las múltiples maneras en que su decisión inminente afectará a otros es el primer paso para establecer relaciones y liberar todo su poder iniciador. Cuando los Manifestadores aprenden a informar antes de actuar, para preparar a la gente sobre cómo podría verse afectada por sus acciones, comenzarán a sentir un nuevo tipo de apoyo y receptividad en los demás. Cuando la resistencia ya no es un problema, disminuye la rabia y prevalece la paz. Y los Manifestadores también se sienten honrados y respetados cuando los demás les incluyen y les informan.

Para poner en perspectiva la Estrategia de informar y el impacto, pongamos el ejemplo de una Manifestadora que va a trabajar y a media mañana de pronto empieza a ver una salida de lo que le había empezado a parecer un empleo sin porvenir. Llena de excitación, y dejándose guiar por su visión, empaca sus cosas de la oficina, deja su carta de dimisión en el buzón del jefe, se despide, les desea suerte a todos y se va. Entonces, todos los demás sienten algo similar al caos, porque no han sido informados o preparados adecuadamente para la acción de la Manifestadora. El jefe se ha quedado sin ayuda, los colegas de la Manifestadora se preguntan qué habrán hecho para ofenderla y a la familia de la Manifestadora le preocupa la seguridad de su futuro. Probablemente, el impacto de la acción imprevista de la Manifestadora encontrará algún tipo de resistencia por parte de aquellos cuyas vidas se han visto afectadas por su brusquedad.

La Manifestadora tenía un plan de acción y no necesitaba el consejo o comentario de nadie para hacerlo realidad. Sin embargo, acordarse de informar a todos aquellos que se verían afectados por su decisión no solo habría reducido la resistencia, sino que también podría haberle proporcionado el apoyo necesario para llevar a cabo su nueva visión en paz. Informar prepara el camino para manifestar; es la única solución para el Manifestador.

Esta estrategia parece lógica y simple; sin embargo, la mayoría de los Manifestadores piensan que están solos en el mundo, e informar es lo último que se les ocurre de manera natural. Cuando se toman el tiempo para escribir los nombres de las personas a las que podría afectar su decisión futura, generalmente verán que no están aislados y que sus decisiones tienen impacto. Cuando los Manifestadores son conscientes de su impacto, la lógica de informar les resulta evidente, y este conocimiento por sí solo puede transformarles. Al final, informar tiene que ver con mostrar respeto a la otra persona. Cuando los Manifestadores no informan, los demás sienten que les faltan al respeto y les ignoran, mientras que informar desvanece el miedo y fortalece la confianza, lo que a su vez disuelve la necesidad de controlar en cualquiera de las partes.

La importancia de la Autoridad

A decir verdad, si los comparamos con los demás tipos, para los que la Estrategia es una parte mecánica de su diseño, a los Manifestadores se les impone su Estrategia artificialmente como medio para eliminar o aliviar la resistencia. Por tanto, respetar su Autoridad se vuelve aún más significativo en su vida. Para lograr la expresión total de su potencial cognitivo y tener el impacto adecuado, deben actuar de acuerdo con su verdad interna y no desde la mente. Si deciden hacer algo usando su mente, simplemente para liberar la presión de poner algo en marcha, encontrarán resistencia.

Los Manifestadores con Autoridad Emocional

Como verdaderos iniciadores, el momento de las acciones de los Manifestadores es de suma importancia para ellos, especialmente para los Manifestadores con el Centro del Plexo Solar definido. No pueden acceder en un instante ni a su verdad ni a su momento de claridad. Los Manifestadores definidos emocionalmente que no esperan a que vaya pasando su ola emocional son más reactivos o impulsivos; en consecuencia, encuentran más resistencia y tienden a meterse en problemas. Respetando y aceptando la química de su ola emocional, pueden usar su tiempo de espera provechosamente para determinar quién se verá afectado por su decisión. El tiempo trae claridad. Para cuando lleguen al final de su ola y hayan repasado la lista de los más afectados, puede que decidan no actuar. La Autoridad Emocional requiere que los Manifestadores cultiven su paciencia, lo que puede resultar en una posición beneficiosa para todos.

Hay una gran diferencia entre los actos dirigidos por la mente y la manifestación que viene de un espacio de claridad interna. Si los Manifestadores sienten un afán exagerado de actuar o implementar su idea, por lo general ese impulso no viene de su Autoridad, sino del condicionamiento amplificado de un centro abierto que se expresa a través de su mente. A veces, esperar les puede parecer un doloroso castigo a los Manifestadores definidos emocionalmente, pero les protege de actuar apresuradamente y de sufrir consecuencias indeseables y evitables.

Si los Manifestadores esperan a que vaya pasando el movimiento de su ola, notarán una de estas dos cosas: O bien que las ganas de actuar se han apaciguado, lo que significa que no debía suceder, o que aún sienten que quieren tomar esa decisión o actuar, y que lo harán cuando sientan que es el momento adecuado. Ya no hay una sensación de necesidad urgente o de presión en relación con la decisión. Todo puede suceder de manera natural cuando observan su ola e informan cuando se preparan para actuar. Esta es la única manera en que los Manifestadores emocionales pueden alcanzar su objetivo de vivir en paz siendo ellos mismos.

Los Manifestadores con Autoridad del Bazo

A diferencia de la necesidad del Manifestador definido emocionalmente de ser paciente y esperar a que llegue la claridad, la acción e iniciación del Manifestador con Autoridad del Bazo fluye instintiva y naturalmente en el momento. Esta espontaneidad, aunque liberadora, crea el dilema de tener que informar cuando solo tiene un indicio del impacto que su decisión o acción inmediata puede tener. Se requiere una firme intención por parte del Manifestador de vivir íntimamente sintonizado con su Autoridad del Bazo y, aun así, informar eficazmente. Por ejemplo, si un Manifestador está entrando con sus amigos en un restaurante y su cuerpo le dice que se detenga, no le queda otra opción que prestarle atención. Aunque es obvio que no es sano para él entrar, su alerta del Bazo no llegó con alguna explicación. Lo único que puede hacer es informar honestamente a sus compañeros de lo que es correcto para él ahora mismo y ser consciente de cómo su decisión repentina afecta a los planes de todos los demás.

Los Manifestadores en las relaciones

A pesar de ser perfectamente capaces de ofrecer gran amor y devoción por su familia, a solitarios independientes como los Manifestadores no les resulta fácil estar en una relación. Su aura cerrada no «abraza» o acoge de modo natural a otros. Tampoco es penetrable, lo que significa que los demás no pueden llegar a conocer bien con facilidad a un Manifestador. Esto es particularmente difícil para una madre o un amante, porque puede crear barreras confusas para la intimidad. Comprender la manera en que la Estrategia abre el camino a una interacción áurica más clara entre los tipos da paso a la compasión genuina y ayuda a aliviar cualquier dolor asociado con el mal entendimiento de las diferencias.

Adicionalmente, ya sean hombres o mujeres, los Manifestadores tienen que hacer que su modo de iniciar sea correcto. Por ejemplo, si a un Manifestador le gusta alguien, es adecuado que dé el primer paso en vez de confiar en que la otra persona se fijará en él o ella y se le acercará. Necesita tomar la iniciativa, ir tras esa persona y decirle lo que siente y lo que quiere o imagina. Es un asunto arriesgado y les hace ser agudamente vulnerables al rechazo. Sin embargo, ser Manifestador tiene que ver con liberarse de las rutinas inocuas de la tradición. Para avanzar, los Manifestadores tienen que afrontar y superar los miedos que plantea esta libertad. El hecho de ser solitarios no significa que los Manifestadores no deseen verdaderamente, o no puedan tener, cariño, compañerismo y relaciones duraderas.

Para los Manifestadores, una relación pacífica se basa en tener modales e informar. No pueden salir de casa sin decirle a su pareja dónde van, ya que eso solo creará resistencia cuando vuelvan. «¿Dónde has estado?», les preguntará su pareja. «¿Qué has hecho? ¿Por qué no me lo dijiste?» Para evitar el interrogatorio, lo único que necesita hacer el Manifestador es informar. «Voy a la tienda y vuelvo enseguida.» La pareja de un Manifestador a menudo percibe su independencia como un signo silencioso, pero eficaz, de «no molestar», lo que no es verdad. Los Manifestadores se sienten respetados cuando los demás también les mantienen informados. La información recíproca disuelve gran parte de la resistencia, elimina la rabia y realza el respeto mutuo entre los miembros de una relación. No les puedes decir a los Manifestadores lo que tienen que hacer, o preguntarles como harías con un Generador, o invitarles como a un Proyector. Sin embargo, si les informas: «Vamos a tomar un café», su Autoridad les guiará a actuar si es apropiado y correcto para ellos hacerlo.

Los niños Manifestadores

Quizá, los niños Manifestadores son incomprendidos porque ahora son poco comunes. En cuanto llegan al mundo, se nota su poderosa aura que repele, lo que inmediatamente pone en alerta a los padres. Sin embargo, incluso de niños necesitan que se les respete y se les trate como Manifestadores, y se les dé una dosis sana de libertad de movimientos. Es esencial que se les enseñe pronto su Estrategia, porque cuando tienen buenas maneras y piden permiso, por lo general se les dejará hacer lo que quieran, excepto cuando no sea seguro para ellos o para cualquiera que se vea afectado. Controlar demasiado a los niños Manifestadores les impulsa a rebelarse o a volverse pasivos.

Los Manifestadores y los efectos de vivir desde el no-ser

Los Manifestadores que viven y toman decisiones mentales o decisiones desde su no-ser encuentran mucha resistencia y pueden sentirse víctimas del control y el castigo. No experimentan su poder inherente, sino que se sienten restringidos e impotentes. Estas son fuentes profundas de la rabia de los Manifestadores, que se puede convertir en depresión o desesperación si la dirigen hacia dentro. «¡La vida es muy injusta!» Para evitar que les controlen o rechacen, los Manifestadores que viven desde el no-ser tienden a renunciar a su poder, pretendiendo que no son poderosos. Se comportan como Generadores, esperando en vez de iniciar, respondiendo a lo que otros quieren de ellos. Se vuelven trabajadores impulsivos y obsesivos, pero acaban consiguiendo muy poco. No hacen las cosas en el momento adecuado, ya que inician agresivamente pero se niegan a informar, haciendo las cosas de sopetón y creando todo tipo de resistencias en su vida. De esas maneras, la impotencia reemplaza a su verdadero poder. El resultado general es el agotamiento y la ineficacia.

Se olvidan de que siguen siendo Manifestadores, y que para que suceda algo valioso en la vida de un Manifestador, es el Manifestador quien tiene que iniciarlo…, incluyendo reconectar con su propia vida, con su propia Autoridad. ¡Están aquí para impactar!

Cuando los Manifestadores entran en el experimento de seguir su Estrategia de informar y fiarse de su Autoridad para tomar decisiones, tienen que afrontar los siguientes miedos para poder triunfar:

- Miedo a molestar a alguien.
- Miedo a informar porque podría provocar una confrontación.
- Miedo a informar porque alguien tratará de controlarles.
- Miedo a informar porque podrían encontrar resistencia o rechazo.
- Miedo a su propia rabia.

Hábitos de sueño sanos para los Manifestadores

Para los Manifestadores, con su Centro Sacral abierto, lo mejor es irse a la cama antes de estar exhaustos. Acostándose o relajándose hasta una hora antes de cuando les gustaría dormirse, le dan a su cuerpo la oportunidad de soltarse. Además, su aura tendrá tiempo para liberar las energías que no le pertenecen, preparándoles así para pasar una noche de descanso pacífico y reparador.

Objetivo: la paz

Lo que los Manifestadores desean más que nada es la paz, un espacio sin resistencia. Dejar de vivir desde el no-ser es lo que abre el camino a esa paz. Esto significa soñar y tratar de alcanzar sus sueños, haciendo lo que quieren hacer, con una profunda sensación de calma y sosiego interno. Cuando se encuentran en ese estado de paz, saben que están alineados con su Autoridad por su Estrategia de informar, y están habilitados para manifestar y tener su propio impacto único y esencial en el mundo.

Manifestadores famosos

Adolf Hitler, Johannes Kepler, Helmut Kohl, Elisabeth Kübler-Ross, J. Krishnamurti, Julio Iglesias, Hermann Hesse, Jack Nicholson, Bruce Springsteen, Mao Tse-Tung, Jesse Jackson, Maya Angelou, Art Garfunkel, Tracey Ullman, Antonio Banderas, Martha Stewart, Frida Kahlo, George Carlin, Ra Uru Hu, Robert De Niro, Johnny Depp, Jennifer Aniston, Susan Sarandon, Tim Robbins, George W. Bush.

El Generador

Aura abierta y envolvente

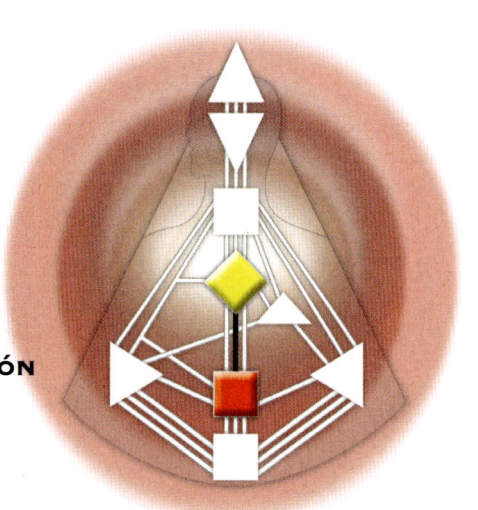

Tema del no-ser: **Frustración**

Estrategia: **Responder**

Firma: **Satisfacción**

El tipo Generador

Lo específico de los Generadores, y de importancia central para ellos, es su Centro Sacral, que acuna y genera el patrón de la vida en el planeta. Cuando el Centro Sacral está definido en una carta, la persona es Generadora pura o Generadora Manifestante. Lo que los distingue es que el Generador puro tiene el Centro Sacral definido sin un motor conectado a la Garganta, y el Generador Manifestante tiene el Sacral definido con un motor conectado a la Garganta. El Generador Manifestante no es un tipo separado, sino más bien una variación del tipo Generador, con una diferencia sutil que radica en su frecuencia áurica. Los Generadores Manifestantes son Generadores y están diseñados para seguir la Estrategia del Generador: responder.

Como aproximadamente el 70 por 100 de toda la gente tiene el Sacral definido, la energía vital creativa del Generador domina la frecuencia global del planeta. Los Generadores puros comprenden aproximadamente el 37 por 100 de la humanidad, y los Generadores Manifestantes alrededor del 33 por 100.

Compendio

A lo largo de la historia humana, la energía creativa y el vigor de los Generadores han hecho de ellos una «mercancía» valiosa y deseable. Al mismo tiempo, la ignorancia acerca de su propio potencial hizo que fueran presa fácil de quienes querían aprovecharse de sus dones. Los Generadores siempre han envidiado mucho la capacidad de los Manifestadores de manifestar lo que imaginaban. Incapaces de imitar o competir con los Manifestadores sin toparse con resistencia y fracaso, se han rendido a regañadientes a los Manifestadores, que a la postre los esclavizaron o controlaron para erigir inmensos imperios. Los Generadores se convirtieron en trabajadores forzados, los grandes constructores de nuestras civilizaciones.

Conservan su papel de constructores hasta el día de hoy, aunque ahora tienen a su disposición las herramientas para desempeñar este papel despiertos y conscientes, libres de opresión y con el conocimiento pleno de su increíble potencial sacral. Pueden saber exactamente para qué están aquí y amar hacerlo..., en cooperación y de maneras mutuamente beneficiosas con los otros tres tipos. Esta nueva fase en la que comprenden y aprecian su lugar en la totalidad está evolucionando lentamente. Será una realidad cuando los Generadores se relajen respondiendo, cuando los Manifestadores inicien, cuando los Proyectores guíen y cuando los Reflectores reflejen el nivel de satisfacción y autenticidad en el mundo.

Todos los Generadores nacen para trabajar y amar lo que hacen, agotando por completo su dosis de energía sacral creativa cada día. El motor sacral no abandona hasta que ha llevado a cabo aquello a lo que se ha comprometido. Esto es lo que le trae una honda satisfacción con la vida y un sueño nocturno apacible y regenerador. Los otros tres tipos miran hacia fuera: el Manifestador se centra en impactar, el Proyector en averiguar cómo usan su energía los demás tipos y el Reflector en comprender el entorno. Sin embargo, los Generadores se centran en conocerse a sí mismos y comprender su propio proceso. Los Generadores encuentran su vida a través de su trabajo, a través de cómo responden a utilizar su provisión diaria de energía. El trabajo apropiado transforma realmente su vida y desacelera el proceso degenerativo de su cuerpo.

Los Generadores están diseñados para responder con su Centro Sacral mediante sonidos, como una vibración que sube hasta su garganta desde la zona del vientre (Generadores puros) o como un verdadero movimiento para participar en la actividad (más común en los Generadores Manifestantes). Las respuestas se basan en la disponibilidad de su energía sacral para hacer lo que les han pedido o preguntado. Una vez que los Generadores puros han respondido y están involucrados en la actividad, van paso a paso por un proceso que cubre por completo cada fase de su desarrollo. No tienen ningún motor conectado al Centro de la Garganta y se toparán con algunas «mesetas» de energía por el camino. En cada uno de estos puntos de atascamiento necesitan volver a ser iniciados por una nueva aportación, entendimiento o instrucciones adicionales para poder responder. Para evitar la tentación de abandonar cuando llegan a esos momentos de transición, su Sacral debe estar comprometido con el proceso desde el principio. El don del Generador puro es demostrar su capacidad para perfeccionar o dominar una tarea, proyecto o habilidad.

En cambio, los Generadores Manifestantes tienen un motor conectado a la Garganta, lo que posibilita que pasen rápidamente de la respuesta a la manifestación. Esto les permite ver qué pasos son esenciales y cuáles se pueden saltar, lo que resulta en el don de la eficacia. Sin embargo, esta misma eficacia crea un dilema para ellos, que es la tendencia a ser tan impacientes y realizar una tarea tan rápidamente que pasan por alto algunos pasos. A menudo, tienen que volver atrás y completar esos pasos, lo que produce frustración. Esta frustración se puede evitar, y así aumentar la eficacia, reduciendo la marcha lo suficiente para prestar más atención a sus respuestas según va desarrollándose el proceso. Los Generadores Manifestantes son más propensos a la impaciencia y la agresividad que los Generadores puros. Debido al motor conectado con su Centro de la Garganta, tienden a pasar por alto sus sonidos sacrales. A menudo, el Generador Manifestante necesita más práctica y paciencia para restablecer la conexión y la confianza en su Sacral.

La estrategia del Generador: responder

> «Como a la sacerdotisa de Delfos, hay que preguntar a los Generadores; si no, no consigues nada.»
>
> Ra Uru Hu

Todos los Generadores tienen un aura envolvente que transmite la fuerza vital creativa de su Centro Sacral y establece un campo energético de «disponibilidad» en torno a ellos. Para acceder a su enorme riqueza de energía y poder, hay que pedirlo, para que el Centro Sacral del Generador pueda responder. Los Generadores deben esperar hasta que algo venga a ellos, para que su Sacral pueda acogerlo por completo o permanecer cerrado a ello. Un «a-já» del Sacral contiene suficiente energía para completar la tarea o aceptar la petición, mientras que un «úh-hu» es un «no» y advierte en contra de comprometerse a ello.

Este tipo de respuesta clara, objetiva, honesta, mecánica momento a momento, conecta a los Generadores directamente con su propia verdad, revelando quiénes son y lo que aman y valoran. Emanando a través de su aura, el poder perseverante de su fuerza vital creativa atrae a otros como un imán, mientras que su respuesta sacral establece límites personales claros. Para los Generadores, la vida se renueva con cada respuesta, puesto que cada decisión les hace avanzar en su camino hacia la perfección de su potencial único.

A menudo, los Generadores confunden o equiparan «esperar para responder» con «no hacer nada». Les resulta imposible no hacer nada porque están continuamente ocupados generando. Si están haciendo el trabajo que aman, o se están apartando del gruñido de un perro, o sonriendo cuando canta un pájaro, o tatareando la canción que están oyendo, o entrando en una conversación cuando se lo piden, están viviendo el responder. Los Generadores están diseñados para esperar, confiando en que la vida vendrá a ellos. Simplemente responden desde el momento en que se levantan por la mañana hasta que vuelven a la cama por la noche. Una revolución de Generadores que vivan íntegramente siguiendo sus respuestas podría cambiar la frecuencia del planeta de la frustración a la satisfacción. Por eso, el camino místico y la contribución a la humanidad del Generador es despertar su Sacral y vivir rendido a su verdad subjetiva.

Para los otros tres tipos es útil comprender que una vez que un Generador se ha comprometido a una tarea o una dirección, no puede cambiar de marcha fácilmente. A un Manifestador, el Generador le parece lento y pesado, y a un Proyector que ofrece su guía le puede parecer que el Generador no le escucha. Solo si se les pregunta de nuevo, para que puedan responder, son capaces los Generadores de desconectarse de donde están en el momento y reconectar con algo diferente. Cuando se les pregunta para que puedan responder, se produce un intercambio más franco y productivo entre los tipos. Lo que lo cambia todo es aprender a hacerles a los Generadores buenas preguntas que requieran una respuesta de «sí» o «no».

Para los Generadores, la mitad de la batalla es aceptar que no pueden manifestar sus ideas para su propia vida. Necesitan abandonar las imágenes que tenga su mente acerca de cómo debería ser su vida. Los deseos y fantasías, que generalmente se basan en comparaciones que llegan a través de sus centros abiertos, les empujan a acciones que tratan de hacer realidad esos sueños a la fuerza. Sin embargo, iniciar de esa manera tan solo encuentra resistencia, no satisfacción. La frustración es la señal que recuerda a los Generadores que vuelvan a vivir siguiendo sus propias respuestas únicas.

La siguiente anécdota sobre un Generador y un Manifestador ilustra la diferencia entre responder e iniciar. Reconocerás su Estrategia por el papel que desempeñan. Está ambientada en un pueblo polvoriento del oeste americano, y sentado frente a su oficina está el shérif. La gente del pueblo está muy alborotada porque ha oído que está a punto de llegar un pistolero. Todos tratan de conseguir que el shérif se ponga en movimiento y haga algo para protegerlos. El shérif sigue sentado y espera. El pistolero llega al pueblo, se baja del caballo, camina por medio de la calle e informa al shérif de sus intenciones. El shérif responde, se aleja de su oficina y va a la calle para ponerse frente a él. El pistolero desenfunda y el shérif, potenciado por la espera, dispara y lo mata. La moral de la historia es que los Generadores que esperan hasta estar totalmente capacitados y perfectamente claros en su respuesta verán que sus actos suceden en el momento preciso… y dan justo en el blanco.

Los Generadores con Autoridad Emocional

La Autoridad Emocional añade otra dimensión al juego de la espera de los Generadores. Su energía cálida y apasionada tiene un valor enorme para los demás, lo que aporta a su espera un elemento sutil de seducción y permite a los Generadores conformar el resultado de una oferta con sus propias condiciones. Nadie tiene derecho a tener acceso inmediato a su energía. Se convierten en sus peores enemigos si sucumben a la impaciencia acelerando el proceso, iniciando, aceptando menos de lo que deberían obtener o precipitándose a comprometerse a algo. Algunas frases prácticas que les dan tiempo para esperar a que vaya pasando su ola sin cerrar la puerta de su disponibilidad son: «Es una buena oferta, pero me gustaría consultarlo con la almohada. Es mucho lo que hay que considerar; ¿puedo tomarme un tiempo para pensar en ello?». Una persona sin definición emocional podría tomarse esto como un rechazo de la propuesta, pero si es correcto para ambas partes, sus auras volverán a juntarlas, incluso con más fuerza, por haber pasado por el proceso adecuadamente.

La definición emocional no tiene por qué ser una frustrante digresión de la vida. Para los Generadores, seguir su ola emocional revela nuevas perspectivas sobre una decisión o situación según va pasando por cada punto. Muy a menudo, la primera respuesta es correcta, pero esperar a tener claridad les permite asegurarse de que es hora de descubrir todas las cosas importantes que de otra forma se hubieran perdido. Y a veces, el «sí» termina siendo un «no» una vez que han tenido tiempo para ver toda la información y los detalles que solo la espera revela. Permanecer con la ola según va pasando, y no tomar decisiones apresuradas, añade profundidad a su vida. Sin embargo, para apreciar este proceso según va desplegándose, todas las personas involucradas necesitan ser pacientes.

Los Generadores en las relaciones

A un observador casual, dos Generadores en una relación que toman una decisión pueden parecerle torpes y muy cómicos. Puede que ella exprese una idea o posibilidad y le pregunte a él para ver qué responde. Sin embargo, como la idea surgió de la cabeza de ella como un pensamiento, en vez de su Sacral, entonces él tiene que preguntarle a ella si es algo que realmente quiere hacer después de todo. Si el Sacral de ella dice «úh-hu», tienen que volver a empezar, bien refinando la idea original o probando con otra. Esta es la manera en que los Generadores determinan lo que a la postre traerá el placer y la satisfacción que buscan juntos, tanto en los negocios como en las relaciones interpersonales. Si los Generadores comienzan una relación correctamente, la acabarán correctamente y se separarán sin acusaciones ni culpa. Si no entran correctamente en la relación, no pueden dejarla correctamente, y puede que lleven dentro una herida que tarde muchos años en sanar. Esta herida puede condicionar negativamente todas sus relaciones futuras. Para los Generadores, el secreto del éxito está en comenzar y construir relaciones siendo ellos mismos, a través de sus respuestas.

Los niños Generadores

Cuando los niños Generadores responden con su voz sacral de «a-já» o «úh-hu», a menudo se les dice que eso no es educado. Se les obliga a dejar de hacer sonidos y a hablar con palabras y frases. Cuando sucede esto, se cierra la puerta a su verdad sacral y no pueden desarrollar su autoestima y el amor a sí mismos. Los padres deben aprender a respetar y alentar los sonidos sacrales de sus hijos. Los niños Generadores están diseñados para estar ocupados y activos hasta que se agote su energía sacral y caigan exhaustos en la cama. Obligarles a acostarse antes de que estén cansados provocará resistencia y frustración en ambas partes. Los padres conscientes y comprensivos pueden desarrollar su sensibilidad a la energía y ritmos internos de sus hijos Generadores.

Reconocer las conductas del no-ser del Generador

A los Generadores que viven como Manifestadores se les reconoce fácilmente por su estado de frustración e insatisfacción. Desde la infancia, a los Generadores se les ha dicho que se lancen a conseguir lo que quieren. Sin embargo, cuando los Generadores inician, la energía se estanca y no pueden avanzar. Para compensar, la mente les empuja a seguir adelante o se aferra a los resultados que piensa que quiere. En vez de encontrar satisfacción, ni siquiera pueden acabar lo que empiezan. Acaban agotando su energía sin ninguna satisfacción, su trabajo no tiene sentido y sus relaciones no están a la altura o no les proporcionan placer; la vida no les va bien. Este panorama es también la razón por la que tienden a abandonar lo que empiezan; sin embargo, lo último que se les ocurre es esperar para responder.

Muchos Generadores han sido condicionados desde su nacimiento para reprimir o negar sus sonidos primarios y para dejarse guiar por los comentarios mentales del no-ser de sus centros abiertos. Los Generadores han llegado a sentirse cómodos viviendo su insatisfactoria vida del no- ser, por lo que ahora les resulta difícil reavivar o reconectar con su respuesta sacral. Les asusta la posibilidad de que puede que no sean capaces de oír su respuesta, así como de los cambios que podría traer esa respuesta. No tienen una idea real de lo que podría ser la vida si viven desde su verdadero ser. Por ejemplo, ¡después de años siendo vegetarianos, podrían oír que su Sacral responde «a-já» a un filete!

Los Generadores necesitan saber que, si esperan, hay un momento para todo, y que pueden responder a cualquier cosa siempre que venga hacia ellos. Por ejemplo, su mente no puede estipular lo que quieren comer. Necesitan que les pregunten, u oír lo que hay en el menú, para poder responder. Esto es especialmente importante para los principiantes. Hacerse preguntas ellos mismos, hablarse en el espejo o responder preguntas que han escrito no es lo mismo que responder a algo que les llega desde el exterior. Estos atajos no llevarán a los Generadores a su propia verdad. Para ser efectivo, es necesario que otra persona les haga las preguntas aclaratorias.

La pregunta subyacente para un Generador es: «¿Me preguntarán?»; o esta otra: «Si espero a que me pregunten, ¿va a suceder algo?». Comprender la belleza de su aura abierta y envolvente, que está diseñada para provocar las preguntas en los demás, les permite observar y esperar…, y relajarse.

Cuando los Generadores comienzan a respetar su Estrategia, tienen que afrontar miedos mentales como estos:

- Miedo a que nadie les pregunte o a que no tendrán nada a lo que responder.
- Miedo a lo desconocido.
- Miedo a que no suceda nada en su vida o a que su supervivencia se vea amenazada.
- Miedo a perder el control de su vida.
- Miedo al fracaso.

Hábitos de sueño sanos para los Generadores

Para los Generadores, el verdadero descanso no llegará hasta que hayan dejado de generar y hayan consumido la energía de ese día. Si caen exhaustos en la cama, dormirán mejor y se sentirán frescos y renovados por la mañana. Sin embargo, los Generadores Manifestantes deberían acostarse antes de estar exhaustos y trabajar, leer o ver la televisión hasta que hayan dejado de generar. Necesitan permitir que su energía se calme y, no obstante, que siga moviéndoles hasta llegar al punto del agotamiento.

Objetivo: la satisfacción

Lo que más buscan los Generadores en la vida es la satisfacción. Su mente nunca logrará descifrar qué les proporciona ese tipo de honda satisfacción, pero la respuesta sacral se la proporciona con facilidad. No hay nada más gratificante para los Generadores que sentir satisfacción en su trabajo y en sus relaciones.

Generadores famosos

Generadores puros: Dalai Lama, Albert Einstein, Carl Gustav Jung, Mozart, Madame Curie, Luciano Pavarotti, Dustin Hoffman, Greta Garbo, Madonna, Elvis Presley, Walt Disney, Anthony Perkins, Dolly Parton, Mel Gibson, Meryl Streep, Eddie Murphy, Robin Williams, Celine Dion, Ram Dass, Oprah Winfrey, Paul Simon, Truman Capote.

Generadores Manifestantes: Madre Teresa, Vincent van Gogh, Friedrich Nietzsche, Alois Alzheimer, Mata Hari, Kate Winslet, Bruce Lee, Charlie Chaplin, Donal Trump, Tom Hanks, Elton John, Billy Joel, Liza Minnelli, Angelina Jolie, Nicole Kidman, Sidney Poitier, Gwyneth Paltrow, Lily Tomlin, Joh Denver.

El Proyector

Aura enfocada y absorbente

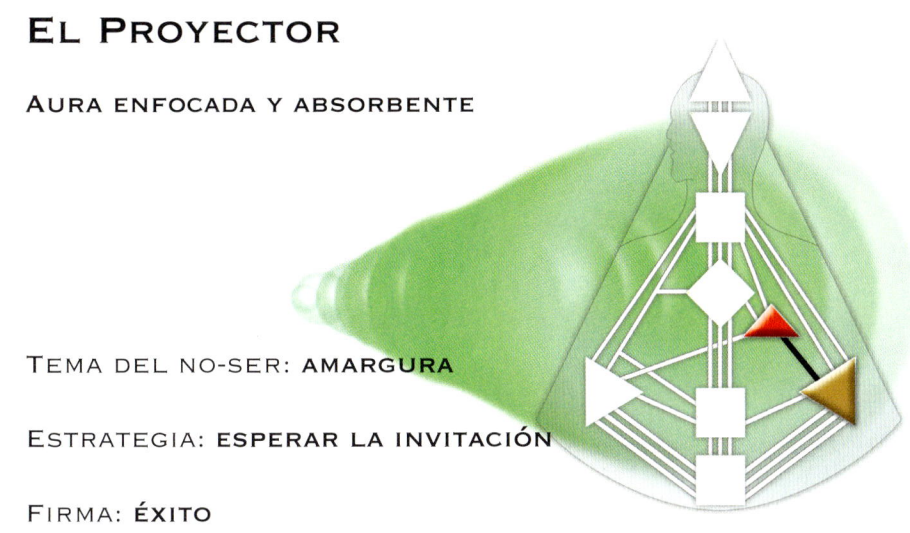

Tema del no-ser: AMARGURA

Estrategia: ESPERAR LA INVITACIÓN

Firma: ÉXITO

El tipo Proyector

Hay dos cosas que destacan en el Cuerpo Gráfico de un Proyector. La primera es el Centro Sacral sin definir y la segunda es que no hay ningún motor conectado al Centro de la Garganta, lo que significa que los Proyectores no tienen un potencial inherente para generar o manifestar. Como no poseen ningún medio consistente y fiable de manifestar o generar energía, a los Proyectores se les clasifica, junto a los Reflectores, como tipos «no-energéticos». Estos dos tipos usan su sabiduría experiencial acerca de la energía para incrementar el entendimiento y la productividad de los tipos «energéticos» (Generadores y Manifestadores). Las cartas de los Proyectores se pueden configurar con tan solo dos y hasta con ocho centros definidos. Constituyen aproximadamente el 21 por 100 de la población.

Compendio

Los Proyectores representan un nuevo arquetipo de energía en el planeta, que surgió después de 1781. Hasta la llegada del Sistema de Diseño Humano, los Proyectores no tenían ningún medio directo con el que comprender por completo su campo áurico único y el papel específico que están aquí para desempeñar como uno de los cuatro tipos. Hasta el siglo pasado, los Manifestadores y los Generadores dominaron las posiciones de liderazgo y autoridad en todo el mundo. Sin embargo, en el futuro es el Proyector quien comenzará a acceder a posiciones de mucho poder, llevando el liderazgo en una nueva dirección. Esto sucederá cuando los tipos energéticos reconozcan y habiliten el potencial natural del Proyector, invitándole a que los guíe. Cuando los Manifestadores estén liberados para iniciar procesos y los Generadores comiencen a realinearse con su propio poder natural como constructores creativos, los Proyectores surgirán como los administradores del nuevo orden.

El aura enfocada, penetrante, de los Proyectores y su compleja manera de interactuar con la gente a niveles energéticos más profundos los distinguen de los otros tres tipos. Sin embargo, con su brillo natural y su apertura a cargar con las expectativas y energías de los demás, se las han arreglado para imitar eficazmente a los Manifestadores y a los Generadores, perdiéndose a sí mismos en el proceso. La manera en que los Proyectores se recuperan a sí mismos, así como su lugar significativo y legítimo en la totalidad, comienza con una visión amplia de la compleja naturaleza de su configuración única.

Los Proyectores tienen una apertura general a la vida, combinada con un aura que penetra en la energía de los demás para poder absorberla y probarla energéticamente. Con su capacidad para ver la perspectiva general, reconocer el talento y los dones de los demás y unir a las personas, son excepcionales consejeros, administradores, armonizadores y mediadores naturales. Los Proyectores pueden ser excelentes organizadores y maestros a la hora de maximizar la energía y los recursos, ya que ven cosas que los demás a menudo se pierden. Sin embargo, el hecho de que los Proyectores sepan cómo se puede utilizar de la mejor manera la energía de una persona no significa que puedan decirles a los demás lo que tienen que hacer. Una parte específica de su papel y de su propósito aquí en la Tierra es guiar a otros sabiendo hacer las preguntas apropiadas. Los Proyectores tienen un don natural para la diplomacia que merece la pena desarrollar.

Los Proyectores están ascendiendo de manera natural a la cima de la jerarquía de los tipos; sin embargo, aún les queda mucho camino por recorrer, y gran parte de ello depende de tener Manifestadores y Generadores conscientes con los que trabajar. Los Proyectores están más interesados en los diseños de otras personas que en el suyo propio y generalmente buscan sistemas que les ayuden a comprender a los individuos, los grupos y las maneras en que las personas trabajan juntas de manera más eficaz.

El reconocimiento es la clave del Proyector para comprender la manera en que su Estrategia le conecta con su Autoridad y con el mundo. En cierto modo, el reconocimiento es para los Proyectores lo que responder es para los Generadores. Sus poderes de reconocimiento estratégico les proporcionan sus límites, que mantienen siendo selectivos a la hora de aceptar invitaciones. Tanto la habilidad del Proyector para reconocer lo que los demás pueden proporcionarles, como la necesidad de que los demás reconozcan sus propios dones únicos, forman parte de la manera específica en que su aura está diseñada para conectar. El aura del Proyector es un campo de «estoy-abierto-a-una-invitación» que atrae a las personas a entrar y salir de su vida provocándoles a invitarle. El reconocimiento, acompañado de una invitación formal, es la manera en que los otros tipos honran y potencian a los Proyectores.

Igual que para los Generadores, esperar es una cualidad de la Estrategia de los Proyectores; sin embargo, la claridad de su respuesta no es tan inmediatamente accesible como una respuesta sacral. Para analizar mejor estas diferencias sutiles, hemos dividido a los Proyectores en tres categorías básicas basadas en las configuraciones ilustradas a continuación.

Las tres categorías de Proyectores

Proyectores mentales

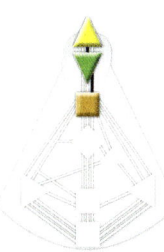

Los Proyectores mentales están definidos por cualquier combinación de los Centros de la Cabeza, Ajna y de la Garganta definidos pero sin ninguna definición debajo de la Garganta. Tienen un diseño abierto y una honda confianza en su mente. Conectan con su entorno y detectan las energías que hay en él a través de todos sus centros sin definir. Los Proyectores mentales son el arquetipo de la autoridad externa, es decir, alguien que provee información valiosa para los demás y los guía; resultándoles difícil a ellos mismos aceptar que su fuerte y ágil mente no puede ser su Autoridad personal. Para que los Proyectores mentales alcancen la claridad al tomar decisiones, les resulta útil hablar de esas cosas con otros, para poder oírse a sí mismos. Su entorno puede tener una influencia definitiva en su proceso de toma de decisiones, de modo que también es importante que se den cuenta de cómo les está afectando lo que les rodea. Con una parte de su diseño tan abierta y vulnerable al condicionamiento, comprender el impacto que los demás tienen en ellos puede ser una herramienta muy valiosa. Mediante el estudio del diseño de otras personas, los Proyectores mentales comienzan a entender las semejanzas y diferencias en su propio proceso. Cuando son conscientes y despiertan, su propia Estrategia comienza a funcionar para ellos.

Proyectores energéticos

Los Proyectores energéticos tienen un motor, o más (exceptuando el Centro Sacral), definido en su diseño. Necesitan prestar mucha atención a la guía de su Autoridad, estando muy alerta a las invitaciones que quieren tener acceso a su energía simplemente para cubrir un puesto vacante o para realizar un trabajo. Aunque estos Proyectores están bajo presión para descargarse de energías acumuladas de los motores definidos, es esencial que las usen haciendo algo que disfruten o haciendo aquello por lo que han sido reconocidos y a lo que les han 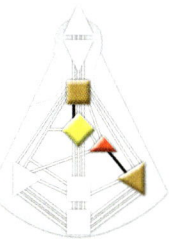 invitado a hacer. Esta energía extra crea dos tentaciones para los Proyectores. La primera es iniciar una acción simplemente para aliviar la presión. La segunda es comprometerse inadvertidamente a una actividad en la que tienen que trabajar duro, en vez de ser la persona que ve cómo hay que dirigir un proceso hacia una mayor eficacia y éxito.

Proyectores clásicos

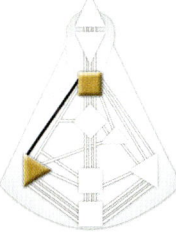

Los Proyectores clásicos tienen definición debajo del Centro de la Garganta que no incluye un motor. Sin definición de motor en su diseño, pueden probar o catar el carburante de los motores de otros y discernir qué personas son correctas para ellos y cuáles no. Esto les da el potencial para ser más objetivos y más selectivos respeto a las invitaciones que aceptan. Por ejemplo, los Proyectores reciben, experimentan y magnifican la fuerza vital creativa de un Centro Sacral definido. Esto puede ser estimulante, pero también puede hacerles propensos a cualquier frecuencia tóxica o perjudicial adjunta a esa energía. Es como ingerir un veneno que luego sofoca o destruye su vitalidad y pone en peligro su salud física o mental. Como todas las decisiones de los Proyectores les conectan con energías que o les potencian o les esclavizan, tomar conciencia de la pureza del «carburante» que emana de las personas que aceptan en su vida es crucial para su bienestar general.

Todos los Proyectores

El dilema para todos los Proyectores es esperar la invitación. Quieren, y deben, ser reconocidos e invitados para cumplir su propósito como administradores y guías. El éxito personal para los Proyectores depende de tener a su alrededor personas energéticamente sanas que reconozcan sus habilidades de Proyector y les ofrezcan sus recursos de energía con los que trabajar.

Cuando los Proyectores que viven desde el no-ser, ansiosos de reconocimiento de cualquier tipo, tratan de satisfacer las expectativas de los demás y de este modo son reconocidos por lo que «no» son, pueden sentirse confusos y aferrarse a cualquiera, incluso a alguien que sea perjudicial para ellos. Los Proyectores sanos son los que evitan esta trampa reconociéndose a sí mismos y comprendiendo sus propias limitaciones. Cuando ya no dependen de recursos externos para reafirmarse, el verdadero don del Proyector vuelve a su justo lugar en su Estrategia, funcionando adecuadamente entonces.

La función más básica, pero esencial, del reconocimiento para los Proyectores tiene que ver con elegir a las personas de su círculo de allegados, personas que los mantendrán alineados con su propio camino y propósito. Como los Proyectores están diseñados para penetrar profundamente en el centro de otros, y como no pueden cumplir su propósito sin acceder a la energía y recursos de otras personas, los Proyectores necesitan saber quién es apropiado para ellos, quién les reconoce o les ve por lo que realmente son.

Esto es aplicable también a las maneras en que conectan con la comunidad más amplia. Por ejemplo, si eres un buen guitarrista clásico, no deberías firmar para un concierto en el que el público espera bailar al son del rock, a menos que también tengas talento para convertir a un oyente causal en fan de la guitarra clásica y te hayan invitado a hacer justamente eso. Sin la invitación, estarías malgastando tus valiosos dones de Proyector y te irías sin ningún reconocimiento, amargado por la experiencia. Ninguna cantidad de dinero te compensaría de lo que perderías.

Nada les alegra el humor tanto a los Proyectores como que los reconozcan, y nada les lleva más rápidamente a un estado de amargura que no ser reconocidos. Cuando los Proyectores tratan de conseguir que otros los vean, son considerados pesados y exigentes. Los demás tipos sienten esta «necesidad» de reconocimiento y se resisten. Al iniciar e invitarse ellos mismos, los Proyectores le entregan su poder inherente a la otra persona, lo que los deja en una gran desventaja. Esto sucede a menudo en relaciones familiares en las que desde el principio no se les ha visto por lo que son. Al principio les resulta difícil recuperar su poder; esto requiere que cambien de enfoque, que permanezcan bien enraizados en la conciencia de sus propios dones y que esperen hasta que su propio mensaje áurico sea recibido con claridad. Esto permite que las personas que les rodean reconozcan sus verdaderos dones y les inviten, lo que cambia la base de toda la relación.

La Estrategia del Proyector: reconocimiento, esperar la invitación

Los Proyectores están diseñados para ser vistos. La gente siempre se fija en ellos, pero tenemos que preguntarnos qué es lo que realmente llama la atención. ¿Se les reconoce por sus verdaderos dones o no? Cuando los Proyectores son reconocidos de verdad, lo sienten en su fuero interno y no hay duda. La Estrategia y el proceso de toma de decisiones del Proyector es esperar a ser reconocido y luego invitado. El reconocimiento y las invitaciones llegan del silencio. Cuando los Proyectores comprenden que esperar en silencio es una cualidad de estar listo, pueden observar cómo su potente aura atrae a la gente y su reconocimiento. Cuando han sido reconocidos e invitados correctamente, sus dones y habilidades se potencian al ser llenados de una energía transitoria que pueden coreografiar. Se podría decir que la energía con la que conectan y que se comprometen a dirigir fluye a través de ellos. No es suya, pero pueden utilizar su potencial en beneficio de otros mientras dure esa invitación.

Esperar a que llegue la invitación tiene sus propias características específicas, que son sutilmente diferentes a la Estrategia de esperar de los Generadores, que esperan que su vida adquiera dirección momento a momento a través de la respuesta. Los Proyectores están esperando a lo que podría describirse como una invitación más formal y a largo plazo. Están esperando a que los «inversores» reconozcan, soliciten y potencien sus habilidades especiales, ¡a cambio de una amplia compensación! Esa invitación proporciona al Proyector acceso a los recursos energéticos iniciadores y generadores del inversor. Para eso vive el Proyector, así es como se potencia su genialidad y como experimentará el éxito que está aquí para lograr en su vida. La relación entre el Generador y el Proyector es tanto esencial como interdependiente, ya que ninguno de los dos tiene el poder para satisfacer su propósito sin el otro.

En general, pero no exclusivamente, las invitaciones del inversor son aplicables a las cuatro decisiones principales que uno toma en la vida: la invitación a amar, a una carrera profesional, a establecer vínculos con otros y a un lugar en el que vivir. Una vez que una invitación ha sido recibida y aceptada, los Proyectores pueden usar todas sus habilidades disponibles, dentro de los parámetros establecidos por la invitación, mientras el inversor permanezca abierto y receptivo y dispuesto a desempeñar su papel. Esto puede durar unas semanas, unos meses, unos años o el resto de su vida. Cuando entran en uno de esos compromisos a largo plazo, los Proyectores necesitan poner todo su empeño en seguir su Estrategia y Autoridad.

El siguiente paso esencial para los Proyectores es ser selectivos. El hecho de haber recibido por fin una invitación no significa automáticamente que sea correcta para ellos. Su Autoridad los guiará al intercambio de energía apropiado para ellos. El proceso de toma de decisiones de cada Proyector es único, y la mejor manera de saber cuál es una invitación correcta es medir el nivel de resistencia que encuentran cuando deciden sobre ella. Con el tiempo, y al ir aumentando su conciencia, la capacidad del Proyector para reconocer las invitaciones correctas mejora y el proceso mismo se refina. Cuando los Proyectores son reconocidos e invitados, de pronto tienen acceso a la energía fiable de otros, lo que a su vez libera sus propios dones de Proyector y su autoridad externa. La paciencia y la observación cuidadosa son, de nuevo, los factores clave.

Todas las invitaciones tienen una fecha de caducidad. Si la invitación ha perdido su energía o excitación, es posible que ya haya sido retirada, o quizá el trabajo está completo pero no nos hemos dado cuenta. Puede que el Proyector sienta que la cosa ya no funciona, que el dinero, el interés, el apoyo o el tiempo adecuado ya no están disponibles. En ese momento, es útil hablar de la situación con el inversor para aclarar el estado de la invitación. Una vez alineados con su propio poder, los Proyectores pueden dejar que su aura hable por ellos. Su espera silenciosa es la manera más eficaz de suscitar las invitaciones correctas. Gradualmente, las personas y las invitaciones que no se basaban en el reconocimiento irán desapareciendo poco a poco. Si los Proyectores confían en la magia silenciosa de su química, no hay necesidad de que se inviten a sí mismos; las oportunidades les llegarán.

Cuando los Proyectores comprendan la inviolabilidad de su aura, la nutrirán y protegerán. El primer paso es crear en su hogar un espacio libre de otras auras al que poder retirarse para relajarse apropiadamente y soltar las energías áuricas que han absorbido durante el día. También es importante para un Proyector dormir solo, ya que el 70 por 100 de la población está generando energía del motor Sacral. Para tener un sueño profundo y reparador, los Proyectores primero tienen que tomarse un tiempo para difuminar la energía extra que han ingerido. Conseguir un equilibrio sano entre actividad y descanso comienza aprendiendo a notar cuándo ya es suficiente, cuándo soltar la energía áurica residual de otros y cuándo estar solo.

Los Proyectores con Autoridad Emocional

Los Proyectores han estado tanto tiempo esperando las invitaciones que incluso los que tienen definición emocional tienden a lanzarse a la primera oportunidad. Desgraciadamente, lo que parece una gran invitación cuando están en lo alto de su ola puede convertirse en un compromiso horrible cuando están en su punto bajo. Todos estamos condicionados para ser corteses y responder espontáneamente cuando alguien nos invita a aceptar un trabajo o asistir a un evento. A los Proyectores emocionales les resulta muy fácil quedarse enganchados en el campo energético de alguien, lo que aumenta la confusión. Necesitan esperar, hablar de ello, esperar, volver a hablar de ello. De hecho, esperando a que llegue la claridad pueden recibir una invitación aún más deliciosa. La estrategia para los Proyectores emocionales es simplemente solicitar un día o dos para pensárselo. Si aún no lo tienen claro entonces, no deberían sentir vergüenza y pedir más tiempo o que les aclaren los detalles. Para ellos, parte del experimento es observar si su campo áurico hace que la otra persona vuelva a renovar la invitación mientras ellos están esperando a tener claridad.

Los Proyectores en las relaciones

Para que funcione una relación, los Proyectores deben ser reconocidos e invitados a ella, y se les debe otorgar un papel esencial en su desarrollo. Los Proyectores que no son ni apreciados ni reconocidos están estancados en una posición débil y dependiente, lo que hace que se sientan amargados. La vida y las relaciones pierden su dulzura. El mejor consejo, como para todos los tipos, es entrar en las relaciones correctamente desde el principio.

Los niños Proyectores

Es en especial importante para el extremadamente sensible niño Proyector que los padres sean muy conscientes de la mecánica de su energía. Parte del apoyo de los padres incluye reconocer las maneras en las que el niño interactúa con energías sanas desde el principio. Enseñar a los niños Proyectores a reconocerse a sí mismos, a saber cuándo están siendo reconocidos por otros y a reconocer una invitación correcta, los sitúa en el buen camino hacia el éxito. Este es el único estímulo que necesitan para practicar su Estrategia y Autoridad y apreciar su unicidad como Proyectores.

Los padres que invitan y reconocen a sus hijos Proyectores les dan la oportunidad de desarrollar, expresar y sentir el poder de ser quienes realmente son. Los niños a los que se enseña a reconocer y esperar a la audiencia receptiva correcta crecen para ser adultos correctos, y cuando se les invita a hacerlo, pueden expresar sus dones con claridad y autenticidad en el mundo.

Los niños Proyectores emocionales también deben ser invitados, pero sin ninguna presión para que tomen una decisión en el momento. Esto les da la oportunidad de ponerse en contacto con su ola emocional. Cuando están en una comunidad que los reconoce, crecen y florecen. Si se les pone bajo presión para que acepten invitaciones o tomen decisiones antes de tener la oportunidad de procesar y saber qué es adecuado para ellos, pueden acabar confusos, amargados y sin éxito.

El reconocimiento del Proyector y el no-ser

Cuando al Proyector se le habla de su tipo, hay una resonancia inmediata con la palabra clave «invitación». ¡De pronto se dan cuenta de que han sido ellos los que han estado invitando! Debido a su inquietud e inseguridad, estaban tratando a los demás como tenían que tratarlos a ellos, lo que naturalmente generó resistencia. Después de toda una vida sintiendo que no los reconocen ni invitan, los Proyectores se vuelven profundamente pesimistas acerca de que la gente muestre un interés genuino por ellos.

Cuando los Proyectores se sienten hambrientos de energía, tienden a hacer concesiones y se contentan con una invitación a un intercambio de energía inapropiado. El reconocimiento preciso y la invitación adecuada es lo que pone en marcha los dones del Proyector y aumenta su valor para los demás. Por ejemplo, cuando alguien le dice a un Proyector emocional: «Me encanta la manera en que procesas tus decisiones con tus sentimientos», este sabe que la persona le ve. Esto le da al Proyector acceso a energía limpia y, potencialmente, receptividad a su guía y consejo comprensivos.

Cuando una invitación adecuada se ha completado o ha sido retirada, el trabajo del Proyector está completo. Sin embargo, como la energía que se había comprometido a dirigir ya no está disponible para él, puede que su no-ser se asuste e interfiera con el proceso de soltar y pasar a otra cosa. Su no-ser no tiene confianza en su Estrategia o en que su campo áurico de Proyector suscite invitaciones, lo que puede hacer que se aferre a alguien, sin saber cuándo ya es suficiente, tratando de demostrar su valía, aceptando una invitación errónea o temiendo que no volverá a ser invitado.

Comprendiendo a otros, los Proyectores llegan a un entendimiento claro de sí mismos. Sin embargo, si su intención de establecer contacto con otros va acompañada de la expectativa de conseguir su atención o reconocimiento, encontrarán resistencia. Como todos los tipos, necesitan ser conscientes de su intención subyacente y sus expectativas ocultas.

Los Proyectores tienen un intelecto muy poderoso. Les gusta estudiar y asimilar información. Debido a esto, tienden a tener una mente profundamente condicionada que trata de controlar su vida y las circunstancias mediante las estrategias del no-ser de sus centros abiertos. Tienden a sentir que no conseguirán tener la vida que quieren, de manera que hacen concesiones en sus relaciones y trabajos conformándose con lo que piensan que pueden conseguir. Resignarse es un problema enorme para el Proyector, especialmente cuando hay facturas que pagar.

Hábitos de sueño sanos para los Proyectores

Para los Proyectores, con su Centro Sacral abierto, lo mejor es irse a la cama antes de sentirse totalmente exhaustos. Al acostarse o relajarse hasta una hora antes de cuando les gustaría dormirse, le dan a su cuerpo la oportunidad de liberarse de tensiones, y a su aura, tiempo para soltar energías que no les pertenecen, preparándoles así para una noche de descanso plácido y reparador.

Objetivo: el éxito

El éxito disipa la amargura y maximiza el sentido de bienestar de Proyector. El don del Proyector consiste en reconocer la unicidad y el potencial de otros y guiarles haciéndoles las preguntas apropiadas sin motivos personales. En última instancia, las preguntas apropiadas abren la puerta al satori, transformando y despertando alguien a su propia verdad única. El éxito significa también llegar a un espacio interno en el que ser un tipo no-energético ya no es un problema. Esperar una invitación formal y respetuosa, acompañada de las recompensas y recursos energéticos apropiados, es la Estrategia del Proyector para las grandes decisiones de la vida, reduciendo así la posibilidad del agotamiento o el colapso mental y físico. Yendo de éxito en éxito, el Proyector aprende a usar sabiamente su energía limitada.

Proyectores famosos

Nelson Mandela, John F. Kennedy, Pablo Picasso, reina Isabel II de Inglaterra, Fidel Castro, Josef Stalin, Karl Marx, Osho (Bhagwan Shree Rajneesh), Salvador Dalí, Mick Jagger, Barbra Streisand, Marilyn Monroe, Woody Allen, Steven Spielberg, Princesa Diana, Bertold Brecht, k.d. lang, Whoopi Goldberg, George Clooney, Jodie Foster, Jon Bon Jovi, Demi Moore, Denzel Washington, Goldie Hawn, Katherine Hepburn, Diane Keaton, Ringo Starr, Candice Bergen, Shirley MacLaine y Barack Obama.

El Reflector

Aura que toma muestras

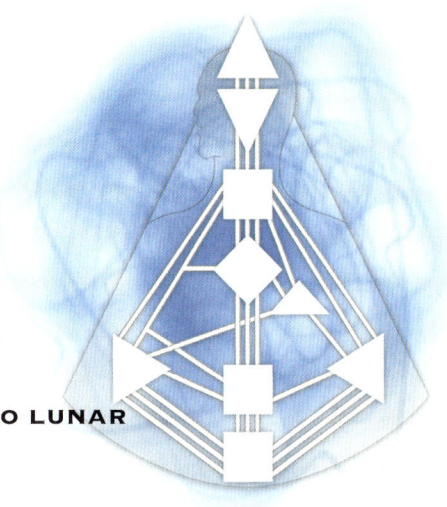

Tema del no-ser: **Desilusión**

Estrategia: **Esperar un ciclo lunar**

Firma: **Sorpresa**

El tipo Reflector

El Cuerpo Gráfico de un Reflector es muy fácil de identificar, ya que los nueve centros están en blanco. En vez de una definición fija, los Reflectores tienen puertas activadas. Estas puertas forman un canal cuando se conectan a una puerta armónica gracias a las auras de otras personas, o a astros en tránsito. La manera inusual en que los Reflectores procesan y experimentan la energía, muy diferente a la de los demás tipos, significa que los Reflectores viven conforme a un conjunto de reglas diferente. Son verdaderamente extraordinarios en muchos sentidos y constituyen aproximadamente el 1 por 100 de la población.

Compendio

Los Reflectores son un caso aparte: su perspectiva es totalmente única, su presencia áurica es silenciosamente discreta y su papel es extraordinario. Han nacido con una sintonización especial al entorno cósmico y al impacto del campo de neutrinos en los seres humanos. Como un canario en la mina de carbón, toman muestras, reflejan y juzgan la calidad del entorno en un día cualquiera. Los Reflectores pueden estar tan sintonizados con el programa de tránsitos que pueden medir también la sintonización de otros. Notan quién está viviendo auténticamente o quién ha sido condicionado y se ha convertido en una víctima del campo de tránsitos. Cuanto más deja la gente que los tránsitos condicionen su vida, más se aleja de actualizar su potencial único. Los Reflectores notan quién está listo para convertirse en su propia autoridad. Notan o sienten la salud física, psíquica o emocional de un entorno, comunidad o grupo, y están aquí para juzgar qué está funcionando correctamente o no. Según la gente va volviéndose más consciente, los Reflectores están ahí, dispuestos a compartir o reflejar las muestras que han tomado. Este proceso es la manera en que el Reflector se pone en el centro y se vuelve «visible».

Los Reflectores están aquí para animar y elevar la vida de otros. De una manera bastante extraordinaria, los Reflectores pueden amplificar y reflejar la energía de otras personas. Es una capacidad única que facilita una experiencia de mayor conciencia en relación con que lo que ven en el otro, pero sin juzgarle. La naturaleza discreta y poco imponente de su presencia áurica también hace que los Reflectores sean facilitadores particularmente efectivos para los procesos de grupos. Sin embargo, todo esto permanece tan solo como un potencial para los Reflectores hasta que son capaces de funcionar siendo ellos mismos, en vez de una versión amplificada del mundo homogeneizado que los rodea.

Muchas de las características que hoy diferencian a los Reflectores resuenan de un tiempo en el que nuestros antepasados humanos más antiguos vivían en armonía con el cosmos, fluyendo con la naturaleza y en comunidad con los demás. A lo largo de los eones, sus maneras de sobrevivir en el flujo natural fueron reemplazadas sistemáticamente por las formas agresivas y estratégicas de la conciencia mental evolutiva. Nuestra superioridad mental ocupó su lugar, surgieron jerarquías basadas en el dominio y los Reflectores, discretos y suaves, no estaban entre ellas.

Sin embargo, está empezando a surgir una nueva jerarquía natural en la que los Reflectores desempeñarán un papel exquisito, ya que representan la justicia suprema. Con su aura tranquila y discreta, ocuparán su lugar legítimo en el centro de la jerarquía de los tipos, reflejando al mundo las injusticias del no-ser que perpetúa la humanidad. Están aquí para impulsar a la humanidad hacia una comunidad global cooperativa, justa, pacífica y equitativa, en preparación para los que nazcan después de 2027 con conciencia del espíritu. Para que los Reflectores ocupen esa posición y desempeñen su papel, los otros tres tipos deben ser auténticos, conscientes y abiertos a la valoración o juicio del Reflector.

Los Manifestadores, los Generadores y los Proyectores son tipos solares, lo que significa que su propósito «brilla» a través de ellos. Siendo el único tipo lunar, el Reflector está diseñado para operar como un reflejo lunar del programa del Sol y para reflejar el proceso de impronta del programa de neutrinos. Como la Luna, el «resplandor» del Reflector es sutil y, sin embargo, ejerce una influencia sustancial, especialmente cuando los demás lo notan o detectan.

La química de los nueve centros sin definir de los Reflectores puede tomar muestras y también magnificar las frecuencias de todos y de todo en su entorno, lo que les proporciona el potencial de catar o sentir lo que está sucediendo realmente, de una manera que nadie más puede. El potencial único de su apertura es reflejar todo lo que les rodea con perfecta ecuanimidad, lo que convierte su apertura en una excepcional ventana a la sabiduría. Sin embargo, incluso con los nueve centros abiertos, los Reflectores no son más vulnerables al condicionamiento que los otros tipos. De hecho, los Reflectores son el más resistente de los cuatro tipos, protegidos por un aura descrita como resistente y que toma muestras. Esta inusual aura les permite evaluar o leer las auras que se acercan a ellos, pero sin ingerir demasiado profundamente las frecuencias. Es un don que les equipa especialmente para discernir si, y cuándo, una persona está lista para dar el paso y expresar su unicidad, en vez de permanecer absorta en el mundo homogeneizado del no-ser.

Cuando los Reflectores conozcan su diseño claramente y eviten ceder a las presiones de la sociedad para amoldarse, sus auras les protegerán de identificarse con nada de lo que entra en ellos a través de su apertura. Pueden adquirir sabiduría acerca del proceso y simplemente permanecer completamente abiertos a lo que está pasando por ellos. Detectar una irregularidad o algo inusual o diferente a su alrededor es un aspecto de su don. Con su potencial para conectar fácilmente con un astro, particularmente la Luna, de una manera profunda y prolongada, pueden tener una vida mística que la mayoría de nosotros no puede conocer.

En muchos aspectos, son nuestra clave para comprender y participar en la consciencia global, ya que su extraordinaria apertura está continuamente filtrando el campo de consciencia. Están aquí para catar y ser uno con la totalidad.

Los Reflectores no están necesariamente interesados en estudiarse a sí mismos. Tampoco están demasiado interesados por su impacto en los demás. Cada día es diferente para un Reflector, de modo que las preguntas más importantes en su vida son: «¿Quién soy hoy?», «¿Me sorprenderé, me incluirán o seré invisible?». Si viven siendo ellos mismos, su naturaleza es despreocupada y alegre, diseñada para vivir en el asombro del momento. Como mejor se expresa la verdadera magia de los Reflectores es en la novedad, frescura y sorpresa que sienten cada día, y su sensación de que siempre hay algo más, siempre otra cosa. Por desgracia, la mayoría de los Reflectores vive una vida homogeneizada, tratando de ser lo que no son, simplemente porque no les han comprendido o alentado a vivir su diferencia. Con demasiada frecuencia, al ver que el mundo, en vez de receptivo, es frío y decepcionante, ceden a las expectativas para sobrevivir. Cuando comiencen a apreciar su unicidad y a practicar el desapego de (o dejen de identificarse con) lo que están reflejando, serán menos propensos a sentirse perdidos, confusos y atrapados en el barullo que los rodea. Aceptarán su lugar en el centro, en vez de simplemente sentirse invisibles y observando desde fuera.

El lugar es crucial para la felicidad del Reflector

Algo específico de los Reflectores es su necesidad de encontrar su lugar en el corazón de la comunidad o el centro del grupo, para poder tomar muestras libremente y reflejar la información áurica de quienes les rodean. Es su lugar legítimo y donde necesitan estar para cumplir su propósito. Están aquí para aceptar a los demás, reflejar la verdad y enseñar al resto de nosotros que lo que a menudo juzgamos como bueno o malo en el mundo es tan solo una revelación de nuestra diversidad. Para hacer esto, los Reflectores deben moverse libremente en su entorno o entre los participantes en una reunión, y también deben tener libertad para irse cuando se dan cuenta de que nadie solicitará su reflejo. Operan con un conjunto de normas diferente al de los otros tipos. Los Reflectores van verdaderamente al son de otro tambor, y saber esto es honrar y respetar su lugar y su propósito. Encontrar el entorno adecuado en la comunidad apropiada que puedan llamar su hogar, y cómo hacerlo, es una de las decisiones más importantes que afrontan los Reflectores. Con su Centro G sin definir, les resulta útil saber que las personas con el Centro G definido están aquí para iniciarles, para presentarles a personas y lugares nuevos. Una vez que se los han presentado, es el trabajo del Reflector ser discernidor. Cuando alguien les presenta a alguien o un lugar nuevo que pueden amar, los Reflectores deberían evitar la tendencia del no-ser a volverse dependientes o aferrarse a la persona que se lo presentó.

Si los Reflectores permanecen en un entorno poco saludable durante un tiempo prolongado, pueden asimilar esa energía y ponerse enfermos, o perder su vitalidad. Es esencial que los Reflectores tengan un espacio creativo propio, un lugar en el que poder estar solos para deshacerse del condicionamiento al que están expuestos diariamente. Si no lo hacen, pueden fácilmente volverse dependientes de las energías de quienes les rodean, lo que es una buena razón para seleccionar con cuidado a las personas a las que permiten entrar en su círculo de amigos y familiares más allegados.

La Estrategia del Reflector: esperar el ciclo lunar de 28 días

Los Reflectores no tienen definición fija en su carta, ni ninguna fuente fiable de Autoridad personal. No hay ninguna fuente fiable de «sí» o «no» dentro de ellos para guiarlos al tomar decisiones importantes en su vida. La Estrategia del Reflector es conectar con el ciclo lunar, el viaje de la Luna alrededor del Mandala, que dura aproximadamente 28 días y abarca los 64 puertas de la rueda. Este patrón fiable y repetitivo proporciona al Reflector una sensación de consistencia comparable, aunque no idéntica, a tener una definición fija.

Los Reflectores necesitan ser iniciados para las grandes decisiones de la vida. Su ciclo lunar (su proceso de toma de decisiones) comienza cuando se les ha hecho una oferta importante o alguien les ha invitado a algo. Ellos no pueden iniciar. Según avanzan hacia la claridad a través de su ciclo lunar, sus percepciones de Reflector cambiarán. Durante este tiempo querrán hablar con otros, no para buscar consejo, sino para articular sus propios pensamientos y oír su propia verdad potencial. La calidad de sus asociaciones y la manera en que su aura filtra el mundo que les rodea, con el tiempo refina su decisión. Necesitan que se les anime a tomarse su tiempo y no permitir que les presionen o les metan prisa. De pronto, sabrán en lo hondo de sí si la oferta era adecuada para ellos o no. Sin embargo, si han completado el ciclo lunar y todavía no lo tienen claro, es aconsejable que esperen a que llegue la claridad, teniendo presente que puede llevarles más de un ciclo.

Aunque esta base lunar para tomar decisiones es específica de los Reflectores, todos los tipos se pueden beneficiar comprendiendo la influencia repetitiva, pero transitoria, de la Luna en su vida. Seguir la manera en que el ciclo lunar conecta con tu propia carta es un proceso fascinante. (Al final de esta sección se ofrecen ejemplos de cómo acotar un ciclo lunar completo y una carta de conexión de tránsitos.)

Los Reflectores en las relaciones

La apertura extrema de los Reflectores los deja a merced de la definición de su pareja, facilitando que aparezca un elemento de narcisismo en la relación. Los Reflectores reflejan y magnifican la definición de su pareja, de manera que la otra persona puede ver, e inadvertidamente puede enamorarse de su propio reflejo, y no del Reflector. Las personas que no se gustan a sí mismas a menudo se enamoran de sí mismas a través de otro; la apertura del Reflector facilita este proceso de autodescubrimiento. Sin comprensión, autenticidad personal y límites claros por parte de ambos miembros de la pareja, el arraigado miedo del Reflector a seguir siendo invisible, a no ser visto por lo que realmente es, puede hacerse realidad.

Cuando a los Reflectores se les mete prisa constantemente para que tomen decisiones, o no se sienten seguros en su proceso de toma de decisiones, corren el riesgo de volverse dependientes de quienes tienen una Autoridad personal fiable. Entonces, pueden dejar que su pareja tome decisiones por ellos, que determine su modo de expresión sexual, sus hábitos de comer y dormir, su ocupación, dónde vivir y su lugar en la familia. Los Reflectores pueden estar a merced de las personas que les rodean. Si se dejan dominar por personas guiadas por el no-ser, amplificarán esta distorsión en su campo energético y se sentirán profundamente desilusionados con su propia experiencia de la vida. No hay reglas que el Reflector pueda seguir momento a momento, solo la Autoridad de esperar un ciclo lunar para poder tener claridad al tomar una decisión. Semejante proceso les resulta extraño a los demás tipos, y si no se comprende, puede traer discordia a la relación y sufrimiento al Reflector. Los Reflectores que dejan que otros les presionen o metan prisa son propensos a tener problemas de salud más adelante.

Para el Reflector, una relación es realmente valiosa cuando es fértil y productiva. A la mayoría de los Reflectores les encanta tener niños a su alrededor, ya que aportan una conexión inocente y consistente a su diseño. Disfrutan relacionándose y «reflejando» a personas que comparten su asombro ante la vida. A menudo, a los Reflectores les resulta difícil separarse de sus hijos cuando ha llegado el momento de que estos se vayan de casa.

Los niños Proyectores

Cuando los padres aprenden el patrón lunar de sus hijos Reflectores, pueden animarles a crecer siguiendo su propio ritmo personal. Es muy importante no meter prisa al niño Reflector, sino más bien permitirle que se desarrolle a su propio ritmo. Con el tiempo, los niños aprenden a ser pacientes y a sentirse cómodos esperando su ciclo lunar antes de tomar decisiones esenciales. Es importante que los padres ayuden a estos niños a encontrar un entorno escolar que les apoye, con profesores que les permitan desarrollarse de manera natural. Los niños Reflectores necesitan que se les involucre activamente en una comunidad de aprendizaje, pero no en el sentido habitual de someterlos a muchas expectativas. Como son espíritus libres que operan con un conjunto de reglas diferente, absorberán y procesarán la información de manera distinta. Recuerda que los niños Reflectores absorben y reflejan exactamente lo que está pasando en la familia y en la clase. Un niño Reflector sano y alegre o un niño Reflector enfermo y triste dicen mucho acerca del estado del entorno. Los niños Reflectores, como los Reflectores adultos, necesitan su propio espacio para poder retirarse y estar solos cuando lo necesiten. Con la práctica paciente, los padres pueden enseñar a sus hijos a protegerse y no ingerir el dolor de otros o actuar basándose en él, aunque lo sientan en sí mismos.

La cuestión del Reflector y las consecuencias de las conductas del no-ser

El miedo más profundo del Reflector es la invisibilidad, o no ser incluido de una manera participativa. Para aliviar ese miedo, a pesar de que el condicionamiento no se «adhiere» a su aura, puede sucumbir a las conductas del no-ser simplemente para atraer la atención. Cuando los Reflectores no comprenden su aura y su sintonización natural con los ritmos del cosmos, pueden sentirse confusos y abrumados por la energía motorizada y las expectativas de los tipos solares dominantes. Se sienten desilusionados con los demás y abatidos por la resistencia que encuentran al tratar de iniciar o manifestar. En vez de ser el centro de una comunidad, los Reflectores acaban sintiéndose excluidos. Padecen, o son dominados por, la identificación constante con los miedos, emociones, estrés y ansiedad de otras personas. La clave para los Reflectores es permanecer neutrales, evitar la identificación con el dolor de otros y permanecer como observadores que catan. Cuando los Reflectores se sientan cómodos con la falta de fijeza en su diseño, fluyendo con el ciclo lunar y catando las auras de quienes les rodean, reflejarán la verdad en vez del dolor de los demás. En vez de distraerse con su apertura, pueden desarrollar el potencial para una gran sabiduría y centrarse en: «¿Quién soy ahora mismo? ¿Quién soy hoy?».

Los miedos a los que se enfrentan los Reflectores cuando comienzan a vivir siendo ellos mismos son:

- ¿Quién soy en este momento? ¿Puedo ser yo mismo?
- Seguiré siendo invisible o alguien se fijará en mí por mis diferencias y me incluirá con mis reflexiones?
- ¿Puedo moverme libremente en mi entorno para poder encontrar mi lugar?
- Sin una identidad fija, ¿cómo puedo evitar absorber la ansiedad, los miedos, el nerviosismo y la mala salud del mundo del no-ser que me rodea?

Hábitos de sueño sanos para los Reflectores

Para los Reflectores, con su Centro Sacral abierto, lo mejor es irse a la cama antes de sentirse totalmente exhaustos. Al acostarse o relajarse hasta una hora antes de cuando les gustaría dormirse, le dan a su cuerpo la oportunidad de liberarse de tensiones, y a su aura, tiempo para soltar energías que no les pertenecen, preparándoles así para una noche de descanso sosegado y reparador.

Objetivo: la sorpresa

El tema del no-ser para un Reflector es la desilusión con el mundo homogeneizado, con sus interacciones y relaciones distorsionadas. Los Reflectores viven para momentos en los que pueden catar diferencias y experimentar asombro. Al permanecer sin apego y sin identificación con las energías de una manera sabia, su aura que toma muestras recibe la recompensa de las sorpresas. Para un Reflector, la sorpresa puede significar ser incluido como participante y dejar de ser un mero espectador. Los Reflectores se animan o potencian cuando se les inicia, se les pregunta o se les invita a reflejar las diferencias que ven, o a compartir lo que ven que es necesario.

Como notan quién está operando correctamente conforme a su tipo, están aquí para ser una señal para quienes están dispuestos a romper el patrón de la ilusión y volverse su Ser único y auténtico. Esta es una contribución especial del Reflector. Despertar a alguien a la posibilidad y la promesa de experimentar su vida siendo él o ella misma es una gran fuente de sorpresa y deleite para el Reflector.

Reflectores famosos

Rosalyn Carter (esposa de Jimmy Carter), Eduard Mörike (poeta alemán), Thorwald Dethlefsen (psicólogo alemán, autor de obras esotéricas), Amma (la santa de los abrazos), Scott Hamilton (medalla de oro olímpica en patinaje), Fiódor Dostoievski, Sandra Bullock, Richard Burton, H. G. Wells, Yul Bryner, James Frey.

* * *

Elaboración de un mapa de un ciclo lunar

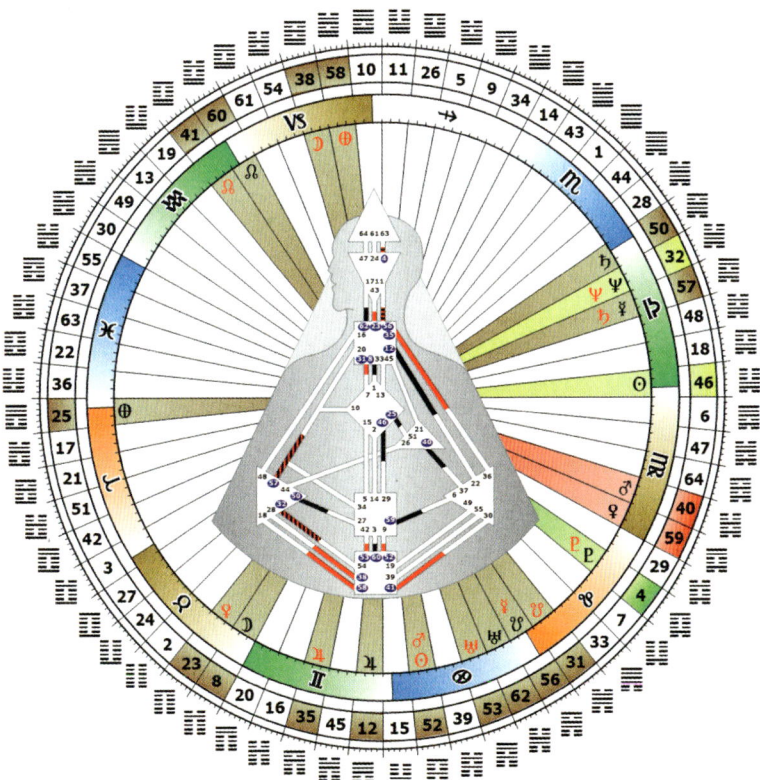

Mandala y Cuerpo Gráfico de un Reflector

El Cuerpo Gráfico del Reflector en este Mandala tiene muchas activaciones de puerta, o puertas durmientes o colgantes. Cada una de ellas es un receptor que busca su puerta armónica en el otro extremo del canal. Según la Luna va moviéndose en sentido contrario a las agujas del reloj por las 64 puertas del I Ching (aproximadamente cada 28 días), los planetas en tránsito formarán conexiones con las puertas colgantes del Reflector, creando así definiciones temporales. Aunque cada una de las definiciones creadas puede durar solo medio día, con el tiempo se vuelve parte de un patrón mensual consistente que provee un marco fiable para el proceso de toma de decisiones del Reflector (véase tabla, parte inferior). Este patrón del ciclo lunar es la manera personal del Reflector de reflejar la frecuencia de la Luna en la Tierra, y apoya y define el sentido innato del ser del Reflector. La identidad de un Reflector no se revela en cada momento, sino mediante el ritmo y flujo del ciclo lunar completo.

UN CICLO LUNAR A LO LARGO DE LAS PUERTAS

Según el ciclo lunar vaya trayendo definición a la carta del Reflector de la página anterior, irá catando las frecuencias energéticas y la definición de un Proyector, un Manifestador y un Generador, además de la de Reflector. Cada vez que la Luna pasa a una nueva puerta, existe el potencial de que se produzca una definición. La Luna tarda aproximadamente 28 días en girar alrededor de la Tierra; sin embargo, tarda unos 30 días en pasar de una luna llena a la siguiente.

Tener una definición temporal no significa que los Reflectores se vuelvan Generadores, Manifestadores o Proyectores, sino que pueden percibir esas energías particulares. El ciclo lunar de cada Reflector es único, y será el mismo cada 28 días.

Fecha	Hora	Planeta	Puerta	Definición	Tipo
6/19/2011	00:27	Luna	41	ninguna	Reflector
6/19/2011	07:27	Luna	19	ninguna	Reflector
6/19/2011	18:03	Luna	13	ninguna	Reflector
6/20/2011	11:57	Luna	49	ninguna	Reflector
6/21/2011	00:40	Luna	30	Plexo Solar-Raíz	**Proyector**
6/21/2011	11:40	Luna	55	ninguna	Reflector
6/21/2011	19:03	Luna	37	Corazón-Plexo Solar	**Proyector**
6/22/2011	11:48	Luna	22	Garganta-Plexo Solar	**Manifestador**
6/23/2011	00:56	Luna	36	Garganta-Plexo Solar	**Manifestador**
6/23/2011	04:42	Luna	36	Garganta-Plexo Solar	**Manifestador**
6/23/2011	23:36	Luna	17	Ajna-Garganta	**Proyector**
6/24/2011	09:04	Luna	21	ninguna	Reflector
6/25/2011	11:33	Luna	42	Sacral-Raíz	**Generador**
6/26/2011	08:15	Luna	27	Sacral-Bazo	**Generador**
6/26/2011	19:27	Luna	24	ninguna	Reflector
6/27/2011	01:02	Luna	24	ninguna	Reflector
6/27/2011	17:39	Luna	23	ninguna	Reflector
6/28/2011	06:25	Luna	8	ninguna	Reflector
6/28/2011	13:40	Luna	20	Garganta-Bazo	**Proyector**
6/29/2011	04:01	Luna	16	ninguna	Reflector

Fecha	Hora	Planeta	Puerta	Definición	Tipo
6/29/2011	12:53	Luna	35	ninguna	Reflector
7/1/2011	16:36	Luna	39	ninguna	Reflector
7/2/2011	02:39	Luna	53	ninguna	Reflector
7/2/2011	17:34	Luna	62	ninguna	Reflector
7/2/2011	20:52	Luna	56	ninguna	Reflector
7/3/2011	01:47	Luna	56	ninguna	Reflector
7/3/2011	11:34	Luna	31	ninguna	Reflector
7/4/2011	05:22	Luna	7	Garganta-G	**Proyector**
7/4/2011	11:47	Luna	4	ninguna	Reflector
7/5/2011	16:29	Luna	40	ninguna	Reflector
7/6/2011	03:35	Luna	64	ninguna	Reflector
7/6/2011	16:14	Luna	47	ninguna	Reflector
7/7/2011	03:17	Luna	6	Sacral-Plexo Solar	**Generador**
7/7/2011	09:36	Luna	46	ninguna	Reflector
7/7/2011	17:29	Luna	18	Bazo-Raíz	**Proyector**
7/8/2011	01:23	Luna	48	ninguna	Reflector
7/8/2011	10:52	Luna	57	ninguna	Reflector
7/9/2011	02:42	Luna	32	ninguna	Reflector
7/9/2011	09:03	Luna	50	ninguna	Reflector
7/10/2011	10:32	Luna	1	Garganta-G	**Proyector**
7/10/2011	21:45	Luna	43	Ajna-Garganta	**Proyector**
7/11/2011	02:35	Luna	43	Ajna-Garganta	**Proyector**
7/11/2011	10:38	Luna	14	ninguna	Reflector
7/11/2011	21:58	Luna	34	Sacral-Bazo	**Generador**
7/12/2011	06:05	Luna	9	Sacral-Raíz	**Generador**
7/12/2011	14:15	Luna	5	ninguna	Reflector
7/13/2011	05:02	Luna	26	ninguna	Reflector
7/13/2011	06:41	Luna	11	Ajna-Garganta	**Proyector**
7/13/2011	16:37	Luna	10	G-Bazo	**Proyector**
7/14/2011	02:37	Luna	58	ninguna	Reflector
7/14/2011	14:21	Luna	38	ninguna	Reflector
7/15/2011	10:44	Luna	61	ninguna	Reflector
7/16/2011	09:10	Luna	41	ninguna	Reflector
7/16/2011	16:09	Luna	19	ninguna	Reflector
7/17/2011	02:43	Luna	13	ninguna	Reflector
7/17/2011	20:31	Luna	49	ninguna	Reflector
7/18/2011	09:08	Luna	30	Plexo Solar-Raíz	**Proyector**
7/18/2011	20:03	Luna	55	ninguna	Reflector

Tomar muestras del campo de tránsitos completo

Además del ciclo lunar, los Reflectores también catan el campo de tránsitos, experimentando las frecuencias de los planetas de cada día. La manera en que el campo de tránsitos conecta con su carta provee una fuente siempre cambiante de descubrimiento personal, y siempre lleva consigo el potencial de la sorpresa.

Ejemplo del tránsito del día

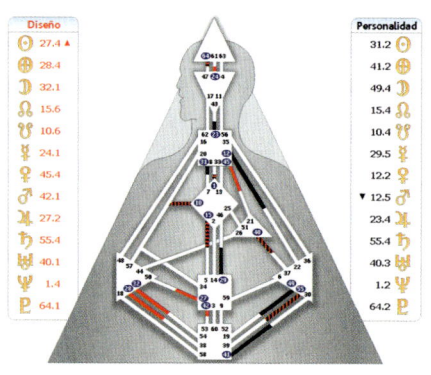

Reflector

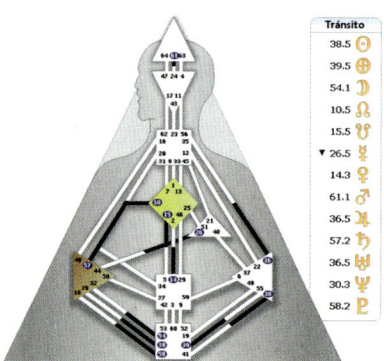

Tránsito

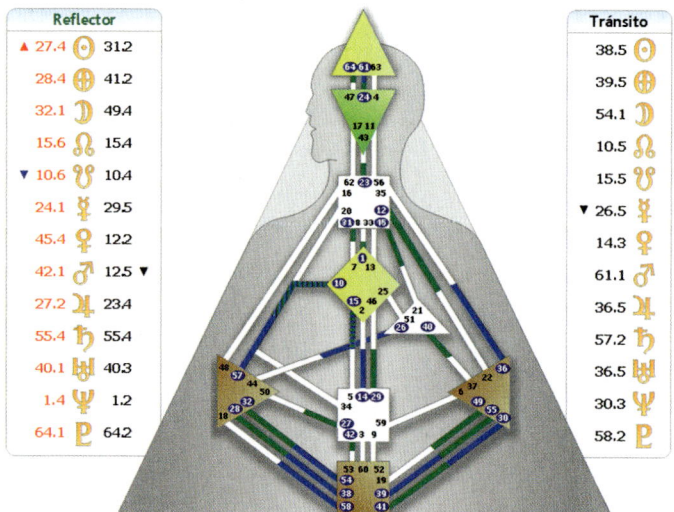

El campo de condicionamiento impersonal
de los neutrinos - Impactando a la humanidad

Estas tres ilustraciones muestran la carta de un Reflector, una carta de tránsito (el campo de condicionamiento impersonal del programa de los neutrinos) y una carta que conecta ambas. Los párrafos siguientes describen cómo se puede interpretar la conexión.

La belleza de esperar: En este día en particular, el Reflector va a estar bajo una presión tremenda para actuar (Centro de la Raíz) espontáneamente (Centro del Bazo) siguiendo deseos emocionales (Canal 41-30) que surgen inesperadamente (Cruz de lo Inesperado). Este afán (Centro del Plexo Solar) de nuevas experiencias (Puerta 36) pone potencialmente a este Reflector en una nueva dirección del no-ser tratando de perfeccionar su forma (Canal 57-10).

Además, está bajo una enorme presión mental (Centros Ajna y de la Cabeza) para intentar encontrarle el sentido a los misterios de la vida (Canal 61-24), y si el Reflector sucumbe a la presión mental y física para que actúe (Centros de la Cabeza y de la Raíz) en el momento (Centro del Bazo), puede acabar sintiéndose malhumorado y deprimido (Canal 39-55). Además, puede luchar por el propósito incorrecto (Canal 38-28), experimentar la transformación espontánea errónea (Canal 54-32) o entrar en la experiencia equivocada (41-30).

Para usar correctamente este tránsito, el Reflector debería esperar y observar todas las sensaciones que está experimentando para ver lo que está sucediendo en el entorno colectivo amplio. Observando, descubrirá si es personalmente correcto involucrarse con esa energía o si la presión simplemente se disipará con el movimiento a través de su ciclo lunar. Observando continuamente sus propias experiencias, surgirán patrones que a la larga pueden ser expresados creativamente como la sabiduría de su autoridad externa.

«El gran dilema al transformar la consciencia es tratar de razonar con la mente que, aunque puede ser interesante, no debería estar a cargo de guiar la vida. Esto es un desafío enorme.»
                                                            Ra Uru Hu

Sección Cinco

Las cinco definiciones

Dinámicas de la energía

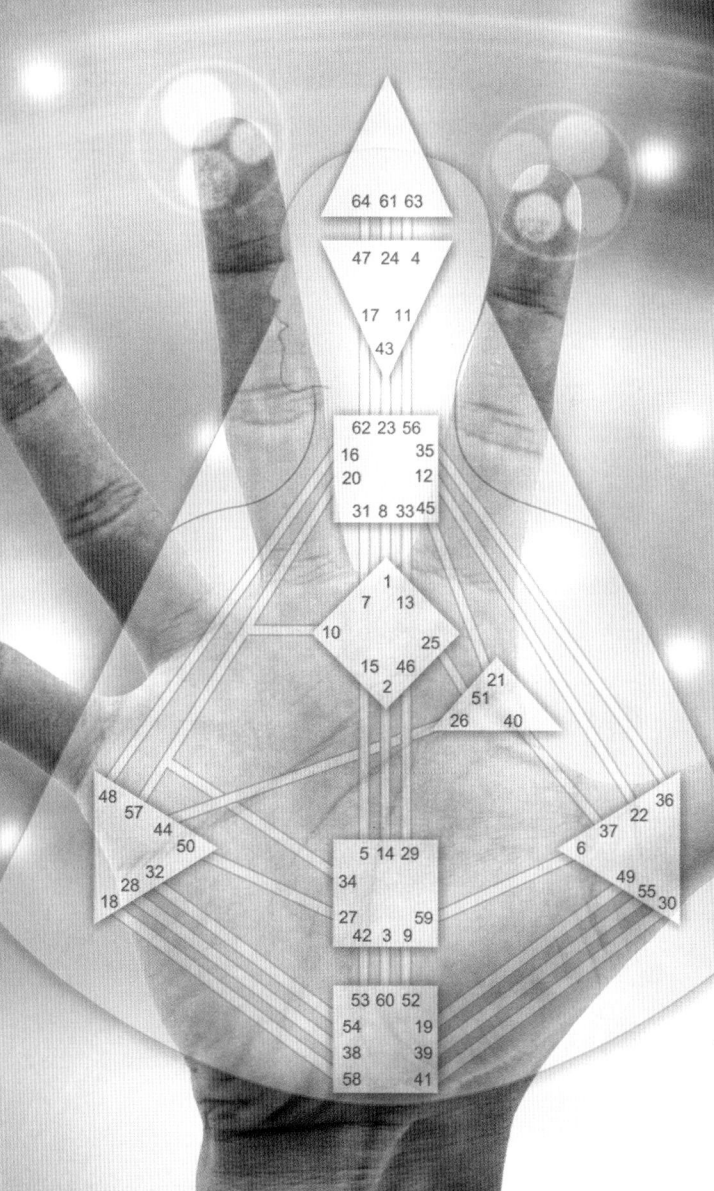

Sección Cinco

Las cinco definiciones

Dinámicas de la energía

Al continuar explorando las diferentes maneras en que estamos sujetos al condicionamiento, llegamos a las cinco definiciones, que nos dan otro elemento de condicionamiento que compite con nuestro ser verdadero. Recuerda, cuando nos rendimos a la inteligencia de nuestra forma siguiendo nuestra Estrategia y Autoridad, eludimos todos los elementos del condicionamiento excepto como fuentes de información y sabiduría potencial. Las cinco maneras en que se expresa la definición en un Cuerpo Gráfico, y que experimentamos en nuestra vida, son:

- **Sin definición:** un Reflector sin ningún centro definido (aproximadamente el 2 por 100 de la población).
- **Definición Singular:** todos los canales y centros definidos en el diseño están conectados en un flujo continuo (aproximadamente el 41 por 100 de la población).
- **Definición Partida Simple:** dos áreas separadas de definición que no están conectadas entre sí (aproximadamente el 46 por 100 de la población).
- **Definición Partida Triple:** tres áreas separadas de definición que no están conectadas entre sí (aproximadamente el 11 por 100 de la población).
- **Definición Partida Cuádruple:** cuatro áreas separadas de definición que no están conectadas entre sí (aproximadamente el 0,5 por 100 de la población).

Las particiones y cómo las experimentamos

Una partición en un diseño significa que todos los canales y centros definidos no están conectados con continuidad en el Cuerpo Gráfico; una puerta o canal permanece abierto entre dos, tres o cuatro áreas de definición. Cuando tienes una partición en tu diseño, la cualidad y características de la puerta o canal que «falta», y que serviría de puente para la partición, es un factor motivador en tu vida. Buscarás las cualidades de la puerta o canal faltante como si representaran algo que está incompleto o mal en tu vida, o como si fuera una parte de ti que necesita ser completada o reparada.

Estas puertas o canales abiertos crean conductas del no-ser como una fuerza de motivación y dan lugar a que inicies para llenar lo que percibes como faltante. Recuerda que la puerta o canal que falta no es tú, sino que representa a ciertas personas con las que te encontrarás una y otra vez que tienen la puerta o canal que falta, porque te sientes atraído a la energía específica que llevan consigo. La atracción de esa «pieza faltante» es literalmente magnética. Siguiendo tu Estrategia y Autoridad, encontrarás a personas que te servirán de puente de manera natural y correcta. De hecho, no necesitas hacer nada en absoluto con respecto a esa pieza que falta. Si tienes múltiples «puentes», puertas que conectarían tu partición, cada una de esas puertas te impacta de esta manera. Por desgracia, la mayoría de las personas persiguen estas puertas faltantes desde el no-ser, porque piensan erróneamente que esa puerta o canal que falta es algo que está incompleto en ellas. Si observas la descripción (en la Sección Seis) de la puerta o canal faltante que sirve de puente de tu partición, te darás cuenta de temas importantes en tu vida, que probablemente has estado persiguiendo para sentirte completo.

Ejemplo de definición (partición simple)

Cuando tenemos, por ejemplo, un diseño con una partición simple, la puerta o puertas que por sí mismas conectan la partición se convierten en la principal fuerza de condicionamiento en la vida. En esta ilustración, los Centros Ajna y de la Garganta definidos están separados de los Centros del Bazo, G, Sacral, de la Raíz y del Plexo Solar definidos, necesitando las Puertas 16, 8 o 20 para conectar la partición. Para este ejemplo, vamos a centrarnos en la Puerta 16. Esta persona tiene la Puerta 48, pero falta la Puerta 16 al otro lado del canal. Por consiguiente, la Puerta 16 del Centro de la Garganta se convierte en un puente o tema que busca esta persona. Esto significa que de manera natural se encontrará con muchas personas que tengan la Puerta 16, porque la Puerta 48 siempre está buscando su «puerta armónica». Cada puerta tiene una puerta armónica situada al otro lado del canal y, cuando las dos puertas se unen, surge literalmente entre ellas una chispa que crea energía vital como un quantum de las dos puertas.

La Puerta 48 es la Puerta de la Profundidad; la Puerta 16 es la Puerta de las Habilidades. Para que la profundidad de esta persona, a la que llamaremos Ana, se exprese a través del centro de la Garganta, necesita la Puerta 16. Puede que nunca sienta que tiene la suficiente habilidad, y saldrá al mundo en busca de maneras en las que desarrollar sus habilidades. En realidad, está diseñada para encontrarse con personas con la Puerta 16, que pueden expresar hábilmente la profundidad de Ana cuando trabajan con ella.

La Puerta 8, la Puerta de la Contribución, también es un puente (puerta faltante), y esto puede llevar a Ana a pensar que tiene que contribuir algo. En realidad, es su

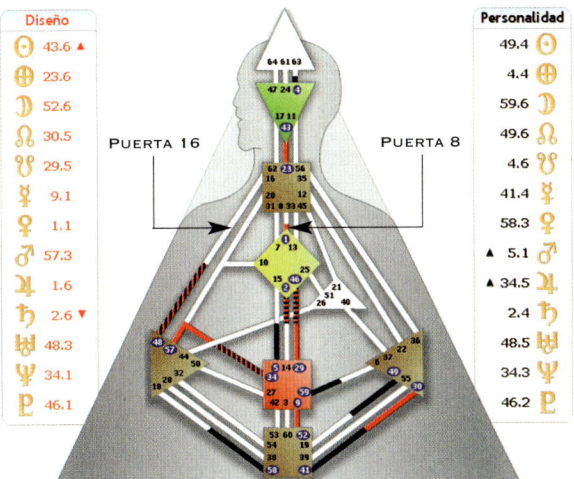

no-ser que está tratando de llenar esto que percibe erróneamente como un vacío. Quiere literalmente convertirse en esa pieza que falta, y acaba tomando decisiones mentales en un intento de hacer justamente eso. Con una definición partida, generalmente la persona siente una falta de unidad hasta que la partición se conecta mediante una relación con otra persona. Para bien o para mal, esta dinámica es la base de muchas relaciones.

Con una partición amplia, lo que significa que se requiere un canal entero o múltiples puertas para conectar las diferentes áreas de definición, la persona sentirá que la partición es el problema de la otra persona o, desde la perspectiva del no-ser, que la otra persona es la causa del problema. Esto puede engendrar culpas y victimismos que no son verdaderos. Por otra parte, hay un potencial para la sabiduría en una partición amplia si se usa como una oportunidad para convertirse en un observador desapegado y objetivo, en vez de quedarse atrapado en el juego de las culpas. Cuando dejas de perseguir el puente de tu partición y de identificarte con él, comienzas a darte cuenta de lo importante que son para ti las personas que realmente conectan tu partición. Ha habido muchas parejas de éxito formadas por dos individuos que conectan entre sí un aspecto importante en su diseño, como John Lennon (Puerta 48) y Paul McCartney (Puerta 16). Ver cómo funcionan de un modo sano las particiones te ayuda a comprender una de las maneras en que estáis diseñados para estar juntos en una relación. A este respecto, decir «tú me completas» es tanto profundo como verdadero. Sin embargo, solo tendremos relaciones sanas y eficaces cuando entremos en ellas correctamente a través de la Estrategia y Autoridad.

Hay una jerarquía del condicionamiento, que depende del tipo de definición partida. La mente condicionada del no-ser se enfocará en las puertas, canales o centros abiertos para formular su estrategia de toma de decisiones, basada en la definición específica. Para una Definición Partida Simple, la(s) puerta(s) puente que conecta(n) las dos definiciones es el elemento de condicionamiento más poderoso de tu diseño, seguido por los centros sin definir. Si tienes una Definición Partida Triple, los centros sin definir son los elementos de condicionamiento más poderosos en tu diseño, y luego las puertas o canales puente. Para una Definición Partida Cuádruple, las puertas puente son de nuevo los elementos de condicionamiento más poderosos, y luego el centro sin definir.

Iniciar cuando es inapropiado, la falta de paciencia, la acción impulsiva o hablar anticipadamente son los mayores problemas de quienes tienen particiones cuando no se toman su tiempo para seguir su Estrategia y Autoridad. Quienes tienen definiciones partidas requieren más tiempo para recibir, procesar y digerir por completo la información, simplemente porque las piezas separadas de su definición no están conectadas. Hasta que se conectan las definiciones separadas, puede que todas las definiciones partidas se sientan incómodas o incompletas, e incapaces de tomar decisiones claras. Deben tomarse su tiempo, ser pacientes y esperar a tener una sensación de unidad. Buscar la unidad con una persona específica, iniciando en vez de esperar, es una actividad del no-ser. Si tienes una partición, estás diseñado para que otros te sirvan de puente de manera natural según vas moviéndote por tu vida día a día. Deja que sean tu Estrategia y Autoridad las que trabajen.

Este proceso de digestión y asimilación se refuerza pasando tiempo en lugares públicos en los que otros te proveerán de puertas puente de manera neutra. La mejor manera de conectar una partición, cuando estés tomando una decisión difícil o importante, es hacer uso de un lugar público en el que puedas seguir estando solo, como una librería, una cafetería o caminando por un centro comercial. Estos crisoles públicos de diseños te proveerán de auras neutrales y condicionamiento neutro, para ayudarte en el proceso de asimilación. Los puentes disponibles en un lugar público te ofrecen nuevas perspectivas cuando sopesas la decisión, mientras que estar constantemente con amigos o tu pareja cuando estás tomando una decisión te limita a las maneras en que sus diseños conectan consistentemente con el tuyo y lo condicionan.

La Estrategia y la Autoridad te protegerán de las trampas potenciales establecidas por tus particiones, y te volverás más tranquilo y menos ansioso respecto a resolver tus particiones. Sal a dar tu paseo por el mundo. Relájate, ríndete y vive dede tu propia integridad personal mediante tu Estrategia y Autoridad, y la conexión de los puentes sucederá por sí sola. Lo más importante que hay que recordar si tienes una definición partida de cualquier clase es darte tiempo para procesar la información y confiar en que tu diseño te traerá lo que necesites.

Veamos unos pocos ejemplos.

Definición Singular - ejemplo 1

Elizabeth Barrett Browning es el primer ejemplo de una carta con Definición Singular. Compara esta carta con la de Cosima Wagner (en la siguiente ilustración).

La Definición Singular describe una carta en la que la energía fluye a través de canales y centros definidos sin interrupción, conectando todos los centros definidos de la carta. Puede ser un solo canal, como en el caso de Elizabeth, o más de un canal como en el ejemplo siguiente. Las personas con Definición Singular son autónomas a algún nivel, porque su definición forma una energía única, continua, constante, siempre presente y fiable. Estos diseños pueden tener un foco muy singular y no tienen la misma necesidad de reflexionar sobre diferentes aspectos de sí mismos, como hacen las definiciones partidas. La Definición Singular no necesita que los demás le ayuden a asimilar información, o a tener una sensación de unidad. Digieren la información rápidamente, a menos, claro está, que estén definidos emocionalmente.

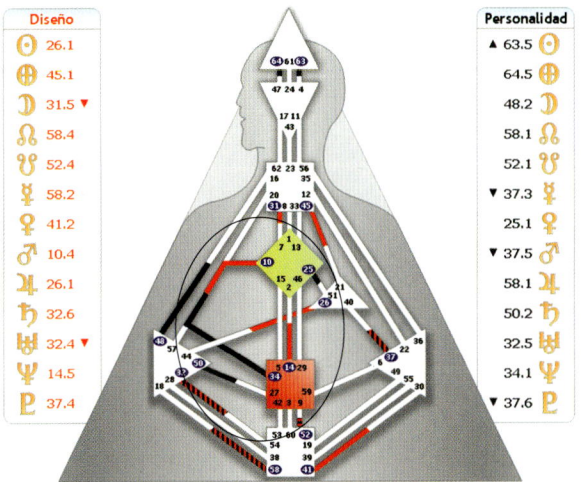

Definición Singular - ejemplo 2

En la carta de Cosima Wagner vemos una Definición Singular que tiene múltiples (tres) centros definidos que están conectados con continuidad por los dos canales definidos en su diseño. Estos dos canales enlazan los Centros de la Raíz, del Bazo y G en un flujo continuo de energía. Su proceso de asimilación de la información es muy rápido.

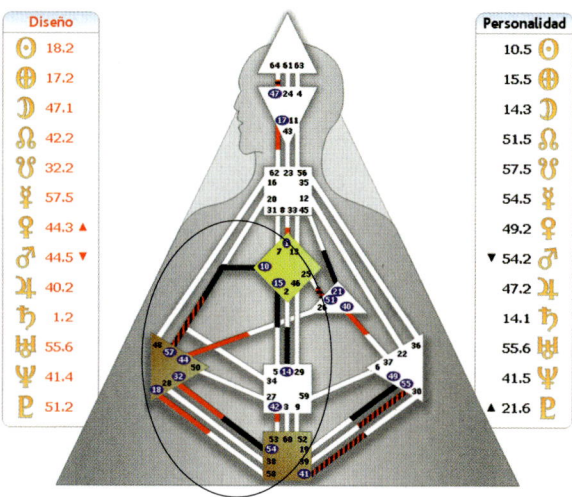

Definición Partida Simple

La carta de Henry Miller es un ejemplo de una Definición Partida Simple (que se puede conectar con una sola puerta).

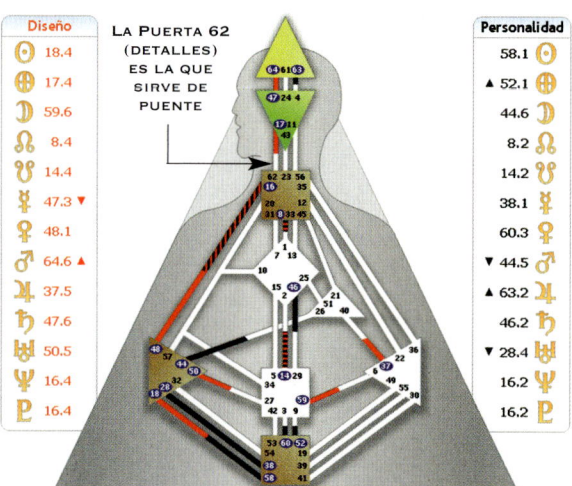

La Definición Partida Simple describe dos áreas definidas que no se conectan entre sí, en la que el flujo de energía se interrumpe y no es continuo. Debido a esta partición en el flujo de energía de Henry, para sentirse completo estuvo siempre buscando un puente (la puerta que falta) para enlazar las definiciones energéticas separadas entre su mente y su Garganta. Una sola puerta sirve para conectar esta partición, la Puerta 62 del Centro de la Garganta, la Puerta de la Preponderancia de lo Pequeño (Puerta del Detalle). La Puerta 62 enlazaba su proceso mental con su saber intuitivo, y fue una puerta muy significativa en su vida. Centró su vida en los detalles, investigando los detalles y juntándose con quienes podían proveérselos. Y, ciertamente, Henry estuvo muy centrado en registrar los detalles en los libros que escribió.

Definición Partida Amplia

Al comparar la Definición Partida Amplia de Stephen Hawkings con la Partida Simple de Henry Miller, vemos una Definición Partida Amplia que se puede conectar mediante múltiples puertas o un canal a través del Centro de la Garganta. El puente para esta partición es a través de la Puerta 20 y la Puerta 23. Stephen experimentaría ese no estar completo, o la sensación de que faltaba algo, como «el problema de la otra persona», en vez del suyo propio. Puede usar esta partición amplia, y lo hace, como una fuente de sabiduría potencial, observando y estudiando el mundo (o el universo) muy objetivamente.

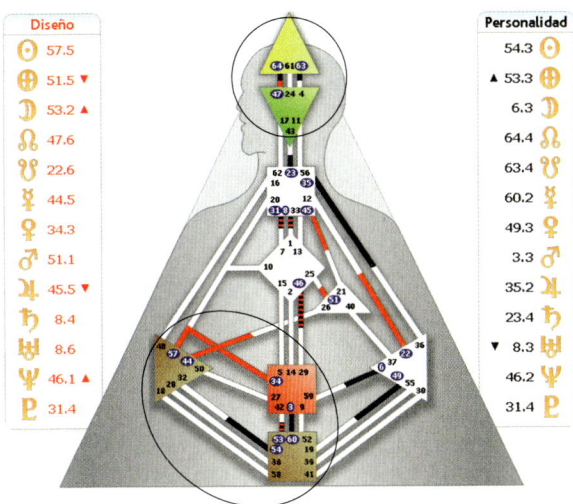

Definición Partida Triple

Como Timothy Leary (cuya carta se muestra aquí), las Definiciones Partidas Triples tienen tres áreas de definición separadas en su diseño que no están conectadas entre sí. Estos individuos necesitan varios puentes para conectar todos sus canales definidos. Para ellos, los principales elementos de condicionamiento son sus centros sin definir. En el diseño de Timothy, los Centros del Corazón y del Plexo Solar sin definir son los principales elementos de condicionamiento. Las puertas que conectan las particiones también son elementos de condicionamiento, pero no son tan poderosas como los centros sin definir. Las Particiones Triples están sujetas a la impaciencia y con mucha frecuencia actúan prematuramente. Se les suele considerar personas ambiciosas e incisivas. Para quienes tienen Particiones Triples o Cuádruples es sano interactuar con un número de personas diferentes (muchas auras diferentes) cada día. Si son condicionadas continuamente por una persona, pueden sentirse atrapados.

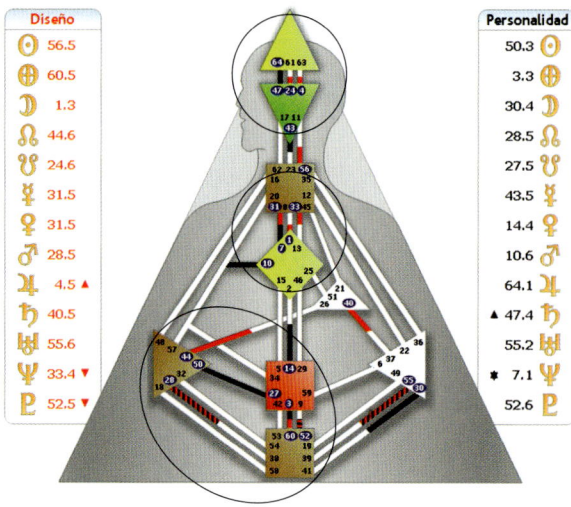

Definición Partida Cuádruple

El Dr. Phil McGraw es una Definición Partida Cuádruple, con cuatro áreas de definición separadas en su diseño que no están conectadas entre sí. Estos diseños tienen definidos ocho o los nueve centros del Cuerpo Gráfico. Los elementos de condicionamiento

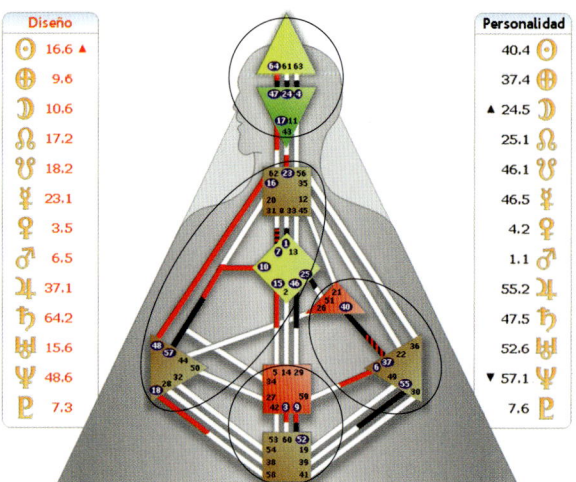

más importantes serán de nuevo las puertas o canales sin definir que sean necesarios para conectar las particiones. Las Particiones Cuádruples pueden parecer lentas en su desarrollo, porque les resulta difícil ser flexibles o tomar decisiones rápidamente y con entera seguridad. Forzarles a ajustarse a las expectativas de otros es destructivo a todos los niveles para su ser. Necesitan tomarse el tiempo suficiente en su proceso de asimilación de la información.

«En el momento en que existe esta posibilidad para un quantum, un todo que es mayor que la suma de sus partes, el todo trasciende sus partes y se convierte en el fenómeno de lo que llamamos la energía vital.»

Ra Uru Hu

Sección Seis

Circuitos, canales y puertas

El tablero de circuitos de la energía vital

El estudio de los circuitos explora la manera en que la energía circula por los canales en el Cuerpo Gráfico. El diagrama de los circuitos en el Cuerpo Gráfico parece un tablero de circuitos. Entender los circuitos abre la puerta a comprender el flujo de la fuerza vital y revela la manera en que todas las formas de vida se diferencian y, no obstante, están diseñadas para conectar entre sí. Los circuitos se componen de canales. Un canal se compone de dos puertas y conecta dos centros. En una carta, las puertas son puntos de entrada y salida del flujo de la energía a y desde los centros. Los centros son los núcleos que transforman y transmutan la frecuencia. El flujo o circulación de la energía por un canal es como una chispa de vida que establece la comunicación entre dos centros. La forma básica de comunicación se llama «fuerza vital» porque lleva consigo el potencial para el crecimiento y la evolución en la forma.

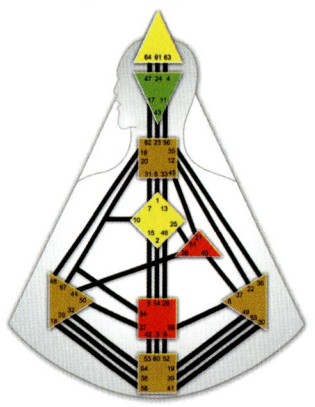

Esta definición de fuerza vital resultante se proyecta y se comunica a través de nuestra aura, y afecta o condiciona a quienes están cerca de nosotros. La definición en nuestra carta delimita nuestros dones y determina nuestras limitaciones mientras dure nuestra vida. La fuerza vital de cada persona o de cada forma es única y distinguible de todas las demás. La definición representa nuestra razón para encarnarnos y debe expresarse a través de nosotros auténticamente sin la distorsión del condicionamiento del no-ser. Hay 36 canales y 64 puertas en el Cuerpo Gráfico. Los circuitos los vinculan y dan una infraestructura sólida al Cuerpo Gráfico. Esta infraestructura se compone del Canal de Integración y tres grupos de circuitos que trazan el mapa de las rutas o caminos, claramente diferentes y, no obstante, interconectados, en que fluye la energía entre los centros. El sistema de circuitos crea un marco general para interpretar la carta de un complejo ser humano. Cada canal, con sus dos puertas, añade su tema a ese marco.

El Canal de Integración y los tres grupos de circuitos

En la Sección Dos aprendimos que la presión desde los Centros de la Cabeza y de la Raíz mueve la energía a través del Cuerpo Gráfico hacia el Centro de la Garganta para que se exprese. Según la energía fluye por los caminos del Cuerpo Gráfico, los canales y sus puertas se agrupan formando seis circuitos básicos, más cuatro canales adicionales que juntos se conocen como el Canal de Integración. Los seis circuitos básicos forman tres grupos de circuitos principales: el Grupo de Circuitos Individual, el Grupo de Circuitos Colectivo y el Grupo de Circuitos Tribal. El Canal de Integración es un campo de

SECCIÓN SEIS: CIRCUITOS, CANALES Y PUERTAS

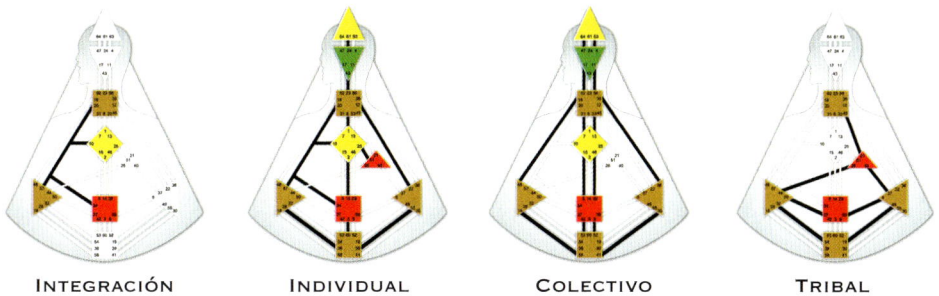

| INTEGRACIÓN | INDIVIDUAL | COLECTIVO | TRIBAL |

energía distinto y unificado. Considerada desde la perspectiva del contexto del sistema de circuitos, la definición en una carta muestra las maneras en que nuestra naturaleza, valores y principios fundamentales se conectan, interactúan y afectan a los demás. A menudo, es aquí, en el ámbito de los circuitos y canales, donde se revela la fuente de la resistencia y el conflicto entre las personas, además de su condicionamiento. Por consiguiente, las ideas clave son muy importantes para ayudarnos a comprender la frecuencia única, o la combinación de frecuencias, de la proyección áurica de alguien.

En las páginas siguientes encontrarás una descripción completa de los 36 canales y las 64 puertas. Y aquí debajo puedes encontrar un índice que te ayudará a localizar el número de página de tus canales y puertas. En la descripción de las puertas, CAD significa Cruz de Ángulo Derecho, CY es Cruz Yuxtapuesta y CAI es Cruz de Ángulo Izquierdo. Para más información sobre las Cruces de Encarnación, por favor, consulta la Sección Ocho. Adicionalmente, los nombres de las líneas del hexagrama se enumeran con cada puerta. Para más información sobre las líneas del hexagrama, por favor, consulta la Sección Diez.

ÍNDICE DE CANALES / PUERTAS

Canal y Puerta	Página	Canal y Puerta	Página	Canal y Puerta	Página	Canal y Puerta	Página
1-8	210	17-62	246	33-13	254	49-19	278
2-14	208	18-58	240	34-57	194	50-27	270
3-60	206	19-49	278	34-10	226	51-25	228
4-63	244	20-10	200	34-20	196	52-9	234
5-15	236	20-57	218	35-36	258	53-42	250
6-59	269	20-34	196	36-35	258	54-32	274
7-31	238	21-45	282	37-40	280	55-39	220
8-1	210	22-12	222	38-28	216	56-11	262
9-52	234	23-43	214	39-55	220	57-34	194
10-34	226	24-61	212	40-37	280	57-10	198
10-57	198	25-51	228	41-30	256	57-20	218
10-20	200	26-44	276	42-53	250	58-18	240
11-56	262	27-50	270	43-23	214	59-6	268
12-22	222	28-38	216	44-26	276	60-3	206
13-33	254	29-46	252	45-21	282	61-24	212
14-2	208	30-41	256	46-29	252	62-17	246
15-5	236	31-7	238	47-64	260	63-4	244
16-48	242	32-54	274	48-16	242	64-47	260

El Canal de Integración

Idea clave general: autopotenciación

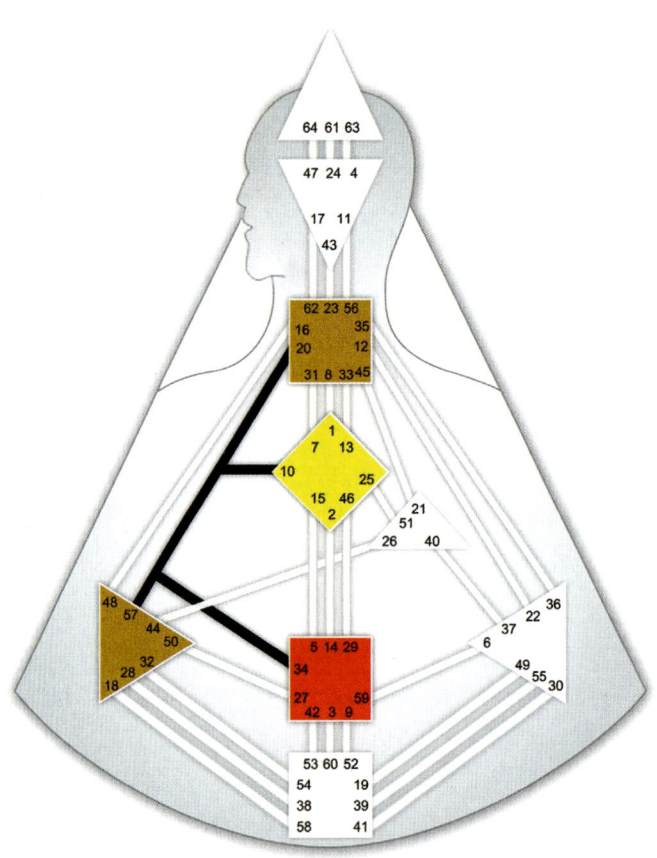

Canales

34 - 57   **Poder**
          Arquetipo

57 - 10   **Forma perfeccionada**
          Supervivencia

10 - 20   **Despertar**
          Compromiso con principios de un orden superior

34 - 20   **Carisma**
          Donde la conciencia debe convertirse en acción

El Canal de Integración es un grupo aparte al lado de los tres grupos de circuitos principales en la infraestructura del Cuerpo Gráfico; es el sistema más complejo de todos los canales. Este grupo de cuatro canales, que forma una estructura que funciona como la columna vertebral del Cuerpo Gráfico, sirve como mecanismo de defensa clave de la forma. La Integración es el componente central del proceso de individuación, el proceso de distinguirnos de los demás. Sin ello, no podríamos habernos diferenciado de nuestros antepasados primates. El Canal de Integración estimula el proceso evolutivo de la humanidad persona a persona, y contiene toda la expresión activa de la fuerza vital de la forma.

Con una idea clave general de «autopotenciación», el Canal de Integración se centra enteramente en la autopreservación y potenciación de la naturaleza individual, la expresión, el conocimiento, la dirección/identidad y la conducta del ser. La supervivencia del Individuo, y el afán de ser único, es esencial para asegurar la supervivencia de la Tribu y del Colectivo mediante la mutación.

Los reflejos primarios naturales incorporados en la Integración nos aseguran que podemos confiar en la vida que hay en nosotros cuando es potenciada por la respuesta (Puerta 34), guiada por la intuición (Puerta 57), dirigida por la conducta correcta (Puerta 10) y manifestada en el ahora (Puerta 20). Cuando se expresa como una unidad, usando las ideas clave de los canales de Integración, dice: «Me amo y me potencio a mí mismo escuchando a mi intuición en el ahora»; o esto otro: «A través de la respuesta, estoy equipado intuitivamente con la conducta apropiada para sobrevivir cualquier circunstancia en el ahora». Quienes tienen definición en el Canal de Integración están interesados en la autopotenciación y se expresan con notable autosuficiencia y confianza en sí mismos que ni espera ni acepta fácilmente que otros le guíen. Se les debería permitir y animar a ser autosuficientes.

En las páginas siguientes nos ocupamos de los canales y las puertas del Canal de Integración.

El Canal del Poder: 34 - 57

El diseño de un arquetipo
Canal: Integración • Tipo de canal: Generado

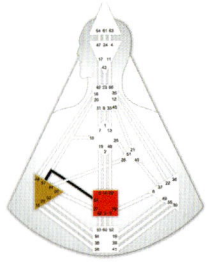

El Canal del Poder conecta el Centro del Bazo con el Centro Sacral mediante la Puerta del Entendimiento Intuitivo (57) y la Puerta del Poder (34). El Canal 34-57 es el arquetipo de lo que significa ser un ser humano individuado. Su energía potencia nuestra capacidad intuitiva para sobrevivir mediante la respuesta, manteniéndonos vivos alertándonos del peligro.

Contexto: En el Canal del Poder, la fuerza vital generativa del Sacral potencia la conciencia existencial (inteligencia para la supervivencia) del Bazo, manteniéndonos alerta, armonizados con nuestro cuerpo y constantemente en guardia de algo que podría constituir una amenaza en nuestro entorno inmediato. La Puerta 34 tiene un gran poder para involucrarse en una actividad y mantenerla. La Puerta 57 opera a un nivel de sonido/vibración interno, penetrando constantemente en su entorno y examinándolo. Cuando las dos puertas se combinan en el canal, surge un arquetipo basado en la antigua memoria mamífera, con un instinto de «lucha o huida» para sobrevivir. Sin esta intuitiva inteligencia defensiva potenciada para actuar espontáneamente, no habríamos, ni habríamos podido, individuarnos o evolucionar como especie. Mediante la Puerta 57, todo el proceso de la conciencia comenzó a florecer en la humanidad. La intuición está enraizada en la conciencia esplénica del Bazo y surge instantáneamente, libre de las restricciones temporales de la conciencia mental y emocional. En otras palabras, lo que nos protegerá no es nunca lo que *pensamos* que es bueno para nosotros, sino más bien cómo respondemos intuitivamente a las diversas vibraciones de los lugares o de las personas que nos rodean en el momento.

Personal: Para reaccionar clara y rápidamente, o tomar esas decisiones instantáneas necesarias para literalmente salvar tu vida, como saltar fuera de la trayectoria de un coche que va a mucha velocidad, debes estar enraizado consistentemente en la consciencia de tu cuerpo y conectado con ella. A menudo, esto significa ser muy selectivo con respecto a lo que dicen los demás y estar siempre escuchando con tu oído derecho para oír lo que realmente están diciendo. Seguir tu Estrategia de Generador libera tu mezcla de intuición del Bazo y el poder Sacral, permitiendo que te mantenga a salvo en cada momento de tu vida. Resuelto a mantenerte independiente, vivo, alerta acústicamente y físicamente en forma, es una asombrosa capacidad en la que puedes aprender a confiar por completo. Modelada con precisión para proteger tu supervivencia, no tiene en cuenta las necesidades y deseos de nadie más que tú. El gran poder perdurable que fundamenta este canal del «arquetipo» es la experiencia de ti mismo como un ser consciente y único. Una vez autopotenciado, te convierte en un ejemplo de lo que significa disfrutar siendo un ser humano sumamente vital y diferenciado, puro y no condicionado, viviendo momento a momento a través de la respuesta. Si ves que eres propenso a la melancolía, acepta con gusto tus estados de ánimo si tratar de cambiarlos o entenderlos.

Interpersonal: Las personas con el Canal del Poder tienen el potencial para perfeccionar sus poderes de supervivencia mediante la respuesta basada en la intuición. No les gusta que algo o alguien se atreva a perturbar su ámbito de bienestar y, si es necesario, pueden ponerse a la defensiva para mantenerlo. Al haber evolucionado más allá del nivel de existencia de comer-o-ser-comido, ahora cuentan con su alerta para sustentar una vitalidad sana que les permita sobrevivir lo suficiente para experimentar y apreciar los dones de los poderes de la creciente conciencia de nuestra especie.

Puerta 34: el poder de lo grande - La Puerta del Poder

El poder solo es grande cuando su despliegue o uso sirve al bien común • Centro: Sacral • Cuarto: Mutación • Tema: El propósito se cumple mediante la transformación CAD del Fénix Durmiente • CY del Poder • CAI de la Dualidad

La Puerta 34 es una fuente de energía potente e impresionante que nos potencia hacia la individuación, mostrando y celebrando nuestra unicidad en el mundo. Dos cualidades distinguen a esta puerta de las otras ocho del Sacral: su asexualidad y la indisponibilidad de su poder para los demás. Si está conectada a la Puerta 10 en tu Centro G, tu energía se enfocará en los roles o conductas sociales que apoyan tus fuertes convicciones. Si está conectada a la Puerta 20 en tu Garganta, tu poder se dispondrá para actuar por ti mismo, para convertir tus pensamientos en actos y para expresar tu habilidad de manifestar y prosperar. Si está conectada a la Puerta 57 en tu Bazo, tu intuición potenciará tu habilidad de escuchar lo que necesitas para sobrevivir perfectamente en cada momento. Sin la guía intuitiva directa del Bazo, este poder incesante para actuar puede convertirse en una energía malsana, entrometida y mal encauzada, y puedes sentirte perdido en tu propio impulso, gastando energía que no sirve a nadie. Aunque admirada, e incluso solicitada, tu energía simplemente no está disponible para los demás. Debe permanecer pura en su poder y siempre accesible para ti mientras tratas de ser independiente y único, y actuar según tus convicciones y triunfar, lo que significa sobrevivir siendo tú mismo.

Línea 6 - Sentido Común
Línea 5 - Aniquilación
Línea 4 - Triunfo

Línea 3 - Machismo
Línea 2 - Impulso
Línea 1 - El matón

Puerta 57: lo suave - la Puerta del Entendimiento Intuitivo

El extraordinario poder de la claridad • Centro: Bazo • Cuarto: Dualidad • Tema: El propósito se cumple mediante los vínculos CAD de la Penetración • CY de la Intuición • CAI del Clarión

Con su claridad de entendimiento intuitivo, la Puerta 57 tiene la capacidad de penetrar en tu núcleo en el ahora. Tienes una profunda sintonización interna con el sonido, que está constantemente alerta a las vibraciones que llegan de tu entorno físico, emocional y psíquico. Momento a momento, tu intuición registra la sensación de lo que es seguro, sano y bueno para ti, y lo que no lo es. La Puerta 57 es la puerta del oído derecho. Si quieres oír lo que alguien te está diciendo realmente, escucha con tu oído derecho, que está sintonizado intuitivamente. Debes estar alerta y centrado en el ahora para oír los mensajes de tu Bazo, o puede que ignores la información que estás recibiendo para tu supervivencia. Puede que a veces a los demás les parezca que estás sordo, o que te acusen de oír selectivamente lo que tienen que decir, pero tu intuición es tu única guía para determinar cuál es la conducta perfecta que te asegurará tu bienestar. La única manera de aliviar tus miedos al futuro es prestar mucha atención a tus corazonadas instintivas, a esa vocecita que habla suavemente y solo una vez, y actuar inmediatamente basándote en ellas. Cuando estás escuchando y prestando atención a tu intuición ahora, no hay ningún mañana al que tener miedo.

Línea 6 - Utilización
Línea 5 - Progresión
Línea 4 - El director

Línea 3 - Agudeza
Línea 2 - Depuración
Línea 1 - Confusión

El Canal de Carisma: 34 - 20

Un diseño en el que la conciencia debe convertirse en acción
Canal: Integración • Tipo de canal: Generado Manifestante

El Canal de Carisma conecta el Centro Sacral con el Centro de la Garganta mediante la Puerta del Poder (34) y la Puerta del Ahora (20). Este es el clásico canal de Generador Manifestante en el que el afán de manifestar está guiado por la respuesta sacral. En otras palabras, el Guerrero (Manifestador) debe rendirse al Buda (Generador) y esperar a responder a estímulos externos para que tu poder carismático se dirija adecuadamente en el mundo.

Contexto: El Canal de Carisma es una de las tres oposiciones (43-23 y 37-40 son las otras dos) en el Mandala del Rave, lo que hace de esta definición una fuerza vital común y consistente en el mundo. Cuando el poder en bruto de la Puerta 34, una pura energía fisiológica, es procesado a través del sistema tiroideo, se convierte en un componente energético clave que potencia la supervivencia de la humanidad. El Sacral ejerce su presión para permanecer ocupado en la Puerta 20, impulsándola a la expresión AHORA. La velocidad con la que el poder generativo encuentra la manifestación sucede tan rápidamente que casi se salta la respuesta, lo que explica por qué una persona con este canal a menudo tiene dificultad para sentarse sosegadamente o quedarse quieta. Aunque su ámbito de influencia y logro puede ser asombroso, sin la conciencia para permanecer conectado a la guía interna del Sacral esa misma energía motriz puede manifestarse como una obsesión o hacer erupción espontáneamente y dejarse llevar por su propio impulso como un misil descaminado.

Personal: La energía del Canal 34-20 forma parte del proceso de Integración (autopotenciación), y como tienes la energía para mantener la actividad durante largos periodos de tiempo, es esencial que la apliques para algo que realmente te encante hacer. Puede que otras personas envidien tu energía manifestante, pero no está disponible para que se aprovechen de ella. Tu conciencia que debe convertirse en acción (actos) es aquello en lo que se enfoca inmediatamente el poder generativo de la Puerta 34, ya que esa energía tiene que estar disponible para que tú manifiestes en el momento. Es correcto y sano para ti permanecer ocupado y absorto en una actividad que sea correcta y satisfactoria para ti, a la vez que sigues generalmente no disponible para los demás. De esta manera, tu autopotenciación y vitalidad genuina surgen espontáneamente con su potencial para inspirar a los demás de manera natural. Esta es la verdadera naturaleza del carisma. Sin embargo, si tu respuesta sacral es sustituida por las especulaciones de la mente, tu gran poder personal se diluirá o descaminará, poniendo en peligro tu salud y tu capacidad para ser un ejemplo.

Interpersonal: La mayoría de las personas con carisma generalmente parecen no estar disponibles para los demás. Como seres Individuales con el potencial para actuar o manifestar en el momento, a menudo se encuentran haciendo justamente eso. Su dilema es que pueden estar tan ocupadas estando ocupadas que no siempre reconocen dónde puede ser necesaria la guía. La manifestación adecuada tiene un beneficio enorme para la sociedad; la manifestación caótica es profundamente destructiva. Si alguien con el Canal 34-20 no tiene acceso a la guía, en su propio diseño, que modere y dirija sus ocupaciones, como por ejemplo el entendimiento intuitivo de la Puerta 57, o la conducta del ser de la Puerta 10, entonces es natural y sano para esa persona estar abierta a la guía o consejo de alguien con el saber y el entendimiento individual del Canal 43-23.

Puerta 34: el poder de lo grande - la Puerta del Poder

El poder solo es grande cuando su despliegue o uso sirve al bien común • Centro: Sacral
• Cuarto: Mutación • Tema: El propósito se cumple mediante la transformación CAD
del Fénix Durmiente • CY del Poder • CAI de la Dualidad

La Puerta 34 es una fuente de energía potente e impresionante que nos potencia hacia la individuación, mostrando y celebrando nuestra unicidad en el mundo. Dos cualidades distinguen a esta puerta de las otras ocho del Sacral: su asexualidad y la indisponibilidad de su poder para los demás. Si está conectada a la Puerta 10 en tu Centro G, tu energía se enfocará en los roles o conductas sociales que apoyan tus fuertes convicciones. Si está conectada a la Puerta 20 en tu Garganta, tu poder se dispondrá para actuar por ti mismo, para convertir tus pensamientos en actos y para expresar tu habilidad de manifestar y prosperar. Si está conectada a la Puerta 57 en tu Bazo, tu intuición potenciará tu habilidad de escuchar lo que necesitas para sobrevivir perfectamente en cada momento. Sin la guía intuitiva directa del Bazo, este poder incesante para actuar puede convertirse en una energía malsana, entrometida y mal encauzada, y puedes sentirte perdido en tu propio impulso, gastando energía que no sirve a nadie. Aunque admirada, e incluso solicitada, tu energía simplemente no está disponible para los demás. Debe permanecer pura en su poder y siempre accesible para ti mientras tratas de ser independiente y único, y actuar según tus convicciones y triunfar, lo que significa sobrevivir siendo tú mismo.

Línea 6 - Sentido Común
Línea 5 - Aniquilación
Línea 4 - Triunfo

Línea 3 - Machismo
Línea 2 - Impulso
Línea 1 - El matón

Puerta 20: la contemplación - la Puerta del Ahora

Reconocimiento y conciencia en el ahora, que transforma el entendimiento en acción correcta
• Centro: Garganta • Cuarto: Civilización • Tema: El propósito se cumple mediante
la forma CAD del Fénix Durmiente • CY del Ahora • CAI de la Dualidad

La Puerta 20 es una puerta puramente existencial que te mantiene enfocado en el presente y sustenta tu capacidad de sobrevivir siendo tú mismo. Cuando tu expresión sucede en el momento apropiado, la conciencia se transformará en palabras o actos que pueden impactar a las personas que te rodean. Esta frecuencia energética está, y debe estar, totalmente absorta en el momento presente. Puede dar voz a la conciencia intuitiva para la supervivencia de la Puerta 57, a los patrones de conducta y compromisos con principios elevados de la Puerta 10, o puede manifestar el poder sacral de la Puerta 34 mediante la acción encaminada a la individuación. La Puerta 20 expresa todo el registro de estar en el momento, del «Yo sé ahora» al «Sé que soy yo haciendo algo ahora», pero no tiene en consideración el pasado o el futuro. Para estar despierto y consciente, y sobrevivir, debes estar completamente presente en el momento y ser tú mismo auténticamente. Rara vez hay tiempo para considerar o controlar mentalmente lo que sale burbujeando desde tu interior, de modo que lo que dices o lo que haces está de pronto ahí para que todos, incluido tú, sean testigos de ello. De hecho, a menudo ves cuando no estás mirando, u oyes cuando no estás escuchando. Así es como el potencial para el cambio evolutivo oculto en cada momento de la existencia se potencia dentro de ti. Cuando vives siguiendo tu Estrategia y Autoridad, te vuelves un ejemplo viviente. Tu conocimiento intuitivo y tu comportamiento mutativo de supervivencia personal y amor a ti mismo influencian y potencian a los demás.

Línea 6 - Sabiduría
Línea 5 - Realismo
Línea 4 - Aplicación

Línea 3 - Autoconciencia
Línea 2 - El dogmático
Línea 1 - Superficialidad

El Canal de la Forma Perfeccionada: 57 - 10
Un diseño para la supervivencia
Canal: Integración (canal creativo) • Tipo de canal: Proyectado

El Canal de la Forma Perfeccionada conecta el Centro del Bazo con el Centro G mediante la Puerta del Entendimiento Intuitivo (57) y la Puerta del Comportamiento del Ser (10). Es el canal creativo de la Integración: el arte de la supervivencia. Proyecta una cualidad de conducta guiada por la conciencia intuitiva y enraizada en apreciarse y amarse a uno mismo. Este comportamiento es el núcleo de la capacidad de supervivencia de nuestra especie, persona a persona.

Contexto: La conciencia del Bazo se enfoca primordialmente en el bienestar físico. El canal 57-10 sustenta el foco de la Puerta 10 en cómo interactuar con otros para perfeccionar o asegurar la supervivencia del Individuo. Las conductas centradas en uno mismo, y potencialmente mutativas, del ser Individual deben sobrevivir para ocasionar un cambio evolutivo en la humanidad en su conjunto. Los comportamientos individuales que son únicos y adaptan perfectamente nuestra forma física para sobrevivir ejemplifican para los demás lo que significa vivir totalmente en el presente. La Puerta 57 conlleva una aguda sensibilidad acústica a la cualidad de los sonidos en el entorno inmediato. Prestar más atención al tono de voz de alguien, en vez de a las palabras que dice, automáticamente conecta el Canal 57-10 con nuestras formas de conciencia más antiguas, una sabiduría innata, espontánea e intuitiva que existe fuera de los pensamientos y emociones. Este canal aporta a la persona una claridad excepcional y la habilidad de actuar espontánea y apropiadamente ante cualquier cosa que se perciba como fuera de lugar en su entorno.

Personal: Cuando dejas que tus impulsos profundamente intuitivos guíen tu conducta momento a momento, automáticamente te desprendes de tus miedos infundados al futuro, miedos que pueden impedir que te ames totalmente y disfrutes tu vida. Encarnas el potencial para pasar por el mundo existencialmente y sin trabas. Esta habilidad de «improvisar sobre la marcha» espontáneamente perfecciona tu forma, asegurando a la perfección tu supervivencia en el ahora. Hay una belleza inherente a este proceso que te hace feliz y te llena de alegría. La espontaneidad y la naturaleza de tu creatividad son muy diferentes del proceso creativo de introspección que disfruta la mente, o la profundidad y diversidad de la sensibilidad emocional que llega con el tiempo a través del Plexo Solar. Pero simplemente viviendo siendo fiel a ti mismo creas algo sano y bello con tu vida. Semejante unicidad atrae la atención e impacta a las personas que te rodean, ya que tu ejemplo nos invita a todos a encontrar el valor de vivir siendo nosotros mismos.

Interpersonal: Las personas con el Canal de la Forma Perfeccionada están aquí para crear lo que aman y amar lo que crean. El reconocimiento no es su motivación. Tienen la capacidad de amarse lo suficiente para permanecer fieles a sí mismas, a la vez que se comportan intuitivamente de maneras que aseguran su supervivencia en la sociedad. Es un proceso ensimismado y egoísta sin reservas, y un viaje continuado de creación y perfeccionamiento de lo que las hace ser ellas mismas de una manera única y expresarlo con su vida. De maneras manifiestas y sutiles, impactan en su entorno y lo dejan más sano y más hermoso que cuando lo encontraron. Muchos artistas, arquitectos, diseñadores y médicos que tienen este canal moldean el mundo que les rodea, pero con su ejemplo, no con su intención. Esto es el resultado natural de vivir auténticamente.

Puerta 57: lo suave - la Puerta del Entendimiento Intuitivo

El extraordinario poder de la claridad • Centro: Bazo • Cuarto: Dualidad
• Tema: El propósito se cumple mediante los vínculos CAD de la Penetración
• CY de la Intuición • CAI del Clarión

Con su claridad de entendimiento intuitivo, la Puerta 57 tiene la capacidad de penetrar en tu núcleo en el ahora. Tienes una profunda sintonización interna con el sonido, que está constantemente alerta a las vibraciones que llegan de tu entorno físico, emocional y psíquico. Momento a momento, tu intuición registra la sensación de lo que es seguro, sano y bueno para ti, y lo que no lo es. La Puerta 57 es la puerta del oído derecho. Si quieres oír lo que alguien te está diciendo realmente, escucha con tu oído derecho, que está sintonizado intuitivamente. Debes estar alerta y centrado en el ahora para oír los mensajes de tu Bazo, o puede que ignores la información que estás recibiendo para tu supervivencia. Puede que a veces a los demás les parezca que estás sordo, o que te acusen de oír selectivamente lo que tienen que decir, pero tu intuición es tu única guía para determinar cuál es la conducta perfecta que te asegurará tu bienestar. La única manera de aliviar tus miedos al futuro es prestar mucha atención a tus corazonadas instintivas, a esa vocecita que habla suavemente y solo una vez, y actuar inmediatamente basándote en ellas. Cuando estás escuchando y prestando atención a tu intuición ahora, no hay ningún mañana al que tener miedo.

Línea 6 - Utilización
Línea 5 - Progresión
Línea 4 - El director
Línea 3 - Agudeza
Línea 2 - Depuración
Línea 1 - Confusión

Puerta 10: el porte - la Puerta del Comportamiento del Ser

El código de comportamiento subyacente que asegura la interacción exitosa
independientemente de las circunstancias • Centro: G • Cuarto: Mutación
• Tema: El propósito se cumple mediante la transformación CAD del Receptáculo del Amor
• CY del Comportamiento • CAI de la Prevención

La Puerta 10 es la puerta más compleja del Centro G y una de las cuatro puertas de la Cruz de Encarnación del Receptáculo del Amor. Es la puerta del amor a uno mismo. Los seis comportamientos o roles potenciales del ser (que vemos abajo en los nombres de las líneas) se guían por la intuición de la Puerta 57, potenciados por la respuesta sacral de la Puerta 34 y manifestados o expresados a través de la Puerta 20. En el marco de estos roles, la humanidad está explorando ahora lo que significa vivir como un ser de 9 centros, una forma consciente de sí misma con potencial para despertar y experimentar el genuino amor a uno mismo. Con tu Estrategia y Autoridad en su lugar, la Puerta 10 fortalece tu potencial para que te rindas a vivir auténticamente siendo tú mismo. Cuando llegas a conocer, aceptar y amar lo que te hace único, potencias a otros para que también se amen a sí mismos. El verdadero despertar a través de la rendición no es un compromiso con llegar a ser algo; es un compromiso con ser tú mismo. El poderoso énfasis de la Puerta 10 en aceptarse a uno mismo amorosamente tendrá un profundo impacto en la manera en que la humanidad pase por el siglo XXI. Eres alguien que reconoce que no es posible despertar sin aceptarse a uno mismo. Cuando aceptas amorosamente el honor y el placer de explorar la vida en una forma autoconsciente, fortaleces nuestro potencial para vivir siendo nosotros mismos, despiertos en el momento presente.

Línea 6 - El modelo de conducta
Línea 5 - El hereje
Línea 4 - El oportunista
Línea 3 - El mártir
Línea 2 - El ermitaño
Línea 1 - Modestia

El Canal del Despertar: 10 - 20

Un diseño de compromiso con principios de un orden superior
Canal: Integración • Tipo de canal: Proyectado

El Canal del Despertar conecta el Centro G con el Centro de la Garganta mediante la Puerta del Comportamiento del Ser (10) y la Puerta del Ahora (20). Para quien está despierto y consciente, cada momento presenta una oportunidad para reconocer y comprometerse con principios que transforman el saber Individual en acción correcta (Puerta 20). Es una acción matizada por un código de comportamiento fundamental que asegura la interacción exitosa con los demás (Puerta 10).

Contexto: El Canal del Despertar dice: «¡YO SOY! ¡Estoy vivo AHORA!». Esta es la expresión más completa, contundente, egoísta y primaria de la esencia del ser. Es la maravilla de la consciencia humana: «Sobreviví; soy un superviviente». Buda significa «el despierto». Los dos pilares de la vida despierta son el amor a uno mismo y la confianza en uno mismo: «Soy y puedo porque amo (a mí mismo)». En los términos más simples del Diseño Humano, estar despierto significa tomar decisiones siendo tú mismo y vivir conforme a ellas. Cuando eres capaz de vivir tu propio diseño, de amarte a ti mismo no importa cuál sea el precio o lo mundana que sea tu experiencia; estás tan despierto como el Buda.

Personal: El Centro G no es un centro de conciencia, de modo que el Canal 10-20 solo puede hacer una cosa: habla por sí mismo. Expresa perfectamente la sabiduría de que para sobrevivir, florecer y sentir el amor a la vida debes cumplir tu potencial de comportarte como una expresión viviente y despierta de amor, aceptación y confianza en ti mismo. Estás normalmente en un estado constante de despertar, de ser reconocido por los demás, de tomar conciencia de ti mismo según tu vida va desplegándose ante ti. Tu supervivencia y tu autopotenciación son el resultado final de amarte, aceptarte y vivir siendo tú mismo en cada momento; se evidencian a través de tus decisiones, tus palabras, tus interacciones y tu comportamiento en el mundo. Para tener el impacto deseado en la gente que te rodea, para cumplir tu potencial como la voz del liderazgo de la Integración, los demás deben sentir que hay algo claro y despierto en ti, ya que tú no puedes verlo claramente en ti mismo. Simplemente siendo tú mismo, influenciarás e inspirarás a las personas que te rodean a ser ellas mismas, muy a menudo sin saberlo. Este es el tipo de reconocimiento que suscita invitaciones adecuadas, invitaciones que evitan que te topes con resistencia, que te tomes las críticas de manera personal y que te sientas agobiado por tu unicidad y tu tendencia natural al ensimismamiento.

Interpersonal: Las seis líneas de la Puerta 10 indican a qué principio de comportamiento están comprometidos quienes tienen el Canal 10-20. La primera línea dice que uno tiene el potencial para estar despierto en el momento mediante la habilidad de saber cómo actuar, no importa cuáles sean las circunstancias. La segunda línea está diseñada para el comportamiento independiente y ensimismado, y se retira al aislamiento cuando el condicionamiento de los demás quiere apartarlo de su verdadera naturaleza. El arduo proceso de prueba y error de la tercera línea a la larga puede ser muy valioso para que la humanidad descubra lo que funciona y lo que no. La cuarta línea esperará el momento y la oportunidad adecuados para externalizar lo que sabe y así influenciar y despertar a sus personas allegadas. La quinta línea despertará y producirá cambios desafiando directa y abiertamente las tradiciones aceptadas y subyacentes de la sociedad. La sexta línea despierta a los demás con su ejemplo en vez de con palabras, mediante la expresión de su verdadera naturaleza en los actos de su vida diaria.

Puerta 10: el porte - la Puerta del Comportamiento del Ser

El código de comportamiento subyacente que asegura la interacción exitosa
independientemente de las circunstancias • Centro: G • Cuarto: Mutación
• Tema: El propósito se cumple mediante la transformación CAD del Receptáculo del Amor
• CY del Comportamiento • CAI de la Prevención

La Puerta 10 es la puerta más compleja del Centro G y una de las cuatro puertas de la Cruz de Encarnación del Receptáculo del Amor. Es la puerta del amor a uno mismo. Los seis comportamientos o roles potenciales del ser (que vemos abajo en los nombres de las líneas) se guían por la intuición de la Puerta 57, potenciados por la respuesta sacral de la Puerta 34 y manifestados o expresados a través de la Puerta 20. En el marco de estos roles, la humanidad está explorando ahora lo que significa vivir como un ser de 9 centros, una forma consciente de sí misma con potencial para despertar y experimentar el genuino amor a uno mismo. Con tu Estrategia y Autoridad en su lugar, la Puerta 10 fortalece tu potencial para que te rindas a vivir auténticamente siendo tú mismo. Cuando llegas a conocer, aceptar y amar lo que te hace único, potencias a otros para que también se amen a sí mismos. El verdadero despertar a través de la rendición no es un compromiso con llegar a ser algo; es un compromiso con ser tú mismo. El poderoso énfasis de la Puerta 10 en aceptarse a uno mismo amorosamente tendrá un profundo impacto en la manera en que la humanidad pase por el siglo XXI. Eres alguien que reconoce que no es posible despertar sin aceptarse a uno mismo. Cuando aceptas amorosamente el honor y el placer de explorar la vida en una forma autoconsciente, fortaleces nuestro potencial para vivir siendo nosotros mismos, despiertos en el momento presente.

Línea 6 - El modelo de conducta
Línea 5 - El hereje
Línea 4 - El oportunista

Línea 3 - El mártir
Línea 2 - El ermitaño
Línea 1 - Modestia

Puerta 20: la contemplación - la Puerta del Ahora

Reconocimiento y conciencia en el ahora, que transforma el entendimiento en acción correcta
• Centro: Garganta • Cuarto: Civilización • Tema: El propósito se cumple mediante
la forma CAD del Fénix Durmiente • CY del Ahora • CAI de la Dualidad

La Puerta 20 es una puerta puramente existencial que te mantiene enfocado en el presente y sustenta tu capacidad de sobrevivir siendo tú mismo. Cuando tu expresión sucede en el momento apropiado, la conciencia se transformará en palabras o actos que pueden impactar a las personas que te rodean. Esta frecuencia energética está, y debe estar, totalmente absorta en el momento presente. Puede dar voz a la conciencia intuitiva para la supervivencia de la Puerta 57, a los patrones de conducta y compromisos con principios elevados de la Puerta 10, o puede manifestar el poder sacral de la Puerta 34 mediante la acción encaminada a la individuación. La Puerta 20 expresa todo el registro de estar en el momento, del «Yo sé ahora» al «Sé que soy yo haciendo algo ahora», pero no tiene en consideración el pasado o el futuro. Para estar despierto y consciente, y sobrevivir, debes estar completamente presente en el momento y ser tú mismo auténticamente. Rara vez hay tiempo para considerar o controlar mentalmente lo que sale burbujeando desde tu interior, de modo que lo que dices o lo que haces está de pronto ahí para que todos, incluido tú, sean testigos de ello. De hecho, a menudo ves cuando no estás mirando, u oyes cuando no estás escuchando. Así es como el potencial para el cambio evolutivo oculto en cada momento de la existencia se potencia dentro de ti. Cuando vives siguiendo tu Estrategia y Autoridad, te vuelves un ejemplo viviente. Tu conocimiento intuitivo y tu comportamiento mutativo de supervivencia personal y amor a ti mismo influencian y potencian a los demás.

Línea 6 - Sabiduría
Línea 5 - Realismo
Línea 4 - Aplicación

Línea 3 - Autoconciencia
Línea 2 - El dogmático
Línea 1 - Superficialidad

El Grupo de Circuitos Individuales
Circuitos del Saber y de Centrarse
Idea clave general: potenciación

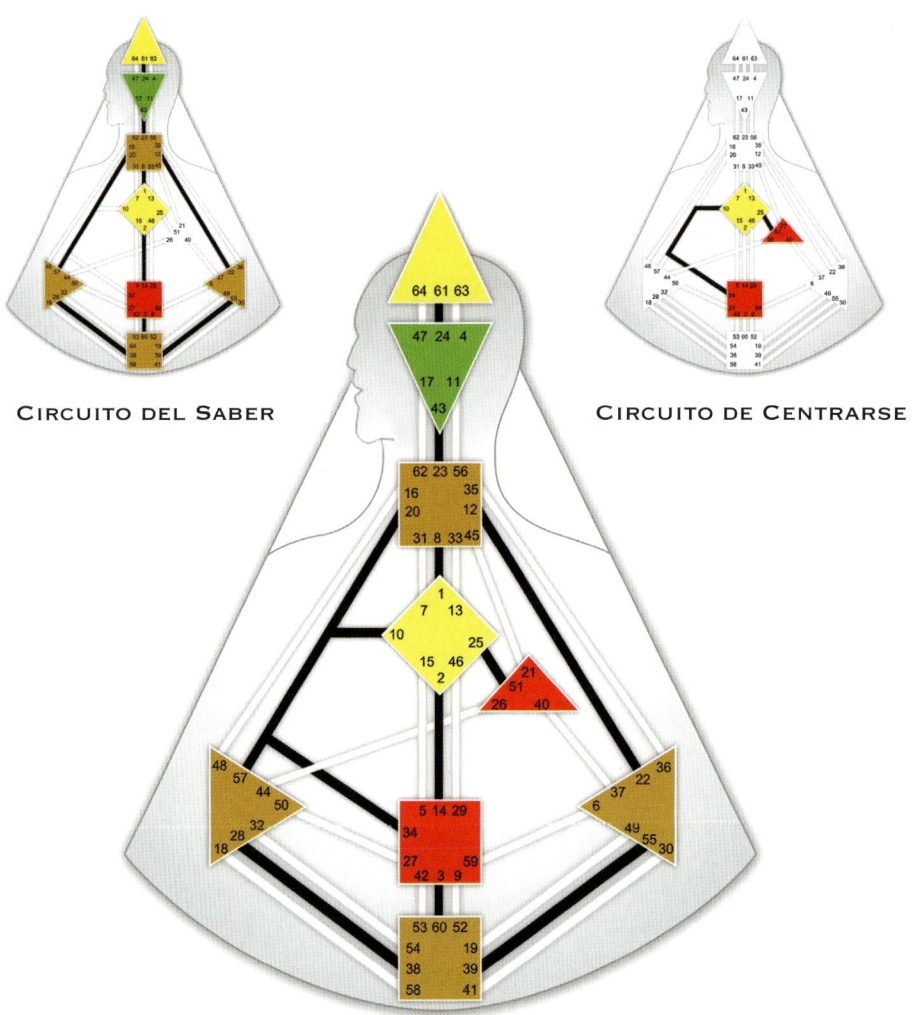

Circuito del Saber

Circuito de Centrarse

Grupo de Circuitos Individuales

Comenzamos con el Grupo de Circuitos Individuales debido a sus estrechos lazos y, no obstante, sus marcadas diferencias con el Canal de Integración. La Individualidad tiene la capacidad y la responsabilidad de ser una fuerza en el mundo, de traer mutación a la Tribu y al Colectivo. El reto es hacerlo sin ser rechazada por ninguno de los dos grupos.

El Grupo de Circuitos Individuales es el más complejo de los tres grupos y abarca las frecuencias de los nueve centros. Se orienta al momento presente, centrando la atención en escuchar el compás de su propio tambor y su determinación de seguir su propia dirección. El afán de unicidad del Individuo se convierte en un ejemplo viviente que inspira o potencia o despierta un potencial latente en los demás. La mutación y la potenciación, las ideas clave asociadas con los Circuitos Individuales, están en el centro del Sistema de Diseño Humano y de la evolución misma. Para el ser Individual, estas ideas clave implican una pasión por ser fiel a uno mismo, por pensar en el momento presente y estar sintonizado con él de una manera única, y por vivir independiente de la norma. Los Individuos, cuando su saber se vuelve claro, están listos para encarnar la inspiración y la diferenciación, lo que es su manera de predicar con el ejemplo. Su don es reconocer el potencial mutativo en todo y en todos, y el sentido intuitivo de la posibilidad de potenciarlo.

El saber Individual no se basa ni en los hechos probados ni en el aprendizaje experiencial, sino en la intuición y/o la inspiración del momento, razón por la que los Individuos no encajan fácilmente en la sociedad. Es imperativo, además de ventajoso, que los Individuos aprendan a explicarse desde la infancia. Necesitan ser capaces de comunicar lo que oyen dentro de sí como inspiración del momento y saben que es verdadero. Esta habilidad de explicarse facilita su efectividad como agentes del cambio y alivia su sensación personal de ser diferentes.

La Individualidad llama la atención, pero generalmente los Individuos necesitan y les gusta que les dejen en paz para explorar su mundo interno, creativo y melancólico. Pueden estar tan absortos en el momento presente que a menudo parecen estar sordos a las voces de la experiencia y la razón. Esto se debe a que están aquí para ser fieles a lo que es nuevo en el momento, y ser un modelo de ello, actuar basándose en ello, o comunicarlo. Para sentirse cómodos en su posición en el esquema de las cosas y estar listos para conectar con los demás en ese precioso, y sin embargo ilusorio, momento potenciador, es necesario que los Individuos estén bien sintonizados con su Autoridad y sigan su Estrategia.

El Grupo de Circuitos Individuales se compone de un circuito mayor, el Circuito del Saber, y un circuito menor, el Circuito de Centrarse.

El Circuito del Saber

Idea clave: potenciación

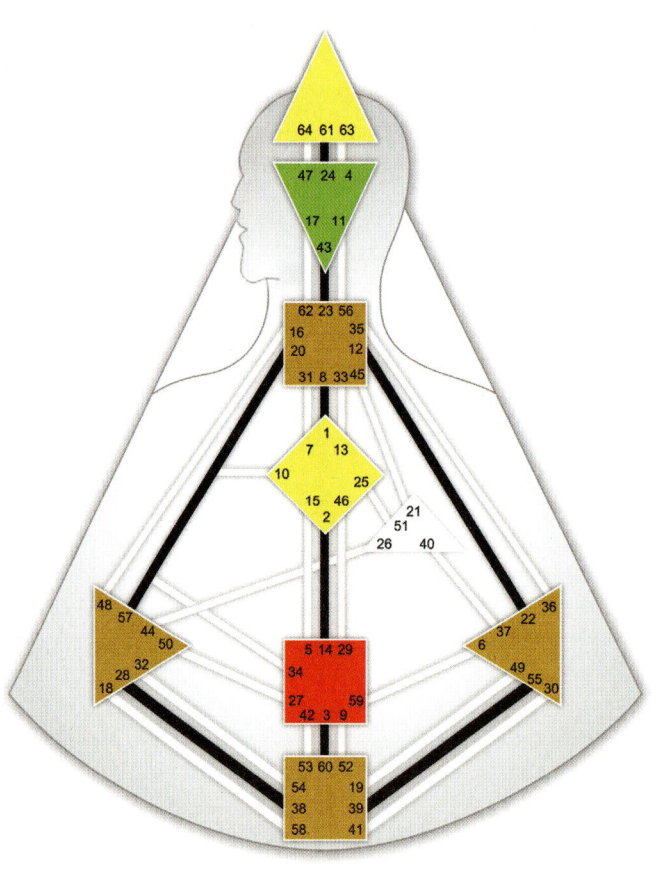

Canales

61 - 24	Conciencia *Un pensador*	22 - 12	Apertura *Un ser social*
43 - 23	Estructurar *Individualidad*	60 - 3	Mutación *Energía que inicia y fluctúa, Pulsación*
38 - 28	Lucha *Obstinación*	14 - 2	Compás *El que custodia las llaves*
57 - 20	La Chispa Cerebral *Conciencia penetrante*	1 - 8	Inspiración *Modelo de conducta creativo*
39 - 55	Liberar Emociones *Estados de ánimo fluctuantes*		

El papel de quienes tienen definición en el Circuito del Saber es ser potenciados para vivir siendo ellos mismos. Potencian a los demás siendo un ejemplo individual de unicidad. Su manera de reordenar la vida, que se refleja en su estilo de vida, requiere una audiencia, ya que es así como traen la mutación al mundo. Necesitan ser observados y reconocidos por su unicidad.

Como implica el nombre del circuito, es el saber inspirado e intuitivo de cada momento, combinado con la fluctuación de los estados de ánimo apasionados o melancólicos de la ola emocional, que moldea o configura el impacto mutativo que los pensamientos y el comportamiento Individuales tienen en el resto de nosotros. Esta combinación es la que hace que sea potenciador el saber impredecible, creativo y único, momento a momento de los Individuos. La Individualidad no tiene que ver con perfeccionar, dominar u organizar algo. La Individualidad tiene que ver con dar nacimiento a algo totalmente nuevo con el potencial para transformar tanto al Individuo como al mundo que le rodea.

La naturaleza del saber Individual es que viene y va; está aquí y ya no está aquí. Los Individuos no saben hasta que saben. Este saber podría ser la respuesta, la dirección apropiada, o podría no serlo. Para que la mutación Individual se arraigue universalmente, su valor y validez deben ponerse a prueba con el paso del tiempo. El poder para mutar, que es común a todos los canales y puertas del Grupo de Circuitos Individuales, depende de que este saber repentino suceda o no en el momento oportuno. La mutación opera en una pulsación que no se puede controlar o anticipar. Los tiempos fijos del conservador Circuito Colectivo y la naturaleza jerárquica del Circuito Tribal impiden que esos grupos de circuitos se involucren por sí solos en la inspiración o mutación del momento. Ambos grupos se ven obligados a considerar al Individuo como una fuerza que les guía al cambio y la transformación, ayudándoles a evitar el inmovilismo y a promover su progreso evolutivo. Sin embargo, esta energía de lo nuevo lleva al Colectivo y a la Tribu a vigilar cuidadosamente el saber Individual, dejándolo abierto a las críticas, razón por la que es esencial que todos los Individuos sepan explicarse.

A menudo, los Individuos son admirados por su diferencia y envidiados por la atención que reciben. Sin embargo, su camino es vulnerable, verdaderamente personal y, a veces, solitario, y puede que los Individuos nunca sepan que han potenciado a otros.

En las páginas siguientes nos ocupamos de los canales y las puertas del Circuito del Saber.

El Canal de Mutación: 3 - 60

Un diseño de energía que inicia y fluctúa - Pulsación
Circuito: Saber • Tipo de canal: Generado

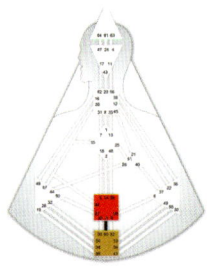

El Canal de Mutación conecta el Centro de la Raíz con el Centro Sacral mediante la Puerta de la Aceptación (60) y la Puerta de la Ordenación (3). El potencial para el cambio evolutivo que llega con este canal impredecible, mutativo y melancólico depende de la capacidad de la persona para aceptar la limitación (Puerta 60) y trascender la confusión de los nuevos comienzos (Puerta 3).

Contexto: La Puerta 60 es el núcleo de todas las posibilidades evolutivas, mientras que la Puerta 3 siempre está buscando lo que es nuevo y potencialmente viable, de posibilidad en posibilidad. La corriente o frecuencia subyacente que gobierna este Canal de Mutación, generado y adrenalizado, es la energía formato* del Grupo de Circuitos Individuales. Su poderosa energía, que opera en una pulsación de «apagado/encendido» y se asocia con la melancolía, impregna la manera en que viven su diseño único quienes tienen este canal. Es una energía que también condiciona o afecta profundamente a todos los que les rodean.

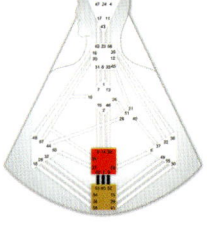

Energía formato

Personal: Tu clave para vivir con este proceso melancólico —unos cambios de humor mecánicos— es evitar tratar de razonarlo. Es mejor permanecer paciente y alerta mientras esperas a que la nueva mutación llegue a través de ti. El tiempo que pasas solo con tu musa, cuando la pulsación de la mutación está «apagada», puede aportar profundidad y riqueza a tu viaje interno. Aunque no lo puedas ver siempre, algo está moviéndose por debajo, y lo que aún no está listo para surgir continúa gestándose y creciendo. Este movimiento sin fin del caos al orden al caos es la naturaleza de la energía formato, que siempre engendra la posibilidad de que algo nuevo llegue al mundo. Tan solo tienes que aceptar la limitación inherente a no saber cuándo sucederá este cambio (esta pulsación) y rendirte a tu respuesta sacral para traer la energía de cambio a todos nosotros.

Interpersonal: Como la música, la mutación sucede de pronto, inesperadamente, en los huecos o espacios entre las pulsaciones o notas. Nos obliga a todos a adaptarnos y cambiar..., o quedar atrás. Quienes tienen el Canal de Mutación sienten la presión de traer innovación y renovación a su vida, su trabajo, su familia y el mundo que les rodea. La presión constante del Centro de la Raíz crea una tensión interna en los periodos cuando la pulsación está «apagada» y parece que no está pasando nada. Esto se experimenta a nivel químico en el cuerpo como melancolía. Como agentes de mutación y cambio, puede que los Individuos se encuentren tratando de dar razones para sus cambios de humor, quedándose atrapados en sus espacios internos de malestar y sombra que normalmente tienden a evitar. Si se abandonan a esta sombra, o no esperan a la respuesta correcta, la presión de cambiar la manera en que se hacen las cosas puede llevarles a una profunda frustración y depresión personal, además de a la inestabilidad y al caos en quienes les rodean.

---

* *Las energías formato ejercen una poderosa influencia en todos los demás canales del circuito y en el diseño en su conjunto. Los canales formato conectan los Centros de la Raíz y Sacral: 53-42 (Colectivo/Abstracto), 60-3 (Individual) y 52-9 (Colectivo/Lógico). El Circuito Tribal no tiene ningún canal formato.*

Puerta 3: la dificultad inicial - la Puerta de la Ordenación

El reto fundamental de la iniciación es trascender la confusión y establecer el orden
• Centro: Sacral • Cuarto: Iniciación • Tema: El propósito se cumple mediante
la mente CAD de las Leyes • CY de la Mutación • CAI de los Deseos

La función de la Puerta 3 es trascender la confusión y establecer el orden para que algo nuevo y potencialmente viable pueda afianzarse en el mundo. Estás conectado al saber Individual único, la innovación personal y el potencial para hacer una contribución significativa. Esperar al momento adecuado para que suceda algo mutativo puede parecer interminable. Necesitarás paciencia para aceptar las ocasionales ráfagas de energía de la Puerta 60, y el no saber cuándo se producirán sus limitadas actualizaciones de potencial. Hay una pulsación creativa de «apagado/encendido» que prevalece aquí, y el potencial para algo nuevo no es ni lógico ni experiencial. Si no esperas al momento adecuado, a las estructuras necesarias para que se afiance la verdadera mutación, tu entusiasmo por el cambio simplemente desestabilizará a quienes te rodean, en vez de potenciarles e influenciarles. Puede que sientas melancolía e incluso depresión cuando te parezca que no hay energía que alimente tu potencial para traer el cambio. Sin embargo, este es un periodo en el que puedes profundizar mucho en tu propio proceso y pasar tiempo con tu propia musa creativa. No puedes predecir, controlar o apremiar el momento mutativo. Llega cuando llega. Y quien entre en tu aura, en el momento adecuado, puede transformarse sin que tú siquiera muevas un dedo.

Línea 6 - Rendición
Línea 5 - Victimización
Línea 4 - Carisma

Línea 3 - Supervivencia
Línea 2 - Inmadurez
Línea 1 - Síntesis

Puerta 60: la limitación - la Puerta de la Aceptación

La aceptación de la limitación es el primer paso hacia la trascendencia • Centro: Raíz
• Cuarto: Mutación • Tema: El propósito se cumple mediante la transformación CAD
de las Leyes • CY de la Limitación • CAI de la Distracción

La Puerta 60 crea la presión necesaria para que la energía pura se mute en forma. Aquí, el Centro de la Raíz alimenta la restricción, lo que permite que la presión se acumule bajo cada posibilidad. El proceso creativo mutativo está sujeto a una pulsación, y nunca sabes cuándo aparecerá algo con el potencial para convertirse en una mutación. Una mutación viable trasciende las limitaciones existentes cuando la Puerta 3 la potencia o le da orden. La mutación tiene lugar en el «espacio entre las notas» creado por la pulsación de «apagado/encendido» de la Puerta 60. La presión de tu Centro de la Raíz crea en ti una profunda inquietud para avanzar, y puede que las limitaciones de cualquier clase puedan parecerte obstáculos en el camino. Sin embargo, si te pones impaciente con el impredecible proceso creativo, la melancolía inherente a la Puerta 60 puede hacerse más profunda y convertirse en depresión crónica. Cuando sientas que no puedes producir cambios a tu alrededor, mira en tu interior. Acepta el misterio del proceso mutativo y confía en que la transformación está produciéndose dentro de ti y, debido a ti, en el mundo que te rodea. La Puerta 3 tiene un papel clave en poner orden en el caos potencial que viene con la mutación. Sin ella, puedes sentirte incapaz de avanzar.

Línea 6 - Rigidez
Línea 5 - Liderazgo
Línea 4 - Inventiva

Línea 3 - Conservadurismo
Línea 2 - Decisión
Línea 1 - Aceptación

El Canal del Compás: 14 - 2

Un diseño de ser el que custodia las llaves
Circuito: Saber • Tipo de canal: Generado

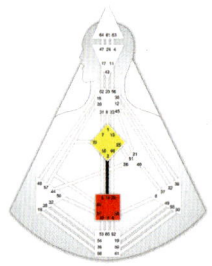

El Canal del Compás conecta el Centro Sacral con el Centro G mediante la Puerta de la Habilidad en el Uso del Poder (14) y la Puerta del Saber Superior (2). La Puerta 14 está particularmente enfocada en la disponibilidad de los recursos materiales para estimular la mutación, y la Puerta 2 es el «asiento del Chófer» (el Monopolo Magnético) que nos mantiene unidos como un ser separado y dirige nuestro movimiento en el tiempo a través del espacio. Juntas, formando el Canal del Compás, están listas para llevarnos en una nueva dirección.

Contexto: El Canal 14-2 es uno de los tres canales tántricos* del Cuerpo Gráfico (es el canal tántrico Individual) y tiene todas las características de la Individualidad, como la mutación, la innovación, lo inusual, la novedad, la unicidad y la melancolía. El Centro Sacral es la fuente de la pura energía generativa que engendra la vida y la mantiene en el planeta. El Centro G representa la identidad, la dirección y el amor. La energía que se genera al combinar la Puerta 2, Saber Superior, con la Puerta 14, Habilidad en el Uso del Poder, es un recurso muy potente para la fuerza vital creativa y fértil que potencia el cambio de nuestra dirección.

Personal: Al ser el que «custodia las llaves», tienes acceso a recursos esenciales necesarios para transformar el impulso mutativo en una dirección material. Puedes traer una nueva dirección innovadora y potenciadora a la gente, a proyectos y al planeta simplemente escuchando tu respuesta sacral y confiando en ella, aunque no sepas adónde te lleva o qué tipo de impacto mutativo tendrá en los demás. Eres capaz de sustentar tus propios esfuerzos creativos o de ayudar materialmente a otros y alentarles en su propia dirección creativa. Toda la Individualidad potencia mediante el ejemplo, y tu primera tarea es ser fiel a ti mismo y vivir tu propio destino, dirección y propósito. Si tratas de salir en busca de tu destino, acabarás sintiéndote perdido y frustrado. Confiando en que la vida tomará decisiones a través de ti, potencias a otros de una manera puramente mecánica. Las personas que pasan por tu campo áurico sano pueden sentir que se inicia su propio sentido de la dirección, o que una nueva dirección se asienta en su interior. Lo único que necesitas hacer es permanecer abierto y respondiendo a la vida.

Interpersonal: El Colectivo y la Tribu se centran en la seguridad y el statu quo. El Canal 14-2 proporciona al Individuo la llave para traer nuevas direcciones al planeta introduciendo nuevas perspectivas críticas para que podamos seguir evolucionando y afrontar los desafíos siempre cambiantes de la existencia. Con el tiempo, el Colectivo y la Tribu probarán y adoptarán las perspectivas que mejor se adecuen. En el Canal 14-2 la mutación es algo que simplemente sucede en la pulsación como una profunda respuesta a la vida y a la identidad y dirección del ser elevado. Un momento está ahí y un momento después ya no está. Nunca sabemos cuándo llegará la nueva dirección, adónde llevará al Individuo o cómo mutará al Colectivo o la Tribu.

Los tres canales tántricos entre los Centros Sacral y G (5-15, 14-2 y 29-46) permiten que el poder fértil del Centro Sacral conecte con —y potencie— la identidad, la dirección y el amor del ser elevado en el Centro G.

SECCIÓN SEIS: CIRCUITOS, CANALES Y PUERTAS

Puerta 14: posesión en gran medida - la Puerta de la Habilidad en el Uso del Poder

La acumulación y retención de poder mediante una interacción hábil que sabe combinar la gracia y el control • Centro: Sacral • Cuarto: Mutación • Tema: El propósito se cumple mediante la transformación CAD del Contagio
• CY de la Potenciación • CAI de la Incertidumbre

La Puerta 14 potencia la dirección del Individuo y de la humanidad mediante la distribución de los recursos disponibles. La Puerta de la Habilidad en el Uso del Poder asegura que la mutación tenga apoyo y nos muestra cómo invertir nuestros recursos para expandir nuestros horizontes. El Centro Sacral, cuando está definido, tiene la energía para mantener el trabajo creativo durante muchas horas, y la Puerta 14 es poder fértil en su máxima exaltación. Es el pedal del acelerador que controla cuándo y cómo se liberan los recursos. Cuando estés alineado con tu diseño, y haciendo el trabajo que te encanta hacer, generarás riqueza y poder. Sin embargo, estos recursos no son directamente para tu propio uso, sino que son tuyos para que los administres para potenciar a otros, para apoyar la creatividad individual, actividades caritativas o líderes con una visión para el futuro de la humanidad. No obstante, gastar tu dinero en cualquier cosa o en cualquiera es una mala inversión. Para proteger tu valiosa energía vital del mal uso o abuso por parte de otros, y para permanecer alineado adecuadamente para suscitar la dirección mutativa correcta, sigue tu Autoridad. Cuando la Puerta 2 te guíe apropiadamente, tus recursos pueden convertirse en un catalizador importante para potenciar el cambio en el mundo.

Línea 6 - Humildad
Línea 5 - Arrogancia
Línea 4 - Seguridad
Línea 3 - Servicio
Línea 2 - Administración
Línea 1 - El dinero no lo es todo

Puerta 2: lo receptivo - la Puerta de la Dirección del Ser

La receptividad como base de toda acción, a través de la que se determina cualquier respuesta, la raíz de toda acción • Centro: G • Cuarto: Civilización • Tema: El propósito se cumple mediante la forma CAD de la Esfinge • CY del Chófer • CAI del Desafío

El saber «superior» de la Puerta 2 está enraizado en la dirección del ser hacia el amor y la belleza por medio del Monopolo Magnético, el Chófer. El Chófer está enfocado en nuestro movimiento en el tiempo a través del espacio, e incorporado en tu diseño hay un sentido innato de la dirección interna que no se basa simplemente en la ubicación geográfica. No puedes cambiar esta dirección con tu mente o con tu voluntad, y si otros no van en tu dirección, puede que os tengáis que separar. La Puerta 2 se asemeja a la llave del vehículo; arranca la máquina para el Chófer. El motor y el combustible para seguir avanzando en tu dirección vienen del Centro Sacral a través de la Puerta 14. Puede incluso que te encuentres guiando a otras personas hacia los recursos que necesitan para sustentar sus cometidos creativos, o descubrir que simplemente alineándote a tu propia dirección, automáticamente potencias o confirmas en los demás su propio sentido de la dirección. Eres un visionario que provee el plan o la visión general para seguir adelante por una nueva vía, pero no estás aquí para hacer el trabajo o hacer que suceda. En la Puerta 14 puedes encontrar aliados, poder y recursos para hacer realidad tu visión.

Línea 6 - Fijación
Línea 5 - Aplicación inteligente
Línea 4 - Secretividad
Línea 3 - Paciencia
Línea 2 - Genio
Línea 1 - Intuición

El Canal de Inspiración: 1 - 8

El diseño de un modelo de conducta creativo
Circuito: Saber (canal creativo) • Tipo de canal: Proyectado

El Canal de Inspiración conecta el Centro G con el Centro de la Garganta mediante la Puerta de la Autoexpresión (1) y la Puerta de la Contribución (8). La Puerta 1 es el portal de acceso del Individuo a la expresión creativa de una perspectiva mutativa, ya sea mediante su presencia áurica o de una forma que pueda ser promovida y mostrada para que todos la experimenten. Se necesita valentía para distinguirse de la masa e inspirar a otros a ser también tan atrevidos. Para este canal, vivir como Individuo es un arte, y está diseñado para atraer la atención del público.

Contexto: El Canal 1-8 provee la expresión pública del potencial creativo (Puerta 1) y de liderazgo (Puerta 8) del Circuito del Saber. A través de la voz del Modelo de Conducta dice: «Sé que puedo (o no puedo) hacer una contribución creativa» a los objetivos evolutivos del grupo. Las personas con este canal tienen un impacto en el mundo que las rodea cuando viven y expresan plenamente la naturaleza única de su identidad. Este impacto no se logra con palabras o explicaciones, sino con el ejemplo, mostrando su dirección Individual. Lo hacen, lo viven y, cuando el Canal 1-8 está conectado a un motor (a través del Canal 2-14, por ejemplo), su contribución puede ser aún más impresionante.

Personal: La naturaleza de la dirección Individual es ir hacia la belleza, accionada por su propia verdad y enraizada en el momento. Estás diseñado para ser un modelo de lo que significa ser un Individuo autoexpresado y creativo, y atraer, merecidamente, la atención de los demás. Al hacerlo, cambias potencialmente su perspectiva. Inspiras nuevas direcciones en los demás y los liberas para que expresen su propia unicidad creativamente, como el pianista cuya interpretación inspira a una persona de la audiencia a tomar lecciones de piano. Para que este tipo de liderazgo mediante el ejemplo Individual tenga impacto, debe provenir de un espacio de auténtica autoridad personal, libre de influencias casuales o condicionantes. También es esencial el reconocimiento de que tu potencial para inspirar o potenciar a otros es en realidad una cocreación entre tu dedicación a vivir tu Individualidad, que atrae la atención de manera natural, y el reconocimiento de tu Individualidad por parte de los demás. El canal 1-8 carece de destrezas sociales inherentes, y debes ser tú quien desarrolle las habilidades necesarias para comunicar eficazmente que estás aquí para contribuir, y esto incluye cultivar la paciencia para esperar el momento oportuno para hacerlo. La clave para tu florecimiento es ser reconocido, aceptado y aplaudido por tu individualidad y el impacto creativo que promueves.

Interpersonal: Los líderes con estilo Individual (que mutan o potencian mediante el ejemplo) arrastran a otros con ellos iniciando cambios en la manera en que la gente ve, actúa y piensa acerca de la vida, la verdad y la naturaleza de la belleza. El reconocimiento subyacente de que nada puede existir fuera de la totalidad contribuye a su impacto general en la sociedad. Quienes tienen el Canal de Inspiración saben vivir su unicidad con exuberancia y, en el proceso, potencian a otros a ser ellos mismos de manera única, inspiradora y diferenciada.

Puerta 1: lo creativo - la Puerta de la Autoexpresión

La creación como fuerza primaria. La energía potencial para manifestar inspiración sin límites
• Centro: G • Cuarto: Mutación • Tema: El propósito se cumple mediante la transformación
CAD de la Esfinge • CY de la Autoexpresión • CAI del Desafío

La Puerta 1 es el afán, y la profunda necesidad, de expresarse a uno mismo de maneras únicas y creativas. No te interesa ser el mejor, que es un rasgo comparativo del Colectivo. Simplemente quieres vivir tu verdadera naturaleza creativa, tu individualidad auténtica. Cuando estás felizmente absorto haciendo «tus cosas», no eres consciente de que estás atrayendo la atención de los demás. Y cuando estás siendo fiel a tu proceso creativo, lo que estás haciendo, y cómo lo estás haciendo, tiene su mayor impacto. Cuando ejemplificas nuevas maneras de expresar tu ser auténtico, potencias a otros a considerar nuevas perspectivas o nuevas maneras de estar en el mundo. Incluso puede que cambies su dirección creativa. Tu creatividad inspira a otros con el ejemplo, y para que tu impacto se sienta adecuadamente tiene que ser visto u oído para ser apreciado. Esto requiere interacción con el mundo y esperar a que llegue la invitación. Sin la Puerta 8, lo que probablemente encuentras menos atractivo es comercializar tu trabajo. A menudo, te sentirás atraído hacia personas que tengan la Puerta 8, porque están mejor equipadas, o en una posición mejor, para promocionar tu trabajo por ti.

Línea 6 - Objetividad
Línea 5 - La energía para atraer a la sociedad
Línea 4 - La soledad como medio de la voluntad

Línea 3 - La energía para mantener el trabajo creativo
Línea 2 - El amor es luz
Línea 1 - La creación es independiente para la creatividad

Puerta 8: la solidaridad - la Puerta de la Contribución

El valor interior básico, realizado al contribuir con esfuerzos personales a las metas del grupo
• Centro: Garganta • Cuarto: Civilización • Tema: El propósito se cumple mediante
la forma CAD del Contagio • CY de la Contribución • CAI de la Incertidumbre

La Puerta 8 dice: «Sé que puedo contribuir, o no». Tu contribución llegará mediante el despliegue público de tu propio estilo de vida, dirección y creaciones Individuales, o potenciando y promocionando públicamente a otros (Puerta 1). Te sientes atraído a lo nuevo e innovador, y verás que atraerás la atención de otros a ello, como el dueño de una galería o un agente artístico. Una vez que consigues la atención de la gente, lo único que puedes hacer es liderar con el ejemplo. Si otros deciden seguir tu ejemplo, lo harán. Así es como impactas calladamente al Colectivo y cambias la orientación de la Tribu con el paso del tiempo. A menos que las contribuciones innovadoras de la Individualidad sean aceptadas e incorporadas por el Colectivo y la Tribu, no se afianzarán. El camino del liderazgo de reconocer y mostrar lo que es mutativo y único puede ser solitario, ya que primero te tienen que reconocer y luego invitarte a mostrar y apoyar públicamente lo que sabes que va a tener valor en el futuro. Sin la invitación, la atención de la sociedad puede ser negativa. Si la Puerta 1, con sus medios creativos de autoexpresión, no está definida en tu carta, buscarás sus cualidades de inspiración; sin embargo, tu papel principal no es el de artista, sino de agente que promociona la visión de lo nuevo de otros artistas.

Línea 6 - Comunión
Línea 5 - Dharma
Línea 4 - Respeto

Línea 3 - El hipócrita
Línea 2 - Servicio
Línea 1 - Honestidad

El Canal de Conciencia: 61 - 24

El diseño de un pensador
Circuito: Saber • Tipo de canal: Proyectado

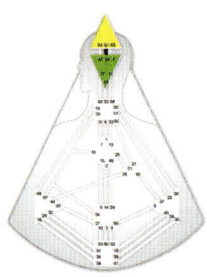

El Canal de Conciencia conecta el Centro de la Cabeza con el Centro Ajna mediante la Puerta del Misterio (61) y la Puerta de la Racionalización (24). Las capacidades mentales del Individuo se componen de la inspiración de la Puerta 61, La Verdad Interior, y la racionalización de la Puerta 24, El Retorno. Es una definición mental que trae consigo una experiencia repentina de saber, un satori.

Contexto: El Canal de Conciencia crea al pensador Individual. La presión en el Centro de la Cabeza por saber lo incognoscible se conceptualiza, mediante el Centro Ajna, en una respuesta racional. Con este canal, pensar no tiene que ver con descubrir; tiene que ver con procesar la mente acústica. Tiene que ver con la mutación que es posible cuando hay un hueco en el proceso del pensamiento y puede entrar un nuevo pensamiento. La mente le da vueltas y más vueltas a las cosas, hasta que llega el momento de mutación o satori y simplemente sabes. El pensamiento Individual no puede tener relación con el pasado y reflexionar sobre él como lo hace el pensamiento abstracto (Canal 64-47). No puede reconocer el patrón y, basándose en su medición, hacer una predicción del futuro como hace el pensamiento lógico (Canal 63-4). El Canal de Conciencia está aquí para saber lo que es conocible y valioso, para saber lo que es conocible pero no tiene valor, y para saber que no estamos diseñados para saberlo todo (lo incognoscible).

Personal: Tu mente está diseñada para inspirar a otros con su saber único y para ofrecernos el potencial para ver la vida de una manera completamente nueva. Está unida a algo más allá de este plano que oyes y conoces espontáneamente. Tu saber mutativo rompe los viejos ciclos abstractos, destroza los patrones lógicos y te inspira a una nueva comprensión. No controlas tu pensamiento y no puedes usar lo que piensas para conseguir algo o llegar a alguna parte. Simplemente necesitas reconocer que «saber» sucede cuando sucede. La mutación se producirá o no. Estás aquí para rendirte a la serendipia de la verdad interior que se dará a conocer por sí sola a través de la Puerta 24, a su propia manera mutativa, en su momento, mientras tu mente esté ocupada con la interferencia acústica, el «ruido blanco», de la inspiración de la Puerta 61. Tu mente está verdaderamente conectada con el misterio. Como tu mente siempre está ocupada pensando, buscas y amas el silencio. A menudo, escuchar o tocar música provee un relajante alivio por la constante presión mental de pensar.

Interpersonal: El verdadero misterio es que la inspiración está en la mente desde el principio, esperando su momento de activación o invitación por la vida misma. Los Individuos con el Canal 61-24 no tienen que «hacer» nada. Simplemente reciben una invitación para enfocar su conciencia mentalmente, y mientras están absortos en esa conciencia, mientras están absortos en el momento, surge y se da a conocer un nuevo pensamiento, un pensamiento inesperado. El saber sucede cuando sucede. Capturar esas verdades o entendimientos ilusorios pero potenciadores, esperar para comunicar a otros lo que es verdaderamente inspirador y digno de pensar en ello, son retos que quienes tienen el Canal de Conciencia están aquí para afrontar. La clave de su éxito es la habilidad para distinguir entre lo que es y no es conocible, y lo que necesita, o no, ser conocido.

Puerta 61: la verdad interior - la Puerta del Misterio

La conciencia de los principios universales subyacentes • Centro: Cabeza • Cuarto: Mutación • Tema: El propósito se cumple mediante la transformación CAD del Maya • CY del Pensamiento • CAI del Oscurecimiento

La Puerta 61 es la presión para saber, para desentrañar el misterio e inspirar con momentos únicos de reconocimiento absoluto. Este saber nos lleva a niveles más profundos de autoaceptación en los que podemos celebrar lo que nos distingue de los demás. Te encanta pasar tiempo cavilando y ahondando mentalmente en lo desconocido. Cuando «sabes» que tienes una percepción única y esperas el momento adecuado para expresarla, te sientes liberado. Cuando tu saber inspira, potencia o muta a otros, te sientes potenciado. Comparada con la mente Colectiva, que está enfocada en lo que sucedió en el pasado o prediciendo lo que puede suceder en el futuro, tu mente Individual anhela el silencio ahora, que cesen todas las voces y el diálogo. Si cedes a la intensa presión y dejas que te obsesione lo desconocido, tu inspiración puede volverse confusa con falsas ilusiones, llevándote a la incertidumbre y la ansiedad. El secreto es disfrutar tus pensamientos y dejar que tu saber interno, tu verdad interior, se revele a su debido tiempo. Sin la Puerta 24, no estás diseñado para resolver el misterio, sino simplemente para disfrutarlo.

Línea 6 - Poder de atracción
Línea 5 - Influencia
Línea 4 - Investigación

Línea 3 - Interdependencia
Línea 2 - Brillo natural
Línea 1 - Conocimiento oculto

Puerta 24: el retorno - la Puerta de la Racionalización

El proceso natural y espontáneo de transformación y renovación • Centro: Ajna • Cuarto: Iniciación • Tema: El propósito se cumple mediante la mente CAD de los Cuatro Caminos • CY de la Racionalización • CAI de la Encarnación

La función de la Puerta 24 es tomar la inspiración única de la Puerta 61 y convertirla en un concepto racional que con el tiempo pueda ser comunicado a otros. Vuelve al mismo territorio una y otra vez, ponderando un pensamiento que considera inspirador, revisándolo hasta que pueda darle forma. Sin embargo, tu mente no puede guiarse por esa inspiración o probarla lógicamente o mediante la experiencia pasada. Se trata de un proceso natural y espontáneo de transformación, renovación mental y saber único. En un momento el saber no está ahí y al momento siguiente sí está. Para aprovechar al máximo tu mente individual, date tiempo para volver y revisar. Este proceso puede incluir observar o escuchar algo una y otra vez. Si dejas que tu mente se transforme orgánicamente, sin tratar de controlarla, a menudo la resolución aparecerá por sí sola. La oirás en un momento de silencio, como esos «a-jás» que surgen en tu mente en mitad de la noche. La Puerta 24 es el miedo a la ignorancia, que es la ansiedad mental de que nunca sabrás nada con seguridad, o que no serás capaz de explicar lo que sabes. Si intentas tomar decisiones con tu mente, provocarás esa ansiedad. Sin la Puerta 61, estás bajo la presión de tomar decisiones desde el no-ser para buscar el siguiente misterio inspirador que resolver.

Línea 6 - El caballo regalado
Línea 5 - Confesión
Línea 4 - El ermitaño

Línea 3 - El adicto
Línea 2 - Reconocimiento
Línea 1 - Pecado de omisión

El Canal de Estructurar: 43 - 23

Un diseño de individualidad (de Genio a Chiflado)
Circuito: Saber • Tipo de canal: Proyectado

El Canal de Estructurar conecta el Centro Ajna con el Centro de la Garganta mediante la Puerta de la Visión Interior (43) y la Puerta de la Asimilación (23). El saber inspirado y las racionalizaciones del Canal 61-24 son recibidos por la Puerta 43, donde aparecen espontáneamente como visiones internas que la Puerta 23 asimila y expresa. La potenciación y el cambio son posibles cuando las nuevas perspectivas y el pensamiento innovador se expresan con claridad y son aceptados.

Contexto: Cuando la mente está conectada al Centro de la Garganta a través de este canal Individual, se implica en un proceso mutativo y metamórfico que potencia la eficiencia. El Canal de Estructurar conceptualiza y expresa una perspectiva única y original de un modo que cambia la manera en que la gente ve y piensa. Usar ideas clave, por ejemplo, es una manera muy eficiente de decir algo. Sin embargo, para que sucedan la potenciación y el cambio se requiere la magia de la Estrategia y la Autoridad. Si quienes tienen este canal no esperan al momento apropiado, su saber único, no importa lo bien que se exprese, raramente tendrá valor o será comprendido por los demás. Toda autoridad mental externa responde al flujo natural que resulta cuando la expresión sigue a la Estrategia y la Autoridad.

Personal: Tu reto es simplemente dejar de controlar y, así, permitir que tu mente procese su saber a su propia manera y a su tiempo. Lo único que puedes hacer es desarrollar la habilidad de explicar lo que sabes sencilla y claramente. Si lo haces, las oportunidades para expresar tus visiones internas únicas, tu propia genialidad, surgirán de manera natural del reconocimiento de tus dones por parte de los demás. No hay necesidad, o siquiera una habilidad real, de que planees de antemano lo que vas a decir. No es necesario que sepas por qué tu mente dice lo que dice, ni que le des importancia cuando lo dice. Tu mente está aquí no solo para aceptar tu saber, sino para explorar lo desconocido. Eres alguien cuyo pensamiento parece estar a años luz por delante. Para que tu genialidad sea aceptada, debes alinearte con el flujo de tu diseño único. Cuando compartas correctamente tus visiones internas con los demás, esperando al momento apropiado mediante tu Estrategia y Autoridad, no te percibirán como un chiflado, ya que este reconocimiento permite que tu saber Individual penetre en el Colectivo o la Tribu y los mute. Sin embargo, cuando no esperes al momento adecuado, serás ignorado, te sentirás alienado y puede que a veces incluso rechaces tu propio saber único. Expresar tu autoridad externa es un proceso. Lleva tiempo aprender a comunicar tu pensamiento innovador, y la gente no cambia con facilidad. Puede que tengas que explicarte muchas veces antes de que el nuevo concepto se afiance y tu genialidad sea verdaderamente reconocida.

Interpersonal: El don del Canal de Estructurar es la habilidad de desarrollar técnicas y conceptos que realzan la eficiencia. Esta mente puede observar la manera en que se ha hecho o se está haciendo algo y, de pronto, saber una manera mucho mejor y más rápida de hacer lo mismo. Este pensamiento innovador ocasiona saltos cuánticos que pueden llevar a organizaciones enteras a planos más altos de eficiencia y potencialmente traer un nuevo nivel de refinamiento y sabiduría al mundo. Sin embargo, para no perder la integridad con este saber interno, quienes tienen este canal pueden parecer muy sordos a los demás (véase la Puerta 43): **«La mente Individual parece un extraño que llama a la puerta, esperando que se le invite a ofrecer su saber único».** (Ra Uru Hu)

Puerta 43: la resolución - la Puerta de la Visión Interna

Para que los logros puedan ser mantenidos, un nuevo orden debe ser establecido con firmeza
• Centro: Ajna • Cuarto: Mutación • Tema: El propósito se cumple mediante
la transformación CAD de las Explicaciones • CY de la Visión Interior
• CAI de la Dedicación

La Puerta 43 es la puerta del oído interno y solo escucha a su propia voz interior única. Transforma el saber interno racional en entendimiento Individual mediante la resolución espontánea a una nueva perspectiva. Sin embargo, tu saber no está respaldado por hechos y puede que se requiera mucha fortaleza para defender y explicar percepciones que parecen raras y totalmente fuera de las normas Colectivas o Tribales. Cuando esperas al momento apropiado, tienes la capacidad de moldear mentalmente una conciencia nueva y mutativa hasta su forma final. Cuando las conceptualizas íntegramente, tus visiones internas necesitan ser invitadas a bajar a la Puerta 23, en la Garganta, para llevar al mundo la mutación potencial, la posibilidad de una nueva perspectiva. Nada te resulta tan difícil como escuchar y oír realmente a los demás. No es culpa tuya, no es un problema que hay que solucionar, sino simplemente tu protección genética contra las influencias indebidas. La Puerta 43 lleva consigo el miedo al rechazo. Puede que sientas la ansiedad mental de que no serás capaz de explicar tus ideas, o de que eres demasiado raro y te rechazarán. Sin la Puerta 23, existe el dilema de cómo expresar tu resolución.

Línea 6 - La resolución
Línea 5 - Progresión
Línea 4 - La mente de piñón fijo

Línea 3 - Conveniencia
Línea 2 - Dedicación
Línea 1 - Paciencia

Puerta 23: el fraccionamiento - la Puerta de la Asimilación

Amoralidad. La conciencia y el entendimiento que conducen a la aceptación de la diversidad
• Centro: Garganta • Cuarto: Civilización • Tema: El propósito se cumple mediante la
forma CAD de las Explicaciones • CY de la Asimilación • CAI de la Dedicación

La Puerta 23 es donde la inspiración, como saber interno, se traduce por fin en lenguaje. Su amoralidad, aceptación de la diversidad y habilidad para atravesar la intolerancia mental abren el camino para que la mutación se pueda afianzar en el mundo. La expresión a través de la Puerta de la Asimilación nos inicia en nuevas maneras de pensar. Aquí, tu voz única puede decir por fin: «Yo sé». Lo que sabes, o no sabes, siempre atraerá la atención de otros, pero también puede mantenerte como un observador externo. Las ideas que son potencialmente diferentes y transformadoras requieren que comuniques su esencia claramente. Para que tu perspectiva única pueda tener un valor verdadero para los demás, debes esperar al momento adecuado para hablar y explicarla de una manera sencilla y asequible. Si no lo haces, te desdeñarán como a un chiflado. También es importante que hables solo cuando verdaderamente sepas. Con el tiempo, tu genialidad será reconocida y te ganarás el respeto de los demás. Sin la conceptualización de la Puerta 43, hay ansiedad mental de que puede que lo que dices no esté claro y te entiendan mal o te rechacen.

Línea 6 - Fusión
Línea 5 - Asimilación
Línea 4 - Fragmentación

Línea 3 - Individualidad
Línea 2 - Autodefensa
Línea 1 - Proselitismo

El Canal de Lucha: 38 - 28

Un diseño de obstinación
Circuito: Saber • Tipo de canal: Proyectado

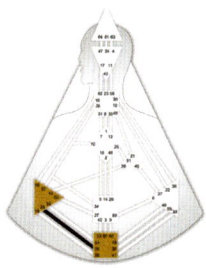

El Canal de Lucha conecta el Centro de la Raíz con el Centro del Bazo mediante la Puerta del Luchador (38) y la Puerta del Jugador (28). Este canal tiene que ver con la lucha para encontrar significado y un propósito para vivir, además de la capacidad para encontrar significado y propósito en las luchas de la vida. La Puerta 28 aporta la conciencia de si la lucha es apropiada o no, y discierne qué tiene valor y, por tanto, merece la pena luchar por ello. La Puerta 38 es la presión para preservar la integridad individual: para oponerse o luchar contra fuerzas externas que te alejarían de tu verdadero ser.

Contexto: El Canal 38-28 trae consigo la realización que eleva al *Homo sapiens* por encima de sus primitivos antepasados, concretamente que la vida no es solamente seguir vivo. Activado por la energía adrenalizada del Centro de la Raíz, está diseñado y equipado para buscar y encontrar un propósito, y opta por involucrarse en lo que dé significado a la existencia, no importa lo difícil que sea la lucha. Saber luchar y en qué lucha implicarse es vital para el proceso de individuación.

Personal: Tienes la determinación obstinada para seguir tu propio camino en la vida, incluso frente a las dificultades más abrumadoras, y para hallar significado y propósito en las luchas que encuentras en tu trayectoria única. No hay nada más satisfactorio o sano para ti, cuando eres correcto, que enfrentarte obstinadamente a todas las contrariedades, o arriesgar perder tu sentido de la seguridad, para luchar por una causa que te parece digna. Esta forma de lucha da sentido a tu vida, y tus luchas únicas se convierten en ejemplos que impulsan y potencian a otros, animándoles a luchar con la necesidad de persistir en su propio proceso de individuación y el propósito más hondo de su vida. Esto no es siempre cómodo para ti ni será siempre bien recibido por los demás, de modo que, en vez de dejar que tu mente elija tus batallas, necesitas que sean tu Estrategia y tu Autoridad las que te inicien en luchas que tengan valor para ti. El estrés interno se incrementa cuando no puedes explicar adecuadamente o vivir correctamente las luchas en las que te has implicado, y eso produce un exceso de energía en el cuerpo. El ejercicio regular libera esa presión para que no se estanque en ti. Esto no solo es sano para ti físicamente, sino que mantiene limpia la crucial conexión con tu conciencia intuitiva.

Interpersonal: El Canal 38-28 es la fuerza motriz mutativa que apremia la individuación hacia su expresión máxima de unicidad. Escuchando obstinadamente a su conciencia en el ahora, quienes tienen este canal producen mutación en forma de un cambio de dirección del statu quo. Es una lucha para convencer a la gente de que la evolución es un proceso continuado y por el que merece la pena luchar. Pero el Canal de Lucha es también el canal de la obstinación, enraizada en la energía adrenalizada y la determinación de vivir al máximo la vida individuada.

Puerta 38: la oposición - la Puerta del Luchador

La capacidad de preservar la integridad individual mediante la oposición a fuerzas perjudiciales • Centro: Raíz • Cuarto: Mutación • Tema: El propósito se cumple mediante la transformación CAD de la Tensión • CY de la Oposición • CAI del Individualismo

La Puerta 38 ejerce presión sobre ti, y los que te rodean, para descubrir el valor de la vida propia. Debe de haber una razón para existir, un propósito y algo que amar que eleve la lucha más allá de simplemente sobrevivir. Secundado por la energía para oponerte, eres capaz de afrontar con firmeza la adversidad misma. Disfrutas realmente una buena lucha. Para ti, el propósito se realza cuando defiendes a quienes no pueden defenderse por sí mismos, si es correcto para ti hacerlo. Puede que algunos experimenten esta energía tuya como una independencia feroz, una obstinación muy enfocada para afrontar un desafío, incluso la muerte, con valentía. En realidad, simplemente estás buscando una razón para vivir. Tu determinación por perseverar potencia a otros para discernir por sí mismos qué luchas individuadoras tienen valor o no. Para saber por qué merece la pena luchar y, así, evitar malgastar energía implicándote en batallas que no son correctas para ti, buscas la conciencia potencial de la Puerta 28. Como la Puerta 38 es una de las tres puertas de sordera que protegen tu individualidad para que no sea influenciada por los demás, preservas tu integridad personal oponiéndote a las fuerzas que te pondrían en peligro.

Línea 6 - Malentendido
Línea 5 - Alienación
Línea 4 - Investigación

Línea 3 - Alianza
Línea 2 - Cortesía
Línea 1 - Cualificación

Puerta 28: la preponderancia de lo grande - la Puerta del jugador

La transitoriedad del poder y de la influencia • Centro: Bazo • Cuarto: Dualidad • Tema: El propósito se cumple mediante los vínculos CAD de lo Inesperado • CY de los Riesgos • CAI del Clarión

El miedo más profundo de la Puerta 28 es que la vida podría acabarse antes de que uno sepa qué es lo que hace que merezca la pena vivirla, o qué le da sentido. Es una energía que se enfoca obstinadamente en escuchar con conciencia para intuir de la mejor manera qué riesgos harán que te sientas más vivo y llevarán a luchas que aportarán sentido a la existencia. Con tu conciencia esplénica del Bazo alertándote constantemente del peligro, estás dispuesto a tomar riesgos que otros no tomarían, a jugar con la vida y la muerte. Al final, afrontarás espontáneamente tus propios miedos a la muerte uno a uno. Tienes la energía necesaria para redirigir la naturaleza ensimismada de las personas con el Canal 57-20 estimulándolas a poner a tu disposición y a la de los demás su saber intuitivo. Tu propia conciencia ayuda a las personas con la Puerta 38 a determinar en quién o en qué deberían invertir su energía, capacitándolas para evaluar mejor los factores relacionados con la salud y la seguridad en lo que sea que consideren que es algo por lo que merece la pena luchar. Sin la Puerta 38, puede que seas víctima de una presión superflua por luchar o esforzarte, encontrando resistencias y sintiendo un agotamiento innecesario. Buscas personas con la Puerta 38 para que te den pistas acerca de lo que han descubierto que hace que merezcan la pena las luchas de su vida.

Línea 6 - Halo de gloria
Línea 5 - Traición
Línea 4 - Aferrarse

Línea 3 - Aventurismo
Línea 2 - Dando la mano al diablo
Línea 1 - Preparación

El Canal de la Chispa Cerebral: 57 - 20

Un diseño de conciencia penetrante
Circuito: Saber • Tipo de canal: Proyectado

El Canal de la Chispa Cerebral conecta el Centro del Bazo con el Centro de la Garganta mediante la Puerta de la Claridad Intuitiva (57) y la Puerta del Ahora (20). Aquí es donde el entendimiento intuitivo tiene su voz más clara en el momento presente. Una de las capacidades más extraordinarias que tienen los humanos, a través de este canal, es el penetrante reconocimiento propio de la verdad de nuestra existencia, que se expresa como: «Sé que estoy vivo ahora».

Contexto: En el Canal 57-20, la intuición del Bazo viaja directamente al centro de la Garganta en una ola de saber que quiere ser comunicada en el momento. Es el entendimiento Individual que proviene de una profunda inteligencia o discernimiento que se basa en nuestros antiguos instintos y conecta con el saber intuitivo del momento inmediato. La función más profunda del Canal de la Chispa Cerebral es potenciar a otros para que despierten su propia inteligencia innata para la supervivencia. El Centro del Bazo es el núcleo de nuestra salud y bienestar. Sin embargo, no es una fuente de energía, y aunque nuestra intuición puede ser consciente y articular estrategias que posibiliten nuestro bienestar, no es necesariamente capaz de llevarlas a cabo.

Personal: La vida te incita a usar tu conciencia intuitiva para mantener tu propio bienestar en el ahora y decir la verdad, tu verdad, que surge en cada momento presente. «Soy lo que soy y sé cómo ser lo que soy.» Con tu saber interno guiando a tu aguda conciencia vibratoria o acústica, a menudo descubrirás que tus espontáneos arrebatos verbales de pura intuición llegan al fondo o la verdad de una situación mucho más rápidamente que quienes te rodean. Esta es la habilidad de «pensar sobre la marcha» y te proporciona un potencial mutativo que, si esperas al momento adecuado, puede tener un profundo impacto en las personas que te rodean. Tu alerta a la receptividad de los demás, guiada por tu Estrategia y Autoridad, te permite compartir tu saber existencial con ellas como verdadera sabiduría, y reduce los malentendidos y la resistencia.

Cuando estás bien armonizado y firmemente anclado en el ahora, estás conectado con tu capacidad para sobrevivir. Con esta perspectiva, no hay miedo al mañana. Eres alguien que simplemente sabe qué hacer sin tener que pensar en ello. Tu saber intuitivo y tu cuerpo se mueven en una ola espontánea de energía. Conectar con la adaptabilidad del Canal de la Chispa Cerebral requiere superar el miedo a lo desconocido aprendiendo a escuchar tus impulsos intuitivos, confiar por completo en ellos y actuar en consecuencia, momento a momento. Si ignoras estos impulsos intuitivos, la conciencia momentánea pasará y puede que sufras por ello. Sin embargo, la maximización de esta capacidad de penetrar en el momento y conocerlo depende de enfocar tu atención en el presente. Este enfoque hace que sea difícil oír lo que otros «saben», lo que es otra manera de decir que no te gusta que te digan lo que tienes que hacer.

Interpersonal: La Puerta 57 tiene una relación beneficiosa con la Puerta 28, que lucha con los miedos o preguntas acerca de si la vida tiene valor. La Puerta 28 puede conseguir la atención de la Puerta 57 y sacarla de su ensimismamiento. Su búsqueda de sentido en la vida impulsa a la Puerta 57, que lucha con la incertidumbre de sus palabras y acciones espontáneas, para revelar su conocimiento y verdades intuitivas y encontrar las respuestas que busca la Puerta 28. Cuando es el momento correcto, quienes tienen el Canal 57-20 pueden desencadenar el cambio mutativo.

Puerta 57: lo suave - la Puerta del Entendimiento Intuitivo

El extraordinario poder de la claridad • Centro: Bazo • Cuarto: Dualidad
• Tema: El propósito se cumple mediante los vínculos CAD de la Penetración
• CY de la Intuición • CAI del Clarión

Con su claridad de entendimiento intuitivo, la Puerta 57 tiene la capacidad de penetrar en tu núcleo en el ahora. Tienes una profunda sintonización interna con el sonido, que está constantemente alerta a las vibraciones que llegan de tu entorno físico, emocional y psíquico. Momento a momento, tu intuición registra la sensación de lo que es seguro, sano y bueno para ti, y lo que no lo es. La Puerta 57 es la puerta del oído derecho. Si quieres oír lo que alguien te está diciendo realmente, escucha con tu oído derecho, que está sintonizado intuitivamente. Debes estar alerta y centrado en el ahora para oír los mensajes de tu Bazo, o puede que ignores la información que estás recibiendo para tu supervivencia. Puede que a veces a los demás les parezca que estás sordo, o que te acusen de oír selectivamente lo que tienen que decir, pero tu intuición es tu única guía para determinar cuál es la conducta perfecta que te asegurará tu bienestar. La única manera de aliviar tus miedos al futuro es prestar mucha atención a tus corazonadas instintivas, a esa vocecita que habla suavemente y solo una vez, y actuar inmediatamente basándote en ellas. Cuando estás escuchando y prestando atención a tu intuición ahora, no hay ningún mañana al que tener miedo.

Línea 6 - Utilización
Línea 5 - Progresión
Línea 4 - El director

Línea 3 - Agudeza
Línea 2 - Depuración
Línea 1 - Confusión

Puerta 20: la contemplación - la Puerta del Ahora

Reconocimiento y conciencia en el ahora, que transforma el entendimiento en acción correcta
• Centro: Garganta • Cuarto: Civilización • Tema: El propósito se cumple mediante
la forma CAD del Fénix Durmiente • CY del Ahora • CAI de la Dualidad

La Puerta 20 es una puerta puramente existencial que te mantiene enfocado en el presente y sustenta tu capacidad de sobrevivir siendo tú mismo. Cuando tu expresión sucede en el momento apropiado, la conciencia se transformará en palabras o actos que pueden impactar a las personas que te rodean. Esta frecuencia energética está, y debe estar, totalmente absorta en el momento presente. Puede dar voz a la conciencia intuitiva para la supervivencia de la Puerta 57, a los patrones de conducta y compromisos con principios elevados de la Puerta 10, o puede manifestar el poder sacral de la Puerta 34 mediante la acción encaminada a la individuación. La Puerta 20 expresa todo el registro de estar en el momento, del «Yo sé ahora» al «Sé que soy yo haciendo algo ahora», pero no tiene en consideración el pasado o el futuro. Para estar despierto y consciente, y sobrevivir, debes estar totalmente presente en el momento y ser tú mismo auténticamente. Rara vez hay tiempo para considerar o controlar mentalmente lo que sale burbujeando desde tu interior, de modo que lo que dices o lo que haces está de pronto ahí para que todos, incluido tú, sean testigos de ello. De hecho, a menudo ves cuando no estás mirando, u oyes cuando no estás escuchando. Así es como el potencial para el cambio evolutivo oculto en cada momento de la existencia se potencia dentro de ti. Cuando vives siguiendo tu Estrategia y Autoridad, te vuelves un ejemplo viviente. Tu conocimiento intuitivo y tu comportamiento mutativo de supervivencia personal y amor a ti mismo influencian y potencian a los demás.

Línea 6 - Sabiduría
Línea 5 - Realismo
Línea 4 - Aplicación

Línea 3 - Autoconciencia
Línea 2 - El dogmático
Línea 1 - Superficialidad

El Canal de Liberar Emociones: 39 - 55

Un diseño de estados de ánimo fluctuantes
Circuito: Saber • Tipo de canal: Proyectado

El Canal de Liberar Emociones conecta el Centro de la Raíz con el Centro del Plexo Solar mediante la Puerta de la Provocación (39) y la Puerta del Espíritu (55). Propenso a la melancolía y la incertidumbre, provocativo y emocional, aquí se pone en movimiento la ola de la pulsación «apagado/encendido» de los estados de ánimo. La ola emocional subyacente a la pasión y la melancolía del Individualismo es un continuo mecánico e interminable entre la felicidad y la tristeza.

Contexto: El Canal de Liberar Emociones se define como una provocación para potenciar la conciencia del espíritu. Todos estamos sujetos a los estados de ánimo fluctuantes de este canal, una fuerza profunda y creativa que está detrás de la mutación en el planeta, hasta 2027. Los estados de ánimo cambiantes son lo que mejor describe a esta ola emocional Individual bastante plana, con su alternancia de subidas y bajadas, sus momentos extáticos de placer y sus momentos melancólicos de incómoda incertidumbre y tristeza. No estamos diseñados para dar razones de ninguno de estos estados de ánimo, sino para vivir en la alquimia de la pulsación mutativa. Viviendo auténticamente y aceptando por completo la ola emocional, quienes tienen este canal sondearán las profundidades de su propio espíritu y verdad. **«La verdadera espiritualidad surge de ser correcto». (Ra Uru Hu)** El espíritu encuentra su equilibrio cuando uno percibe que la copa está tanto medio llena como medio vacía, tanto siendo vaciada como siendo llenada.

Personal: Sabes hacer surgir y discernir la naturaleza del espíritu de un individuo o de un grupo. Sabes distinguir qué personas son apropiadas para ti mediante la interacción con ellas, y sabiendo el espíritu o el estado de ánimo de qué personas está en resonancia con el tuyo. Así es también como consigues lo que quieres o lo que necesitas de los demás. Se puede provocar a alguien a sentir placer en vez de dolor, alegría en vez de tristeza. Con el tiempo, aprendes a provocar el espíritu deseado en los demás y a encontrar a quienes son correctos para ti. Al mismo tiempo, tu provocación abre a los demás a las entusiastas cualidades mutativas que tienes como Individuo, y puede también suscitar algo nuevo en ellos. El impacto que tienes y el espíritu que provocas dependen de tu estado de ánimo o de dónde estás en tu propia ola emocional. Para suscitar el espíritu adecuado debes estar en el estado de ánimo adecuado. Sin embargo, no eres una víctima de tus estados de ánimo y tampoco deberías hacer víctima de ellos a otras personas. Te viene muy bien reconocer que hay un estado de ánimo o un momento correcto para todo en la vida. Si no estás de humor para socializar, puedes disfrutar pasando tiempo solo, en compañía de tu musa interna. El tiempo que pasas contigo mismo te conecta con la creatividad, profundidad y verdad emocional madura que solo tú puedes traer al mundo.

Interpersonal: Cuando quienes tienen el Canal de Liberar Emociones, con conciencia y autenticidad crecientes, se liberan a sí mismos para aceptar y vivir toda la gama de sus emociones y su impacto emocional, pueden reducir la posibilidad de tensión emocional en las relaciones. Los seres Individuales nunca deberían hacer el amor, comer, trabajar o jugar si no están de humor para ello. Si se fuerzan a hacer algo cuando no están de humor, no sentirán el placer que buscan y disminuirán sus posibilidades de impactar y potenciar a otros con una enérgica pasión por la vida. Cuando la profundidad de los sentimientos se vive auténticamente, transmite una calidez seductora o una tristeza apasionada que, a menudo, se expresa a través de la música y el arte, o sobre un escenario teatral, incluido el escenario de la vida. Si no se vive de una manera sana, la emotividad cambiante puede volverse manipuladora y obsesionada con el placer. Quienes tienen el Canal 39-55 pueden recurrir al sexo, la comida o las drogas para compensar su melancolía.

Puerta 39: el impedimento - la Puerta de la Provocación

El valor del impedimento está en que provoca el análisis, la valoración y la reevaluación
• Centro: Raíz • Cuarto: Civilización • Tema: El propósito se cumple mediante
la forma CAD de la Tensión • CY de la Provocación • CAI del Individualismo

La Puerta 39, alimentada por el Centro de la Raíz, es la presión para provocar que se revele la conciencia emocional del espíritu, que está en evolución. La conciencia emocional es el destino de la humanidad, pero es el Individuo, a través de la Puerta 39, el que provoca el potencial mutativo que hay en la Puerta 55 para que libere la consciencia del espíritu del Centro del Plexo Solar. Tienes la energía para perseverar mientras vas pasando por tus cambios de humor y acceder a la conciencia del espíritu. Tu provocación revela quiénes tienen el espíritu correcto para ti. Si eres meramente una fuente de irritación para ellos, no son correctos para ti. Puede que algunas personas reaccionen negativamente a tu provocación, pero esta es tu don único, aunque puede que tengas que desarrollar la fortaleza suficiente para vivir con ella. Provocar es también la manera en que te pones en contacto con tus propios sentimientos y trabajas con ellos; si estás de mal humor, puede que suscites desdicha en los demás. Lleva tiempo aprender a quién se puede provocar con éxito y a quién no, y solo puedes impactar al Colectivo o a la Tribu, y desencadenar una mutación verdadera, cuando tú mismo tienes el espíritu o estado de ánimo adecuado. Esto es lo que hace que la mutación sea contagiosa y que el potencial para la conciencia pase por la totalidad. La Puerta 39 es una de las tres puertas de sordera y no estás diseñado para ser influenciado fácilmente. Sin la habilidad de la Puerta 55 para liberar emociones, la presión del Centro de la Raíz puede llevarte a excesos, como el abuso de alcohol o drogas o los trastornos alimentarios. Para tu viaje hacia el espíritu se requiere paciencia contigo mismo y con tu ola.

Línea 6 - El solventador
Línea 5 - Resolución
Línea 4 - Templanza
Línea 3 - Responsabilidad
Línea 2 - Confrontación
Línea 1 - Desasimiento

Puerta 55: la abundancia - la Puerta del Espíritu

La abundancia es estrictamente una cuestión de espíritu • Centro: Plexo Solar
• Cuarto: Iniciación • Tema: El propósito se cumple mediante la mente CAD del Fénix
Durmiente • CY de los Humores Cambiantes • CAI del Espíritu

La conciencia del espíritu no es un concepto (Ajna) o instinto (Bazo), es una emoción (Plexo Solar). La abundancia es una función del espíritu y de cómo percibes lo que estás sintiendo y el estado de ánimo que estás experimentando en el momento. La Puerta 55 es susceptible a la química de la melancolía de la ola emocional, que se está moviendo constantemente por ciclos de esperanza y dolor. En un momento sientes que tu copa está medio vacía y al momento siguiente sientes que está medio llena. Tus estados de ánimo determinan lo que es correcto para ti y cuándo. Si no estás de humor para comer, trabajar, hacer el amor, ser sociable o crear, no es sano para ti hacerlo. Cuando te apetezca estar solo, no trates de explicarlo o de disculparte; simplemente respeta ese estado de ánimo y dedícate a vivir en el momento con tu propio ser interno creativo. Tus momentos más creativos suceden cuando te sientes hondamente melancólico. Una palabra atenta a quienes te rodean cuando sencillamente no estás de humor para ser sociable les ayudará a no personalizar la energía emocional que les llega de ti. Estás abierto a que las personas con la Puerta 39 te provoquen para que puedas percibir tu espíritu y tus estados de ánimo por ti mismo. Cómo se siente tu espíritu y cómo exterioriza la emoción en cualquier punto determinado de tu ola no es algo abierto a la comparación, el debate o la influencia de los demás. La conciencia del espíritu surge del asombro de que la copa exista en absoluto. Lo que más te asusta es el vacío emocional o la falta de pasión en la vida.

Línea 6 - Egoísmo
Línea 5 - Crecimiento
Línea 4 - Asimilación
Línea 3 - Inocencia
Línea 2 - Desconfianza
Línea 1 - Cooperación

El Canal de Apertura: 22 - 12
El diseño de un ser social
Circuito: Saber • Tipo de canal: Manifestado

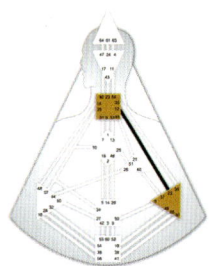

El Canal de Apertura conecta el Centro del Plexo Solar con el Centro de la Garganta mediante la Puerta de Apertura (22) y la Puerta de la Cautela (12). La apertura del Canal 22-12 depende del flujo y reflujo de la ola emocional o estado de ánimo. Expresa creativamente con palabras o actos los humores cambiantes, la melancolía, la pasión, el romance y el drama de la ola emocional Individual. Hay una cualidad de moderación en la Puerta 12 que regula la apertura de la puerta 22, limitándola a interacciones sociales con personas que parecen tener el mayor potencial mutativo.

Contexto: Las literalmente milagrosas cualidades de articulación, que se desarrollaron a través de la mutación de la laringe (Puerta 12) hace 85.000 años, sientan las bases no solo para que los humanos comuniquen su inteligencia, sino para que impacten emocionalmente a otros con la cualidad de su voz. El canal social del grupo de circuitos Individuales, el Canal de Apertura, se guía por una orientación (ola emocional) del tipo «cuando estoy de humor», que no se centra en ser social o amigable. Generalmente, las personas Individuales están menos interesadas en parearse (Tribal) o en compartir (Colectivo) que en crear un entorno receptivo para que su potencial traiga una nueva conciencia transformadora al Colectivo y a la Tribu. La clave para las personas con este canal manifestado es esperar a que les apetezca interactuar socialmente. Si se les fuerza a estar en situaciones sociales cuando están en el punto bajo de su ola, se les puede malinterpretar, se pueden enfadar y mostrarse bruscas, y no potenciarán a los demás. Semejantes fracasos sociales, si se repiten con el tiempo, pueden llevar a conductas antisociales y al aislamiento.

Personal: Con tu agudo sentido del momento oportuno y tu percepción de la apertura de tu audiencia, sabes cuándo usar tu calidez y tus habilidades sociales para atraer la atención de la gente, y también cómo llegar a estar lo suficientemente cercano a ella para que tus palabras sean un catalizador del cambio amoroso en su vida. Usas la cualidad y la inflexión de tu voz para emocionar o conmover a la gente y educar, mutar y comunicar. Cuando tu estado de ánimo está en armonía con el momento, puedes potenciar a otros para que experimenten indirectamente toda la gama de emociones del amor, por ejemplo hablando en público, o actuando o mediante la poesía o la música. El Plexo Solar es tu Autoridad, de modo que es imperativo que no actúes impulsivamente. El grado de paciencia que cultives y la profundidad creativa de los sentimientos que te permitas experimentar escuchando el paso de tu ola determinan lo poderoso que será en el mundo tu impacto mutativo Individual.

Interpersonal: De manera natural, los Individuos son diferentes a todas las demás personas, de modo que tienden a atraer muchísima atención. Por consiguiente, tienen que hacer frente al miedo a ser observados, y les asusta que su unicidad pueda parecer extraña y provocar el rechazo de los demás. La Puerta 22 oye con su oído izquierdo, y estos Individuos oyen lo que les apetece oír. Para saber algo por completo, tiene que ser repetido y oído a lo largo del tiempo. Tienen la capacidad de escuchar y oír realmente lo que se está diciendo, lo que los convierte en personas que verdaderamente saben escucharte… cuando están de humor. Cuando sus interacciones sociales se guían por su estado de ánimo, las barreras se vienen abajo y los miedos se disipan. Y en este entorno de apertura social, este momento existencial en el que todo concurre, la magia de la diferencia mutativa del Individuo tiene su pleno impacto.

Puerta 22: la gracia - la Puerta de Apertura

El comportamiento más adecuado en situaciones triviales y mundanas • Centro: Plexo Solar
• Cuarto: Iniciación • Tema: El propósito se cumple mediante la mente CAD
de la Autoridad • CY de la Gracia • CAI de Informar

La Puerta 22 combina el potencial para la apertura emocional, mediante la escucha, con una gracia social que es sumamente atractiva para los demás, cuando se está en el humor apropiado. Sin embargo, cuando cambia de humor puede que salga una parte de ti dramáticamente diferente y, a veces, antisocial. Tu conciencia emocional única te llega con el tiempo, según vas entrando en tus profundidades al pasar por tu ola emocional. Permitiendo que tu profundidad o verdad madure con la edad, en compañía de tu musa creativa, refinas tu habilidad de conocer el momento apropiado en que la sociedad está lista para que comuniques tu verdad. Reconocer esos momentos oportunos y actuar en consecuencia depende de que respetes tus cambios de humor. Tu apertura y tu atención a lo que es esencial y nuevo para otros son dones de gracia que incluso impactan a los extraños. Escuchas a los demás hasta que acaban de decir lo que están diciendo, haciendo de manera natural que lo que tú tienes que decir venga en segundo lugar. Esto es la gracia en acción, además de la clave para tu propia potenciación. De hecho, es tu responsabilidad y privilegio usar tus habilidades sociales de saber escuchar de una manera que posibilite el cambio en los demás. Sin la Puerta 12, puede que sepas lo que sientes, pero no cómo expresarlo verbalmente. Como el silencio te pone nervioso, lo que más te asusta es que no haya nada que merezca la pena escucharse.

Línea 6 - Madurez
Línea 5 - Franqueza
Línea 4 - Sensibilidad

Línea 3 - El encantador
Línea 2 - Escuela de encanto
Línea 1 - Billete de segunda

Puerta 12: la paralización - la Puerta de la Cautela

La cualidad de la restricción y la importancia de la meditación y de la inacción al hacer frente a la tentación de actuar • Centro: Garganta • Cuarto: Civilización • Tema: El propósito se cumple mediante la forma CAD del Edén • CY de la Articulación • CAI de la Educación

La voz elocuente, mutativa y temperamental del Individuo se modera en la Puerta 12 con una cautela natural. Esta cautela te mantiene en silencio hasta que tu estado de ánimo te dice que realmente tienes algo que decir, y también una manera única y transformadora de decirlo. La vibración vocal o tono de tu voz dice más que las palabras que eliges. Mantenerte quieto, o contemplando una percepción o sentimiento único hasta estar de humor para expresarlo de una manera creativa, por ejemplo mediante la poesía o la música, hace que tu mensaje tenga tiempo para madurar. Tienes el mayor impacto en los demás como un «extraño relevante»; como intérprete, traduces y expresas creativamente las alegrías y las tristezas de amar y vivir, y luego te retiras. Cuando no estás de humor, es probable que tu audiencia no escuche lo que quieres decirle, o que no experimente la transformación o inspiración que interactuar contigo puede producir. Esperar impecablemente al momento oportuno maximiza el impacto potencial que puedes tener en las normas socioculturales y en nuestra manera de estar juntos en el mundo. Sabes expresarte, pero sin la Puerta 22 no siempre puedes explicar lo que estás sintiendo.

Línea 6 - Metamorfosis
Línea 5 - El pragmático
Línea 4 - El profeta

Línea 3 - Confesión
Línea 2 - Purificación
Línea 1 - El monje

El Circuito de Centrarse

Idea clave: potenciación

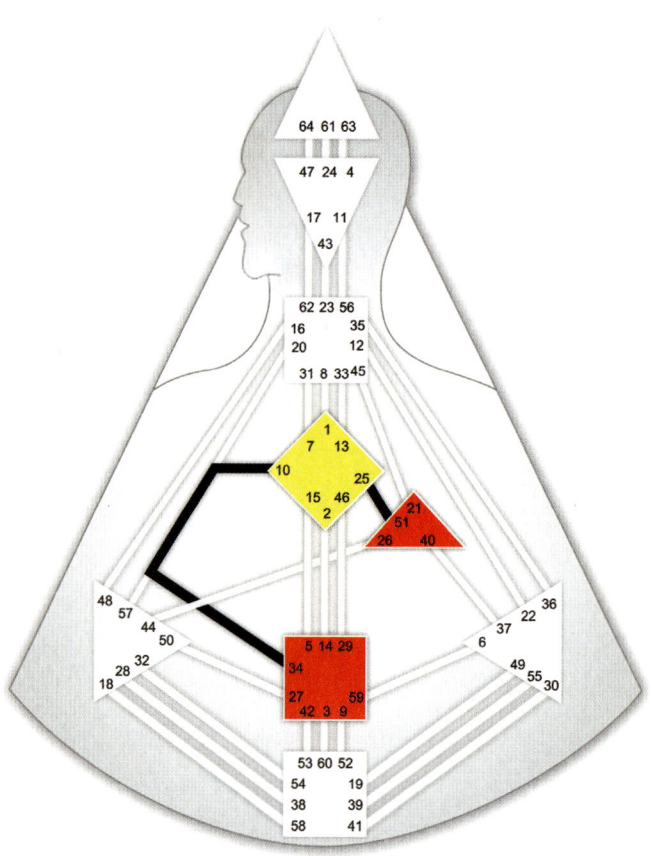

Canales

34 - 10   Exploración
Seguir las propias convicciones

51 - 25   Iniciación
Necesitar ser el primero

El Circuito de Centrarse es uno de los dos circuitos menores, más pequeños pero importantes, del Cuerpo Gráfico. El Canal 34-10 transforma la manera en que uno vive en el mundo, mientras que el Canal 51-25 transforma la manera en que uno saca partido del mundo en que vivimos. El Circuito de Centrarse se centra en el Centro G y la identidad y dirección del ser. Se enfoca en potenciar a las personas para que se amen a sí mismas y sigan su propio camino en la vida viviendo conforme a las respuestas de su Sacral. Simplemente haciendo lo que es correcto para ellos, estos seres inspiran y potencian a los demás para que sean ellos mismos.

Las personas que son sanas y auténticas en su interior son capaces de inspirar al mundo que les rodea para que sea sano. Solo el ser centrado, integrado, a través de su ejemplo viviente, tiene el poder de traer mutación al Colectivo y a la Tribu. Sin mutación en marcha, no puede haber evolución a ningún nivel. Las personas que tienen definición en el Circuito de Centrarse, que no son capaces de ser una fuerza para el cambio saludable en la conducta de otros, a menudo se vuelven melancólicas y solitarias. Sin embargo, si permiten que su Estrategia les alinee y les asiente firmemente en su propio diseño, pueden ser un ejemplo profundo y potenciador de amor a uno mismo y a la vida plenamente individuada y auténtica.

Habrás notado que no hay centros de conciencia presentes en este circuito, así como tampoco los Centros de la Cabeza, la Garganta o la Raíz. Este circuito trata por completo de estar centrado como respuesta a la vida.

En las páginas siguientes nos ocupamos de los canales y las puertas del Circuito de Centrarse.

El Canal de Exploración: 34 - 10

Un diseño de seguir las propias convicciones
Circuito: Centrarse (canal creativo) • Tipo de canal: Generado

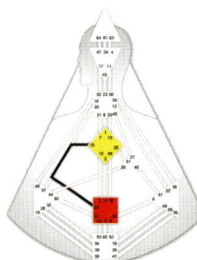

El Canal de Exploración conecta el Centro Sacral con el Centro G mediante la Puerta del Poder (34) y la Puerta del Comportamiento del Ser (10). La Puerta 10 inicia los comportamientos (como roles), desde lo profundo de nosotros, que nos llevan a aceptarnos, honrarnos y amarnos a nosotros mismos. La Puerta 34 provee la fuerza sustentadora o fortaleza interna para mantener las convicciones que hacen que creamos en nosotros mismos y nos aceptemos. La energía pura para la autopotenciación y la individuación de la Puerta 34 solo interactúa correctamente con los demás a través de la respuesta Sacral.

Contexto: El Canal 34-10 impulsa la exploración y el perfeccionamiento de los comportamientos personales necesarios para sobrevivir en la sociedad. Las personas con el Canal 34-10 están aquí para amarse a sí mismas y confiar en sus convicciones internas explícitamente cuando son guiadas por su respuesta sacral y su Autoridad personal. Es el canal creativo del Circuito de Centrarse y ejerce su influencia sobre todos los demás circuitos en el diseño. Sin embargo, no es una energía para imponerla a los demás, sino para enfocarla creativamente en maneras de permanecer centrado en las convicciones que son correctas para el Individuo. Este foco lleva a un nivel de dominio de uno mismo que potencia para amarse y respetarse a sí mismo incluso a quienes tienen poderosas conexiones Tribales, a pesar del gran énfasis de la Tribu en primero amar y servir a la comunidad.

Personal: Estás aquí para seguir tus propias convicciones, no importa lo inusuales que sean, para comportarte de manera independiente y ser tú mismo a pesar de las interferencias. La guía y el momento de las respuestas de tu Sacral hacen posible que hagas esto de maneras satisfactorias y sin culpabilidad. Viviendo auténticamente, les demuestras a los demás los beneficios de perfeccionar el amor a uno mismo y la conducta interactiva mediante la respuesta. Esto les potencia para conectar con su propia convicción de amarse a sí mismos. Tu envolvente aura de Generador, combinada con el Canal de Exploración, puede atraer mucha atención. Que esta atención sea o no positiva, con su verdadero potencial para potenciar y mutar que solo la Individualidad puede traer al mundo, depende por completo de tu disposición para armonizar pacientemente tus respuestas. Tú, y quienes te rodean, notaréis rápidamente cuándo estás viviendo lo contrario: una expresión rígida e insatisfactoria del no-ser de este canal, que puede sonar egoísta y egocéntrica, como en: «Voy a ser así, te guste o no. Tú puedes ser como te dé la gana, pero no interfieras conmigo y mi manera de hacer las cosas».

Interpersonal: El Circuito de Centrarse está diseñado para potenciar la independencia y la seguridad en uno mismo, basadas en el amor a uno mismo, en quienes interactúan con él. El Canal de Exploración describe el tipo de mundo del que preferirían formar parte los Individuos, en el que todos podrían vivir su unicidad sin tener que afrontar la resistencia y la interferencia de otros. Como definición electromagnética entre dos personas, este canal aporta un aspecto Individual a las relaciones, lo que puede llevar a romper los viejos moldes o tradiciones en su afán de explorar nuevos territorios. Si personas con fuertes vínculos Colectivos o Tribales se unen con esta conexión pero no comprenden el poder de la respuesta, su relación podría plantear desafíos inesperados.

Puerta 34: el poder de lo grande - la Puerta del Poder

El poder solo es grande cuando su despliegue o uso sirve al bien común • Centro: Sacral
• Cuarto: Mutación • Tema: El propósito se cumple mediante la transformación CAD
del Fénix Durmiente • CY del Poder • CAI de la Dualidad

La Puerta 34 es una fuente de energía potente e impresionante que nos potencia hacia la individuación, mostrando y celebrando nuestra unicidad en el mundo. Dos cualidades distinguen a esta puerta de las otras ocho del Sacral: su asexualidad y la indisponibilidad de su poder para los demás. Si está conectada a la Puerta 10 en tu Centro G, tu energía se enfocará en los roles o conductas sociales que apoyan tus fuertes convicciones. Si está conectada a la Puerta 20 en tu Garganta, tu poder se dispondrá para actuar por ti mismo, para convertir tus pensamientos en actos y para expresar tu habilidad de manifestar y prosperar. Si está conectada a la Puerta 57 en tu Bazo, tu intuición potenciará tu habilidad de escuchar lo que necesitas para sobrevivir perfectamente en cada momento. Sin la guía intuitiva directa del Bazo, este poder incesante para actuar puede convertirse en una energía malsana, entrometida y mal encauzada, y puedes sentirte perdido en tu propio impulso, gastando energía que no sirve a nadie. Aunque admirada, e incluso solicitada, tu energía simplemente no está disponible para los demás. Debe permanecer pura en su poder y siempre accesible para ti mientras tratas de ser independiente y único, y actuar según tus convicciones y triunfar, lo que significa sobrevivir siendo tú mismo.

Línea 6 - Sentido Común
Línea 5 - Aniquilación
Línea 4 - Triunfo
Línea 3 - Machismo
Línea 2 - Impulso
Línea 1 - El matón

Puerta 10: el porte - la Puerta del Comportamiento del Ser

El código de comportamiento subyacente que asegura la interacción exitosa
independientemente de las circunstancias • Centro: G • Cuarto: Mutación
• Tema: El propósito se cumple mediante la transformación CAD del Receptáculo del Amor
• CY del Comportamiento • CAI de la Prevención

La Puerta 10 es la puerta más compleja del Centro G y una de las cuatro puertas de la Cruz de Encarnación del Receptáculo del Amor. Es la puerta del amor a uno mismo. Los seis comportamientos o roles potenciales del ser (que vemos abajo en los nombres de las líneas) se guían por la intuición de la Puerta 57, potenciados por la respuesta sacral de la Puerta 34 y manifestados o expresados a través de la Puerta 20. En el marco de estos roles, la humanidad está explorando ahora lo que significa vivir como un ser de 9 centros, una forma consciente de sí misma con potencial para despertar y experimentar el genuino amor a uno mismo. Con tu Estrategia y Autoridad en su lugar, la Puerta 10 fortalece tu potencial para que te rindas a vivir auténticamente siendo tú mismo. Cuando llegas a conocer, aceptar y amar lo que te hace único, potencias a otros para que también se amen a sí mismos. El verdadero despertar a través de la rendición no es un compromiso con llegar a ser algo; es un compromiso con ser tú mismo. El poderoso énfasis de la Puerta 10 en aceptarse a uno mismo amorosamente tendrá un profundo impacto en la manera en que la humanidad pase por el siglo XXI. Eres alguien que reconoce que no es posible despertar sin aceptarse a uno mismo. Cuando aceptas amorosamente el honor y el placer de explorar la vida en una forma autoconsciente, fortaleces nuestro potencial para vivir siendo nosotros mismos, despiertos en el momento presente.

Línea 6 - El modelo de conducta
Línea 5 - El hereje
Línea 4 - El oportunista
Línea 3 - El mártir
Línea 2 - El ermitaño
Línea 1 - Modestia

El Canal de Iniciación: 51 - 25

El diseño de la necesidad de ser el primero
Circuito: Centrarse • Tipo de canal: Proyectado

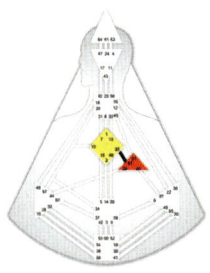

El Canal de Iniciación conecta el Centro del Corazón con el Centro G mediante la Puerta del Shock (51) y la Puerta del Espíritu del Ser (25). La energía del ego de la Puerta 51, competitiva y que necesita ser la primera, conecta con el amor universal de la Puerta 25 y su habilidad del ser elevado para ver y amar la belleza en lo animado y lo inanimado por igual.

Contexto: En el Canal 51-21, la iniciación se convierte en un arte. Es la habilidad para reconocer el potencial de una persona para la individuación y, cuando es invitado, para proveerle el shock que la inicia y potencia hacia ello. Hay una competitividad natural en este canal que desafía a la humanidad a avanzar, ser la primera o ganar, que ha transformado el mundo material cotidiano en que vivimos. Es el único canal del Circuito del Ego que no forma parte del Circuito Tribal, sino que representa la profunda relación que existe entre la Tribu y el Individuo. Los dos canales del Circuito de Centrarse (el otro es el Canal 34-10) son poderosas fuerzas mutativas que ejercen presión sobre la humanidad para que la consciencia siga evolucionando profundamente en la forma. El domino de uno mismo y del mundo van de la mano.

Personal: Forma parte de tu naturaleza ser competitivo, y puede que despiertes y potencies la competitividad en los demás. Si entras en ella correctamente, la competición te expande, te pone a prueba, e incluso te empuja a trascender tus límites creativos normales y las barreras de la resistencia física. Cada logro trae consigo alborozo y una nueva conciencia de la profundidad de tu propio espíritu. Con cada nuevo triunfo llega un nuevo sentido personal, incluso místico, de tu unicidad, lo que a su vez se convierte en un ejemplo de valentía a seguir por los demás. Puede incluso que te encuentres potenciando a organizaciones con tus audaces maneras de conseguir tus metas personales. Sin embargo, hay que recordar que iniciar la individuación es un proceso místico en el centro mismo de la mutación que no puede ser controlado. Si es tu destino, será una consecuencia de vivir fiel a ti mismo. Si buscas la iniciación, no la encontrarás; la iniciación debe encontrarte a ti para que puedas rendirte a ella. Si quieres iniciar a otros sin su invitación, puede que fracases, dejándote resentido e insatisfecho. Tu Estrategia y Autoridad son las herramientas místicas más poderosas que tienes, junto al entendimiento de que para sobrevivir los shocks de la iniciación que encontrarás en tu camino debes atender las necesidades de tu corazón, tanto física como metafóricamente.

Interpersonal: La iniciación a la individuación lleva a una persona del «somos» al «soy». Los chamanes auténticos son seres inocentes especialmente dotados, que pueden sobrevivir el salto cuántico al vacío (lo desconocido) de la conciencia de uno mismo. No importa que uno salte como un guerrero valiente o un tonto; en cualquier caso, aterrizar será un shock. La iniciación o shock puede llegar mediante una «invitación» que no es de tu propia elección, como un accidente de coche. La vida misma es la fuerza mística de iniciación más poderosa para potenciar un cambio de conducta o dirección que podemos encontrar. Quienes tienen el Canal de Iniciación están aquí para sentir el asombro de su propio espíritu único (ser elevado) y, en el proceso, potenciar y mutar al Colectivo y a la Tribu. Vivir desde su centro mediante la Estrategia y Autoridad, perfectamente alineados con su geometría única, es lo que permite a quienes tienen el Canal 51-25 no solo tener, sino también sobrevivir, encuentros trascendentes con las fuerzas de la consciencia universal.

Puerta 51: lo suscitativo - la Puerta del Shock

La habilidad de responder al shock y al desorden a través del reconocimiento y la adaptación
• Centro: Corazón • Cuarto: Iniciación • Tema: El propósito se cumple mediante la mente CAD de la Penetración • CY del Shock • CAI del Clarión

La Puerta 51, la Puerta del Shock, es la energía para la iniciativa Individual. Respaldada por la voluntad y la valentía del ego, encarna el poder de competir, impulsándote a estar un paso por delante de todos los demás, y a arriesgarte a ir donde nadie más ha ido para encontrar o crear un lugar para ti mismo. Estás diseñado para soportar el shock y sobresaltar a otros para sacarlos de la complacencia de la seguridad de su capullo y dirigirlos hacia la trascendencia personal y el amor a sí mismos. El amor a la vida misma y la competición constante que llega con el dominio del mundo material te estimulan y potencian. Sin embargo, en oposición a la valentía y la fuerza de voluntad que te dinamiza está el potencial para la temeridad que pone en peligro a tu vulnerable corazón, tanto física como espiritualmente. El secreto para mantener la salud de tu corazón es centrarte en armonizar tu energía con tu Estrategia y Autoridad, y sentir en tu interior cuándo tienes la voluntad para entablar un combate y cuándo no. Esta guía te permitirá adaptarte a la naturaleza de cualquier shock o desorden a que tengas que enfrentarte, y le proporcionará a tu corazón el descanso que necesita para recuperarse de tu implicación con el mundo. Sin la Puerta 25, puede que te encuentres buscando o esperando que el ámbito del espíritu te proporcione guía o dirección.

Línea 6 - Separación
Línea 5 - Simetría
Línea 4 - Limitación
Línea 3 - Adaptación
Línea 2 - Retirada
Línea 1 - Referencia

Puerta 25: inocencia - la Puerta del Espíritu del Ser

La perfección de la acción a través de una naturaleza espontánea y sin amaneramientos
• Centro: G • Cuarto: Iniciación • Tema: El propósito se cumple mediante la mente CAD del Receptáculo del Amor • CY de la Inocencia • CAI de la Sanación

El amor de la Puerta 25 fluye de aceptar y vivir rendido a tu forma. Es una puerta del ser elevado y su papel fundamental es llevar a la gente a la individuación. Tu inocencia no está diseñada para traer amor al mundo de una manera específica, sino para amar sin discriminación. Tienes el potencial —y con él potencias a otros— para amar la vida y todo lo que hay en ella por igual. Se puede amar una flor tan profundamente como a un ser humano. A menudo, esta cualidad de amor se proyecta como desapegada o fría, pero no es ninguna de las dos cosas. El potencial místico de este amor es trascendente y universal, y la inocencia de tu espíritu siempre está siendo puesta a prueba. Tienes la capacidad para vivir estas iniciaciones de la vida como un guerrero espiritual, airado y dispuesto a competir por tu espíritu (tu individualidad) en cualquier circunstancia. Entonces, cuando el guerrero o el «tonto» de la Puerta 51 te incite a saltar al vacío, o cuando afrontes los desafíos iniciáticos de la vida, serás capaz de caer de pie y ahondar tu inocencia hasta una sabiduría que puede potenciar a otros en su propio viaje. Puede que salgas un poco herido de semejantes iniciaciones, pero tu supervivencia y triunfo final enriquecen tu espíritu y el de quienes te rodean. El resultado es que estás vivo y lleno del asombro —el amor— de ser.

Línea 6 - Ignorancia
Línea 5 - Recuperación
Línea 4 - Supervivencia
Línea 3 - Sensibilidad
Línea 2 - El existencialista
Línea 1 - Desinterés

El Grupo de Circuitos Colectivos
Circuitos del Entendimiento y de la Sensación
Idea clave general: compartir

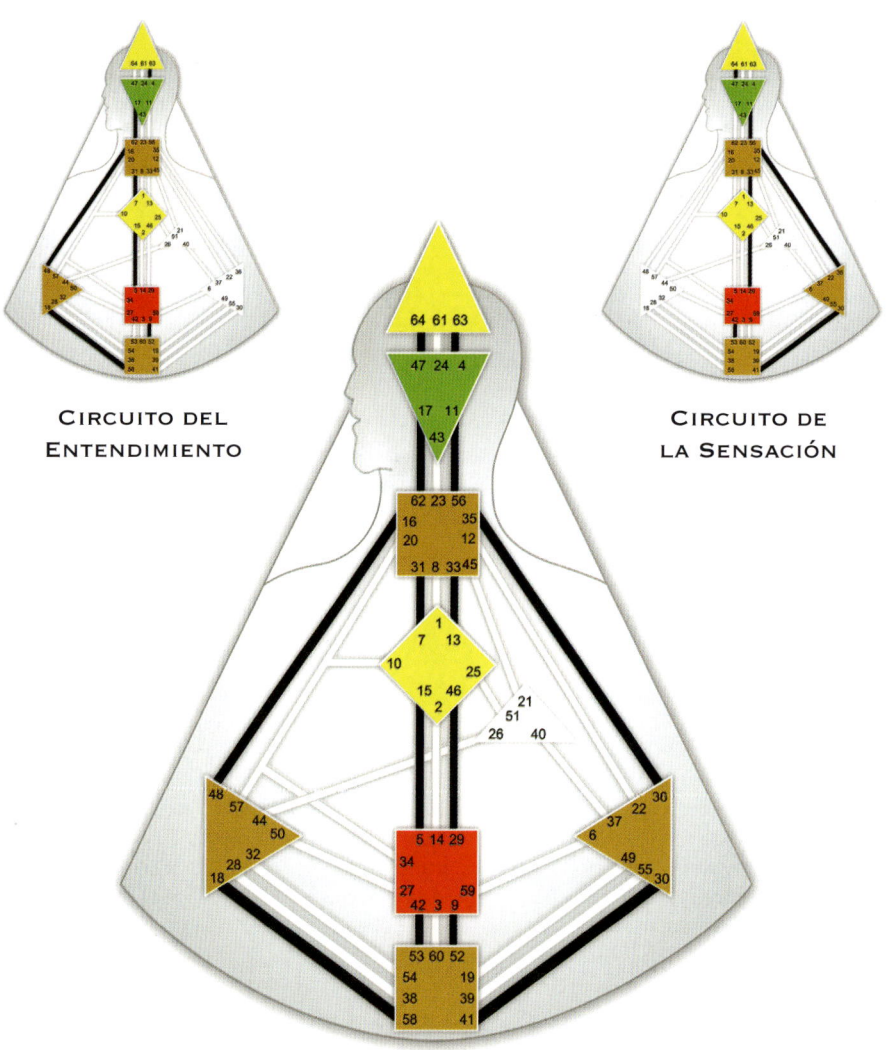

Circuito del Entendimiento

Circuito de la Sensación

Grupo de Circuitos Colectivos

El Grupo de Circuitos Colectivos se compone de dos circuitos mayores: el Circuito del Entendimiento o lógico y el Circuito de la Sensación o abstracto. Compartir forma parte de todos los canales y puertas de estos circuitos. Para el Colectivo, compartir es semejante a un afán u obligación social o necesidad de decir lo que piensas, contar la experiencia que has tenido o lo que has juzgado de valor o no. El Colectivo no tarda en compartir opiniones, dilemas, soluciones, críticas, expectativas, fantasías, inventos, avances médicos y muchas más cosas, pero ese compartir no es personal. La orientación inherentemente social del Colectivo es objetiva, impersonal y no necesariamente recíproca, y es mejor evitar tomarse de manera personal el compartir del Colectivo, no importa lo personal que parezca.

Cuando el compartir indiscriminado se expresa sin haber sido solicitado, guiado por la mente no despierta y poco consciente del no-ser, puede ser realmente molesto. Por ejemplo, quienes están pasando por una crisis se encontrarán compartiendo su situación, sin darse cuenta, con el recepcionista, el cartero o la persona que hay a su lado en la parada del autobús. Aprender a esperar a que les pidan que cuenten su historia, o que den su opinión, forma parte de volverse sensible a la receptividad de los demás y es la clave para compartir de manera satisfactoria, efectiva y transformadora. La reciprocidad y la naturaleza social de la humanidad, junto con su necesidad de armonía o uniformidad, están muy integradas en lo Colectivo. Este grupo de circuitos hace avanzar la consciencia compartiendo lo que se ha aprendido mediante la experimentación y la experiencia. Con su enfoque en la sociedad, el Colectivo establece lo que es bueno para la mayoría, en vez de lo que es bueno para cualquier individuo específico. La idea de que «lo que es bueno para uno es bueno para todos, así que no te salgas del patrón que funciona» viene de este grupo de circuitos. Podría ser terrible para ti personalmente, pero como es para el bien común, lo aguantas. Los ciudadanos de un país, por ejemplo, comparten todos ellos las mismas reglas, la misma moneda y las mismas instituciones públicas.

Sin la colegialidad, el gobierno por mayoría y la obligación de compartir del Colectivo, las grandes sociedades de hoy no podrían sostenerse; serían aún un conglomerado de feudos compitiendo por los mismos recursos. Con el Colectivo en el timón de la historia reciente, las clases cultas y privilegiadas han entrado en la era de la aldea global. Casi hemos alcanzado el potencial y el objetivo último del Grupo de Circuitos Colectivos. El Colectivo recela del Individuo inconformista e impetuoso, y nunca ha confiado en la exigencia primitiva de lealtad de la Tribu y sus negociaciones.

Observa cómo el Grupo de Circuitos Colectivos, que se puede ver en la ilustración, forma una especie de caparazón externo y un núcleo interno que parece unir y sostener el Cuerpo Gráfico. Hay un equilibrio y una belleza inusuales en la oposición que existe en esta simetría. Es como una danza entre el ayer (Sensación/abstracto) y el mañana (Entendimiento/lógico), entre los ciclos y los patrones, entre experimentar y demostrar. La vida se fundamenta en la lógica, pero se vive a través de los ciclos abstractos de la vida. El Circuito de la Sensación (abstracto) trata de codificar la experiencia o de verle el sentido al pasado, y el Circuito del Entendimiento (lógico) trata de anticipar el futuro. El Colectivo no está tan enfocado en el momento presente, que es la contribución del Individuo. De la oposición interna de este grupo de circuitos, su vaivén entre pasado y futuro, viene su reputación de conservadurismo o mantenimiento del statu quo. «Si no está roto, no lo arregles ni lo cambies.» Y surge de este grupo de circuitos un nivel de estabilidad que dice con cierto orgullo: «Yo comprendo. Tengo los hechos. Es así». O también: «Lo he experimentado. He estado ahí, he hecho eso. Lo único que tienes que hacer es escucharme». La lógica es experimental; tiene que ver con la manera en que se supone que funcionan las cosas. El Circuito abstracto de la Sensación es experiencial y trata con el deseo y lo inesperado.

El Circuito del Entendimiento (Lógico)
Idea clave: compartir

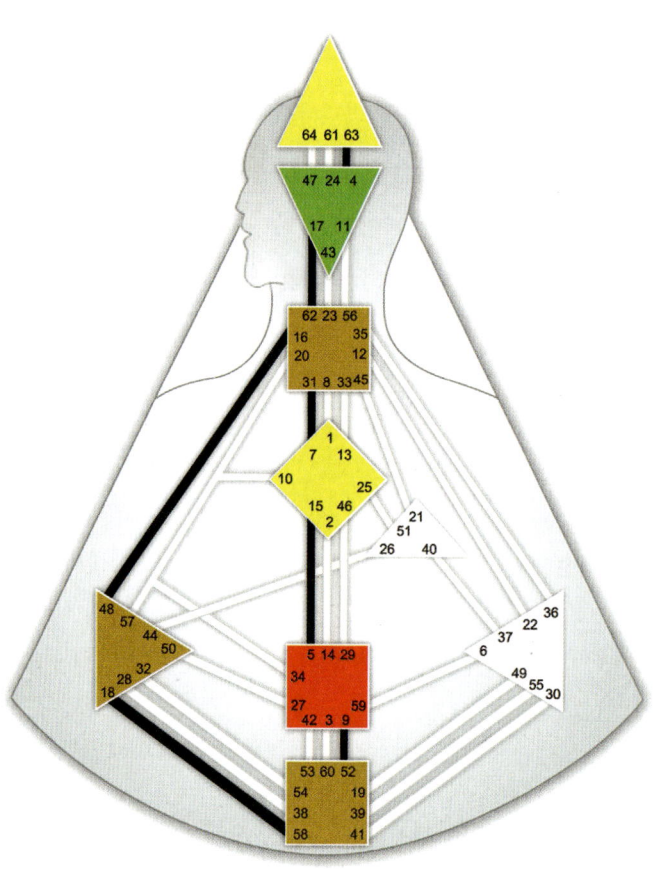

Canales

63 - 4   **Lógica**
         Facilidad mental mezclada con dudas

17 - 62 **Aceptación**
         Un ser organizador

58 - 18 **Juicio**
         Insaciabilidad

48 - 16 **La Longitud de Onda**
         Talento

52 - 9   **Concentración**
         Determinación

5 - 15   **Ritmo**
         Dejarse fluir

7 - 31   **Alpha**
         Para bien o para mal, un diseño de liderazgo

El tema del Circuito del Entendimiento es la lógica, una inteligencia calmada pero seductora, enraizada en el reconocimiento de patrones mediante la concentración en los detalles. Analiza procesos o fórmulas y cuestiona lo que no funciona. Esta lógica permite predecir, con cierta fiabilidad, lo que puede esperarse en el futuro a raíz de esta o esa línea de actuación.

El entendimiento tiene lugar con el paso del tiempo. Requiere apoyo financiero, repetición disciplinada y el desarrollo de técnicas o habilidades para refinar y concretar un patrón, o dominar y perfeccionar una actitud, un plan o una fórmula. Además de recursos que a menudo se obtienen desde fuera del circuito, la lógica requiere práctica para alcanzar su potencial y realizar su contribución, parte de la cual es conducir a la humanidad al futuro a salvo. Siempre y cuando la lógica esté libre de condicionamiento, se puede usar para compartir, de maneras hondamente influyentes, las hipótesis formularizadas del Circuito del Entendimiento, así como sus perspectivas y dudas que proyecta acerca del futuro.

A diferencia de su reflejo —el Circuito de la Sensación, abstracto y experiencial—, la lógica del Circuito del Entendimiento no tiene conexión con la calidez y la pasión del Plexo Solar. A menudo se dice que el Circuito del Entendimiento es la parte fría de la carta, aunque la estabilidad de la lógica trae consigo una profunda satisfacción que no está disponible en la parte experiencial. Hay alegría colectiva cuando vemos que uno y uno son siempre dos y que el patrón es fiable. Cuando la lógica funciona, es tan placentera como colocar la última pieza de un puzle, lo que forma parte de la seducción que produce la lógica en el Colectivo.

En las páginas siguientes nos ocupamos de los canales y las puertas del Circuito Lógico.

El Canal de Concentración: 52 - 9

Un diseño de determinación
Circuito: Entendimiento • Tipo de canal: Generado

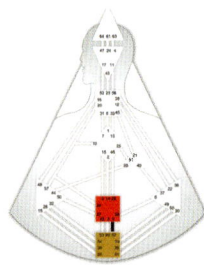

El Canal de Concentración conecta el Centro de la Raíz con el Centro Sacral mediante la Puerta de la Inacción (52) y la Puerta del Foco (9). La Puerta 9 está resuelta a mantener su foco en los detalles y los hechos, mientras que la Puerta 52 provee un combustible pasivo que potencia este foco manteniéndote quieto y retirado de otras distracciones. El Canal 52-9 crea un potencial que puede cumplirse mediante la atención enfocada cuando uno está lo suficientemente quieto para evaluar todos los aspectos pertinentes.

Contexto: Para mejorar algo y prestar un servicio al mundo, la lógica debe ser capaz de mantener su foco y manejar todos los detalles de un patrón. El Canal de Concentración es una energía formato* portadora de las cualidades de todos los demás canales del Circuito del Entendimiento. Cuando está guiada por la respuesta sacral, influye en todo el diseño de quien la porta, con su energía para concentrarse y cuestionar, corregir o perfeccionar cualquier patrón, forma o actividad con la que esté profundamente comprometido. La lógica es un proceso que va paso a paso, poniendo un pie delante del otro, y hay que estar hondamente identificado con la fórmula para dedicar el tiempo necesario para aprobarla o desaprobarla. El proceso lógico es inmensamente importante para mantener la posición de influencia del Colectivo dentro de la totalidad.

Personal: Estás continuamente implicado en evaluar los detalles de aquello a lo que te estés dedicando. Sientes una presión calmada para estar quieto, no como estrés, sino más bien como una tensión que te mantiene en tu lugar, como una postura de yoga. Aquietas tu cuerpo físico y tus sentidos

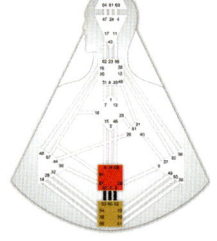

Energía formato

externos para usar tu energía de una manera precisa y enfocada, y odias disipar esta potente energía teniendo que tratar con varias cosas a la vez. Eres como el Buda sentado bajo el árbol Bodhi, acopiando tu energía y esperando a que responda tu Sacral. Tus respuestas revelan cuál será tu foco, qué patrón te vas a dedicar a perfeccionar y cuándo compartirlo. Cuando sigues tus respuestas, emerge también tu verdadera vocación y tu foco en la vida. Puede que estés profundamente dedicado a una actividad la mayor parte de tu vida o que tengas múltiples focos bien diferentes en el curso de tu vida. Si tienes este canal formato definido en tu diseño, puede que te encuentres inquieto y deprimido si no hay nada en lo que merezca la pena concentrarse, nada que tu Autoridad diga que es correcto dirigir tu energía a ello.

Interpersonal: Áuricamente, la frecuencia formato del Canal 52-9 puede mantener o concentrar energía en un lugar, permitiendo que un grupo se centre y facilite un examen más profundo del proyecto o proceso que esté considerando. Si no tienes este canal definido en tu diseño, puede que en ciertas circunstancias te beneficie sentarte cerca de alguien que lo tenga, para realzar tu propia capacidad de permanecer quieto y concentrarte.

---

* Las energías formato ejercen una poderosa influencia en todos los demás canales del circuito y en el diseño en su conjunto. Los canales formato conectan los Centros de la Raíz y Sacral: 53-42 (Colectivo/Abstracto), 60-3 (Individual) y 52-9 (Colectivo/Lógico). El Circuito Tribal no tiene ningún canal formato.

Puerta 52: la Quietud (de la Montaña) - la Puerta de la Inacción

Inacción temporal y autoimpuesta en beneficio de la evaluación • Centro: Raíz • Cuarto: Civilización • Tema: El propósito se cumple mediante la forma CAD del Servicio • CY de la Quietud • CAI de las Exigencias

La Puerta 52 es energía bajo presión enfocada en evaluar, el poder crudo para concentrarse. Hay una tensión pasiva en esta conexión del Centro de la Raíz que busca una salida por la Puerta 9. Cuando la Puerta 52 encuentra algo con lo que se identifica profundamente, algo merecedor de que se canalice esta energía, la tensión se equilibra entre la presión del Centro de la Raíz para mantenerte avanzando y el poder de la Puerta 52 para ayudarte a permanecer quieto y concentrarte. Sin embargo, antes de alcanzar este equilibrio puede que te encuentres oscilando entre el desasosiego y la depresión, dando tumbos de una cosa a otra, incapaz de encontrar la autodisciplina para volver a retirarte a tu quietud y concentrarte. La única salida física que hay en la Puerta 52 para dirigir o aliviar esta tensión pasiva dentro de ti es enfocarla. Sin la Puerta 9, y la respuesta sacral, es difícil saber en qué actividad o detalles concentrarse.

Línea 6 - Apacibilidad
Línea 5 - Explicación
Línea 4 - Autodisciplina

Línea 3 - Control
Línea 2 - Concernimiento
Línea 1 - Piensa antes de hablar

Puerta 9: el Poder Domesticador de lo Pequeño - la Puerta del Foco

El potencial puede ser desarrollado mediante una atención detallada a todos los aspectos pertinentes • Centro: Sacral • Cuarto: Mutación • Tema: El propósito se cumple mediante la transformación CAD de la Planificación • CY del Foco • CAI de la Identificación

La Puerta 9 actúa como un embudo, enfocando el enorme poder de la Puerta 52 para concentrarse en lo que es significativo y valedero para ti. La frecuencia que lleva la Puerta 9 es una diligencia para el detalle o una habilidad para enfocar tu energía. Gran parte de nuestro éxito lógico como especie depende de conservar valiosa energía prestando atención a los detalles. Tienes la determinación para enfocar en un punto la energía pasiva, pero poderosa, que mana del Centro de la Raíz. Con la capacidad sacral de la Puerta 9 para perseverar, puedes enfocar tu atención durante largos periodos de tiempo en todos los aspectos detallados de un proyecto o tema y examinar o evaluar adecuadamente las fórmulas. Todo eso lo puedes compartir con el Colectivo o aplicarlo a tu propia vida. Sin embargo, sin la Puerta 52 puede que no seas capaz de mantenerte quieto el tiempo suficiente para concentrarte. Tu propia falta de determinación puede convertirse en una fuente de frustración para ti. Cuando está clara y enfocada, tu aura puede facilitar el uso eficiente de la energía física y mental en quienes te rodean.

Línea 6 - Gratitud
Línea 5 - Fe
Línea 4 - Dedicación

Línea 3 - La gota que colma el vaso
Línea 2 - La desdicha gusta de compañía
Línea 1 - Sensibilidad

El Canal del Ritmo: 5 - 15
Un diseño de dejarse fluir
Circuito: Entendimiento • Tipo de canal: Generado

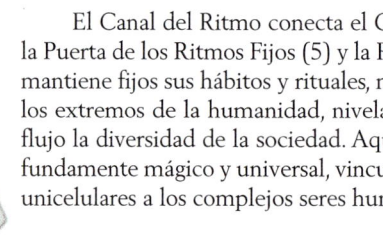

El Canal del Ritmo conecta el Centro Sacral con el Centro G mediante la Puerta de los Ritmos Fijos (5) y la Puerta de los Extremos (15). La Puerta 5 mantiene fijos sus hábitos y rituales, mientras que la Puerta 15, con su amor a los extremos de la humanidad, nivela el campo de juego incorporando en el flujo la diversidad de la sociedad. Aquí encontramos el ritmo de la vida, profundamente mágico y universal, vinculando todas las formas de vida, desde las unicelulares a los complejos seres humanos.

Contexto: El Canal del Ritmo es la piedra angular de todos los procesos de la vida biológica, conectándonos íntimamente, a través de cada respuesta del Centro Sacral, al flujo del mundo natural. No está sujeto ni a la arrogancia de la mente ni a las subidas y bajadas de la ola emocional. El Monopolo Magnético, con su atracción singular que lo mantiene todo unido en la ilusión de la separación, está ubicado en el Centro G. El magnetismo Colectivo de la Puerta 15 es una proyección, por parte del Monopolo, del amor universal (no personal) a la humanidad y al potencial de la humanidad; de esta manera, nos hace avanzar. Su frecuencia atrae magnéticamente a todos a su ritmo, como una manera de compartir impersonalmente el flujo de la vida. Este ritmo de la vida es natural y fundamentalmente lógico, basado en patrones repetibles pero siempre en evolución, y está diseñado para dirigir a toda cosa viviente hacia el futuro.

Personal: El río de la vida te lleva con él constantemente; estás conectado vital e íntimamente a su flujo continuo. A los demás les parece que tienes tu propio sentido del tiempo, determinado enteramente por tu propio ritmo interno. Si estos patrones o rutinas son naturales y correctos para ti, entonces no deberías permitir que nada interfiera con ellos. No puedes conectar con los patrones del ritmo de la naturaleza si fluyes separado de tu respuesta interna, porque solo tu Sacral puede guiar y ajustar finamente tu sentido de cuándo hacer las cosas. Cuando estás alineado con tu flujo, todo lo que haces te resulta natural y sin esfuerzo, y beneficia sutilmente a quienes te rodean llevándoles a su propio ritmo y sentido del tiempo. Sin embargo, si vives las distorsiones y el sentido del tiempo incorrecto del no-ser, puede que te encuentres perturbando el flujo de todos, empezando por el tuyo. Entonces la vida que te rodea puede parecerte confusa y caótica.

Impersonal: El magnetismo áurico de este canal está diseñado para atraer a la gente a un flujo continuo, pero flexible, que mantiene a la humanidad avanzando hacia un futuro viable y seguro. El flujo social del Colectivo nos provee de oportunidades ilimitadas para establecer vínculos. El patrón ideal de la lógica es que las personas fluyan juntas con la oportunidad de vincularse como iguales, descondicionadas y viviendo auténticamente. La lógica confirma que todos los ritmos y patrones naturales y correctos, no importa lo fijos o extremos que sean, expanden la manera en que se manifiesta el amor en el mundo. Una conexión electromagnética entre las Puertas 5 y 15 puede ser un reto, ya que una persona tendrá patrones fijos y la otra necesita permanecer flexible dentro de los extremos de sus ritmos. Sin embargo, cuando se juntan experimentan el potencial del Canal del Ritmo para determinar el flujo que hace avanzar a quienes les rodean, incluso a un grupo entero. El Canal 5-15 introduce en su propio flujo a quienes están en su entorno y determina el curso que tomará el grupo.

Puerta 5: la espera - la Puerta de los Ritmos Fijos

La sintonía fundamental con los ritmos naturales. La espera como un estado activo de conciencia • Centro: Sacral • Cuarto: Mutación • Tema: El propósito se cumple mediante la transformación CAD de la Consciencia • CY de los Hábitos • CAI de la Separación

Para la Puerta 5, esperar no es detenerse: es un estado activo, como estar embarazada. La Puerta 5 es una energía que disfruta los ritmos y tempos fijos. Esto es lo que te da la tenacidad para seguir fiel a tus propios ritmos internos y permanecer vital, sano y siempre en tu flujo. Encuentras una gran satisfacción en rituales y rutinas mundanos que te sintonizan con las vibraciones de la vida. Ser forzado a desviarte de tus propios ritmos naturales puede ser física, metal y emocionalmente desestabilizador para ti y se puede manifestar como inseguridad, conductas poco saludables y desórdenes físicos. No cuestiones tus rutinas o ritmos naturales, ni dejes que otros te aparten de ellos. Por ejemplo, puede que un amigo con los extremos de la Puerta 15 no comprenda por qué eres tan compulsivo con tus rituales y patrones diarios. Su ritmo automáticamente altera tus rutinas saludables y podría incluso tentarte a abandonarlas. A la inversa, puede que te encuentres queriendo influir en su impredictibilidad con tus hábitos fijos. Recuerda que su flexibilidad y adaptabilidad, aunque a ti te parezcan impredecibles, son lo que le mantienen sano. Comprender y apreciar lo que cada uno de vosotros trae al flujo te ayuda a aceptar gustosamente los retos inherentes y trascenderlos.

Línea 6 - Conformidad
Línea 5 - Alegría
Línea 4 - El cazador

Línea 3 - Compulsión
Línea 2 - Paz interior
Línea 1 - Perseverancia

Puerta 15: la modestia - la Puerta de los Extremos

La cualidad de comportamiento que expresa el equilibrio apropiado entre los extremos • Centro: G • Cuarto: Civilización • Tema: El propósito se cumple mediante la forma CAD del Receptáculo del Amor • CY de los Extremos • CAI de la Prevención

La Puerta 15 es el amor a la humanidad. Tiene la capacidad de aceptar y encontrar un lugar en la sociedad para el espectro completo de la conducta humana. Su carencia de un patrón fijo asegura que cada uno de nosotros pueda contribuir a las diversas maneras en que existe el amor en el mundo. El amor en la Puerta 15 no tiene que ver con cómo conectamos con otros, sino más bien con cómo proyectamos al mundo un amor transpersonal a la diversidad de la humanidad. Esto comienza amando los extremos de tus propios ritmos; por ejemplo, dormir diez horas una noche y dos horas la noche siguiente. Eres capaz de aceptar sin juzgarlos los extremos de otras personas, trayendo así diversidad al flujo de la vida. El Monopolo Magnético amplifica el magnetismo de tu aura, que atrae a personas a ti y a tu reconocimiento de la diversidad. Cuando está guiada por tu Autoridad, la Puerta 15 aumenta tu potencial para influir en la manera en que los ritmos o patrones extremos se hacen «modestos» y se equilibran e integran dentro del Colectivo. Al comprender y aceptar los tiempos diversos y opuestos que forman parte de la humanidad, asimilas y promueves para todos nosotros lo que significa ser humano. Sin el ritmo disciplinado y fijo de la Puerta 5, puede que encuentres que tus propios ritmos siempre cambiantes te hacen perder el foco que necesitas para lograr la maestría en alguna área de tu vida.

Línea 6 - Defensa propia
Línea 5 - Sensibilidad
Línea 4 - El observador invisible

Línea 3 - Inflación del ego
Línea 2 - Influencia
Línea 1 - Deber

El Canal del Alpha: 7 - 31
Para bien y para mal, un diseño de liderazgo
Circuito: Entendimiento • Tipo de canal: Proyectado

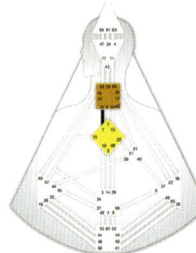

El Canal del Alpha conecta el Centro G con el Centro de la Garganta mediante la Puerta del Rol del Ser (7) y la Puerta de la Influencia (31). Es el diseño del liderazgo Colectivo lógico que mira al futuro. El liderazgo lógico se basa en patrones probados y establecidos que pueden seguirse con certeza. La Puerta 31 es el líder Colectivo y su voz tiene la cualidad de la influencia. La Puerta 7 provee el patrón lógico necesario para liderar y guiar a la sociedad; se describe como el poder en la sombra. Sus seis líneas designan roles de liderazgo que usamos con frecuencia cuando interactuamos con los demás, como el autoritario, el general y el administrador.

Contexto: Como residentes de una comunidad global, estamos familiarizados con el estilo de liderazgo democrático o compartido del Colectivo. Los alphas son líderes que primero tienen que ganarse nuestra confianza. Los que lideran con lógica deben perfeccionar sus habilidades de liderazgo y ser capaces de demostrárselas satisfactoriamente a la sociedad. Tienen que ser reconocidos como personas que entienden los patrones presentes, comprenden las tendencias y conocen las necesidades de la gente. Sobre todo, deben ser invitados a liderar (elegidos) por la mayoría. La duración de su mandato está determinado por la evaluación que el electorado hace de su manera de ejercer su función. El liderazgo Colectivo está potenciado por el gobierno de la mayoría, que difiere de la autocracia de la Tribu o el ejemplo personal del Individuo.

Personal: Se dice de los lobos que no todos los alphas lideran una manada, pero que ningún alpha verdadero permanecerá en una manada liderada por otro alpha. Puede que no llegues a ser un líder nacional o de una comunidad, pero de manera natural buscarás tu propio ámbito de influencia, tu propia manada. Cuando la encuentras, puedes llevar la atención a las cualidades esenciales para mantener a la sociedad en el buen camino, pero solo puedes señalarles el camino a los demás. No puedes recorrerlo por ellos. Liderar desde una posición de influencia en vez de una de autoridad absoluta es la clave de tu éxito y de mantener tu sensación de bienestar.

Interpersonal: El liderazgo en este canal se puede describir más apropiadamente como influencia, ya que el Canal del Alpha *no* está conectado a un motor y su enfoque es el futuro. El alpha podría decir: «Hacer esto funcionará», pero a menos que la mayoría esté dispuesta a dar el paso de elegirte para que la guíes a hacerlo, no se hará. El liderazgo Colectivo dice: «Os representaré y compartiré el liderazgo con vosotros siempre y cuando hagáis lo que yo diga, porque tengo la razón». En otras palabras, quienes tienen definición de liderazgo tienen más posibilidades de triunfar si están liderando a las personas apropiadas en las circunstancias apropiadas. Tienen más éxito cuando esperan a ser reconocidos e invitados por quienes comparten el mismo contexto Colectivo y forman parte del mismo patrón establecido. Las respuestas de la lógica raramente son universalmente correctas o duraderas; en cualquier momento el patrón podría ser cuestionado o debilitarse o romperse. Todo forma parte del perfeccionamiento del proceso, lo que mantiene a la humanidad avanzando hacia un futuro cada vez más seguro.

Puerta 7: el ejército - la Puerta del Rol del Ser en su Interacción

El punto de convergencia. Por diseño, la necesidad de liderazgo para guiar y ordenar la sociedad • Centro: G • Cuarto: Dualidad • Tema: El propósito se cumple mediante los vínculos CAD de la Esfinge • CY de la Interacción • CAI de las Máscaras

La Puerta 7 se orienta hacia el futuro, con una habilidad para ver cuándo la dirección presente de la sociedad necesita ser corregida para llegar allí. Esta es la puerta de dirección de la lógica, parte de la Cruz de Ángulo Derecho de la Esfinge. La sustancia de su contribución al Colectivo se expresa mediante roles de liderazgo que vemos en los nombres de las seis líneas de la Puerta 7: Autoritario, Demócrata, Anarquista, Abdicador, General y Administrador. Estos roles son genéticos y mecánicos, y tienen un enorme poder condicionador en el Colectivo. Mediante tu rol, y con tu entendimiento de la dirección futura de la humanidad, persuades a otros a que sigan tu liderazgo, influenciando así a personas en posiciones de influencia, especialmente a quienes tienen la Puerta 31. Puedes ser quien evalúe o modifique el patrón o la cuestionable dirección existentes, o ser el catalizador para crear una nueva dirección. Esta posición de influencia se describe como el poder detrás del trono o el poder en la sombra. En otras palabras, sin la Puerta 31 puedes ser un líder público pero no necesariamente la figura pública que influencia directamente al Colectivo.

Línea 6 - El administrador
Línea 5 - El general
Línea 4 - El abdicador

Línea 3 - El anarquista
Línea 2 - El demócrata
Línea 1 - Autoritario

Puerta 31: la influencia - la Puerta de la Influencia

La ley de la fricción, sea activa o pasiva, que genera transferencia y, por tanto, influencia • Centro: Garganta • Cuarto: Civilización • Tema: El propósito se cumple mediante la forma CAD de lo Inesperado • CY de la Influencia • CAI del Alpha

La Puerta 31 está diseñada para ser influyente. El liderazgo Colectivo es colegial, no jerárquico. Provee la visión para una nueva dirección y muestra a los demás cómo lograrla, en vez de hacerlo por ellos. La Puerta 31 manifiesta su potencial para la influencia verbal mediante las elecciones. Cuando el dinero es la energía usada para llevar a una persona a una posición de poder, en vez de la voluntad cooperativa de la gente, se pervierte fácilmente la habilidad general del Colectivo para asegurar el futuro de la humanidad. Tu voz por la Puerta 31, «Yo lidero», no se oye a menos que esté respaldada por la energía de la mayoría. La gente es la que tiene que actuar siguiendo lo que dice tu voz. La influencia de tu visión para la sociedad no será transferida o sentida sin que la energía del Colectivo la lleve al ámbito público. Tu liderazgo debe tener en cuenta los deseos de tus seguidores y ocuparse del bien de la totalidad. «Yo lidero» significa influenciar a otros, para bien o para mal, transfiriendo eficazmente tu visión de un patrón nuevo y digno de ponerse a prueba para que lo lleven a cabo. Sin la presencia de la Puerta 7, puede que parezcas una voz vacía.

Línea 6 - Aplicación
Línea 5 - Fariseísmo
Línea 4 - Motivación

Línea 3 - Selectividad
Línea 2 - Arrogancia
Línea 1 - Manifestación

El Canal del Juicio: 58 - 18
Un diseño de insaciabilidad
Circuito: Entendimiento • Tipo de canal: Proyectado

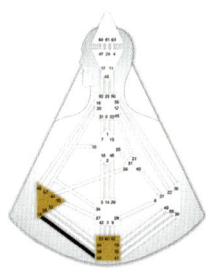

El Canal del Juicio conecta el Centro de la Raíz con el Centro del Bazo mediante la Puerta de la Vitalidad (58) y la Puerta de la Corrección (18). La lógica necesita poder probar que tiene las mejores respuestas, y subyacente en el proceso lógico hay un afán insaciable de cuestionar, corregir y perfeccionar cualquier patrón. El Canal 58-18 alimenta el arte de la maestría.

Contexto: La Puerta 58 alimenta nuestro amor a la vida y nuestra vitalidad, y nos presiona para que queramos perpetuar esa energía. La insaciabilidad del Canal 58-18 resulta de sentirse tan bien. Es como si la Puerta 58 dijera «más y mejor, más y mejor», como el impulso de la lógica para mantenernos vivos, mientras que la Puerta 18, la Puerta de la Corrección, modera este impulso alertándonos de lo que no es saludable o equilibrado o necesita ser corregido. El Canal del Juicio es como un centinela que juzga si lo que percibe está impidiendo que la vida sea alegre para el Colectivo. Semejante juicio se basa en poner a prueba los patrones y comparar lo que es inherentemente correcto y factible con lo que ha funcionado o no en el pasado. Este sentido de lo que necesita corrección mantiene en el buen camino a la sociedad, porque el Canal 58-18 quiere que todos encuentren satisfacción en el patrón perfeccionado. El propósito subyacente en el Canal del Juicio es el propósito del Diseño Humano: recuperar o recobrar la alegría y el amor que se han perdido al vivir una vida homogeneizada y condicionada.

Personal: Incluso para el verdadero perfeccionista, la perfección nunca puede existir, porque los patrones están sujetos al cambio continuo. Tu habilidad para juzgar y tu deseo de corregir se expresan cuando te sientes insatisfecho con algo o sientes la necesidad de cuestionarlo. Sin embargo, cuando este proceso de perfeccionamiento o de corrección te lo tomas de manera personal y lo interiorizas o lo diriges a otros en tus relaciones, el resultado se percibe como un afán continuo de encontrar defectos o una aguda insatisfacción contigo mismo y con la vida en general. Te encontrarás cuestionando a tu madre, tu padre, tus profesores, los gobiernos, cualquiera y todo. Ningún reto es demasiado grande para la lógica o está más allá de tu necesidad, alimentada por la Raíz, de perfeccionar el patrón. Sin embargo, cuando surge una evaluación crítica que no ha sido solicitada o invitada, generalmente toma la forma de una incesante sarta sin fin, que nadie quiere oír, de datos sobre lo que está mal. Por otra parte, lo que te proporciona verdadera alegría es que te pidan que compartas tu opinión, como por ejemplo: «¿Hay algo que no va bien aquí?». Quienes te preguntan son las personas que están abiertas y preparadas para tu respuesta.

Interpersonal: Para evitar derrochar valiosa energía y para usar sensatamente tus dones esenciales, debes elegir tus batallas con cuidado, en primer lugar esperando a que te pidan que compartas tu solución, y concibiendo soluciones aplicables al Colectivo. De esta manera, solo cuestionas lo que los demás están más abiertos y preparados para abordar y, potencialmente, corregir. Dos maneras diferentes de sacar la pasta de dientes proveen un ejemplo humorístico y mordaz de cómo la lógica puede funcionar eficazmente para reconciliar las diferencias. La lógica dice que la pasta de dientes debería sacarse presionando la parte inferior del tubo. El Individuo dice que apretará el tubo donde le plazca. La conciliadora, impersonal y práctica solución Colectiva fue inventar —y compartir con la sociedad— un utensilio que saca un poco de pasta de dientes apretando un botón. Acordar mutuamente aplicar la solución restaura la paz, salvando la relación y probablemente muchas otras en el proceso.

Puerta 58: lo jovial - la Puerta de la Vitalidad

La estimulación es la clave de la alegría • Centro: Raíz • Cuarto: Mutación
• Tema: El propósito se cumple mediante la transformación CAD del Servicio
• CY de la Vitalidad • CAI de las Exigencias

La Puerta 58 tiene la habilidad de sentir cuándo algo es débil o poco saludable. Aportas a la vida una audacia alegre y compasiva para cuestionar un patrón o a la autoridad que hay detrás de él. El placer que obtienes al compartir tu apreciación de la belleza, tu sentido del asombro y tus ganas de vivir atraen y deleitan a los demás de manera natural. Para satisfacer el deseo impulsor de hacer una contribución valiosa, enfocas tu vitalidad y alegría de vivir en corregir cualquier cosa que impida que la sociedad logre y mantenga el bienestar y la salud. La Puerta 58 provee el combustible que la lógica necesita para poner a prueba la viabilidad de los patrones, fórmulas, ritmos y direcciones que están llevando al futuro a la humanidad. Es el recurso energético más preciado y codiciado de la lógica. A menudo provees la energía necesaria para hacer que la gente pase de hablar de algo a hacer algo al respecto. Para canalizar tu energía correctamente, para aplicarla de manera conservadora y apropiada donde sea más necesaria, buscas a personas con la Puerta 18 que se sientan atraídas a ti. Su conciencia existencial te ayuda a enfocar tu energía para determinar qué mejoras se deberían hacer y cómo manifestarlas. Sin la Puerta 18, puedes sentirte desesperado por ofrecer algún tipo de servicio y empujar demasiado para averiguar tú mismo cuál puede ser.

Línea 6 - Arrebato	Línea 3 - Electricidad
Línea 5 - Defensa	Línea 2 - Perversión
Línea 4 - Enfocar	Línea 1 - Amor a la vida

Puerta 18: ocuparse de lo echado a perder - la Puerta de la Corrección

La vigilancia y la determinación para sustentar y defender los derechos humanos básicos y fundamentales • Centro: Bazo • Cuarto: Dualidad • Tema: El propósito se cumple mediante los vínculos CAD del Servicio • CY de la Corrección • CAI de la Convulsión

La Puerta 18 disfruta descubriendo, nombrando y cuestionando lo que necesita ser corregido. Cuando sientes insatisfacción acerca de algo, probablemente haya perdido su vitalidad. Debajo de esta insatisfacción hay una gran preocupación por los derechos humanos y por lo que mantendrá a la sociedad sana y armónica. Tu don de la conciencia crítica te lleva a la fuente de una debilidad o imperfección y enfoca tu pensamiento en maneras de corregirla, modificarla o reemplazarla. Esta es tu forma de limpiar lo que no es sano o de restaurar la vitalidad a algo que ha sido corrompido. Tu don se realza con el discernimiento imparcial y el afán de la lógica de perfeccionar o reajustar tus propias habilidades de análisis crítico. Introducir un nuevo entendimiento por medio de identificar lo que necesita una corrección es un resultado de este proceso. La Puerta 18 representa también el miedo a la autoridad y el desafío a esa autoridad. Como puerta Colectiva, está diseñada para señalar lo que necesita ser corregido a nivel Colectivo, pero cuando se usa a nivel personal tiende a producir un resultado adverso. Sin el combustible alegre para la corrección de la Puerta 58, tu insatisfacción puede volverse meramente un afán continuo de encontrar defectos. Esto es especialmente cierto si tu valiosa y crucial conciencia ya no está enfocada productivamente en situaciones, patrones o instituciones, sino en las idiosincrasias y puntos vulnerables de las personas.

Línea 6 - El buda	Línea 3 - El fanático
Línea 5 - Terapia	Línea 2 - Enfermedad terminal
Línea 4 - El incompetente	Línea 1 - Conservadurismo

EL CANAL DE LA LONGITUD DE ONDA: 48 - 16
Un diseño de talento
Circuito: Entendimiento (canal creativo) • Tipo de canal: Proyectado

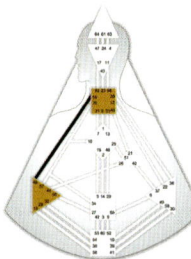

El Canal de la Longitud de Onda conecta el Centro del Bazo con el Centro de la Garganta mediante la Puerta de la Profundidad (48) y la Puerta de las Habilidades (16). La Puerta 48 siempre está a la búsqueda de información vital, y la Puerta 16 siempre está considerando nuevas maneras de experimentar y perfeccionar sus habilidades. Cuando está conectado al Canal del Juicio (Canal 58-18), con su habilidad para cuestionar y nombrar lo que no está funcionando, este Diseño de Talento puede usar su profundidad y sus habilidades para encontrar una solución potencial a un problema, o para alentar, corregir y refinar algo que necesita ser perfeccionado.

CONTEXTO: La profundidad disponible en la Puerta 48 es una inteligencia interna que no se puede entender con la mente y que solo está accesible para los demás cuando te has rendido a los instintos naturales del cuerpo. Cuando estás profundamente identificado con una habilidad disponible en la Puerta 16, o la practicas, se produce una transformación gradual hacia la precisión y la excelencia, que se comunica como talento o el resultado final de perfeccionar la habilidad o el patrón. Una habilidad puede ser cualquier cosa, desde tocar un instrumento, a resolver una fórmula científica o pasar extraordinariamente bien por el mundo. Quienes tienen el Canal 48-16 y logran la maestría en cualquier área del proceso lógico, a menudo sirven a un propósito más amplio o mejoran la vida de los demás.

PERSONAL: Estás diseñado para combinar la profundidad intuitiva con la experimentación y la práctica repetitivas, esforzándote por perfeccionar una habilidad intrínseca. La clave para desarrollar tu talento con éxito es que debes identificarte por completo con algo que te encante hacer, ya que se requiere mucha dedicación y repetición constante para alcanzar la maestría. Al llevar tu profundidad a la maestría técnica o el perfeccionamiento de una habilidad, transformas o conviertes tu habilidad en talento. Cuando tu entusiasmo se combina con una dedicación prolongada para refinar tu talento, con el tiempo la maestría del patrón trasciende al patrón mismo, liberándote para expresar tu propia longitud de onda única. A nivel celular, el cuerpo necesita siete años para trascender la técnica; puede que te lleve toda tu vida sondear tu profundidad.

INTERPERSONAL: Las personas con el Canal 48-16 tienen una necesidad innata de ser reconocidas por los demás, de que les pidan que compartan su talento y de que las recompensen con recursos para continuar su proceso de práctica y perfeccionamiento. Puede que carezcan de acceso directo a recursos energéticos (energía motor) propios. Si los padres no compran los instrumentos u ofrecen las lecciones de música que necesita el niño, por ejemplo, le resultará mucho más difícil desarrollar su talento en ciernes y la dedicación necesaria para perfeccionar su habilidad. O para explorar los patrones en nombre de la humanidad; patrones que podrían resultar lo suficientemente efectivos y eficientes para que afrontemos nuestro futuro con relativa seguridad. El dinero es una forma de reconocimiento, y el talento florece cuando es vigorizado por el reconocimiento y recompensado materialmente. A menudo, desarrollar habilidades sociales ayuda al artista a competir con éxito por los recursos monetarios necesarios para continuar perfeccionando su talento. El Canal 48-16 representa también la relación entre maestro y aprendiz. El maestro comparte su pericia, lograda refinando constantemente una habilidad, orientando o enseñando a un estudiante más joven pero muy dotado. Durante esta fase, el foco está normalmente en la técnica, ya que el talento a menudo se considera 1 por 100 don (inspiración) y 99 por 100 trabajo (sudor). De esta manera, se transmite el patrón y continúa el refinamiento en marcha según cada nuevo maestro va añadiendo su propia perspectiva única y su nivel de arte al proceso creativo de la lógica.

Puerta 48: el pozo - la Puerta de la Profundidad

El fundamento necesario y cualitativo que es un prerrequisito para establecer el bien común
• Centro: Bazo • Cuarto: Dualidad • Tema: El propósito se cumple mediante
los vínculos CAD de la Tensión • CY de la Profundidad • CAI del Empeño

La Puerta 48 provee una potente conciencia, enraizada en la profunda memoria instintiva, que te proporciona el potencial para aportar las soluciones reales y viables de la lógica a los problemas de la sociedad. Más que nada, quieres expresar y compartir tu profundidad para ayudar a otros a reconocer, corregir y perfeccionar el mundo en que vivimos. Sin embargo, sin la Puerta 16 puede que te sientas inadecuado, temiendo no ser capaz de explicar tu solución, o que tengas periodos de frustración cuando te des cuenta de que debes esperar a que otros reconozcan tu profundidad antes de poder compartirla. Puede que te preocupes demasiado por desarrollar habilidades que sientes que te faltan. Relajarte en una espera activa (expectante) generalmente atraerá a ti a personas que iniciarán tu profundidad. De esta manera, tus soluciones potenciales pueden emerger natural y claramente como una base para evaluar, perfeccionar y orientar las habilidades de otros.

Línea 6 - Autorrealización
Línea 5 - Acción
Línea 4 - Reestructurar

Línea 3 - Incomunicado
Línea 2 - Degeneración
Línea 1 - Insignificancia

Puerta 16: el entusiasmo - la Puerta de las Habilidades

El gran arte de enriquecer la vida canalizando armónicamente la energía • Centro: Garganta
• Cuarto: Civilización • Tema: El propósito se cumple mediante la forma CAD
de la Planificación • CY de la Experimentación • CAI de la Identificación

Con la Puerta 16, con el tiempo dejas tu marca en el mundo como crítico agudo, hábil artista o mediante tu talento y entusiasmo para vivir. Sin embargo, no comienzas la vida de esa manera. Necesitas identificarte con una o varias habilidades, dedicarte a la repetición de los patrones y enfocarte en la práctica hasta alcanzar un punto de maestría que trascienda la habilidad misma y se convierta en arte. El mundo espera ese momento en que el bailarín se convierte en la danza, cuando vivir tu vida se convierte en tu propia obra de arte. Estás buscando la manera perfecta de expresar tu pericia. Sin embargo, sin la Puerta 48 puede que te vuelvas autocrítico y sientas que no tienes la profundidad adecuada. Estás buscando también una fuente de apoyo material que te permita concentrarte en perfeccionar tu talento, tu teoría, tu solución, para entonces ponerla a disposición del mundo. Buscas a personas con la Puerta 48 para añadir su profundidad y dimensión a tu habilidad, además de dirigir, corregir y alentar apropiadamente tu propia práctica disciplinada.

Línea 6 - Credulidad
Línea 5 - El tacaño
Línea 4 - El líder

Línea 3 - Independencia
Línea 2 - El cínico
Línea 1 - Autoengaño

El Canal de Lógica: 63 - 4

Un diseño de facilidad mental mezclada con dudas
Circuito: Entendimiento • Tipo de canal: Proyectado

El Canal de Lógica conecta el Centro de la Cabeza con el Centro Ajna mediante la Puerta de las Dudas (63) y la Puerta de la Formulación (4). Es la mente dubitativa. ¡La duda es absolutamente esencial para la lógica porque la lógica puede ser impecable en su formulación y, aun así, ser errónea! El Canal 63-4 filtra patrones constantemente para ver si son consistentes o no. Cuando un patrón es inconsistente, la presión se intensifica y finalmente se convierte en una pregunta que exige una respuesta.

Contexto: El miedo del Canal de Lógica adquiere la forma de dudas y surge en algún punto entre la pregunta y la respuesta. Semejante escepticismo debe ser abordado mediante la experimentación lógica que conduzca a la prueba. Hay poco espacio para la creencia no demostrada. Una respuesta es solo una respuesta hasta que surge de ella un patrón consistente y fiable, práctico y comprobable. Al Colectivo le asusta el impacto mutativo del Individuo porque la mutación es un proceso transformador que rompe los patrones. Por ejemplo, alguien con definición en el Canal 63-4 no puede aceptar lógicamente la verdad del Sistema de Diseño Humano sin experimentar con él y verificarlo. Debe funcionar para ser lógico, y debe ser lógico para funcionar.

Personal: Tienes una mente lógica activa que enfoca la vida con un sano escepticismo. «¿Va a llover la semana que viene? Bueno, basándonos en los patrones típicos para este periodo del año, la presión barométrica presente y la nubosidad, hay una gran probabilidad, pero…» Eres bueno haciendo preguntas, buscando patrones reconocibles, considerando datos actuales y haciendo una predicción razonada del futuro para servir al Colectivo. ¿Nos hará esto o aquello más seguros mañana? Siempre te tienta compartir inmediatamente la pregunta y la respuesta, ya estén los demás interesados y abiertos a ti o no. Cuando tu activa mente no puede resolver una cuestión y liberar la presión mental sin encontrar resistencia, te pones ansioso. Es útil recordar que, como el Canal de Lógica es un canal Colectivo, lo mejor es usar en beneficio de los demás la presión para comprender el patrón. Como tu mente no está diseñada para responder las preguntas y las dudas que tienes acerca de tu propia vida y tu futuro, mantenla ocupada pensando en otras cosas.

Impersonal: Como conexión electromagnética, el Canal 63-4 crea un enlace mental bastante agradable entre dos personas. Quienes tienen la Puerta 63 quieren compartir sus dudas, y quienes tienen la Puerta 4 disfrutan mucho compartiendo sus soluciones. Sin embargo, cómo mejor funciona esta conexión es cuando ambas partes comprenden que es el compartir mismo lo que proporciona la satisfacción. La Puerta 63 no puede esperar que las soluciones de la Puerta 4 sean necesariamente útiles, así como tampoco la Puerta 4 puede esperar que la Puerta 63 haga solo preguntas que valgan la pena. Al final, usar la Estrategia y Autoridad para saber cuándo compartir asegura un intercambio grato y fructífero.

Puerta 63: después de concluir - la Puerta de las Dudas

En la espiral de la vida, todos los finales son comienzos • Centro: Cabeza
• Cuarto: Iniciación • Tema: El propósito se cumple mediante la mente CAD
de la Conciencia • CY de las Dudas • CAI del Dominio

La sospecha o la duda de la Puerta 63 es meramente una presión; es la disposición para prestar atención a lo que parece inseguro y cuestionarlo hasta que se pueda entender y evaluar desde el punto de vista de nuestra seguridad futura. La duda surge cuando percibes una inconsistencia o debilidad en los patrones existentes que hacen avanzar la vida. Este es el ingrediente esencial en el proceso del entendimiento/lógico, y la lógica es el común denominador que fluye por todas las formas de vida en el planeta y las conecta. La duda de la Puerta 63 se puede dirigir al mundo o, inapropiadamente, enfocar interiormente hacia tu vida y tus opciones. Tus dudas se convierten en un apremio para formular una pregunta que aborde algo que no te resulta claro. Si consigues una respuesta adecuada, lógica y factible para tu pregunta, sigue acumulándose la presión en forma de sospecha. Tu foco en el futuro, con la habilidad para ver patrones que existen en el presente, significa que si algo parece débil y no resiste el escrutinio de tu lógica, o si no asegura el futuro de la sociedad, lo rechazarás a favor de otro patrón. Cuando formas parte de un grupo implicado en planificar a largo plazo, tu aura contribuirá este combustible presurizado para formular una respuesta al proceso reflexivo de proyectar posibilidades para el futuro. Sin la Puerta 4, puede surgir ansiedad mental cuando necesitas tener una respuesta a las cuestiones apremiantes de la vida.

Línea 6 - Nostalgia
Línea 5 - Afirmación
Línea 4 - Memoria

Línea 3 - Continuación
Línea 2 - Estructurar
Línea 1 - Compostura

Puerta 4: la locura juvenil - la Puerta de la Formulación

La energía que, a pesar de su ignorancia, es capaz de persuadir y tener éxito, libre
de castigos • Centro: Ajna • Cuarto: Dualidad • Tema: El propósito se cumple mediante
los vínculos CAD de las Explicaciones • CY de la Formulación • CAI de la Revolución

La Puerta 4 aplica conciencia mental a las cuestiones alimentadas por las dudas respecto al futuro; formula respuestas lógicas. Cada respuesta, cada fórmula, es solo un potencial que finalmente debe ser puesto a prueba y sustanciado con hechos. Eso significa que puede que tus respuestas sean las que busca la gente y puede que no lo sean. Usas tu inteligencia y conciencia mentales para juzgar lo que parece sospechoso. Sin embargo, la presión de una duda puede durar toda la vida y necesitas confiar en tu Autoridad para que te guíe a la(s) pregunta(s) correcta(s) en las que concentrar tus energías mientras esperas el momento adecuado para compartir tus respuestas. En última instancia, las respuestas que formulas están diseñadas para ser aplicadas a preguntas que provienen de personas que te rodean. Raramente, si es que alguna vez, puedes formular respuestas que proveen soluciones a tus propias preguntas sobre tu vida. Comprender y aceptar esta verdad puede proporcionarte el bienestar de dejar que las respuestas vengan y vayan en tu mente, hasta que sea el momento apropiado para que una salga a la superficie cuando te pidan que la compartas en beneficio de otros. Si no tienes la Puerta 63, puede que pases mucho tiempo buscando la siguiente pregunta inspiradora que puedes responder, o que te sientas ansioso de que tu vida siempre vaya a ser un caos.

Línea 6 - Exceso
Línea 5 - Seducción
Línea 4 - El mentiroso

Línea 3 - Irresponsabilidad
Línea 2 - Aceptación
Línea 1 - Placer

El Canal de Aceptación: 17 - 62

El diseño de un ser organizador
Circuito: Entendimiento • Tipo de canal: Proyectado

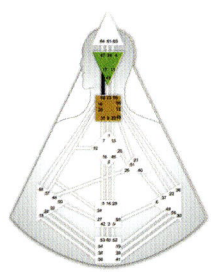

El Canal de Aceptación conecta el Centro Ajna con el Centro de la Garganta mediante la Puerta de las Opiniones (17) y la Puerta de los Detalles (62). La lógica influye en los procesos de pensamiento de la humanidad y moldea la manera en que la humanidad llega al entendimiento. Aquí, aceptación significa organizar mentalmente información basada en detalles ya corroborados, y es un proceso interno continuo.

Contexto: Como puerta del ojo derecho, la Puerta 17 visualiza los patrones, mientras que la Puerta 62 los traduce y manifiesta el detalle con palabras. La Puerta 62 es responsable de la creación del lenguaje, el medio por el que designamos, organizamos, evaluamos, comunicamos y damos significado a lo que vemos y experimentamos. El Canal 17-62 puede comprender todo lo que puede organizar con éxito en su propia imagen interna; lo que no pueda integrar de esta manera en su propia perspectiva, no lo comprenderá. La Puerta 62 es también una de las tres puertas del diseño de los mamíferos que conecta con los humanos, en este caso con la Puerta 17. Estas conexiones entre especies llevaron a la domesticación de los animales, lo que a su vez condujo a la organización de comunidades sostenibles. Esta conexión específica mejora también el adiestramiento de animales conectándolos a la mente, a una cognición más elevada.

Personal: Tu mente está ocupada constantemente organizando detalles en tu propio sistema mental de archivado, introduciendo ajustes en tu «visión general» adaptando en ella lo que piensan o dicen otros. Así es como mantienes bajo vigilancia constante a tus patrones internos. Todos los datos nuevos tienen que ser organizados e integrados lógicamente para encajar en tu perspectiva. Cuando le dices a alguien: «No te comprendo», estás diciendo simplemente: «No he podido organizar mi percepción de ti (o lo que estás diciendo o pensando) de una manera que encaje con mi visión del mundo». Con tu Centro de la Garganta bajo presión constante para hablar, verás que obtienes satisfacción y una sensación de alivio al compartir tus opiniones con gran detalle, o explicando lo que comprendes, o no, acerca de algo. En ambos casos, es especialmente importante que prestes atención a cuándo compartes y a la receptividad de tu audiencia. Tienes un don muy solicitado para organizar lógicamente cosas como grupos comerciales, eventos, proyectos y los espacios de otras personas; sin embargo, puede que no tengas un interés particular en mantener limpio y ordenado tu propio espacio.

Impersonal: Las personas con el Canal de Aceptación tienen una base congénita para enseñar o presentar información a otros. Tienen el don de traducir con eficacia los patrones visuales detallados al lenguaje, por ejemplo como fórmulas, teoría o hipótesis, para que pueda comprobarse su viabilidad. Esperar a que te inviten asegura que compartas en el momento adecuado, con efectividad y claridad, y que disminuyan las posibilidades de encontrar resistencia o de meramente aburrir a los demás con trivialidades que no han solicitado. La lógica mantiene firme su postura de manera natural. El debate y la argumentación, formas fundamentales de crítica y fricción que son necesarias para que la lógica examine un patrón existente, siguen siendo una fuente común de estrés en las interacciones entre las personas, especialmente si se toman de manera personal.

Puerta 17: el seguimiento - la Puerta de las Opiniones

La antigua ley de que los que deseen gobernar deben saber servir • Centro: Ajna
• Cuarto: Iniciación • Tema: El propósito se cumple mediante la mente CAD del Servicio
• CY de las Opiniones • CAI de la Convulsión

La Puerta 17 busca un concepto, u opinión, entre muchos en el que todos podamos confiar; uno que sobreviva las pruebas y las críticas y calme nuestros miedos respecto al futuro. La Puerta 17 está diseñada para estructurar una respuesta en un concepto, un patrón viable o una posible solución, en preparación a que la Puerta 62 corrobore los detalles. Hasta ese punto del proceso lógico, tu mente ha tomado una duda sobre el futuro y ha formulado una solución potencial, y ahora se siente bajo presión para expresarla como una opinión. Lo que necesita ahora es la habilidad de la Puerta 62 para traducir el concepto al lenguaje, para apoyarlo con hechos y detalles y presentárselo al público para que lo examine y analice. Tu ojo derecho capta el mundo «de un vistazo», viéndolo como una colección de patrones visuales reconocibles. Si un patrón o una opinión no resiste el análisis de la lógica, será, o debería ser, rechazado. Desgraciadamente, no siempre puedes traducir al lenguaje tu imagen visual o lo que comprendes de ella. Sin la Puerta 62, te encontrarás buscando un nombre que represente tus conceptos, hechos que sustenten tus opiniones y un medio eficaz de comunicar tus sugerencias. Puede surgir ansiedad mental de tu miedo a que nadie comprenda y valore tu aportación.

Línea 6 - El bodhisattva
Línea 5 - Ningún humano es una isla
Línea 4 - El mánager personal

Línea 3 - Entendimiento
Línea 2 - Discernimiento
Línea 1 - Apertura

Puerta 62: la preponderancia de lo pequeño - la Puerta de los Detalles

La precaución, la paciencia y el detalle transforman la limitación en excelencia
• Centro: Garganta • Cuarto: Civilización • Tema: El propósito se cumple mediante
la forma CAD del Maya • CY del Detalle • CAI del Oscurecimiento

La Puerta 62 dice: «Yo pienso». Está diseñada para designar, concretizar y comunicar un patrón visual. Selecciona y organiza los detalles como hechos para comprender mejor y explicar conceptos o situaciones complejos. Cuando están conectados con la habilidad de la Puerta 17 para estructurar el concepto, los detalles corroboradores de la Puerta 62 hacen que esos conceptos sean tangibles, significativos y comprensibles, para que puedan ser repetidos y puestos a prueba con el paso del tiempo. El entendimiento es el don de la lógica… y el tuyo. Cuando abordas las situaciones complicadas con detalles claros, apropiados y bien organizados, tus opiniones mejoran nuestro entendimiento del mundo. Cuando esperas a que te pregunten antes de hablar, aumentas la receptividad potencial del Colectivo a lo que estás compartiendo y te evitas la vergüenza de soltar compulsivamente hechos y detalles innecesarios que no han sido solicitados y que potencialmente pueden oscurecer el entendimiento de la gente. La cualidad de tu opinión depende siempre de tu comprensión de los hechos, pero no todos los hechos son iguales. Resulta útil recordar que puedes tener a mano todos los detalles, pero sin la Puerta 17 puede que no seas capaz necesariamente de ponerlos en su contexto estructural adecuado para su expresión en el momento.

Línea 6 - Autodisciplina
Línea 5 - Metamorfosis
Línea 4 - Ascetismo

Línea 3 - Descubrimiento
Línea 2 - Comedimiento
Línea 1 - Rutina

El Circuito de la Sensación (Abstracto)
Idea clave: compartir

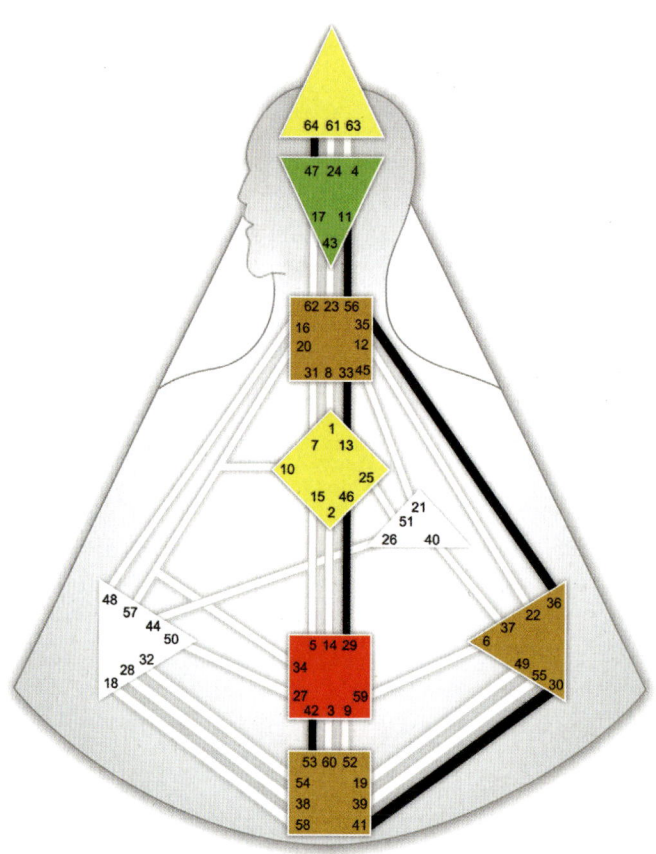

Canales

64 - 47 Abstracción
Actividad mental mezclada con claridad

11 - 56 Curiosidad
Un buscador

41 - 30 Reconocimiento
Energía enfocada

36 - 35 Transitoriedad
Un «bufón de mil caminos»

53 - 42 Maduración
Desarrollo equilibrado

29 - 46 Descubrimiento
Triunfar donde otros fracasan

13 - 33 El Pródigo
Un testigo

El compañero de danza de la lógica en el Grupo de Circuitos Colectivos es el Circuito de la Sensación (abstracto). El Circuito de la Sensación está insertado en el proceso experiencial abstracto. A través de él, nos encontramos con la vida y reflexionamos sobre ella, y compartimos el ámbito emocional y espiritual de la experiencia humana. Es el camino experiencial humano; un viaje gozoso, aunque a veces arriesgado, a través de la inacabable progresión de oportunidades de la vida para explorar, recopilar y compartir las experiencias de estar vivo. Si podemos entrar en cada nueva experiencia limpia y claramente, tenemos una gran sensación de plenitud, vivimos bien la vida y nos sentimos en casa en el mundo. En un sentido más amplio, la vida será bien vivida a través de nosotros, y nuestras reflexiones sobre nuestras experiencias se volverán lecciones valiosas para otros.

La lógica se construye en torno a teoría y reglas para establecer la armonía en comunidad, pero el proceso Abstracto dice que las restricciones arbitrarias pueden refrenar la experiencia que es tan esencial para la evolución de la humanidad. La Lógica está motivada por la necesidad de dominar; lo Abstracto está motivado por ciclos de logro, lo que significa que es importante completar algo para poder pasar a lo siguiente. La Lógica no puede manifestar, mientras que lo Abstracto sí puede. Sin embargo, lo que manifiesta lo Abstracto está sujeto a la ola emocional y su movimiento de las expectativas del deseo al inmovilismo de la desilusión y el aburrimiento. Ambos extremos de la ola logran conducir a la humanidad a avanzar hacia lo siguiente.

El Circuito del Entendimiento tiene acceso constante a la conciencia de supervivencia del Bazo y a la Lógica con su proceso de poner a prueba, verificar y luego compartir los patrones que mejoran nuestro futuro. Es un proceso comúnmente asociado con las ciencias. Sin embargo, el Circuito de la Sensación se enfoca en el deseo de experiencias (a menudo con connotaciones sexuales) que promueven el crecimiento y el desarrollo emocional/relacional. La experiencia no tiene que tener sentido, pero necesita ser sustancial y ser algo que podamos compartir con otra persona de principio a fin. El proceso Abstracto se asocia con campos de estudio como la antropología y la literatura. Desde el punto de vista de la Lógica, el camino experiencial Abstracto es un proceso confuso e innecesario.

El Circuito de la Sensación no tiene el Bazo para proveerle de estabilidad y seguridad para el proceso Abstracto. La experiencia se basa precariamente en el deseo emocional de hacer algo nuevo y excitante con otra persona. Cuando las cosas no cambian, se afianzan el aburrimiento y la inquietud. Crear una crisis es una manera de hacer que las cosas vuelvan a moverse. Esto es lo que convierte al Circuito Abstracto en el más humano de todos los procesos. Reflexionar sobre la experiencia es la fuerza más potente del Colectivo para hacer evolucionar la vida en el planeta. Sin esta fuerza, no habríamos evolucionado y llegado a ser los complejos seres humanos, diferenciados y conscientes, que somos.

Las reflexiones del Colectivo sobre la experiencia pasada se convierten en los fundamentos de nuestra historia. Las personas con definición en el Circuito de la Sensación no pueden verle el sentido a la vida mientras está sucediendo, pero están genéticamente programadas para convertirse en depósitos de sabiduría. Solo los humanos tenemos la capacidad de seleccionar, recordar y exponer perspectivas históricas. Elegimos lo que consideramos valioso entre lo que ha ocurrido. Es un arte ser capaz de condensar y articular el pasado de maneras que puedan ser compartidas en el momento e iluminar el futuro. Cada perspectiva, cada lección aprendida, añade una línea al guión desde el que la obra dramática de la vida continúa desplegándose. Volver a contar la historia humana acelera en gran medida nuestro proceso de aprendizaje, porque ningún niño tiene que empezar de cero cuando llega al mundo.

A continuación nos ocupamos de los canales y las puertas del Circuito de la Sensación.

El Canal de Maduración: 53 - 42
Un diseño de desarrollo equilibrado
Circuito: Sensación • Tipo de canal: Generado

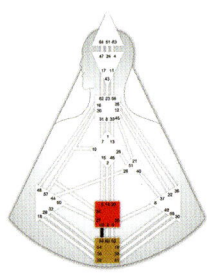

El Canal de Maduración conecta el Centro de la Raíz con el Centro Sacral mediante la Puerta de los Inicios (53) y la Puerta del Crecimiento (42). El proceso de maduración está en el núcleo del camino experiencial humano (abstracto). Este proceso requiere entrar en un nuevo ciclo o experiencia y completarlo, y luego reflexionar sobre ello para obtener la sabiduría que ofrece el ciclo.

Contexto: La cualidad de cualquier canal del Circuito de la Sensación se vive cíclicamente en el movimiento ininterrumpido desde el compromiso hasta la terminación, desde el inicio a la mitad y el final de un proyecto, una relación o una vida. El proceso experiencial abstracto crea la historia colectiva de la que aprende la humanidad. El gran don de la experiencia es que está recogida y guardada para las siguientes generaciones, permitiendo que nos desarrollemos intelectualmente mucho más rápido que biológicamente. Es importante que aprendamos de nuestra historia experiencial, descubriendo qué es lo que funciona, para no repetir los mismos errores una y otra vez. Cada nueva experiencia se sustenta sobre la anterior. Si un ciclo termina prematuramente, necesitaremos repetirlo hasta que se haya completado. Este proceso no está orientado al logro de objetivos. Encarna la sabiduría de que todas las experiencias de la vida tienen que ser apreciadas como parte de un viaje que nunca acaba. Madurar a través de la experiencia es una de las claves para ser humano. Todos sentimos el impulso y la presión para buscar nuevas experiencias, ya que es así como alcanzamos nuestra profundidad. Al reflexionar sobre nuestra profundidad, podemos convertir nuestra experiencia en información para los demás.

Personal: Cada una de tus experiencias debe ser llevada a una resolución satisfactoria para que puedas mirar atrás y considerarla antes de comenzar un nuevo ciclo. La reflexión compartida con otros te ayuda a revelar por ti mismo las valiosas lecciones aprendidas de la experiencia. De esta manera, puede comenzar una nueva experiencia sustentada en la antigua. Es importante para ti comenzar una experiencia usando tu Estrategia y Autoridad. Si no lo haces, puedes quedar atrapado en un ciclo en el que pronto pierdes interés o no puedes completar. Para navegar apropiadamente por este territorio, es importante comprender la expectativa. Cuando tienes expectativas, te abres a la frustración, la desilusión y un colapso emocional. Lo sano para ti es simplemente *estar* en una experiencia por sí misma, sin expectativas.

Interpersonal: Como energía formato* del Circuito de la Sensación, el Canal de Maduración establece una frecuencia cíclica que impregna cada puerta y canal del circuito. Influye en la manera en que quienes lo tienen ven y experimenten su vida, y cómo interactúan con los demás y les impactan. El compromiso de entrar en una nueva experiencia pone en marcha el proceso de maduración, un proceso que podría durar desde unas horas a toda una vida. Quienes tienen el Canal de Maduración tienen una profunda afinidad con la historia y están en sintonía con todos los ciclos de la vida: físicos, sociales y planetarios. Cuando entran en una experiencia mediante su propia Autoridad, están equipados con la energía para comenzar algo, encontrar satisfacción en su desarrollo, llevarlo a una conclusión satisfactoria y, tras reflexionar, compartir con los demás los beneficios a largo plazo para garantizar el bien común de la humanidad.

Energía formato

---

* Véanse las energías formato en el Glosario de la Sección Once, pág. 466.

Puerta 53: el desarrollo - la Puerta de los Inicios

El desarrollo como progresión estructurada que es tan paciente como persistente
• Centro: Raíz • Cuarto: Civilización • Tema: El propósito se cumple mediante la forma CAD de la Penetración • CY de los Comienzos • CAI de los Ciclos

La Puerta 53 es la presión para comenzar el proceso cíclico de maduración y la secuencia de desarrollo del nacimiento a la muerte. Es una energía formato que se aplica a todas las formas de vida, así como a las relaciones, ideas, proyectos, tendencias, e incluso los ciclos de vida de las naciones y las civilizaciones. Tienes el combustible necesario para comenzar algo nuevo. Si te das el tiempo para decidir correctamente en qué comprometer tu energía, iniciarás el ciclo al que le ha llegado la hora y serás capaz de verlo florecer, madurar y dejar sus semillas para el futuro. Tu papel es proveer el impulso para poner en marcha el ciclo. Sigue tu Estrategia y Autoridad para evitar comenzar relaciones o proyectos para los que no estás capacitado o interesado en acabar tú mismo, o que no puedes pasar a alguien con la Puerta 42 que pueda llegar a su conclusión lo que tú empezaste. Si tus comienzos encuentran resistencia continuamente o son detenidos antes de madurar, tu desilusión puede acabar en depresión. Si te comprometes a comenzar algo correctamente, no estás forzado a completarlo tú mismo. Descubrirás que puedes descargar apropiadamente la tensión, tomar lo que has aprendido de la experiencia y disfrutar compartiendo la sabiduría con los demás. Sin la Puerta 42, no estás diseñado para terminar todo lo que comienzas, pero puedes sentirte frustrado si piensas que siempre tienes que hacerlo.

Línea 6 - Secuenciar
Línea 5 - Aserción
Línea 4 - Confianza

Línea 3 - Sentido práctico
Línea 2 - Impulso
Línea 1 - Acumulación

Puerta 42: el aumento - la Puerta del Crecimiento

La expansión de los recursos que maximiza el desarrollo de todo el potencial • Centro: Sacral
• Cuarto: Iniciación • Tema: El propósito se cumple mediante la mente CAD del Maya
• CY de la Culminación • CAI de la Limitación

La Puerta 42 es la tenacidad para permanecer con un ciclo y maximizar su potencial inherente. El proceso cíclico Abstracto genera crecimiento y desarrollo equilibrado usando las experiencias acumuladas de la humanidad para crear una base para el progreso futuro. Cada ciclo en el que entras se sustenta en las lecciones aprendidas del pasado. Cuando un ciclo ha llegado a su fin, determinarás qué es necesario para llevarlo a su conclusión. Antes de poder comenzar un nuevo ciclo, el ciclo anterior debe llevarse a su final natural, o lo que ha quedado inacabado o incompleto tendrá que ser experimentado en el nuevo. Eso es especialmente cierto en las relaciones, en las que puedes sentirte estancado o refrenado por patrones de conducta no resueltos que pueden remontarse a tu infancia. Te enfocas en lo que es necesario energéticamente para completar un ciclo o proceso, y los comienzos débiles o sin el apoyo necesario te harán sentir nervioso e incómodo. Es importante que te comprometas a lo que es correcto para ti, ya que te resulta muy difícil salir de algo una vez que te has comprometido a ello, como un matrimonio desafortunado, por ejemplo. Esperando hasta que te sientas cómodo comprometiendo tu energía mediante tu Estrategia y Autoridad, maximizas tu propio «potencial para la satisfacción». Sin la Puerta 53 que te provea la chispa inicial, puede que encuentres que te falta la perseverancia para completar el proceso, o que te sientas frustrado tratando de comenzar cosas que nunca acaban de ponerse en marcha.

Línea 6 - Nutrir
Línea 5 - Autorrealización
Línea 4 - El mediador

Línea 3 - Prueba y error
Línea 2 - Identificación
Línea 1 - Diversificación

El Canal de Descubrimiento: 29 - 46

Un diseño de triunfar donde otros fracasan
Circuito: Sensación • Tipo de canal: Generado

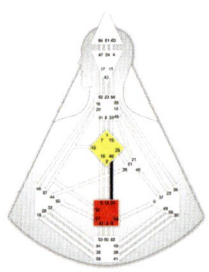

El Canal de Descubrimiento conecta el Centro Sacral con el Centro G mediante la Puerta de la Perseverancia (29) y la Puerta de la Determinación del Ser (46). En el I Ching, la Puerta 29 se conoce como «lo hondo dentro de lo hondo», el pozo de tesón y perseverancia al que solo se puede acceder con la respuesta «Sí». La Puerta 46 conecta el vehículo a la dirección del ser elevado para estar en el lugar adecuado en el momento adecuado.

Contexto: Las personas con el Canal de Descubrimiento necesitan abandonar todas las expectativas y dejarse sumergir por completo en la profundidad de cualquier experiencia, porque su significado pleno no se revela hasta el final. La Puerta 46, el amor al cuerpo y el amor a estar en el cuerpo, les conecta a su vehículo y su trayectoria o dirección. Si una persona comienza una experiencia con una decisión tomada mediante la respuesta, mantiene un compromiso total e inquebrantable con ella y es paciente con un proceso que puede durar años, los descubrimientos que haga pueden transformar de modo significativo la manera en que el Colectivo percibe o experimenta el mundo.

Personal: A ti no te resulta posible introducir cambios a mitad de camino, ni tampoco hay vuelta atrás, de modo que un compromiso claro mediante tu Estrategia y Autoridad es vital para la satisfacción que obtendrás y la enseñanza que podrás compartir de tu proceso de descubrimiento. Debes ser capaz de perderte en la experiencia, porque no necesariamente tendrá sentido mientras la estés viviendo. Sin embargo, si puedes confiar en que estás exactamente en el lugar adecuado exactamente en el momento adecuado, llegarás al final y harás tu descubrimiento. Triunfarás donde otros han fracasado. Para ti no se trata de tener el control, sino de rendir tus expectativas a los ciclos de descubrimiento. ¡Por eso es tan importante que comprometas tu fuerza vital correctamente y que el tesón de tu Sacral apoye tu experiencia durante todo el camino!

Interpersonal: Las personas con el Canal de Descubrimiento tienen una accesibilidad inherente y una tendencia a decir «sí» a casi todo lo que les piden. Quienes tienen la definición inconsciente (en rojo) son particularmente propensos a regalar su energía. Si sus compromisos son el resultado de una decisión mental, lo más probable es que fracasen donde otros triunfan, convirtiendo así la satisfacción potencial en frustración. A diferencia de la lógica, que postula teóricamente lo que podría suceder si una persona hace esto o lo otro, el pasado es el único maestro para los aprendices experienciales. Hasta que llegan al final de la experiencia no descubren, mediante el examen y el análisis, lo que merece la pena repetir y lo que no, y eso es lo que entonces comparten con el Colectivo. Solo diciendo «sí» correctamente pueden perseverar a través de retos extremos sin permitir que otros les disuadan del curso de su experiencia y su potencial para el descubrimiento.

Puerta 29: lo abismal - la Puerta de la Perseverancia

Lo hondo dentro de lo hondo. La persistencia a pesar de las dificultades tiene sus inevitables recompensas • Centro: Sacral • Cuarto: Dualidad • Tema: El propósito se cumple mediante los vínculos CAD del Contagio • CY de los Compromisos • CAI de la Industria

El potencial de la Puerta 29 es una constante afirmación de la vida. Cuando responde «sí», compromete su energía a algo o alguien nuevo y perseverará a través de lo que el ciclo de descubrimiento traiga consigo. Sin embargo, la perseverancia es cíclica y a lo que te comprometes un día puede que ya no sea interesante al día siguiente. Cada compromiso correcto que adquieres sustenta la maduración de todo tu potencial para descubrir quién eres en tu relación con los demás y con el mundo. Siempre estás anhelante de decir «sí», siempre dispuesto a comprometer tu energía, de modo que es mejor esperar hasta que tengas claridad acerca de en qué es verdaderamente correcto para ti invertir tu energía. Tu respuesta sacral es mecánica y no puedes saber adónde te llevará la aventura o qué portentos encontrarás. La Puerta 29 tiene una energía resuelta, diseñada para pasar incluso por las circunstancias más difíciles y desafiantes, pero solo si está complemente alineada con tu decisión. Tu único seguro es abandonar tus expectativas y confiar en tu Estrategia y Autoridad para que te guíen a las experiencias correctas. Sin la Puerta 46, estás dispuesto a trabajar, pero no sabes para qué estás trabajando.

Línea 6 - Confusión
Línea 5 - Sobreexcederse
Línea 4 - Franqueza

Línea 3 - Evaluación
Línea 2 - Valoración
Línea 1 - El recluta

Puerta 46: el empuje hacia arriba - la Puerta de la Determinación del Ser

Buena suerte que puede ser percibida como resultado de serendipia, pero que deriva del esfuerzo y de la dedicación • Centro: G • Cuarto: Dualidad • Tema: El propósito se cumple mediante los vínculos CAD del Receptáculo del Amor • CY de la Serendipia • CAI de la Sanación

La Puerta 46 está centrada en la calidad de vida que experimentamos en el cuerpo físico. Expresa el amor al cuerpo y lo honra sensualmente como un templo en el que estás siempre en el lugar adecuado en el momento adecuado. Eres alguien que vive la buena suerte y el descubrimiento de la serendipia. Que triunfes o fracases depende de la determinación de tu ser elevado. Es un proceso abstracto de rendición a un ciclo de experiencia que puede realizar tu potencial o traer el caos. Las lecciones que aprendes y la sabiduría que compartes con los demás se derivan de tu determinación, dedicación y absorción en la experiencia que estás viviendo. La experiencia de la naturaleza de tu ser en la interacción con otros es un proceso hondamente espiritual y solo puede ser evaluado cuando el ciclo está completo. Si no puedes comprometerte a la naturaleza cíclica de la vida, tu cuerpo comenzará a fallar bajo el estrés de la crisis continua. Sin la Puerta 29 puede que reconozcas el momento adecuado, pero que no tengas la energía para comenzar el proceso o la perseverancia para completarlo.

Línea 6 - Integridad
Línea 5 - Mantener la marcha
Línea 4 - Impacto

Línea 3 - Proyección
Línea 2 - La diva
Línea 1 - Ser descubierto

El Canal de Pródigo: 13 - 33
El diseño de ser un testigo
Circuito: Sensación • Tipo de canal: Proyectado

El Canal de Pródigo conecta el Centro G con el Centro de la Garganta mediante la Puerta de Escuchar (13) y la Puerta de la Privacidad (33). Este canal es de reflexión y recuerdo. La Puerta 13 escucha y almacena información y secretos, recogiendo recuerdos de los que se pueden aprender lecciones. La Puerta 33 se retira para reflexionar sobre sus experiencias, esperando pacientemente a que lo que está por debajo de la superficie se revele en forma de una verdad más profunda.

Contexto: Es característico de los seres humanos su deseo de explorar todo lo que hay en la vida y su afán de experimentarlo de primera mano. El Canal 13-33 lleva a su fin el proceso de maduración, añadiendo la capacidad de después ver y reflexionar acerca de todos los aspectos de la experiencia antes de compartirla. Es lo que nos proporciona nuestra increíble ventaja como especie autoconsciente y en evolución. Es el Pródigo, el testigo, experimentando y luego guardando recuerdos para poder transmitirlos en alguna forma de biografía personal o lección de historia colectiva. Semejantes recuerdos aportan continuidad y estabilidad a la evolución de la civilización de una generación a la siguiente.

Personal: Como alguien que de manera natural sabe escuchar y recolectar información, recoges historias de la vida, secretos y objetos de recuerdo. Luego te retiras a ponderar y organizar lo que has acopiado, preparándote para compartir tus reflexiones en las lecciones que has recabado de ellas. Tu reto es encontrar el momento adecuado. No deberías revelar tus secretos antes de tiempo, o permanecer tan reservado que nadie los oiga nunca. Estás dispuesto a romper los patrones de la familia y de la sociedad para elegir experiencias de las que sea correcto para ti aprender. La mayoría de las personas entra en las experiencias con una expectativa específica, pero al final del ciclo descubre que los resultados no se corresponden con esas expectativas. Pierden la paciencia y se pierden la magia de la terminación, con sus valiosas lecciones. Compartes con todos nosotros, desde tu experiencia, que es mucho más satisfactorio ser simplemente un testigo de la secuencia del desarrollo de los acontecimientos que sufrir la frustración y la desilusión de las expectativas no cumplidas. La sabiduría obtenida, con el paso del tiempo, de esta forma de reflexión paciente revela algunas de las mayores verdades de nuestra historia colectiva. Una de las lecciones más valiosas de las que das testimonio y compartes con nosotros es cómo rendirnos fácilmente a nuestro propio proceso experiencial como una consciencia de pasajero.

Interpersonal: El Colectivo Abstracto dice: «Recuerdo mi experiencia o inexperiencia». A lo largo de su vida, quienes tienen el Canal de Pródigo acumulan una gran sabiduría que puede ser organizada como lecciones de una historia personal o colectiva. Esta organización requiere paciencia. Puede que disfruten con la fotografía, coleccionando recortes o escuchando a la gente que recuerda las historias de su vida. Puede que sean políticos, comediantes o nuestros confidentes. Quienes tienen el Canal 13-33 miran atrás y aprenden del pasado, de modo que no son buenos prediciendo el futuro para afrontar los desafíos del presente. Sin embargo, son los primeros en decirnos que la vida tiene sentido al final.

Puerta 13: la comunidad con los hombres - la Puerta de Escuchar

Ideas y valores universales, que en un marco ordenado inspiran cooperación humanística • Centro: G • Cuarto: Iniciación • Tema: El propósito se cumple mediante la mente CAD de la Esfinge • CY de Escuchar • CAI de las Máscaras

Con su don de oír, ver y acopiar secretos, la Puerta 13 provee continuidad entre el pasado y el futuro en su papel del que escucha. Se te percibe como un confidente que sabe guardar secretos. La gente comparte sus experiencias contigo de manera natural porque disfrutas genuinamente escuchando sus historias, sus aventuras, victorias y dificultades. Notan que te sientes muy cómodo simplemente guardando dentro de ti lo que han compartido contigo. La Puerta 13 no está bajo la presión de la Garganta para hablar. Reconocerás el momento adecuado para compartir lo más valioso de lo que recuerdas, porque te lo provocarán las personas capaces de seleccionar apropiadamente, reflexionar sobre ello y organizarlo para compartirlo con la comunidad, como las personas que tienen la Puerta 33. De esta manera, te aseguras de que las lecciones importantes, que solo se pueden aprender con la experiencia, se mantengan y se valoren hasta que sea el momento adecuado para que contribuyan a que la humanidad se comprenda mejor a sí misma. La continuidad histórica guía nuestro futuro como especie. Sin la Puerta 33, puede que tus secretos nunca se compartan.

Línea 6 - El optimista
Línea 5 - El salvador
Línea 4 - Fatiga

Línea 3 - Pesimismo
Línea 2 - Prejuicio fanático
Línea 1 - Empatía

Puerta 33: la retirada - la Puerta de la Privacidad

La retirada activa y la transformación de una posición débil en una fuerza • Centro: Garganta • Cuarto: Civilización • Tema: El propósito se cumple mediante la forma CAD de los Cuatro Caminos • CY de la Retirada • CAI del Refinamiento

La Puerta 33 marca el fin de un ciclo, y en todos los finales hay un momento de silencio para considerar todos los aspectos de la experiencia. De ahí viene tu necesidad de estar solo. La retirada sucede para ti en ese momento de incertidumbre entre la experiencia completa y una nueva, una pausa que te permite reflexionar sobre qué llevar adelante mientras renuevas tu fuerza. Es en esos momentos tranquilos de contemplación cuando saldrán a la superficie las lecciones más valiosas, almacenadas en las profundidades de la memoria Colectiva (Puerta 13). En la Puerta 33, a tu necesidad de privacidad se une la voz de «Yo recuerdo» del Colectivo. También es tu naturaleza compartir las lecciones de la experiencia y revelar sus verdades. La experiencia puede ser tuya o de otra persona, o incluso de un grupo de personas; el proceso es el mismo. Cuando llegue el momento, te pedirán que compartas tu sabiduría, que entonces se convierte en parte de la consciencia en evolución de la comunidad y de la humanidad. Como el Pródigo, maduras a lo largo de tu vida, y tu ámbito de influencia se expande según pasas por cada ciclo de experiencia. Sin la Puerta 13, puede que no tengas sentido de cuándo es el momento oportuno para compartir tus lecciones.

Línea 6 - Disociación
Línea 5 - Oportunidad del momento
Línea 4 - Dignidad

Línea 3 - Espíritu
Línea 2 - Rendición
Línea 1 - Evitación

El Canal de Reconocimiento: 41 - 30

Un diseño de energía enfocada (sentimientos)
Circuito: Sensación • Tipo de canal: Proyectado

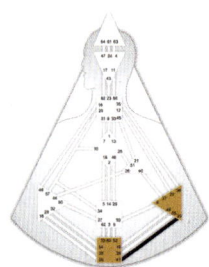

El Canal de Reconocimiento conecta el Centro de la Raíz con el Centro del Plexo Solar mediante la Puerta de la Contracción (41) y la Puerta de los Sentimientos (30). La presión (combustible) de la Raíz de la Puerta 41 empieza con una sensación de inquietud y vigoriza la imaginación para fantasear sobre innumerables marcos hipotéticos de lo que «podría ser». Cuando está conectada con la Puerta 30, las emociones del Plexo Solar calientan el combustible, resultando en una intensa necesidad de ponerse a buscar o empezar a moverse en la dirección de una nueva experiencia.

Contexto: Desde el punto de vista genético, el hexagrama 41 es el codón iniciador en nuestro ADN. Cuando el sol entra en la Puerta 41 en enero de cada año, comenzamos un nuevo ciclo solar (un nuevo año) e iniciamos un proceso fisiológico en la humanidad que nos mantiene evolucionando juntos. Todas las posibilidades de la experiencia humana se recogen en esta puerta, y todo el proceso experiencial está accionado por su deseo, alimentado por la Raíz, de nuevas experiencias y la expectativa de saciarse al final. Esta hambre solo puede satisfacerse temporalmente. El proceso Abstracto (de la Sensación) está enfocado en el logro, en completar un ciclo, y está guiado por un deseo o expectativa de que «hacer» algo eliminará el aburrimiento. Esto es el principio del camino experiencial humano. Nuestra evolución cultural, la progresión desde la ignorancia y la inocencia de la inexperiencia a la sabiduría de las lecciones aprendidas de la experiencia, culmina en el Canal 36-35.

Personal: Eres una persona con mucha imaginación y un anhelo perenne de beber la vida y sentirla profundamente. Tus sueños, fantasías o deseos, a veces acompañados de matices sexuales, crean expectativas que, cuando están en manos del destino (Puerta 30), pueden cumplirse o no. Con el paso del tiempo has aprendido que el deseo puede traer grandes alegrías y emociones y mucho dolor, y que el cumplimiento de cualquier deseo no dura mucho. Tu inquietud por nuevas experiencias se equilibra desarrollando la paciencia y el autocontrol necesarios para seguir tu Autoridad emocional y tomarte el tiempo necesario al pasar por la ola para tomar decisiones claras. El secreto para ti es simplemente disfrutar tus sueños y cada experiencia en y por sí misma, sin ceder a la presión de la expectativa. De esta manera, tus experiencias serán más satisfactorias, tus reflexiones más agudas y será más probable que lo que compartes provoque los sentimientos de los demás.

Interpersonal: En el Canal de Reconocimiento, la presión para moverse está conectada con un intenso sentimiento o emoción, proveyendo el impulso para saltar de inmediato de la inexperiencia a la experiencia. Esperar a pasar por la ola emocional proporciona a quienes tienen este canal el tiempo esencial necesario para que surja la claridad antes de decidir a cuál de los deseos es correcto saltar. Esta presión puede dar pie a aventuras muy desenfrenadas, generalmente involucrando a otros, pero también puede estimular profundas reflexiones en todos los participantes una vez que la aventura está completa. Cada nueva experiencia les permite percibir o conectar con un matiz de emoción que luego pueden describir.

Puerta 41: La disminución - La Puerta de la Contracción

La limitación de los recursos que maximiza el desarrollo del potencial • Centro: Raíz • Cuarto: Mutación • Tema: El propósito se cumple mediante la transformación CAD de lo Inesperado • CY de la Fantasía • CAI del Alpha

La Puerta 41 inicia el camino experiencial, que es únicamente humano, como una sed de sentir emoción. Comienza con el deseo de interactuar con los demás a través de sentimientos. Cuando esta presión iniciadora del deseo, que viene de la Raíz, se acumula en ti, puede manifestarse como una vaga expectativa, una fantasía sexual o una necesidad inquieta de experimentar algo nuevo con alguien. No estás seguro de qué es esta nueva aventura o de cuándo sucederá o con quién. La Puerta 41 te impulsa a satisfacer tu deseo y cumplir tu destino, y ambas cosas están en manos del destino (Puerta 30). Traes equilibrio a esta inquietud, que no tiene foco y a menudo es confusa, escribiendo o soñando despierto acerca de cómo podría ser cumplir tus deseos más salvajes, o experimentándolos por cuenta ajena a través de la literatura o las películas. La Puerta 41 tiene el potencial para todas las experiencias humanas, pero solo las libera o inicia de una en una. Esta es su limitación y la tuya. Cada nueva experiencia en la que entras mediante tu Estrategia y Autoridad contiene la promesa de que un nuevo sentimiento espera tu descubrimiento. Abandonando tus expectativas, puedes moverte libremente en cada encuentro que tienes y evitar volverte pesimista sobre lo que tendrás en el futuro. Sin la Puerta 30 hay una sensación de querer algo, pero sin saber qué es lo que quieres.

Línea 6 - Contagio	Línea 3 - Eficiencia
Línea 5 - Autorización	Línea 2 - Precaución
Línea 4 - Corrección	Línea 1 - Sensatez

Puerta 30: El Fuego Adherente - La Puerta de los Sentimientos

La libertad reconocida como una ilusión y la limitación reconocida como destino • Centro: Plexo Solar • Cuarto: Iniciación • Tema: El propósito se cumple mediante la mente CAD del Contagio • CY del Destino • CAI de la Industria

La Puerta del Destino nos enseña que la vida no es lo que esperamos que sea; es lo que le permitimos que sea. Tus experiencias están concebidas desde un deseo que luego se encuentra con la vida en los altos y bajos de tu ola emocional. Este deseo lo puedes sentir como un afán obsesivo que teje los anhelos de diferentes vidas, influyendo en todas tus interacciones hasta que se sacia o satisface. El único control que tienes es sobre la claridad con la que entras en cada experiencia, no sobre el resultado. Como el deseo solo puede ser aliviado temporalmente, la vida sin claridad se vuelve en un viaje emocional salvaje. Con el tiempo, ves que la libertad para cumplir tus sueños más audaces es meramente una ilusión y que no deberías tomarte de manera personal el deseo no correspondido. El equilibrio llega a tu vida cuando te rindes a aceptar lo que es. Al hacerlo, no necesitas tenerle miedo al destino o sentirte bajo presión para perseguir las fantasías de la Puerta 41. Cuando aceptas tu limitación, o tu lugar en el patrón amplio de la vida, tus reflexiones sobre sentir y desear hondamente a la vez que experimentas tu humanidad se convierten en un don a compartir con los demás.

Línea 6 - Imposición	Línea 3 - Resignación
Línea 5 - Ironía	Línea 2 - Pragmatismo
Línea 4 - Agotamiento	Línea 1 - Compostura

El Canal de la Transitoriedad: 36 - 35
El diseño de un «bufón de mil caminos»
Circuito: Sensación (canal creativo) • Tipo de canal: Manifestado

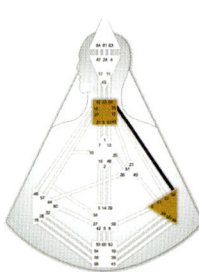

El Canal de la Transitoriedad conecta el Centro del Plexo Solar con el Centro de la Garganta mediante la Puerta de la Crisis (36) y la Puerta del Cambio (35). Es un canal emocional Manifestado que desafía la cautela y los patrones restrictivos de la Lógica. Lo probará todo y cualquier cosa, ya tenga un valor intrínseco o no, para poner las cosas en movimiento en dirección a una nueva experiencia.

Contexto: Como canal creativo del Circuito de la Sensación, el Canal 36-35 tiene un talento para buscar aventuras e involucrar a otros en ellas. Encuentra expresión a través de la necesidad de la Puerta 35 de manifestar el cambio, como en «ya he estado allí y ya he hecho eso; ¿qué hay de nuevo?». La Puerta 36, con mucha carga emocional, percibe su inexperiencia como inadecuación, y por tanto lleva a quienes tienen el Canal de Transitoriedad a buscar la experiencia, generando de vez en cuando una crisis simplemente para poner las cosas en marcha. Mediante este inquieto deseo de explorar la profundidad y la consecuencia de nuestra capacidad de sentir (emoción), nuestra especie madura y evoluciona, y nuestro acervo genético se expande, resultando a la larga en el progreso del Colectivo. Se trata de aprender mediante la experiencia por el bien de las generaciones venideras.

Personal: Tienes un afán de buscar experiencias que prometan algo nuevo y mejor en la vida. Tu viaje es emocional y obtienes sabiduría experiencialmente. Empujado por las perspectivas siempre cambiantes de tu inconsciente ola del Plexo Solar, puedes volverte volátil o sentirte defraudado si una nueva experiencia no cumple tus expectativas. El secreto es aceptar y vivir tus altibajos emocionales, darte tiempo para tomar decisiones emocionalmente claras y rendirte a vivir plenamente por sí misma cada experiencia correcta. Con el paso del tiempo y con madurez, la experiencia culminará como una profundidad emocional en tu verdad personal, cuyo núcleo es aceptar la vida por lo que es. Si te sientes nervioso o incómodo acerca de comprometerte con una aventura, aprovéchate del tiempo extra que te proporciona esperar a que vaya pasando tu ola emocional. Tu gran logro en la vida es que habrás probado, tocado y sentido muchas cosas de las que habrás recogido sabiduría de gran valor, sabiduría que pones a disposición de otros en forma de consejo. Inspiras a la gente a sumarse a tus aventuras con historias de tus hazañas y tu sentido de plenitud con la riqueza de una vida bien vivida. Cuando aprendas que los sentimientos son transitorios, tu consejo será «aprovecha el momento» y participa en cada nueva experiencia prometedora que sea correcta, en vez de vivir con la sensación de que nada en la vida tiene nunca sentido.

Interpersonal: Para quienes tienen el Canal de Transitoriedad, la interacción con los demás significa compartir la experiencia totalmente con ellos. A menudo, su necesidad de nuevas experiencias y su sentido inherente de que nada dura hacen que les resulte difícil mantener relaciones íntimas. Su(s) pareja(s) paga un precio si se siente arrastrada a aventuras que no son correctas para ella. Hacer algo por primera vez no es fácil, los resultados son impredecibles, y la mayoría de las personas no están equipadas para afrontar las crisis resultantes. Las experiencias hondamente emocionales a menudo tienen una dimensión sexual, pero como las relaciones aquí se centran en los sentimientos provocados por la experiencia en vez de en la otra persona, las dos partes pueden quedar con la desilusión de que la experiencia se ha acabado. Cuando dos personas conectan electromagnéticamente a través de este canal, una con la Puerta 35 y la otra con la Puerta 36, el equilibrio y la estabilidad de la relación estarán constantemente sujetas a la subida y bajada de la ola emocional.

Puerta 36: el oscurecimiento de la luz - la Puerta de la Crisis

La ley de los ciclos, en la cual el declive es un estado natural, pero no persistente • Centro: Plexo Solar • Cuarto: Iniciación • Tema: El propósito se cumple mediante la mente CAD del Edén • CY de la Crisis • CAI del Plano Mundano

La Puerta 36 es el lugar en que tus miedos a la vulnerabilidad y a la inexperiencia (emocional y sexual) se resuelven o se transforman en experiencia; donde creas y afrontas los desafíos del cambio y el crecimiento mediante las crisis emocionales. Según vas adquiriendo claridad emocional con el tiempo, aprendes a manejar las crisis emocionales creadas por los demás, y creas menos de ellas tú mismo. La Puerta 36 restringe la fuerte ola de-la-esperanza-al-dolor que impulsa al cambio a los seres humanos. Su energía se dirige directamente al Centro de la Garganta, lo que significa que todas y cada una de tus emociones está preparada para la manifestación. Lo único necesario es que alguien o algo provoque su salida. Sin la Puerta 35 que provea una salida apropiada o enfoque la dirección de esta energía, se puede experimentar como una crisis personal. Con el tiempo, aprendes a permanecer estable al adaptarte pacientemente a sentimientos que están siempre cambiando. Puede ser que expresar estos sentimientos te resulte maravillosamente estimulante y natural, o que sean abrumadores para ti e incómodos para los demás. En cualquier caso, deja que se desplieguen, ya que es así como alcanzas tu profundidad emocional para acceder a tu propia verdad. Sin la Puerta 35, sentirte inadecuado e incapaz de cumplir tus propias expectativas te pone nervioso.

Línea 6 - Justicia
Línea 5 - El submundo
Línea 4 - Espionaje
Línea 3 - Transición
Línea 2 - Apoyo
Línea 1 - Resistencia

Puerta 35: el progreso - la Puerta del Cambio

Por diseño, el progreso no puede existir en un vacío y es dependiente de la interacción • Centro: Garganta • Cuarto: Civilización • Tema: El propósito se cumple mediante la forma CAD de la Conciencia • CY de la Experiencia • CAI de la Separación

La Puerta 35 está impulsada por una curiosidad inquieta y grandes expectativas para explorar nuevos horizontes por la pura alegría de hacerlo, pero no solo. La voz de la Puerta 35 dice: «Yo siento», y lo que siente generalmente es un deseo de cambio. Es la voz de la experiencia relacional impersonal. Lo que te empuja no es la conciencia, sino un hambre de sentimientos profundos, condicionada por la ola emocional. Como el hambre, el deseo y la curiosidad solo se pueden mitigar temporalmente. Te centras en acumular experiencias para aprender de ellas, en vez de en repetir experiencias para adquirir maestría sobre ellas. La maestría para ti se expresa como sabiduría y se manifiesta como consejo. Puede que tus recuerdos provean más satisfacción que la experiencia misma. Tu apetito de nuevas experiencias, y la necesidad de ver qué o quién está al otro lado de la montaña, te mantiene sano y alerta. Cuando entras correctamente en la experiencia por sí misma y permaneces como un observador imparcial, compartes con claridad, y eso lleva consigo el potencial para transformar a la humanidad. Los buscadores de experiencias a menudo no se toman el tiempo para considerar las repercusiones de sus acciones, y sin la Puerta 36 eres propenso a buscar una «fiebre» emocional con la esperanza de escapar del dolor del aburrimiento cuando no hay ninguna experiencia nueva a la que lanzarte.

Línea 6 - Rectificación
Línea 5 - Altruismo
Línea 4 - Hambre
Línea 3 - Colaboración
Línea 2 - Bloqueo creativo
Línea 1 - Humildad

El Canal de Abstracción: 64 - 47

Un diseño de actividad mental mezclada con claridad
Circuito: Sensación • Tipo de canal: Proyectado

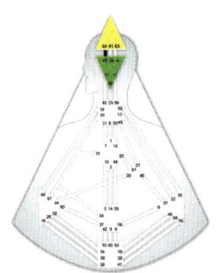

El Canal de Abstracción conecta el Centro de la Cabeza con el Centro Ajna mediante la Puerta de la Confusión (64) y la Puerta de Caer en la Cuenta (47). Quienes tienen definición en el Canal 64-47 están siempre bajo presión para examinar un caleidoscopio de imágenes mentales de todas las experiencias, incluso de sus sueños. Tratan de verle el sentido al pasado y obtener perspectiva. Buscan una historia o realización que compartir, ya sea de su propia vida o de otra persona, en esta vida o en otra.

Contexto: El Canal de Abstracción es una fuerza mental experiencial que considera todo tipo de posibilidades, independientemente de las normas, hasta que algo emerge misteriosamente y tiene sentido. Es una mente ocupada con las consecuencias de estar vivo. Fundiendo la conceptualización del neocórtex (Centro Ajna) con la materia gris profunda del cerebro (Centro de la Cabeza), nos ofrece el verdadero potencial de la consciencia autorreflexiva. Sin embargo, para estar en paz consigo mismo quienes tienen este canal deben recordar que la mente nunca puede ser una autoridad interna para su propia vida y nunca estará 100 por 100 segura de nada.

Personal: Tienes una mente muy activa y experiencial que nunca deja de jugar con posibilidades y probablemente te preguntes si alguna vez dejará de estar tan ocupada. Puedes experimentar una considerable confusión mental como resultado del constante remolino de imágenes que siempre está pasando por ella, que a veces puede sentirse un poco como un mono borracho picado por un escorpión. Esta confusión puede marcar el comienzo de un nuevo e inspirador viaje para ti, según descubres lo que realmente tiene sentido. Si permaneces paciente con tu proceso de descubrimiento, los huecos y espacios entre los puntos en algún momento se conectarán y aparecerá una imagen; se creará o se revelará una secuencia nueva y única. Tu recompensa por ser paciente, por esperar a que la claridad aparezca con el tiempo, es el descubrimiento de una inspiradora historia que contar, o una nueva perspectiva que compartir con los demás. Sin embargo, con esta definición mental no estás equipado en absoluto para resolver tus propios problemas o verle el sentido a tu propia vida.

Interpersonal: Para aliviar la presión de captar el sentido de la vida, quienes tienen el Canal de Abstracción tienen que encontrar una manera de compartir lo que piensan con el mundo externo. Su mente casual, a la que le encanta contar historias, es un gran don para los historiadores, pero nunca se puede confiar en ella para llegar a los hechos. Esta es la parte de nuestro genio que encuentra inspiración o confusión en nuestro afán intelectual de desglosar las experiencias y considerarlas una y otra vez desde todos los ángulos posibles, incluso si la mayoría de ellos no tienen valor. No obstante, es increíble oír a la mente experiencial llegar a un momento de claridad, no importa qué camino haya tomado para llegar ahí, y compartir ese «a-já» con el Colectivo.

Puerta 64: antes de concluir - la Puerta de la Confusión

La transición, al igual que el nacimiento, requiere de una fuerza determinada para el pasaje a través • Centro: Cabeza • Cuarto: Dualidad • Tema: El propósito se cumple mediante los vínculos CAD de la Conciencia • CY de la Confusión • CAI del Dominio

Aceptar la confusión, el estado antes de que se establezca el orden, forma parte del proceso de la Puerta 64 de tratar de captar el sentido de un flujo constante de datos que recicla continuamente con la mente. La Puerta 64 es la presión detrás de ese flujo, no la puerta que resuelve la confusión. Tu mente está llena de una secuencia de imágenes y recuerdos desconectados procedentes de tu pasado que necesitan ser filtrados y ordenados hasta que puedas ver o captar el sentido de lo que sucedió realmente. Para disfrutar tu estado mental de confusión y no sentirte abrumado por él, deja que los clips de tus experiencias pasadas simplemente fluyan por tu mente hasta que el mensaje de la película te resulte claro. Cuando esté claro, compártelo con los demás. Si presionas tu mente para entender los datos con una metodología específica, puede que aumentes tu nivel de confusión y de ansiedad. Se requiere una gran fortaleza interna para dejar que el proceso de la confusión se resuelva por sí mismo y en su momento, dejando así intacta tu paz mental. Puede que también sea tentador reaccionar de alguna manera cuando llegue la claridad, pero estos «a-jás» son para compartirlos, no para pasar a la acción. Sin la Puerta 47, puede que te sientas tentado a resolver la confusión prematuramente.

Línea 6 - Victoria
Línea 5 - Promesa
Línea 4 - Convicción
Línea 3 - Extralimitarse
Línea 2 - Cualificación
Línea 1 - Condiciones

Puerta 47: la opresión - la Puerta de Caer en la Cuenta

Un estado restrictivo y adverso como resultado de debilidad interior, o de fortaleza exterior, o de ambas cosas • Centro: Ajna • Cuarto: Dualidad • Tema: El propósito se cumple mediante los vínculos CAD de la Autoridad • CY de la Opresión • CAI de Informar

Si la Puerta 64 es la que recuerda la colección desorganizada de clips e imágenes que pasa por su vida, entonces la Puerta 47 es el editor que trata de ensamblarlos para que formen un trozo significativo de experiencia humana. No verás inmediatamente la película entera cuando empieces tentativamente a organizar la colección de imágenes, y puede que al principio no te resulte evidente qué clip contiene la clave de tu posterior realización mental. Según vayan surgiendo nuevos detalles, puede que vaciles entre percibir el evento de esta o de esa manera mediante una mezcla de reconocimientos que te llevan a interpretaciones diferentes. Al principio, puede que sientas que, en vez de volverse más fácil el proceso, se está volviendo más complicado para ti recomponer las secuencias mentales de una manera que tenga sentido. Sin embargo, si puedes tomar distancia y relajarte, con el tiempo llegarás a ese momento de «a-já». El secreto es eludir la presión de actuar en base a cualquier conclusión que se te ocurra, y simplemente disfrutar la gama de posibilidades que se mueven por tu activa mente hasta que resalte una de ellas. Entonces estás listo, cuando te pregunten y sea correcto para ti compartir tus reconocimientos con los demás. Sin la Puerta 64, puede que te presiones a ti mismo y olvides esperar a la revelación que verdaderamente detenga temporalmente la actividad mental.

Línea 6 - Inutilidad
Línea 5 - El santo
Línea 4 - Represión
Línea 3 - Autoopresión
Línea 2 - Ambición
Línea 1 - Hacer inventario

El Canal de Curiosidad: 11 - 56
El diseño de un buscador
Circuito: Sensación • Tipo de canal: Proyectado

El Canal de Curiosidad conecta el Centro Ajna con el Centro de la Garganta mediante la Puerta de las Ideas (11) y la Puerta de la Estimulación (56). Los buscadores nunca dejan de buscar, no importa qué o cuánto encuentren. Su curiosidad les obliga continuamente a buscar estimulación, a explorar nuevas ideas y maneras de ver las cosas. Su curiosidad no tiene que ver con tratar de encontrar algo específico, sino más bien con: »Mira lo que he descubierto. Esto es lo que creo que es verdad sobre ello».

Contexto: La obligación social del Colectivo es compartir, y el Canal de Curiosidad nos proporciona personas especialmente equipadas para ello: los que cuentan historias y los historiadores informales. Son nuestros verdaderos buscadores y enseñan basándose en la experiencia. Sus historias nos dan una oportunidad para evaluar si queremos que la nueva idea o creencia informe o transforme nuestra vida o no. A diferencia de la voz de la Lógica, que se enfoca en datos y hechos, la transformadora voz Abstracta toma todos los trozos de información y elabora con ellos rellenando los huecos. De esta manera, la información cobra vida como una historia que tiene el poder de influenciar a la gente estimulando su imaginación y sus emociones. A la Puerta 56 le fascina más buscar que encontrar. Está siempre abierta a la estimulación y a la experiencia por sí misma, pero no está motivada para crear esas experiencias ella misma.

Personal: Tu creatividad y estilo de presentación pueden ser mágicos, ya que entretejes ideas e historias procedentes de tus reflexiones filosóficas sobre lo que significa ser un ser humano experimentando la vida. Tienes un don envidiable para tomar una secuencia de ideas y modelar con ellas una historia que puede enseñar o entretener a una audiencia. Incluso si estas historias son un tanto exageradas o contienen algunas verdades a medias, como cuando un niño te cuenta su día en la escuela, atraes otros y les estimulas. Tu capacidad para creer en algo hace que sea cierto para ti, y estás menos interesado en los hechos que en cómo tus historias ilustran y enseñan. Tus historias son más como parábolas para la vida. Sin embargo, aunque fluyen de tus experiencias y descubrimientos personales, no son una guía tan útil para ti como para los demás. Son historias para ser compartidas, recogidas y almacenadas para la reflexión e interpretación de las generaciones presentes y futuras. Esto es un proceso exclusivo de los seres humanos.

Interpersonal: Ya no contamos con las baladas de los bardos y trovadores para mantenernos informados de lo que pasa en el mundo, pero seguimos admirando a los narradores que pueden elaborar una buena historia y generar estimulantes comentarios sociales. Sin embargo, la receptividad de una audiencia a la magia de la historia está determinada por la buena elección del momento adecuado para contar la historia. Cuando estos hábiles narradores y profesores sigan su Estrategia y Autoridad, disfrutarán compartiendo sus extraordinarios dones mientras nos informan, entretienen y estimulan eficazmente al resto de nosotros.

Puerta 11: la paz - la Puerta de las Ideas

Una condición armónica en el individuo o en la sociedad, que permite evaluar la situación antes de retomar la acción • Centro: Ajna • Cuarto: Mutación • Tema: El propósito se cumple mediante la transformación CAD del Edén • CY de las Ideas
• CAI de la Educación

Las ideas son conceptos diseñados para expresar lo que se ha sentido. En la Puerta 11, las posibilidades se conceptualizan en ideas. Sin embargo, estas ideas no son prescripciones para actuar, ya que las ideas vienen y van. En este punto del proceso Abstracto, se te da un momento tranquilo de evaluación para clasificar lo que has recordado sobre los altibajos del proceso experiencial. Eres propenso a recordar lo que realmente te gustó de lo que viste, omitiendo lo demás. Así es como las ideas se convierten en ideales, luego en creencias, y finalmente, con el tiempo, en sistemas de creencias. Buscas las ideas de otros para estimular tus propias reflexiones y disfrutas estimulando a otros con tus ideas, pero no indiscriminadamente. Las ideas buscan el Centro de la Garganta como expresiones verbales, o como manifestaciones de acción, y están diseñadas simplemente para reflexionar sobre ellas. Tratar de resolver los dilemas de tu vida con tus propias ideas conducirá a la depresión y a más crisis y confusión. Sin embargo, puedes deleitarte recreándote en los detalles estimulantes de los momentos pasados por sí mismos. Sin la Puerta 56, estás bajo presión para contar tus historias, y puede que lo hagas impulsivamente sin esperar al momento adecuado.

Línea 6 - Adaptabilidad
Línea 5 - El filántropo
Línea 4 - El profesor
Línea 3 - El realista
Línea 2 - Rigor
Línea 1 - Sintonización

Puerta 56: el peregrino - la Puerta de la Estimulación

La estabilidad a través del movimiento. La perpetuación de la continuidad mediante el enlace de actividades de corto plazo • Centro: Garganta • Cuarto: Civilización • Tema: El propósito se cumple mediante la forma CAD de las Leyes
• CY de la Estimulación • CAI de la Distracción

La Puerta 56 es donde se recogen las ideas y donde la memoria visual se recuerda y se relata verbalmente. Es la puerta del historiador casual. Es la voz del narrador y filósofo que dice: «Yo creo». Una idea no es una solución o una llamada a la acción, sino más bien un viaje a través del tiempo diseñado para estimular la formación de nuestros ideales y creencias. Tu mente plasma en lenguaje la experiencia humana. Una vez que una idea ha sido expresada verbalmente, el proceso está completo. Tus sentimientos influyen en qué nuevas ideas y experiencias vas a procurar explorar, y tus recuerdos o historias sobre ellos son subjetivos y selectivos. Lo que nos enseñas sobre la vida incluirá algunos hechos, pero las lecciones únicas provendrán de tu interpretación de la experiencia impregnada de matices emocionales. Tus historias añaden aspectos pintorescos al tapiz, siempre en expansión, del progreso de la humanidad. Sin la Puerta 11, a menudo buscas nuevas fuentes de estimulación y nuevas ideas que contar.

Línea 6 - Precaución
Línea 5 - Atraer atención
Línea 4 - Conveniencia
Línea 3 - Alienación
Línea 2 - Vinculación
Línea 1 - Calidad

El Grupo de Circuitos Tribales
Circuitos de Defensa y del Ego
Idea clave general: potenciación

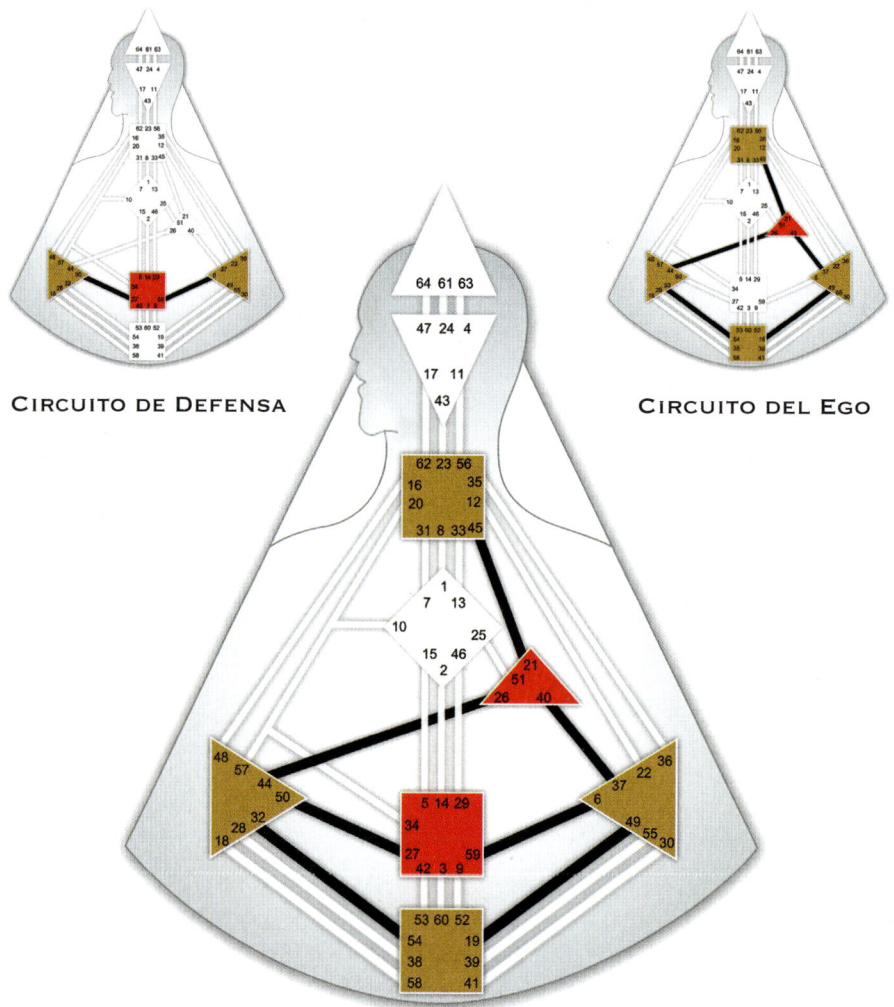

Circuito de Defensa

Circuito del Ego

Grupo de Circuitos Tribales

Cuando entramos en el ámbito Tribal, nos encontramos con la interdependencia en forma de apoyo, y también con el no-ser en forma de codependencia. La interdependencia es la mutualidad y reciprocidad sobre la que se estructuraban y mantenían las sociedades tempranas. La tarea de la Tribu es abordar las consecuencias de estar vivo ideando maneras para que la gente viva junta incrementando la productividad y maximizando la capacidad de protegerse. La Tribu nos conecta con la vida y con los demás mediante los sentidos, mediante los linajes (antepasados) y mediante la lealtad a los pactos de sangre. El corazón Tribal es un corazón comunal, en el que los asuntos de cada uno son los asuntos de todos. Esto es, en parte, lo que da a la Tribu su reputación de ser «pegajosa» y posesiva. Para la Tribu, el apoyo tiene que ver con tener. La Tribu es sensible a las necesidades básicas de la gente de tener comida, cobijo, ropa y una estructura que lo mantenga todo unido. Cuando estas necesidades están cubiertas, hay paz en el reino. Cuando no lo están, la Tribu está equipada para sublevarse y tratar de establecer el equilibrio entre los que tienen más de lo que necesitan y los que no tienen suficiente. La revolución es una forma de justicia Tribal. Dos circuitos componen el Grupo de Circuitos Tribales: uno mayor, el Circuito del Ego, y uno menor, el Circuito de Defensa. El Circuito del Ego tiene un foco doble. Su foco inicial está en los asuntos del mundo material, como la familia, o la creación y distribución de recursos monetarios. Su segundo foco equilibra la necesidad de la humanidad de sobrevivir en el plano material y nuestra honda necesidad de Dios (espíritu). El Circuito del Ego crea las dos fuerzas de apoyo continuado que mantienen a la gente en la Tribu. El Circuito de Defensa tiene que ver con generar, cuidar, nutrir y preservar la vida humana (la Tribu) y con las leyes y valores de las relaciones Tribales.

En nuestra exploración del Cuerpo Gráfico como un tablero de circuitos, el fundamental Canal de Integración está resueltamente separado, es el epítome de la autosuficiencia. El Grupo de Circuitos Individuales potencia la cualidad de la unicidad en la humanidad que abre camino a la mutación, y el Grupo de Circuitos Colectivos es acérrimamente comunal, socialmente interactivo y mutuamente respetuoso en su orientación. La fuerte estructura comunal de la Tribu se basa en la lealtad a una cadena de mando jerárquica. El Circuito del Ego crea un muro a su alrededor y a todos los demás circuitos los califica de forasteros o extraños, mientras que el Circuito de Defensa, con su penetrante intimidad y su promesa de nutrir y proveer recursos, atrae hasta al extraño más estentóreo a los vínculos de la vida comunal.

La conciencia instintiva del Bazo para la supervivencia transmite mensajes a través de los sentidos, particularmente el olfato, el tacto y el gusto. Esta conciencia complementa y centra la extraordinaria capacidad de la Tribu para la lealtad personal y la intimidad sexual. Es también lo que encauza las maneras en que se expresan las expectativas y el apoyo comunales. Por ejemplo, la famosa receta familiar que se transmite a lo largo de las generaciones como una forma de identidad familiar, el apretón de manos o el beso que cierra un trato, y el vínculo de sangre entre los mejores amigos.

La característica más distintiva de la Tribu es llegar a acuerdos, o hacer tratos que garanticen el apoyo. «Te rasco la espalda si tú me la rascas a mí. Limpiaré la casa y daré de comer a los niños si tú vas a trabajar para ganar dinero para la familia.» El trato, que permea todos los canales de los circuitos Tribales, impone o presupone la lealtad a un sistema mayor y jerárquico de autoridad y valores. «Te protegeré de invasores si me rindes homenaje y me pagas impuestos.» Los acuerdos Tribales aseguran la supervivencia de nuestra especie. A lo largo de la historia, la Tribu ha sido el fundamento que nos mantuvo unidos como núcleo familiar o nación. Ha decidido por nosotros cómo criar a nuestros hijos, elegir una vocación, hacer las leyes y patrullar nuestras calles, y adorar a nuestros dioses. Sin la Tribu, no habríamos sido capaces de cuidarnos a nosotros mismos dentro de una sociedad. Nos dio a cada uno un lugar en su red de apoyo y, siempre y cuando permaneciéramos en nuestro lugar y aportáramos nuestra contribución, nos mantuvo a salvo.

El Circuito de Defensa

Idea clave: apoyo

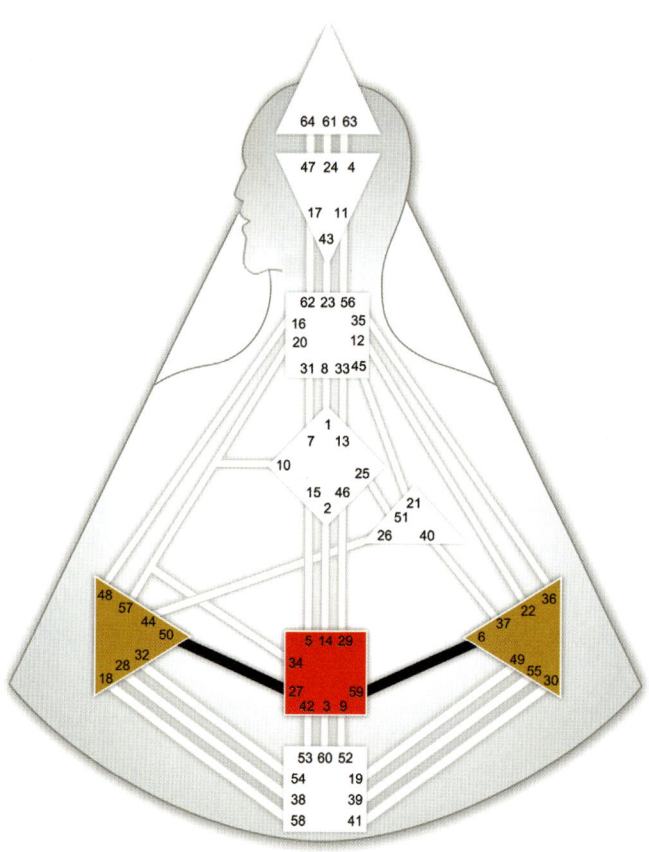

Canales

59 - 6 **Intimidad**
         Enfocado en la reproducción
27 - 50 **Preservación**
         Custodiar

El Circuito de Defensa se compone del Canal de Intimidad (reproducción) y el Canal de Preservación (cuidar de lo que hemos producido). La imagen visual de una cuna que el Circuito de Defensa forma en el Cuerpo gráfico es una metáfora apropiada para su papel generativo y nutridor que asegura el futuro de la humanidad mediante la creación y preservación de la vida en el planeta. El programa genético del Circuito de Defensa, descrito como el origen de la teoría del «gen egoísta», promueve la continuación de nuestra especie. Sin embargo, a menudo lo hace a expensas de nuestra vida personal. Nada dirige a la humanidad como el imperativo genético del Canal de Intimidad (59-6) de crear más. La ola emocional que mueve en parte a este imperativo aún no es consciente, y en su ceguera puede dejar una estela de caos. Los hijos son uno de los resultados de este inestable mecanismo emocional para perpetuar la vida en el planeta.

El Canal de Preservación (27-50) fundamenta la supervivencia de la Tribu en la consciencia del Bazo, con el sobrio recordatorio de que somos responsables de nutrir y preservar lo que ha creado o generado el emocional/experiencial Canal de Intimidad. De esta manera, nuestra descendencia alcanzará la edad adulta y podrá, a su vez, producir más, manteniendo viable el acervo genético para que nuestra bioforma pueda seguir adelante. Esta es la mayor contribución de la Tribu a la evolución de la consciencia; ningún otro circuito o grupo de circuitos acarrea este imperativo genético o está equipado para nutrir lo que crea como la Tribu.

En las páginas siguientes nos ocupamos de los canales y las puertas del Circuito de Defensa.

El Canal de Intimidad: 59 - 6

Un diseño enfocado en la reproducción
Circuito: Defensa (canal creativo) • Tipo de canal: Generado

El Canal de Intimidad conecta el Centro Sacral con el Centro del Plexo Solar mediante la Puerta de la Sexualidad (59) y la Puerta de la Fricción (6). El Canal 59-6, el núcleo de la esencia creativa de la humanidad, está enraizado en un poderoso quantum de energía sacral y emocional llamado «intimidad». La sexualidad de la Puerta 59 y la ola emocional de placer/dolor de la Puerta 6 llevan a las personas a relaciones que son profundamente personales, penetrantes y potencialmente fértiles.

Contexto: Un Plexo Solar definido es siempre la Autoridad de quien lo tiene, y la ola emocional requiere esperar para encontrar la claridad con el tiempo. Si el Canal de Intimidad está condicionado por la espontaneidad del no-ser e ignora su respuesta sacral, puede crear confusión y complicar en gran medida las interacciones sociales. También puede haber repercusiones a largo plazo, como un hijo no deseado o una iniciativa empresarial fracasada. El verdadero potencial de intimidad de este canal Tribal requiere paciencia y nutrición a lo largo del tiempo. Por esta razón, lo más sano es primero cultivar una amistad con los socios comerciales o los amantes, antes de lanzarse a las profundidades de una unión íntima con ellos.

Personal: Sientes un afán de unirte y, cuando está guiado por la respuesta con el tiempo, esto puede ser sano y hondamente satisfactorio en muchos sentidos. Tu propia disponibilidad para la intimidad te permite penetrar con rapidez y facilidad en las auras de otros, facilitando una atmósfera cálida y acogedora que abre camino a la fertilidad en cualquier labor creativa. Este es tu estado natural y una verdadera ventaja para establecer relaciones de cualquier tipo. Sin embargo, también puede que otros malinterpreten tu intensidad y sientan que estás flirteando o insinuándote con ellos cuando esa no es tu intención. Tu ola emocional, a través de la Puerta 6, determina cuándo debe producirse alguna expresión emocional, acercándote o alejándote. Esperar a pasar por tu ciclo emocional te permite discernir o descubrir con el paso del tiempo si algo ha nacido entre vosotros dos…, y si no ha sido así, puede que la ola os vuelva a juntar.

Interpersonal: Aunque están diseñados para experimentar una potente ola emocional, quienes tienen el Canal de Intimidad pueden parecer muy estables emocionalmente. Su ola está activada o llevada al punto de la respuesta por la proximidad o el contacto físico de otra persona. Un abrazo en el momento oportuno, o una palmada en el hombro en el punto adecuado de su ola les ayuda a liberar emociones contenidas, ya sea a través de las lágrimas, un sentido suspiro o relajándose profundamente en el abrazo comprensivo de alguien. Hacer esto mantiene un sano sentido de equilibrio emocional entre descargas emocionales (sexuales) más fuertes. La mejor manera de experimentar el Canal 59-6 es como conexión electromagnética entre dos personas, cuando cada una tiene una de las puertas.

SECCIÓN SEIS: CIRCUITOS, CANALES Y PUERTAS

Puerta 59: la dispersión - la Puerta de la Sexualidad

La habilidad de echar abajo las barreras y alcanzar la unión • Centro: Sacral • Cuarto: Dualidad • Tema: El propósito se cumple mediante los vínculos CAD del Fénix Durmiente • CY de la Estrategia • CAI del Espíritu

La Puerta 59 genera nuestras estrategias genéticas para unirnos sexualmente y crear nueva vida. También es conocida como la «rompedora de auras», y define las maneras en que penetramos o echamos abajo las barreras para alcanzar la intimidad y crear descendencia, o entrar en una aventura creativa con otros. Las líneas de la Puerta 59 (véase más abajo) describen las maneras en que la humanidad aborda los vínculos. Son estrategias genéticas y cada rol se centra singularmente en seleccionar la mejor pareja para producir la descendencia más viable. Por ejemplo, la línea 4 requiere que primero te hagas amigo, y las aventuras de una noche, que son correctas para la línea 6, no serían una opción para ti. La única elección posible que tienes en este asunto es entrar en cada relación íntima conforme a tu Autoridad. La intimidad Tribal es cálida y llena de sentimiento; es una intimidad más allá de las palabras intensificada por la sensibilidad al otro mediante el tacto, el gusto y el olfato. A menos que prestes atención a tu Autoridad y comprendas las estrategias (roles) genéticos de la Puerta 59, así como el papel que desempeña la ola emocional de la Puerta 6, la intimidad puede traer consigo cualquier cosa, desde confusión y conflicto a uniones improductivas. Puede que acudas a alguien que tenga la Puerta 6 para que te ayude a determinar cuándo realizar tus interacciones.

Línea 6 - El amor de una noche
Línea 5 - La mujer fatal o el Casanova
Línea 4 - Hermandad/Fraternidad
Línea 3 - Apertura
Línea 2 - Timidez
Línea 1 - El ataque preventivo

Puerta 6: el conflicto - la Puerta de la Fricción

El componente de diseño fundamental para el progreso. La ley de que el crecimiento no puede tener lugar sin fricción • Centro: Plexo Solar • Cuarto: Dualidad • Tema: El propósito se cumple mediante los vínculos CAD del Edén • CY del Conflicto • CAI del Plano Mundano

La Puerta 6, en el Plexo Solar, genera los tres modos de conciencia emocional: sentimientos, estados de ánimo y sensibilidad. Es una poderosa combinación motorizada en una ola diseñada para crear fricción. Esta fricción produce el calor esencial para el crecimiento y la fertilidad, y apunta hacia la Puerta 59. La fricción que creas cuando entras en el aura de otra persona es una mecánica. Si (o cuando) el conflicto se resuelve, o se alcanza la resonancia, hay una apertura y entonces puede proseguir la intimidad. Hasta que haya semejante apertura, debes esperar, ya que la buena disposición y la fertilidad están sujetas a la ola emocional. La Puerta 6 es una especie de diafragma que se abre o se cierra a la intimidad. Es la puerta de tu pH, y establece y mantiene el límite de lo que está fuera y lo que está dentro de tu cuerpo. De esta manera, determina con quién tener intimidad, cuándo, y el papel que desempeñarás en la unión. Cada vez que te sientas atraído a la intimidad, deja que tu Estrategia y Autoridad sean tus guías. Cada puerta del Plexo Solar acarrea un miedo. El miedo asociado con la Puerta 6 es el miedo a la intimidad; por eso la Puerta 6 busca la Puerta 59, que tiene la habilidad de echar abajo las barreras a la intimidad.

Línea 6 - El pacificador
Línea 5 - Arbitraje
Línea 4 - Triunfo
Línea 3 - Lealtad
Línea 2 - El guerrillero
Línea 1 - Retirada

El Canal de Preservación: 27 - 50

Un diseño de custodiar
Circuito: Defensa • Tipo de canal: Generado

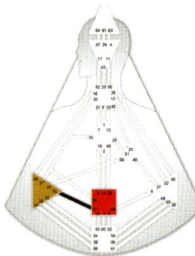

El Canal de Preservación conecta el Centro Sacral con el Centro del Bazo mediante la Puerta del Cuidado (27) y la Puerta de los Valores (50). La cualidad y sustancia de todas las actividades Tribales se realza mediante el cuidado y la nutrición de la Puerta 27, con su preocupación altruista por los demás. Los valores y leyes tradicionales de la Tribu, que son necesarios para mantener el orden y enriquecer, guiar y conservar la vida, se originan en la Puerta 50. El Canal 27-50 crea los numerosos niveles de custodia que son necesarios para cuidar, proteger y preservar a la Tribu y sus cometidos creativos.

Contexto: Las energías sacrales del Canal 59-6, sujetas a la cálida intimidad emocional de la ola del Plexo Solar, se enfocan en la creación y la procreación. Una vez que la descendencia ha nacido, la respuesta inmediata del Sacral a su vulnerabilidad suscita los poderosos y espontáneos instintos de supervivencia del Bazo, con su frío entendimiento de que necesitamos cuidar de lo que hemos creado. De esta manera, la cálida parte experiencial del Cuerpo Gráfico se equilibra con la conciencia existencial y la necesidad de proteger o hacernos responsables de los que no pueden cuidarse a sí mismos. Este nivel de apoyo es necesario para que la Tribu, y lo que simboliza, perdure.

Personal: Eres alguien cuya aura automáticamente inspira confianza a los demás, y la gente acude a ti para conseguir apoyo y nutrición. El apoyo a través de este canal puede tomar muchas formas, desde establecer y defender los valores y las leyes de la tierra y ser una conciencia para la Tribu, hasta ocuparse de la educación de los jóvenes o cuidar a los enfermos y los ancianos. Eres capaz de asumir mucha responsabilidad y eres susceptible a asumir demasiadas cargas. Aunque eres un nutridor nato, la única manera en que sabrás si estás asumiendo la responsabilidad correcta es mediante tu Estrategia y Autoridad. Con una sabiduría enraizada en una conciencia muy antigua que impulsa tu altruismo y tu compasión, comprendes congénitamente que la nutrición comienza cuidándote a ti primero correctamente. Solo los fuertes y sanos pueden nutrir y guiar a otros a la supervivencia, la mejora de la salud o el éxito. A esto se le llama «egoísmo iluminado» y, aunque puede ser percibido como indulgencia con uno mismo, es muy diferente. Si alguien quiere tus cuidados, debe pedírtelos. Solo mediante tu respuesta puedes saber si tu energía está disponible y si es correcto para ti darla.

Interpersonal: El Canal 27-50 tiene dos poderosos mecanismos de defensa. La Puerta 50 instintivamente presta mucha atención a la continuidad de la Tribu. Crea, defiende o cuestiona los valores y leyes fundamentales que gobiernan las relaciones comunales responsables de mantener y proteger el bienestar de todos los que viven en una comunidad solidaria y jerárquica. A través de la Puerta 27, nuestros hijos pueden sobrevivir lo suficiente para crear y nutrir a la siguiente generación. Nutrir no se limita a sustentar a los niños; las necesidades de nuestros mayores también deben ser cubiertas y su sabiduría recogida y transmitida. Todo en el mundo necesita nutrición y cuidados, incluida la preservación de la infraestructura de nuestras comunidades.

Puerta 27: la nutrición - la Puerta del Cuidado

El mejoramiento de la calidad y de la sustancia de todas las actividades a través del cuidado
• Centro: Sacral • Cuarto: Iniciación • Tema: El propósito se cumple mediante la mente CAD de lo Inesperado • CY de Cuidar • CAI del Alineamiento

La energía de la Puerta 27 se enfoca en mantener y mejorar la calidad de vida mediante el poder de cuidar de los débiles, los enfermos y los menores. Hay un enorme potencial de altruismo en esta puerta, que podemos ver ejemplificado en la vida de la Madre Teresa. Tu papel es nutrir y sustentar a través del poder de la compasión; eres compasivo. La polaridad es que también debes ser nutrido y sustentado. Debes cuidar de ti mismo primero para tener la energía y los recursos para cuidar a otros, y luego dejar que tu Autoridad te guíe adónde y cuándo comprometer tu energía. La nutrición o el sustento dado sin conciencia es una pérdida de valiosos recursos. Cada línea de esta puerta representa una manera de conectar con la Tribu y cuidar de ella según los diferentes niveles de necesidad. Sin la Puerta 50, puede que carezcas del instinto y los valores para establecer límites sanos en torno a tu impulso natural de cuidar de los demás y que acabes fácilmente sacrificándote a ti mismo o tu propio bienestar.

Línea 6 - Cautela
Línea 5 - El albacea
Línea 4 - Generosidad

Línea 3 - Codicia
Línea 2 - Autosuficiencia
Línea 1 - Egoísmo

Puerta 50: el caldero - la Puerta de los Valores

El valor de la continuidad histórica, cuyos valores tradicionales sirven y enriquecen el presente y el futuro • Centro: Bazo • Cuarto: Dualidad • Tema: El propósito se cumple mediante los vínculos CAD de las Leyes • CY de los Valores • CAI de los Deseos

Cada acto de intimidad que resulta en un nacimiento exige que el vástago de la unión sea nutrido hasta que sea adulto. El nombre místico de la Puerta 50 es el Guardián. Como legislador Tribal, establece lo que está bien y lo que está mal. Así es como —y donde— las reglas del cuidado se convierten en la fuente del condicionamiento moral para nuestros niños. En el núcleo de las defensas de la Tribu está el imperativo, producto del miedo, de mantener su propia viabilidad protegiendo y guiando a sus menores. Eres alguien que está aquí para custodiar los valores y la integridad de la ley Tribal y las estructuras que sustentan el bienestar de la comunidad. Según tu línea específica (véase más abajo), tu tarea es saber qué valores, leyes o reglas salvaguardan la manera en que la Tribu cuida de los suyos. Tu conciencia intuitiva analiza cuáles son corruptos o injustos, innecesarios o dirigidos al interés personal, o necesitan ser cuestionados y cambiados. Esta es tu manera de cuidar y nutrir todos los aspectos de la vida dentro de la Tribu. Sin la Puerta 27, puede que trates de cuidar a otros físicamente cuando no es correcto para ti hacerlo, confirmando así tu miedo a asumir una responsabilidad que no estás equipado para afrontar.

Línea 6 - Liderazgo
Línea 5 - Consistencia
Línea 4 - Corrupción

Línea 3 - Adaptabilidad
Línea 2 - Determinación
Línea 1 - El inmigrante

El Circuito del Ego

Idea clave: apoyo

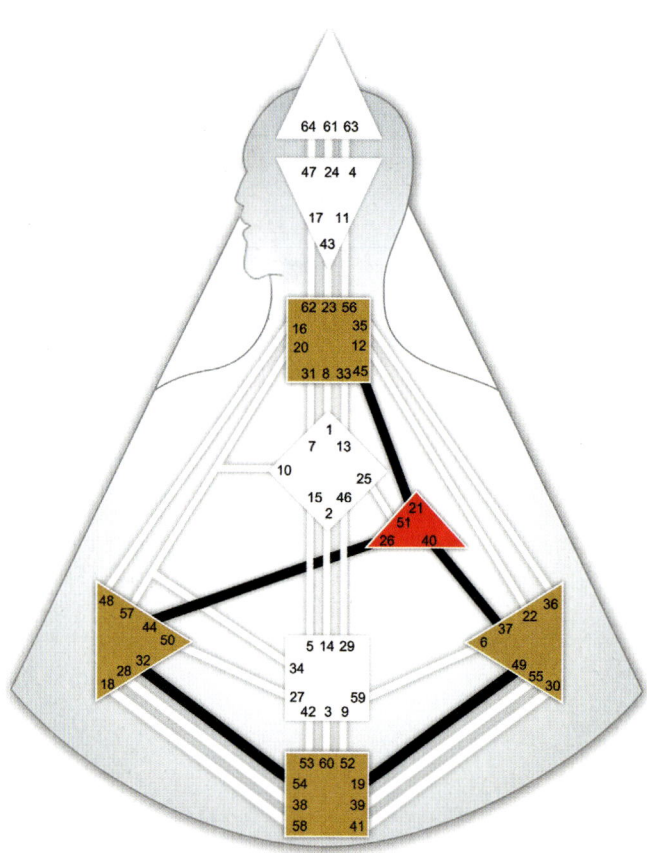

Canales

54 - 32	**Transformación**
	Ser movido por la ambición
44 - 26	**Rendición**
	Un transmisor
19 - 49	**Síntesis**
	Sensibilidad
37 - 40	**Comunidad**
	Una parte buscando un todo
21 - 45	**Dinero**
	Materialismo

El Circuito del Ego rodea de modo protector al Circuito de Defensa. Comprender las fuerzas de apoyo materiales y comunales con las que el Circuito del Ego sustenta los procesos fértiles y nutridores del Circuito de Defensa nos proporciona un sentido más claro de la naturaleza y el alcance de la contribución de la Tribu a nuestra evolución.

Por sí mismo, el Circuito del Ego no tiene definida la capacidad sacral o generadora de vida, ni tiene ninguna conexión con la conciencia mental (Centro Ajna). El núcleo del Circuito del Ego es el Centro del Corazón o del Ego. El foco central de los cinco canales de este circuito es la fuerza de voluntad del Ego, particularmente la voluntad para salir al mundo y proveer para los suyos a cambio del merecido descanso.

Mediante el Circuito del Ego, podemos seguir el desarrollo de dos puntos de vista filosóficamente divergentes que comienzan en la Raíz y se juntan en el corazón Tribal (Centro del Ego). Cada punto de vista define una de las dos fuerzas del apoyo Tribal. Experimentamos la dimensión espiritual de la vida comunal, con la Tribu como unidad básica: la familia intergeneracional que tradicionalmente es una relación jerárquica de lazos de sangre, así como la ambición y el materialismo del hombre de negocios. En este circuito es donde los misterios de lo místico se cultivan al lado de lo esencialmente material y mundano. El Circuito del Ego es también donde encontramos el pragmatismo del capitalismo y los ideales del socialismo y el comunalismo.

Juntas, estas dos perspectivas señalan una verdad subyacente que espera ser descubierta en el Circuito del Ego: el espíritu está oculto en lo mundano. Vivir plenamente siendo nosotros mismos, en cada momento de nuestra vida mundana, se convierte en un bello proceso que calladamente revela nuestra conexión con el espíritu y la totalidad de todo lo que existe.

En las páginas siguientes nos ocupamos de los canales y las puertas del Circuito del Ego.

El Canal de Transformación: 54 - 32

Un diseño de ser movido por la ambición
Circuito: Ego • Tipo de canal: Proyectado

El Canal de Transformación conecta el Centro de la Raíz con el Centro del Bazo mediante la Puerta de la Ambición (54) y la Puerta de la Continuidad (32). El Canal 54-32 representa la ambición alimentada por el esfuerzo consistente y motivada por el deseo de ser reconocido para mejorar de posición en la vida. La conciencia potencial de lo que puede y no puede ser transformado, a veces distorsionada por el miedo al fracaso, es avivada por las interacciones sociales que pueden ayudarnos a prosperar.

Contexto: El Canal de Transformación acarrea un potencial energético con el que las personas con talento o habilidad pueden mejorar su situación con su propio esfuerzo y salir de la clase social en la que nacieron. La Puerta 32 está siempre en busca de talento. Está impulsada por el miedo de que puede que su Tribu no sea la mejor, o de que no será capaz de sobrevivir a la siguiente recesión económica. Este reconocimiento de la fragilidad de la existencia de la Tribu moldea la ambición del Canal 54-32, su deseo de prosperar y transformar. Hay también una dimensión mística, la dimensión del espíritu, a través de la cuarta línea de la Puerta 54: Iluminación/Oscurecimiento, el combustible para la transformación en su nivel más puro.

Personal: Enraizada en, y por, la dedicación al servicio y la abnegación de la Tribu, la transformación se define mejor aquí en su contexto Tribal. El apoyo Tribal comienza cuando se reconoce tu talento y se alientan tus esfuerzos, mediante lo que te reflejan aquellos a quienes has ayudado a satisfacer sus ambiciones o a alcanzar la iluminación. Tu recompensa por la lealtad y dedicación a la Tribu llega con cada ascenso al siguiente nivel. Trabajas gustosamente más duro que nadie para demostrar tu valía, incluso hasta el punto de convertirte en un adicto al trabajo. Tu verdadero objetivo es experimentar esta ansia de reconocimiento como una sana interdependencia que es mutuamente beneficiosa. Tus instintos tienen el potencial de llevarte a una vocación con la que podrías alcanzar tu potencial, satisfacer tus ambiciones y utilizar tu don para hacer dinero y, así, poder usar tus habilidades únicas para ayudar a otros a alcanzar su potencial.

Interpersonal: La ambición que constituye la transformación en el mundo material está guiada por la conciencia del Bazo. Quienes tienen este canal reconocen por instinto si, o cuándo, el apoyo necesario está disponible para aumentar su propia riqueza, o para asegurar el éxito mediante el avance personal. La presión por hacer dinero transforma continuamente la economía mundial. Al final, solo la transformación que perdura a lo largo del tiempo tiene valor, y crear semejante continuidad requiere el apoyo de la Tribu. Incluso en la sociedad global actual, el apoyo de aliados es crucial para que una nación alcance sus objetivos y ambiciones financieros. La transformación no es algo que podamos hacer solos, y mejorar de posición depende siempre de las expectativas de nuestros superiores. Si una persona con el Canal 54-32 es reconocida y apoyada adecuadamente por la Tribu, entonces la Tribu espera un *quid pro quo*, una compensación recíproca por lo que ha proporcionado. Así es como perdura el sistema Tribal.

Puerta 54: la muchacha que se casa - la Puerta de la Ambición

La interacción en su contexto mundano y social, pero también las relaciones místicas y cósmicas • Centro: Raíz • Cuarto: Mutación • Tema: El propósito se cumple mediante la transformación CAD de la Penetración • CY de la Ambición • CAI de los Ciclos

La Puerta 54 provee a la humanidad el combustible y la ambición para transformar la dirección material de la Tribu y su posición entre otras tribus. Proporciona la energía para nuestras ambiciones más mundanas y las aspiraciones espirituales más elevadas que puede haber ocultas en ellas. Solo cuando tenemos maestría sobre nuestros instintos de medrar en el plano mundano es posible una transformación de naturaleza espiritual. Vives tus ideales espirituales a través del plano mundano, y la ambición es la satisfacción de tu potencial personal. Si se fija en ti alguien que está por encima de ti en la jerarquía, hay muchas probabilidades de que puedas mejorar tu posición en la vida. Tu afán interno de «ascender» proporciona también el ímpetu para la transformación de quienes te rodean: allana el terreno para que otros puedan competir en igualdad de condiciones. Sin embargo, tu empuje necesita dirección, de modo que buscas a alguien con la Puerta 32 para canalizar tus ambiciones hacia algo con valor duradero. Sin esta dirección, tu empuje puede convertirse en ambición ciega.

Línea 6 - Selectividad
Línea 5 - Magnanimidad
Línea 4 - Iluminación/Oscurecimiento
Línea 3 - Interacción encubierta
Línea 2 - Discreción
Línea 1 - Influencia

Puerta 32: la duración - la Puerta de la Continuidad

Lo único que perdura es el cambio • Centro: Bazo • Cuarto: Dualidad • Tema: El propósito se cumple mediante los vínculos CAD del Maya • CY de la Conservación • CAI de la Limitación

La conciencia de la Puerta 32 se enfoca en la evaluación constante como reconocimiento instintivo de lo que se puede y no se puede transformar. El miedo subyacente al fracaso puede frenar la ambición desbocada. La habilidad de la Puerta 32 para adaptarse y, a la vez, mantener su verdadera naturaleza es la contribución del Bazo a la continuidad material de la Tribu. Es también parte de tu contribución. Muchas cosas dependen de lo que la Tribu reconozca y valore, y por tanto, aliente y mantenga. Uno de tus dones es reconocer quién tiene la habilidad o la formación para mejorar su posición en el mundo; y entonces, usando tu influencia, ponerlo en conocimiento de quienes están en posiciones de autoridad. Eres propenso a angustiarte acerca de cómo mantener un equilibrio entre lo que funciona con éxito (conservadurismo) y abrirte, tú mismo o una organización, a los riesgos desconocidos (miedo al fracaso) que acompañan a la transformación y al cambio. Sin embargo, el cambio es inevitable y, cuando se hace parte de la ecuación de la vida, se optimiza el crecimiento. Confiando en tu Autoridad para decidir cuándo actuar y permaneciendo en sintonía con tus propios instintos, tu sabiduría aflorará con el tiempo como maneras para evitar que la sociedad repita lo que no funciona, a la vez que adopta lo que tiene valor duradero. Sin la Puerta 54, la 32 siente su falta de una fuente consistente de combustible, empuje o ambición para triunfar.

Línea 6 - Tranquilidad
Línea 5 - Flexibilidad
Línea 4 - La razón es la fuerza
Línea 3 - Falta de continuidad
Línea 2 - Restricción
Línea 1 - Conservación

El Canal de Rendición: 44 - 26

El diseño de ser un transmisor
Circuito: Ego (canal creativo) • Tipo de canal: Proyectado

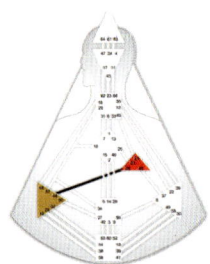

El Canal de Rendición conecta el Centro del Bazo con el Centro del Corazón mediante la Puerta de Estar Alerta (44) y la Puerta del Egoísta (26). Aquí encontramos la memoria Tribal, enraizada en la conciencia/inteligencia instintiva, unida a la fuerza del ego. Esta combinación confiere al transmisor la habilidad de usar selectiva y persuasivamente la memoria histórica y garantizar que será una mejora, para vender algo a un grupo específico de personas. El Canal 44-26 es el capitalista involucrado en el arte creativo de la empresa.

Contexto: Siendo el único enlace directo entre el Centro del Corazón y el Centro del Bazo, el Canal 44-26 forma una de las principales redes de salud del cuerpo. La Puerta 26 tiene correlación con la glándula timo, en la que nuestro sistema inmunológico se forma en la fase prenatal. Esencialmente, este canal está instintivamente alerta y dispuesto para ocuparse de cualquier cosa que suponga una amenaza o necesite una mejora, o ser reemplazada, para mantener viable a la Tribu. Quienes tienen el Canal de Rendición, usando su olfato o sentido para notar lo que puede necesitar la gente, tienen la voluntad para manipular a la Tribu por el bien de esta, incluso antes de que sepa que lo necesita.

Personal: Tienes el don de evaluar instintivamente a los demás y de asociarlos con productos, trabajos e incluso ideologías. A cambio de este trabajo, pedirás lo que te parezca justo para ti, y esto debe incluir un equilibrio sano entre descanso y trabajo. No eres alguien diseñado para trabajar ocho horas al día en una oficina, pero lograrás más resultados en un periodo de tiempo comprimido que la mayoría de la gente en un día entero. Puedes confiar en tu instinto para que guíe tu vida, y si algo acerca de una persona o un proyecto con los que estás tratando no te «huele» bien, no te involucres.

La forma del trato en la parte izquierda del Circuito del Ego es diferente a la de la derecha. Pasa de «Haré esto por ti si tú haces esto por mí» a «Vendo este aparato increíble y, si lo quieres, es tuyo por solo 12,95». Eres un emprendedor que forma parte de un equipo. Y hay que pagar a todos los miembros del equipo. Eres el promotor/vendedor en primera línea, ganando dinero que luego se distribuye a cada miembro del equipo de producción. Que tú (y tus tácticas) le gustes al equipo, o no, depende de los recursos que generes para ellos. A menudo, como mejor funciona este canal es cuando esperas hasta que el mercado o tu tribu reconozcan tus dones, se comprometan a apoyarte y te pidan que te promociones a ti mismo o a tu producto en su nombre. Este reconocimiento te proporciona una plataforma desde la que hablar..., especialmente si eres un político.

Interpersonal: Los transmisores intuyen qué forma de persuasión comunicará eficazmente su mensaje y pueden ajustar espontáneamente su estrategia de venta para dirigirse a mercados y situaciones cambiantes. Los dones creativos de este canal incluyen un sentido de lo que atraerá a la Tribu y de cómo manipular o halagar el ego de otros para que quieran lo que está vendiendo. Esto puede constituir una ventaja para los cineastas, vendedores, diseñadores gráficos, ejecutivos de publicidad, políticos y diplomáticos.

Puerta 44: Ir al Encuentro - La Puerta de Estar Alerta

El éxito de cualquier interacción se basa en la ausencia de todo tipo de precondiciones
• Centro: Bazo • Cuarto: Dualidad • Tema: El propósito se cumple mediante
los vínculos CAD de los Cuatro Caminos • CY de Estar Alerta • CAI de la Encarnación

La Puerta 44 es la puerta de la memoria y recuerda los patrones de vida que han contribuido a satisfacer nuestras necesidades materiales. Esta memoria es una parte integral y consistentemente fidedigna de nuestra inteligencia para la supervivencia de la especie. Estás alerta instintivamente en todo momento a la correcta relación o interacción espontánea que puede llevar un potencial al nivel de una posibilidad. Lo que recuerdas o transmites moldea la orientación material de la Tribu, y finalmente fortalece la presencia y poder de su ego en el mundo. Controlas la manera en que la Puerta 26 va a actuar en lo referente a vender, defender o luchar por la Tribu. Aquí es donde podemos encontrar la propaganda tribal. Ayudas a la Tribu a aliviar sus miedos al pasado recordando que un niño hambriento no es un niño sano, y que la seguridad material y la salud van de la mano. Cuando compartes tu conciencia y eres reconocido por la Tribu, la Puerta 26, en el Centro del Corazón, recoge el futuro potencial basado en tu memoria del Bazo y lo hace disponible mediante el poder del ego de la Tribu. El Bazo no es un motor, de modo que buscas la voluntad del Centro del Corazón para realizar cualquier transformación que instintivamente sabes que necesita hacerse realidad para asegurar la supervivencia de la Tribu. Sin la Puerta 26, puedes exagerar innecesariamente comprometiéndote en exceso y haciendo promesas que no puedes cumplir. Lo que más te asusta es que el bagaje del pasado pueda pasarte factura.

Línea 6 - Desapego
Línea 5 - Manipulación
Línea 4 - Honestidad

Línea 3 - Interferencia
Línea 2 - Administración
Línea 1 - Condiciones

Puerta 26: El Poder Domesticador de lo Grande - La Puerta del Egoísta

La maximización del poder de la memoria aplicado a alimentar la continuidad
• Centro: Corazón • Cuarto: Mutación • Tema: El propósito se cumple mediante
la transformación CAD de la Autoridad • CY del Embaucador • CAI de la Confrontación

La Puerta 26 es donde se manipula la memoria, o donde se recuerda selectivamente el pasado, para persuadirnos o distraernos de nuestros miedos. Se difumina la línea entre la verdad y una mentira, y el potencial y la posibilidad se transforman en realidad y se «venden» al público… por un precio. Eres un vendedor natural del que se espera que exagere, y tu habilidad innata para manipular la memoria, unida a la energía de tu ego, está diseñada para soportar el rechazo. Si eres reconocido por estas habilidades, se te ofrece un trabajo en el que puedas establecer tu propio horario, se te recompensa lo suficiente materialmente y puedes mantener un sano equilibrio entre descanso y trabajo; entonces estás dispuesto a estar en primera línea por la Tribu y tienes el ego para hacerlo. Esperar a ser reconocido, y solo hacer promesas que puedes cumplir, te permite mantener tu influencia entre los demás. Conservar tu integridad en lo referente a cómo vendes a la Tribu, siguiendo tu Estrategia y Autoridad, fortalece realmente tu ego y la salud de tu corazón físico. Sin la conciencia instintiva de la Puerta 44, puede resultar difícil saber cómo, cuándo y qué transmitir eficazmente.

Línea 6 - Autoridad
Línea 5 - Adaptabilidad
Línea 4 - Censura

Línea 3 - Influencia
Línea 2 - Las lecciones de la historia
Línea 1 - Pájaro en mano

El Canal de Síntesis: 19 - 49
Un diseño de sensibilidad
Circuito: Ego • Tipo de canal: Proyectado

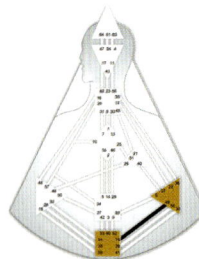

El Canal de Síntesis conecta el Centro de la Raíz con el Centro del Plexo Solar mediante la Puerta de Querer (19) y la Puerta de los Principios (49). Las formas Tribales de misticismo evolucionaron a través de la presión de la necesidad de la humanidad de comida, cobijo, protección, territorio, algo en lo que creer y algo que lo mantenga todo unido. La Puerta 19 nos presiona para que nos aproximemos los unos a los otros y manifestemos las interrelaciones de la Tribu, mientras que la Puerta 49 nos incita a rechazar lo que no es compatible con nuestros ideales más elevados, y apoya nuestra conexión con los demás y con el espíritu.

Contexto: La sensibilidad a la necesidad está enraizada en el tacto, como por ejemplo cerrar un trato con un apretón de manos, y se encuentra en la parte emocional del Circuito del Ego en el ámbito de querer ser parte de algo. Esta sensibilidad es el fundamento de la Tribu para el matrimonio y los vínculos, y para el divorcio. La frecuencia de aceptación, o rechazo, emocional del Canal 19-49 es el pegamento que determina quién forma parte de la Tribu y merece su apoyo; quién puede sentarse a la mesa y quién no. No hay nada lógico (democrático) o abstracto (experiencial) en esta frecuencia, y no puede ser simplemente impuesta a la Tribu, ya que forzarla no funcionará. El código de la Tribu, expresado como «ama, honra y obedece», es lo que la mantiene unida. Cada miembro de la Tribu debe su vida a la vida de todos los demás miembros. A cambio, se le promete que se satisfarán sus necesidades básicas. La lealtad es una clave para la supervivencia de la Tribu, pero aquí la lealtad está gobernada por una ola emocional.

Personal: Eres muy sensible a tu propia posición en el esquema de las cosas. Querer que te necesiten y dar apoyo, y/o necesitar que te quieran y te apoyen, es crucial para tu felicidad. La familia, comoquiera que la definas, es tu empresa y estás dispuesto a hacer el trabajo interno necesario para que tenga éxito. Por ejemplo, dedicando tiempo a explorar la profundidad y el impacto de tu ola emocional en tu pareja potencial mediante un largo noviazgo, antes de comprometerte a la intimidad y responsabilidad de vivir juntos, o de casaros y criar una familia. Las tres necesidades más importantes para ti dentro de la Tribu son la protección de los recursos, la inviolabilidad del territorio y un entendimiento claro del sistema de creencias de tu tribu. Tu don potencial es ser reconocido como alguien que siempre puede equilibrar el sentido práctico y la justicia.

Interpersonal: El Canal 19-49 comienza la evolución de la comunión social estableciendo los principios para la relación matrimonial (que luego se consolida con el vínculo del matrimonio en el Canal 37-40, el Canal de Comunidad). Como arquetipo de la novia y el novio, este canal tiene una frecuencia que mantiene unida a la familia; es el punto de origen de las tradiciones, rituales y celebraciones unificadores de la Tribu. La tradición de la dote, por ejemplo, provee una base material para la unión, para que la pareja pueda centrarse en producir descendencia y criarla. El Centro de la Raíz ejerce presión a través de la Puerta 19 para conectar con otros de maneras que aporten alegría y felicidad. Cuando está dominado por el no-ser, este canal se caracteriza por el rechazo constante e inapropiado, tanto de uno mismo como de los demás. El Canal 19-49 forma una conexión entre especies, entre los mamíferos y los humanos, capacitándonos para domesticarlos y adiestrarlos para que trabajen la tierra, sean compañeros y nos provean de comida. Esta conexión es también donde encontramos el sacrificio ritual de animales para apaciguar a los dioses y obtener su favor.

Puerta 19: el acercamiento - la Puerta de Querer

Que todas las cosas están interrelacionadas se hace visible a través de la acción del acercamiento • Centro: Raíz • Cuarto: Mutación • Tema: El propósito se cumple mediante la transformación CAD de los Cuatro Caminos
• CY de la Necesidad • CAI del Refinamiento

La Puerta 19 alimenta dos imperativos humanos esenciales: la necesidad de tener acceso a recursos básicos como comida y cobijo, y la necesidad de espíritu. Estos imperativos sientan las bases para que interactuemos o nos vinculemos con otros de maneras específicas. Cuando todos tienen suficiente comida, un lugar en que vivir y un Dios que adorar, experimentamos la vida como una comunidad sana, apoyándonos mutuamente y haciendo nuestra contribución única a la totalidad. Cuando hay penuria o necesidad o una gran desigualdad en nuestra tribu, el apoyo comunal se descompone y nada funciona. Estás aquí para estar alerta y ser sensible a los recursos que están siendo negados a tu familia, tu comunidad y finalmente a la comunidad global. Haces que otros tomen conciencia de qué recursos son necesarios para que sobreviva todo el mundo, así como para que prosperen y alcancen su potencial personal o comunal. Tu manera de hacer esto depende de la(s) línea(s) específica(s) que esté(n) definida(s) en tu carta, pero normalmente el proceso requiere seducir o hacer tratos con las personas o instituciones que comparten tus principios y poseen o controlan lo que es necesario. Sabes qué es necesario y buscas la Puerta 49 para satisfacer esas necesidades. Si, en vez de ello, diriges hacia dentro la presión del Centro de la Raíz, las consecuencias incluyen la hipersensibilidad, la adicción a que te necesiten, o la desesperanza personal, como en: «¿Es que no le importo a nadie? ¿Cuándo podré satisfacer mis necesidades?».

Línea 6 - El recluso
Línea 5 - Sacrificio
Línea 4 - El jugador de equipo

Línea 3 - Dedicación
Línea 2 - Servicio
Línea 1 - Interdependencia

Puerta 49: la revolución - la Puerta de los Principios

Idealmente, la transformación de las formas basada en los principios más elevados, y no solamente por el poder • Centro: Plexo Solar • Cuarto: Iniciación
• Tema: El propósito se cumple mediante la mente CAD de las Explicaciones
• CY de los Principios • CAI de la Revolución

Los principios de la aceptación y el rechazo, el matrimonio y el divorcio, y finalmente la revolución, son el resultado directo de vivir con jerarquías Tribales influenciadas por la ola emocional. Como la Puerta 49 te pone en lo alto de una de estas jerarquías, sientes la necesidad de que te obedezcan. El resultado es que ejerces poder para aceptar o rechazar a una persona o su petición de acceder a tus recursos, o su llamamiento a iniciar una revolución por sí misma en nombre de algún otro. Tu sensibilidad o insensibilidad para con los demás (y los animales) y sus necesidades específicas se basa en la resonancia con tus propios principios. En otras palabras, las personas que aceptas en tu círculo son las que están dispuestas a estar de tu parte y apoyar tus principios; a las demás, te verás inclinado a rechazarlas. Tu agenda social es favorable al cambio y la reforma. Se centra particularmente en la comida y su distribución; las personas que tienen suficiente para comer no necesitan ir a la guerra. La revolución se evita satisfaciendo las necesidades o se inicia como un último resorte y un mal necesario. Podrías ser alguien cuya aceptación o rechazo influye en el camino que se toma para satisfacer a los necesitados. Lo que te pone nervioso es el miedo al rechazo y las consecuencias de lo impredecible.

Línea 6 - Atracción
Línea 5 - Organización
Línea 4 - Plataforma

Línea 3 - Descontento popular
Línea 2 - El último recurso
Línea 1 - La ley de la necesidad

El Canal de Comunidad: 37 - 40

El diseño de una parte buscando un todo
Circuito: Ego • Tipo de canal: Proyectado

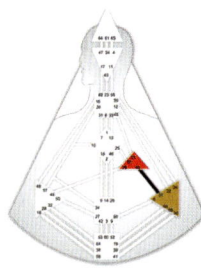

El Canal de Comunidad conecta el Centro del Plexo Solar con el Centro del Corazón mediante la Puerta de la Amistad (37) y la Puerta de la Soledad (40). La comunidad ocupa un lugar central en la evolución exitosa de la humanidad. La naturaleza orgánica de la comunidad, y el punto de transición que provee entre la lucha por sobrevivir y la liberación de esa lucha, está sujeta a los vaivenes de la ola emocional. La Puerta 40 está dispuesta a trabajar para cuidar de quienes ama, pero necesita sus recompensas y su descanso. La Puerta 37 con su don para el afecto, siempre está buscando reconocimiento y su lugar dentro de la totalidad.

Contexto: En el Canal de Comunidad, el acuerdo Tribal está respaldado por la energía de dos poderosos motores que le aportan profundidad mediante la claridad con el paso del tiempo y la fuerza de voluntad para triunfar. En la comunidad, hay que llegar al trato correctamente. El vínculo de la comunidad o la familia, y la manera en que ese vínculo se manifestará en el futuro, están garantizados por la fuerza de voluntad que hay detrás de ese acuerdo. El alineamiento de los Centros del Ego y del Plexo Solar significa también que ningún buen trato se puede negociar espontáneamente, y debe considerarse y formularse cuidadosamente, sin prisa, para que sea igualmente beneficioso para ambas partes. El Canal 37-40 es una oposición en el Mandala, de manera que es bastante común. Ha tenido una enorme influencia evolutiva en el mundo entero durante el presente ciclo de la Tierra (1610-2027), en el que todos hemos sentido su impacto mediante la Cruz de Ángulo Derecho de la Planificación.

Personal: Si tienes definido el Canal 37-40, estás esperando a ver quién te pide que formes parte de su organización o comunidad, o no. También estás tratando de descubrir a qué grupo perteneces, o cómo encajar espiritualmente en el contexto global. Pero la invitación correcta no llegará a través de un contacto impersonal, como una llamada de teléfono, sino mediante alguna forma de contacto personal directo a lo largo de un periodo de tiempo. En el sentido más básico, todo ser humano está existencialmente solo y, sin embargo, a efectos prácticos, eres el que tiende el puente para que los individuos vivan en una comunidad en la que todos tienen un lugar honroso y una función respetada. Comprendes la importancia de llegar a un buen trato, y cómo cerrarlo. «Haré esto por ti si tú haces eso por mí. Vamos a cerrar el trato con un apretón de manos, o firmando aquí.»

Interpersonal: Es necesario un acuerdo fuerte, adaptable y claro para que el Canal de Comunidad, el canal del vínculo del matrimonio, mantenga unidos al proveedor y al distribuidor en una relación armoniosa. En este lado del Circuito del Ego, la mejor manera de llegar al corazón de un hombre es a través de su estómago, no de su cartera. En el lado emocional/social del Cuerpo Gráfico, el apoyo no se expresa con cosas que se pueden comprar con dinero, sino con lo que requiere trabajar juntos y progresar comunalmente. Lo que se invierte no se enfoca en los bonos y las acciones, sino en el otro y en las necesidades de todo el grupo. Este es el ideal más elevado de una comunidad, y aquí hay poca evidencia de una jerarquía. Nadie se siente superior o inferior porque todos contribuyen gustosamente con lo que pueden para ser incluidos, y se sienten apoyados por un grupo más grande que ellos mismos, y leales a él.

Puerta 37: la familia - la Puerta de la Amistad

La manifestación macro y microcósmica de la naturaleza orgánica de las comunidades
• Centro: Plexo Solar • Cuarto: Iniciación • Tema: El propósito se cumple mediante la mente CAD de la Planificación • CY de los Acuerdos • CAI de la Migración

La Puerta 37 es la puerta más comunal del Cuerpo Gráfico. Cuando otros reconocen tu poder, puedes mantener unida una familia y una comunidad con tu cordialidad, tu simpatía y tu naturaleza nutridora. Tienes la habilidad de establecer una conexión emocional con otros mediante el tacto, y una sensibilidad extraordinaria que percibe su disponibilidad o apertura a ti. La gente quiere que seas el representante de su organización y que des la bienvenida al recién llegado o extraño. Es una oferta que podrías aceptar gustosamente si el acuerdo, o lo que recibas a cambio, es suficiente y ha sido acordado con claridad por todas las partes. La Puerta 37 es la puerta de la boca, de modo que la planificación, el encuentro y la preparación de la comida a menudo tienen un papel central en todas tus reuniones familiares y de la comunidad. En el acuerdo entre la Puerta 37 y la 40, la Puerta 40 es el proveedor gustoso y tú eres el distribuidor de sus recursos y habilidades. Sin la Puerta 40, buscas a quienes puedan proveer los recursos que necesita la comunidad, para tener a alguien con quien poder negociar y algo que distribuir. Lo que más te asusta es quedar atrapado en los roles tribales tradicionales, o tener que vivir conforme a ellos.

Línea 6 - Propósito
Línea 5 - Amor
Línea 4 - Liderazgo por el ejemplo
Línea 3 - Imparcialidad
Línea 2 - Responsabilidad
Línea 1 - La madre/el padre

Puerta 40: la liberación - la Puerta de la Soledad

El punto de transición entre la lucha y la liberación • Centro: Corazón • Cuarto: Dualidad
• Tema: El propósito se cumple mediante los vínculos CAD de la Planificación
• CY de la Negación • CAI de la Migración

La Puerta 40 es una de las tres puertas de la soledad (la 12 y la 33 son las otras dos), y trae consigo la sensación de estar solo incluso cuando estás en un grupo de gente. Esta soledad es el principio del proceso de individuación; necesitas separarte de la Tribu. En esencia, es tu deseo interno de totalidad, expresado y experimentado por los demás como tu poderosa independencia, o como separarte de su interdependencia. Este es un aspecto de la fuerza de voluntad del ego que es esencial para la supervivencia de la comunidad. La Puerta 40 es el amor al trabajo y, cuando estás involucrado en un trabajo que es correcto para ti, obtienes una gran satisfacción ofreciendo lo que has prometido a una Tribu agradecida. El trato de la relación hay que renegociarlo a menudo y mantenerlo muy claro. Sí, estás dispuesto a trabajar y a aplicar la fuerza de voluntad de tu ego para cuidar de tu familia o comunidad, pero solo tienen acceso a los recursos que has ganado si mantienen su parte del trato. Necesitan demostrar su aprecio y lealtad por tus esfuerzos y apoyarte emocionalmente, alimentarte, darte tiempo para estar solo y descansar, y cuidarte con los recursos que les has proporcionado. Sin la Puerta 37, puede que te encuentres buscando amistad y una comunidad a la que ofrecer gustosamente tus provisiones.

Línea 6 - Decapitación
Línea 5 - Rigidez
Línea 4 - Organización
Línea 3 - Humildad
Línea 2 - Resolución
Línea 1 - Recuperación

El Canal del Dinero: 21 - 45

Un diseño de materialismo
Circuito: Ego • Tipo de canal: Manifestado

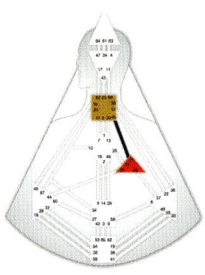

El Canal del Dinero conecta el Centro del Corazón con el Centro de la Garganta mediante la Puerta del Cazador/la Cazadora (21) y la Puerta del Recolector (45). El corazón de la Tribu, de nuestra vida juntos en este planeta, es el Centro del Ego, con su conexión con el músculo del corazón. Esta es la voz solitaria de la Tribu, y expresa su autoridad y voluntad de supervivencia en el plano material como una jerarquía.

Contexto: El Canal 21-45 es el más ambicioso de todos los canales Manifestados y dice: «Depende de mí tomar las riendas y asumir el control o no». La expresión más benévola del liderazgo Tribal es reunir, proteger y educar a la Tribu para que sobreviva. Cuando se ha proporcionado a todos el apoyo suficiente para disfrutar la vida juntos, hay paz en el reino. La Puerta 45, la única voz de la Tribu, es la voz de la autoridad y la voz concluyente de lo que se manifiesta o no. Su idea clave lo expresa bien: «Tengo, o no tengo». La Tribu siempre ha codiciado el acceso a los recursos (dinero) y un compromiso fiable (lealtad). Al manifestar su búsqueda de estos deseos, mediante los tratos, la Tribu ha dominado los asuntos de la historia humana. Las dos puertas que forman el Canal 21-45 no son fácilmente reconciliables entre sí. La Puerta 45 protege, pero quiere tener la última palabra, y la Puerta 21 sirve, pero necesita tener el control para garantizar que su corazón pueda descansar y/o garantizar que los demás puedan descansar. Históricamente, esta necesidad de equilibrio entre trabajo y descanso fue el ímpetu que dirigió a los sindicatos que garantizaron los derechos de los trabajadores.

Personal: Estás aquí para aceptar y dominar el plano material, y ganar dinero con el poder de tu voluntad. Tu reto es aplicar tu voluntad de una manera que proteja tus propios intereses a la vez que sirves a otros. Tener el control y no ser controlado son temas importantes para ti, y el secreto de tu éxito radica en lograr una cierta independencia. Estás dispuesto a trabajar duro, pero cuando mejor trabajas es cuando eres tu propio jefe y puedes seguir tu propio ritmo natural controlando lo que haces y cuándo hacerlo. Incluso cuando no controlas todo lo que te rodea, necesitas sentir que sí lo controlas, por ejemplo actuando como director general y presidente de la compañía. Puede que te resulte difícil fiarte de la gente y delegar responsabilidad, lo que puede aumentar tu carga de trabajo y estresar tu corazón.

Interpersonal: A los materialistas les gusta «poner el dinero a trabajar». Para dominar el plano material y cuidar del bienestar de su tribu, necesitan todo su apoyo y cooperación. Vemos esto en acción si seguimos la evolución de nuestras estructuras económicas desde el simple comercio entre pueblos a los complejos modelos de negocios corporativos y mercados bursátiles de hoy. El Canal del Dinero tiene mucho más éxito cuando es una conexión electromagnética entre dos personas. La Puerta 45 es la dueña de la fábrica, pero no trabaja en ella. La Puerta 21 es el presidente con un gran ego activo que dice: «Debo beneficiarme y, al mismo tiempo, debo beneficiar al dueño y a nuestros trabajadores». Juntos controlan o dirigen la organización para que todos logren cierto éxito económico. Otro ejemplo sería la Puerta 21 como primer ministro encargado de dirigir el país y abogar por la gente, con la Puerta 45 como rey que imparte su autoridad al primer ministro y debe ser remunerado.

Puerta 21: la mordedura tajante - la Puerta del Cazador/la Cazadora

El necesario y justificado uso del poder para superar interferencias persistentes y deliberadas • Centro: Corazón • Cuarto: Iniciación • Tema: El propósito se cumple mediante la mente CAD de la Tensión • CY del Control • CAI del Empeño

La Puerta 21 necesita tener el control de su dominio. Para aplicar la fortaleza y la voluntad de su ego en asegurar la supervivencia de la Tribu, debe controlar algo o a alguien. En nuestro mundo moderno, esta energía se traduce en responsabilidades otorgadas a la policía, o al director ejecutivo o el presidente de una compañía. La Mordedura Tajante es una poderosa fuerza de condicionamiento para la vida en el plano material. Tienes éxito cuando puedes controlar tus propios recursos materiales, dónde vives, qué ropa llevas, para quién trabajas y cómo te ganas la vida. No te gusta que te digan lo que tienes que hacer o que te vigilen. Por otra parte, estás destinado a servir a otros, porque en un acuerdo Tribal todos deben beneficiarse para que puedas beneficiarte tú. Si tratas de asumir el mando o controlar a otros sin seguir tu Estrategia y Autoridad, te encontrarás con una fuerte resistencia. Independientemente de los beneficios de tus intenciones, debes esperar hasta que te ofrezcan el control. Si eres un Proyector, necesitas estar con personas que reconozcan e inviten tu capacidad de controlar; si eres un Generador, te tienen que preguntar, para poder acceder a tu energía sacral y poder responder; si eres un Manifestador, tienes que informar antes de tratar de ejercer el control, y así puedes medir el campo de resistencia. Sin la Puerta 45, te encontrarás buscando una situación en la que poder supervisar el futuro y la riqueza de la comunidad.

Línea 6 - Caos	Línea 3 - Impotencia
Línea 5 - Objetividad	Línea 2 - La fuerza es la razón
Línea 4 - Estrategia	Línea 1 - Advertencia

Puerta 45: la reunión - la Puerta del Recolector

La natural y generalmente beneficiosa atracción de fuerzas similares • Centro: Garganta • Cuarto: Civilización • Tema: El propósito se cumple mediante la forma CAD de la Autoridad • CY de la Posesión • CAI de la Confrontación

La Puerta 45 es la puerta del dominio. Es la puerta del Señor/la Señora o Rey/Reina. Es la voz única de la Tribu, «Tengo», y una profundamente posesiva puerta de manifestación y acción. La Puerta del Recolector está aquí para proteger los recursos materiales de la Tribu. Eres una autoridad y guía natural para la Tribu; sin embargo, en realidad no estás aquí para trabajar. Cuando lo que «tienes» se usa en nombre de los que proteges, hay paz en tu reino. Tienes la habilidad de unir a la gente para manifestar lo que la Tribu necesita, expandir tu comunidad y traer armonía a quienes te rodean, aunque de la verdadera gestión de los negocios de la Tribu se ocupa la Puerta 21. Eres el dueño de la tierra, pero debes otorgar a la Puerta 21 permiso para cazar en ella, exigiendo en el acuerdo que te entregue el mejor trozo de carne. Cuando intentas decirle a la Puerta 21 cómo debe gestionar tu reino, o cuando la Puerta 21 trata de quedarse con el mejor trozo de carne, hay tensión. Cada puerta tiene su papel y propósito específico dentro de la Tribu, y opera óptimamente cuando se mantiene en su lugar. Incluso si tienes también la Puerta 21 en tu propio diseño, todo funciona mejor para ti cuando dispones de la ayuda de otra Puerta 21 para que dirija y gestione tu reino o tus negocios.

Línea 6 - Reconsideración	Línea 3 - Exclusión
Línea 5 - Liderazgo	Línea 2 - Consenso
Línea 4 - Dirección	Línea 1 - Propaganda

«Hay realmente magia en el mundo y no es algo que yo habría creído. La magia está en quiénes somos, incorporada en nuestro propio y maravilloso cuerpo como una rica veta de oro que espera ser descubierta. Cuando encontramos esta magia y conectamos con su poder, es como si de pronto estuviéramos vinculados con la vida. Por fin, podemos vivir nuestra grandeza, en paz, con gracia, con fuerza, simplemente viviendo nuestro diseño.»

Ra Uru Hu

SECCIÓN SIETE

Los 12 perfiles

La vestimenta de nuestro propósito

Sección Siete

Los 12 perfiles

La vestimenta de nuestro propósito

Llegamos ahora a otro componente básico del Diseño Humano. El perfil es el comienzo de establecer un estilo de vida, un rol descrito como la vestimenta de nuestro propósito. Sin embargo, es una vestimenta en la que crecemos, y puede ser muy incómoda, si está distorsionada por nuestro no-ser, o que la sintamos como nuestra piel natural y el papel verdadero que estamos aquí para vivir. El perfil es también uno de los aspectos que te diferencian como un ser único. Por ejemplo, puede que seas un Generador emocional y que estés con otros tres Generadores emocionales, pero si tenéis perfiles diferentes sois personas muy diferentes. Junto con nuestra Cruz de Encarnación (véase la Sección Ocho), el perfil nos permite vivir nuestro propósito como nuestro personaje auténtico en el escenario de nuestra vida.

La base del perfil es el reconocimiento de la dualidad fundamental que existe en cada uno de nosotros. Somos una consciencia binaria, una síntesis de una consciencia de la Personalidad y una consciencia del Diseño, y en el perfil podemos comprender el quantum de las dos. Hay 12 perfiles básicos, cada uno de los cuales se deriva de una combinación de la definición al nivel de la línea del Sol de Personalidad consciente (en negro) y el Sol de Diseño inconsciente (en rojo). Esto se ilustra en el gráfico siguiente. Nuestra interpretación específica de nuestro perfil, el papel que desempeña nuestro personaje, hace que la representación de nuestra vida sea única y diferente a todas las demás. Y la función, la película, comienza cuando nacemos.

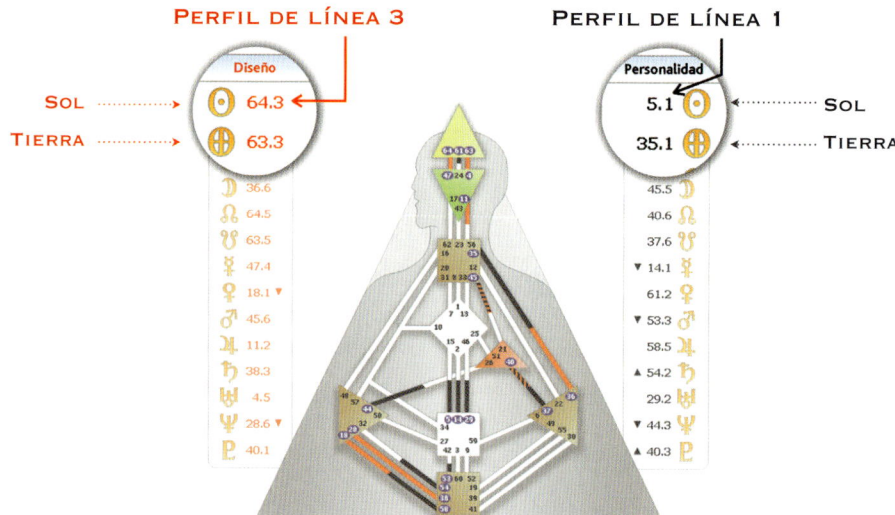

Este Cuerpo Gráfico tiene un perfil 1/3

Encontrarás tu perfil en la parte superior de tu carta, o también puedes localizarlo utilizando la información de tu carta, como indica este gráfico.

Estructura del perfil

La base del perfil es el hexagrama. Cada uno de los 64 hexagramas (Puertas en el Cuerpo Gráfico) tiene seis líneas, proporcionándonos un nivel de diferenciación más profundo que las puertas (hexagramas) mismas. La clave para entender el perfil, y por qué hay una diferenciación tan increíble en la manera en que los seres humanos viven su vida, se encuentra en la comprensión de las líneas. La estructura básica de un hexagrama se divide en dos partes, el trigrama inferior (líneas 1, 2 y 3) y el trigrama superior (líneas 4, 5 y 6). La estructura de las líneas fluye hacia arriba desde la línea 1, que está en la parte baja del hexagrama (véase la siguiente ilustración). Hay temas específicos conectados a cada trigrama y valores específicos asociados con cada una de las seis líneas primarias, que se describen con más detalle en las páginas siguientes.

Los seis temas básicos de las líneas (Investigador, Ermitaño, Mártir, Oportunista, Hereje y Modelo de Conducta) proveen también un tema para todos los hexagramas del Cuerpo Gráfico. Por ejemplo, la cualidad investigadora de la línea 1 será un tema subyacente para todas las líneas 1 en cada hexagrama o puerta del Cuerpo Gráfico. Se puede encontrar una descripción completa de cada hexagrama en la Sección Diez.

Los Seis Roles Primarios: la estructura del hexagrama de la Puerta 10

Los Seis Roles Primarios son los temas básicos de los perfiles y tiene sus raíces en las líneas del décimo hexagrama, la Puerta del Porte (el Comportamiento del Ser). El perfil es una combinación de dos de estos roles primarios. Las características de estos dos roles se viven o experimentan de manera diferente a través de nuestra Personalidad (quienes creemos que somos) y de nuestro Diseño (nuestra naturaleza íntima). Juntos, forman un quantum y la vestimenta de cómo vivimos nuestra vida en el mundo.

Tu perfil se enumera con la Personalidad y luego el Diseño, es decir, una línea 3 en el Sol de Personalidad y una línea 5 en la Sol de Diseño se mostrará como un perfil 3/5. Tu perfil se puede indicar también con las ideas clave de las líneas, de modo que también se puede hablar de un perfil 3/5 como de un Mártir/Hereje.

Hexagrama 10: «La Puerta del Comportamiento del Ser»

Estructura del hexagrama / metáfora de la casa

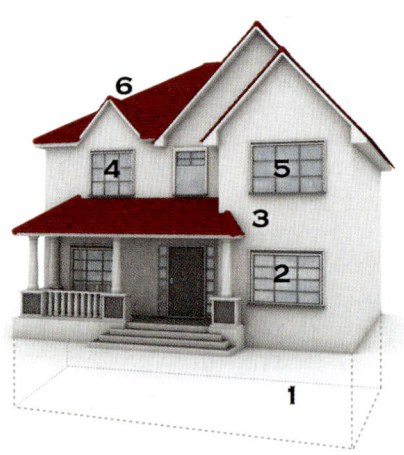

Resulta útil usar la metáfora de una casa para comprender las seis líneas y sus características. La línea 1 es el fundamento sobre el que se construye la casa. La línea 2 es el espacio habitable en el primer piso de la casa, con las cortinas completamente abiertas, de modo que quienes pasan por la calle pueden verlo. La línea 3 es el espacio de transición o escalera de caracol que va del primer piso al segundo. La línea 4 es el segundo piso, o el fundamento de la casa en ese piso. La línea 5 es la misteriosa ventana del segundo piso, cubierta por la cortina, con expectantes curiosos que miran desde fuera. Y la línea 6 es el tejado de la casa, con una buena vista de la casa siguiente, el resto del vecindario y aún más lejos.

Los roles primarios en el trigrama inferior: líneas 1-3

El trigrama inferior es un proceso muy personal, muy ensimismado. Se trata de roles que no se apresuran a exteriorizar y que no necesariamente quieren tener mucho que ver con los demás.

Línea 1 • Investigador: introspección, camaleón, empatía

La línea 1 es la planta baja o base del hexagrama, y las líneas 1 se sienten impulsadas a investigar el fundamento de las cosas, descubrir cómo funciona la vida. Una vez que han establecido firmemente una base segura, pueden relajarse. Cuanto más saben, menos miedo tienen, ya que las líneas 1 sienten que «si podemos sentirnos seguros, todo es posible». Su inseguridad les lleva a buscar autoridades y a volverse autoridades ellas mismas y, sin embargo, el seguimiento de sus investigaciones es un proceso introspectivo que por lo común dice: «Estoy ocupado estudiando, investigando, así que no me molestes». Las bases seguras que crea la línea 1 luego son exteriorizadas o universalizadas por las líneas del trigrama superior. Hay también una naturaleza profundamente empática en la línea 1 y su capacidad de asimilar información de otros puede ser muy transformadora.

Las líneas 1 estudian los comportamientos. Observan cómo actúan otras personas y aprenden a ver qué conducta funciona y cuál no. Cuando se sienten inseguros, como un camaleón cambiarán de color para encajar. En realidad no están cambiando nada, pero son muy buenos mostrándote lo que piensan que necesitas ver. La idea clave de la línea 1 de la Puerta 10 es Modestia, o la habilidad de conocer su propio lugar y saber actuar a pesar de las circunstancias. Las líneas 1 son muy sensibles de esa manera y para ellas nada es más importante que ser capaces de ver que pueden navegar en este plano y que todo va a ir bien. Las líneas 1 en la parte del Diseño necesitan también una base física segura. La sensación más común del no-ser para la línea 1 es un sentimiento de inferioridad, generalmente porque no se permiten tener el ensimismamiento enfocado que es necesario para investigar plenamente y establecer un fundamento. La Estrategia y la Autoridad determinarán las investigaciones correctas para las líneas 1 y les permitirán enfocarse en una cosa cada vez, lo que también puede aliviar una gran parte de la ansiedad de su no-ser. **«La naturaleza misma de un hexagrama, el constructo mismo, no puede sobrevivir sin un fundamento sólido».** (Ra Uru Hu)

Línea 2 • Ermitaño: talento natural, proyección, demócrata

La línea 2 es como una semilla que está en un cajón durante años, esperando el momento adecuado para ser plantada y poder despertar, crecer y producir su fruto único. Mientras que las líneas 1 investigan para crear un fundamento, las líneas 2 tienen un talento natural y no saben de dónde proviene ese don innato. La gente se fija en las líneas 2 debido a sus talentos naturales o su genialidad, y entonces son «llamadas» por quienes quieren que usen sus dones de una manera específica. Sin embargo, son Ermitaños que lo único que quieren es que les dejen en paz para hacer lo que quieran a su manera. Mientras que las líneas 1 necesitan que otros les ayuden en sus investigaciones, las líneas 2 son autosuficientes y se pueden sentir muy incómodas cuando otros entran en su aura y esperan algo de ellas. No quieren, y ni siquiera saben si pueden, explicarte cómo hacen lo que hacen o, aún menos, cómo deberías hacerlo tú. Se comportan de una manera muy democrática porque no quieren que les molesten o tener que invertir su energía en tomar partido.

El talento natural que poseen las líneas 2 no responde bien a interferencias de ningún tipo. En nuestra analogía de la casa, es como si estuvieran solas ante la ventana del primer piso, con las luces encendidas, felizmente absortas en su propio juego, sin darse cuenta de que están siendo observadas por quienes están en la calle. De hecho, las Personalidades de línea 2 generalmente ni siquiera quieren salir al mundo. Esperan recibir la llamada correcta, específica para su propósito vital único, que les permitirá compartir su verdadera genialidad con el mundo. Solo mediante su Estrategia y Autoridad podrá saber la línea 2 si una llamada es correcta. La satisfacción es muy importante para la línea 2, y si no puede estar a la altura de lo que se proyecta en ella, o si se permite responder a llamadas que no son correctas y que no puede cumplir, puede sufrir mucho y aislarse aún más de lo que es natural o sano. **«Simplemente siéntate junto al río; tarde o temprano algo llegará. Esto es estar listo para lo incognoscible, sea lo que sea».** (Ra Uru Hu)

Línea 3 • Mártir: prueba y error, mutación, adaptación

El gran don de las líneas 3 es descubrir lo que no funciona. Como punto de transición entre el primer y el segundo piso de la casa (lo personal y lo transpersonal), la vida «choca» con ellos de todas las maneras, o ellos chocan con ella, y descubren mediante el proceso de prueba y error cómo funciona el plano material. Las líneas 3 son nuestros catalizadores claves para el cambio, y aunque puede que a veces parezcan socialmente ineptos y muy a menudo se sientan solos, son la línea más interpersonalmente adaptable del trigrama inferior, con una resistencia y tenacidad naturales que los sostendrá a lo largo de su proceso de descubrimiento. Una línea 3 tiene muchas más posibilidades de notar y reconocer una nueva mutación potencial que nadie más, simplemente porque se topa con ella. Asociadas a menudo con la exploración científica (pero desde la perspectiva de lo que no funciona) y profundamente materiales, las líneas 3 no aceptan sin más las apariencias de lo que ven. Darán patadas a las llantas y querrán ver dónde está el fallo, la laguna o el truco. La línea 3 nos sirve de modelo para la transformación que es posible cuando estamos enraizados en nuestro cuerpo en el plano material.

En última instancia, estos seres, cuyo don natural desafía las falsedades, están mutando el Maya. También se darán cuenta de lo que no funciona en una relación más rápidamente que nadie, y por eso su tema es «vínculos hechos y rotos». La idea clave del Mártir se refiere a la habilidad de la línea 3 de levantarse y decir «Eso no es cierto», y sufrir las consecuencias. Sin embargo, cuando operan correctamente siendo ellas mismas, el fracaso no existe para las líneas 3, solo el descubrimiento. Hacer y romper vínculos puede convertirse en un mecanismo natural en su vida, como el padre o madre que abandona el hogar para ir a trabajar cada día y luego volver. La línea 3 forma parte también del proceso vital de tres partes de la línea 6 (véase la Línea 6 - el Modelo de Roles), y su cualidad mutativa impregna los roles de Perfil más que ninguna otra línea. «**Sea lo que sea que llega a su camino, siempre hay un mensaje con información importante. Son los tejedores del Maya**». (Ra Uru Hu)

Los roles primarios en el trigrama superior: líneas 4-6

Cuando subimos al trigrama superior, los mecanismos de los roles cambian por completo. El trigrama superior es un proceso transpersonal, enfocado al exterior. Estos roles tienen una necesidad esencial de compartir socialmente con otros; de compartir el pasado y las posibilidades del futuro.

Línea 4 • Oportunista: exteriorización, amabilidad

En armonía con la línea 1, la línea 4 representa la base del segundo piso de la casa y aprovecha la seguridad que crea la línea 1. Hay también una fragilidad en la línea 4, ya que debe permitir también una apertura para la transición al trigrama superior. Mientras que la línea 3 está hondamente involucrada con los recursos materiales, la línea 4 es el fundamento de las relaciones transpersonales y se ocupa de los recursos humanos. La línea 4 es muy influyente y espera las oportunidades para adherirse a la comunidad y exteriorizar los fundamentos, dones o descubrimientos del trigrama inferior. Su amabilidad innata, semejante a la hermandad o fraternidad, facilita el don de la línea 4 para establecer contactos. Esta cordialidad crea la apertura necesaria, pero también hace que la línea 4 sea susceptible a la sorpresa y el shock. Su esfera de influencia, por tanto, se limita típicamente a las personas con las que ya ha establecido relaciones; por lo general, los extraños no son correctos para ella más allá de como contactos casuales.

Para las líneas 4, la calidad de vida está en proporción directa con la calidad de su red de amistades y asociados. Establecer sus energías en relaciones correctas les permite disfrutar de una camaradería genuina. Sin embargo, hay también una inflexibilidad que hace que las líneas 4 tengan la tendencia a sentirse agotadas por la gente, necesitando entonces retirarse durante un tiempo para nutrirse y rejuvenecerse a sí mismas. Las oportunidades potenciales que les ofrece su red de conocidos deben compensar toda la energía que han invertido en ello; si no, pueden abdicar y encontrar otra red que les compense. Sin embargo, las líneas 4 que viven correctamente no crean sus redes de contactos; sus redes correctas ya están ahí y se encuentran con ellas mediante su Estrategia y Autoridad. Al tener una cualidad fija, la línea 4 debe realizar de manera segura la transición de una red o de una relación a otra, o perderá su seguridad y las oportunidades verdaderas para influenciar. «**La línea 4 tiene que ver con los recursos humanos del plano material; las personas son las mayores decisiones e inversiones que hacen en su vida**». (Ra Uru Hu)

Línea 5 • Hereje: universalización, proyección, el general

La línea 5 tiene la responsabilidad de universalizar el mensaje del hexagrama. Quienes tienen una línea 5 en su perfil son portadores del karma más transpersonal y alcanzan su mayor eficacia como «extraños relevantes», como por ejemplo el general que interviene cuando han fracasado las soluciones corrientes y ofrece una solución práctica pero «fuera de lo común». El aura de la línea 5 invita a las personas en crisis a proyectar en ella el potencial de que les rescaten. Los Herejes operan en un campo de proyecciones que seduce al otro a reconocer el poder potencial que hay ahí, pero las líneas 5 pueden ser también muy desconfiadas, ya que otros ven cosas en ellas que no son ciertas, o tienen expectativas acerca de ellas que no pueden cumplir. La línea 5, atisbando por las cortinas del segundo piso, mira el mundo exterior y muy a menudo se oculta de él al mismo tiempo. Su Estrategia y Autoridad provee una herramienta práctica y fiable para determinar qué situaciones son correctas para que la línea 5 intervenga para ofrecer una solución.

Si no son conscientes del campo de proyección, las líneas 5 pueden sentirse halagadas y creérselo cuando otros las perciban como salvadoras. Para no caer en la trampa de las ilusiones que otros pueden tener acerca de ellas, las personas de línea 5 deben ser verdaderamente conscientes de sí mismas y de lo que realmente son capaces de solucionar o salvar. La reputación del Hereje depende por completo del éxito o el fracaso de que sus soluciones cumplan las expectativas de los demás. Si no han ofrecido algo de valor real, figuradamente puede ser quemado en la hoguera. Sin embargo, una vez que la crisis ha pasado y el liderazgo del Hereje ya no es necesario, generalmente es ignorado. Este es el periodo natural de la línea 5 para reagruparse, ya que los Herejes no están de servicio constantemente, sino que se espera que estén cerca, listos y capaces, cuando llegue la siguiente crisis. «**Hagas lo que hagas en esta vida, asegúrate de que tenga aplicaciones prácticas. Si es así, tendrás éxito, hagas lo que hagas. Pero si no es así, entonces tendrás un problema de reputación. Te seguirá dondequiera que vayas**». (Ra Uru Hu)

Línea 6 • Modelo de Conducta: administrador, optimista, pacificador

La línea 6 es única con respecto a las otras cinco líneas del hexagrama y la mejor manera de describirla es decir que está sentada en el tejado. Aunque a veces es percibida como desinteresada, esta perspectiva distante ofrece a la línea 6 una posición ventajosa desde la que observar a las otras cinco líneas, a la vez que mirar también hacia delante, hacia la línea 1 del hexagrama siguiente. Mientras que la línea 5 se acerca a los demás, la línea 6 a la larga se aleja de ellos para pasar por un proceso vital de tres fases y surgir como el Modelo de Conducta maduro.

Fase 1. Del nacimiento hasta aproximadamente los 30 años, es una fase de explorar y experimentar el proceso de prueba y error de la línea 3, haciendo y rompiendo vínculos. Impulsados por un deseo de encontrar un alma gemela (uno de los atributos de la línea 6), generalmente no la encuentran hasta que completan la Fase 2 cuando tienen unos 50 años. Sin embargo, las líneas 6 no son tan resistentes como las verdaderas líneas 3, y el caótico proceso de que las cosas «choquen» con ellas puede llevarlas a la desilusión y a una actitud pesimista ante la vida antes de cumplir los 30 años. Para recuperar su optimismo, buscan una manera de retirarse física y/o emocionalmente del mundo. El primer retorno de Saturno de una línea 6, aproximadamente a los 28 años, marca la subida al tejado, y el proceso de descubrimiento externo se transforma en uno más interno.

Fase 2. Aproximadamente desde los 30 a los 50 años, es una fase de retirarse del caos de la experiencia de línea 3 para sanar y reflexionar. «Subir al tejado» es un periodo para observar y descubrir lo que es fiable y funciona realmente en el mundo; para reevaluar la vida y desarrollar los recursos que necesitarán más adelante. Su energía puede parecerles más distante a otros, pero también empiezan a ser considerados por su sabiduría. Durante este periodo de retiro interno, generalmente las líneas 6 se sienten más seguras, ya que comienzan a asentarse, eligen una vocación, una pareja y quizá crean una familia. Ahora integran sus descubrimientos de línea 3, que se convierten en el fundamento de la autoridad externa que expresarán como Modelo de Conducta.

Fase 3. Comienza con el Retorno de Kirón, aproximadamente a los 50 años. Ahora se les echa del tejado para que vuelvan a involucrarse por completo en el mundo, esta vez siendo su ser auténtico y optimista de línea 6. Este puede ser un periodo de cambios radicales en su vida, y puede que sean particularmente vulnerables si no saben tomar decisiones con su propia autoridad. El Modelo de Conducta despierto es un ejemplo viviente de un ser consciente que vive su propósito único. A la línea 6 le resulta muy difícil tratar con la hipocresía. Son seres profundamente confiados y nos muestran cómo también nosotros podemos confiar en nuestra propia Autoridad y vivir nuestra vida única. Entrado hondamente en experiencias cuando son jóvenes, permaneciendo distantes y sanándose mediante el trabajo interno en la mediana edad, y volviendo a implicarse y floreciendo en el mundo después de cumplir los 50, las líneas 6 traen una perspectiva y sabiduría únicas sobre la manera en que puede funcionar la vida. Son un ejemplo de la vida trascendente que es posible como seres de 9 centros. «**Cada ser de línea 6 es portador de la magia del futuro, de la magia que es posible para un ser humano, que es posible para**

cualquier ser humano si es lo suficientemente afortunado en esta vida como para entrar en contacto con este conocimiento y llega a experimentar con él y ver por sí mismo». (Ra Uru Hu)

Nota: Como seres de 9 centros, independientemente de nuestro perfil particular, todos nos desarrollamos lentamente. Entre los 40 y 50 años (entre nuestra Oposición de Urano y nuestro Retorno de Kirón), experimentamos un «nuevo dinamismo», una reorientación que ocurre durante los capítulos maduros de nuestra vida. La humanidad está evolucionando pasando del salvador/general universalizador de línea 5 al proceso de línea 6 de autoliderazgo y automaestría basados en la aceptación y conciencia de uno mismo. Quienes tienen una línea 6 en su perfil están aquí para mostrarnos cómo realizar correctamente esa transición. Después de cumplir los 50 años, están aquí para ser modelos de trascendencia, o de cómo vivir nuestra verdad como seres humanos auténticos, objetivos y conscientes.

La progresión geométrica de los perfiles
Las tres geometrías

«Ningún hombre o mujer es una isla. Viajamos por la vida en complejas geometrías orquestadas.»

Ra Uru Hu

Geometría	Perfil	Identidad / Naturaleza
Ángulo Izquierdo - Destino Transpersonal	6 / 3	Modelo de conducta / Mártir
	6 / 2	Modelo de conducta / Ermitaño
	5 / 2	Hereje / Ermitaño
	5 / 1	Hereje / Investigador
Yuxtaposición - Destino Fijo	4 / 1	Oportunista / Investigador
Ángulo Derecho - Destino Personal	4 / 6	Oportunista / Modelo de conducta
	3 / 6	Mártir / Modelo de conducta
	3 / 5	Mártir / Hereje
	2 / 5	Ermitaño / Hereje
	2 / 4	Ermitaño / Oportunista
	1 / 4	Investigador / Oportunista
	1 / 3	Investigador / Mártir

Según el Sol y la Tierra van pasando por cada puerta y cada línea del Mandala, en el transcurso de un año, se crean tres geometrías bien definidas. Las geometrías ponen en marcha potenciales y limitaciones mecánicos que traman la(s) manera(s) específica(s) con la(s) que vamos a interactuar e impactar a otros para cumplir nuestro propósito vital. Cada uno de los 12 perfiles forma parte de una de las tres geometrías: Ángulo Derecho, Destino Fijo o Ángulo Izquierdo.

Geometría de Ángulo Derecho. Comprende los siete primeros perfiles y crea un **Destino Personal** absorto en sí mismo. Estos perfiles, que abarcan aproximadamente el 64 por 100 del planeta, están aquí para resolver su propia vida. La geometría de Ángulo Derecho se enfoca en la autoexploración y en afrontar los retos personales que encontramos en la vida. No están aquí para estar absortos en el proceso de otra persona. Las personas cuyas vidas se cruzan con la suya pueden desencadenar nuevas experiencias, pero no alterarán su movimiento a lo largo de la vida. Los Ángulos Derechos no son particularmente conscientes de —ni comprenden— por qué conectan con otras personas, ya que estos perfiles entran en una encarnación con un velo que cubre las experiencias de sus vidas pasadas. Están aquí para investigar, explorar, volver a experimentar y obtener nuevas perspectivas; así, son los creadores de karma en el planeta.

Geometría de Yuxtaposición. Comprende solo el perfil 4/1 y actúa como puente entre el Ángulo Derecho y el Izquierdo. Es un **Destino Fijo**, ni personal ni transpersonal, y los perfiles 4/1, que representan menos del 30 por 100 de la población, están fijos en su propia línea de movimiento, como un tren en una vía. La fuerza del Destino Fijo es que quien entra en contacto con él durante un tiempo prolongado se vuelve también parte de ese destino.

El perfil de Yuxtaposición es el puente entre la investigación personal y departamento de desarrollo del Ángulo Derecho y el departamento de marketing transpersonal del Ángulo Izquierdo.

Geometría de Ángulo Izquierdo. Es **Transpersonal** y tiene una trayectoria o camino con muchas líneas de intersección. Estos cuatro perfiles, que representan el 33 por 100 de la humanidad, no pueden cumplir su propósito solos. Aunque no dependen del otro, incluso la más simple de las conexiones puede cambiar potencialmente su dirección o camino, o el del otro, lo que es lo opuesto del proceso de Ángulo Derecho. Los perfiles de Ángulo Izquierdo tienen una mayor conciencia de los demás y del mundo en su totalidad y están siempre dispuestos a observar e implicarse en la vida.

Los perfiles Transpersonales mantienen una conexión con sus encarnaciones pasadas, y a menudo sienten una inexplicada familiaridad con ciertas personas y experiencias. Mientras que el Ángulo Derecho crea karma, el Ángulo Izquierdo limpia el karma que ha sido creado.

Tu geometría se indica en tu carta como parte de tu Cruz de Encarnación; por ejemplo, la Cruz de Ángulo Derecho del Edén, la Cruz Yuxtapuesta del Poder o la Cruz de Ángulo Izquierdo de la Dedicación. (Encontrarás un compendio general de las Cruces de Encarnación en la Sección Ocho.)

Las páginas siguientes ofrecen resúmenes detallados de los 12 perfiles. Al leerlos, observa cómo la misma línea (por ejemplo, la línea 1) puede crear una manera diferente en la que se desarrolla un rol cuando está en la parte de la Personalidad del perfil (por ejemplo, un perfil 1/3) comparado a cuando está en la parte del Diseño (un perfil 5/1). La línea 1 en la Personalidad traerá un reconocimiento consciente, mientras que la misma línea en el Diseño será más una parte de la naturaleza del vehículo, e inconsciente para la Personalidad.

Ángulo Derecho – Destino Personal

Perfil 1/3
Investigador Mártir

Personalidad línea 1 Introspección consciente		Diseño línea 3 Adaptación inconsciente	
Identidad de Comportamiento	Modestia	Naturaleza	Mártir
Actitud Proyectada	Autoritario	Tipo	Anarquista
Perspectiva Limitada	Empatía	Memoria	Pesimismo
Rol al que Aspira	Creatividad	Dirección	Sustento
Estrategia de Vinculación	Perseguidor/Perseguido	Sexualidad	Vínculos hechos y rotos
Estrategia de Seguridad	Autosuficiente/Codiciador	Humanidad	Vínculos hechos y rotos
Resonancia Emocional	Fuerza/Debilidad	Resonancia Ola	Alianza/Rechazo
Resonancia Conciencia	Fuerza/Debilidad	Resonancia Frecuencia	Cooperación/Dependencia

Contexto: La geometría del trigrama de Destino Personal comienza con el perfil 1/3, el primero de los 12 roles y la personificación y fundamento de nuestra experiencia humana. El 1/3 es el único perfil con ambas líneas en el trigrama inferior. A este nivel fundacional, la línea 1 representa la Personalidad consciente, la mente y cómo pensamos. La línea 3 representa el Diseño inconsciente, el cuerpo y nuestra experiencia física en el mundo material. Somos una especie impulsada por el miedo relacionado con nuestra supervivencia para investigar hasta que comprendemos o encontramos seguridad mediante un fundamento sólido. Esto no es siempre posible en el mundo en que vivimos, que cambia continuamente, pero la búsqueda de esta seguridad impulsa hacia delante y muta a nuestra especie. La mutación es el proceso continuo de descubrir lo que no funciona, para poder sobrevivir. El 1/3 establece el tema para el incesante viaje «humano» de toparse, investigar aquello con lo que nos topamos, y resolver y comprender lo desconocido.

Los Investigadores Mártires, muy inseguros cuando no están sobre un fundamento sólido, se sienten impulsados a buscar autoridades que puedan proveerles de bases sólidas para su proceso de prueba y error. Su Personalidad de Investigador ensimismado es muy creativa, y son más sanos y productivos cuando están bien preparados con una buena educación. Disfrutan sus largas horas de introspección y, con el tiempo, encuentran fortaleza al establecerse como una autoridad, para que su destino personal permanezca en sus propias manos. Su vehículo, o cuerpo, de Mártir está diseñado para descubrir cómo navegar el plano material chocando con las cosas, o siendo impactado por ellas, literal y figuradamente. Adaptables y resistentes, son capaces de levantarse y anunciar al mundo la verdad de lo que no funciona.

Personal: Estás centrado conscientemente en encontrar la fortaleza interna para establecer una base segura, mientras que tu Diseño inconsciente «choca» de manera natural con cosas que continuamente te sorprenden, a ti y a otros, con descubrimientos «accidentales». Tienes un destino profundamente interno y puedes ser como un camaleón, no queriendo atraer demasiada atención hasta que te sientes seguro como una autoridad. Puede que las «zonas grises» hagan que te sientas débil e incómodo y te impulsen a buscar respuestas. Eres un estudiante abierto y dispuesto, encaminado a desarrollar tu fortaleza mediante la maestría.

Estás aquí para estar a cargo de tu propia vida y ser una voz y una persona con autoridad en tu campo de especialización. Para ti, aprender acerca de las relaciones es un viaje de prueba y error que dura toda tu vida, según vas recorriendo tu camino, cabizbajo y absorto en tu introspección y, no obstante, topándote con gente. Cuando algo respecto a una relación no es seguro o armonioso puedes sentirte incómodo y romper el vínculo. Luego renegociarás ese vínculo, ya sea fortaleciendo la relación o finalizándola. Esto puede suceder repetidamente y es la manera correcta en que tus relaciones se hacen más profundas y se mantienen sanas o concluyen para que puedas pasar a una que funcione.

Además, tu parte de Mártir tiene una tendencia a considerar toda la vida como una mentira potencial, incluso mientras tu parte de Investigador está buscando una verdad sólida para desarrollar su autoridad en torno a ella. No te pueden mentir, e incluso de niño descubrías rápidamente quién te estaba diciendo la verdad y en qué podías confiar. Si puedes rendirte a ellas, tu Estrategia y Autoridad te guiarán correctamente por la vida, según tu Personalidad de línea 1 incremente el proceso de prueba y error con más investigación. También es importante que tengas control sobre tu entorno, ya que tienes que ser libre para progresar orgánicamente de un descubrimiento a otro. Te potencias cuando te animan a investigar o a decir la verdad sobre lo que no funciona.

Interpersonal: A menudo, se les echa la culpa a los Mártires de errores que ni siquiera son suyos, lo que puede minar su autoestima y crear una mentalidad de «nosotros contra ellos», sentimientos de vergüenza o un complejo de inferioridad. Si ellos, y quienes les rodean, comprenden que la vida es simplemente un constante y necesario proceso de prueba y error que acaba en descubrimientos que entonces pueden sustentar una base sólida, pueden encontrar fortaleza en su viaje. El foco debe estar siempre en lo que se aprendió de la experiencia, en vez de en la percepción de que han cometido un error por el que van a ser castigados o ridiculizados. Este es el refuerzo positivo que es especialmente importante al criar un niño de perfil 1/3. Cuando se le alienta adecuadamente, en cuanto un niño 1/3 descubre que el fundamento no funciona, existe el potencial de que se produzcan descubrimientos maravillosamente ingeniosos y creativos.

Aunque pueden parecer obstinados o reacios a aceptar el consejo de otros, la verdad es que los 1/3 deben hacerlo por sí mismos mediante la experiencia directa para descubrir y aprender. Los padres pueden ser sus aliados más poderosos, animándoles a «intentarlo», y luego fomentando una actitud de «dime lo que has aprendido», en vez de «observa lo que hiciste mal». Esto permite a los 1/3 aprender mediante el descubrimiento, lo que les anima a continuar este proceso a lo largo de su vida y, a la larga, les permite contribuir a la humanidad y mejorar la vida de todos nosotros. El único fracaso verdadero para una línea 3 es no aprender de su proceso de prueba y error. Los Investigadores Mártires pueden llegar a ser autosuficientes en el plano material cuando se les alienta a hacerse cargo de sí mismos.

La cadena de los 12 perfiles comienza con un 1/3 y termina con un 6/3. Los temas de línea 3 —mutación, prueba y error, descubrimiento, chocar con las cosas y vínculos hechos y rotos— son importantes y prominentes en la humanidad. Son temas del mundo material que nos unen y hacen que nuestra especie siga evolucionando. Todas las líneas 6 viven un proceso de línea 3 en los 30 primeros años de su vida; así pues, la mitad de los 12 perfiles son portadores de tema de línea 3. La línea 3 está diseñada para operar en la densidad del mundo material, y en ese mundo descubrimos quiénes somos.

1/3 famosos: Arturo Toscanini, Edgar Cayce, H. G. Wells, Harry Houdini, Michael Caine, Pablo Picasso, el Papa León XIII, Ram Dass, Sri Meher Baba, Vincent Van Gogh

Ángulo Derecho • Destino Personal

Perfil 1/4
Investigador Oportunista

Personalidad Línea 1 Introspección consciente		Diseño Línea 4 Exteriorización inconsciente	
Identidad de Comportamiento	Modestia	Naturaleza	Oportunista
Actitud Proyectada	Autoritario	Tipo	Abdicador
Perspectiva Limitada	Empatía	Memoria	Fatiga
Rol al que Aspira	Creatividad	Dirección	Soledad
Estrategia de Vinculación	Perseguidor/Perseguido	Sexualidad	Confidente o No
Estrategia de Seguridad	Autosuficiente/Codiciador	Humanidad	Benefactor/Dependiente
Resonancia Emocional	Fuerza/Debilidad	Resonancia Ola	Amabilidad/Malicia
Resonancia Conciencia	Fuerza/Debilidad	Resonancia Frecuencia	Corrupción o No

Contexto: La combinación de Investigador y Oportunista entrelaza la introspección con un don natural para establecer relaciones estrechas. Los 1/4 tienen un afán interno de exteriorizar creativamente los resultados de sus investigaciones a las personas que conocen. Mientras que el Investigador consciente está enfocado en llegar al fondo de lo que hace que funcionen las cosas, el Oportunista transpersonal está buscando maneras de comunicar ese conocimiento. Para ello, entablan amistades como parte de una red de personas que, con el tiempo, se convertirán en los receptores de su mensaje. Los Investigadores Oportunistas tienen una plataforma especial desde la que influenciar a otros, ya que una vez que afianzan una base sólida y conectan con una red de conocidos, se convierten ellos mismos en autoridades cautivadoras.

Hay algo muy especial en este perfil, ya que las líneas 1 y 4 están en «armonía» y, aunque operan de maneras diferentes, ambas son líneas de «fundamento». La línea 1 establece el fundamento de la planta baja y la línea 4 es el fundamento del segundo piso. Se trata de una circunstancia especial en la que ambas líneas del perfil están interesadas esencialmente en lo mismo. Hay una armonía entre lo que investigan y lo que exteriorizan, y lo que quieren exteriorizar es lo que quieren investigar. Los perfiles armónicos (1/4, 2/5, 3/6, 4/1, 5/2 y 6/3) son una minoría en la población y desempeñan un papel en el mundo como agentes inocentes de la transición, sirviendo de puente para la información y para los otros seis perfiles entre sí.

Personal: Estás aquí para entender el fundamento de todo lo que te interesa a un nivel muy profundo y para exteriorizar este conocimiento a tu red de conocidos. Te sientes impulsado a buscar autoridades que puedan enseñarte y prepararte, para, con el tiempo, poder establecerte a ti mismo como una autoridad en un campo o tema que te intrigue. Cuando apareces en el mundo como una autoridad, tu inseguridad se convierte en seguridad y te proporciona una base sólida. Pasas de una posición de debilidad a una de fuerza y puedes ser también una fuente de fortaleza para otros. Para profundizar necesitas pasar tiempo solo, ya que tu introspección camaleónica te permite sumergirte en lo que estás investigando. No eres creativo comunalmente y necesitas disfrutar de una soledad creativa, que es muy sana para ti y aporta riqueza a tu vida.

Tu amabilidad natural es también una estrategia de intimidad que atrae a personas que saben escuchar y también a quien podría llegar a ser tu pareja. Lo que buscas es un/a confidente y las relaciones duraderas comienzan estableciendo amistades primero. Cuando sigues tu Estrategia y Autoridad, eres muy claro en tu proceso introspectivo de investigación y esperas la oportunidad correcta para hablar a los demás de lo que has descubierto y aprendido. No estás aprendiendo solo para ti mismo, o simplemente por aprender, sino con miras a atraer a quienes podrían estar interesados en la información y beneficiarse de ella. De hecho, no tienes que descubrir o experimentar algo personalmente antes de estar dispuesto a compartirlo con los demás.

Establecer y mantener tu red de conocidos es una de las cosas más importantes de tu vida. La energía que inviertes en la gente trae oportunidades futuras para expresar las base de tus conocimientos. Saber cómo decidir en qué personas invertir energía es crucial para tu bienestar; invertir en las personas y redes erróneas es perjudicial y conduce a la fatiga y el agotamiento. Todas tus nuevas asociaciones necesitan llegar a ti a través de tu red de conocidos; no estás diseñado para influenciar a los extraños. Al Investigador de tu línea 1 no le interesan los demás, y el amistoso Oportunista de tu línea 4 es inconsciente; por tanto, la única manera de saber quién es correcto para ti es seguir tu Estrategia y Autoridad. Tus oportunidades en la vida llegan a través de personas y redes que conoces, y es importante que nunca dejes una cosa, como un trabajo, un/a amante o un hogar, hasta que algún otro haya ocupado su lugar. Si lo haces, tendrás muchas dificultades para encontrar un sustituto.

Retirarte a veces de tu red de conocidos también es crucial para recuperarte de la fatiga resultante de tus interacciones sociales. Puedes agotarte escuchando a otros, ya que requiere mucho tiempo y energía cultivar tu red de amistades esperando la oportunidad para decir tu verdad.

INTERPERSONAL: El perfil 1/4 es el autoritario consciente y el abdicador inconsciente. Los Investigadores Oportunistas no afrontan bien la resistencia de los demás y, cuando se encuentran con alguien que rechaza su influencia, abdican sin cambiar de posición y simplemente siguen adelante para encontrar a otra persona dispuesta y abierta a escucharles. La calidad de la vida de una línea 4 depende de la calidad de su red de conocidos. Son personas muy poderosas e influyentes, fijas como un roble, que proyectan un aura de fortaleza y autoridad. Sin embargo, los Oportunistas que están viviendo auténticamente no crean sus redes de conocidos, las encuentran con su Estrategia y Autoridad.

Los 1/4 están en busca de apoyo y dependen de los demás hasta que pueden alcanzar un punto en su vida en el que se vuelven una autoridad y se valen por sí mismos. Una vez que están en terreno sólido, tienen el control de su propia vida y consiguen su oportunidad de ser benefactores generosos y afectuosos para otros. De niños, simplemente crearán todo lo que se les diga. Es importante que los padres de los 1/4 les ofrezcan solo información veraz de la que se sientan seguros. Puede ser devastador para un niño 1/4 descubrir más adelante que le mintieron. Cuando les provocan, las líneas 4 pueden expresar también una parte maliciosa que luego puede pasarles factura. Aunque parece imposible que un 1/4 cambie de opinión acerca de algo que cree con firmeza, esta misma fijeza, combinada con empatía hacia los demás, es lo que trae transición y evolución a nuestros fundamentos tribales y colectivos.

1/4 FAMOSOS: ALBERT EINSTEIN, ANJELICA HUSTON, GLORIA STEINEM, HIROHITO, JEAN PICCARD, JERRY SEINFELD, KAMAHL, MICKEY SPILLANE, MOHAMMED ALI, SID VICIOUS

Ángulo Derecho • Destino Personal

Perfil 2/4
Ermitaño Oportunista

Personalidad Línea 2 Proyección consciente		Diseño Línea 4 Exteriorización inconsciente	
Identidad de Comportamiento	Ermitaño	Naturaleza	Oportunista
Actitud Proyectada	Demócrata	Tipo	Abdicador
Perspectiva Limitada	Intolerancia	Memoria	Fatiga
Rol al que Aspira	Armonía	Dirección	Soledad
Estrategia de Vinculación	Timidez/Descaro	Sexualidad	Confidente o No
Estrategia de Seguridad	Nutridor/Agotador	Humanidad	Benefactor/Dependiente
Resonancia Emocional	Avanzada/Retirada	Resonancia Ola	Amabilidad/Malicia
Resonancia Conciencia	Determinación o No	Resonancia Frecuencia	Corrupción o No

Contexto: En el hexagrama, las líneas 1 y 2 representan el primero de los tres binarios yin/yang y, aunque estas dos líneas funcionan de manera diferente, las dos tienen que ver con la inseguridad. Para afrontarla, la línea 1 investiga y estudia, y la línea 2 con el tiempo aprende a confiar en que sus dones naturales no requieren que estudie. Hay una tensión innata entre esta Personalidad de Ermitaño que quiere que le dejen en paz para hacer sus cosas y el Diseño de Oportunista que quiere conectar con otros para exteriorizar algo. La línea 2 consciente es inherentemente tímida y desconoce sus dones, por lo que otros tienen que llamarla para que los comparta. La línea 4 inconsciente, naturalmente amistosa, provee oportunidades para que esos dones sean requeridos, ya que atrae gente a la línea 2.

Aunque al Ermitaño le gustaría ser invisible para los demás, en realidad es muy transparente. Otros le miran y ven lo que el Ermitaño no puede ver: su talento y genio natural. El Ermitaño solo puede verse a sí mismo a través de las proyecciones y los comentarios de los demás. Los Ermitaños Oportunistas no se motivan con facilidad para estudiar como la línea 1 y son muy felices cuando están totalmente absortos en su entorno seguro haciendo lo que más disfrutan. Y aunque son felices bailando a su propio son, atraen la atención de otros que pueden llamarlos para que compartan su naturaleza esencial.

Personal: Tienes un talento natural y estás aquí para que otros te llamen a compartir ese talento y genialidad. Tienes en ti una barrera, como un punto de vista limitado, que te protege a ti y a tu genialidad para que no seáis corrompidos por las interferencias externas. Esta barrera tiene un punto «débil», un lugar por el que se puede traspasar. La llamada correcta de la persona adecuada puede llevar a una profunda transformación en tu vida e impulsar tu propósito y destino para que se exterioricen con el fervor de un misionero. Sin embargo, no te gusta que te llamen continuamente, y responder a casi cualquier llamada pone un estrés enorme en tu cuerpo. El uso inadecuado de tu energía tiene como resultado la fatiga, el desgaste y finalmente el agotamiento. Responder continuamente a las llamadas inadecuadas convierte la barrera de la línea 2 en una barrera psicológica que se niega a oír todas las llamadas, lo que a la larga te hará sufrir. Cuando te llaman, eres realmente impresionante, ya que pareces impulsado por una fuerza invisible en una cruzada para exteriorizar tu don en el mundo. Estás siendo impulsado y motivado por tu transpersonal línea 4 inconsciente; sin embargo, si tu línea 2 se saliera con la suya permanecerías en tu espacio protegido y nunca dejarías que te importunase nadie. Conscientemente, puedes sentirte increíblemente desvalido en el momento de la llamada, ya que te están sacando de tu entorno protegido y seguro y te están empujando a que salgas al mundo de las interacciones sociales. Es crucial que te permitas periodos de ermitaño, separado de tu red de conocidos, ya que la soledad te proporciona una deliciosa sensación de armonía. También eres muy particular en lo referente a tu entorno y disfrutas teniendo las cosas dispuestas de una manera específica que hace que te sientas bien, para que te dejen en paz para hacer tus cosas. Cuando te retiras a ella, tu cueva es tu santuario, y tu castillo, un lugar en el que te gusta estar sin interrupción.

La incertidumbre forma parte de tu vida de línea 2. Vivir en un mundo en el que la gente espera que seas capaz de explicar lo que haces y cómo lo haces te resulta incómodo e incluso hace que dudes de tus propias habilidades. Si te preocupa demasiado lo que piensan los demás sobre lo que haces, te puedes volver paranoico respecto a las proyecciones de los demás. Tu don no es algo que puedas explicar; la gente tendrá que aceptar que haces lo que haces y no sabes cómo o por qué.

Tu línea 4 inconsciente, y tu instinto para establecer amistades, es la manera más efectiva de atraer las oportunidades para sacar a la luz tu habilidad y alcanzar el éxito y la seguridad en el mundo. Sin embargo, también tiene que «llamarte» a las redes correctas de conocidos. Cuando estás en «tu» red, te sientes nutrido y puedes nutrir a otros; tu influencia puede ser notable y contagiosa. Como Ermitaño Oportunista, puedes alternar entre nutrir y agotar los recursos de otros, como Miguel Ángel, que agotó los recursos de su generoso benefactor. No hay juicios morales en esta dinámica; sin embargo, si estás en la red errónea puedes acabar dependiendo de otros y agotando sus recursos de una manera insana. No estás diseñado para tratar con extraños, y la única manera en que un extraño puede conocerte de manera correcta es que os presente alguien que ya conoces en tu red. Es muy importante saber tomar decisiones correctas, ya que son llamadas muy específicas para ti y aprender a reconocerlas en tu vida es crucial para tu bienestar. Atraer las llamadas correctas es algo que ocurre de manera natural cuando tu vida está alineada adecuadamente tomando decisiones mediante tu Estrategia y Autoridad. Sin esta guía, la vida puede ser caótica y puede que nunca oigas la llamada que transformaría tu vida.

INTERPERSONAL: Los Ermitaños Oportunistas establecen vínculos mediante una estrategia de timidez/descaro. Su timidez de Ermitaño es un llamamiento a que la otra persona actúe con el suficiente descaro para superar la barrera a la intimidad y establecer primero una amistad. Sin embargo, los Ermitaños solo están abiertos a personas específicas y es así como entran correctamente en relaciones íntimas y duraderas. La línea 2 no persigue, ya que el Ermitaño no es consciente de la cualidad interna que atrae a la otra persona, sino que espera a que alguien entre en su cueva y diga: «Tú eres para mí». Esta es también la manera correcta en que los Ermitaños Oportunistas entran en compromisos o asociaciones de negocios, ya que son las personas en su red de conocidos las que los reconocen y los llaman con más facilidad.

Incluso con sus dones inherentes, no aprendidos, los niños 2/4 necesitan una buena educación y se les debería alentar a que estudien. Esta preparación les será muy valiosa más adelante, cuando llegue su llamada. Necesitan que les inciten a involucrarse y, si no están interesados, no querrán unirse. Generalmente son apacibles y se adherirán a la mayoría, pero necesitan un equilibrio entre pasar tiempo solos y los contactos sociales.

2/4 FAMOSOS: AL GORE, ARETHA FRANKLIN, AUGUSTE RODIN, BARBRA STREISAND, FRANCISCO FRANCO, GUSTAVE EIFFEL, JEFF BRIDGES, OPRAH WINFREY, RAFAEL NADAL, RUDOLF STEINER, SALVADOR DALÍ

Ángulo Derecho • Destino Personal

Perfil 2/5
Ermitaño Hereje

Personalidad Línea 2 Proyección Consciente		Diseño Línea 5 Universalización Inconsciente	
Identidad de Comportamiento	Ermitaño	Naturaleza	El Hereje
Actitud Proyectada	Demócrata	Tipo	El General
Perspectiva Limitada	Intolerancia	Memoria	El Salvador
Rol al que Aspira	Armonía	Dirección	Poder de Atracción
Estrategia de Vinculación	Timidez/Descaro	Sexualidad	Seductor/Seducido
Estrategia de Seguridad	Nutridor/Agotador	Humanidad	Distribuidor/Acumulador
Resonancia Emocional	Avanzada/Retirada	Resonancia Ola	Altruismo/Egoísmo
Resonancia Conciencia	Determinación o No	Resonancia Frecuencia	Disciplina/Rebelión

Contexto: En el perfil 2/5 encontramos la armonía de las dos líneas de proyección. El Ermitaño, muy personal, quiere que le dejen en paz para hacer sus cosas y no es consciente de la proyección. El Hereje, transpersonal y seductor, es consciente y cauteloso con las proyecciones de los demás, pero necesita interactuar con ellos para cumplir su propósito kármico. El Hereje puede, de hecho, llamar a la acción al Ermitaño con una llamada interna. La verdadera llamada universalizadora es infrecuente, pero en última instancia los talentos del Ermitaño Hereje son llamados correctamente cuando las proyecciones que atrae pueden conjuntarse con las soluciones prácticas que provee su genio natural. El Ermitaño consciente, que no quiere que le molesten en su retiro, proyecta la actitud del demócrata y permite que otros asuman la responsabilidad. El hereje inconsciente es el Salvador que espera su oportunidad para poder liderar y universalizar su poder práctico.

La línea 5 está siempre exaltada porque representa las esperanzas y sueños de la humanidad. También es la más transpersonal de las líneas y su impacto puede ser muy profundo. Cuando alguien mira la ventana de un 2/5, ve la posibilidad de alguien que puede ser llamado a la grandeza. Una vez llamado, puede liderar cualquier rebelión contra cualquier estándar a cualquier precio, y proveer una solución práctica que puede ser diferente a todas las soluciones previas. Al mismo tiempo, lo que la gente quiere de verdad es un General al que se pueda llamar solamente cuando es necesario. Quieren un líder que pueda entrar en acción cuando hay una crisis y luego volver a irse.

El Ermitaño Hereje debe también contar con la lealtad de aquellos que pretende «salvar» con su acción, así como lealtad a sus propias pasiones y talentos naturales, que constituyen el núcleo de su genio innato. El 2/5 debe saber también cuándo abandonar el papel de liderazgo y volver a su ermita. Esto es importante a nivel personal para la línea 2, a la que se le debe permitir tiempo para que se retire y se nutra a sí misma, y también a nivel transpersonal para la línea 5, cuya reputación sufrirá cuando no sea capaz de estar a la altura de las continuas proyecciones de los demás.

Personal: Eres alguien que anhela la armonía, y tu Ermitaño, que va calladamente a lo suyo, se queda sorprendido cuando tu Hereje se lanza a ayudar a otros. Cada vez que entras en una habitación te encuentras con una audiencia expectante. Hay la presión doble de la proyección y la expectativa de que tus talentos especiales pueden salvarnos cuando lo necesitamos. Puedes atraer la lealtad de un grupo o de un individuo, o puedes encontrar desconfianza. No saber cuál de estas expectativas vas a encontrar puede resultarte incómodo. Sin embargo, la llamada es inevitable, incluso cuando puede resultar más irritante que iluminadora. Eres muy capaz de liderar una revolución… si es la correcta. Tu única protección auténtica es seguir tu Estrategia y Autoridad para determinar qué llamadas son correctas para ti.

La llamada correcta te transforma. En última instancia, tu reputación depende enteramente de tu habilidad para ofrecer una solución práctica y universal. Ni tu Ermitaño ni tu Hereje se sienten muy cómodos en el mundo, y puedes parecer un solitario que retiene o acapara sus recursos personales. Sin embargo, esto tiene un propósito importante, ya que les da a tu energía, tus talentos naturales y tu reputación, tiempo para prepararse para el momento en que se proyecte sobre ti para que proveas soluciones prácticas cuando otros las necesiten realmente. Para ti, es esencial saber lo que es práctico y vivir conforme a ello en tu propia vida. Tu estrategia consciente para establecer vínculos es: «Soy tímido, tienes que derribar mis barreras para llegar a mí», mientras que inconscientemente siempre estás atrayendo a gente. Sin embargo, tu mayor poder es ser un extraño que llega a tener una gran repercusión.

INTERPERSONAL: Los Ermitaños Herejes que actúen conforme a su verdadera naturaleza tendrán muchas oportunidades en la vida, especialmente si cuentan con una buena educación en algo que hacen naturalmente bien y pueden afrontar el campo de proyecciones. Tienen el potencial tanto de ser llamados como de llamar a otros, y disfrutarán los frutos de las proyecciones positivas, que resultan de su habilidad para aportar una solución práctica al colectivo. El 2/5 puede ser hondamente creativo en la manera en que establece su persona en el mundo y sobresale en su manera de hacerse publicidad a sí mismo. Cuando la mayoría está en crisis y el 2/5 recibe su llamada, puede transformar y comenzar a llevar a otros a un nuevo principio.

Los 2/5 son naturalmente retraídos, lo que es una estrategia valiosa para ellos, ya que este retraimiento siempre hace que otros entren en su vida para llamarlos. De esta manera, el 2/5 se asegura, al menos inicialmente, de encontrar una proyección positiva. Luchan por mantener su inocencia en la vida mientras se van acumulando las proyecciones, y no pueden automotivarse basándose en el deseo. Son Herejes que traen cambio y desafían lo que ya está ahí. Si el desafío es práctico, su herejía triunfará y seguirá triunfando hasta que ya no sea una herejía.

Los niños Ermitaños Herejes necesitan que se respeten sus límites y no se les debería forzar a hacer algo que no quieren hacer. Pueden ser los bebés más encantadores, pero si tienen un mal día, su reputación puede sufrir, incluso a una edad muy temprana. Una vez que se les derriba del pedestal, pueden permanecer fuera de él una temporada o toda su vida. También hay que respetar su necesidad de pasar tiempo solos, ya que sienten muy hondamente las proyecciones de sus padres y de otras personas que de algún modo esperan que sean más rápidos o más listos, o buenos en esto o lo otro.

Si no se respetan sus necesidades, tanto el Ermitaño como el Hereje se rebelarán. Mientras los 2/5 sigan su Estrategia y Autoridad cuando se les llame a una carrera o una relación, tendrán un enorme potencial para universalizar algo con éxito y cumplir su propósito.

2/5 FAMOSOS: BETTY FRIEDMAN, BILLY DEE WILLIAMS, COCO CHANEL, JAMES GARFIELD, LINDA TRIPP, MIA FARROW, PATTY HEARST, ROBERT HAND, SARA GILBERT, SUSAN MCCORKLE

Ángulo Derecho • Destino Personal

Perfil 3/5
Mártir Hereje

Personalidad línea 3 Adaptación consciente		Diseño línea 5 Universalización inconsciente	
Identidad de Comportamiento	Mártir	Naturaleza	El Hereje
Actitud Proyectada	Anarquista	Tipo	El General
Perspectiva Limitada	Pesimismo	Memoria	El Salvador
Rol al que Aspira	Sustento	Dirección	Poder de Atracción
Estrategia de Vinculación	Vínculos hechos y rotos	Sexualidad	Seductor/Seducido
Estrategia de Seguridad	Vínculos hechos y rotos	Humanidad	Distribuidor/Acumulador
Resonancia Emocional	Alianza/Rechazo	Resonancia Ola	Altruismo/Egoísmo
Resonancia Conciencia	Cooperación/Dependencia	Resonancia Frecuencia	Disciplina/Rebelión

Contexto: Si el teatro está en llamas y los bomberos no aparecen debido a los recortes de presupuesto, la persona que está en el medio del teatro gritando «¡Esto no está bien!», a la vez que está improvisando un cuerpo de bomberos y encontrando todas las salidas, es el Mártir Hereje. El perfil 3/5 combina dos potentes agentes para el cambio. Resistente, adaptable y mutativa, la línea 3 consciente se enfoca primordialmente en descubrir el mundo material y vive un proceso muy físico de prueba y error, que le permite mantenerse a sí misma y a otros con sus descubrimientos. Los Mártires están equipados para soportar la presión cuando se alzan y dicen la verdad acerca de lo que no está funcionando, pero no están equipados para contactar con el otro airosamente. La vida choca con ellos y ellos chocan con la vida. Como las líneas 1 y 2, no están buscando a nadie. Sin embargo, observan el mundo que les rodea para que les estimule y, con el tiempo, mutar, y acaban chocando con todo tipo de fuerzas. Puede que algunas de estas fuerzas no sean correctas para ella, y así la línea 3 puede volverse pesimista. Es muy importante aprender a discernir a una edad temprana qué le va bien y qué no.

Por otra parte, la línea 5, inconsciente pero seductiva, no puede escaparse del otro. Está atrayendo continuamente proyecciones de quienes ven al Hereje como el General que puede llegar en su caballo blanco y sacarles de la crisis. Esto puede ser muy incómodo para los 3/5, ya que, desde que nacen, la gente proyecta en ellos que pueden enderezar las cosas, y entonces aparece el proceso de línea 3 y quien se supone que va a ayudar lo único que hace es cometer errores.

Según va madurando con la vida, la línea 3 provee de manera natural una gran riqueza de sabiduría experiencial. La línea 5, el General, será solicitada para situaciones en las que el Mártir sabrá y verá lo que no funciona. Entonces puede alzarse como el Hereje, asumir el cargo y proveer algo nuevo y práctico que sí funcione. El anarquista Mártir se prestará al juego, adaptándose, experimentando y refinando el proceso paso a paso. Se les denomina «los grandes arregladores» y nos ofrecen soluciones innovadoras, ayuda y guía. El perfil 3/5 también necesita saber cuándo soltar las riendas y dejar que otros continúen el proceso ellos mismos. A diferencia de la línea 4, no son buenos estableciendo redes y ejerciendo una influencia continua en ellas; su mayor poder y eficacia la logran como extraños que llegan a tener una gran repercusión.

Personal: Para ti, lo más difícil es reconciliar la danza natural de descubrimiento vital de tu línea 3 con las proyecciones de salvador que otros ponen en tu línea 5 inconsciente. Para habitar correctamente tu papel de Mártir Hereje, debes poner el énfasis en lo que aprendes cuando la vida choca contigo, así como cuándo y cómo aplicar correctamente esos descubrimientos. Debes tener un gran discernimiento cuando algo o alguien choca contigo, y determinar si te merece la pena permanecer ahí o no, establecer un vínculo o no. Puede que a veces te parezca que tu proceso de descubrimiento ha fracasado, pero tu experimentación es un fundamento que otra persona podrá utilizar. Hubo miles de maneras en que la bombilla no funcionó hasta que descubrieron cómo funcionaba, y cada uno de esos descubrimientos sustentó al siguiente. Eres alguien que puede mantener el proceso de prueba y error, ya que no te rindes fácilmente.

Lo más importante es que debes entrar en tus exploraciones y tus rescates correctamente mediante tu Estrategia y Autoridad, o puedes acabar sintiéndote pesimista respecto a la vida, o posiblemente veas cómo se desvanece tu reputación. Cuando te comprometes a algo correctamente, puedes intervenir con toda la fuerza de tu resistencia, adaptabilidad, generosidad y capacidad de entrega, y ser sustentado por la vida no importa lo duramente que choque contigo. E incluso si te queman en la hoguera, pasarás a la siguiente.

Estás aquí para defender un principio y cambiar el mundo que te rodea trayendo un nuevo valor o estructura al colectivo. Sin embargo, tienes que tener cuidado para no acabar con complejo de mártir, diciendo «¿por qué yo?» o «¿por qué ahora?». Tienes que descubrir los principios que puedes seguir en tu vida y luego transformar esos principios en una fuerza universalizadora. En última instancia, estás aquí para crear un nuevo principio, una nueva herejía; pero si esa herejía no es práctica, pagarás un precio. Tu trabajo, o cualquier actividad en la que te involucres, necesita ser estimulante y no repetitiva. Ver nuevos clientes cada día, por ejemplo, puede ser bueno para ti, ya que tu tema son los vínculos hechos y rotos.

INTERPERSONAL: Los Mártires Herejes son maestros del plano material. Sin embargo, cuando las cosas no estén funcionando romperán el vínculo y se irán. Su actitud proyectada puede expresarse como «no pertenecer nunca a una organización que me aceptaría como miembro». Son anarquistas que deben estar dispuestos a romper el vínculo con lo que no funcione, para al final descubrir lo que sí funciona. Es muy valioso para todos tener alrededor a una línea 3 que esté diseñada conscientemente para descubrir lo que no funciona. Si los padres, profesores y otros pueden abstenerse de llamar pesimistas o negativos a los 3/5, o de decirles que han cometido un error, se ahorrarán mucho tiempo y energía y harán uso de la sabiduría experiencial de los 3/5.

Necesitamos ser especialmente indulgentes con un niño de línea 3. Los padres y los profesores deben permitirle que viva su proceso ofreciéndole estimulación positiva: «¿Qué has aprendido de esto?» o «No lo consideres un error, sino un proceso». Si no lo hacen así, el daño psicológico de un niño 3/5 puede ser grande. Cuando los Mártires Herejes no puedan estar a la altura de las expectativas que se proyecten en ellos, huirán y quemarán sus naves. Sin embargo, si pueden navegar el campo de esas proyecciones mediante su Estrategia y Autoridad, entonces el potencial completo de su verdad, junto con su habilidad de adaptarse, encontrar una salida práctica y seguir viendo la belleza y maravilla del plano material, brillará como un auténtico don para todos nosotros. Lo único que necesitan para potenciar ese papel es estimulación positiva.

3/5 FAMOSOS: ANAIS NIN, CAROLE KING, DIANA ROSS, DUDLEY MOORE, INDIRA GANDHI, KATE WINSLET, SHIRLEY MACLAINE, TED TURNER, WILLIE NELSON, WILLIAM SHATNER

Ángulo Derecho • Destino Personal

Perfil 3/6
Mártir Modelo de Conducta

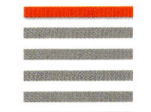

Personalidad Línea 3 Adaptación consciente		Diseño Línea 6 Transición inconsciente	
Identidad de Comportamiento	Mártir	Naturaleza	Modelo de conducta
Actitud Proyectada	Anarquista	Tipo	Administrador
Perspectiva Limitada	Pesimismo	Memoria	Optimista
Rol al que Aspira	Sustento	Dirección	Objetividad
Estrategia de Vinculación	Vínculos hechos y rotos	Sexualidad	Alma Gemela o No
Estrategia de Seguridad	Vínculos hechos y rotos	Humanidad	Confianza o No
Resonancia Emocional	Alianza/Rechazo	Resonancia Ola	Simpatía/Apatía
Resonancia Conciencia	Cooperación/Dependencia	Resonancia Frecuencia	Liderazgo o No

Contexto: Cuando el pesimismo del Mártir se encuentra con el optimismo del Modelo de Conducta, juntos tratan de determinar en qué pueden confiar realmente en la vida. El perfil 3/6 expresa la posibilidad de que la prueba y error pueda conducir a la sabiduría. Todas las líneas 6 tienen un proceso vital de tres fases. Durante los primeros 30 años funcionan como una línea 3. Por tanto, el Mártir Modelo de Conducta comienza como una línea 3 doble, hondamente involucrado en experimentar la vida mediante un descubrimiento tras otro, estableciendo y rompiendo vínculos a lo largo del camino. En la segunda fase (entre los 30 y los 50 años), el Modelo de Conducta trata de subir al tejado para darse un respiro y observar la vida. Sin embargo, la línea 3 consciente continúa involucrándose con la vida, haciendo que la línea 6 vuelva a bajar al mundo. Ni el perfil 3/6 ni el 6/3 tienen nunca realmente el puro tiempo en el tejado que tienen los perfiles 4/6 y 6/2.

Potencialmente, los descubrimientos del 3/6 se expresarán como sabiduría madura y equilibrada en la tercera fase (después de los 50 años), un tiempo en el que el 3/6 baja del tejado y vuelve a involucrarse por completo en la vida. Con su perspectiva única y distante, el Modelo de Conducta juzga la vida desde el punto de vista de lo que es perfecto o no, mientras que el Mártir, chocando con las cosas en las trincheras, descubre lo que no funciona. Juntos pueden defender una verdad y servir de modelo, de diferentes maneras, de la transición posible para la humanidad si podemos trascender nuestro condicionamiento, asumir nuestras fases de maduración, convertirnos en nuestra propia Autoridad y vivir siendo nosotros mismos, únicos, conscientes y auténticos.

Personal: La confianza es una cuestión fundamental para ti, así como la perfección, lo que puede generar estrés en las relaciones que no estén a la altura de tus estándares o expectativas. Cuando puedes confiar, te sientes seguro en la vida. Al mismo tiempo, estás inmerso en un proceso muy natural de descubrimiento. Creas y rompes vínculos, lo que puede no encajar con facilidad con tu motivación inconsciente de encontrar un alma gemela y asentarte en la vida perfecta en la que puedes confiar. Tu línea 6 conlleva una cualidad de nobleza que está más allá de lo mundano y puedes desilusionarte cuando la perfección se ve empañada y retirarte durante un tiempo cuando la vida simplemente no va como esperabas. Puedes tender a «mirar los toros desde la barrera», ya que la indecisión es un tema presente a lo largo de toda tu vida. La línea 3 quiere entrar en la experiencia, mientras que la línea 6 preferiría observar y no comprometerse. Sin embargo, hacer algo es mejor que no hacer nada. Estás diseñado para acumular experiencias, pero solo las experiencias que sean correctas para ti. La indecisión se mitiga cuando tienes un sistema de navegación como la Estrategia y Autoridad.

Mientras que tu línea 6 inconsciente quiere que la vida sea perfecta, tu línea 3 consciente necesita aprender sobre la perfección a través del proceso de prueba y error, que a veces es confuso. Cuando parece que las cosas no funcionan, el pesimismo de tu línea 3 puede enturbiar tu visión de la vida, mientras que la línea 6 inconsciente quiere mantener su naturaleza optimista. Considerar positivo, en vez de negativo, tu proceso de prueba y error te ayudará a mantener una actitud vital más optimista y objetiva. No hay errores para la línea 3, solo descubrimientos, que son cruciales para que te desarrolles como un modelo de conducta experimentado y sabio. Debes estar profundamente involucrado con la vida de una manera activa para aprender y desarrollar tu confianza y dominio de ti mismo. Para ti, el viaje consiste en reconocer la sabiduría de los descubrimientos de tu línea 3 y luego dejar que tu autoridad natural y sabia se exprese como un ejemplo vivo de lo que has aprendido. Tu consejo y tu aprobación están muy solicitados, y cuando das el visto bueno a algo, o no, se respeta tu palabra.

También es importante que pases tiempo solo. El tema de los vínculos hechos y rotos no es personal. No estás dejando a la otra persona, sino simplemente volviendo a tu proceso ensimismado de línea 3 hasta que la vida te involucre de nuevo. A veces, romper un vínculo es apropiadamente permanente, pero en la mayoría de los casos romper un vínculo es simplemente irte a dar una vuelta o al cine solo, y luego volver a casa a comer con la familia. O romper un vínculo para después volver a unirte, más tarde o más temprano, y restablecer ese vínculo a un nivel más fuerte y auténtico.

Interpersonal: Las relaciones que no funcionan, especialmente en la juventud, pueden ser muy dolorosas para el perfil 3/6, y puede que les lleve a evitar crear vínculos íntimos durante muchos años. Saber cómo tomar decisiones correctas a una edad temprana les preparará para estar en el mundo. Los Mártires Modelos de Conducta tienen una honda capacidad de mantenerse y no rendirse, lo que con el tiempo les lleva a la objetividad. Descubren que las «malas» experiencias son en realidad las más importantes que han tenido. La sociedad nos condiciona para creer que los «errores» son malos. Si a las líneas 3 no se les anima y educa respecto a su proceso, los «malos» errores van acumulándose y se sienten derrotados, desarrollan un complejo de inferioridad y cargan con un gran lastre de pesimismo y vergüenza. Puede que se rindan y se vayan en vez de usar la experiencia como guía. Después de todo, las líneas 3 tienen la mayor habilidad para desvelar la verdad descubriendo lo que no funciona. Algunos de los descubrimientos más importantes de nuestro mundo han sucedido mediante el proceso de prueba y error. Ser una línea 3 es estar plenamente involucrado en la maravilla de la vida.

Los Mártires Modelos de Conducta son tanto anarquistas como administradores que pueden recomendar alegremente una causa incluso si ellos preferirían no estar personalmente involucrados. Si las líneas 6 comprenden el proceso tripartito de la vida y lo viven auténticamente mediante su propia Autoridad, surgirá en los años posteriores una perspectiva penetrante y optimista en forma de sabiduría experiencial. Se presentarán como un Modelo de Conducta, guiadas por sus descubrimientos, y nos mostrarán la perfección posible en la vida de 9 centros, con su florecimiento del potencial y sus verdades después de cumplir los 50 años. Este es un nuevo patrón de maduración que se está modelando, un proceso en desarrollo que no puede y no debería ser apresurado.

3/6 famosos: Andy Gibb, Carla Berlusconi, Dustin Hoffman, Edwin Herbert Land, Elisabeth Clare Prophet, Enrico Caruso, Gerhard Schroder, Jerry Lewis, Joan Cusack

Ángulo Derecho • Destino Personal

Perfil 4/6
Oportunista
Modelo de Conducta

Personalidad Línea 4 Exteriorización Consciente		Diseño Línea 6 Transición Inconsciente	
Identidad de Comportamiento	Oportunista	Naturaleza	Modelo de conducta
Actitud Proyectada	Abdicador	Tipo	Administrador
Perspectiva Limitada	Fatiga	Memoria	Optimista
Rol al que Aspira	Soledad	Dirección	Objetividad
Estrategia de Vinculación	Confidente o No	Sexualidad	Alma Gemela o No
Estrategia de Seguridad	Benefactor/Dependiente	Humanidad	Confianza o No
Resonancia Emocional	Amabilidad/Malicia	Resonancia Ola	Simpatía/Apatía
Resonancia Conciencia	Corrupción o No	Resonancia Frecuencia	Liderazgo o No

Contexto: El Oportunista Modelo de Conducta tiene el potencial ser un representante importante e influyente de lo que significa vivir una vida de 9 centros. Completando el proceso de Destino Personal que comenzó el perfil 1/3, el 4/6 exterioriza su fundamento y, mediante la autoconciencia, sirve de modelo de lo que dignifica vivir tu unicidad siendo «tú mismo». Es un perfil inusual, ya que ambas líneas son transpersonales y, sin embargo, su papel sigue siendo de destino personal y permanece absorto en su vida. La línea 4 desarrolla y emplea conscientemente sus talentos sociales y redes personales para mejorar su ámbito de influencia, pero la línea 6 inconsciente raramente se permite involucrarse íntimamente, ya que debe permanecer separada y sin trabas para ver lo que viene.

A nivel inconsciente, el perfil 4/6 vive su vida en tres fases, y los primeros 30 años pueden ser un periodo difícil, ya que la línea 6 vive como una línea 3 y choca constantemente con la vida de una manera muy subjetiva. Durante ese tiempo, hay una incomodidad interna, porque la línea 4 consciente quiere estabilidad y una base sólida, mientras que la línea 3 inconsciente debe pasar por su proceso de prueba y error, experimentación y descubrimiento. La línea 3 inconsciente aprende explorando, de una manera profunda, la verdad de lo que es «este» plano material. Cuando comienza a los 30 años la segunda fase de la vida, el Oportunista Modelo de Conducta, ahora en el tejado, disfruta un bienvenido alivio en el que transformar las experiencias subjetivas en sabiduría objetiva. Mirando desde arriba, ahora ve que, en realidad, «esto» puede ser «eso». Mientras está en el tejado, la línea 4 establece su estabilidad involucrándose en afianzar una familia, una carrera y una red de amigos de confianza. En la fase final que comienza a los 50, el 4/6 baja del tejado y se vuelve a involucrar en la vida, influenciado y exteriorizando una nueva perspectiva trascendente que no es ni esto ni aquello. A través del simple proceso de vivir la vida, sirve de modelo de lo que es ser únicamente tú mismo, en vez de ser definido por la naturaleza del mundo que te rodea.

Personal: Hay una tensión interna natural entre tu anhelo consciente de conexión y relaciones de calidad y tu deseo inconsciente de mantenerte apartado para poder evaluar y juzgar objetivamente de qué va la vida realmente y hacia dónde vamos. Generalmente eres «mirón» curioso, manteniéndote en los márgenes del grupo, observando con ojos transpersonales y objetivos, esperando la oportunidad de contribuir una nueva perspectiva y cambiar el modo de pensar de alguien. Cuando se da la oportunidad adecuada, tu línea 4 tiene la habilidad inherente para comunicar tu verdad a los demás. Sin embargo, no estás interesado en que los demás te cambien a ti. Cuando sientas que los demás se te resisten, abdicarás y buscarás a quienes estén receptivos a lo que tienes que compartir. El tiempo que pasas solo es refrescante e importante para ti, ya que tus interacciones pueden hacer que te sientas cansado de estar con gente. Vivir conforme a tu Estrategia y Autoridad te trae las relaciones que te permitirán al fin influenciar, exteriorizar y servir de modelo de tu ser único. Buscas relaciones en las que confiar, para poder llegar a ser verdaderamente un ejemplo vivo o un líder sin seguidores.

Tienes una habilidad genuina para desarrollar relaciones íntimas, lo que también lleva tiempo y una inversión de tu energía. También te resulta natural observar y evaluar a la gente a distancia. Cada relación es importante, ya que estos son los amigos que influenciarás a un nivel muy profundo y que, con el tiempo, te ofrecerán las oportunidades que necesitas en la vida para servir de modelo de tu nueva perspectiva. No estás diseñado para influenciar a los extraños; necesitas a quienes están familiarizados contigo, y ellos necesitan ser correctos para ti de todas las maneras, no solo porque ves el potencial para influenciar y exteriorizar. Puede que pasen años en una relación antes de que se presente una oportunidad real, y la energía invertida debe ser simplemente por la relación misma. En las relaciones inapropiadas, invertirás tu energía sin recibir energía a cambio, y puede que abdiques de la verdad que eres, encuentres las oportunidades erróneas y sientas desilusión, tristeza y fatiga.

INTERPERSONAL: Para educar apropiadamente a los niños de línea 4, necesitamos darles tiempo para que maduren y pasen de ser dependientes a ser benefactores; no se les debería meter prisa para que se internen en el mundo. Las líneas 4 pueden ser dependientes durante mucho tiempo, pero una vez encuentran su propio camino se produce un cambio importante. Como se dan cuenta de lo importante que fue para ellas tener un benefactor, con su lealtad característica cuidarán de quienes cuidaron de ellas. Muchas líneas 4 se convertirán en filántropos, benefactores de la sociedad en general, y crearán fundaciones que abran oportunidades para otros.

Las relaciones lo son todo para las líneas 4; la calidad de su vida está en proporción directa con la calidad de sus redes de conocidos. Sin embargo, los 4/6 operan como una línea 3 en la primera fase de su vida, y pueden ser impactados por relaciones y redes que no funcionan. La guía más valiosa que pueden ofrecerle sus padres a un 4/6 durante los 30 primeros años de su vida tiene que ver con las relaciones que establecen, ya que estas pueden determinar el éxito o el fracaso del florecimiento en el Modelo de Conducta trascendente que tendrá lugar después de los 50 años.

A veces, los 4/6 pueden mirar los toros desde la barrera, ya que la línea 4 quiere involucrarse y la línea 6 simplemente quiere observar. Sin embargo, necesitamos que se lancen al ruedo y compartan con nosotros sus agudas observaciones. El Oportunista Modelo de Conducta tiene un espíritu generoso que quiere lo mejor para todos y es capaz de traer amor al mundo con su cálido corazón y su sabia cabeza. Sin embargo, cuando se rompe su confianza, su sensible corazón puede ser herido con facilidad, y el corazón cálido puede volverse frío, e incluso malicioso, cuando se le rechaza.

4/6 FAMOSOS: AL PACINO, BRAD PITT, CRISTIANO RONALDO, DAVID BECKHAM, MANUEL NORIEGA, NAGAKO (EMPERATRIZ DE JAPÓN), PALOMA PICASSO, ROBERT KENNEDY, RUPERT MURDOCH

Yuxtaposición • Destino Fijo

Perfil 4/1
Oportunista Investigador

Personalidad Línea 4 Exteriorización Consciente		Diseño Línea 1 Introspección Inconsciente	
Identidad de Comportamiento	Oportunista	Naturaleza	Modestia
Actitud Proyectada	Abdicador	Tipo	Autoritario
Perspectiva Limitada	Fatiga	Memoria	Empatía
Rol al que Aspira	Soledad	Dirección	Creatividad
Estrategia de Vinculación	Confidente o No	Sexualidad	Perseguidor/Perseguido
Estrategia de Seguridad	Benefactor/Dependiente	Humanidad	Autosuficiente/Codiciador
Resonancia Emocional	Amabilidad/Malicia	Resonancia Ola	Fuerza/Debilidad
Resonancia Conciencia	Corrupción o No	Resonancia Frecuencia	Fuerza/Debilidad

Contexto: El Oportunista Investigador representa una interesante yuxtaposición de la socialmente abierta y amistosa línea 4 y la introvertida e insegura línea 1 inconsciente. La línea 1 es la base del trigrama inferior y la línea 4 es la base del trigrama superior, creando una armonía de propósito. Este es un perfil único que abarca tan solo el 2 por 100 de la población mundial, y con su Destino Fijo sirve de puente entre el Destino Personal del Ángulo Derecho y el Karma Transpersonal del Ángulo Izquierdo. Ni esto ni aquello, ni personal ni transpersonal, solo hay un perfil de Yuxtaposición por cada hexagrama. El 4/1 se mueve por su propia línea de geometría específica, de la misma manera que un tren en una vía tiene un movimiento y una dirección que no pueden ser alterados.

Personal: Estás diseñado para estudiar, aprender y establecer una base sólida en un área de la vida que te fascine, y luego influir a otros con tu base de conocimientos. Tu base es cualquier cosa en la que te encante sumergirte y quieras compartir con los demás. Investigar y volverte un experto en un tema determinado transforma tu inseguridad inherente en una autoridad. Una vez que te has establecido como una autoridad, puedes ir a tu red y convertirte en un experto influyente en tu campo. Con tus habilidades interpersonales de línea 4, tienes una capacidad natural para saber de qué manera comunicar mejor a otros tu base de conocimientos.

Tu papel es establecer redes y unir la investigación y desarrollo de los perfiles de Destino Personal con el marketing y la universalización de los perfiles de Karma Transpersonal. Tienes un pie en cada mundo y, sin embargo, operas de manera diferente con un papel que está separado y aparte de ellos. Para ti, el Destino Fijo es una vida de seguir tu propia línea única de geometría, sea la que sea. Para aprender más acerca de qué está destinado a investigar y exteriorizar tu Destino Fijo, observa el Sol y la Tierra de tu Personalidad en la Carta Gráfica. Esto te dará una idea de tu propósito, de lo que estás destinado a hacer aquí en la vida. Cuando comiences a vivir tu vida conforme a tu Estrategia y tu propia Autoridad, verás cómo tu vida se alinea perfectamente con tu propósito y con tu destino.

Para todas las líneas 4, la calidad de su vida depende hondamente de la calidad de sus redes de conocidos (familia, amigos y compañeros de trabajo). Tus oportunidades para exteriorizar tu base llegan a través de las personas de tu red, mediante asociaciones amistosas, ya que no estás diseñado para influenciar a extraños. Para exteriorizar con efectividad tu base de conocimientos, es necesaria una conexión personal. Por ejemplo, si alguien que conoces te pide que hables en un evento, lo mejor para ti es ir muy pronto para establecer todas las conexiones «cara a cara» que puedas con tu audiencia. Ofrece un encuentro la noche anterior para conocer a la gente; así, luego podrás hablar a una audiencia familiar y receptiva. También es importante para ti tener una base sólida para tu vida en las áreas del hogar, las finanzas, las relaciones y el trabajo. Sin embargo, conseguir esto en un mundo siempre cambiante puede resultar difícil.

A pesar de que un 4/1 es fijo y sólido como un roble, hay una vulnerabilidad inherente en este perfil. Eres tan inamovible que te puedes romper, y puede ser muy difícil volver a juntar las piezas. Comprender cómo estás diseñado y cuál es tu propósito te puede ayudar a mantener el rumbo y afrontar los retos de la vida. Para mantenerte estable en tu curso y disfrutar el viaje, es muy importante que seas exactamente quien eres y no cambies para alguna otra persona. Para que mantengas el equilibrio y la salud, los demás deberán adaptarse a ti, ya que tú no puedes adaptarte a ellos. Puedes ir con el otro durante un tiempo, pero siempre debes volver a tu propio camino fijo y único.

INTERPERSONAL: La vida y las personas son la verdadera educación para los Investigadores Oportunistas, ya que mediante la interacción aprenden que no todos ven el mundo tan en blanco y negro, o bueno y malo, como ellos. Experimentan un duro despertar a cómo funciona el mundo, lo que les hace vulnerables de alguna manera y propensos a la angustia. Sin embargo, los 4/1 aprenden con estas experiencias y su Destino Fijo les mantiene avanzando. Es importante no desfallecer y, además de su amplia red de conocidos, necesitan un círculo de amigos íntimos y confidentes de confianza que les provean de apoyo amoroso incondicional sin resistencias. Los Investigadores Oportunistas disfrutan estudiando la conducta humana y puede que disfruten investigando alguna forma de psicología, sociología, astrología o Diseño Humano.

Para empezar la vida con buen pie, la educación y una vida familiar sólida y segura son muy importantes para un niño 4/1. Necesitan que se les anime y ofrezca la oportunidad de estudiar lo que les guste y disfruten. Para que las relaciones funcionen para un 4/1, deben estar basadas en la amistad y la integridad, ya que su estrategia de establecer vínculos es Hermandad/Fraternidad, es decir, primero ser amigos y luego pasar a la intimidad. La «otra persona» que esté en una relación con el Oportunista Investigador necesitará ser la que se adapte. Los 4/1 pueden ser los amigos más generosos y leales, pero no pueden estar en relaciones en las que se les ofrezca resistencia o en las que falte la confianza o la lealtad. Es mejor ser completamente honesto y transparente con los perfiles 4/1, porque la línea 4 tiene inherente el abdicador. Si se les presenta resistencia, se irán a encontrar a otro que quiera lo que tienen.

Si discutes con un perfil 4/1, asentirán cortésmente con la cabeza, mientras que callada y tenazmente se aferrarán a su propia y profunda verdad interna. Es muy difícil hacer que un 4/1 cambie de parecer; sin embargo, se puede hacer si corroboras tus datos con buenos hechos sólidos.

4/1 FAMOSOS: ANDREW LLOYD WEBBER, BARBARA WALTERS, BETTE MIDLER, BUZZ ALDRIN, DAVID GINSBURG, GIANNI VERSACE, LOUIS VUITTON, PETER SELLERS, RICHARD HARRIS

Ángulo Izquierdo • Karma Transpersonal

Perfil 5/1
Hereje Investigador

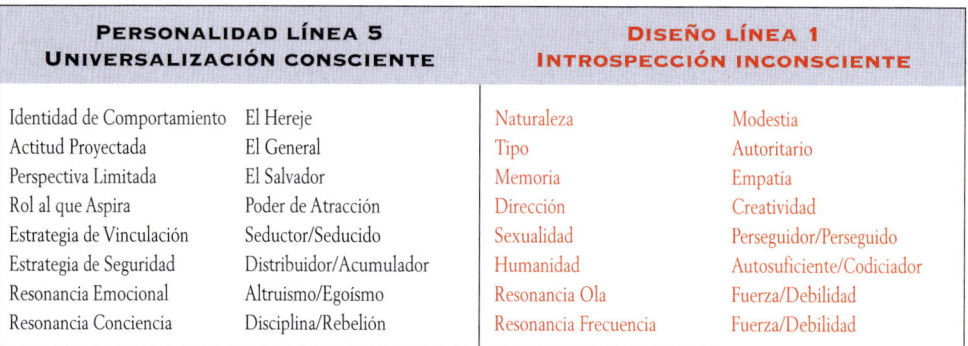

Personalidad Línea 5 Universalización consciente		Diseño Línea 1 Introspección inconsciente	
Identidad de Comportamiento	El Hereje	Naturaleza	Modestia
Actitud Proyectada	El General	Tipo	Autoritario
Perspectiva Limitada	El Salvador	Memoria	Empatía
Rol al que Aspira	Poder de Atracción	Dirección	Creatividad
Estrategia de Vinculación	Seductor/Seducido	Sexualidad	Perseguidor/Perseguido
Estrategia de Seguridad	Distribuidor/Acumulador	Humanidad	Autosuficiente/Codiciador
Resonancia Emocional	Altruismo/Egoísmo	Resonancia Ola	Fuerza/Debilidad
Resonancia Conciencia	Disciplina/Rebelión	Resonancia Frecuencia	Fuerza/Debilidad

Contexto: En el I Ching, la exaltada o dominante línea 5 encarna el tema de un hexagrama. Para el Hereje Investigador, la línea 1 inconsciente, que representa el fundamento con autoridad, se une a la línea 5 que proyecta conscientemente todo lo que ese fundamento podría o debería ser. El resultado es que el 5/1 es el más transpersonal, con el mayor potencial universalizador, de los 12 perfiles. Este es el perfil de los salvadores y generales, o de los engaños y la paranoia, y es muy seductor. Sobre los Herejes Investigadores se proyecta para que salven o rescaten a otros con una solución práctica en un periodo de crisis.

Personal: «Destino Transpersonal» significa que estás aquí para vértelas con el karma y estás diseñado para tener encuentros con otros que pueden ser importantes y potencialmente mutativos tanto para ti como para ellos. Si puedes imaginar el camino de tu vida como una cuadrícula con puntos de intersección que representan esos encuentros, puedes entender cómo estás destinado a encontrar aliados en la vida que están aquí para ayudarte, así como para recibir tu ayuda. Estos encuentros kármicos, que a menudo producen una sensación de *déjà vu*, pueden ser tan complejos como un acuerdo de negocios o tan simples como alguien que te pregunta cómo llegar a cierta calle. A algún nivel, eres consciente de tu línea 5 transpersonal consciente, una línea atractiva y seductora sobre la que se proyecta continuamente. Otros sienten, aunque no te conozcan, que tienes algo potencialmente importante y útil que necesitan. Su proyección atrae a la gente hacia ti, proveyéndote de la habilidad para tener en tu vida los encuentros que necesitas para vivir tu propósito vital único.

Otros proyectan sobre ti que puedes liderar, guiar, ayudarles o salvarles, y cuando es la proyección apropiada, disfrutas desempeñando ese papel y siendo capaz de ofrecer soluciones prácticas con tu experta capacidad para solucionar problemas. Sin embargo, hay veces en que la proyección que estás sintiendo no es la apropiada para ti y te sientes inseguro acerca de poder ofrecer lo que necesita o quiere la otra persona. Es importante para ti saber a qué proyecciones es correcto decir que sí. Si dices «sí» cuando no es correcto, puedes quedar atrapado en la red ilusoria creada por las proyecciones de los demás y comprometerte a cosas que no puedes cumplir, lo que resulta en un empañamiento de tu reputación. Es sano para ti ser desconfiado y un poco paranoico respecto a las expectativas de los demás. Ra ha dicho: «Los sueños y las esperanzas de la humanidad recaen sobre los hombros de la línea 5». Esta es una gran responsabilidad con la que cargar, y la mejor manera de operar dentro de este campo de proyecciones es estar sobre una base sólida, práctica y auténtica.

Una de las ventajas de ser una línea 5 es que la proyección inicial de los demás comienza siendo positiva. La gente proyecta sobre ti que puedes ofrecer lo que necesita, y si ofreces algo práctico, tu reputación florecerá. Si no ofreces una solución práctica, si lo que les has dado es un «castillo de naipes», tu reputación sufre y «el hereje será quemado en la hoguera». Sin una reputación en la que se pueda confiar, tu línea 5 consciente puede tener que cambiar de dirección y comenzar de nuevo en otra parte. Antes de comprometerte, necesitas estar seguro de que tienes una solución práctica que funciona para todos. Esto lo haces con tu línea 1 inconsciente, el Investigador. Tu línea 1 está diseñada para llegar al fondo de las cosas, para estudiar y establecer una base de conocimientos segura. Una vez que tienes una base sólida y te has convertido en una autoridad, estás preparado para impactar y mutar a la sociedad, cuando sea necesario. Seguir tu Estrategia y Autoridad te guiará a la circunstancia y el momento apropiados para universalizar tu fundamento práctico.

Eres un observador perspicaz del mundo que te rodea, y estar preparado, así como elegir el momento correcto, es esencial para tu éxito. Cuando las dos cosas van juntas, eres el Hereje Investigador que puede romper el hábito de la humanidad de ver las cosas de la manera consabida y hacer oír tu punto de vista herético cuando todo lo demás ha fracasado. A diferencia de las líneas 4, cuya mayor influencia se ejerce dentro de sus redes de conocidos y asociaciones personales, tu mayor poder es como extraño relevante. Estás diseñado para interactuar con personas nuevas que están listas para recibir tu mutativa información herética; para una línea 5, la familiaridad genera desdén. Son muy beneficiosas para ti las épocas de retiro, fuera del campo de proyección, para desarrollar tu fortaleza y cultivar tus habilidades para poder estar listo para afrontar la siguiente crisis en la que el compromiso sea correcto para ti. Cultivar la belleza y la creatividad te resulta muy estimulante a muchos niveles.

INTERPERSONAL: Los Herejes Investigadores aspiran a hacerse personalmente atractivos para mejorar sus posibilidades de universalizar, así como seducir a alguien para que les seduzca. Tienen vulnerabilidades e inseguridades y son reacios a mostrar su verdadero ser. Pocas personas llegan a conocer de verdad a alguien de línea 5, ya que está cubierto por un escurridizo campo de proyección. La línea 5 acumula, o retiene, y espera a que se desarrolle la ilusión de poder (el campo de proyección) y llegue el momento adecuado para universalizar la base. Proveer soluciones prácticas en situaciones de crisis requiere paciencia disciplinada. Los Herejes Investigadores se crecen en este proceso, pero necesitan recordar volver a su espera una vez han satisfecho una proyección, para prepararse para la siguiente. Deben ser capaces de reconocer cuándo es el momento adecuado para seguir adelante, de lo contrario su reputación sufrirá. Si esperan demasiado para irse y ya no queda nada por salvar, se añaden nuevas capas de proyección a las primeras y puede que no sean correctas para ellos. Además, el perfil 5/1 tiene una interesante conexión con el perfil 6/2. Debido a la sabiduría y confianza que se asocia con los 6/2, pueden mejorar o salvar la reputación del 5/1 apoyando inocentemente su herejía y la base práctica que está universalizando. También lo inverso es cierto: los 6/2 pueden también destruir su reputación.

5/1 FAMOSOS: ANNE FRANK, BUCKMINSTER FULLER, CLINT EASTWOOD, HARRY BELAFONTE, HUGH HEFNER, NEIL ARMSTRONG, PADRE PÍO, PAUL MCCARTNEY, RA URU HU, THEO VAN GOGH

Ángulo Izquierdo • Karma Transpersonal

Perfil 5/2
Hereje Ermitaño

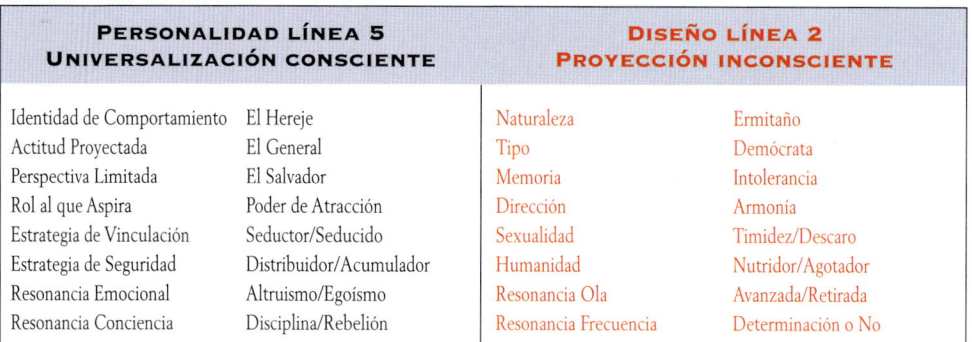

Personalidad Línea 5 Universalización Consciente		Diseño Línea 2 Proyección Inconsciente	
Identidad de Comportamiento	El Hereje	Naturaleza	Ermitaño
Actitud Proyectada	El General	Tipo	Demócrata
Perspectiva Limitada	El Salvador	Memoria	Intolerancia
Rol al que Aspira	Poder de Atracción	Dirección	Armonía
Estrategia de Vinculación	Seductor/Seducido	Sexualidad	Timidez/Descaro
Estrategia de Seguridad	Distribuidor/Acumulador	Humanidad	Nutridor/Agotador
Resonancia Emocional	Altruismo/Egoísmo	Resonancia Ola	Avanzada/Retirada
Resonancia Conciencia	Disciplina/Rebelión	Resonancia Frecuencia	Determinación o No

Contexto: Viviendo con un doble campo de proyección, los Herejes Ermitaños deben ser su propio estímulo o motivación. Cuando la proyección correcta pone las cosas en marcha, el Hereje llama o suscita los dones de su propio Ermitaño, aplicando o universalizando lo que hace de manera natural. Los 5/2 viven una vida inusual de proyección constante. Volviendo a la metáfora de la casa, tenemos la línea 5 consciente en el segundo piso, detrás de la cortina y mirando a la calle, muy consciente de que las personas de abajo están proyectando sobre ella mientras se preguntan qué está pasando detrás de esa cortina. La línea 2 inconsciente está en primer piso, con las luces encendidas, las cortinas abiertas, bailando, sin darse cuenta de que la gente está mirando y proyectando también sobre ella.

A este inusual perfil se le llama el Hereje reacio, ya que es muy común que los Herejes Ermitaños permanezcan separados y desapegados debido a la incertidumbre de si pueden satisfacer las proyecciones de los demás. Aunque son un perfil transpersonal, a diferencia de los 5/1 que tienen karma con otros, los 5/2 llevan dentro su propio karma. Tienen que vivir algo basado en lo que han vivido en el pasado, pero «ellos» son los que tienen que descubrirlo. Si no lo hacen, eso no es llamado o suscitado y no llegan a universalizarlo.

Personal: Tienes un gran talento de una manera inusual y es muy importante que comprendas cómo involucrarte con la vida. Lo que esperas es la correcta llamada interna a algo revolucionario, algo hacia lo que puedas liderar a otros y que está más allá del plano mundano. Una vez estás involucrado apropiadamente, estás potenciado para nutrir desinteresadamente a las personas que estás destinado a apoyar, a la vez que satisfaces tus propias necesidades materiales. A diferencia de los 5/1, que universalizan una base, algo que han investigado y estudiado, tú estás universalizando tus propios talentos y dones naturales. Esto es personal y puede que te sientas muy vulnerable. Cuando te llaman a intervenir y actuar, estás pidiendo que la gente crea en ti. Tienes que basarte tan solo en tu propio poder carismático, y esto puede crear mucha incertidumbre.

Tu genialidad de línea 2 es inconsciente y está enterrada en lo profundo de ti, y te resulta difícil saber cuándo has recibido la llamada correcta. Te llaman a través del campo de proyección y es imperativo para tu éxito y reputación que comprendas cómo tomar decisiones correctas usando tu Estrategia y Autoridad. Solo cuando has reconocido la llamada correcta puedes satisfacer la proyección. La línea 5 de tu perfil comienza con una proyección positiva de los demás de que puedes ofrecer lo que quieren o necesitan, y en el momento en que no satisfaces esa proyección tu reputación sufre. Este es un perfil transpersonal y tu reputación puede sufrir a gran escala; debido a ello, es aún más importante que comprendas cómo tomar decisiones correctas mediante tu propia autoridad y no por el campo de proyección. Para ti es necesario, y también un alivio, alejarte de las proyecciones de los demás, ya que te sientes completo de manera cómoda y natural y te sientes feliz cuando estás solo. Tu cuerpo de línea 2 inconsciente necesita estar solo en su tiempo especial de ermitaño para permanecer sano y para nutrir tus dones y talentos naturales.

Como Ermitaño, no tienes un interés inherente en mejorar lo que haces de manera natural, o de probarte a ti mismo o a los demás lo que consideras verdadero. Como Hereje, no te sientes cómodo cuando solo proyecta sobre ti cualquier persona en crisis para que ofrezcas soluciones prácticas o satisfacer sus esperanzas y expectativas. Si experimentas muchos fracasos al querer estar a la altura de las proyecciones de otros, esto puede reforzar negativamente tu tendencia a estar solo. Puedes sentirte inseguro acerca de lo que realmente puedes hacer, y abrumado y confuso por tantas proyecciones. Si te empujas a un extremo insano, puede que decidas aislarte de todas las expectativas externas y luego sufrir la reputación de un fracasado o acaparador que se niega a potenciar y universalizar sus dones en beneficio de los demás.

INTERPERSONAL: El secreto para interactuar con los Herejes Ermitaños es evitar presionarles de ningún modo. Espera hasta que ellos se llamen a sí mismos y vean cómo abordar un aprieto o crisis que requiera su particular genialidad inherente. Así es como este inusual perfil manifiesta nuevas verdades evolutivas en el mundo de maneras personalmente gratificantes y se mantienen en armonía, ya que los 5/2 creen que la raíz de la armonía es que no se debería presionar a nadie. En las relaciones, el Hereje de línea 5 confía en su poder de atracción para captar la atención del otro, mientras que la timidez del Ermitaño establece automáticamente una barrera que le proteja de la verdadera intimidad. Sin embargo, cuando aparece un «perseguidor» interesante, este perfil puede dejar caer su barrera, permitiendo así que el descaro del perseguidor complete eficazmente la seducción y abra el camino a la intimidad.

La necesidad del niño 5/2 de motivarse a sí mismo puede resultar frustrante y difícil. Hay una enorme expectativa de que estos niños muestren su talento o genialidad en el mundo y ayuden a los demás. Cuando se retiran a su habitación en vez de jugar con otros, su familia puede proyectar en ellos que no están a la altura de su capacidad. Esto puede hacer que los niños 5/2 se sientan muy incómodos con los demás, ya que siempre sienten la presión de esas expectativas proyectadas. También pueden ser muy recelosos de lo que otros ven en ellos, ya que se sienten inseguros de sus talentos naturales y de si podrán cumplir la proyección. Al trabajar con niños 5/2, lo mejor es presentarles muchas cosas diferentes hasta que alguna les encante. Son muy selectivos; pero, una vez han encontrado algo que les encanta, se activan a sí mismos y comparten sus habilidades naturales.

5/2 FAMOSOS: ABRAHAM LINCOLN, CORETA SCOTT KING, BRIDGET FONDA, GEORGE ELIOT, MIKE WALLACE, PETER GRAVES, RON L. HUBBARD, ALVIN AILEY, CHYNNA PHILLIPS, FRANZ SCHUBERT

Ángulo Izquierdo • Karma Transpersonal

Perfil 6/2
Modelo de Conducta
Ermitaño

| **Personalidad Línea 6** | | **Diseño Línea 2** | |
Transición consciente		**Proyección inconsciente**	
Identidad de Comportamiento	Modelo de conducta	Naturaleza	Ermitaño
Actitud Proyectada	Administrador	Tipo	Demócrata
Perspectiva Limitada	Optimista	Memoria	Intolerancia
Rol al que Aspira	Objetividad	Dirección	Armonía
Estrategia de Vinculación	Alma Gemela o No	Sexualidad	Timidez/Descaro
Estrategia de Seguridad	Confianza o No	Humanidad	Nutridor/Agotador
Resonancia Emocional	Simpatía/Apatía	Resonancia Ola	Avanzada/Retirada
Resonancia Conciencia	Liderazgo o No	Resonancia Frecuencia	Determinación o No

Contexto: El Modelo de Conducta Ermitaño transpersonal está aquí para mostrarnos a todos cómo vivir auténticamente sin depender de autoridades externas y aceptar y realizar nuestra perfección única. El Ermitaño inconsciente, con su talento natural, quiere que le dejen en paz para ir a lo suyo. En la metáfora de la casa, la línea 6 está en el tejado, separada del resto de la casa, pero viendo la casa siguiente, o el hexagrama siguiente. Los Modelos de Conducta no están interesados necesariamente en lo que pasa dentro de la casa; están más interesados en la visión más amplia.

Esta visión desde lo alto proporciona al 6/2 la habilidad de estar distante del «drama» de la vida y le permite observar objetivamente y ofrecer un punto de vista desapegado, similar a un sabio en la cima de una montaña. Las líneas 2 y 6 tienen algo en común, ya que los dones naturales del Ermitaño nunca pasan inadvertidos y el observador Modelo de Conducta también está siempre siendo observado.

Personal: Puedes sentirte un poco discordante con el mundo. Ves la vida desde arriba, de modo que puedes tener una visión general y eres más sabio de lo que corresponde a tu edad. Los perfiles sin una línea 6 no tienen la habilidad de ver la vida como la ves tú y esto puede hacer que te sientas desconectado de los demás, o que cuestiones y te preguntes por qué no ven lo que a ti te resulta obvio. Cuando se combinan tus líneas 6 y 2, te dan la capacidad de ser un administrador democrático, una autoridad única, capaz y sabia.

Como todas las líneas 6, pasarás por tres fases significativas en tu vida. Es importante que aceptes gustosamente cada aspecto de este proceso según vas madurando y te prepares para tu verdadera vocación, que es el papel de líder de confianza. Los primeros 30 años son de descubrimiento mediante la prueba y el error, acumulando valiosas experiencias y perdiendo algo de tu inocencia al quedar expuesto a las duras realidades de la vida y lo que no funciona. La segunda fase de tu desarrollo es un tiempo para que te retires, cures tus heridas, recuperes tu optimismo, disfrutes la vida y busques las cosas que sí funcionan. Tu Ermitaño de línea 2 inconsciente se siente bien en esta fase, ya que retirarse le resulta natural. Después de los 50 años, recibes una llamada, vuelves a involucrarte con la vida y te conviertes en un verdadero Modelo de Conducta y un ejemplo vivo del juez y observador objetivo, consciente y sabio.

Nunca pasas inadvertido y tienes un gran poder transpersonal incluso cuando te apartas y te aíslas. Para ti, una vida armónica significa no tener programas o presiones para tener que demostrar algo. Tu habilidad para estar por encima de las cosas, a distancia de los dramas insignificantes de la vida, te ayuda a mantener la objetividad. Te interesan las cosas que tienen profundidad y significado; lo trivial no te atrae. Otros te ven como un administrador objetivo y te llamarán para que les aconsejes. Como persona transpersonal, eres alguien a quien los demás escuchan y tu consejo tiene mucho peso. Si dices que algo funciona o no, o que esta persona es buena o mala, la gente te toma la palabra. Tu línea 6, cuando es sana, es fundamentalmente optimista, confiando y soñando lo mejor en la vida para todos, incluido tú mismo. Al mismo tiempo, tu línea 2 inconsciente ve las debilidades y el autoodio que existen en la humanidad.

Tu genialidad natural y tus talentos innatos deben ser protegidos para permitir que se desarrollen de manera natural para que sean solicitados y los pongas a disposición del mundo. No eres un generalista, y hay una llamada específica y especial que te permitirá poner de manifiesto tus dones y encarnar tu poder de Modelo de Conducta. Esta vocación no es algo que puedas encontrar buscándola; debe ser suscitada por otros. Hay una cualidad noble, autosuficiente, optimista y visionaria que surge de ti si eres capaz de permanecer en tu proceso, mantener tu perspectiva y salvaguardar tus dones naturales durante las dos primeras fases de tu vida. Sin embargo, tu incertidumbre inconsciente puede hacer que te refrenes y no compartas con el mundo tus dones especiales. Tu Estrategia y Autoridad te guiarán a las personas correctas y la llamada correcta.

INTERPERSONAL: Los Modelos de Conducta Ermitaños son idealistas que buscan la vida perfecta y la pareja perfecta: alguien a quien poder apoyar, con quien llevarse bien y de quien sentirse orgullosos. Sin embargo, la pareja potencial debe tener osadía para romper la barrera del 6/2. Durante el ciclo de prueba y error de los primeros 30 años, se lanzan a la intimidad y solo encuentran desilusión y desencanto. Típicamente, solo es posible encontrar a su pareja después de entrar en la fase de retiro de su vida; no obstante, pueden pasar mucho tiempo en esa fase tratando de transformar a su pareja en el modelo perfecto. Es importante que los 6/2 vivan su verdad y intenten cambiar la verdad de los demás. La confianza es muy nutritiva para el Modelo de Conducta Ermitaño y, en última instancia, no puede estar con alguien en quien no pueda confiar. Si la confianza se rompe, solo tendrás acceso al 6/2 a un nivel superficial.

Es muy importante apoyar al niño 6/2 para que descubra su verdadera naturaleza, y no hay que avergonzarle de las «equivocaciones» de prueba y error que pueda hacer en los primeros 30 años de su vida. Puede sentirse inseguro de sus dones y puede ser su peor crítico, ya que siempre está buscando la perfección. Necesita estímulo para explorar y probar las cosas. Cuando algo no funcione, el padre o la madre puede guiar al niño para que aprenda de ese descubrimiento preguntándole: «¿Qué has aprendido de esta experiencia?».

La tercera parte del proceso de desarrollo de la línea 6 es algo por lo que pasan todos los seres humanos, y las líneas 6 sirven de modelo y lo acentúan, ya que nos guían a través de esta transición a la nueva forma de 9 centros. Están aquí para mostrarnos la manera de vivir como seres diferenciados de 9 centros, capaces de operar y tomar decisiones desde nuestra propia autoridad. Los Modelos de Conducta Ermitaños están aquí para mostrarnos cómo vivir conforme a nuestra propia sabiduría.

6/2 FAMOSOS: BARACK OBAMA, BILLY JOEL, CHARLES DE GAULLE, CHARLES DICKENS, ERROL FLYNN, GEORGE LUCAS, HARRY S. TRUMAN, HENRY FORD, ISADORA DUNCAN, ZELDA FITZGERALD

ÁNGULO IZQUIERDO • KARMA TRANSPERSONAL

PERFIL 6/3
MODELO DE CONDUCTA MÁRTIR

PERSONALIDAD LÍNEA 6 TRANSICIÓN CONSCIENTE		DISEÑO LÍNEA 3 ADAPTACIÓN INCONSCIENTE	
Identidad de Comportamiento	Modelo de conducta	Naturaleza	Mártir
Actitud Proyectada	Administrador	Tipo	Anarquista
Perspectiva Limitada	Optimista	Memoria	Pesimismo
Rol al que Aspira	Objetividad	Dirección	Sustento
Estrategia de Vinculación	Alma Gemela o No	Sexualidad	Vínculos hechos y rotos
Estrategia de Seguridad	Confianza o No	Humanidad	Vínculos hechos y rotos
Resonancia Emocional	Simpatía/Apatía	Resonancia Ola	Alianza/Rechazo
Resonancia Conciencia	Liderazgo o No	Resonancia Frecuencia	Cooperación/Dependencia

CONTEXTO: El Modelo de Conducta Mártir, el punto de conclusión de los 12 perfiles, combina la línea 6 consciente y distante que busca la perfección en la vida, con la línea 3 consciente, inquieta, orientada a lo material y mutativa. El 6/3 es un perfil de transición y cambio, lo que puede llevar a una vida potencialmente caótica y desestabilizante. No importa en qué fase del proceso tripartito esté la línea 6, la línea 3 inconsciente la empuja continuamente a experiencias subjetivas. Sin embargo, es mediante este proceso como el 6/3 se convierte en el más sabio de los Modelos de Conducta, descubriendo finalmente que la unicidad es perfección y que cuando tomamos decisiones solo podemos confiar en nosotros mismos y en nadie más.

PERSONAL: Como el resto de las líneas 6, pasarás por un proceso de tres partes en tu vida. Para un perfil 6/3, estas tres fases se experimentan de manera diferente, ya que los 30 primeros años se experimentan como un perfil 3/3, lo que es un proceso de prueba y error doblemente intenso y a veces muy difícil. Estás acumulando experiencias subjetivas y te involucras y lo pruebas todo, incluso entrar en situaciones y relaciones que no funcionan. Puedes sentirte desilusionado y, en última instancia, condicionado para sentir que nada en la vida funciona realmente.

No es necesario que pases por una primera fase traumática, y cómo experimentes esta primera fase depende de la educación y el condicionamiento que hayas recibido en la infancia. Si has sido educado para ser tú mismo, si te han respetado como individuo y te han ofrecido guía sobre cómo tomar decisiones siendo tú mismo, tendrás una primera fase menos turbulenta. Si eres tu propia Autoridad, aprenderás mucho de estas experiencias subjetivas y descubrirás lo que es correcto para ti descubrir. Los niños 6/3 necesitan que les animen y les enseñen a ver que un proceso de prueba y error no consiste en cometer errores, sino más bien en oportunidades para aprender. De otro modo, puedes acabar con un complejo de inferioridad y de mártir, así como con una mala actitud y un hondo pesimismo.

Entre los 30 y los 50 años, subes al tejado para tener un proceso de observación más distante y objetivo. Esta es la fase en la que te retiras de las experiencias subjetivas, ya que tu 3/3 ahora es un 6/3, pero no consigues el alivio de permanecer firmemente en el tejado como lo hace un perfil 6/2. Tu línea 3 inconsciente te empuja continuamente a involucrarte una y otra vez en el proceso experiencial de prueba y error, con la sensación de que «no es esto, debe de haber aún más» y de que «todavía hay cosas que probar y cosas que aún deben ser exploradas». Subes y bajas la escalera entre estar conectado y estar distante, entre la simpatía y la apatía. Si te quemas con alguna experiencia desagradable o desalentadora, te retiras durante un tiempo, hasta que te aburres o hasta que una nueva aventura te parece atractiva, y entonces vuelves a bajar y te involucras en la siguiente experiencia. Te impulsa tu línea 6 consciente con su optimismo de que todo es posible y de que puedes encontrar un alma gemela y algo en lo que confiar. Alternas entre el pesimismo y el optimismo.

A partir de los 50 años, experimentas el potencial para la realización de tu unicidad y tu florecimiento como Modelo de Conducta. Para entonces, si has sobrevivido, habrás obtenido una gran sabiduría y te considerarán un consejero sensato y objetivo con una perspectiva vital única. Sin embargo, tu línea 3 está acechando a nivel inconsciente, lista para el siguiente descubrimiento, el siguiente experimento que puede alterar la tranquilidad y la perfección que le gustaría disfrutar a la línea 6. La objetividad es tu gracia salvadora; te sustenta. Es a lo que aspiras y lo que trae armonía a tu vida. Tu vida es una transición constante de involucrarte y desapegarte. Tener pareja es importante en tu vida, y es correcto para ti tener una vida de vínculos hechos y rotos, de ser capaz de apartarte y volver a involucrarte. Cuando operas siendo tu propia autoridad única, experimentas las transiciones que son correctas para ti. No hay nada peor para ti que una decisión mental que sale mal y puede llevarte a experiencias dolorosas y dañinas.

INTERPERSONAL: Los Modelos de Conducta Mártires nacen con mucha capacidad de resistencia y la habilidad de mantener su propia dirección. La vida funciona para ellos cuando pueden abrazar el caos, la confusión y el asombro de sus primeros años y recibirlo todo como un descubrimiento y aprendizaje esencial, ya que esto es el fundamento de su valiosa sabiduría. El perfil 6/3 necesita relaciones que le apoyen con personas en las que pueda confiar, personas que le ofrezcan la opción de separarse o romper el vínculo cuando sea necesario para luego volver a conectar y fortalecerlo.

Las líneas 6 nos sirven de modelo de la nueva manera de vivir en este mundo de 9 centros. Los viejos paradigmas se basaban en líderes y seguidores, con universalizadores de línea 5 condicionándonos para ser humanos homogeneizados que entregaban continuamente su Autoridad a otros. El Diseño Humano llegó al mundo para liberar al individuo y nutrir la unicidad de todos los seres humanos. La esencia de esto está encarnada y demostrada en el tema de la línea 6. Al adentrarnos en una nueva era de mutación, acercándonos más y más a 2027 y a una nueva manera, de línea 6, de estar en el mundo, seguirán desmoronándose las estructuras e instituciones que apoyan que entreguemos nuestra Autoridad a influencias externas.

En el viejo modelo de 7 centros nos decían lo que teníamos que hacer. Hacer eso no es la naturaleza de una línea 6; en vez de ello, de una manera inocente sirven de modelo de lo que significa vivir correctamente siendo nosotros mismos, mediante nuestra propia Autoridad. Caminan entre nosotros en su fase pos-Kirón como ejemplos de vivir con 9 centros, permitiendo que se despliegue la unicidad. Las líneas 6 demuestran que está bien ser tú mismo y que puedes encontrar dentro de ti lo que necesitas.

6/3 FAMOSOS: DAN RATHER, FARRAH FAWCETT, HARRISON FORD, MATT DAMON, PAULO COELHO, ROCK HUDSON, SERENA WILLIAMS, STEVE JOBS, REY UMBERTO II, USHER RAYMOND IV

«No nos encarnamos para ser simplemente forma; si fuera así, todos seríamos delfines, o seríamos plantas. Estamos aquí para cumplir un programa de consciencia. Me refiero al cumplimiento del propósito. Todo lo relacionado con tu Cruz de Encarnación tiene que ver con el potencial para cumplir tu propósito. Cuando vives siendo tú mismo, tu cruz se hace cargo de tu vida. Las características de tu diseño no importan cuando estás viviendo tu propósito. El propósito te permite trascender los problemas de tus características. Esa es la magia de ser tú mismo, porque en el momento en que estés viviendo realmente tu naturaleza, tu cruz se hará cargo, tu propósito se hará cargo, y de ello resultará su exigencia arquetípica y la oportunidad de alcanzar la plenitud de esa manera, sea la que sea.»

Ra Uru Hu

Sección Ocho

El Índice global de Cruces de Encarnación

Nuestro verdadero propósito

Sección Ocho

El índice global de Cruces de Encarnación

Nuestro verdadero propósito

Ra dudaba sobre divulgar la información de las Cruces de Encarnación antes de que el Sistema de Diseño Humano tuviera una base sólida en el mundo, porque sabía que la gente tendría la tendencia a interpretar su cruz como algo a lo que tenía derecho o como algo que era inevitable independientemente de cómo vivieran su vida. Sencillamente, esto no es así.

Nuestra Cruz de Encarnación no es algo que se manifieste automáticamente según vamos pasando por nuestro proceso de descondicionamiento, ni tampoco ofrece gratificación instantánea; es mucho más que eso. Cuando funcionamos como nuestro ser diferenciado en el mundo, nuestra cruz literalmente, pero de forma muy natural, se hace cargo de nuestra vida. Cumplir nuestro propósito requiere toda una vida de atención paciente y disciplinada para tomar decisiones que sean correctas para nosotros, combinada con una dedicación a reajustar nuestra propia conciencia. No despertamos a nuestra cruz, despertamos en ella. Nuestra cruz encarna la expresión completa de nuestro potencial de conciencia y nuestro proceso de vivir despiertos.

Cada ser humano es un aspecto de la totalidad, con su propia contribución única como parte interactiva de esa totalidad. La actividad de nuestra vida se expresa como nuestro propósito y se refleja en nuestra Cruz de Encarnación combinando los temas de las posiciones del Sol y la Tierra en ambas columnas de la Carta de Diseño Humano. En el Mandala de la página siguiente podemos ver un ejemplo de una Cruz de Encarnación con el Sol de la Personalidad en la Puerta 1 y la Tierra de la Personalidad en la Puerta 2, y el Sol del Diseño en la Puerta 7 y la Tierra del Diseño en la Puerta 13. Cada uno de nosotros tiene su propia cruz en la vida y todas las cruces son esenciales para la totalidad; ninguna cruz es más importante que ninguna otra.

Hay 192 Cruces de Encarnación básicas y 768 Cruces de Encarnación específicas que se usan en el análisis. Después de esta introducción ofrecemos un resumen muy breve de cada una de las Cruces de Encarnación básicas, expresadas en términos muy generales para mostrar su idea clave y su potencial de vivir la vida con conciencia. Para comprender a fondo una Cruz de Encarnación es necesaria una Lectura de Cruz de Encarnación ofrecida por un/a analista profesional certificado/a por HDH (español) o IHDS (internacional).

Los cuatro Cuartos

«El testigo regresa a través del útero para construir y vincularse, crear más, medir y morir.»

Ra Uru Hu

Las cuatro puertas de la Cruz de Ángulo Derecho de la Esfinge (en la ilustración siguiente) dividen el Mandala en cuatro Cuartos: Iniciación (Puerta 13), Civilización (Puerta 2), Dualidad (Puerta 7) y Mutación (Puerta 1). Comprender los temas bien diferentes de los cuatro Cuartos expande el significado de nuestra cruz. Combinando las ideas clave de los cuatro Cuartos en una frase descriptiva, podríamos decir que estamos aquí para Iniciar (comenzar) la Civilización (crear) mediante la Dualidad (vincularse) y Mutar (o evolucionar) hasta que morimos.

Cómo encontrar tu Cruz de Encarnación

La ilustración de abajo muestra cómo determinar en qué Cuarto está ubicada tu Cruz de Encarnación. Para encontrar la descripción de tu Cuarto y Cruz, busca la Puerta del Sol de la Personalidad en tu carta y luego busca el símbolo (☉) del Sol de la Personalidad y el número de puerta y el cuarto para tu Cruz de Encarnación en el Mandala de abajo. Las páginas siguientes describen el tema de cada cuarto y reflejan los números de página en los que encontrar las cruces. También encontrarás el nombre de tu Cruz de Encarnación en el gráfico de tu Carta de Diseño Humano.

Cuarto uno
El Cuarto de la Iniciación • Ámbito de Alcyone
Tema: Propósito realizado a través de la mente • Tema místico: El testigo regresa

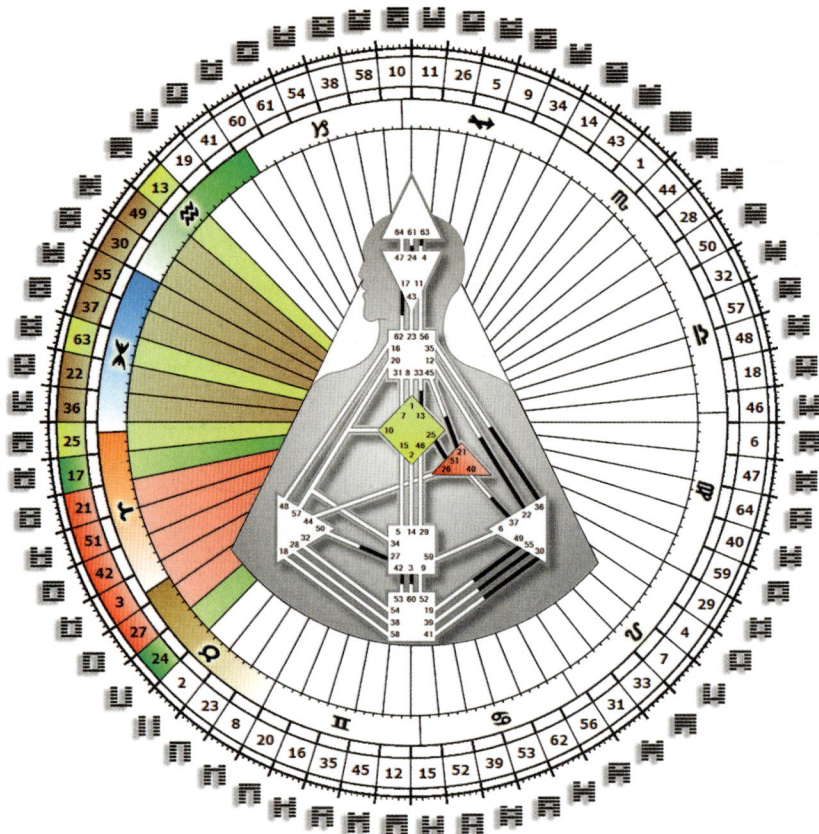

En el primer Cuarto, el testigo (el cristal de Personalidad) vuelve a la Tierra, trayendo nuevamente renovación a la evolución de la consciencia en el plano mental. Aquí es donde el propósito se cumple a través de la mente, pensando, educando, conceptualizando, explicando y compartiendo lo que significa estar vivo en una forma. Pone en marcha la matización de nuestra mente según aprendemos a rendirnos a las directivas de nuestra forma. Una vez que nuestra mente está cómoda en nuestra forma, ya no ansiamos a vivir la vida como nadie más, sino tan solo siendo nosotros mismos. Nota que todas menos una de las siete puertas del Plexo Solar, el centro de la inteligencia de relación y de la conciencia emergente del espíritu, están agrupadas en el Cuarto de la Iniciación. Nota que el Canal de Iniciación está situado aquí. **Las cruces del Cuarto de la Iniciación se muestran en las páginas 328-331.**

Cuarto dos
El Cuarto de la Civilización • Ámbito de Duhbe
Tema: Propósito realizado a través de la forma • Tema místico: Del útero al recinto

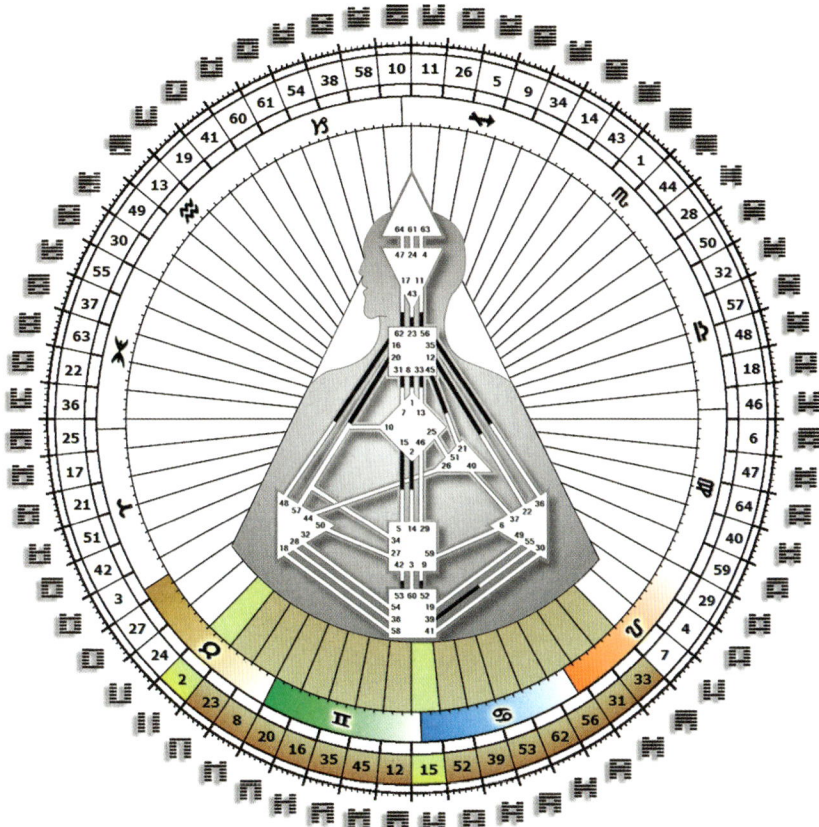

El segundo Cuarto se enfoca en el viaje de la forma a través de la vida y lo que es necesario para manifestar apoyo a la humanidad después del nacimiento. Aquí es donde los conceptos cuidadosamente iniciados (formulados) de la mente se concretan en forma. Este cuarto dominantemente yang es responsable de la construcción de estructuras y comunidades y civilizaciones que sustenten la forma para que todos puedan desarrollarse y prosperar. Anticipa la industrialización, la territorialidad, el progreso material, la diferenciación y el perfeccionamiento de las habilidades individuales en beneficio de la totalidad, y el papel o posición esencial de las mujeres en la creación de un entorno civilizador, creativo y seguro para los niños y para todos. Nota que las once puertas del Centro de la Garganta están en este Cuarto de la Civilización: compartir, sustentar y potenciar toda la extensión del potencial de la humanidad para expresar su inteligencia. El propósito se cumple manifestando, mediante el movimiento del espíritu a la forma. **Las cruces del Cuarto de la Civilización se muestran en las páginas 332-335.**

Cuarto tres
El Cuarto de la Dualidad • Ámbito de Júpiter
Tema: Propósito realizado a través de los vínculos • Tema místico: Medida a medida

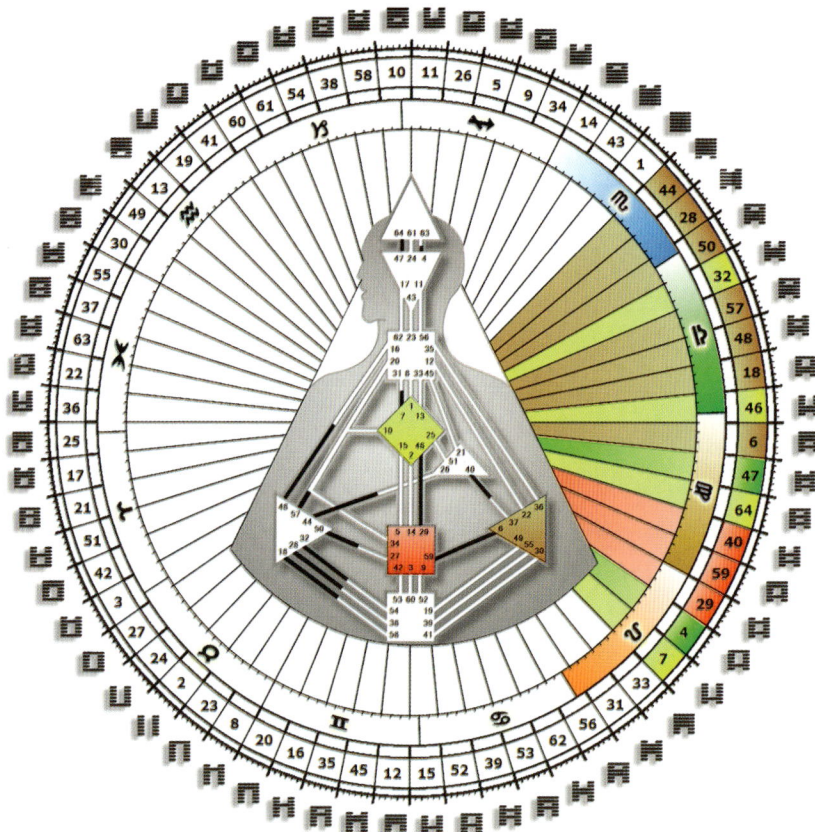

El tercer Cuarto nos lleva a lo más mundano e íntimamente humano de los cuatro, donde cruzamos la barrera de nuestra separación y nos ocupamos de nuestra necesidad del otro, y místicamente los dos se vuelven uno. En este ámbito penetramos hasta el núcleo de la naturaleza dual de nuestra existencia; por una parte, expandiendo el Maya (medida a medida), y por la otra, conectando con la belleza y los misterios de la encarnación. Convierte nuestra capacidad de establecer vínculos con otros en una fuente constante de asombro. Aquí, el propósito se cumple mediante esos vínculos, mediante el imperativo genético de reproducirnos y duplicar la especie eligiendo el/la mejor compañero/a, asegurando así el futuro de la humanidad. El Cuarto de la Dualidad nos lleva de la Mente (conceptualizar) y la Forma (construir) a la unión (los misterios de la cocreación). Nota que el Canal del Descubrimiento y el de la Intimidad, así como las siete puertas del Bazo, con su inteligencia para la supervivencia, están situados aquí. **Las cruces del Cuarto de la Dualidad se muestran en las páginas 336-339.**

Cuarto cuatro
El Cuarto de la Mutación • Ámbito de Sirius
Tema: Propósito realizado a través de la transformación • Tema místico: Aceptar la muerte

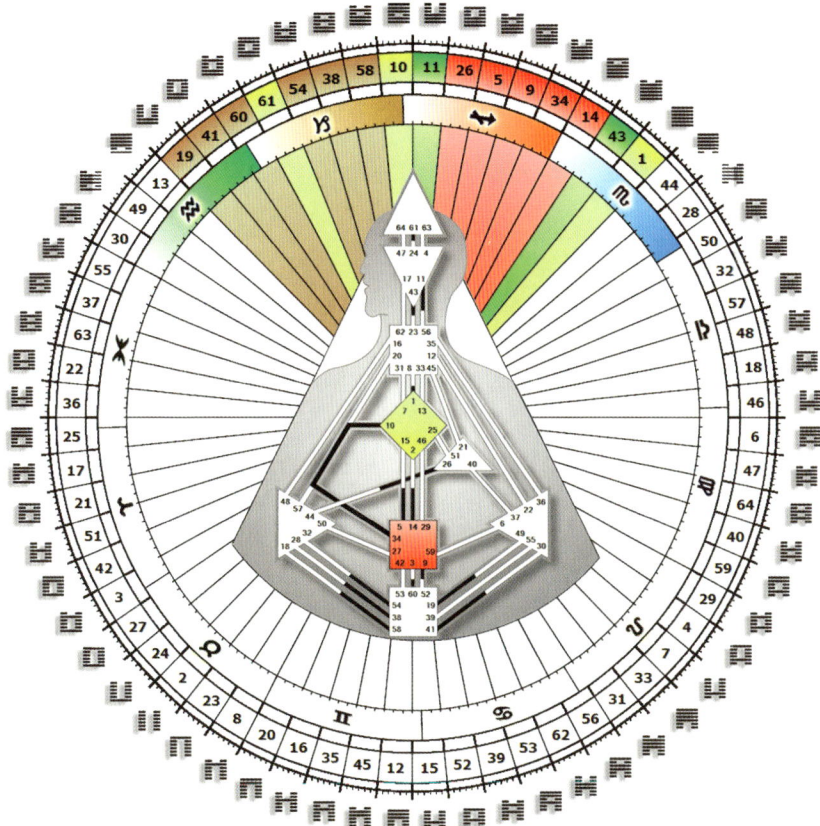

En este Cuarto, el ciclo de una vida auténtica y transformada se lleva a su conclusión, a un final satisfactorio, pacífico, exitoso o sorprendentemente delicioso. Al mismo tiempo, se hacen preparativos para nuevos comienzos, anticipando encarnaciones futuras en el siguiente nivel de consciencia. Se evalúa cuidadosamente lo que hemos aprendido y manifestado como una vida vivida con plenitud, escudriñando su significado y podando lo innecesario; se sigue adelante con lo que sobrevive a esta poda, preparándolo para transmitirlo como verdades y fundamentos para la siguiente generación. En el Cuarto de la Mutación, el propósito se cumple alcanzando todo tu potencial para la transformación y la conciencia. El tema místico, aceptar la muerte, es una cuestión de rendirse a lo que es la vida, comprendiendo que cuando has cumplido tu propósito ha llegado el momento de seguir adelante. Hay consuelo en saber que si vives correctamente morirás correctamente. Nota que el Canal de Exploración y gran parte de la energía generativa y receptiva a la respuesta del Sacral, así como la presión de la Raíz que es nuestro impulso para vivir, se manifiestan a través de este Cuarto de la Mutación. **Las cruces del Cuarto de la Mutación se muestran en las páginas 340-343.**

Cuarto de la Iniciación
Tema: Propósito realizado a través de la mente

Puerta 13: La comunidad con los hombres

- **Cruz de Ángulo Derecho de la Esfinge:** Personas con una dirección Individual cuya manera única de recordar experiencias lleva al futuro un pasado vivo y vibrante. (Puertas 13-7-1-2)
- **Cruz Yuxtapuesta de Escuchar:** Saben escuchar y guardar secretos, y a menudo se expresan a sí mismas y sus innovadoras percepciones a través de alguna forma de arte. (Puertas 13-7-43-23)
- **Cruz de Ángulo Izquierdo de las Máscaras:** Personas cuyas explicaciones y percepciones, que potencialmente transforman, lideran y guían a otros, funcionan mejor cuando las ofrecen detrás de una máscara (como un Doctorado). (Puertas 13-7-43-23)

Puerta 49: La revolución

- **Cruz de Ángulo Derecho de las Explicaciones:** El profeta itinerante que aborda los principios que hay detrás de la necesidad, señalando qué necesidades básicas deben satisfacerse para que sobrevivan todos. Sensibilidad hacia los necesitados. (Puertas 49-4-43-23)
- **Cruz Yuxtapuesta de los Principios:** Revolucionarios adelantados a su tiempo centrados en un principio (a menudo los derechos humanos) y que están dispuestos a negociar incluso con Dios para obtener un aliado poderoso. (Puertas 49-4-14-8)
- **Cruz de Ángulo Izquierdo de la Revolución:** El revolucionario que comprende que no puede haber paz con el estómago vacío. Los que tienen deben compartir con los que no tienen. (Puertas 49-4-14-8)

Puerta 30: El fuego adherente

- **Cruz de Ángulo Derecho del Contagio:** Instrumentos inocentes del destino que pueden intervenir y cambiar inesperadamente el destino de otros mediante la experiencia, el descubrimiento y el aprendizaje. (Puertas 30-29-14-8)
- **Cruz Yuxtapuesta del Destino:** Personas enérgicas, perseverantes y carismáticas que están a merced del destino y que dejan de lado la precaución debido a su compromiso obsesivo con el cumplimiento de su deseo. Potenciales maestros místicos. (Puertas 30-29-34-20)
- **Cruz de Ángulo Izquierdo de la Industria:** Una dinamo humana muy ocupada trabajando, construyendo y vinculándose para satisfacer la motivación subyacente del progreso de la humanidad: un ardiente deseo de sentir el potencial emocional en cada nueva experiencia. (Puertas 30-29-34-20)

Puerta 55: La abundancia

- **Cruz de Ángulo Derecho del Fénix Durmiente (hasta 2027):** Personas ocupadas buscando el acceso al espíritu mediante el amor y los vínculos, que en su búsqueda experimentan la transformación (muerte y renacimiento). (Puertas 55-59-34-20)
- **Cruz Yuxtapuesta de los Humores Cambiantes:** Personas que, debido a su necesidad de profundidad y de conocer la verdad, están enfocadas en sus humores cambiantes y tienen un gran potencial creativo; maestros creativos. (Puertas 55-59-9-16)
- **Cruz de Ángulo Izquierdo del Espíritu:** Personas que buscan y encuentran el espíritu y un gran placer en la vida mediante la creatividad, la buena comida y la camaradería sexual. (Puertas 55-59-9-16)

Cuarto de la Iniciación
Tema: Propósito realizado a través de la mente

Puerta 37: La familia

- **Cruz de Ángulo Derecho de la Planificación:** Personas centradas en negociar con sus habilidades para crear y mantener instituciones que sustenten la vida comunal; unirse para crear algo más grande que ellas mismas. (Puertas 37-40-9-16)
- **Cruz Yuxtapuesta de los Acuerdos:** Negociantes afectuosos a los que nadie puede resistirse y que pueden ser geniales creando o facilitando el acuerdo para el progreso de la comunidad. (Puertas 37-40-5-35)
- **Cruz de Ángulo Izquierdo de la Migración:** Cuando el proyecto o la experiencia unitarios están completos, buscan praderas más verdes para conquistar el siguiente territorio/experiencia; las raíces del progreso. (Puertas 37-40-5-35)

Puerta 63: Después de concluir

- **Cruz de Ángulo Derecho de la Consciencia:** Personas que, más allá de las necesidades, quieren saber por qué estamos aquí. Cuestionando/poniendo a prueba los patrones y fluyendo con la vida se elevan por encima del deseo para tener más experiencias. (Puertas 63-64-5-35)
- **Cruz Yuxtapuesta de las Dudas:** Escépticos brillantes, convincentes e influyentes que son capaces de convencer a otros de la necesidad de encontrar respuestas lógicas para equilibrar la experiencia. (Puertas 63-64-26-45)
- **Cruz de Ángulo Izquierdo del Dominio:** Personas cuyo poderoso intelecto tiene fuerza suficiente para asumir el control en una circunstancia dada; capaces de crear duda y confusión para hacerse con el dominio. (Puertas 63-64-26-45)

Puerta 22: La gracia

- **Cruz de Ángulo Derecho de la Autoridad:** Personas con un sentido natural de la posición, que ejercen su autoridad con gracia para escuchar y cuya mayor responsabilidad es educar a quienes viven en su reino. Están más sanas cuando tienen a alguien o algo que gobernar. (Puertas 22-47-26-45)
- **Cruz Yuxtapuesta de la Gracia:** Personas con una gran atención social y con una fijación en absorberlo todo; poderosos agentes mutativos que disfrutan del arte y el placer de escuchar. (Puertas 22-47-11-12)
- **Cruz de Ángulo Izquierdo de Informar:** Personas que mutan a otros utilizando su don de expresión para informar a todos de lo nuevo y diferente. Mutan enseñando qué es nuevo. (Puertas 22-47-11-12)

Puerta 36: El oscurecimiento de la luz

- **Cruz de Ángulo Derecho del Edén:** Personas inexpertas que buscan excitación o nuevas experiencias y que, con el tiempo, encarnan la sabiduría y la gracia mediante la pérdida de la inocencia. (Puertas 36-6-11-12)
- **Cruz Yuxtapuesta de la Crisis:** Personas con amor a sí mismas y a la humanidad y que son muy buenas estudiando el comportamiento de los demás durante una crisis, elevando así la experiencia (sexualidad) a un plano más alto. (Puertas 36-6-10-15)
- **Cruz de Ángulo Izquierdo del Plano Mundano:** Testigos del plano mundano que ven las manías de la humanidad, como lo bueno, lo malo, lo feo y, sin embargo, tienen el potencial para mostrarnos que hay algo más: luz, espíritu, despertar e iluminación. (Puertas 36-6-10-15)

Cuarto de la Iniciación
Tema: Propósito realizado a través de la mente

Puerta 25: La inocencia

- **Cruz de Ángulo Derecho del Receptáculo del Amor:** Personas cuyo elevado sentido del amor cósmico, transpersonal y universal provee equilibrio a la dirección o afán de supervivencia de la humanidad y reproduce la especie. (Puertas 25-46-10-15)
- **Cruz Yuxtapuesta de la Inocencia:** Personas enfocadas en disfrutar la vida y que pueden convencerte para que te sientas bien con tu naturaleza. La búsqueda de la felicidad. (Puertas 25-46-58-52)
- **Cruz de Ángulo Izquierdo de la Sanación:** Personas enfocadas en mantener la alegría (calidad) de la vida mediante el amor a estar vivo en un cuerpo sano. Tienen una sensibilidad especial para quienes luchan con la enfermedad. Están aquí para sanar o ser sanadas con la «medicina». (Puertas 25-46-58-52)

Puerta 17: El seguimiento

- **Cruz de Ángulo Derecho del Servicio:** Personas con un entendimiento lógico de lo que significa ser humano, movidas por la insatisfacción para enfocarse en corregir, reorganizar y servir a la humanidad. (Puertas 17-18-58-52)
- **Cruz Yuxtapuesta de las Opiniones:** Personas que te provocan para que expongas/examines tu espíritu o tu propósito, cuya riqueza de opiniones es compartida con facilidad pero con la que no se puede discutir tan fácilmente. (Puertas 17-18-38-39)
- **Cruz de Ángulo Izquierdo de la Convulsión:** Personas provocativas que están siempre alterando el status quo como preparación para las correcciones necesarias para redirigir a la humanidad o a los individuos en direcciones sanas. (Puertas 17-18-38-39)

Puerta 21: La mordedura tajante

- **Cruz de Ángulo Derecho de la Tensión:** Personas que de manera natural establecen límites y a las que les gusta tener el control de su entorno y de quienes están en él. Pueden ser buenas controlando o supervisando situaciones. (Puertas 21-48-38-39)
- **Cruz Yuxtapuesta del Control:** Personas con profundidad centradas en realizar su ambición, su necesidad de ascender, y que exigen tener el control para poder innovar empezando algo nuevo. (Puertas 21-48-54-53)
- **Cruz de Ángulo Izquierdo del Empeño:** Ambiciosos agentes de cambio que ponen empeño en unir a la gente con profundidad y que se centran en explorar nuevos horizontes para desarrollar estructuras comunales, científicas o de negocios. (Puertas 21-48-54-53)

Puerta 51: Lo suscitativo

- **Cruz de Ángulo Derecho de la Penetración:** Personas que nos pillan desprevenidos y atraen nuestra atención con sus penetrantes percepciones intuitivas. Ideas que pueden conmocionar, cambiar o mutar nuestras perspectivas. (Puertas 51-57-54-53)
- **Cruz Yuxtapuesta del Shock:** Personas que impiden que nos volvamos demasiado serios o autocomplacientes causándonos shocks con sus detalles y su saber intuitivo. (Puertas 51-57-61-62)
- **Cruz de Ángulo Izquierdo del Clarión:** Personas que están aquí para conmocionar a quienes están listos para ser conmocionados, a quienes están abiertos a la mutación y preparados para aceptar los detalles de la inspiración y el conocimiento intuitivo del clarión. (Puertas 51-57-61-62)

> **CUARTO DE LA INICIACIÓN**
> Tema: Propósito realizado a través de la mente

PUERTA 42: EL AUMENTO

- **Cruz de Ángulo Derecho del Maya:** Creadores de tendencias enraizados en detalles apropiadamente evaluados que promueven el crecimiento llevando un ciclo a su conclusión, preparando así el terreno para nuevos comienzos inspirados. (Puertas 42-32-61-62)
- **Cruz Yuxtapuesta de la Culminación:** Personas enfocadas en completar lo que comenzaron, como el corredor de maratón que llega a la meta después de que todos los demás ya se han ido a casa. (Puertas 42-32-60-56)
- **Cruz de Ángulo Izquierdo de la Limitación:** Personas que saben lo que se puede y lo que no se puede completar y comprenden la necesidad de aceptar la limitación para asegurar el éxito material, para controlar nuestros recursos. Las limitaciones crean los lindes que mantienen unido nuestro universo. (Puertas 42-32-60-56)

PUERTA 3: LA DIFICULTAD INICIAL

- **Cruz de Ángulo Derecho de las Leyes:** Personas que abordan como un arte las maneras en que creamos, modelamos y cambiamos nuestras leyes. Nuestras leyes determinan cómo nos tratamos los unos a los otros y traen orden a la sociedad. (Puertas 3-50-60-56)
- **Cruz Yuxtapuesta de la Mutación:** Personas que buscan oportunidades de cambiar las leyes injustas para establecer su propio espacio de influencia en el proceso mutativo. (Puertas 3-50-41-31)
- **Cruz de Ángulo Izquierdo de los Deseos:** Personas altruistas, seductoras e influyentes que siempre buscan posibilidades que mejoren la vida de los demás. Ven y reordenan las cosas de una manera nueva. (Puertas 3-50-41-31)

PUERTA 27: LA NUTRICIÓN

- **Cruz de Ángulo Derecho de lo Inesperado:** Personas que, de manera natural, son iniciadas por lo inesperado hacia una nueva serie de experiencias que a la postre nutre y expande su inteligencia. (Puertas 27-28-41-31)
- **Cruz Yuxtapuesta de Cuidar:** Personas centradas en cuidar a todos, a todo y a sí mismas; donde el recuerdo, la revelación repentina y los principios son modelados por la necesidad de significado. (Puertas 27-28-19-33)
- **Cruz de Ángulo Izquierdo del Alineamiento:** Personas que saben sacar partido de lo inesperado, del momento de transición, y le dan una dirección adecuada. Ayudan a otros a ver qué alineamiento es mejor para ellos. (Puertas 27-28-19-33)

PUERTA 24: EL RETORNO

- **Cruz de Ángulo Derecho de los Cuatro Caminos:** Personas cuya dirección misma hace que la consciencia y la forma evolucionen juntas al buscar claridad o resolución revisando constantemente conceptos mentales: ¿Qué es, dónde está, quién es Dios? (Puertas 24-44-19-33)
- **Cruz Yuxtapuesta de la Racionalización:** Personas intelectuales y brillantes pero increíblemente fijas que tratan de entender la continuidad a través del futuro y el pasado con el don de usar tanto la lógica como la experiencia para traducir el conocimiento Individual. (Puertas 24-44-13-7)
- **Cruz de Ángulo Izquierdo de la Encarnación:** Personas con una conexión particular con el pasado y el futuro y que pueden impactar profundamente tu dirección… cuando están adecuadamente alineadas con su propia geometría. (Puertas 24-44-13-7)

> **CUARTO DE LA CIVILIZACIÓN**
> Tema: Propósito realizado a través de la forma

PUERTA 2: LO RECEPTIVO

- **Cruz de Ángulo Derecho de la Esfinge 2:** Confidentes influyentes que combinan la estética con una profunda resonancia con las necesidades materiales de la humanidad. Mantienen la continuidad con el pasado a la vez que mutan la dirección material del Colectivo. (Puertas 2-1-13-7)
- **Cruz Yuxtapuesta del Chófer:** Personas que están totalmente enfocadas en su dirección, en sus principios motores, y decididas a hacer que otros las sigan. Incluso las interacciones momentáneas con ellas pueden cambiar tu dirección. (Puertas 2-1-49-4)
- **Cruz de Ángulo Izquierdo del Desafío:** Personas que siempre *parecen* desafiar la dirección general del Colectivo siguiendo la suya propia. La habilidad de sacar a otros del status quo. (Puertas 2-1-49-4)

PUERTA 23: EL FRACCIONAMIENTO

- **Cruz de Ángulo Derecho de las Explicaciones 2:** Siempre «forasteros», están continuamente explicándose o justificando sus conceptos, principios y percepciones, que a menudo son únicos, para integrarlos en el proceso analítico o revolucionario de otra persona. (Puertas 23-43-49-4)
- **Cruz Yuxtapuesta de la Asimilación:** Una persona cautivadora que tiene la tarea de repetir un concepto desconocido hasta que se vuelve familiar o es asimilado por amigos que tienen la gracia de escuchar. (Puertas 23-43-30-29)
- **Cruz de Ángulo Izquierdo de la Dedicación:** Potencialmente, excelentes maestros dedicados a explicar las mismas cosas una y otra vez, promoviendo así la educación y el cambio; interesados siempre en lo que viene a continuación. (Puertas 23-43-30-29)

PUERTA 8: LA SOLIDARIDAD

- **Cruz de Ángulo Derecho del Contagio 2:** Personas que lideran con el ejemplo y desean contribuir asignando recursos para asegurar la seguridad y la riqueza futuras. Un ejemplo civilizador que impacta a los demás. (Puertas 8-14-30-29)
- **Cruz Yuxtapuesta de la Contribución:** Personas centradas en hacer una contribución a la sociedad de alguna manera creativa e íntima, como casarse y pasar años restaurando juntos una finca vieja y ruinosa. (Puertas 8-14-55-59)
- **Cruz de Ángulo Izquierdo de la Incertidumbre:** Personas que entran en la incertidumbre mutativa de convertir la energía en forma; para intentarlo, se requiere el espíritu adecuado y los recursos materiales apropiados. (Puertas 8-14-55-59)

PUERTA 20: LA CONTEMPLACIÓN

- **Cruz de Ángulo Derecho del Fénix Durmiente 2:** Personas carismáticas que siempre están ocupadas, absortas por completo en hacer las cosas, o simplemente ocupadas con su proceso creativo mientras esperan que llegue la mutación. (Puertas 20-34-55-59)
- **Cruz Yuxtapuesta del Ahora:** Personas cuya constante ocupación sirve a la Tribu, a la familia, a su pareja y a la comunidad. Un tira y afloja entre la comunidad y aquello en lo que ellas quieren enfocar su energía. (Puertas 20-34-37-40)
- **Cruz de Ángulo Izquierdo de la Dualidad:** Personas que impresionan a los demás y encuentran satisfacción estando ocupadas industriosamente, haciendo tratos que crean asociaciones que unen y son mutuamente beneficiosas. (Puertas 20-34-37-40)

SECCIÓN OCHO: EL ÍNDICE GLOBAL DE CRUCES DE ENCARNACIÓN 333

> **CUARTO DE LA CIVILIZACIÓN**
> Tema: Propósito realizado a través de la forma

PUERTA 16: EL ENTUSIASMO

- **Cruz de Ángulo Derecho de la Planificación 2:** Personas entusiastas que se identifican hondamente con las soluciones detalladas o el trabajo apropiado, y con encontrar una manera lógica para expresar el progreso y la maestría. (Puertas 16-9-37-40)
- **Cruz Yuxtapuesta de la Experimentación:** Personas influyentes con una habilidad para hacer que su red de conocidos apoye con entusiasmo su nuevo experimento. (Puertas 16-9-63-64)
- **Cruz de Ángulo Izquierdo de la Identificación:** Personas con una fuerte orientación lógica capaces de hacer que otros se identifiquen con su habilidad o proyectos y los apoyen, los avalen o inviertan en su producto. (Puertas 16-9-63-64)

PUERTA 35: EL PROGRESO

- **Cruz de Ángulo Derecho de la Consciencia 2:** Personas que ya han hecho esto y lo otro, lo conocen todo y tienen ganas de cambio… y quieren que te unas a ellas; siempre listas para explorar una nueva manera de hacer las cosas. (Puertas 35-5-63-64)
- **Cruz Yuxtapuesta de la Experiencia:** Personas que son influyentes al exteriorizar a los demás que su experiencia transforma la consciencia; la experiencia lo es todo. (Puertas 35-5-22-47)
- **Cruz de Ángulo Izquierdo de la Separación:** Personas con la visión retrospectiva (gracia) para ver la necesidad de vivir juntos *separadamente* en la sociedad aceptando las diversas interpretaciones de la experiencia que normalmente nos separan; un proceso civilizador. (Puertas 35-5-22-47)

PUERTA 45: LA REUNIÓN

- **Cruz de Ángulo Derecho de la Autoridad 2:** Personas que están aquí para que les ofrezcan (o para ejercer) el poder. En la actualidad, esto se traduce en ser gerentes o jefes ejecutivos en el mundo corporativo. (Puertas 45-26-22-47)
- **Cruz Yuxtapuesta de la Posesión:** Personas influyentes que pueden asumir un papel de autoridad en la comunidad y empuñar el timón o gobernar durante la crisis y el conflicto. (Puertas 45-26-36-6)
- **Cruz de Ángulo Izquierdo de la Confrontación:** Personas que gobiernan los recursos de la Tribu en épocas de crisis y conflicto, dispuestas a desafiar o confrontar con su poder a quienes desean gobernar, para así hacer sus reivindicaciones. (Puertas 45-26-36-6)

PUERTA 12: LA PARALIZACIÓN

- **Cruz de Ángulo Derecho del Edén 2:** Personas elocuentes, aunque testarudas, que llevan la pérdida de la inocencia al nivel de una forma artística: el don de expresar el amor y la crisis en la poesía y la música. (Puertas 12-11-36-6)
- **Cruz Yuxtapuesta de la Articulación:** Un portavoz o maestro excepcional que tiene el don inusual y efectivo de la modulación de la voz que contagia o influye a los demás hacia la individuación. (Puertas 12-11-25-46)
- **Cruz de Ángulo Izquierdo de la Educación:** Oradores efectivos que buscan quien les escuche con cortesía; personas dedicadas a usar sus recursos para la educación de las masas, fomentando así el cambio global. (Puertas 12-11-25-46)

> **CUARTO DE LA CIVILIZACIÓN**
> Tema: Propósito realizado a través de la forma

PUERTA 15: LA MODESTIA

- **Cruz de Ángulo Derecho del Receptáculo del Amor 2:** Personas interesadas de manera natural en el bienestar de la humanidad. Conociendo su propio lugar en el esquema general, aportan diversidad al flujo. (Puertas 15-10-25-46)
- **Cruz Yuxtapuesta de los Extremos:** Personas fijas en su propio ritmo (a menudo extremo) y no siempre fluyendo con los demás. No son conscientes de que llevan la atención de manera natural a lo que es necesario corregir. (Puertas 15-10-17-18)
- **Cruz de Ángulo Izquierdo de la Prevención:** Personas que siempre parecen encontrar lo que no funciona; esto es un don cuando se usa para guiar amorosamente a la sociedad para que no vuelva a cometer los mismos errores una y otra vez. (Puertas 15-10-17-18)

PUERTA 52: LA QUIETUD (DE LA MONTAÑA)

- **Cruz de Ángulo Derecho del Servicio 2:** Personas lógicas que tienen la responsabilidad de (y la energía para) asegurar que el patrón que nos lleva hacia el futuro es correcto o está corregido. (Puertas 52-58-17-18)
- **Cruz Yuxtapuesta de la Quietud:** Personas que, callada y alegremente, construyen redes de conexión, creando oportunidades para influenciar a otros con su profundidad y sus soluciones potenciales. (Puertas 52-58-21-48)
- **Cruz de Ángulo Izquierdo de las Exigencias:** Personas que exigen que se encuentren soluciones y se hagan correcciones para proteger a la sociedad. (Puertas 52-58-21-48)

PUERTA 39: EL IMPEDIMENTO

- **Cruz de Ángulo Derecho de la Tensión 2:** Personas cuya energía debe exteriorizarse para liberar tensión provocando el talento, el liderazgo, el propósito y el espíritu en los demás. Los grandes provocadores. (Puertas 39-38-21-48)
- **Cruz Yuxtapuesta de la Provocación:** Individuos poderosos, aunque con muchos cambios de humor, que usan el shock para provocar a los demás a un nivel profundo. Personas que comprenden el valor creativo de su melancolía. (Puertas 39-38-51-57)
- **Cruz de Ángulo Izquierdo del Individualismo:** Fuerzas mutativas que te conmocionan con su saber intuitivo y su individualismo a ultranza, pero que son muy difíciles de influenciar ellas mismas. (Puertas 39-38-51-57)

PUERTA 53: EL DESARROLLO

- **Cruz de Ángulo Derecho de la Penetración 2:** Personas que parecen felices en el momento y, sin embargo, sienten presión para lograr reconocimiento comenzando algo nuevo y que saben intuitivamente iniciar a otros para que se unan a ellas. (Puertas 53-54-51-57)
- **Cruz Yuxtapuesta de los Comienzos:** Personas muy solicitadas que aportan mucha energía a los nuevos ciclos de transformación, los nuevos comienzos, y pueden evaluar el coste, el valor (habilidades interpersonales) y la continuidad de un proyecto. (Puertas 53-54-42-32)
- **Cruz de Ángulo Izquierdo de los Ciclos:** Personas capaces que pueden hacer que madure un ciclo de transformación como un logro, y comprenden que lo único que perdura es el cambio. (Puertas 53-54-42-32)

Cuarto de la Civilización
Tema: Propósito realizado a través de la forma

Puerta 62: La preponderancia de lo pequeño

- **Cruz de Ángulo Derecho del Maya 2:** Poderosas fuerzas educativas que comprenden que la lógica puede transformar/sanar; creando y usando el lenguaje para designar, dar forma o describir verdades internas ocultas en los detalles. (Puertas 62-61-42-32)
- **Cruz Yuxtapuesta del Detalle:** Personas que son buenas expresando sus opiniones con gran detalle. Cuando se enfocan en la ley o la legislación pueden ser muy buenos abogados. (Puertas 62-61-3-50)
- **Cruz de Ángulo Izquierdo del Oscurecimiento:** Personas que pueden usar los detalles o las estadísticas para deslumbrar u obscurecer. Una vez ordenados, los detalles oscuros pueden llevar a descubrimientos extraordinarios. (Puertas 62-61-3-50)

Puerta 56: El peregrino

- **Cruz de Ángulo Derecho de las Leyes 2:** Cuentacuentos eficaces que estimulan a los demás con sus opiniones y creencias idealistas. Su magia se teje en torno a las promesas, los sueños del soñador. (Puertas 56-60-3-50)
- **Cruz Yuxtapuesta de la Estimulación:** Personas que toman riesgos gustosamente para satisfacer su necesidad de cualquier estimulación que dé significado a su vida; los cuentacuentos que encuentran alivio contando su propia historia. (Puertas 56-60-27-28)
- **Cruz de Ángulo Izquierdo de la Distracción:** Personas que pueden parecer distraídas pero que tienen una manera de atraer la atención hacia sí mismas o hacia sus proyectos mediante la conversación estimulante. (Puertas 56-60-27-28)

Puerta 31: La influencia

- **Cruz de Ángulo Derecho de lo Inesperado 2:** Personas con la capacidad inherente de atraer la atención del Colectivo, que se vuelven líderes o héroes inesperados. Su influencia nutridora es descubierta y aclamada en medio de lo inesperado. (Puertas 31-41-27-28)
- **Cruz Yuxtapuesta de la Influencia:** Personas naturalmente consistentes e influyentes que usan de manera intencional sus procesos mentales, nuevas experiencias y memoria para persuadir a otros. (Puertas 31-41-24-44)
- **Cruz de Ángulo Izquierdo del Alpha:** Líderes poderosos que impactan a los demás resolviendo problemas relacionados con la supervivencia en el plano mental. Personas solicitadas para proveer soluciones prácticas que aseguren el futuro. (Puertas 31-41-24-44)

Puerta 33: La retirada

- **Cruz de Ángulo Derecho de los Cuatro Caminos 2:** Personas que se retiran para reflexionar acerca de la experiencia antes de compartir sus percepciones, recuerdos o principios. La necesidad de ser capaz de recluirse en el santuario/privacidad de su propio ámbito o habitación. (Puertas 33-19-24-44)
- **Cruz Yuxtapuesta de la Retirada:** Personas que expresan la necesidad de la belleza en la vida. La estética de la retirada comienza con suficiente comida que comer y un techo bajo el que resguardarse (tu propio espacio). (Puertas 33-19-2-1)
- **Cruz de Ángulo Izquierdo del Refinamiento:** Personas que saben que no es suficiente tener y proteger un hogar; la vida se enriquece haciéndola bella. Belleza que sana. (Puertas 33-19-2-1)

> **CUARTO DE LA DUALIDAD**
> Tema: Propósito realizado a través de los vínculos

Puerta 7: El ejército

- **Cruz de Ángulo Derecho de la Esfinge 3:** Personas influyentes, equipadas para liderar, cuya bien fundada lógica y atención al pasado desempeñan un papel clave dirigiendo a la humanidad hacia un futuro seguro. (Puertas 7-13-2-1)
- **Cruz Yuxtapuesta de la Interacción:** Personas que están siempre buscando maneras de vivir su rol de liderazgo, de ser influyentes sin ser influenciadas. Liderar aceptando la diversidad. (Puertas 7-13-23-43)
- **Cruz de Ángulo Izquierdo de las Máscaras 2:** Personas sobre las que se proyecta para que provean liderazgo práctico o sabio, para que sean influyentes agentes de cambio; esto lo hacen mejor desde detrás de una máscara o un título, como el de general o terapeuta. (Puertas 7-13-23-43)

Puerta 4: La locura juvenil

- **Cruz de Ángulo Derecho de las Explicaciones 3:** Personas cuya tarea es explicar soluciones revolucionarias y basadas en principios; el saber Individual no puesto a prueba necesita percepciones clarificadoras y recurrentes que hayan sido filtradas a través de fórmulas lógicas. (Puertas 4-49-23-43)
- **Cruz Yuxtapuesta de la Formulación:** Individuos que te inspiran con su habilidad creativa para crear fórmulas y ver patrones únicos que pueden potenciar una nueva dirección. (Puertas 4-49-8-14)
- **Cruz de Ángulo Izquierdo de la Revolución 2:** Personas sobre las que se proyecta para que provean razones prácticas y contribuyan los recursos necesarios para instigar una revolución... o no. (Puertas 4-49-8-14)

Puerta 29: Lo abismal

- **Cruz de Ángulo Derecho del Contagio 3:** Personas que dicen *sí* a las experiencias nuevas (e íntimas), a la vez que buscan la satisfacción a través del compromiso y que son capaces de entrar en un proceso experiencial simplemente para tener la experiencia. (Puertas 29-30-8-14)
- **Cruz Yuxtapuesta de los Compromisos:** Personas que están fijas en decir *sí* a los compromisos. A menudo, son fuentes de inspiración, como los santos que servían a Dios hasta la muerte. (Puertas 29-30-20-34)
- **Cruz de Ángulo Izquierdo de la Industria 2:** Personas que no son conscientes de su enorme poder carismático y que, estableciendo los compromisos adecuados, pueden perseverar y brillar. (Puertas 29-30-20-34)

Puerta 59: La dispersión

- **Cruz de Ángulo Derecho del Fénix Durmiente 3:** Agentes muy fértiles y ocupados en «reproducir» para asegurar el futuro. La necesidad de intimidad y seguridad en los vínculos. (Puertas 59-55-20-34)
- **Cruz Yuxtapuesta de la Estrategia:** Personas que están enfocadas en procurar convertir las oportunidades en estrategias que lleven a la intimidad con otros. El talento para emparejar. (Puertas 59-55-16-9)
- **Cruz de Ángulo Izquierdo del Espíritu 2:** Las lecciones de la sexualidad y el romance se convierten en dones sabios en la vida y la experiencia de quienes son conscientes y están despiertos. Personas enfocadas en transformar la relación entre el amor y la sexualidad a través del espíritu. (Puertas 59-55-16-9)

Cuarto de la Dualidad
Tema: Propósito realizado a través de los vínculos

Puerta 40: La liberación

- **Cruz de Ángulo Derecho de la Planificación 3:** Cuando están presentes el apoyo necesario y el trato adecuado, estas personas poseen las habilidades, el don de la lógica y el dominio de los detalles para crear lo necesario para la comunidad. (Puertas 40-37-16-9)
- **Cruz Yuxtapuesta de la Negación:** Personas cuya tarea es decir *no* obstinadamente a los acuerdos hasta que sean perfectamente correctos, y frenar el progreso desbocado del Colectivo. (Puertas 40-37-35-5)
- **Cruz de Ángulo Izquierdo de la Migración 2:** Personas que se mudan o emigran con la intención de traer progreso, desarrollo y cambio a la siguiente comunidad o valle. (Puertas 40-37-35-5)

Puerta 64: Antes de concluir

- **Cruz de Ángulo Derecho de la Consciencia 3:** Personas que inspiran y ayudan a otros a ver el sentido de su pasado poniendo a prueba a la luz de la experiencia los patrones establecidos, progresando así hacia nuevas maneras de concebir y comprender la vida. (Puertas 64-63-35-5)
- **Cruz Yuxtapuesta de la Confusión:** Historiadores inspiradores, fuentes de información, cuya memoria está enraizada en las jerarquías Tribales y sujeta a la interpretación/manipulación del ego. (Puertas 64-63-45-26)
- **Cruz de Ángulo Izquierdo del Dominio 2:** Personas cuya interpretación del pasado puede tener mucho impacto, utilizando la información para asumir posiciones de poder o autoridad. (Puertas 64-63-45-26)

Puerta 47: La opresión

- **Cruz de Ángulo Derecho de la Autoridad 3:** Personas que llevan el pasado hacia delante con gracia y que toman prestadas selectivamente tradiciones o lecciones aprendidas de la experiencia para reclamar su derecho legítimo a gobernar. (Puertas 47-22-45-26)
- **Cruz Yuxtapuesta de la Opresión:** Personas que usan su comprensión del pasado para articular o promover una nueva idea o concepto, o sustituir una comprensión presente. (Puertas 47-22-12-11)
- **Cruz de Ángulo Izquierdo de Informar 2:** Personas con habilidades sociales que usan el pasado para inspirar, para llevar la atención de la gente hacia las difíciles condiciones de los oprimidos; esto es informar convertido en un arte. (Puertas 47-22-12-11)

Puerta 6: El conflicto

- **Cruz de Ángulo Derecho del Edén 3:** Personas que usan su experiencia con el conflicto y la crisis para mantener el vínculo de intimidad. Ganar experiencia mediante la pérdida de la inocencia. (Puertas 6-36-12-11)
- **Cruz Yuxtapuesta del Conflicto:** Personas que unen la pérdida de la inocencia con una actitud de «la vida sigue» y crean un entorno fértil para la camaradería. Amistades y amor que surgen de la crisis. (Puertas 6-36-15-10)
- **Cruz de Ángulo Izquierdo del Plano Mundano 2:** Personas que están aquí para disfrutar su trabajo, para que siempre podamos tener lo que necesitamos para amar, viviendo en el mundo social / material. (Puertas 6-36-15-10)

Cuarto de la Dualidad
Tema: Propósito realizado a través de los vínculos

Puerta 46: El empuje hacia arriba

- **Cruz de Ángulo Derecho del Receptáculo del Amor 3:** Personas plenamente «encarnadas», plenamente vivas en su cuerpo, que disfrutan la dinámica física (sensual) de las relaciones; dedicadas a vivir la vida por la vida misma. (Puertas 46-25-15-10)
- **Cruz Yuxtapuesta de la Serendipia:** Personas enfocadas a estar en el lugar apropiado en el momento apropiado y que comprenden que comprometerse correctamente a la experiencia (junto al trabajo duro) conduce a la buena suerte y al éxito; disfrutar plenamente estar vivo. (Puertas 46-25-52-58)
- **Cruz de Ángulo Izquierdo de la Sanación 2:** Personas que espontáneamente sanan o pueden ser sanadas mediante el contacto con fuerzas de amor impersonal, universal. Un don inusual y alegre que cobra vida mediante una conexión centrada y comprometida con el otro. (Puertas 46-25-52-58)

Puerta 18: Ocuparse de lo echado a perder

- **Cruz de Ángulo Derecho del Servicio 3:** Personas que forman parte del proceso continuo de corregir/perfeccionar los arquetipos de masculino/femenino, padre/madre. Opiniones y correcciones en servicio de la humanidad, trabajando para que lo bueno sea mejor. (Puertas 18-17-52-58)
- **Cruz Yuxtapuesta de Corrección:** Maestros en reconocer los defectos que hay en un patrón, o la incompetencia en todo menos en ellos mismos. La habilidad de convertir campesinas en princesas. (Puertas 18-17-39-38)
- **Cruz de Ángulo Izquierdo de la Convulsión 2:** Personas con un punto de vista herético o una inocencia seductora, siempre listas para provocar, alterar o cuestionar lo que no está funcionando; terapeutas que saben que la terapia tiene que ser un trabajo práctico. (Puertas 18-17-39-38)

Puerta 48: El pozo

- **Cruz de Ángulo Derecho de la Tensión 3:** Personas con profundidad innata que esclarecen problemas y provocan las habilidades/espíritu/propósito necesarios para proveer una solución viable. (Puertas 48-21-39-38)
- **Cruz Yuxtapuesta de la Profundidad:** Personas influyentes que usan su profundidad para promover sus ambiciones, e incrementan su círculo de amigos y sus oportunidades para impactar, enseñar o ayudar a otros a transformar sus deficiencias y comenzar algo nuevo. (Puertas 48-21-53-54)
- **Cruz de Ángulo Izquierdo del Empeño 2:** Personas con un fuerte deseo de tener el control para poder hacer algo con su profundidad; esta es la actitud de «lo haré yo mismo» de quienes se publican a sí mismos. (Puertas 48-21-53-54)

Puerta 57: Lo suave

- **Cruz de Ángulo Derecho de la Penetración 3:** Personas muy conscientes intuitivamente, capaces de un discernimiento penetrante. Una claridad que guía la ambición, con un aspecto competitivo, para comenzar algo nuevo y, así, mitigar nuestros miedos al mañana. (Puertas 57-51-53-54)
- **Cruz Yuxtapuesta de la Intuición:** Personas profundas e inspiradoras; te abren con su intuición, detalle y saber, y te producen un shock para que puedas recibir el mensaje. (Puertas 57-51-62-61)
- **Cruz de Ángulo Izquierdo del Clarión 2:** Personas intuitivas de las que se espera que tengan información esencial y inspirada que otros necesitan o quieren oír, y que necesitan que las busquen y las presionen para que hablen. (Puertas 57-51-62-61)

SECCIÓN OCHO: EL ÍNDICE GLOBAL DE CRUCES DE ENCARNACIÓN 339

CUARTO DE LA DUALIDAD
Tema: Propósito realizado a través de los vínculos

PUERTA 32: LA DURACIÓN

- **Cruz de Ángulo Derecho del Maya 3:** Personas cuyo saber interno y uso de los detalles guía su habilidad de evaluar e inspirar apropiadamente el desarrollo material, la maduración y la expansión. (Puertas 32-42-62-61)
- **Cruz Yuxtapuesta de la Conservación:** Personas que toman riesgos cautelosamente, guiadas por el valor de la continuidad o duración, que conservan nuestros recursos para asegurar la supervivencia de las generaciones futuras. (Puertas 32-42-56-60)
- **Cruz de Ángulo Izquierdo de la Limitación 2:** Personas que ven la transitoriedad como una limitación, como una presión, como las que hay en los negocios o la industria para valorar los productos en base a su funcionalidad y su habilidad para resistir la prueba del tiempo. (Puertas 32-42-56-60)

PUERTA 50: EL CALDERO

- **Cruz de Ángulo Derecho de las Leyes 3:** Personas que crean, adaptan o evalúan las leyes y los valores para acomodar la evolución de nuestra especie. La legislación como un proceso creativo interno basado en los instintos de la humanidad para sobrevivir la mutación y el cambio. (Puertas 50-3-56-60)
- **Cruz Yuxtapuesta de los Valores:** Personas influyentes que aprovechan la oportunidad para suavizar o aminorar la severidad de la ley, asegurando así que las consecuencias sean acordes con el delito. (Puertas 50-3-31-41)
- **Cruz de Ángulo Izquierdo de los Deseos 2:** Personas con una orientación utópica que trasciende los valores tradicionales y que cuestionan los estándares culturales y religiosos proyectando lo que podría ser el sistema. (Puertas 50-3-31-41)

PUERTA 28: LA PREPONDERANCIA DE LO GRANDE

- **Cruz de Ángulo Derecho de lo Inesperado 3:** Personas que inesperadamente tienen que cuidar de algo o alguien o responsabilizarse de ellos. Se convierten en un ejemplo influyente cuando encuentran significado en la lucha. (Puertas 28-27-31-41)
- **Cruz Yuxtapuesta de los Riesgos:** Personas que toman riesgos y amplían los límites establecidos, ya sea para conseguir lo que necesitan o para encontrar propósito y significado en la vida. (Puertas 28-27-33-19)
- **Cruz de Ángulo Izquierdo del Alineamiento 2:** Personas reflexivas que saben sacar partido de lo inesperado y que son capaces de dejar atrás lo viejo y alinearse con lo nuevo cuando se presenta la oportunidad. (Puertas 28-27-33-19)

PUERTA 44: IR AL ENCUENTRO

- **Cruz de Ángulo Derecho de los Cuatro Caminos 3:** Personas tribales con un agudo sentido del olfato, una memoria intuitiva e histórica y sensibilidad al bienestar de los demás, que ponderan la viabilidad de la empresa familiar. (Puertas 44-24-33-19)
- **Cruz Yuxtapuesta de Estar Alerta:** Videntes con un sentido de la alerta intuitivo y armonizados con allá de donde venimos y allá adonde vamos. ¡A menudo, lo mejor es prestarles atención! (Puertas 44-24-7-13)
- **Cruz de Ángulo Izquierdo de la Encarnación 2:** Personas que mantienen vivo el pasado revisitándolo y conectándonos a todos con él; ponderando interminablemente lo que significa encarnarse y lo que es necesario para sobrevivir. (Puertas 44-24-7-13)

> **CUARTO DE LA MUTACIÓN**
> Tema: Propósito realizado a través de la transformación

PUERTA 1: LO CREATIVO

- **Cruz de Ángulo Derecho de la Esfinge 4:** Individuos creativos que tratan de construir un legado para expresar e inmortalizar su propia dirección. Proveer y mantener una dirección mutativa mediante el ejemplo. (Puertas 1-2-7-13)
- **Cruz Yuxtapuesta de la Autoexpresión:** Personas aptas socialmente que están enfocadas en proveer respuestas creativas y revolucionarias a preguntas que aún no han sido formuladas. (Puertas 1-2-4-49)
- **Cruz de Ángulo Izquierdo del Desafío 2:** Individuos que atraen a la sociedad pero que están aquí para proteger la diferencia. La ferocidad para exigir que no haya intromisiones de ninguna forma para preservar su unicidad. (Puertas 1-2-4-49)

PUERTA 43: LA RESOLUCIÓN

- **Cruz de Ángulo Derecho de las Explicaciones 4:** Personas cuyo saber tiene una cualidad revolucionaria. La raíz del entendimiento comienza explicando eficiente y lógicamente las propias percepciones revolucionarias. (Puertas 43-23-4-49)
- **Cruz Yuxtapuesta de la Visión Interior:** Personas con un profundo deseo de exteriorizar sus percepciones únicas y que son capaces de influenciar eficazmente a un grupo selecto de personas que están dispuestas y deseosas y son capaces de escuchar. (Puertas 43-23-29-30)
- **Cruz de Ángulo Izquierdo de la Dedicación 2:** Individuos dedicados a provocar percepciones en otros como un acto sutil y subversivo de mutación para hacer que la sociedad sea eficiente. (Puertas 43-23-29-30)

PUERTA 14: LA POSESIÓN EN GRAN MEDIDA

- **Cruz de Ángulo Derecho del Contagio 4:** Personas comprometidas con hacer una contribución importante a la sociedad mediante su acumulación y retención de poder o dinero. Recursos utilizados sabiamente para potenciar (alimentar) el crecimiento, desarrollo y evolución de la humanidad. (Puertas 14-8-29-30)
- **Cruz Yuxtapuesta de la Potenciación:** Personas cuyo espíritu melancólico está íntimamente conectado con su seguridad financiera. Los recursos para crear una base sólida que garantice la rentabilidad de su inversión, lo que potencia a otros. (Puertas 14-8-59-55)
- **Cruz de Ángulo Izquierdo de la Incertidumbre 2:** Comprendiendo la incertidumbre financiera de otros, pueden ayudar proveyendo lo necesario. La intimidad se logra o se realza proveyendo (o prometiendo o sirviendo de modelo de) seguridad material. (Puertas 14-8-59-55)

PUERTA 34: EL PODER DE LO GRANDE

- **Cruz de Ángulo Derecho del Fénix Durmiente 4:** Personas con gran carisma y poder personal que siempre están ocupadas atrayendo a otros con su ocupación. Cuando están dirigidos por el espíritu, el poder y la intimidad, sirven a la humanidad. (Puertas 34-20-59-55)
- **Cruz Yuxtapuesta del Poder:** Ocupación enfocada en el puro despliegue de carisma o poder apoyando a la comunidad. El animador o el ejecutivo que llega a acuerdos. (Puertas 34-20-40-37)
- **Cruz de Ángulo Izquierdo de la Dualidad 2:** Personas que dirimen el dilema (dualidad) básico de la humanidad entre el carisma/egoísmo Individual y la responsabilidad comunal. La ocupación alineada apropiadamente con el apoyo comunal amoroso. (Puertas 34-20-40-37)

> **CUARTO DE LA MUTACIÓN**
> Tema: Propósito realizado a través de la transformación

PUERTA 9: EL PODER DOMESTICADOR DE LO PEQUEÑO

- **Cruz de Ángulo Derecho de la Planificación 4:** Personas cuyo entusiasmo se atempera cuando se enfocan en los detalles pertinentes. Las grandes cosas (planes, acuerdos, talento) crecen naturalmente cuando todos los aspectos han sido considerados cuidadosamente y se sustentan de una manera adecuada. (Puertas 9-16-40-37)
- **Cruz Yuxtapuesta del Foco:** Personas que inspiran entusiásticamente a otros a enfocar lo que es importante para el Colectivo. Identificar y concentrarse en el futuro potencial de la sociedad. (Puertas 9-16-64-63)
- **Cruz de Ángulo Izquierdo de la Identificación 2:** Personas que identifican dónde concentrar sus habilidades (en qué duda o *impasse*) y encuentran la estabilidad mental sabiendo que hay recursos disponibles para afrontarlos o aliviarlos. (Puertas 9-16-64-63)

PUERTA 5: LA ESPERA

- **Cruz de Ángulo Derecho de la Consciencia 4:** Personas que crean su propio impulso para el crecimiento y desarrollo siguiendo su propio flujo. La consciencia como sintonización fundamental a los ritmos naturales. (Puertas 5-35-64-63)
- **Cruz Yuxtapuesta de los Hábitos:** Personas de hábitos fijos, con un sentido del orden difícil de influenciar; estar fijas en su flujo se manifiesta como un patrón habitual o un ritual que da consistencia a la vida. (Puertas 5-35-47-22)
- **Cruz de Ángulo Izquierdo de la Separación 2:** Personas abiertas al amor que tratan de verle el sentido al pasado separándose de los patrones o las relaciones que no funcionaron, para poder ver la belleza exquisita (y producir cambios) en los grandes patrones de la vida. (Puertas 5-35-47-22)

PUERTA 26: EL PODER DOMESTICADOR DE LO GRANDE

- **Cruz de Ángulo Derecho de la Autoridad 4:** Personas con encanto social capaces de promocionarse a sí mismas como líderes combinando la memoria selectiva y el toque personal (apretón de manos, coger en brazos a los bebés) con la promesa de educar a todo el mundo hacia un mañana mejor; los políticos de hoy en día. (Puertas 26-45-47-22)
- **Cruz Yuxtapuesta del Embaucador:** Personas con un don natural para influenciar a quienes tienen poca experiencia. Promocionan lo inusual y excéntrico. (Puertas 26-45-6-36)
- **Cruz de Ángulo Izquierdo de la Confrontación 2:** Personas con encanto y un sentido (personal) de la justicia que harán frente a la autoridad para instituir su propio gobierno. Poderosas fuerzas del ego reacias al cambio. (Puertas 26-45-6-36)

PUERTA 11: LA PAZ

- **Cruz de Ángulo Derecho del Edén 4:** Personas con una orientación filosófica que educan a otros acerca de la naturaleza de la experiencia y de las emociones en este plano, quizá a través de la música o la poesía. (Puertas 11-12-6-36)
- **Cruz Yuxtapuesta de las Ideas:** Personas muy mutativas que recogen conceptos universales y pueden convertirse en maestros (o profetas) importantes y que, a menudo, están fijas en una sola dirección. (Puertas 11-12-46-25)
- **Cruz de Ángulo Izquierdo de la Educación 2:** Personas de «paz, filantropía y propaganda» que desean comunicar ideas, a menudo inexpresables, sobre la experiencia humana. Enseñar sigue siendo lo más profundo que hacen los humanos. (Puertas 11-12-46-25)

Cuarto de la Mutación
Tema: Propósito realizado a través de la transformación

Puerta 10: El porte

- **Cruz de Ángulo Derecho del Receptáculo del Amor 4:** Cuando se involucran en enriquecer y potenciar los comportamientos individualizantes, empujan al mundo hacia el amor siendo plenamente ellos mismos y amando su diferencia. (Puertas 10-15-46-25)
- **Cruz Yuxtapuesta del Comportamiento:** El oportunista crítico que busca producir la impresión adecuada con su propio comportamiento, a la vez que tiende a organizar o a cuestionar el de los demás. (Puertas 10-15-18-17)
- **Cruz de Ángulo Izquierdo de la Prevención 2:** Personas opresivas y a la vez liberadoras que aportan «corrección» tratando de impedir comportamientos/acciones poco saludables en los demás (la sociedad) antes de que sucedan. (Puertas 10-15-18-17)

Puerta 58: Lo jovial

- **Cruz de Ángulo Derecho del Servicio 4:** Personas cuyo deleite en la maravilla de la vida alimenta su foco en desafiar la norma y perfeccionar el proceso lógico mediante ideas y formas que sirvan a la sociedad. (Puertas 58-52-18-17)
- **Cruz Yuxtapuesta de la Vitalidad:** Personas con una vitalidad y resistencia muy solicitada que comprenden la importancia de controlar cómo y a quién reparten su energía. (Puertas 58-52-48-21)
- **Cruz de Ángulo Izquierdo de las Exigencias 2:** Personas que están dispuestas a aplicar su energía o a identificarse con el proyecto o el perfeccionamiento de las habilidades de alguien si, a cambio, consiguen lo que quieren; la mejor defensa es un buen ataque. (Puertas 58-52-48-21)

Puerta 38: La oposición

- **Cruz de Ángulo Derecho de la Tensión 4:** Personas con profundidad creativa que comprenden que la vida es una lucha, pero saben que la lucha provoca espíritu y propósito haciendo que merezca la pena. (Puertas 38-39-48-21)
- **Cruz Yuxtapuesta de la Oposición:** Individuos con energía adrenalizada que intuitivamente te provocan o se te oponen (o te dan un shock) para que sustentes y expliques tu opinión o tu argumentación. (Puertas 38-39-57-51)
- **Cruz de Ángulo Izquierdo del Individualismo 2:** Puros Individuos que tienen que permanecer mutando/llegando a ser ellos mismos, lo que a su vez causa pasmo, crea tensión o provoca cambios en ti. (Puertas 38-39-57-51)

Puerta 54: La muchacha que se casa

- **Cruz de Ángulo Derecho de la Penetración 4:** Personas en camino de la pobreza a la riqueza que son reconocidas por quienes están en una posición más elevada. Alinearse con las fuerzas más elevadas (incluso místicas). (Puertas 54-53-57-51)
- **Cruz Yuxtapuesta de la Ambición:** Influyentes, aunque conservadores, agentes de transformación impulsados por el miedo al fracaso y la necesidad de cumplir sus compromisos, y que nunca están satisfechos. (Puertas 54-53-32-42)
- **Cruz de Ángulo Izquierdo de los Ciclos 2:** Personas ambiciosas con energía para fomentar el cambio transformador por el bien de los individuos y las naciones (y el suyo propio) mediante su dedicación a la continuidad que se genera completando totalmente cada ciclo. (Puertas 54-53-32-42)

> **CUARTO DE LA MUTACIÓN**
> Tema: Propósito realizado a través de la transformación

PUERTA 61: LA VERDAD INTERIOR

- **Cruz de Ángulo Derecho del Maya 4:** Pensadores inspirados y que inspiran, que deben usar su mente al servicio de los demás para evitar volverse locos tratando de conocer lo incognoscible. Personas que buscan verdades universales en los hechos y los detalles para resolver las cuestiones de vida y muerte. (Puertas 61-62-32-42)
- **Cruz Yuxtapuesta del Pensamiento:** Personas inteligentes en busca de conocimiento por el conocimiento mismo, que llevan las percepciones personales y detalladas lo suficientemente profundo para cambiar lo conocido/aceptado; buenos abogados. (Puertas 61-62-50-3)
- **Cruz de Ángulo Izquierdo del Oscurecimiento 2:** Individuos cuyo inspirado saber (la *obscura* de la verdad interior y los principios universales) puede sacar a la luz detalles acerca de las leyes absolutas y universales que de otra forma podrían pasarse por alto. (Puertas 61-62-50-3)

PUERTA 60: LA LIMITACIÓN

- **Cruz de Ángulo Derecho de las Leyes 4:** Personas que aceptan la limitación de las valoraciones y las ramificaciones del cambio y, sin embargo, mantienen valores tradicionales que sustentan leyes como «No matarás». (Puertas 60-56-50-3)
- **Cruz Yuxtapuesta de la Limitación:** Personas llenas de recursos y capaces de maximizar el potencial oculto en las limitaciones. Buscan el propósito tomando riesgos y nutriéndose a sí mismas y a otros para poner a prueba el alcance de cada limitación. (Puertas 60-56-28-27)
- **Cruz de Ángulo Izquierdo de la Distracción 2:** Personas que usan la distracción como un arte, como lo hace un mago. Trascienden la limitación mediante la estimulación y tomando riesgos. (Puertas 60-56-28-27)

PUERTA 41: LA DISMINUCIÓN

- **Cruz de Ángulo Derecho de lo Inesperado 4:** Personas empujadas inesperadamente a posiciones de liderazgo que inician o influencian a otros marcando tendencias en el cuidado o en encontrar el propósito. (Puertas 41-31-28-27)
- **Cruz Yuxtapuesta de la Fantasía:** Personas influyentes que son muy buenas en trabajos en los que se gratifica el reconocimiento de tendencias y soñar con el futuro. Complacerse en fantasías de realidad virtual. (Puertas 41-31-44-24)
- **Cruz de Ángulo Izquierdo del Alpha 2:** Personas que seducen con sus sueños y fantasías mientras esperan el momento inesperado de ventaja que las lleve a la tierra prometida con sus expectativas de lo que parece nuevo y mejor. (Puertas 41-31-44-24)

PUERTA 19: EL ACERCAMIENTO

- **Cruz de Ángulo Derecho de los Cuatro Caminos 4:** Personas presionadas por su sensibilidad respecto a los derechos humanos (y animales) que están motivadas por fuerzas sociales y espirituales para satisfacer las necesidades básicas de los demás. (Puertas 19-33-44-24)
- **Cruz Yuxtapuesta de la Necesidad:** Personas con una dirección creativa y una honda necesidad de crear belleza en su vida que podrá disfrutar su círculo de amigos cercanos. (Puertas 19-33-1-2)
- **Cruz de Ángulo Izquierdo del Refinamiento 2:** Personas que comprenden que su dirección (alineamiento) apropiada es algo muy bello que satisface sus necesidades, refina toda su experiencia de la vida y lleva al cumplimiento de su propósito. (Puertas 9-33-1-2)

«Yo enseño el amor a uno mismo. Enseño a los seres humanos que, mediante este proceso, mediante el experimento, lo que descubres es que puedes confiar en tu habilidad para navegar en este plano, que puedes encontrar dentro de ti mismo un amor que es muy especial. No es algo que los seres humanos tengan ya. No se gustan nada a sí mismos. Están siempre esperando que venga alguna otra persona para que les demuestre que son realmente dignos de amor.»

Ra Uru Hu

SECCIÓN NUEVE

COMPENDIOS DE CARTAS DE EJEMPLO

El Diseño Humano en la práctica

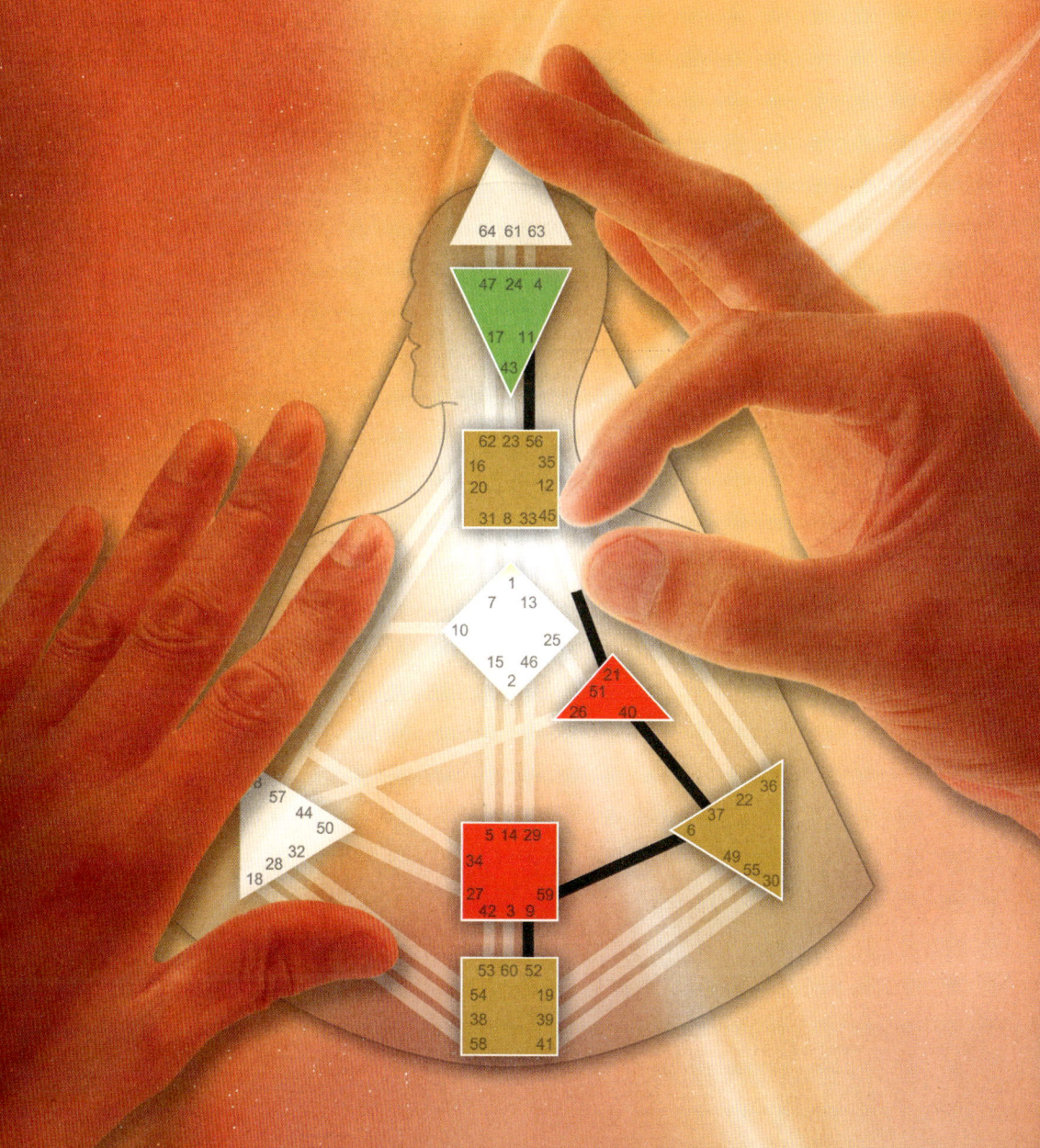

Sección Nueve

Compendios de cartas de ejemplo

El Diseño Humano en la práctica

Los Analistas Profesionales Certificados están formados para interpretar un Cuerpo Gráfico de Diseño Humano. Las perspectivas combinadas del verdadero ser, quien estás diseñado para ser, y el no-ser, donde estás abierto a recibir condicionamiento del mundo exterior, forman el fundamento para comprender tu diseño. Ra Uru Hu era un maestro de la síntesis que creó un lenguaje que denominó «ideas clave»; un lenguaje vivo y simbólico que permite a los analistas expresar la continuidad genética contenida en las perspectivas complejas y revolucionarias de la Ciencia de la Diferenciación. Las ideas clave contienen muchísima información en una sola palabra o frase. Como un mantra, las ideas clave invocan, despiertan o nos conectan con la química de nuestro cuerpo, con nuestra propia frecuencia única. Aprender y usar el lenguaje de las ideas clave es como pensar con el sistema de mensajería hormonal del cuerpo; nos permite conectar energéticamente con los demás. Casi todos los aspectos del Sistema de Diseño Humano tienen su propia idea clave. Enlazando las ideas clave de la definición y los centros abiertos de alguien, los analistas profesionales crean una imagen verbal o historia del carácter y el propósito de una persona. Según se van expresando las ideas clave, la historia penetra en la persona a un nivel celular que está más allá de la mente.

Hemos usado las ideas clave a lo largo de este libro para explicar el Sistema de Diseño Humano. Se puede encontrar una lista completa de las ideas clave de las puertas y los canales usados en Diseño Humano en la Sección Once. Lo que sigue son unos compendios de cartas de cada uno de los Tipos, que te ofrecerán un ejemplo superficial del uso de las ideas clave y de la síntesis que tiene lugar cuando un/a analista trabaja con tu carta. La base de una lectura profunda realizada por un/a analista formado/a profesionalmente es la combinación de tu información genética con herramientas prácticas para vivir tu vida única.

«El Diseño Humano no es otra cosa que ideas clave. En muchos aspectos, las ideas clave son como haikus. Son fórmulas muy específicas y, como tales, de muchas maneras son generalizaciones, de modo que hay que tener cuidado. Hay todo tipo de personas que pueden citar la información, pero no se trata de eso. Somos una ilusión holística, si puede decirse así. Somos la suma total de nuestras fórmulas. Y tenemos fórmulas que indican lo que somos y también tenemos fórmulas que indican lo que es el no-ser. Tenemos ideas clave para todo. Pero ser capaz de usar las ideas clave no es una ciencia; es un arte. Y requiere práctica y requiere tiempo, porque se trata de la libertad que llega en el análisis de un Cuerpo Gráfico, la libertad que tiene que estar presente cuando uno lo mira y lo explora.

Las ideas clave son una síntesis. Cada idea clave es una síntesis del valor de ese aspecto específico. Cuando las dispones en algún tipo de geometría, abres verdaderamente la posibilidad de ser capaz de leer realmente tu fórmula, ver tu fórmula y desarrollarla. Usar las ideas clave es una aventura. Lo que me gusta es la experiencia, porque no sabes realmente hasta que empiezas a hacerlo. Cuando empiezas a hacerlo es como un lienzo en blanco ante ti, y lo que estás a punto de hacer es escribir tu código. Piensa en la historia de la humanidad, en lo que eso dice verdaderamente, qué tipo de momento es para ti y qué tipo de gracia requiere.»

Ra Uru Hu

Compendio de Manifestador

Aura • Cerrada y que repele

Estrategia	Informar	**Definición**	Partida simple
Perfil	1/4	**Tema del no-ser**	Rabia
Autoridad	Bazo	**Firma**	Paz

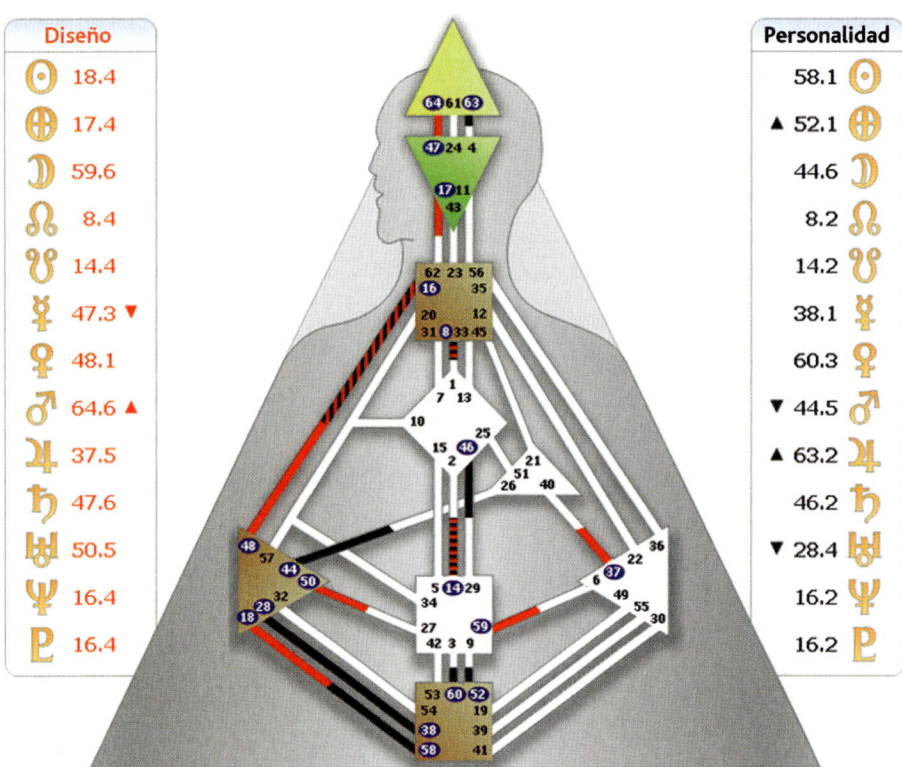

Henry Miller

Cruz de Ángulo Derecho del Servicio

Centros sin definir: G, Corazón, Sacral y Plexo Solar

58-18 Juicio, un diseño de insaciabilidad
38-28 Lucha, un diseño de obstinación
48-16 La Longitud de Onda, un diseño de talento
64-47 Abstracción, un diseño de actividad mental mezclada con claridad

Tu don en el mundo es tu habilidad para actuar de manera independiente, para iniciar la acción e impactar a otros. Sin embargo, cuando se perciben como amenazadoras o impredecibles, estas mismas cualidades pueden hacer que otros se sientan incómodos, lo que a menudo les lleva a tratar de controlarte o a ponerte algún tipo de resistencia. Como Manifestador, puedes sentirte a gusto con la soledad. No requieres asistencia externa y, a veces, te preguntas por qué a los demás les puede importar lo que hagas y, aún más, por qué quieren resistírsete o controlarte. No obstante, sí que tratan de controlarte, empezando por tus padres. Un historial temprano y desagradable de experiencias condicionantes, mezcladas con resistencia, te empuja hacia el tema de tu no-ser, la rabia, que se expresa de una de estas dos maneras: como rabia/ira y rebeldía, o como pasividad y acomodación. Ambas expresiones hacen que reprimas tu poder y te impiden realizar su valía. Por eso es tan importante tu Estrategia de informar antes de actuar. Eso relaja la resistencia de los demás y te abre el camino para tener lo que más buscas en su vida: la paz para hacer lo que quieras, cuando quieras hacerlo. Eres una persona autónoma y, a veces, puedes considerar a los demás como bastante extraños. Con tu habilidad para mirar hacia delante e iniciar, les puede parecer que no sintonizan con tu manera de decidir cuándo hacer las cosas.

Lo que te preocupa es: «¿Me responderán? ¿Se animará alguien con mi impacto o responderá a mi pregunta iniciadora?». Esta presión subyacente para impactar, para hacer que sucedan las cosas, es la clave para cumplir tu propósito. Aunque estás muy cómodo cuando te dejan en paz para ir a lo tuyo, los otros tres tipos están esperando que los actives o inicies, para que cada uno pueda contribuir su parte esencial. Y, a menudo, tú esperas que los otros tipos te provean la energía específica necesaria para realizar lo que sueñas. En un mundo perfecto, los Manifestadores inician las cosas, los Proyectores guían el proceso, los Generadores proveen la energía para realizarlo o completarlo y los Reflectores nos dicen si está yendo bien o no.

Puede que tu Estrategia de informar no te parezca natural y probablemente te resistas a informar a los demás porque no quieres que te pongan barreras o alguna resistencia. No estás diseñado para pedir permiso, de modo que tiendes a no decir nada y hacer lo que quieres sin informar, confiando en que no encontrarás resistencia. Sin embargo, esta estrategia del no-ser es contraproducente y te topas con resistencia de todos modos, a menudo incluso más intensa, lo que crea un círculo vicioso sin ganador. Cuando informas antes de pasar a la acción, los demás se sienten incluidos y respetados. Puede que no les guste lo que estás haciendo, pero conocerlo de antemano mitiga la resistencia y la reacción potencial. Además, informar te da la oportunidad de usar el campo de resistencia como una guía del momento y la acción adecuados. Por ejemplo, si anuncias a una oficina de 50 personas que vas a pasar a trabajar 4 días a la semana y 47 personas están descontentas con esta decisión, tienes la oportunidad de ajustar o refinar tu decisión.

Cuando estás tomando una decisión, tu Bazo es tu Autoridad Interna, y es muy importante que escuches cuando te habla. La Autoridad del Bazo te habla calladamente en el momento, y no repite. Su «voz» la sentirás más como un reconocimiento intuitivo o instintivo. Si te pierdes su señal, o la ignoras, no te vuelve a advertir. Tu Bazo está aquí para mantenerte vivo, sano y seguro. Solo te dará advertencias sobre tu supervivencia en el momento, cuando sean necesarias.

En realidad, tu Autoridad del Bazo fluye de ti de manera natural, momento a momento. Semejante espontaneidad puede parecer liberadora, pero crea el dilema de tener que informar cuando solo tienes un indicio del impacto que tu decisión o acción inmediata puede tener. Se requiere una firme intención, esfuerzo y vivir íntimamente sintonizado con tu Autoridad del Bazo para informar eficazmente. Por ejemplo, si estás entrando en un restaurante con tus amigos y tu cuerpo te detiene porque algo no le parece bien, no te queda otra opción que prestarle atención. Te está avisando que no es sano para ti entrar y, sin embargo, la advertencia de tu Bazo no llega con alguna explicación. Lo único que puedes hacer es informar honestamente a tus compañeros de lo que es correcto para ti ahora mismo, siendo consciente de cómo tu decisión repentina afecta a los planes de todos los demás. En general, informar te trae más paz y esto es lo que más deseas: no encontrar resistencia. Cuando estás en paz es una señal de que te has alineado con tu Autoridad, y desde esta paz estás potenciado para manifestar y producir tu impacto único en el mundo.

Tu perfil, la vestimenta que llevas en el mundo, es el 1/4, o Investigador Oportunista. Tu perfil es el papel que desempeñas en la vida para que se pueda expresar tu propósito, y tú estás aquí para investigar las cosas a fondo. Te sientes impulsado a establecer bases seguras en tu vida y conscientemente puedes ser muy introspectivo y absorto. Tu intención es establecer tú mismo un nivel de autoridad que se pueda compartir con otros. Al mismo tiempo, tienes una parte inconsciente que es muy influyente y tiene la habilidad de delegar en otros a un nivel de hermandad/fraternidad. Tu comunidad es muy importante para ti, ya que estás diseñado a nivel inconsciente para establecer relaciones o amistades que te traigan las oportunidades que necesitas para exteriorizar tu conocimiento e influenciar a los demás. Sin embargo, es importante que, en cualquier tipo de relación estrecha o íntima, establezcas primero una amistad. Los extraños no te resultan cómodos. Siguiendo tu Estrategia de informar y escuchar a la Autoridad de tu Bazo, enfocarás tu energía en lo que es más importante para ti, además de conectar con tus redes correctas. De esta manera, estableces una base personal y segura, estableces tu ámbito de influencia, compartes tus investigaciones con los demás y mantienes tu salud y bienestar. Como Investigador Oportunista, el estudio de las personas puede resultarte fascinante.

Tienes una partición en tu carta, lo que significa que hay dos áreas separadas en tu diseño que no conectan entre sí. Puede que a estas dos partes les lleve un tiempo sincronizarse, y puede que te sientas muy condicionado para creer que falta algo en ti y que lo necesitas para sentirte completo. Un aspecto de tu partición es el Centro de la Raíz conectado con el Centro del Bazo y el Centro de la Garganta a través del Canal del Juicio, un diseño de insaciabilidad (58/18); el Canal de Lucha, un diseño de obstinación (38/28), y el Canal de la Longitud de Onda, un diseño de talento (48/16). La otra parte de tu partición es el Centro de la Cabeza conectado con el Centro Ajna por el Canal de Abstracción, un diseño de actividad mental mezclada con claridad (64-47).

La puerta sin definir que puede servir de puente para tu Definición Partida es la Puerta 62, la Puerta del Detalle. Esto te condiciona muchísimo para que encuentres el detalle que corrobora la opinión. Puedes obsesionarte con los detalles, lo que hace que tomes decisiones mentales acerca de qué detalle «piensas» que es el que necesitas. En realidad, según vayas haciendo tus investigaciones, tu Autoridad, la conciencia del Bazo, te guiará al detalle correcto. Cuando no escuchas a tu Autoridad, puedes pasar mucho tiempo en busca de detalles interminables, lo que te puede llevar al exceso de trabajo, el agobio y el agotamiento.

Tienes cuatro canales, o tipos de energía vital, definidos en tu diseño. Esta es la energía consistente en ti que emites a los demás, y forma el fundamento en el que puedes confiar en tu propio proceso vital. Vamos a observar cada uno de ellos:

Canal del Juicio: un diseño de insaciabilidad (58/18). Este canal crea el impulso insaciable de cuestionar, corregir y perfeccionar en vías a la mejora del colectivo y de la sociedad, y encontrar paz en el patrón perfeccionado. Cuando estás operando siendo tú mismo, si algo no está funcionando en el mundo que te rodea, tienes la lógica para cuestionarlo hasta que se corrija. Sin embargo, cuando este proceso de perfeccionamiento o de corrección te lo tomas de manera personal y lo interiorizas o lo diriges a personas cercanas a ti, puede resultar en un afán continuo de encontrar defectos y en una aguda insatisfacción con la vida en general que puede crear fricciones en tus relaciones.

Canal de Lucha: un diseño de obstinación (38/28). No hay nada más satisfactorio para ti que ser invitado correctamente a defender algo por lo que sientes que merece la pena luchar, ya que esto significa para ti que tu vida tiene sentido. Este es el combustible para tu lucha personal por encontrar un propósito que haga que merezca la pena vivir y, mediante el ejemplo, cada búsqueda única de significado incita, anima y potencia a otros en su propia lucha en busca de significado. Puedes deprimirte mucho, o deprimir a otros, si no eres capaz de encontrar una razón para vivir. Sin embargo, tardas mucho en abandonar tu búsqueda, ya que estás diseñado con una obstinación que te permite perseverar a través de luchas en las que la mayoría de la gente no lo haría. Tu Autoridad del Bazo te ayudará a ser consciente de en qué luchas es correcto para ti entrar y en cuáles no.

La presión que sientes desde tu Centro de la Raíz, a través de estos dos canales, puede volverse excesiva a veces y llevarte a salirte de tu Autoridad y luchar cuando no necesitas hacerlo. Para mantener tu salud física, cuando sientas estrés es importante que hagas ejercicio. A veces, lo único que necesitas para calmarte y reenfocarte es dar una buena vuelta a la manzana para quemar tu furia y desahogarte.

Canal de la Longitud de Onda: un diseño de talento (48/16). Estás aquí para alcanzar la maestría en una habilidad mediante la repetición, o práctica, a la vez que te esfuerzas por alcanzar la perfección. Una habilidad puede ser cualquier cosa, desde tocar un instrumento, a resolver una fórmula científica, o abrirte camino en el mundo. Cuando compartes tus logros y te haces parte de la longitud de onda colectiva, a menudo sirves a un propósito más amplio o mejoras la vida de otros de alguna manera. Si puedes tener la disciplina para permanecer en el proceso de la repetición el tiempo suficiente, llegarás a liberarte de la técnica de aprendizaje y tu talento fluirá de ti de manera natural.

Canal de Abstracción: un diseño de actividad mental mezclada con claridad (64-47). Tienes una mente muy activa y experiencial que nunca deja de jugar con posibilidades y probablemente te preguntes si alguna vez dejará de estar tan ocupada. Puedes experimentar una considerable confusión mental como resultado del constante remolino de imágenes que siempre está pasando por ella. Sin embargo, esta confusión puede marcar el comienzo de un nuevo e inspirador viaje para ti, según descubres lo que realmente tiene sentido. Si permaneces paciente con tu proceso de descubrimiento, en algún momento las piezas del rompecabezas se conectarán y aparecerá una imagen. Tu recompensa por ser paciente, por esperar a que la claridad aparezca con el tiempo, es el descubrimiento de una inspiradora historia que contar, o una nueva perspectiva que compartir con los demás. Tu activa mente es una excelente autoridad externa para los demás, pero no es un recurso útil para resolver tu propia vida. Para ti, el reconocimiento mental llegará con el tiempo, mientras que tu Autoridad, a través del Bazo, está aquí para guiar tu proceso de toma de decisiones en el momento.

Los centros sin definir que están abiertos en tu diseño son el G, Corazón, Sacral y Plexo Solar. Estos centros son lugares de profundo condicionamiento y potencial sabiduría.

Tu Centro G sin definir condiciona tu mente del no-ser para obsesionarte con la identidad, el amor y la dirección: ¿quién soy, dónde está mi amor y en qué dirección debería ir a continuación? Cuando dejas de preocuparte por estas cosas y ya no tratas de encontrarlas, descubres quién eres, el amor te encuentra y aparece la dirección a seguir, todo ello como un proceso natural de la vida.

Tu Centro del Corazón sin definir te empuja a tratar de demostrar tu valía. Esto se manifiesta de muchas maneras. Puede que intentes demostrar lo que vales tratando de mejorarte constantemente, o compensando en exceso y haciendo promesas. No estás diseñado para comprometerte o hacer promesas a nadie, y romper una promesa puede romperte el corazón. Tu vida no va de forzarte a hacer nada. Lo que «haces» en tu vida viene dado por tu Estrategia de informar y tu Autoridad de seguir tus instintos. Una vez que dejas de tratar de demostrar tu valía, puedes adquirir sabiduría para detectar quién tiene un ego pretencioso, quién puede comprometerse de verdad a hacer algo y quién tiene valor real para la comunidad.

Tu Sacral sin definir te lleva a excederte, trabajar demasiado y, a menudo, a estar obsesionado con el sexo. Estás diseñado para iniciar una empresa, pero no para hacerlo o completarlo todo tú mismo. Te resulta muy fácil caer en la trampa de hacer demasiado, lo que te puede llevar al agotamiento y a la eventual pérdida de la salud. La sabiduría disponible a través del Sacral abierto es saber cuándo ya es suficiente. Aminorar la marcha, establecer y mantener límites y tomar decisiones con tu Autoridad son la clave para conservar la salud.

Tu Plexo Solar sin definir, combinado con el Sacral sin definir, puede intensificar cualquier obsesión con el sexo y el romance. El Centro del Plexo Solar acarrea sentimientos de deseo, intimidad y pasión y, cuando está sin definir, estas sensaciones pueden estar amplificadas y ser muy poderosas. De hecho, la mezcla, a veces abrumadora, de las emociones que recibes de los demás a través de tu Plexo Solar abierto te puede llevar también a evitar los aspectos desagradables de la emocionalidad, incluso cuando es importante afrontarlos. Como Manifestador con un tema del no-ser de Rabia, esta emoción también se puede amplificar en ciertas circunstancias. La sabiduría potencial de tu Plexo Solar sin definir es aprender a discernir qué situaciones emocionalmente desagradables es necesario afrontar.

En resumen, estás diseñado para servir a los demás siendo una fuerza iniciadora en el mundo. Cuando permaneces alerta a tu saber intuitivo, incitas a otros a pensar en los valores de la sociedad y su propia lucha individual relacionada con la supervivencia, los valores y el propósito. Tienes un ojo agudo para el detalle crítico. Mediante la síntesis de tu interés investigador en la gente, tu amor a la vida, las lecciones que has aprendido del pasado y las redes de aliados que cultivas, puedes usar tu talento insaciable y tu impulso presurizado para influenciar y, en última instancia, mutar al colectivo. Las oportunidades para el éxito en tu viaje por la vida dependen de la calidad de tus relaciones y redes de amigos y conocidos. Informar antes de actuar puede aminorar o eliminar la resistencia de los demás. Mientras permanezcas conectado a tu conciencia intuitiva en cada decisión, mantendrás el rumbo de tu vida y tu propósito único y encontrarás la paz que anhelas. Las señales de que estás dejando que tu mente del no-ser se anteponga a tus instintos y a tu Autoridad personal son comprometerte en exceso para demostrar tu valía o conservar la paz en tus relaciones y en tu vida, y no mantener unos límites sanos. Las relaciones íntimas pueden volverse una preocupación y puede que pases de una pareja a otra, ya que, a la larga, encuentras faltas en todas. Tienes instintos agudos y eres muy rápido con las palabras, pero dejar que tu mente y tus emociones se antepongan a tus instintos es perjudicial para tu bienestar.

SECCIÓN NUEVE: COMPENDIOS DE CARTAS DE EJEMPLO 353

COMPENDIO DE GENERADOR

AURA • ABIERTA Y ENVOLVENTE

ESTRATEGIA	ESPERAR PARA RESPONDER	**DEFINICIÓN**	SINGULAR
PERFIL	5/1	**TEMA DEL NO-SER**	FRUSTRACIÓN
AUTORIDAD	SACRAL	**FIRMA**	SATISFACCIÓN

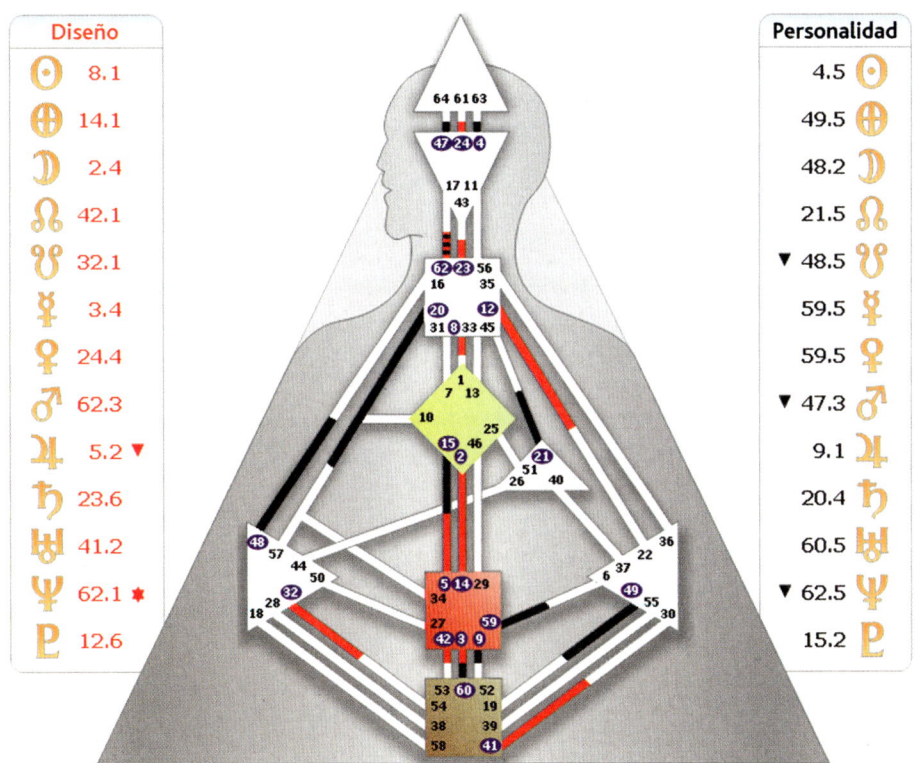

JULIA CHILD

CRUZ DE ÁNGULO IZQUIERDO DE LA REVOLUCIÓN

CENTROS SIN DEFINIR: CABEZA, GARGANTA, CORAZÓN, BAZO Y PLEXO SOLAR

60-3 MUTACIÓN, ENERGÍA QUE INICIA Y FLUCTÚA, PULSACIÓN
14-2 EL COMPÁS, UN DISEÑO DE SER EL QUE CUSTODIA LAS LLAVES
5-15 RITMO, UN DISEÑO DE DEJARSE FLUIR

Eres una Generadora y naciste para trabajar y amar tu trabajo. Tu don en la vida es perfeccionar o adquirir maestría en una tarea, proyecto o habilidad. Tu regalo al planeta es la energía vital que generas desde tu Centro Sacral. Cuando te dedicas a tu trabajo correcto, experimentas una profunda satisfacción. Para encontrar el trabajo que te traerá satisfacción, es importante que te «conozcas» a ti misma, y la manera más auténtica de conocerte a ti misma es responder a la vida en vez de iniciar.

Cuando respondes, involucras tu Centro Sacral en todo lo que haces. Tu Centro Sacral es la clave de tu felicidad y tu satisfacción. La única manera de saber verdaderamente lo que es correcto para ti es permitir que tu Centro Sacral sea tu guía para tomar decisiones. Para rendirte por completo al sistema de navegación incorporado de tu Sacral, debes permanecer disponible para responder. Algo o alguien en tu vida te pide tu energía y tu Sacral conecta su energía a lo que es correcto para el propósito de tu vida. Sin embargo, para seguir a tu Sacral debes renunciar a todas las imágenes que tienes en la mente acerca de cómo «debería» ser tu vida. Y tu mente en particular está muy abierta a las ideas y opiniones de los demás. Sin embargo, tienes un ritmo y una dirección en la vida que te es única y, cuando permaneces fiel a ella, puedes también influenciar y mutar el ritmo y la dirección de quienes te rodean.

Una respuesta Sacral es un sonido no-verbal desde tus entrañas. Un sí es un «a-já», que significa que tienes la energía necesaria para la tarea, y un no es un «úh-hu», que significa que no tienes la energía para comprometerte. A veces no tendrás ninguna respuesta, lo que indica que, o no tienes la energía, o quizá que no te han hecho la pregunta correcta. Una vez que tu Sacral responde «a-já» y te involucras en la actividad, pasas por un proceso de ir perfeccionando y creando paso a paso. Debes cubrir todos los pasos de tu proceso. No tienes un motor conectado a tu Centro de la Garganta (que es la caja de cambios de tu diseño), así que te topas con «mesetas» por el camino. En cada uno de estos puntos de atascamiento necesitarás volver a ser iniciado por una nueva aportación, entendimiento o preguntas a las que responder. Entonces, dependiendo de tus respuestas, puedes volver a involucrarte en tu trabajo.

Cuando no sigues tu Estrategia y Autoridad —cuando no esperas a que la vida llegue a ti para responder a ella y entonces respetar la verdad de esa respuesta—, te topas con resistencia en tu vida. Experimentas lo que tu mente piensa como no-ser, lo que significa que te está pidiendo que actúes como alguna otra persona. La frustración es el tema del no-ser del Generador, y es una señal importante para ti. La frustración llega cuando te topas con resistencia interna o externa, y darte cuenta de tu frustración te permite saber cuándo es hora de entrar en contacto contigo misma y ver si estás empujando o iniciando en vez de responder. Puedes abandonar algo prematuramente debido a la frustración si no comprendes lo que está sucediendo. Confiar en tus respuestas Sacrales en vez de tomar decisiones con tu mente puede asustarte un poco al principio. Con el tiempo, llegarás a conocer la inteligencia de tu cuerpo. Uno de los mayores miedos de los Generadores es «¿Me preguntarán?». En tu diseño, en la mecánica de tu forma, tienes incorporado algo que asegura que te preguntarán para que «puedas» responder. Tu aura es abierta y envolvente y atrae a ti todo lo que necesitas en la vida. Lo único que necesitas hacer es sentarte y observar a qué responde tu Sacral, o no.

Tu perfil, la vestimenta que llevas en el mundo, es el 5/1, o Hereje Investigador. Tu perfil es el papel que desempeñas en la vida para que pueda expresarse tu propósito, y estás aquí para investigar las cosas a fondo. Tu papel en el planeta es muy transpersonal y tienes el potencial de universalizar nuevas soluciones prácticas para otros de una manera muy pública. Sin embargo, hay una parte inconsciente en ti que se siente insegura sin una base sólida, de modo que primero respondes a investigar a fondo la vida y descubrir de qué autoridades o expertos puedes fiarte. Con el paso del tiempo, todas tus investigaciones y estudios te convertirán a ti misma en una autoridad, y entonces te sentirás cómoda universalizando al público lo que has aprendido.

La parte Hereje de tu perfil es muy seductora y atrae a ti a personas que proyectan en ti que puedes ayudarlas o salvarlas con tus soluciones prácticas poco convencionales. También sentirás a veces que proyectas en otros que, efectivamente, puedes salvarlos. Sin embargo, es importante que no inicies y que esperes a que te pregunten, y que solo respondas que sí si tu Sacral dice «a-já». Tu Sacral sabrá si este es el momento adecuado para ofrecer tu herejía y para que otros te sigan en ella. Tu poder para ayudar a otros es mayor cuando eres una «extraña influyente». Estás diseñada para intervenir cuando es realmente necesario y luego volver a retirarte. La gente espera de ti que cumplas, de modo que la preparación y sólido conocimiento base son cruciales para tu éxito y satisfacción, de lo contrario tu reputación sufrirá. ¡Quieres dejarles con ganas de más!

La energía consistente que la gente experimenta en ti se compone de tres canales definidos en tu diseño. El Canal de Mutación (60-3), que conecta tu Centro de la Raíz con tu Centro Sacral, es una energía muy individual que fluctúa e inicia en una pulsación de «apagado/encendido». Es una energía muy creativa y mutativa, pero no controlas cuándo sucede esa pulsación y puedes pasar mucho tiempo preguntándote cuándo surgirá el siguiente momento de creatividad. Puede incluso que te deprimas sintiendo que no está sucediendo nada nuevo y creativo en tu vida. Sin embargo, se trata de un profundo proceso de rendición y la melancolía y los humores cambiantes forman parte de él. Si tratas de dar una razón de tus cambios de humor, o tratas de modificarlo, tan solo lograrás que todo sea más duro para ti. No hay ninguna razón, es simplemente la pulsación mecánica de tu proceso individual, creativo y mutativo. Tu energía es también muy potenciadora para otros y puede mutarlos en una nueva dirección; así que es importante que dejes que tu respuesta Sacral te guíe a las situaciones en que la gente esté realmente lista para la mutación que traes potencialmente.

Estás diseñada para sustentar tus propios esfuerzos creativos o animar y apoyar materialmente a la gente en sus propios empeños creativos. El Canal del Compás (14-2) es una energía inconsciente que conecta tu motor Sacral con tu Centro G. Es una energía muy individual que potencia mediante el ejemplo, de modo que tu primera tarea es ser fiel a ti misma. Espera a que la vida venga a ti y te muestre potenciales que ni siquiera puedes imaginar; permanece abierta a la vida y responde a ella. Si tratas de perseguir o crear tu destino, acabarás sintiéndote perdida y frustrada. Esta energía tiene que ver también con ser «la que custodia las llaves», la que tiene los recursos para poner en marcha y avanzar en una nueva dirección. Sin embargo, solo cuando te pregunten sabrás cuál es la llave o la dirección.

Tienes también una presencia que atrae a otros a tu aura y tu flujo. Mediante tu Canal del Ritmo, que conecta asimismo tu Sacral con tu Centro G (5-15), estás siempre avanzando por el río de la vida, conectada vital e íntimamente con su flujo continuo. A los demás les parece que tienes tu propio sentido del tiempo, determinado por entero por tu propio ritmo interno. Y si los patrones o rutinas que estás viviendo son naturales y correctos para ti, no deberías permitir que nada interfiera con ellos. Sin embargo, si lo que vives son las distorsiones del no-ser y su elección errónea de cuándo hacer las cosas, entonces te encontrarás perturbando el flujo de todos, empezando por el tuyo propio.

Cuando sigues tu respuesta Sacral estás siempre en el flujo adecuado y eliges correctamente cuándo hacer las cosas.

Tienes seis centros sin definir en tu diseño: Cabeza, Ajna, Garganta, Corazón, Bazo y Plexo Solar. Estas son áreas en las que estás abierta a condicionamiento de los demás y eres muy sensible a lo que está pasando en tu entorno. Esta apertura puede distraerte de tu propia respuesta y flujo en la vida. Lo que pasa fuera de ti puede hacerte penar en cuestiones que no te importan (Centro de la Cabeza abierto), o tratar de responder las preguntas de los demás (Centro Ajna abierto). Tienes ciertamente una mente muy abierta que puede volverse muy sabia respecto a las preguntas y respuestas que tienen verdadero valor para ti personalmente y para los demás cuando las universalizas. Puedes volverte muy sabia con respecto a qué soluciones tienen verdadero valor práctico, y hacer tu investigación para sustentar tus respuestas. Sin embargo, solo si esperas a que te pregunten, y entonces respondes, sabrás qué respuesta tiene valor o no.

A través de tu Centro de la Garganta sin definir puedes encontrarte hablando demasiado para atraer la atención o para demostrar lo que vales (Centro del Corazón abierto). Puedes sentirte bajo presión para saber qué vas a hacer a continuación, o lanzarte a tratar de salvar a la gente para demostrar lo que vales a los demás. De nuevo, tienes muchísimos recursos disponibles energéticamente que te sustentarán personalmente y te permitirán también apoyar a otros, pero solo tendrás acceso a esos recursos cuando el momento sea correcto. Y solo sabrás esto si respondes desde tu Sacral, en vez de reaccionar desde tu mente. Tienes el potencial para volverte muy sabia acerca de lo que tiene realmente valor para el público y para expresarlo de una manera creativa y potenciadora.

Puede también que encuentres que tu no-ser se aferra a cosas que no son sanas para ti (Centro del Bazo abierto) y evita la confrontación y la verdad (Centro del Plexo Solar abierto). Tu autoridad personal Sacral opera en el momento y tu verdad está disponible para ti inmediatamente a través de tu respuesta. Sin embargo, si no expresas tu verdad en el momento, porque tienes miedo de que afecte a tu seguridad o moleste a alguien, no puedes permanecer fiel a tu ritmo y dirección propios. Aunque puede parecer conflictivo expresar tu verdad, esta es tu mayor aportación al colectivo. Eres una verdadera hereje que encontrará nuevas soluciones para los problemas que todos afrontamos. Estás diseñada para comprender lo que necesita la gente y para atraer la atención para poder comunicar y universalizar algo nuevo al mundo.

Todo lo que haces en la vida que no resulta de una respuesta Sacral es una distracción de tu misión en la vida, del propósito vital único que solo tú puedes vivir en el mundo. Este propósito vital solo te encuentra cuando no inicias, sino que esperas para responder. Mediante tus investigaciones y tu comprensión práctica de los demás, tienes el potencial de triunfar en la vida y traer un nuevo patrón y flujo revolucionarios al proceso creativo de la sociedad. Tienes la capacidad de organizar y potenciar a otros para que desarrollen sus propias habilidades y conectar con su propia creatividad. Tienes el arte y la capacidad de expresar detalles que pueden traer descubrimientos y metamorfosis al público. Permaneciendo en tu propio flujo y respondiendo honestamente a lo que trae la vida, sentirás la satisfacción de una señal de que todo está bien en tu mundo.

COMPENDIO DE GENERADOR MANIFESTANTE

AURA • ABIERTA Y ENVOLVENTE

ESTRATEGIA	ESPERAR PARA RESPONDER	**DEFINICIÓN**	PARTIDA SIMPLE
PERFIL	3/5	**TEMA DEL NO-SER**	FRUSTRACIÓN
AUTORIDAD	EMOCIONAL	**FIRMA**	SATISFACCIÓN

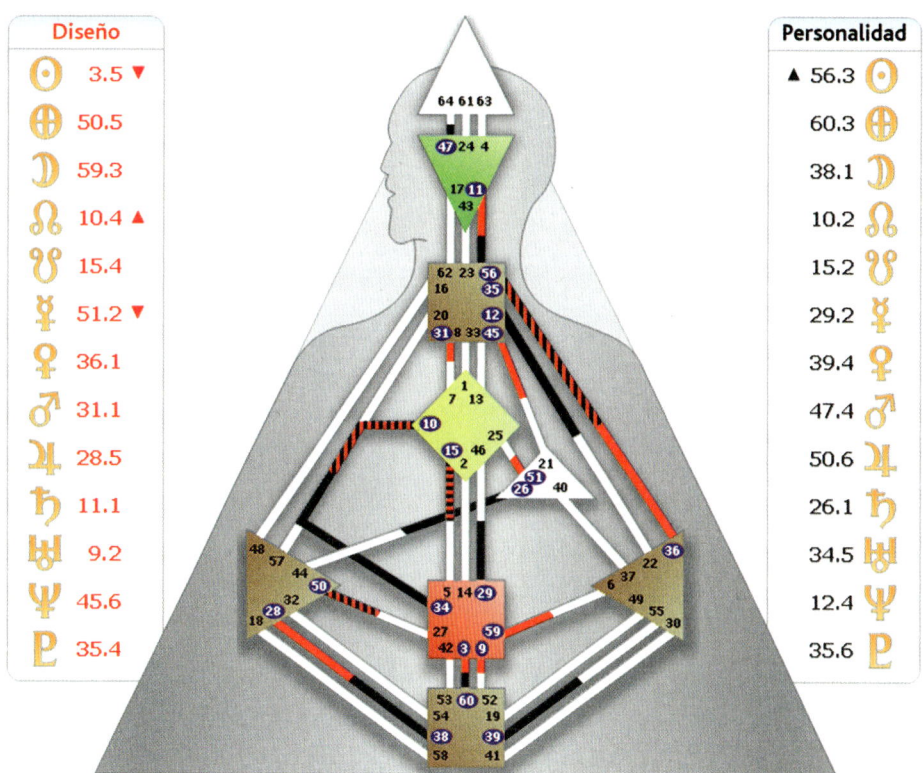

ERNEST HEMINGWAY

CRUZ DE ÁNGULO DERECHO DE LAS LEYES

CENTROS SIN DEFINIR: CABEZA Y CORAZÓN

60-3 MUTACIÓN, ENERGÍA QUE INICIA Y FLUCTÚA, PULSACIÓN
38-28 LUCHA, UN DISEÑO DE OBSTINACIÓN
34-10 EXPLORACIÓN, UN DISEÑO DE SEGUIR LAS PROPIAS CONVICCIONES
36-35 TRANSITORIEDAD, EL DISEÑO DE UN «BUFÓN DE MIL CAMINOS»
56-11 CURIOSIDAD, EL DISEÑO DE UN BUSCADOR

Eres un Generador Manifestante, un buda guerrero que pasa a la acción rápidamente. Tu don es descubrir mediante la acción cómo hacer más eficiente aquello en lo que te enfocas. Sin embargo, para saber qué acción es correcta para ti debes ser primero un buda y sentarte bajo ese árbol y esperar a que la vida venga a ti. Tu Estrategia en la vida es esperar a que te pregunten o pidan tu energía, para poder oír y sentir tu respuesta Sacral. Tu Centro Sacral está diseñado para responder mediante sonidos que llegan de tus entrañas como un «a-já» para el sí o un «úh-hu» para el no. O puede que respondas pasando a la acción. Tus respuestas se basan en la disponibilidad, o no, de tu energía Sacral para conectar o hacer lo que te han pedido.

Tu Centro Sacral definido está aquí para trabajar y, más importante aún, para amar el trabajo que haces hasta el punto de utilizar toda tu energía cada día. Trabajar en algo que amas te aporta una profunda satisfacción. En realidad, el trabajo correcto transforma tu vida y retarda el proceso degenerativo. Es muy importante que te conozcas a ti mismo y comprendas tu propio proceso para encontrar el trabajo correcto, y esto sucede respondiendo. Puedes pasar directamente de la respuesta a la manifestación, lo que te permite ver los pasos que son esenciales y los que se pueden omitir. Sin embargo, el don de la eficiencia crea un dilema para ti, ya que puedes tener una tendencia a ser impaciente y hacer una tarea tan rápidamente que te saltes algunos pasos. A veces tienes que retroceder y completar esos pasos que faltan. Sin embargo, puedes evitar esta frustración e incrementar de verdad tu eficacia si vas lo suficientemente despacio para prestar más atención a tus respuestas según va desarrollándose tu proceso. También te resulta útil hacer listas.

Además de esperar a que soliciten tu energía para poder responder, necesitas también esperar un tiempo para saber cuál es tu verdadera respuesta o verdad. Tu Plexo Solar definido es tu Autoridad y tiene una frecuencia, una ola, que requiere tiempo para llevarte a un punto de claridad emocional. Al fin y al cabo, hasta que alcanzas un punto más calmado en tu ola no estás realmente seguro de si las respuestas que está teniendo tu Sacral son tus verdades finales. En otras palabras, tu verdad te llega con el tiempo, cuando has tenido tiempo para procesar y «surfear» tu ola. Sin esperar a la claridad emocional, puedes acabar precipitándote a entrar y salir de las cosas demasiado rápidamente, lo que crea pesares, crisis y conflictos en tu vida. Una vez que respondes a algo, es muy importante que esperes y te des un tiempo para procesar tus sentimientos. Estás diseñado para experimentar el mundo y tus vivencias de una manera profunda. La tuya es una vida que no debe vivirse a un nivel superficial. Tómate tu tiempo y, cuando tus emociones estén claras, sabrás cuál es tu respuesta y decisión. A menudo, tu primera respuesta es la definitiva, pero esperando obtienes más información y permites que se presente el momento correcto para la acción que vas a realizar.

La vestimenta que llevas en el mundo, el papel que estás aquí para desempeñar, es el de Mártir Hereje. Estás diseñado para aprender acerca de la vida mediante la prueba y el error. La vida choca contigo y descubres lo que no funciona. Experimentas conscientemente con la vida para que otros que te siguen puedan aprender de tus descubrimientos. Y cuando descubres una solución práctica, y generalmente herética, que funciona, eres capaz de intervenir con mucha fuerza y convicción o salir en defensa de lo que crees. No te ajustas necesariamente a una actitud, doctrina o principio establecido y puede que se requiera valor para alzarse y expresar una verdad impopular, pero tú estás diseñado para aguantar las críticas. Eres extremadamente resistente y adaptable, y como eres un agente herético de cambio, tu proceso de prueba y error no significa fracaso, sino más bien el potencial de poder descubrir algo útil y universalizarlo. Para ti, el único fracaso es ignorar los descubrimientos que te trae cada prueba y error.

Como Hereje, tienes también un aura muy magnética y transpersonal, y los demás proyectan en ti que puedes ayudarles o salvarles de alguna manera. También puedes empezar a sentirte como una persona invisible que solo se hace visible cuando es necesaria y, en cuanto has enderezado las cosas, vuelve a ser invisible. Esto puede llevarte a creerte el campo de proyección e iniciar para poder sentirte valioso y necesario. Es importante que seas consciente de la proyección y que seas práctico en tu propia vida. Si no cumples esas expectativas de los demás, tu reputación puede sufrir, así que espera a que pidan tu ayuda. Eres alguien que puede proporcionar soluciones prácticas a los demás, pero solo después de haberte tomado el tiempo para adquirir maestría en el mundo a tu propia manera descubriendo lo que no funciona. Cuando esperes para poder responder y te des tiempo para procesar emocionalmente tus decisiones, toparás con las situaciones apropiadas que te llevarán a descubrimientos que pueden suponer una ayuda real para otros cuando estos te necesitan de verdad.

Tienes una Definición Partida en tu diseño. Esto significa que tienes dos partes de tu energía que pueden sentir que operan independientemente la una de la otra. Los canales que conectan tus Centros del Plexo Solar, Garganta y Ajna son una mitad de la partición, los canales que conectan tus Centros de la Raíz, Bazo, Sacral y G son la otra.

Las puertas abiertas que pueden servir de puente para tu partición son importantes para ti, ya que puedes recibir mucho condicionamiento a través de ellas. Cuando estás operando a través de tu no-ser, estas puertas te ponen bajo presión para iniciar y liderar (Puerta 7 - El rol del ser); presionarte a actuar en el ahora (Puerta 20 - La contemplación, el ahora); presionarte para iniciar un conflicto (Puerta 6 - El conflicto, la fricción), y presionarte para que busques el espíritu en la vida (Puerta 55 - La abundancia, el espíritu). Si inicias, en vez de esperar para poder responder con el tiempo, creas resistencia en tu vida, te involucras en los encuentros románticos e íntimos erróneos que llevan al conflicto y provocas el espíritu inapropiado en la vida. Iniciar puede también resultar en involucrarte en posiciones de liderazgo incorrectas y en actuar espontáneamente en el ahora, lo que va en contra de tu Autoridad personal de esperar a la claridad emocional.

Cuando te alineas con tu Estrategia y Autoridad, responses con el paso del tiempo, dándote la oportunidad de llegar a la claridad. Entonces puedes involucrarte en las relaciones íntimas correctas y los conflictos correctos. Puedes descubrir en la vida el espíritu que es correcto para ti, dirigir a otros correctamente cuando es apropiado y «contemplar» y observar en el momento, en vez de «actuar» en el momento espontáneamente.

Tienes muchísima energía vital que irradias a los demás a través de los canales que están definidos en tu diseño. El Canal de Mutación (60-3), que conecta los Centros de la Raíz y Sacral, es una energía que fluctúa e inicia. Eres muy creativo y mutativo, pero esta energía opera en una pulsación de encendido/apagado. Siempre existe la posibilidad de que salga de ti algún nuevo impulso creativo, o a través de ti para otros, pero no puedes controlar cuándo sucede esto. Puedes pasar mucho tiempo preguntándote cuándo surgirá la siguiente pulsación de creatividad, y puede incluso que te deprimas por ello. Es importante que aceptes la limitación inherente a este proceso simplemente rindiéndote y esperando que llegue la siguiente pulsación de creatividad. La melancolía y los humores cambiantes también pueden formar parte de este proceso. Cuando tratas de dar una razón de tus cambios de humor, entras en el mundo del no-ser. No hay razón para el momento en que se da la mutación; es sencillamente la pulsación de lo individual y del proceso creativo.

El Canal de Lucha (38-28) conecta tus Centros de la Raíz y del Bazo. Tienes la determinación obstinada para seguir tu propio camino en la vida, incluso frente a las adversidades más abrumadoras. Estás aquí para descubrir significado y propósito en las luchas que encuentras a lo largo de tu camino único. No hay nada más satisfactorio o sano para ti que enfrentarte obstinadamente a las adversidades, o incluso arriesgarte a perder la sensación de seguridad por alguna causa por la que sientas que merece la pena luchar, cuando sea correcto hacerlo. Esta «lucha» da sentido a tu vida. Tu búsqueda personal de lo que hace que merezca la pena tu vida, y tus luchas únicas, son ejemplos que impulsan y potencian a otros. Tu energía les anima a luchar, con la necesidad de seguir su propio proceso de individuación y buscarle un sentido más profundo a la vida. Sin embargo, esta incitación no siempre te resulta cómoda o es bien recibida por los demás, así que no dejes que tu mente elija tus batallas. Necesitas responder a las luchas para que estas tengan valor para ti. Hay un estrés interno que puede intensificarse en ti cuando no puedes explicar adecuadamente o vivir correctamente las luchas en las que te has involucrado, lo que crea un exceso de energía en el cuerpo. El ejercicio regular libera esa presión para que pueda moverse en ti de una manera sana.

También estás aquí para seguir tus propias convicciones, no importa lo inusuales que sean. El Canal de Exploración (34-10), que conecta tus Centros Sacral y G, solo opera correctamente si actúas y te comportas siendo tú mismo, a pesar de cualquier interferencia y sin culpabilidad. La guía y la oportunidad del momento de las respuestas de tu Sacral son lo que hace posible que sigas tus convicciones de maneras satisfactorias. Cuando vives auténticamente, les demuestras a los demás los beneficios de perfeccionar tu propia conducta mediante la respuesta. Y potencias a otros para conectar con sus propias convicciones para amarse a sí mismos.

Tu aura abierta y envolvente de Generador combinada con el Canal de Exploración puede atraer muchísima atención. Que esta atención sea positiva, o no, depende por completo de tu voluntad de sintonizar pacientemente con tu sincronización y tus respuestas correctas. Cuando lo haces, vives el verdadero potencial para la potenciación y la mutación que solo la Individualidad puede traer al mundo. La expresión opuesta de este canal, la del no-ser (al no operar mediante la respuesta), es muy rígida y puede sonar egoísta y egocéntrica: «Voy a ser así te guste o no. Tú puedes ser como te plazca, pero no interfieras conmigo y mi manera de hacer las cosas».

Te sientes impulsado a buscar experiencias que prometan algo nuevo y mejor en la vida a través del Canal de Transitoriedad (36-35), que conecta tus Centros del Plexo Solar y de la Garganta. Esta es tu ola emocional y estás diseñado para ser un «bufón de mil caminos» que está en un viaje emocional para adquirir sabiduría experiencialmente. Las perspectivas siempre cambiantes de tu ola inconsciente te van empujando por la vida y puedes volverte volátil o sentirte defraudado si una nueva experiencia no cumple tus expectativas. El secreto es aceptar gustosamente tus altibajos emocionales, darte tiempo para tomar decisiones emocionalmente claras y rendirte a vivir plenamente cada experiencia correcta en el momento, simplemente por sí misma, sin excepción.

Con el tiempo, y con la madurez, tus experiencias culminarán en la profundidad emocional, tu verdad personal. El núcleo de esa verdad es aceptar la vida como es. Si te sientes nervioso o incómodo con respecto a comprometerte a una aventura o empresa, aprovecha ese tiempo de espera a que vaya transcurriendo tu ola emocional. Puede ser un salvavidas. Cuando vayas aprendiendo, con el tiempo, que los sentimientos son transitorios, tu consejo para los demás será «aprovechar el momento» y participar en cada nueva experiencia que sea correcta, en vez de vivir con la sensación de que nada en la vida sirve nunca para nada. Tu gran logro en la vida es que habrás probado, tocado y sentido muchas cosas, de las que habrás obtenido sabiduría muy valiosa. Es una sabiduría que puedes poner a disposición de los demás en forma de historias. Con los relatos de tus proezas y tu satisfacción con la riqueza de una vida bien vivida, inspiras a la gente a disfrutar sus propias experiencias.

Tu creatividad y tu estilo de presentación pueden ser mágicos cuando entretejes tus ideas y tus historias, incluso tus bromas, del catálogo de reflexiones filosóficas sobre lo que significa ser un ser humano experimentando la vida. Mediante el Canal de Curiosidad (11-56), que conecta tus Centros de la Garganta y Ajna, tienes un don envidiable de tomar una secuencia de ideas y crear con ella una historia que puede instruir o entretener a una audiencia. Incluso si esas historias son exageradas de alguna manera o contienen algunas verdades a medias, como un niño que cuenta algo sobre su día en la escuela, consigues atraer a otros y estimularles. Tu capacidad para creer en algo hace que sea verdad para ti, porque estás menos interesado en los hechos que en cómo tus historias ilustran y enseñan. Tus historias son más como parábolas o discursos sobre la vida. Sin embargo, aunque provienen de tus experiencias y descubrimientos personales, tus historias no son una guía tan útil para ti como lo son para los demás. Tus historias son para ser compartidas, recogidas y guardadas para la reflexión y la interpretación de las generaciones presentes y futuras.

Tienes dos centros sin definir en tu diseño, la Cabeza y el Corazón, que pueden distraerte. Tu Centro de la Cabeza completamente abierto te presiona para que busques la siguiente idea inspiradora y para que pienses en cuestiones que no te importan realmente. La sabiduría que puedes desarrollar respondiendo a la vida y esperando a la claridad emocional es discernir qué cuestiones importan y saber quién o qué es inspirador. Tu Centro del Corazón sin definir hace que trates de demostrar tu valía haciendo promesas que no tienes la fuerza de voluntad para cumplir. Estás bajo presión para ser el primero y el mejor y tratar de controlar las circunstancias de cualquier cosa a la que te hayas comprometido. Sin embargo, no tienes nada que probarte a ti mismo o a los demás, y comprometerte a demasiadas cosas y hacer promesas que no puedes cumplir pone a tu corazón bajo una enorme presión. Para ti, la mejor manera de involucrarte en las cosas es mediante tu Estrategia de responder y tu Autoridad de esperar a la claridad emocional.

En resumen, estás diseñado para ser un narrador influyente, creativo, mutativo y decidido. Lo que te mueve es la aventura, la determinación y la exploración. Querrás hacer cosas a tu propia manera, descubriendo algo nuevo según vas pasando por la vida y atrayendo la atención de los demás por el camino. Funcionarás conforme a tus propias normas o leyes, proporcionando liderazgo defendiendo aquello en lo que crees contra todos los pronósticos. La adversidad te motiva y estás diseñado para tener y compartir muchas experiencias en esta vida.

Otros se sentirán inspirados por tu decidida autosuficiencia y expresión. Tus arranques creativos vienen y van y forman una parte importante de tu vida, ya que impulsan todo lo que haces. Cuando inicias o te lanzas a situaciones demasiado rápidamente, acabas involucrado en las intimidades y romances equivocados. Cuando caigas en la trampa de pensar que tienes que demostrar tu valor, recuerda que tu aura tiene un poder enorme y que opera correctamente respondiendo y esperando a la claridad emocional. Tu aura atrae a la gente hacia ti. Tú no tienes que «hacer» nada. Es inherente a tu diseño que atraerás las relaciones, luchas y aventuras correctas que serán el material para tus narraciones futuras. A fin de cuentas, esto es lo que te da satisfacción.

Compendio de Proyector

Aura • Enfocada y absorbente

Estrategia	Esperar a ser invitado	**Definición**	Partida simple
Perfil	6/2	**Tema del no-ser**	Amargura
Autoridad	Bazo	**Firma**	Éxito

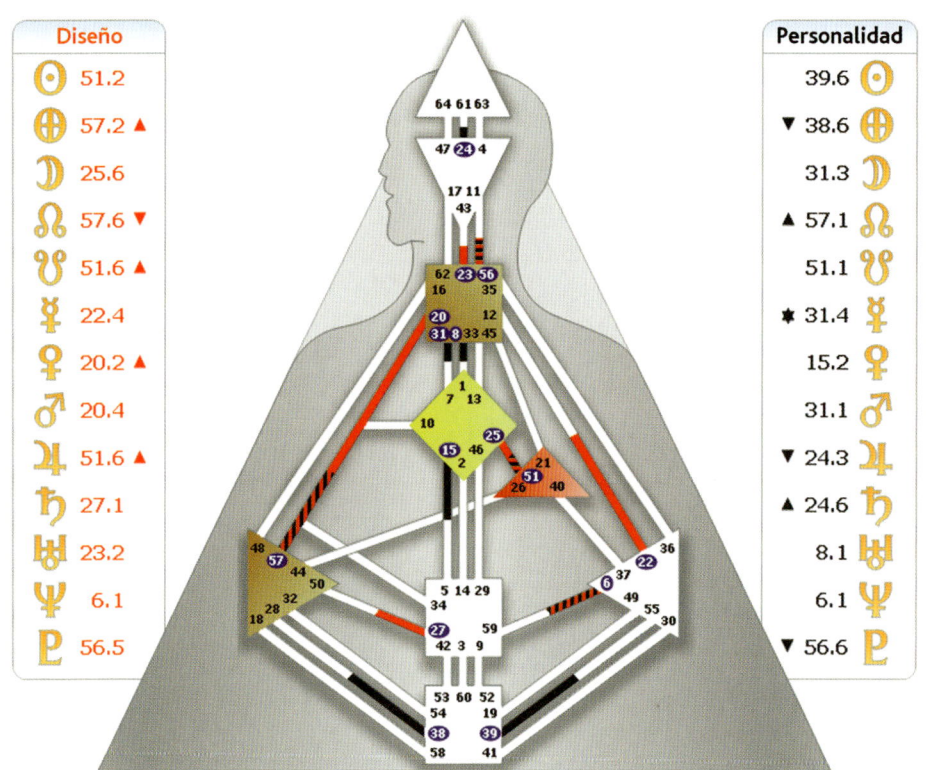

Ringo Starr

Cruz de Ángulo Izquierdo del Individualismo

Centros sin definir: Cabeza, Ajna, Sacral, Plexo Solar y Raíz

57-20 La Chispa Cerebral, un diseño de conciencia penetrante
51-25 Iniciación, el diseño de la necesidad de ser el primero

Como Proyector, estás diseñado con un impulso absoluto dentro de ti para integrarte con el otro, no por necesidad, sino más bien debido a una extraordinaria curiosidad. Esta curiosidad forma parte de la manera en que funciona tu aura, porque tienes la habilidad de penetrar en el ser, o la identidad, del otro. Tienes una enorme capacidad para «leer» la energía de los demás y sabes instintivamente cómo y dónde se puede usar mejor su energía. Este es tu gran don como Proyector, ser capaz de reconocer a los demás.

Sin embargo, tu don como guía intuitivo para otros solo funciona adecuadamente cuando tú también has sido reconocido por aquellos a los que vas a guiar; solo cuando has sido invitado a compartir lo que sientes y sabes. Te resulta muy tentador iniciar y ofrecer tu guía antes de que te hayan invitado, pero cuando haces eso, generalmente te topas con resistencia y sientes amargura tras el encuentro. Tienes un aura muy penetrante y poderosa, y atrae gente a ti. Cuando confías y te rindes a tu diseño, permites que la vida te proporcione lo que necesitas. Las claves para ti son permitir que tu aura atraiga de manera natural a gente para que te reconozca e ir por la vida sin un plan preconcebido. En el momento en que tienes un plan (es decir, quieres que haya un resultado específico), te pones en una situación que te llevará a la amargura. Simplemente déjate ver y observa lo que sucede.

Las invitaciones de los demás son muy importantes para ti. Todas las cosas significativas de la vida te llegan a través de una invitación. Y no se trata de cualquier invitación. Debe incluir reconocimiento. Debes sentirte reconocido cuando te inviten. Debes sentirte «visto» por la invitación. Cuando la gente te comprenda realmente, o vea tus dones naturales, entonces sentirás que tienes éxito en la vida. Cuando trates de que te inviten o te reconozcan, te toparás con resistencia y sentirás amargura. Eso es una señal que puedes reconocer de cuándo estás iniciando en vez de esperar. La invitación puede venir también a través de otra persona, como por ejemplo un amigo que te llama o te envía un *e-mail* o te invita a considerar algo que piensa que podría interesarte.

Sin embargo, no todas las invitaciones son correctas para ti. ¿Como decidir qué invitaciones son deliciosas para ti y cuáles no? Tu aura de Proyector penetra profundamente en otros, tan profundamente que es casi como si los estuvieras consumiendo. Por tanto, si la invitación no es deliciosa, no es correcta. Las decisiones lo son todo en la vida; son nuestro sistema de navegación. Cada decisión que tomamos nos lleva en una dirección o en otra. Las decisiones tomadas desde tu ser auténtico significan que vivirás una vida auténtica. Cuando tomas decisiones basadas en los «deberías», estás tomando decisiones basadas en el condicionamiento de otros. Tu Autoridad es la manera de tomar decisiones siendo tú mismo.

La parte de tu diseño en la que puedes confiar para tomar decisiones correctas siendo tú mismo es tu Centro del Bazo. El Bazo es un tipo de Autoridad «en el ahora». El Bazo tiene que ver con la supervivencia. Y su tarea primordial es mantenerte vivo y seguro. Es una conciencia muy existencial y, cuando tu Bazo te habla o te da una señal, es crucial que le escuches en ese momento. La información que oirás no se repetirá, y se ofrece con la pequeña voz callada de tu intuición, pero es muy importante. Como Proyector, tienes de manera natural un fuerte intelecto y tu mente tratará de pasar por alto tu Bazo. A la mente le encanta encontrar razones para esto y aquello. El Bazo no funciona como un centro mental de crear razones. Es simplemente conciencia instintiva; sencillamente sabe. Si dejas que tu mente invalide tus instintos, acabas en la sala de urgencias diciendo: «Sabía que iba a suceder». Para que tu vida opere correctamente, debes confiar en tu Centro del Bazo y sus mensajes, en el momento. Son tu verdad.

Uno de los hermosos dones que ofreces a otras personas es tu habilidad de indagar y hacer preguntas, sin querer o desear una respuesta en particular. Eres capaz de simplemente presenciar la verdad del otro; *su* verdad, no lo que piensas que es o debería ser su verdad. Esta es una experiencia que transforma y potencia a la persona que recibe tus preguntas. Sin embargo, la potencial transformación solo sucede cuando operas sin un plan preconcebido.

Tu Perfil, la vestimenta que llevas y el papel que desempeñas en la vida, es el de Modelo de Conducta Ermitaño. Se requiere tiempo para que aflores como un modelo de conducta que vive su ser auténtico. Tienes un proceso único de tres fases en la vida. Los primeros 30 años, aproximadamente, son un periodo muy subjetivo de experiencias de prueba y error. La segunda fase, entre los 30 y los 50 años, es un periodo de observación objetiva. Subes al tejado, por decirlo de alguna manera, y miras a tu alrededor y pasas revista a los primeros 30 años. Sientes que te están observando incluso cuando estás observando a otros; así es como te conviertes en una caja de resonancia para la insaciable curiosidad de la sociedad sobre la humanidad. Y eso te da un gran poder transpersonal y se convierte en una fuerza de atracción en tu vida.

Después de los 50 años, floreces en tu papel de modelo de conducta para otros. Es hora de que bajes del tejado y vuelvas al mundo, para poder vivir entre el resto de nosotros y nos muestres cómo se hace. Es un periodo muy especial para ti, similar a un renacimiento, pero con toda la sabiduría que has acumulado, y ahora es el momento de usar esa sabiduría para experimentar la vida de una manera nueva. El resto de nosotros te considera un ejemplo de maestría de ti mismo y liderazgo personal en lo que se refiere a cómo vivir siendo una persona consciente que ha trascendido lo subjetivo y lo objetivo. Tu parte de Ermitaño se siente muy feliz quedándose en casa para hacer sus cosas. No comprendes realmente cómo haces lo que haces en la vida, pero como Modelo de Conducta, como alguien que vive su ser auténtico, tu proceso está completo cuando te llaman para que apliques lo que haces bien de manera natural.

Tienes una partición en tu diseño, lo que significa que hay dos áreas separadas en tu diseño que no se conectan entre sí. Un área es el Centro del Bazo conectado a la Garganta a través del Canal de la Chispa Cerebral, un diseño de conciencia penetrante (57-20). Tienes una voz espontánea combinada con una intuición increíblemente aguda. Tienes la habilidad de adaptarte e improvisar en el momento o actuar sobre la marcha. Para utilizar de verdad este don tienes que saber dos cosas. Primero, tienes que superar tu miedo a lo desconocido y aprender a confiar en tu intuición. Segundo, necesitas estar alerta a la invitación a hablar que te permita expresar tu saber existencial como sabiduría para los demás. De esta manera, puedes evitar que te malinterpreten o te ignoren. Escucha tu intuición, confía en ella y actúa basándote en ella en el momento. Es muy importante para ti sintonizar con el momento presente y no distraerte con los dictados y las «razones» de la mente. Si lo ignoras, el momento pasará y sufrirás por ello.

La otra parte de tu partición es donde el Corazón está conectado con el Centro G mediante el Canal de Iniciación, un diseño de necesitar ser el primero (51-25). Es simplemente la naturaleza de tu individualidad ser competitivo, y despiertas o potencias la competitividad en los demás. Cuando te invitan, la competitividad o el shock pueden empujarte a lo desconocido para extender, poner a prueba o incluso trascender tus límites y tu aguante. Esto es un verdadero «salto al vacío», ya que el resultado nunca está garantizado. Sin embargo, cuando triunfas consigues un nuevo sentido de poder personal, incluso místico, dentro de ti que, con tus audaces maneras de alcanzar tus metas personales, se convierte en un ejemplo de valentía para otros.

También te expresas mediante la creatividad. Cuando te invitan, la iniciación se convierte en un arte para ti, ya que tu naturaleza es reconocer el potencial para la mutación en otros y la necesidad de potenciar a otros hacia ella, porque la mutación no puede permanecer aislada y conservar su viabilidad. En el nivel místico, eres un chamán, un inocente con dotes excepcionales que inicia ingeniosamente un salto cuántico hacia la individuación y la conciencia de uno mismo.

Debido a la Definición Partida en tu diseño, puedes tener la sensación de que falta algo. Para resolver esta sensación, tiendes a iniciar, a salir al mundo en busca de alguien o algo que mitigue la sensación. Acabas tomando decisiones con tu mente en vez de con tu Centro del Bazo. Recuerda, tus decisiones dirigen tu vida y, si estás navegando sin tu Autoridad, vas en la dirección equivocada, encontrándote con las personas inapropiadas y acabando en los entornos erróneos. Y entonces esta partición en tu diseño termina por confundirte. La clave es relajarte, confiar y permitir que la vida te traiga lo que necesitas; dejar de buscar.

Como Definición Partida, estás diseñado de manera natural para tener compañeros/as en la vida. Tus compañeros/as naturales conectarán tu partición y te darán una sana sensación de realización o plenitud. Para tener a las personas apropiadas en tu vida, es importante que sigas tu Estrategia y Autoridad cuando entres en las relaciones, cuando te inviten a ellas. Tendrás muchas relaciones a lo largo de tu vida y, con el tiempo, serás capaz de enseñarnos a los demás acerca de las relaciones en general.

En tu diseño hay tres puertas que pueden conectar tu partición. Estas puertas abiertas se vuelven áreas de fuerte condicionamiento para ti, ya que sientes que necesitas vivirlas para estar completo. Sin embargo, cuando vives por estas puertas abiertas acabas tomando decisiones desde tu no-ser, ya que tú no eres eso. Las decisiones del no-ser pueden manifestarse en tu vida a través de la Puerta 7 (El rol del ser) cuando inicias para ver cómo puedes guiar a otros o cómo puedes ser un líder mejor. Tu mente del no-ser se enfocará en desarrollar tu creatividad y tu autoexpresión como artista a través de la Puerta 1 (autoexpresión), y cómo deberías comportarte en el mundo, y amarte a ti mismo, a través de la Puerta 10 (El comportamiento del ser).

Estos tres temas serán el foco de tu vida. Estos lugares abiertos que conectan las dos áreas de tu diseño te empujarán a iniciar y a tratar de ser visto y reconocido, lo que generalmente te llevará a toparte con resistencia y sentir amargura. La verdad es que, una vez que te rindes a tu Estrategia y Autoridad, estos tres temas se convierten en áreas de tu vida en las que puedes volverte muy sabio. Observando a quienes conectan tu partición, adquieres sabiduría acerca de las maneras de amarte a ti mismo, expresarte creativamente y liderar de la mejor manera a otros cuando te invitan. Tu elección es entre luchar por el camino, tratando de iniciar y dándote con la cabeza contra el muro de resistencia, o simplemente rendirte y dejar que tu diseño te lleve por tu sendero único hacia la sabiduría.

Tienes cinco centros sin definir en tu diseño, en los que también puedes volverte muy sabio. Nuestra definición es lo que somos en cuanto «estudiantes» y nuestros centros sin definir son «donde vamos a la escuela». Tú eres alguien con una mente muy «abierta». Y tienes el potencial de procesar mentalmente la vida de una manera lógica o abstracta, o incluso simplemente con un saber muy individual, dependiendo de con quién estés. Sin embargo, tu Centro de la Cabeza sin definir te presiona a buscar respuesta a las preguntas de la vida y a perseguir una cosa inspiradora tras otra. Esa es una búsqueda interminable y agotadora. Para ti, con el Centro de la Cabeza sin definir, la sabiduría es aprender a discernir qué cuestiones son dignas de tu atención. Tu Centro Ajna sin definir te empuja a querer estar seguro de las cosas en la vida. Te asusta parecer estúpido si no sabes las respuestas, de modo que tratas de buscar respuestas de las que estar seguro. La sabiduría aquí es aprender a dejar que los conceptos fluyan por ti sin aferrarte a ninguno de ellos, y sentirte bien diciendo «No sé». Con el tiempo, tendrás mucha sabiduría acerca de qué conceptos tienen valor o no.

Con los Centros de la Cabeza y Ajna sin definir, puedes desapegarte tanto de tu cuerpo que pierdas por completo el contacto con tu Autoridad del Bazo. Cuando veas que te estás perdiendo en tus pensamientos, vuelve de nuevo a tu cuerpo, porque es ahí donde reside tu verdadera guía. Tu Estrategia y Autoridad son tu navegador.

Tu Centro Sacral sin definir te lleva a hacer, comprometerte y trabajar en exceso y potencialmente a obsesionarte con el sexo. Debes darte cuenta de que no estás diseñado como un tipo energético. Estás diseñado para guiar a otros que tienen la energía, pero no para «hacerlo» todo tú mismo. Te resulta muy fácil caer en la trampa de hacer demasiado, lo que te lleva al agotamiento y eventualmente a la mala salud. La sabiduría para tu Centro Sacral sin definir es saber cuándo ya es suficiente. Escuchar a tu consciencia corporal (tu Bazo) es la clave para permanecer sano.

Tu Centro del Plexo Solar sin definir te lleva a evitar la confrontación y la verdad tratando de ser agradable y no molestar a nadie ni causar dificultades. Estás abierto y vulnerable al clima emocional que hay a tu alrededor y tienes la tendencia a personalizar lo que estás sintiendo. Para evitar esos sentimientos, creas una «persona agradable» que es lo que muestras al mundo.

Naturalmente, eso no es tu verdadero ser. La sabiduría con un Centro del Plexo Solar sin definir es permitir que los sentimientos de los demás pasen por ti sin personalizarlos. Ser empático sin cargar personalmente con las emociones y defenderte cuando sea importante hacerlo. Expresar tu Autoridad del Bazo, tu verdad, en el momento es crucial para ti, incluso si parece que estás entrando en una confrontación con la otra persona. El mejor consejo es expresar tu verdad sencillamente como eso —tu verdad— y no involucrar al otro.

Tu Centro de la Raíz sin definir recibe toda la presión del mundo y estás continuamente con prisa para acabar las cosas y poder relajarte. Sin embargo, esta presión es constante y cada vez que acabas una cosa ya hay otra que te vuelve a poner bajo presión. Puedes quedar atrapado en un círculo vicioso de prisa, prisa, prisa... que puede llevarte a agotamiento adrenal. La sabiduría con una Raíz sin definir es sentir la presión y no reaccionar a ella. Aprende a posponer. Al no reaccionar de inmediato simplemente para aliviar la presión, puedes discernir con tu Estrategia y Autoridad qué es lo que realmente requiere tu atención. De esta manera, la presión y la velocidad adrenalínica pueden ser un apoyo para ti en vez de llevarte a la extenuación.

Cuando no sucumbes a las distracciones de lo que está abierto en tu diseño, puedes dejar que tu consciencia personal (tu Bazo) sea tu guía personal en la vida. Es totalmente capaz de cuidarte en todas las vueltas que da la vida, asegurándose siempre de que estés en el lugar apropiado en el momento adecuado. Y una vez que estás navegando correctamente, tu Cruz de Encarnación puede llegar a su máxima expresión.

Naciste en la Cruz de Encarnación del Individualismo. Como Modelo de Conducta Ermitaño y Proyector, estás aquí para demostrar a otros cómo pueden ser ellos mismos sin preocuparse por encajar en el status quo; que está bien que sean ellos mismos y salirse del molde de la homogeneización colectiva. Pero primero tienes que aprender a ser absolutamente fiel a tu propia unicidad. Una vez que hayas logrado esto, tendrás el impacto transpersonal en los demás para el que has sido diseñado. Es un don especial en la vida demostrar lo que significa ser tú mismo, ser únicamente tú. Primero tienes que vivir tu vida, descubrir cómo hacerlo tú mismo, y entonces puedes ser un ejemplo de conducta para otros.

En resumen, después de adquirir experiencia de la vida mediante la prueba y el error, y luego con la observación objetiva, te conviertes en un sabio modelo de conducta. Estás aquí para vivir en el momento presente, operando en la vida intuitivamente en el ahora y, cuando te inviten, iniciar y potenciar a otros a que sean auténticamente ellos mismos. Estás diseñado para ser provocativo, luchar por tu derecho a ser tú mismo y provocar a otros para que encuentren su espíritu y propósito en la vida. Estás aquí para permitir que tu «vocación» natural aflore espontáneamente y contribuir de manera creativa, única e influyente mediante tus habilidades de narrador estimulante. Estás diseñado para superar tu miedo a la intimidad, tu miedo a que nadie esté escuchando y tus miedos a la confrontación. No estás diseñado para dejar que las presiones externas dirijan tu vida.

Debes mantener tu mente abierta con respecto a ti mismo y al mundo y no quedarte demasiado fijo en cualquier idea o concepto. Tendrás arrebatos de energía creativa y tus propios ritmos extremos únicos. Sé consciente de no hacer demasiado o trabajar en exceso. Estás diseñado para ser un alma bondadosa, pero no hasta el punto de crear codependencias. Tienes un don natural para resolver problemas cuando te invitan a hacerlo.

Cuando comiences a usar tu Estrategia y Autoridad como guía en tu vida y vivas siendo tú mismo, sentirás que poco a poco se van yendo las partes de ti que han sido condicionadas por el mundo externo. Tu trascendencia comienza experimentando con tu Estrategia y Autoridad y acaba haciéndote sentir que tienes éxito en tu vida.

Compendio de Reflector

Aura • Toma muestras

Estrategia	Esperar un Ciclo Lunar	**Definición**	Ninguna
Perfil	2/4	**Tema del no-ser**	Desilusión
Autoridad	Ciclo Lunar	**Firma**	Sorpresa

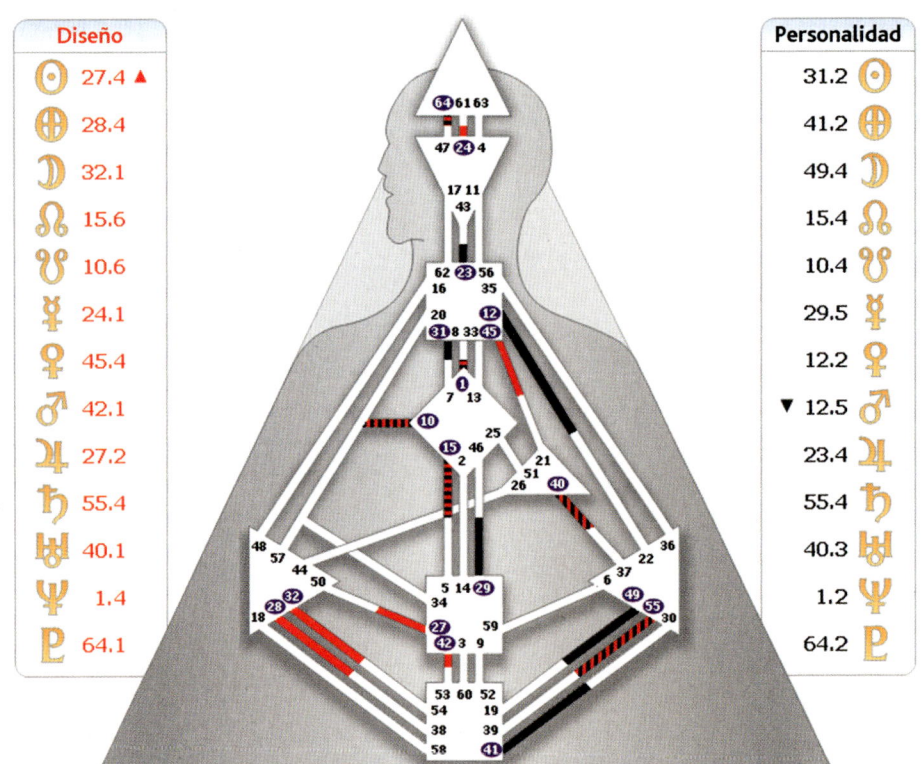

Anónimo

Cruz de Ángulo Izquierdo de lo Inesperado

Centros sin definir: todos

Canales: ninguno

Como Reflector, naciste con una sintonización especial al entorno cósmico y al impacto del campo de tránsitos planetarios. Los Manifestadores, Generadores y Proyectores son tipos solares, lo que significa que su propósito «brilla» a través de ellos. Siendo el único tipo lunar, estás diseñado para operar como un reflejo lunar del programa del Sol y reflejar los procesos de impronta de los neutrinos. Como la Luna, tu «resplandor» es sutil pero ejerce un influjo sustancial, especialmente cuando los demás lo detectan o notan. Estás aquí para catar y ser uno con la totalidad, y mediante este proceso puedes tener una vida mística que la mayoría de nosotros nunca conoceremos. Tienes el potencial de conectar fácilmente con cuerpos celestiales de una manera profunda y continuada, particularmente con la Luna. Estás muy sintonizado con el «Programa» y, según los planetas van moviéndose por el sistema solar, tú vas captando lo que está pasando y contándonoslo a los demás. En muchos aspectos, eres una clave para comprender y participar en la consciencia global, ya que tu extraordinaria apertura está filtrando continuamente este campo de consciencia de una manera potencialmente imparcial.

En el mundo cotidiano, las personas con las que te asocias y el entorno físico, mental, emocional y espiritual en el que estás son vitalmente importantes para tu bienestar a todos los niveles. Como un canario en una mina de carbón, de manera natural catas, reflejas, juzgas y disciernes la calidad del entorno y las personas que te rodean. Cuando estás sano, feliz y prosperando, sabes que el entorno también lo está. Y cuando no estás prosperando, entonces el entorno necesita cambiar de alguna manera o no es el entorno apropiado para ti.

Tienes la habilidad de sentir quién está viviendo auténticamente y quién ha sido condicionado por el campo de tránsitos o se ha convertido en su víctima. Cuando la gente deja que su vida sea condicionada por los tránsitos o por quienes la rodean, deja de cumplir su potencial único. Tú puedes sentir quiénes están listos para volverse su propia autoridad y cuándo una comunidad u organización esta operando correctamente. Sientes la salud física, psíquica o emocional de un entorno o grupo. Cuando las personas despiertan a su ser verdadero, tú puedes estar ahí, listo para compartir o reflejar lo que es necesario en esos momentos. Así es como te vuelves «visible».

Tus nueve centros sin definir toman muestras, magnifican y reflejan las frecuencias de todo y de todos en tu entorno; de una manera que los demás no pueden, tú das a otros el potencial para sentir también lo que está pasando de verdad. Tu aura inusual te permite evaluar o leer las auras de los demás cuando pasan por ti, sin absorber esas frecuencias demasiado profundamente. Cuando no personalizas lo que pasa a través de tu apertura, tienes la capacidad de reflejar todo lo que te rodea con perfecta ecuanimidad. Esto es un don que te equipa de manera única para discernir si y cuándo una persona está lista para salir del molde y expresar su propia unicidad, su diferencia, en vez de permanecer absorta en el mundo homogeneizado del no-ser.

Tu apertura es una ventana excepcional a la sabiduría, si permites que todo fluya a través de ti y simplemente lo catas. Tu aura de «teflón» te protegerá de identificarte personalmente con nada de lo que esté pasando en el mundo, y tú puedes detectar cualquier irregularidad en la energía colectiva, o algo o alguien que sea inusual o esté fuera de lugar a tu alrededor. Cuando te familiarizas con tu diseño y lo comprendes, puedes evitar ceder a las presiones de la sociedad para que te amoldes. Estás aquí para animar y elevar la energía de otros con tu extraordinaria manera de amplificar y reflejar su energía. Tu aptitud única de facilitar una experiencia de conciencia elevada en el otro sin juzgarle y la naturaleza sencilla y no intrusiva de tu presencia áurica te convierten también en un facilitador muy efectivo del proceso del grupo. Sin embargo, todo esto permanece solo como un potencial en ti hasta que seas capaz de operar siendo tú mismo en vez de una versión amplificada del mundo homogeneizado que te rodea.

Desgraciadamente, la mayoría de los Reflectores vive una vida homogeneizada, tratando de ser algo que no es, porque no ha comprendido o no se le ha animado a amar su diferencia. Muy a menudo, al sentir que el mundo es poco receptivo, frío y decepcionante, ceden ante las expectativas de los demás para sobrevivir. Cuando empieces a apreciar tu unicidad y practiques el desapego de (o dejes de identificarte con) lo que estás reflejando, serás menos propenso a sentirte perdido y atrapado en la agitación que te rodea. Entonces puedes aceptar tu lugar en el centro, en vez de sentirte invisible mirándolo todo desde fuera.

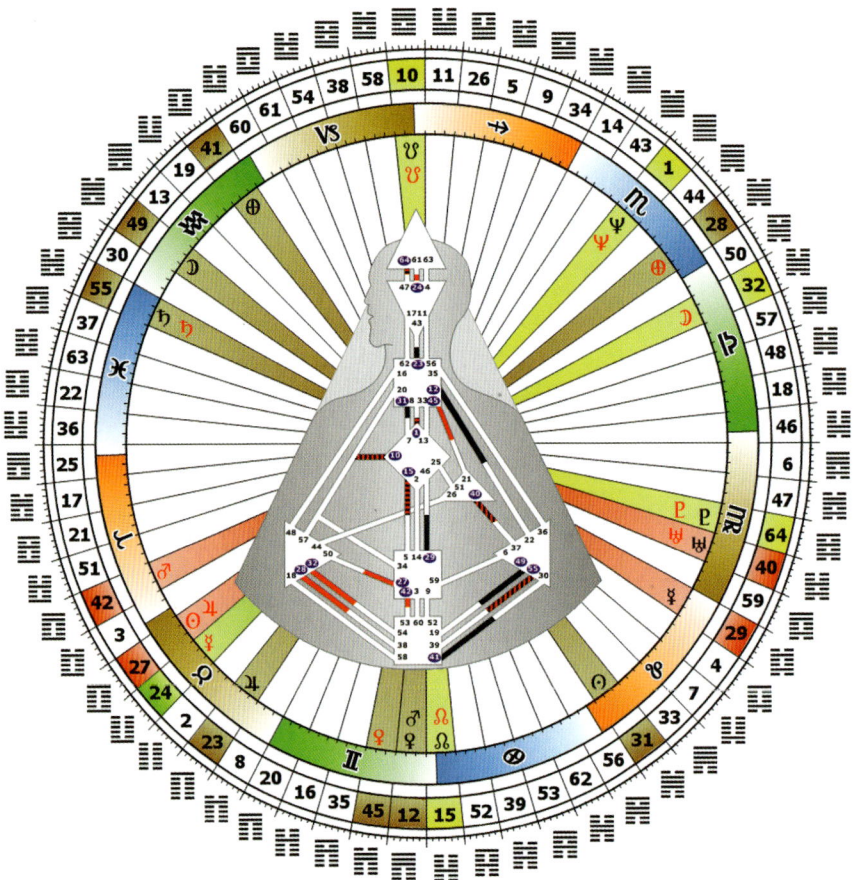

En este Mandala puedes ver la disposición de las 64 puertas en tu carta y cada puerta trae consigo el potencial para un tipo diferente de activación. Según la Luna va pasando por tu carta, en el curso de 28 días, pasa por cada una de las 64 puertas. Este patrón se repite cada mes, y cada día del mes es diferente para ti; así que puedes encontrarte preguntando: «¿Quién soy hoy?» y «¿Me sentiré sorprendido, incluido o invisible?». El patrón mensual de la Luna a través de tu carta es algo que puedes aprender a conocer y a confiar en él, lo que te proporcionará una sensación única de consistencia.

Tu Estrategia para tomar decisiones en la vida es simplemente relajarte y esperar a que algo se presente ante ti. Entonces necesitas esperar un ciclo completo de la Luna, 28 días (desde ese momento), antes de tomar una decisión. Mientras esperas el paso de este ciclo, puedes hablar con otros, no para buscar consejo, sino más bien para oír tu propia verdad potencial reflejada a través de ti. Usa a los demás como caja de resonancia. Es necesario que esas personas sean confidentes de los que te puedes fiar que simplemente escucharán o, quizá, hacerte unas pocas preguntas para ayudarte a articular tus pensamientos y sentimientos. No están ahí para influenciarte o tomar la decisión por ti. Con el tiempo, empezarás a tener la claridad que necesitas para tomar tu propia decisión. Si aún no tienes claridad después de un ciclo completo de la Luna, entonces continúa esperando. No es sano para ti precipitarte. En realidad, a la mayoría de los Reflectores se les ha metido prisa toda su vida y su salud comienza a deteriorarse al tratar de ir contra el flujo natural de la vida; la resistencia tiene un impacto en nuestro cuerpo. Sin embargo, si vives siendo tú mismo y no personalizas las energías que fluyen de manera cambiante a través de tus centros abiertos, puedes tener una vida llena de sorpresa y alegría y del asombro del momento. Para más detalles sobre el Ciclo Lunar, consulta el apartado dedicado al Reflector en la Sección Cuatro.

El lugar es clave para ti. Encontrar el entorno apropiado que puedes llamar tu hogar dentro de la comunidad adecuada es una de las decisiones más importantes que afrontas. Con tu Centro G sin definir, te resulta útil saber que otras personas están aquí para iniciarte, para presentarte a personas y lugares nuevos. Una vez que te han presentado, te toca a ti discernir. Tu lugar correcto está en el centro de una comunidad, para poder catar y reflejar libremente la información áurica de quienes te rodean. Así es como cumples con tu propósito. Estás aquí para aceptar a los demás y reflejar y enseñarnos a los demás que lo que a menudo juzgamos como bueno o malo en el mundo es tan solo una revelación de nuestra diversidad.

También tienes que ser libre para dejar el grupo o reunión si te das cuenta de que tus reflexiones no serán solicitadas. Si permaneces en un entorno poco saludable durante un periodo de tiempo, puede que absorbas esa energía y te enfermes o que se agote tu vitalidad. Es esencial para ti tener un espacio creativo propio, un lugar en el que puedas pasar tiempo solo, para deshacerte del condicionamiento al que estás expuesto diariamente. Si no lo haces, puedes fácilmente volverte dependiente de las energías de las personas que te rodean, lo que también es una razón por la que debes seleccionar con cuidado a las personas que dejas entrar en tu círculo íntimo de amigos y familiares.

Tu Perfil o vestimenta que llevas en la vida es un 2/4, lo que llamamos el Ermitaño Oportunista. A menudo llamado el perfil del misionero, el 2/4 combina la genialidad y las aptitudes naturales de tu Personalidad consciente (línea 2) con tu Diseño inconsciente (línea 4), que es transpersonal y siempre listo para interactuar con el mundo para exteriorizar lo que tus talentos naturales pueden hacer. El «tira y afloja» entre el Ermitaño (antisocial) consciente y el Oportunista (social) inconsciente aporta una dinámica interesante a tu vida. Hay una presión interna para compartir lo que sabes, siempre que no requiera que investigues o te adiestres para cumplir las expectativas de otra persona. Hay otros que miran, pero no estás seguro de lo que ven. No eres consciente de tus propios dones hasta que otro te los señala. Proyectas a los demás lo que puedes hacer simplemente permaneciendo absorto en tus propios procesos y disfrutando lo que te llega de manera natural. Al mismo tiempo, inconscientemente atraes a personas para que se hagan tus amigas y ellas te dirán lo que ven en ti. Así es como llegas a tu «vocación» en la vida.

Si permaneces como Ermitaño, en el sentido de no dejar que nadie corrompa tu proceso natural, con el tiempo alguien hará un llamamiento para que muestres tus dones al mundo. Responder a «la llamada» es una fuerza de transformación y realización personal, que surge de manera natural cuando tomas decisiones siendo tú mismo. Sin embargo, no eres un «perseguidor» y empezar como amigos es para ti el proceso sano de entrar con soltura en relaciones íntimas y duraderas, así como la manera adecuada de entrar en compromisos o asociaciones de negocios. Tus redes sociales y de negocios son muy importantes porque son las comunidades en las que te encuentra tu «llamada». Una vez que recibes la llamada correcta, puedes continuar con el fervor de un misionero y expandir en la comunidad tu influencia, entendimiento o saber.

Los nueve centros están sin definir en tu diseño. Cada centro abierto te permite recibir y «leer» la energía de los demás, así como escanear el entorno desde un punto de observación objetivo, a la vez que permaneces abierto a lo inesperado. Sin embargo, lo que recibes de los demás y del entorno no es personal, y tu objetividad solo funciona correctamente cuando estás abierto y fluyes con la vida. El momento en que tratas de aferrarte es el momento en que sentirás desilusión.

Tu mente sin definir puede distraerse pensando en cosas que no te importan de verdad. Con los Centros de la Cabeza y Ajna sin definir, puedes desapegarte tanto de tu cuerpo que pierdas por completo el contacto con tu Autoridad Lunar. Cuando veas que te estás perdiendo en tus pensamientos, vuelve de nuevo a tu cuerpo. Tu Centro de la Cabeza sin definir te presiona para que busques respuesta a todas las preguntas de la vida y a perseguir una cosa inspiradora tras otra. Puedes sentirte perdido en la confusión, y esta puede ser una búsqueda interminable y agotadora. La sabiduría potencial es aprender a discernir qué cuestiones son dignas de tu atención y usar tu Estrategia y Autoridad como tu guía. Tu Centro Ajna sin definir te empuja a querer estar mentalmente seguro de las cosas en la vida. Te asusta parecer estúpido si no sabes las respuestas, de modo que tratas de buscar respuestas de las que estar seguro. También te puedes quedar atrapado en enfocarte irracionalmente en encontrar una razón para lo pasado. La sabiduría potencial es aprender a dejar que los conceptos fluyan por ti sin aferrarte a ninguno de ellos y sentirte bien diciendo «No sé».

Tu Garganta sin definir puede llevarte a tratar de llamar la atención haciendo o hablando demasiado. Un Centro de la Garganta sin definir es como un megáfono que grita al mundo «¡Mírame!». No necesitas «hacer» nada para atraer la atención, porque eso ya está incorporado en tu diseño, así que relájate y descansa. Nota la presión que sientes para hablar o hacer, pero no actúes guiado por ella; simplemente obsérvala y ve lo que sucede. Puede que también te sientas cauteloso socialmente, o lo contrario, queriendo expresar tus reflexiones al grupo antes de tiempo. La sabiduría potencial es que observando serás el juez o el sabio que sabe quién tiene algo digno que decir o hacer, o no. Serás capaz de comunicar, cuando sea correcto para ti, los principios elevados de la comunidad, incluso si llegan a través de tu perspectiva tan única.

Tu Centro G sin definir te hace sentir que debes descubrir quién eres y adónde vas en la vida. Esta sensación puede llevarte a tomar decisiones mentales relacionadas con qué dirección seguir y cuál es tu papel en la comunidad. Hay algo muy especial en tener el Centro G sin definir. Tu entorno está lleno de «señales» que te muestran el camino. Estas señales llegan en cualquier forma, como una persona o algo que lees u oyes. Eres un modelo de conducta natural que puede exteriorizar para la comunidad los valores e ideales más elevados e identificar los puntos débiles del grupo. Sin embargo, tu identidad y los papeles que desempeñas en la vida cambian constantemente y es importante que aprendas a ser fluido con estos cambios. Si te apegas a una manera de verte a ti mismo o a un papel, cuando cambie puedes sentir mucho dolor al tratar de aferrarte a un papel que ya no es el tuyo. La sabiduría potencial es confiar en que se te dará la siguiente señal para la nueva dirección y papel cuando sea el momento adecuado.

Tu Centro del Corazón sin definir puede empujarte a tratar de demostrar tu valía, y esto puede manifestarse de muchas maneras. Puede que intentes demostrar lo que vales tratando de mejorarte constantemente, o compensando en exceso y haciendo promesas. Con el Centro del Corazón sin definir no hay un acceso consistente a la fuerza de voluntad y no puedes forzarte a hacer nada. Es necesario que aquello con lo que te involucres venga de tu Estrategia y Autoridad, no de tu voluntad. Tu lema en la vida es «No tengo nada que probarme a mí mismo o a nadie más». La sabiduría con un Centro del Corazón sin definir es que puedes «leer» objetivamente el ego de la otra persona y saber quién puede cumplir sus promesas y quién no, y quién tiene un ego sano o no. A pesar de lo importante que es para ti la comunidad, si no estás con las personas adecuadas, es mejor que estés solo.

Tu Centro Sacral sin definir te lleva a hacer, comprometerte y trabajar en exceso y potencialmente a obsesionarte con el sexo. Puedes sentir un impulso incontrolable de decir *sí* a las nuevas experiencias, a extenderte más allá de lo que tienes recursos o energía para acabar. E incluso si tienes el instinto de nutrir y cuidar a otros, debes darte cuenta de que no estás diseñado como un tipo energético. Estás diseñado para ser el observador y el juez, pero no para hacerlo todo tú mismo. Te resulta muy fácil caer en la trampa de hacer demasiado, lo que te llevará al agotamiento y eventualmente a la mala salud. La sabiduría potencial es saber cuándo ya es suficiente. Ir más despacio y tomar decisiones lenta y cuidadosamente es la clave para permanecer sano.

Tu Centro del Bazo sin definir te puede llevar a aferrarte a cosas que no son sanas para ti o a volverte dependiente de algo que hace que te sientas bien. A veces tienes la capacidad de centrarte en el detalle y mantenerte firme, pero eso no significa que sea necesariamente correcto para ti; por ejemplo, permanecer en un trabajo o en una relación mucho después de que deberían haber acabado. Aferrarte a cosas te da una falsa sensación de seguridad, incluso hasta el punto de permanecer en una relación abusiva porque no estás seguro de cuál es la alternativa. Tampoco estás diseñado para ser espontáneo o tomar decisiones rápidamente, y la sabiduría potencial es que, una vez que das un paso atrás y observas la vida objetivamente, puedes ver qué es sano para ti o no. Esto incluye a personas, lugares y comidas. Como línea 4, no estás diseñado para dejar una relación hasta que aparezca la siguiente, de modo que tienes que ser sensible al momento en que tomas cualquier decisión. Seguir tu Estrategia y Autoridad permite también al universo disponer el reemplazo necesario para lo que estés dejando. No puedes encontrar ese reemplazo tú mismo.

Tu Centro del Plexo Solar sin definir te lleva a evitar la confrontación y la verdad tratando de ser agradable y no molestar a nadie o causar dificultades. Estás abierto y vulnerable al clima emocional que hay a tu alrededor y tienes la tendencia a personalizar lo que estás sintiendo. Para evitar esos sentimientos, creas una «persona agradable» que es lo que muestras al mundo. Naturalmente, eso no es tu verdadero ser. Eres muy sensible a las verdaderas necesidades espirituales de quienes te rodean y puedes ayudar a equilibrar la conciencia y la energía de la comunidad. La sabiduría potencial es permitir que estos sentimientos pasen por ti sin personalizarlos; ser empático sin cargar personalmente con las emociones y sentimientos de los demás, y defenderte a ti mismo y los principios del grupo cuando sea importante hacerlo.

Tu Centro de la Raíz sin definir recibe toda la presión del mundo, y estás continuamente con prisa para acabar las cosas y poder relajarte. A pesar de que puede que sientas cautela acerca de cómo usar tu energía, especialmente en lo que respecta a lo que otros desean que hagas, la presión es constante. Cada vez que acabas una cosa, ya hay otra que te vuelve a poner bajo presión. Puedes quedar atrapado en un círculo vicioso de prisa, prisa, prisa…, lo que puede llevarte a agotamiento adrenal. La sabiduría potencial es sentir la presión y no reaccionar a ella. Al no reaccionar a ella, es decir, al posponer, puedes discernir con tu Estrategia y Autoridad qué es lo que realmente requiere tu atención. De esta manera, la presión puede ser un apoyo verdadero para ti en vez de llevarte a la extenuación. Recuerda, como Reflector es extremadamente importante y sano para ti tomarte tu tiempo para procesar la información y tus decisiones potenciales. Apresurarte no es sano para ti de ninguna manera.

En resumen, estás diseñado para disfrutar las sorpresas diarias que ofrece la vida y mantenerte tan desapegado como sea posible de cómo piensa tu mente que debería ser la vida. Estás aquí para ser fluido. Naciste en la Cruz de Encarnación de lo Inesperado. Estás diseñado para lo inesperado, para las sorpresas con las que florecen los Reflectores y para la «llamada» inesperada y potenciadora que necesita vivir tu tipo 2/4. Todas estas piezas encajan muy bien. Eres una persona influyente y cariñosa que puede compartir con todos nosotros una visión para el futuro y un propósito para estar vivo. Y con tus reflexiones puedes mostrar a la gente cómo aceptar lo que «es» en cada momento. Lo más importante que debes recordar es ir más despacio y tomarte todo el tiempo que puedas para cada decisión, idealmente un mes; no permitir que la presión externa te empuje; y abandonar toda fijación y acoger en tu vida la fluidez de la sorpresa. Para el Reflector que vive conforme a su Estrategia y Autoridad, la magia es que siempre habrá más revelaciones.

«Estamos aquí para ser conscientes. Y más allá de la consciencia, estamos aquí para tener el potencial de ser conscientes de la conciencia. Y más allá de esa conciencia, tenemos el potencial de despertar. Pero primero hay que aceptar lo que significa ser consciente. Esa consciencia tiene que ver con el hecho de que somos filtros: filtramos la consciencia. Y cuando se filtra a través de nosotros, la volvemos a lanzar al campo de consciencia mayor. Pasa por nosotros y sale.

Flotamos densamente en el océano de neutrinos. La verdadera magia está en comprender lo que estamos haciendo: estamos absorbiendo y leyendo el campo de consciencia. Y estamos leyendo el campo de consciencia en la manera en que se relaciona con cada uno de nosotros de un modo único. El Diseño Humano nos muestra cómo estamos diseñados para filtrar la consciencia, y que podemos ofrecer orientación cuando somos filtros correctos. Y todo filtro correcto cambia la manera en que todos los demás reciben la información. Estamos cambiando la cualidad del océano de neutrinos.

Cada uno de nosotros crea un patrón de interferencia único. Eso es la diferenciación: un patrón de interferencia único. El patrón de interferencia se puede realmente medir hasta detalles minuciosos.»

Ra Uru Hu

Sección Diez

Descripción de las líneas del hexagrama

Una exploración más profunda

El I Ching del Rave, finalizado por Ra Uru Hu en diciembre de 1989, es una síntesis de las descripciones de cada hexagrama (Puerta), una lista de las Cruces de Encarnación asociadas con él y una descripción de las 6 líneas asociadas con cada Puerta. Hay 64 hexagramas y 384 líneas en el I Ching del Rave. Esta sección enumera tan solo las 384 líneas. Para adquirir una copia del I Ching del Rave en español, por favor visita www.humandesignhispania.com. La lista completa de las Organizaciones oficiales de Diseño Humano autorizadas está en la página 8.

De las 384 líneas, 375 de ellas expresan una polaridad de experiencias potenciales, denominadas «exaltación» o «detrimento» e indicadas con el símbolo de un triángulo negro ▲ (exaltación) o de un triángulo blanco ▽ (detrimento). Cuando se usan en la astrología tradicional, estos términos indican algo bueno (exaltación) o malo (detrimento), pero el Sistema de Diseño Humano no hace esta distinción moral. En Diseño Humano, estos términos simplemente indican la polaridad de «esto» y «aquello».

El diseño de una persona es la suma de sus partes, y cuando observamos un componente específico como una línea, necesitamos considerarlo en relación con la carta entera. Si tomas solo un detalle para examinarlo, sin considerar la totalidad del resto del diseño, incluyendo el tipo, la estrategia, la autoridad, el perfil, la cruz, los centros, los canales y las puertas, lo sacas de contexto. Para comprender de verdad una línea, considérala siempre en el contexto del panorama total: la visión holística. Lo que descubrirás cuando empieces a estudiar cartas de Diseño Humano es que hay una «continuidad genética», un patrón que va desarrollándose. Las piezas tienen un tema que se relaciona con todo el diseño, y empiezas a ver el tema de esa vida. También comienzas a ver la paradoja de la vida en toda su complejidad.

Lleva tiempo comprender las líneas; pueden parecer abstractas, o como acertijos o poesía. De la misma manera que se puede necesitar toda una vida para comprender el I Ching (el Libro Chino de los Cambios), se requiere tiempo para digerir las líneas en el contexto de la carta entera. Es mejor empezar con tu propia carta y dedicar tiempo a tus propias líneas e incluso a meditar sobre ellas. Hasta los entendimientos que puedas tener en el momento sobre una línea, o la manera en que la descripción resuena en ti, evolucionará según vayas profundizando más y más en tu propio experimento de vivir tu diseño.

Encontrarás tus líneas junto a tus puertas en las columnas en rojo (Diseño) y en negro (Personalidad) de tu carta; por ejemplo, Puerta 50.1 quiere decir Puerta 50 Línea 1. Busca tus líneas buscando la puerta en esta sección y lee ambas descripciones (exaltación y detrimento) para tener un sentido del significado de las líneas de tu diseño. Presta atención al nombre de la línea y a la descripción, ya que ambas contienen información valiosa acerca de la línea. Adicionalmente, la descripción de la Línea 1 en cada hexagrama te dará el entendimiento fundacional de esa puerta específica.

Algunas líneas, no todas, tienen una descripción introductoria de una frase en cursiva. Cuando hay una descripción en cursiva significa que este es un tema sobre el que tienes la oportunidad de aprender y evolucionar. Si no hay descripción en cursiva, entonces esta característica es un hecho dado; está arraigada en tu diseño.

En las descripciones de la exaltación y el detrimento, la primera frase en letra regular es el significado original que recibió Ra. La segunda frase, en negrita, es una descripción subsiguiente que Ra sintetizó años después para aclarar más el significado de las líneas. También verás que hay glifos de planetas asociados con las líneas; aparecen junto a ellas. Ciertos planetas pueden «fijar» una línea en la exaltación o el detrimento. Si observas tu propia carta, verás que se indican exaltaciones y detrimentos junto a algunas de las puertas y líneas. En algunos casos, puedes encontrar una carta sin ninguna exaltación o detrimento.

Cuando hablamos de exaltación y detrimento en el contexto de lo que está «fijo» en una carta, esto es simplemente otra manera de decir «esto» y «aquello». No se trata de ningún juicio de «bueno» o «malo». Los detrimentos en tu diseño también son perfectos para ti en la continuidad de tu diseño completo. De hecho, generalmente es en los detrimentos donde tenemos la mayor oportunidad de aprender. Las cartas compuestas (tu diseño combinado con otro) y los tránsitos (planetas que pasan por nuestro diseño a lo largo del tiempo) también pueden fijar nuestras líneas. También se producen fijaciones que pueden tener lugar mediante la puerta armónica al otro lado de un canal. Estas áreas son complejas y es mejor dejarlas para un análisis avanzado en otro momento.

Empieza buscando cada una de tus puertas y líneas en esta sección. Luego lee la línea de descripción en cursiva, si hay una, y considera la lección que has venido a aprender en la vida. Lee las descripciones mismas y siente el flujo de energía que va de la exaltación al detrimento. Ve qué reconoces. Si tienes una exaltación en tu carta, lee la línea exaltada sabiendo que esta energía estará enfatizada en tu diseño. Si tienes un detrimento, léelo por su énfasis en tu diseño. Si tienes una yuxtaposición (un símbolo de una estrella que representa tanto la exaltación como el detrimento), entonces las dos descripciones son aplicables[*].

Glifos de planetas y símbolos en el *I Ching del Rave*

☉	Sol	♄	Saturno
⊕	Tierra	♅	Urano
☽	Luna	♆	Neptuno
☿	Mercurio	♇	Plutón
♀	Venus	▲	Exaltación
♂	Marte	▽	Detrimento
♃	Júpiter	★	Yuxtaposición

---

[*] *N. del T.: La traducción del libro* I Ching del Rave, *realizada por Alokanand Díaz del Río, ha servido de base de la presente traducción de las líneas, que se ajusta a la que realicé para el* software *oficial MMI.*

Puerta 1: Lo creativo • Autoexpresión

La creación como fuerza primaria. La energía potencial
para manifestar inspiración sin límites

Línea 6 • Objetividad

⊕ ▲ Evaluación clara del valor creativo. **Claridad en la expresión creativa.**

♀ ▽ El riesgo de que la valoración subjetiva resulte en desengaño y frustración creativa. **Una subjetividad en la autoexpresión que puede conducir a un estado de frustración creativa.**

Línea 5 • La energía para atraer a la sociedad

♂ ▲ Marte exaltado por la poderosa capacidad de resistencia del ego. **El poder y el impulso para persistir en el proceso creativo.**

♅ ▽ Urano en detrimento, donde la excentricidad puede debilitar la capacidad de resistencia. **La excentricidad que, aunque atractiva, limita la fuerza del impulso.**

Línea 4 • La soledad como medio para la creatividad
La tensión de la luz interior.

⊕ ▲ La Tierra exaltada como símbolo de perspectiva personal, manifestada libre de toda influencia, ya que esta diluye la magia potencial de la inspiración. **La creatividad que solo puede desarrollarse libre de influencias externas.**

♃ ▽ Donde la magia potencial de la inspiración se diluye. **La necesidad de influir sobre en otros que lleva a abandonar la soledad, limitando así su propia creatividad.**

Línea 3 • La energía para mantener el trabajo creativo

♂ ▲ Marte exaltado como símbolo de la profunda necesidad de autoexpresión. **La profunda necesidad de autoexpresión.**

⊕ ▽ Las fuerzas materiales pueden interferir con la creatividad y llevar a una ambición excesiva. **El materialismo distorsiona la creatividad.**

Línea 2 • El amor es luz

♀ ▲ Venus exaltado como símbolo de la belleza. La armonía requerida entre los valores establecidos y los ideales, que enriquece siempre la inspiración. **La autoexpresión condicionada por ideales y valores.**

♂ ▽ Los deseos y las pasiones tienen su sitio, pero nunca a costa de la creación. **La autoexpresión limitada por los deseos y las pasiones.**

Línea 1 • La creación es independiente de la voluntad

☽ ▲ La Luna exaltada como un símbolo de adaptación. El tiempo lo es todo. **Autoexpresión que sigue una secuencia y un ritmo especiales.**

♅ ▽ La inestabilidad conduce a la distorsión. Aquí, la paciencia es una virtud y la revolución un vicio. **Inestabilidad creativa, a menos que haya paciencia.**

Puerta 2: Lo receptivo • La dirección del ser

La receptividad como base primaria a través de la que se determina cualquier respuesta. La raíz de la acción

Línea 6 • Fijación
La incapacidad o la poca voluntad de ver la imagen completa de las cosas.

☿ ▲ Con Mercurio exaltado, menos negativo, aunque el intelecto se ve absorbido en constantes racionalizaciones. **Claridad en la expresión creativa.**

♄ ▽ El riesgo de que la valoración subjetiva resulte en desengaño y frustración creativa. **El conocimiento superior que es extremadamente estrecho en su receptividad.**

Línea 5 • Aplicación inteligente

☿ ▲ El estratega con Mercurio exaltado. La administración razonable de los recursos. **El conocimiento superior como un don para la estrategia.**

⊕ ▽ La incapacidad de compartir responsabilidades o de reconocer las habilidades de los demás. **El conocimiento superior como proceso exclusivamente individual y egoísta.**

Línea 4 • Secretividad
Más que modestia, la habilidad de preservar la armonía mediante la discreción.

♀ ▲ Las metas elevadas se anteponen al éxito personal. El jugador de equipo reconocido como líder pero nunca capitán. **Donde el conocimiento superior no necesita ser expresado para ser reconocido.**

♂ ▽ La lengua es blanda, pero capaz de romper cosas duras. El fuego insaciable del ego que genera siempre enemistad. **La incapacidad de mantenerse en silencio cuando surge una oportunidad de expresarse.**

Línea 3 • Paciencia
El profesor que no deja nunca de ser un estudiante.

♃ ▲ Dedicación de por vida a la receptividad, con la madurez para aceptar que el proceso no se acaba nunca. Cuando está conectada permanentemente con la Puerta 14, a través del Canal del Compás, recibe recompensas por los servicios prestados. **El reconocimiento de que la receptividad es un proceso que dura toda la vida.**

♅ ▽ Para el revolucionario, la paciencia es un vicio. **Conocimientos superiores que no son capaces de esperar y exigen expresión.**

Línea 2 • Intuición
El alineamiento, inconsciente y no aprendido, de los estímulos y las respuestas. El talento natural.

♄ ▲ La fuerza interior para enfocar y realizar. **Un don natural para los conocimientos que no pueden ser aprendidos.**

♂ ▽ El genio como locura. El conocimiento es usado exclusivamente como un poder para el realce del propio ego. **El autoengaño de que el conocimiento es poder.**

Línea 1 • La Creación es independiente de la voluntad
Sensibilidad contra la desarmonía y la atrofia.

♀ ▲ La importancia de la estética, sea esta innata o adquirida. **Conocimientos superiores a través del sentido de la estética.**

♂ ▽ La aserción del ego en contra del dictado de la sabiduría. **La prisa por pasar a la acción, que ignora la sabiduría del Yo Superior.**

PUERTA 3: LA DIFICULTAD INICIAL • ORDENACIÓN

El reto fundamental de la iniciación es trascender la confusión y establecer el orden

Línea 6 • Rendición

La madurez suprema para reconocer cuándo la lucha es vana.

☉ ▲ El Sol exaltado. Su luz sustenta, y así la vida continúa. **La aceptación innata de que el ordenamiento es un proceso natural, no un problema.**

♇ ▽ Cuando la oscuridad vence, la vida puede parecer inútil, sin valor, llevando a la depresión y a la desesperanza. **La fuerza abrumadora de la energía confusa puede conducir a la depresión.**

Línea 5 • Victimización

Cuando las acciones destinadas a superar la confusión generan antipatía en otros.

♂ ▲ La valentía para mantenerse fiel a las propias convicciones. **La energía única de la individualidad para aguantar la confusión.**

⊕ ▽ La Tierra en detrimento, donde la victimización conduce al apaciguamiento y al sufrimiento. **Una energía confusa que se deja dominar por el poder de ordenamiento de otros.**

Línea 4 • Carisma

Una cualidad innata que atrae a los guías valorados.

♆ ▲ Una sintonización física que atrae magnéticamente la nutrición. **Una energía psíquica que atrae la nutrición y asegura el orden.**

♂ ▽ Marte en detrimento, donde las exigencias del ego conducen al rechazo. **Una energía confusa que necesita la protección y la nutrición de otros, pero que generalmente provoca el rechazo.**

Línea 3 • Supervivencia

La habilidad de reconocer y distinguir lo fértil de lo estéril en sus muchas manifestaciones.

♀ ▲ En la reproducción, la habilidad para elegir al mejor compañero/a. **Un conocimiento innato que sabe distinguir lo fértil de lo estéril, donde la mutación es específicamente biológica y depende siempre de la colaboración con otros.**

♇ ▽ La negación perversa de los estándares evolutivos. **Un espíritu de contradicción innato que rechaza la mutación.**

Línea 2 • Inmadurez

La aceptación ilimitada de guías.

♂ ▲ Una energía inexorable para el crecimiento que finalmente triunfará. **La energía y el potencial para la mutación individual.**

♅ ▽ La inestabilidad interior que simultáneamente acepta y rechaza la autoridad de otros. **La energía y el potencial que conducen a la inestabilidad cuando están condicionados por otros.**

Línea 1 • Síntesis

Las dificultades solamente pueden ser superadas cuando han sido analizados todos los factores pertinentes.

⊕ ▲ El entendimiento de que la confusión es natural y debe preceder siempre a la claridad. **Un conocimiento innato de que el orden surgirá de la confusión.**

☿ ▽ La confianza en el intelecto a costa de la intuición, que puede conducir a frustraciones innecesarias. **La incapacidad para reconocer que el orden emergerá por sí solo, y el impulso de salir a buscarlo en otra parte.**

PUERTA 4: LA LOCURA JUVENIL • FORMULACIÓN

La energía que, a pesar de su ignorancia, es capaz de persuadir y tener éxito, libre de castigos

Línea 6 • Exceso

El abuso consciente y repetido de las normas no logrará eludir la disciplina.

☿ ▲ El desarrollo, a través de la experiencia, de técnicas para aplicar el autodominio. **En un proceso lógico, el potencial para reconocer que el entendimiento no está completo, y la paciencia para esperar hasta el final del proceso.**

♂ ▽ El descaro de aceptar el castigo como el precio natural del exceso cometido. **La falta de paciencia con el proceso, a pesar de reconocer que no está completo.**

Línea 5 • Seducción

Permitir que otros asuman responsabilidades como escudo contra el castigo potencial.

♃ ▲ Reconocimiento y recompensas inmerecidos. **El potencial para triunfar a través del entendimiento ajeno.**

♇ ▽ Una vida de palabrería al servicio de valores anticuados e insatisfactorios. Cinismo. **El cinismo potencial que surge cuando tenemos que reconocer siempre el entendimiento ajeno.**

Línea 4 • El mentiroso

La representación de papeles como forma de arte. El actor.

☉ ▲ La fantasía protege y nutre la sensación de propósito y razón, independientemente de lo equivocado que se esté. **El potencial para encontrar o ilustrar las fórmulas a través de la fantasía.**

♄ ▽ El tiempo siempre trae consigo la humillación. **El peligro potencial de tomar la fantasía como si se tratara de un hecho.**

Línea 3 • Irresponsabilidad

El rechazo general a aplicarse diligentemente cuando uno puede pasar con mucho menos esfuerzo.

♀ ▲ Donde el arte es más valorado que el artista. **El potencial para disfrutar de las fórmulas sin consideración por su aplicación práctica.**

☿ ▽ La racionalización de la irresponsabilidad como si se tratara de un enfoque nuevo. **El potencial para justificar un proceso semejante, con el fin de mantenerlo.**

Línea 2 • Aceptación

El reconocimiento de los límites propios y ajenos conduce a la tolerancia y a dejar de juzgar.

☽ ▲ La glorificación de los sentimientos. **El potencial para reconocer que no todo el mundo es capaz de entender.**

♂ ▽ La afirmación del ego a costa de los fracasos de los demás. **El potencial para aprovecharse de la falta de entendimiento de otros.**

Línea 1 • Placer

El placer máximo solo puede alcanzarse en el momento adecuado.

☽ ▲ El instinto para conocer el momento y las circunstancias propicias en las que el placer es recompensado en vez de castigado. **El potencial para reconocer que el proceso del entendimiento sigue un ritmo y una secuencia naturales.**

⊕ ▽ Captar el momento adecuado no es producto de la disciplina. La autodisciplina exagerada conduce al abuso del placer. **El potencial para reconocer esto, pero con prisa por forzar la marcha.**

Puerta 5: La espera • Ritmos fijos

La sintonía fundamental con los ritmos naturales.
La espera como un estado activo de conciencia

Línea 6 • Conformidad

La espera nunca está libre de presiones, físicas o mentales, y a menudo es realzada por lo inesperado.

♆ ▲ El crecimiento de la conciencia que llega al someterse al flujo universal. **La aceptación de que, a pesar de todas las presiones, el crecimiento se fortalecerá en el propio ritmo fijo, con frecuencia a través de lo inesperado. No hay polaridad.**

▽ Ningún planeta en detrimento; cada uno a su manera, dada la fuerza de esta posición, se someterá a la fuerza de lo inevitable. **Ningún planeta en detrimento.**

Línea 5 • Alegría

La espera como un aspecto de la iluminación.

♀ ▲ Mantener la calma como postura estética suprema, reconociendo así el sentido interno de ser. **El poder para mantener la calma y encontrar el lugar que a uno le corresponde en el flujo natural de las cosas.**

♇ ▽ La alegría rechazada como una ilusión, y la espera como un fracaso. **Desencanto al reconocer el lugar que a uno le corresponde en el flujo de las cosas.**

Línea 4 • El cazador

La espera como una garantía de supervivencia.

♅ ▲ El genio creativo para transformar la experiencia más pasiva en un logro activo. **La fuerza para aprovechar al máximo la fijeza del propio ritmo.**

☉ ▽ La vanidad de una personalidad tan poderosa que, no queriendo ocultarse tras un biombo, pone en peligro su propia supervivencia. **El impulso de negar los propios ritmos naturales, con los costes predecibles.**

Línea 3 • Compulsión

El miedo engendrado por un sentimiento de impotencia, resultando en actividad y estrés innecesarios.

♆ ▲ La compulsión puede ser limitada en su efecto negativo mediante vuelos de la imaginación. Aunque la tensión persiste, esta no conduce a la acción. **La rendición a las limitaciones de un ritmo fijo fortaleciendo la imaginación.**

☽ ▽ La Luna no puede estar nunca quieta. **Dificultades con el propio ritmo debido a la incapacidad de rendirse y dejarse fluir.**

Línea 2 • Paz interior

La habilidad de ignorar la tentación de pasar prematuramente a la acción.

♀ ▲ El don de mantener la compostura idealizando la tranquilidad. **El poder de sentirse cómodo con el propio ritmo.**

♇ ▽ La paz interior experimentada como estancamiento. **El afán de poder que se ve restringido por la fijeza del ritmo.**

Línea 1 • Perseverancia

Si debe, el capitán se hunde con el barco.

♂ ▲ Valentía frente a la adversidad. **El poder para mantener el propio ritmo.**

⊕ ▽ El afán prematuro y a menudo desastroso de limitar las pérdidas. **Debilidad para mantener el propio ritmo cuando este es desafiado.**

PUERTA 6: EL CONFLICTO • FRICCIÓN

El componente de diseño fundamental para el progreso. La ley de que el crecimiento no puede tener lugar sin fricción

Línea 6 • El pacificador

La disciplina e integridad de una fuerza superior para cesar un conflicto unilateralmente y para permitir la rendición y la supervivencia del enemigo.

☿ ▲ La índole más elevada de razón es que la vida es sagrada. **El poder emocional para terminar un conflicto, atemperado por sentimientos de sensibilidad hacia los demás.**

♀ ▽ El pacificador, cuyas acciones son justas, pero cuyos términos son inaceptables. **El poder emocional para poner fin a un conflicto, pero solamente después de que las propias condiciones hayan sido aceptadas y satisfechas.**

Línea 5 • Arbitraje

La fe que se deriva de la diligencia analítica y el autocontrol emocional que permite a una autoridad superior juzgar un conflicto.

♀ ▲ La armonía fomentada a través de eludir el conflicto directo. **La sensibilidad al conflicto puede conducir a evitar la intimidad.**

☽ ▽ Donde una de las partes se cree el mejor juez posible, y solamente acepta el veredicto cuando sale victoriosa. **La insensibilidad hacia los intereses ajenos en un conflicto.**

Línea 4 • Triunfo

Una posición de poder natural e incuestionable.

☉ ▲ La caridad y sabiduría que debe acompañar a la victoria y el movimiento hacia nuevos horizontes. **El poder de las emociones para dominar en una relación.**

♇ ▽ El conquistador y purgador. **La falta de control emocional que es destructiva en las relaciones.**

Línea 3 • Alianza

La habilidad de asegurar el apoyo y generar fuerza desde una posición débil. Cuando está conectada a la Puerta armónica 59, emparejamiento que resulta en concepción.

♆ ▲ La destrucción de las formas viejas a través de la unión; ya sea esta mundana, como arriba, unión sexual, o exaltada como una forma de unión universal. **La profundidad de los sentimientos que enriquece la unión y la intimidad.**

♇ ▽ El rechazo de la lealtad, que es vista como sumisión al orden establecido. **La sensibilidad al control, que puede finalmente rechazar la intimidad.**

Línea 2 • El guerrillero

La habilidad de sacar el máximo partido a una posición inferior mediante el contacto y la retirada oportunos.

♀ ▲ La sensibilidad estética y el detalle mental son capaces de detectar el punto más débil. **La sensibilidad para detectar el punto más débil en un conflicto y la capacidad de explotarlo emocionalmente.**

♂ ▽ El kamikaze, impresionante pero cuestionable. **La falta de sensibilidad que desemboca en conflicto.**

Línea 1 • Retirada

La realización de que malgastar los propios recursos contra obstáculos insalvables no es valentía, sino simple necedad.

♇ ▲ El poder de regeneración que puede aceptar la retirada como una fase, y no como un fracaso. **La estabilidad emocional para aceptar el conflicto.**

♇ ▽ El complejo de inferioridad, en el que la retirada es experimentada como debilidad personal. **Inestabilidad emocional en momentos y situaciones de conflicto.**

Puerta 7: El ejército • El rol del ser en su interacción

El punto de convergencia. Por diseño, la necesidad de liderazgo para guiar y ordenar la sociedad

Línea 6 • El administrador
La habilidad de compartir y de distribuir el poder con justicia.

☿ ▲ El poder de comunicar el entramado de la responsabilidad. **La capacidad del ser para comunicar la responsabilidad a través de su rol.**

♅ ▽ El burócrata cuya avidez de poder acaba por desestabilizar la organización. **El rol del ser para buscar el poder mediante la comunicación de la responsabilidad.**

Línea 5 • El general
El liderazgo cuya autoridad debe ser absoluta, y que en tiempos de crisis recibe la aprobación de la sociedad.

♀ ▲ El don de atraer la lealtad necesaria para armonizar el potencial de la sociedad. **La capacidad del ser para atraer la lealtad a través de su rol.**

♆ ▽ El comandante aislado de sus tropas y obsesionado con la victoria a cualquier precio. **La falta de lealtad cuando el ser insiste en aislarse.**

Línea 4 • El abdicador
La disposición a aceptar el juicio de la mayoría, y/o los dictados de la ley.

☉ ▲ La gracia y la sabiduría de saber retirarse en beneficio de la totalidad. **La capacidad del ser para aceptar el juicio de otros.**

♅ ▽ Uno que debe ser derrocado del poder por oposición aplastante. **El rechazo del ser a aceptar el juicio de otros.**

Línea 3 • El anarquista
El rechazo de cualquier orden institucionalizado.

☽ ▲ La necesidad constante de cambio, independientemente de las condiciones prevalecientes. **El afán del ser de expresar muchos roles diferentes.**

☿ ▽ El nihilista. **La capacidad del ser para negar el valor de cualquier rol.**

Línea 2 • El demócrata
La habilidad de dirigir sirviendo la voluntad de la mayoría.

♆ ▲ La aplicación de sistemas universalmente aceptados. Conectado a través del Canal Alfa con la Puerta 31 de la Influencia, el potencial para un efecto revolucionario y extendido en la sociedad. **La capacidad del ser para dirigir cuando es elegido.**

☿ ▽ Elitismo de demócratas y negación de la democracia. **La posibilidad de que el ser, una vez elegido, se sienta superior a quienes lo eligieron.**

Línea 1 • Autoritario
La mano de hierro, tan lúcida como despótica.

♀ ▲ Venus exaltado, como en los valores básicos que se le imponen a un niño. **La capacidad del ser para guiar con autoridad.**

☿ ▽ La distorsión del intelecto que cree saber más que nadie. **La capacidad del ser para insistir en que su autoridad es la mejor.**

PUERTA 8: LA SOLIDARIDAD • CONTRIBUCIÓN

El valor interior básico, realizado al contribuir con esfuerzos personales a las metas del grupo

Línea 6 • Comunión

La certeza que resulta de la armonía.

♀ ▲ La conciencia de los patrones que sabe determinar el momento más oportuno. **El don de saber cuándo contribuir de un modo creativo.**

♇ ▽ Dudas que pueden engendrar remordimiento, incluso en las circunstancias más ideales. **Incertidumbre acerca del momento oportuno, y remordimientos a pesar de las circunstancias.**

Línea 5 • Dharma

La solidaridad no excluye la posibilidad de la separación. La unión exitosa facilita la separación llegado el momento adecuado. Una vez crecido el pajarito, se espera que abandone el nido. Esta acción no daña la integridad de la unión.

♃ ▲ El profesor. **La contribución como parte de un proceso de compartir que acepta y cuenta con las limitaciones, ejemplificado en el ejercicio de la enseñanza.**

☉ ▽ Los padres que no pueden dejar partir a sus hijos, entendiendo solamente que su autoridad está siendo cuestionada. **La contribución vista como un fin en sí misma, que ni acepta las limitaciones ni cuenta con ellas, como los padres que no pueden dejar ir a sus hijos.**

Línea 4 • Respeto

El don natural para reconocer las contribuciones de otros y, más particularmente, el reconocimiento de aquellos que guían con el ejemplo.

♃ ▲ El afán inflexible de asimilar. **El afán de contribuir y ser un ejemplo para los demás.**

☿ ▽ En un grupo en el que se han trascendido las limitaciones, la sola razón no basta para predecir la valía individual. Por ejemplo, el líder reconocido de un equipo atlético no es necesariamente el de más talento. **Un don para la contribución que no se deja condicionar por limitaciones.**

Línea 3 • El hipócrita

Más atención al estilo que al contenido de las acciones comunales.

☽ ▲ La intimidad superficial perfeccionada y raramente detectada. **El ejemplo como expresión de un estilo que carece de sustancia.**

♄ ▽ Una superficialidad que subestima a los demás y sobrestima su propia habilidad para continuar su engaño sin ser detectada. **Una confianza infundada y excesiva en el estilo.**

Línea 2 • Servicio

☉ ▲ El bien más alto consiste en el servicio desinteresado. **El potencial de ser un ejemplo para otros a través de la expresión desinteresada.**

⊕ ▽ La Tierra en detrimento, donde la recompensa es un requisito previo para el servicio. **La voluntad de ser un ejemplo, pero a cambio de algo.**

Línea 1 • Honestidad

La sincera aceptación de los límites, y el reconocimiento de que solamente compartiendo pueden ser trascendidos.

♆ ▲ La conciencia de que la totalidad es siempre mayor que la suma de sus partes. **El conocimiento de que la expresión creativa debe ser compartida y comunicada con honestidad.**

☿ ▽ Retraimiento. El miedo a perder la individualidad en el entorno de un grupo. **El diseño de compartir la creatividad, aun a expensas de la propia individualidad.**

Puerta 9: El poder domesticador de lo pequeño
• Energía para el detalle

El potencial puede ser desarrollado mediante una atención
detallada a todos los aspectos pertinentes

Línea 6 • Gratitud
La alegría proveniente de aceptar pequeñas recompensas por pequeñas victorias.

☽ ▲ La Luna exaltada, donde la fuerza de lo pequeño nutre la perspectiva adecuada. **El poder de disfrutar durante el proceso de concentración.**

♀ ▽ Ningún paso aislado es de valor hasta que el viaje ha terminado. **La energía para la expresión que es incapaz de encontrar alegría en el proceso hasta que este ha sido completado.**

Línea 5 • Fe
La confianza en que la adherencia al detalle conducirá a la realización del potencial.

♃ ▲ Lealtad a las palabras de la ley. **El poder para enfocar y para aportar valor a la concentración.**

⊕ ▽ Como en el misterio de Dios, dudas engendradas por la falta de lógica que se percibe en un proceso. **Donde la falta de fuerza para centrarse conduce a dudas.**

Línea 4 • Dedicación
La atención disciplinada al detalle, que no se distrae debido a las presiones o al estrés.

☽ ▲ La acción correcta que inevitablemente conduce a la realización. **El poder para actuar sobre el potencial del enfoque.**

♂ ▽ El persistente impulso de querer saltarse pasos esenciales. **El impulso para la acción que ignora los detalles.**

Línea 3 • La gota que colma el vaso
El diminuto detalle pasado por alto que siempre predetermina el fracaso.

⊕ ▲ El uso de la fuerza para superar temporalmente los impedimentos. **La pérdida de poder al no haber enfocado bien.**

☉ ▽ La violencia persistente, que mina la vitalidad y hace una montaña de un grano de arena. **El poder que es capaz de convertir un enfoque en una obsesión.**

Línea 2 • La desdicha gusta de compañía

♀ ▲ La colaboración con otros para mitigar la frustración. **El poder para enfocar a través de la colaboración con otros.**

♃ ▽ La irresistible necesidad de expansión puede conducir a errores de juicio, a oportunidades perdidas y a la depresión. **El impulso de colaborar que perderá el enfoque.**

Línea 1 • Sensibilidad
Un acercamiento equilibrado y responsable a la solución de los problemas.

♀ ▲ La habilidad de evitar la frustración mediante la creación de nuevas formas. **El poder para centrarse y crear nuevas formas.**

♂ ▽ Tras una búsqueda frustrada y precipitada, la prisa por derribar la puerta teniendo la llave en el bolsillo. **El poder generador que puede llegar a perder su enfoque.**

Puerta 10: El porte • El comportamiento del ser

El código de comportamiento subyacente que asegura la interacción exitosa independientemente de las circunstancias

Línea 6 • El modelo de conducta
La expresión perfecta de las normas, más a través de los actos que de las palabras.

♀ ▲ El ejemplo constante que hace que los conformistas se cuestionen la integridad básica del comportamiento establecido. **El valor perdurable de la expresión del ser, cuando esto ocurre más a través de sus acciones que de sus palabras.**

♄ ▽ El hipócrita. Haz lo que digo, no lo que hago. **El comportamiento que se restringe a las palabras más que a la acción.**

Línea 5 • El hereje
El desafío abierto y directo a las normas.

♃ ▲ La habilidad para triunfar mediante la comprensión y la expresión de principios superiores. **El comportamiento regido por principios que desafían abiertamente la tradición.**

♂ ▽ Las llamas de la Inquisición. **El comportamiento que desafía abiertamente las normas y que, al final, es castigado por ello.**

Línea 4 • El oportunista
La aceptación de las normas hasta que pueda tener lugar una transformación exitosa.

♅ ▲ La transformación que conlleva una trascendencia a códigos superiores. **El mantenimiento de los patrones de comportamiento, hasta que surjan el momento y la oportunidad adecuados para la transformación.**

♀ ▽ El oportunismo como un juego y/o un ejercicio mental. **La alteración de los propios patrones de comportamiento para aprovechar las oportunidades.**

Línea 3 • El mártir
El rechazo vano de los estándares establecidos basado en una conciencia justa.

⊕ ▲ El mártir como un ejemplo perdurable cuyo comportamiento es finalmente elevado a los altares. **El comportamiento que a la postre se encuentra con la oposición de los demás.**

☽ ▽ El complejo de mártir. La búsqueda activa del martirio para el engrandecimiento personal. **El comportamiento como un modo de captar la atención de los demás.**

Línea 2 • El ermitaño
Eludir con éxito, mediante el aislamiento, los requerimientos de las formas de comportamiento.

♀ ▲ Mercurio exaltado, donde las funciones mentales enriquecen la soledad. **La independencia del comportamiento a través del aislamiento.**

♂ ▽ El exiliado sañudo. **El aislamiento para preservar el comportamiento individual ante los condicionantes externos.**

Línea 1 • Modestia
El sentido innato para reconocer y aceptar el lugar que a uno le corresponde.

☉ ▲ Un valorado sentido del propósito, independientemente de la posición social. **La habilidad para reconocer el lugar que a uno le corresponde y para saber cómo actuar a pesar de las circunstancias.**

☽ ▽ La aflicción de la hipersensibilidad y de sentirse herido. **Hipersensibilidad a los condicionantes externos del comportamiento.**

PUERTA 11: LA PAZ • IDEAS

Una condición armónica en el individuo o en la sociedad, que permite evaluar la situación antes de retomar la acción

Línea 6 • Adaptabilidad

El equilibrio interior para aceptar la transición.

♇ ▲ La conciencia innata de que todas las formas son transitorias. **El reconocimiento de que las ideas conducen al cambio y son cambiantes.**

♃ ▽ La adaptabilidad en su manifestación más negativa. El especulador que se beneficia a costa de otros en tiempos de paz y de guerra. **Comprender qué idea es valiosa en cualquier situación.**

Línea 5 • El filántropo

☽ ▲ La nutrición desinteresada de aquellos privados de derechos, para asegurar de ese modo la armonía. **Las ideas filosóficas y humanitarias.**

♇ ▽ El retraimiento del contacto directo, donde dar es una forma de defensa. **Dar ideas para compensar la propia inseguridad.**

Línea 4 • El profesor

La habilidad de expresar la naturaleza esencial de la paz.

☽ ▲ El sabio, que en su extremo, puede enseñar armonía musical a los sordos. Venus también está exaltada. La habilidad de saber llegar hasta los alienados para atraerlos. **Conceptos claros y transferibles. Ideas que pueden atraer e informar a los que no recibieron educación.**

☉ ▽ El gurú, cuya sabiduría más valiosa es intencionadamente limitada a unos pocos. **Las ideas que solo pueden ser comprendidas por unos pocos.**

Línea 3 • El realista

El reconocimiento de que la paz es transitoria.

♇ ▲ La renovación interior para mantener la fortaleza y la vigilancia. **El reconocimiento de que las ideas vienen y van.**

♀ ▽ La tendencia a apreciar la armonía hasta el punto de engañarse a uno mismo. La creencia de que la belleza es eterna. Tocar la lira mientras Roma está en llamas. **El placer con las ideas que carecen de aplicación real.**

Línea 2 • Rigor

El reconocimiento de que, sin vigilancia y riesgo, la paz puede conducir al estancamiento y al colapso.

♆ ▲ La imaginación aplicada a asegurar el entendimiento de los valores alcanzados. **La sensación de aburrimiento superada a través de la imaginación.**

♂ ▽ Recurrir al partidismo para satisfacer la necesidad de acción del ego. **La provocación con las ideas para eludir el aburrimiento.**

Línea 1 • Sintonización

La serendipia de estar en el lugar adecuado en el momento oportuno.

☽ ▲ La nutrición que se deriva de estar con aquellos que comparten las mismas metas y aspiraciones. **El don para encontrar a los que valoran tus ideas.**

♂ ▽ El miedo al anonimato. **La sensación de que nadie valorará las propias ideas.**

Puerta 12: La paralización • Cautela

La cualidad de la restricción y la importancia de la meditación
y de la inacción al hacer frente a la tentación de actuar

Línea 6 • Metamorfosis
Fe en el cambio y energía aplicada hacia él, con la consiguiente salida de la paralización.

☉ ▲ La trascendencia creativa que, cuando está conectada con la Puerta armónica 22, a través del canal de Apertura, conduce a una mutación exitosa y al nacimiento de un nuevo orden social. **La capacidad de provocar una mutación y de expresar nuevas formas sociales.**

⊕ ▽ Una metamorfosis retrógrada que ha desarrollado una adaptación perfecta a la paralización. **La adaptación perfecta a la cautela que es capaz de aceptar las limitaciones sociales.**

Línea 5 • El pragmático
El éxito de la restricción reside en no olvidar las lecciones aprendidas una vez terminada la fase.

☉ ▲ La luz es siempre consciente de la oscuridad. **La cautela como expresión de la experiencia social.**

♂ ▽ La tendencia a recordar solamente las lecciones más dolorosas que se han aprendido. **La cautela condicionada por las experiencias sociales más dolorosas.**

Línea 4 • El profeta
La habilidad de prever y planear el final de la fase de paralización.

⊕ ▲ El despertar de lo estancado para prepararse comunalmente. **La habilidad de prever y de expresar la necesidad de interacción social, poniendo fin a la cautela.**

☿ ▽ La voz que predica en el desierto. **La expresión de la necesidad de interacción social que cae en oídos sordos.**

Línea 3 • Confesión
El proceso de autoanálisis.

♆ ▲ El reconocimiento de las insuficiencias y la purga de vanidades injustificadas. **La expresión de las deficiencias en la interacción con otros, que conduce al autoanálisis y a la precaución.**

♂ ▽ Un perverso y a menudo exagerado odio a uno mismo. **La inadecuación en la interacción social que lleva a la expresión del odio por uno mismo.**

Línea 2 • Purificación
El retiro riguroso de toda influencia negativa.

♄ ▲ La disciplina para mantener un estado puro. **La expresión de una cautela social disciplinada.**

☿ ▽ El aburrimiento que surge de la falta de estimulación. **La cautela que manifiesta su aburrimiento, y el expreso deseo de nuevos estímulos.**

Línea 1 • El monje
El retiro que solo puede ser mantenido con el apoyo de la comunidad.

♀ ▲ La belleza y la armonía posibles más allá del alcance de la tentación. **La expresión del retiro social, y su valor cuando recibe el apoyo de otros.**

♃ ▽ Pedro el Ermitaño. El retiro total y a menudo absurdo. **La expresión absurda de la cautela social, y el retiro extremo de todo contacto emocional.**

Puerta 13: La comunidad con los hombres • Escuchar

Ideas y valores universales, que en un marco ordenado inspiran cooperación humanística

Línea 6 • El optimista

La habilidad de aceptar cualquier interacción limitada como un paso necesario hacia una mayor unión.

♂ ▲ La energía para perseverar. Esperanza sin límites. **La esperanza de que la apertura conducirá a relaciones mejores.**

☿ ▽ Ingenuidad. La conversión del interés mutuo en universalidad. **La creencia de poder proyectar los intereses mutuos sobre los demás.**

Línea 5 • El salvador

La habilidad de superar todos los obstáculos para el mejoramiento de la humanidad.

♆ ▲ El genio carismático que sabe encontrar un papel para cada uno. **El don de escuchar y la capacidad de encontrar un papel para cada uno.**

♃ ▽ El administrador competente. Dada la naturaleza extremadamente positiva de esta posición, la aplicación mundana es poco frecuente. **Saber escuchar y encontrar un rol para cada uno, pero con un sentido más práctico y administrativo.**

Línea 4 • Fatiga

El punto de agotamiento al que se llega cuando uno está demasiado cansado para luchar.

♇ ▲ El renacimiento que viene con la tregua, y el vigor renovado que puede traer consigo con el tiempo. **La apertura que conduce al agotamiento y a la necesidad de silencio.**

♀ ▽ Agotamiento emocional. Apaciguamiento y retiro. **Un rol en el que la apertura es una vulnerabilidad.**

Línea 3 • Pesimismo

El rechazo de cualquier orden La creencia de que lo mejor nunca puede ser alcanzado.

⊕ ▲ Una falta de confianza que solo puede ser transformada mediante la evidencia concreta. **La apertura condicionada por sospechas que buscan evidencia.**

♀ ▽ El pesimismo exaltado como una forma de arte, donde como arte podría tener el efecto opuesto. La sátira. **Cuando la sospecha es apropiada puede inspirar la sátira.**

Línea 2 • Prejuicio fanático

El riesgo, siempre presente, de que la comunidad solamente pueda ser de un tipo, sea este racial, religioso, nacional o intelectual.

☽ ▲ La tolerancia como la manifestación menos ofensiva del prejuicio. **Un rol de apertura a través de la tolerancia.**

☉ ▽ La creencia obsesiva de que los ideales elevados no pueden ser comprendidos por las formas más bajas de conciencia. Una posición extremadamente difícil, en la que hasta los ideales elevados son usados para racionalizar el odio. **Un rol de una apertura tan estrecha que no queda casi nadie a quien merezca la pena escuchar.**

Línea 1 • Empatía

La habilidad para relacionarse y comunicarse ecuánimemente con todos.

♀ ▲ La armonía fomentada a través del afecto. **Un rol de apertura que sabe escuchar a otros con afecto.**

☽ ▽ El político besando bebés. **Una apertura que nunca está libre de motivaciones personales.**

Puerta 14: Posesión en gran medida
• Habilidad en el uso del poder

La acumulación y retención de poder mediante una interacción hábil
que sabe combinar la gracia y el control

Línea 6 • Humildad
La máxima exaltación del poder y la riqueza.

☉ ▲ El reconocimiento lúcido de que el éxito material depende de la voluntad de Dios. **La espiritualidad como clave para la aceptación y la fuente de poder.**

⊕ ▽ Todas las manifestaciones de esta posición son esencialmente positivas. La Tierra representa el reconocimiento existencial de que el éxito material es inevitable, y la humildad engendrada por semejante serendipia. **El existencialismo como clave para la aceptación y la fuente de poder.**

Línea 5 • Arrogancia
El siempre presente riesgo inherente en las posiciones de poder.

☉ ▲ Dignidad innata. **La dignidad innata que es la clave para el poder.**

♀ ▽ Un descontento con los dones de los demás que genera sentimientos de superioridad. **La capacidad innata de reconocer a los que carecen de poder fomenta la ilusión de superioridad.**

Línea 4 • Seguridad
La concentración vital en el establecimiento de una base sólida.

☽ ▲ Protección contra la agresión. **La clave para el poder reside en desarrollar las capacidades que puedan asegurar una base sólida.**

♂ ▽ Una confianza excesiva al enfrentarse con los retos de la competitividad, que puede llegar a amenazar la base de la propia seguridad. **Sin la habilidad necesaria, la incapacidad para garantizar la seguridad.**

Línea 3 • Servicio
El empleo del talento y las posesiones para el bien más elevado.

⊕ ▲ La contribución desinteresada a la sociedad. **La clave del poder reside en la contribución desinteresada a los demás.**

♆ ▽ La codicia y autodestrucción de la fibra moral. **El poder del egoísmo para alimentar la avaricia.**

Línea 2 • Administración
La sabiduría de que invertir en adquirir pericia tiene sus recompensas.

♃ ▲ Expansión. La habilidad de delegar responsabilidades. **La clave del poder consiste en no intentar estar y hacerlo todo uno solo.**

♂ ▽ La vanidad de considerarse el mejor experto. **La clave del poder está en hacerlo todo individualmente.**

Línea 1 • El dinero no lo es todo
El reconocimiento de que la riqueza también tiene sus problemas.

♃ ▲ El afán de lucro moderado por principios elevados. **La clave para manifestar poder reside en los principios superiores.**

☿ ▽ La falsa ilusión de que el dinero puede solucionarlo todo. **La energía sola no puede ser nunca la clave.**

PUERTA 15: LA MODESTIA • EXTREMOS

La cualidad de comportamiento que expresa el equilibrio apropiado entre los extremos

Línea 6 • Defensa propia
La modestia que nunca es confundida con debilidad.
♇ ▲ La reexaminación constante para eliminar el aspecto más débil. **El poder del ser para explorar los extremos hasta encontrar el punto más débil.**
♀ ▽ Una tendencia a usar la armonía como arma en situaciones difíciles, en vez de tratar de hallar las causas que están en la raíz de la desarmonía. **El poder del ser para ignorar el punto más débil en aras de la armonía.**

Línea 5 • Sensibilidad
La habilidad de percibir cuándo un comportamiento, que de otro modo sería adecuado, debe ajustarse a los requerimientos de un entorno cambiante.
♃ ▲ La fuerza para crecer. **La capacidad del ser para crecer experimentando los extremos.**
♇ ▽ La tendencia a irse al otro extremo para compensar. **El afán del ser de compensar en demasía, alterando el flujo natural de las cosas.**

Línea 4 • El observador invisible
La modestia como una protección contra la exposición de las propias insuficiencias.
♃ ▲ Unas formas genuinas que pueden encubrir insuficiencias o no. **La incomodidad del ser cuando está fuera de su flujo natural.**
♄ ▽ Una defensa que a la postre resulta ser débil y conduce a quedar expuesto y humillado. **El extremismo que mantiene al ser fuera de su flujo natural.**

Línea 3 • Inflación del ego
El riesgo de que la modestia, una vez reconocida, se destruya a sí misma.
⊕ ▲ La modestia fingida, de otro modo negativa, se ve aquí fortalecida por el reconocimiento que recibe, y es mantenida como una estrategia efectiva. **El extremismo del ser como estrategia para controlar el flujo de las cosas.**
☿ ▽ La mentalidad de «Ya te lo dije». **La capacidad del ser para señalar los extremos de la naturaleza de otros.**

Línea 2 • Influencia
☉ ▲ La modestia y la acción correcta resultan en estándares perdurables. **La capacidad del ser de aceptar como correcta su naturaleza extrema.**
⊕ ▽ Donde las acciones del Sol son naturales, las de la Tierra son forzadas, aunque dada la fuerza de esta posición, se puede esperar el mismo efecto. **La capacidad de usar la naturaleza extrema del ser para influir en otros.**

Línea 1 • Deber
La habilidad de afrontar cualquier empresa sin expectativas.
♀ ▲ Las relaciones armónicas que dan apoyo para la realización de cualquier tarea. **La capacidad del ser de afrontar cualquier desafío mediante relaciones extremas y armónicas.**
♂ ▽ La alienación producida por las exigencias desmesuradas. **La capacidad del ser de alienar a otros a través de sus extremos.**

Puerta 16: El entusiasmo • Habilidades

El gran arte de enriquecer la vida canalizando armónicamente la energía

Línea 6 • Credulidad

La susceptibilidad a la propaganda.

♆ ▲ La habilidad para experimentar primero, examinar después, y luego rechazar el entusiasmo engañoso. **El talento para evaluar la expresión de los demás.**

♃ ▽ El mismo principio, pero allí donde Neptuno destruirá y luego buscará nuevas formas, Júpiter se retirará dolido; su entusiasmo por las estructuras sociales permanentemente lleno de prejuicios. **El fracaso al evaluar la expresión de la habilidad de los demás.**

Línea 5 • El tacaño

El rechazo a compartir el entusiasmo de otros.

♇ ▲ La fuerza para evitar el entusiasmo, con el único propósito de ser convertido a él. Como con el tacaño «Scrooge» del cuento de Dickens, la conversión final lleva a un entusiasmo mayor y más permanente. **Una falta de confianza en la expresión de las habilidades, que necesita el estímulo de otros.**

☽ ▽ El sentimiento perverso de que compartir el entusiasmo ajeno impide el desarrollo individual. «¿Por qué iba yo a ser feliz si...?». **La falta de confianza en el valor inherente de apoyar a los demás.**

Línea 4 • El líder

Apoyo genuino y sincero, que recibe el reconocimiento de otros.

♃ ▲ El entusiasmo por los objetivos elevados y el servicio a ellos. **La habilidad de reconocer y de apoyar el talento de los demás.**

♂ ▽ El demagogo. **La negativa a apoyar o reconocer el talento de los demás.**

Línea 3 • Independencia

El entusiasmo que se genera y que se sostiene a sí mismo.

☽ ▲ La sincronización correcta para mantener el ritmo sin perder el aliento. **La habilidad independiente y el talento posible para expresar un ritmo y una secuencia apropiados.**

♂ ▽ El niño cuya confianza excesiva puede llevarle a la frustración y a la consiguiente dependencia de otros para regenerar su entusiasmo, creando de ese modo una dependencia innecesaria. **La necesidad de que otros reconozcan las propias habilidades o talento.**

Línea 2 • El cínico

La agudeza que hace explotar las burbujas de la ilusión.

☉ ▲ La confianza en uno mismo y la habilidad de juzgar objetivamente cualquier pretensión, sin consideración por la retórica. **La expresión de la habilidad para juzgar las cosas con objetividad.**

☿ ▽ El cínico compulsivo, cuyo propio cinismo es una fuente de entusiasmo. **La objetividad expresada mediante el cinismo.**

Línea 1 • Autoengaño

Falso entusiasmo.

⊕ ▲ Soñar despierto. **La expresión del talento soñando despierto.**

☿ ▽ La comunicación pública de pretensiones forzosamente irrealizables. **La tendencia a expresar la fantasía como si se tratara de un hecho.**

PUERTA 17: EL SEGUIMIENTO • OPINIONES

La antigua ley de que los que deseen gobernar deben saber servir

Línea 6 • El bodhisattva

El seguimiento perfecto, parejo y lo mismo que el liderazgo perfecto.

☽ ▲ El protector por excelencia. La naturaleza de esta posición es siempre positiva. **La posibilidad del entendimiento de la naturaleza de la interdependencia para expresar opiniones que pueden ser de valor para otros.**

♃ ▽ La tendencia en el camino perfecto es que sea una línea recta que termina y no un círculo. **Cuando se alcanza un entendimiento, la posibilidad de opinar que no queda nada más que aprender.**

Línea 5 • Ningún humano es una isla

El reconocimiento, no importa como se conciba, de que las jerarquías no tienen fin.

♅ ▲ La suprema expresión creativa de la interdependencia, sea como voluntad de Dios o como síntesis global. **Las opiniones que pueden expresar el valor de estar organizados, sea a nivel mundano o espiritual.**

♂ ▽ La arrogancia de proclamar, contra toda evidencia, que uno es el único que manda. **La posibilidad de opiniones que rechazan el valor de estar organizados.**

Línea 4 • El mánager personal

♇ ▲ La habilidad de investigar y de descubrir las motivaciones y recursos subyacentes de los que desean ser seguidores. **La posibilidad de opiniones basadas en el entendimiento de los demás.**

♃ ▽ La aceptación excesivamente generosa y a menudo equivocada de posibles seguidores, frecuentemente con resultados desastrosos. **La posibilidad de que las opiniones atraigan a otros.**

Línea 3 • Entendimiento

La conciencia de que el mejor camino no es necesariamente el más interesante.

♇ ▲ Seguir el mejor camino provee la experiencia necesaria para enfrentarnos al reto que nos espera al final. **El entendimiento de que las mejores opiniones están basadas en el detalle.**

⊕ ▽ Tomar atajos. Uno puede llegar antes al final, pero carecerá de las experiencias esenciales. **La posibilidad de saltarse los detalles y de limitar el valor de la opinión.**

Línea 2 • Discernimiento

El beneficio de las asociaciones basado en los valores más elevados.

☉ ▲ El logro exitoso del propósito mediante un alineamiento correcto. **La posibilidad de desarrollar opiniones a través de las relaciones.**

☽ ▽ Una discriminación exagerada que le deja a uno virtualmente solo. **La posibilidad de ser testarudo al expresar opiniones, aun a costa de las relaciones.**

Línea 1 • Apertura

♂ ▲ La energía para mantener un amplio espectro de estímulos. **La posibilidad de tener muchas opiniones.**

♀ ▽ Una tendencia a limitar la apertura a estímulos estéticamente placenteros. **La posibilidad de limitar las opiniones a lo que resulta agradable.**

Puerta 18: Ocuparse de lo echado a perder
• Corregir

La vigilancia y la determinación para sustentar y defender los derechos humanos básicos y fundamentales

Línea 6 • El buda
La forma perfeccionada.

♂ ▲ El estado búdico del niño eterno y la energía para encontrar nuevos horizontes y evitar el estancamiento. **El potencial para la forma perfeccionada a través de la corrección.**

☽ ▽ La aplicación mundana de lo anterior. La habilidad de conectar con la opinión pública y de compartir la metodología. **El potencial para compartir con otros los valores de la corrección.**

Línea 5 • Terapia
La fortaleza de reconocer un problema y de aceptar que uno no puede resolverlo solo.

♄ ▲ La sabiduría tanto de buscar la guía como de ofrecerla. **El potencial para la corrección y el juicio a través de las relaciones.**

♅ ▽ El enfermo mental. Inestabilidad crónica y locura potencial. **Donde las relaciones no pueden ayudar a corregir el potencial de inestabilidad mental.**

Línea 4 • El incompetente
Dificultades a causa de insuficiencias que no pueden ser superadas debido a más insuficiencias.

⊕ ▲ Dada esta posición negativa, supervivencia a través del sufrimiento. **La incapacidad para corregir y su potencial para el sufrimiento.**

☿ ▽ Indecisión y ansiedad sin salida del infortunio. **Las exigencias de la corrección y su potencial para generar ansiedad.**

Línea 3 • El fanático
La obsesión enérgica de eliminar lo indeseable.

♆ ▲ La disolución de formas viejas pagando un precio razonable. **Una obsesión con la corrección y su potencial crítico.**

♃ ▽ Juicio rígido que crea tantos problemas como resuelve. **Una obsesión con la corrección que no trae satisfacción.**

Línea 2 • Enfermedad terminal
El reconocimiento de que lo que se ha echado a perder es irreversible.

♀ ▲ La aceptación y la fuerza que se derivan de la fe en la regeneración espiritual. **La aceptación de que no hay potencial para la corrección.**

☽ ▽ El vano enfurecerse contra el viento. **La negativa a aceptar que no hay potencial para la corrección.**

Línea 1 • Conservadurismo
La adherencia a los patrones tradicionales, a pesar o en contra de las circunstancias cambiantes.

⊕ ▲ Modificación gradual para evitar eventuales conmociones. **El potencial para corregir mediante la modificación gradual de los juicios.**

♃ ▽ El patriarca cuya rigidez garantiza el deterioro. **El potencial de negarse a corregir.**

Puerta 19: El acercamiento • Querer

Que todas las cosas están interrelacionadas se hace visible
a través de la acción del acercamiento

Línea 6 • El recluso
La evitación de contacto en general, aunque no exclusivamente.

♃ ▲ El loco de la colina. El sabio que te hablará si logras encontrarlo. **La energía que, en general, da pábulo a la evasión.**

♂ ▽ Rabieta infantil. Exilio autoimpuesto que solo terminará cuando atraiga la reacción de consuelo apropiado. **La hipersensibilidad al rechazo que propicia la evasión.**

Línea 5 • Sacrificio
La necesidad de limitar el potencial personal para alcanzar una meta mayor.

⊕ ▲ El autodominio fundamental para una naturaleza semejante. **La energía para mantener bajo control la propia susceptibilidad.**

♃ ▽ Una tendencia a mostrar condescendencia en el sacrificio. **El sacrificio puede alimentar la falta de sensibilidad.**

Línea 4 • El jugador de equipo
Acercamiento individual que atrae y acepta la cooperación.

♂ ▲ El poder y la energía para la actividad externa, y la habilidad de aceptar a otros mientras puedan mantener el paso. Una fuerza de empuje que beneficia a todo el grupo. **La energía para buscar y exaltar la compañía de otros.**

♀ ▽ Atractivo y cooperativo, pero con una tendencia a la insatisfacción con las contribuciones de los demás. **Una sensibilidad incrementada por las limitaciones de los demás.**

Línea 3 • Dedicación
La receptividad al acercamiento solo puede ser mantenida con vigilancia.

♀ ▲ La soltura natural con la que se mantiene la comunión. **Sensibilidad y soltura alimentadas por la aceptación de otros.**

☽ ▽ La tendencia a un humor cambiante que puede llevar a negligencias. **La necesidad de ser querido dificultada por la hipersensibilidad.**

Línea 2 • Servicio
La dedicación de los recursos personales resultante de contactos con el exterior.

♃ ▲ La dedicación y el servicio a los valores más elevados. **La energía para querer ser útil.**

☿ ▽ Indecisión prolongada; pero, dada la naturaleza de esta posición, complacencia eventual. **La necesidad de ser querido que finalmente optará por el servicio.**

Línea 1 • Interdependencia
☉ ▲ El acercamiento exitoso que no pierde su carácter individual al ser aceptado. **La presión de querer sin perder la propia identidad al ser aceptado por otros.**

☽ ▽ La tendencia, una vez que el acercamiento ha sido aceptado, a quedarse estancado en continua reflexión, a expensas de un desarrollo continuado. **La presión para la aceptación que teme el rechazo eventual.**

Puerta 20: La contemplación • Ahora

Reconocimiento y conciencia en el ahora, que transforma
el entendimiento en acción correcta

Línea 6 • Sabiduría
Contemplación que tiene por efecto la habilidad de aplicar el entendimiento.

♀ ▲ El establecimiento, por el bien de la sociedad, de valores, de ideales y de sus patrones, y cómo pueden ser entendidos y aplicados. **La habilidad de transformar la conciencia individual en entendimiento y aplicación generalizada.**

☿ ▽ Lo mismo de antes, pero motivado por la autosatisfacción del desafío mental en vez de por el altruismo. **La habilidad de transformar la conciencia individual en aplicación general, por el desafío mental que supone.**

Línea 5 • Realismo
La contemplación, en y por sí misma, no es garantía de éxito.

♄ ▲ Donde la concentración en el detalle tiene como resultado la forma perfeccionada. **El éxito al expresar la conciencia en detalle.**

♅ ▽ Donde la realidad crea insatisfacción y aumenta la inestabilidad. **La expresión de la conciencia en el ahora, condicionada por el descontento con la realidad que uno percibe.**

Línea 4 • Aplicación
El reconocimiento y la conciencia que solamente pueden ser transformados en acción si cooperamos con aquellos que son capaces de actuar basados en su entendimiento.

♃ ▲ El profesor cuyos alumnos le trascienden. **Donde la expresión de la conciencia solo puede ser convertida en acción a través de la colaboración con otros. El profesor.**

☿ ▽ La tendencia a preferir la teoría a la práctica. **La expresión de la conciencia como teoría, pero con poco interés en su aplicación.**

Línea 3 • Autoconciencia
La comprensión derivada del análisis de las acciones personales y de sus efectos.

☉ ▲ La adaptación adecuada y el desarrollo de la personalidad a través de la autoconciencia. **La expresión de la autoconciencia en el ahora.**

⊕ ▽ La autoconciencia extrema que impide el desarrollo. **La expresión de la autoconciencia en su extremo.**

Línea 2 • El dogmático
Entendimiento restrictivo e intencionadamente limitado.

♀ ▲ La limitación, si es exclusiva y personal, es menos negativa a través de un retiro ascético. **La conciencia restrictiva del ahora.**

☽ ▽ El poder de atraer y conducir a otros por un sendero estrecho. **El don de expresión que puede conducir a otros por un camino estrecho y restrictivo.**

Línea 1 • Superficialidad
Confianza en la superficialidad.

♀ ▲ La elevación de la superficialidad a forma de arte. El esloganista. **La expresión superficial como forma de arte.**

☽ ▽ La expresión superficial de la personalidad. **La expresión de la personalidad superficial.**

Puerta 21: La mordedura tajante
• El Cazador / La Cazadora

El necesario y justificado uso del poder para superar
interferencias persistentes y deliberadas

Línea 6 • Caos
Donde la acción inefectiva conduce al desorden.

♀ ▲ La guerra de desgaste. La continuación de la acción legítima con la esperanza de triunfar al final, a pesar de todas las dificultades y el creciente desorden. **Cuando el ego está fuera de onda, el despliegue de fuerza de voluntad conduce al desorden.**

♀ ▽ En situaciones caóticas, retirada y confianza en el orden interno. **Cuando la dirección material es caótica, el ego se retirará y usará su poder para encontrar un orden interno.**

Línea 5 • Objetividad
El uso de la fuerza debe estar basado en la imparcialidad y estar libre de motivaciones emocionales.

♃ ▲ Un carácter legal y de principios que asegura la objetividad. **El ego equilibrado que aplica su fuerza de voluntad objetivamente.**

♀ ▽ El impulso de eliminación es tan poderoso, que la objetividad está relacionada puramente con la causa y no con su efecto. **El ego que aplica subjetivamente su fuerza de voluntad.**

Línea 4 • Estrategia
Cuidadosa evaluación de las fuerzas oponentes para establecer una respuesta adecuada.

♃ ▲ Éxito en la acción a través de la claridad. **El ego para triunfar en lo mundano y el instinto para usar la fuerza de voluntad con eficacia en respuesta a las circunstancias.**

⊕ ▽ La tendencia, cuando se tiene razón, a evaluar mal las fuerzas oponentes. **El impulso, cuando se tiene razón, de seguir el propio ego en vez del instinto.**

Línea 3 • Impotencia
Donde los justos están condenados a una vana confrontación con fuerzas superiores.

♆ ▲ La derrota como una humillación que a menudo solo es posible aceptar con el abuso de alcohol o drogas. **A menos que uno siga su propio camino en el aspecto material, la destrucción del ego por fuerzas superiores.**

♃ ▽ El retiro total. **Falta de voluntad en lo material, para de este modo proteger su ego.**

Línea 2 • La fuerza es la razón
La legitimidad de la acción como respuesta a interferencias flagrantes y persistentes.

♂ ▲ Reacción poderosa y extrema. Aquí, la acción más severa será la más exitosa. **El rechazo legítimo de la interferencia en el plano mundano.**

♆ ▽ Una tendencia a arrepentirse de la severidad aun en las situaciones más legítimas. **El ego que se siente incómodo con la severidad.**

Línea 1 • Advertencia
El uso de la fuerza como último recurso.

♂ ▲ La fiereza para ser respetado sin necesidad de recurrir a la acción. **El poderío y la voluntad del ego que aseguran el respeto.**

☽ ▽ Una apacibilidad inherente que, con demasiada frecuencia, convierte una advertencia necesaria en una súplica. **La falta de fuerza de voluntad que se ve obligada a pedir que le respeten.**

Puerta 22: La gracia • Apertura

El comportamiento más adecuado en situaciones triviales y mundanas

Línea 6 • Madurez
El alineamiento de la forma y la sustancia a través de la experiencia.

☉ ▲ Liderazgo y autoridad naturales y evidentes. **La posibilidad de que la experiencia en la interacción social resulte en capacidad de liderazgo.**

♂ ▽ El alineamiento tiende a expresarse de manera inconformista. **La posibilidad de que la experiencia en la interacción social resulte en una expresión inconformista de la apertura.**

Línea 5 • Franqueza
Saltarse las normas cuando es preciso.

♃ ▲ El poder inherente en los principios superiores de transgredir con éxito los códigos de comportamiento. **La posibilidad, a través de la conciencia individual, de comportarse individualmente en la interacción social.**

♂ ▽ Una tendencia a crear situaciones embarazosas que, aunque generalmente exitosa, a menudo acarrea la reputación de ser rudo y descarado. **La posibilidad de que el comportamiento individual en la interacción social genere proyecciones negativas de otros.**

Línea 4 • Sensibilidad
La modificación del comportamiento que enriquece las interacciones.

♆ ▲ Una simplicidad mediumnística que rechaza los rituales elaborados. **La posibilidad de apertura social mediante el rechazo de la formalidad.**

♂ ▽ Un exceso de confianza en las mecánicas del estilo, que puede abortar relaciones potencialmente significativas. **La limitación de la apertura social por la necesidad de formalidades.**

Línea 3 • El encantador
Gracia perfecta.

♄ ▲ La forma como definición y realización de la sustancia. **La posibilidad de apertura social perfeccionada mediante el alincamiento de la energía emocional con la conciencia.**

♂ ▽ Gracia inconsciente. **Una apertura innata.**

Línea 2 • Escuela de encanto
La creencia de que el estilo puede encubrir la naturaleza.

☉ ▲ La habilidad de engañarse a uno mismo y a los demás con éxito. **La posibilidad de atraer a otros con un estilo emocional.**

♃ ▽ La legitimación de la forma por encima de la sustancia. **Donde el estilo es fortalecido a costa de la conciencia.**

Línea 1 • Billete de segunda

☽ ▲ La capacidad de aceptar y disfrutar una posición subordinada. **La conciencia emocional de disfrutar una posición subordinada.**

♂ ▽ La inevitable humillación que llega al pretender un asiento de primera clase con un billete de segunda. **Donde la energía emocional reta a la conciencia y puede resultar en humillación social.**

Puerta 23: El fraccionamiento • Asimilación

Amoralidad. La conciencia y el entendimiento que conducen
a la aceptación de la diversidad

Línea 6 • Fusión
La armonía gradual de la diversidad mediante la síntesis.

♂ ▲ El crecimiento exponencial de la energía y su poder de aserción generado por la fusión. **El saber individual que aporta diversidad a la síntesis.**

♃ ▽ La renuncia a la fusión que, aunque esté basada en principios, es vana y conduce a la atrofia. **El saber individual que se aferra a la diversidad y pierde su poder de expresión.**

Línea 5 • Asimilación
La aceptación práctica de los valores de otros senderos.

♃ ▲ Expansión y contribución a través de la asimilación. **El don de comunicar la visión individual a la colectividad.**

☽ ▽ Asimilación motivada desde una posición inferior, por ejemplo, para obtener protección o nutrición. **La asimilación motivada por la necesidad de aceptación y de protegerse de la colectividad.**

Línea 4 • Fragmentación
La diversificación sin un potencial notable para la síntesis.

☉ ▲ Fatalismo y egoísmo y luego «que me quiten lo bailao». **La expresión individual que carece de valor colectivo.**

⊕ ▽ Ateísmo y paranoia. **La expresión individual que genera aislamiento y miedo.**

Línea 3 • Individualidad
La expresión independiente que no es, por su naturaleza, perjudicial para otros.

☉ ▲ Vitalidad y poder personal que pueden generar celos, pero no amenazas. **La expresión individual que atrae la atención, pero no la amenaza.**

♀ ▽ El individuo misterioso que atraerá la sospecha activa y la amenaza. **El raro. La expresión individual que atrae la sospecha y la amenaza.**

Línea 2 • Autodefensa
La tolerancia debe dejarse a un lado cuando la supervivencia se ve amenazada.

♃ ▲ El principio de conservación en su expresión más aguda. **El abandono de la tolerancia cuando la expresión individual se ve amenazada.**

☽ ▽ Donde Júpiter golpea para preservar su integridad, la Luna a menudo se da por satisfecha con protegerse a sí misma repeliendo las hostilidades. **La defensa de la expresión individual ante la hostilidad.**

Línea 1 • Proselitismo
El intento de socavar un sistema de valores para sustituirlo por otro.

♃ ▲ El sabio que, en casos extremos, puede defender el mal como parte del bien mayor. **La expresión poderosa de una visión que socavará los valores establecidos.**

♂ ▽ El misionero, cuya mismísima luz acarreará la oscuridad. **La expresión poderosa de una visión que producirá efectos negativos.**

PUERTA 24: EL RETORNO • RACIONALIZACIÓN

El proceso natural y espontáneo de transformación y renovación

Línea 6 • El caballo regalado

La posibilidad de estar sordo cuando la oportunidad llama a la puerta.

♃ ▲ La participación consciente en un proceso que te prepara para identificar las oportunidades con facilidad. **La identificación y enfoque con el proceso de pensamiento racional.**

♇ ▽ Sospecha innata que conduce inevitablemente a oportunidades perdidas. **A menudo, la sospecha irracional que desenfoca y puede conducir a oportunidades perdidas.**

Línea 5 • Confesión

La valentía de admitir los errores del pasado.

☽ ▲ El valor práctico de hacer borrón y cuenta nueva, simbolizado por la luna nueva. **Corrección racional que abre el camino a nuevas posibilidades.**

♂ ▽ La tendencia a intentar minimizar los errores del pasado mediante la racionalización, convirtiendo la confesión en justificación. **La justificación irracional de los errores del pasado.**

Línea 4 • El ermitaño

Transformación que solo puede suceder en el aislamiento.

♄ ▲ La disciplina y la concentración que aseguran la renovación. **La soledad enriquece el potencial para el pensamiento racional.**

♆ ▽ La tendencia en el aislamiento a vivir en un mundo de fantasía. **La soledad enriquece el potencial para la ilusión o el autoengaño.**

Línea 3 • El adicto

La poderosa atracción de las formas regresivas.

♀ ▲ El definitivo, aunque difícil, triunfo sobre la regresión. **La difícil, aunque posible, tarea de superar la irracionalidad.**

♃ ▽ Adicción y regresión legitimadas por el éxito. **La irracionalidad mantenida y legitimada por el éxito.**

Línea 2 • Reconocimiento

☽ ▲ La adaptación apropiada y espontánea a formas nuevas. **El don potencial de conceptualizar espontáneamente.**

♂ ▽ La vanidad de ver la transformación como un logro personal, en vez de como un fenómeno natural o sustentado socialmente. **La vanidad mental que este don de conceptualización espontánea puede producir.**

Línea 1 • Pecado de omisión

Transformación que requiere periodos regresivos antes de que la renovación pueda tener lugar.

☉ ▲ La voluntad de triunfar y, en este caso, la fe de que el fin justifica los medios. **La inspiración que necesita una reevaluación del pensamiento pasado antes de poder establecer un concepto racional.**

♆ ▽ Autoengaño que, de manera no natural, justifica periodos de regresión. **La inspiración que lleva a enfocarse irracionalmente en el pasado.**

Puerta 25: Inocencia • El espíritu del ser

La perfección de la acción a través de una naturaleza espontánea y sin amaneramientos

Línea 6 • Ignorancia

Falsa inocencia expuesta a través de sus acciones.

⊕ ▲ El aspecto más suave de una posición negativa, en la que la acción inapropiada es criticada. **La pérdida de la inocencia a través de acciones inapropiadas.**

♅ ▽ Constantes acciones inapropiadas y desestabilizadoras, cuyos efectos contraproducentes derrumban la fachada de inocencia. **La constante acción inapropiada, en momentos de desafío, que puede romper el espíritu.**

Línea 5 • Recuperación

Cuando se agotó la vitalidad de la inocencia, curarse es la máxima prioridad.

♀ ▲ La habilidad de reconocer el significado interno de una aflicción y de retirarse hasta haberla sanado. **El poder del espíritu de sanar y ser sanado.**

♃ ▽ Hipocondría y la necesidad de ser curado por otros. **La debilidad del espíritu que requiere ser sanado por otros.**

Línea 4 • Supervivencia

La naturaleza de la inocencia verdadera puede ser mantenida independientemente de las circunstancias.

♀ ▲ La belleza de la rosa en el vertedero. Júpiter también está exaltado. Los principios más elevados incluso entre la mayor decadencia. **El guerrero espiritual, la inocencia mantenida sin importar las circunstancias. No hay polaridad.**

▽ Ningún planeta en detrimento.

Línea 3 • Sensibilidad

El reconocimiento de que la acción desinteresada no es, en sí misma, garantía de éxito.

♂ ▲ El poder del ego para soportar el fracaso y mantener su naturaleza. **El poder del espíritu de soportar el fracaso y el shock.**

♇ ▽ La pérdida potencial de la inocencia por la desgracia, que en su extremo se puede manifestar como crimen o suicidio. **La pérdida potencial del espíritu a través del fracaso o el shock.**

Línea 2 • El existencialista

Devoción y dedicación al aquí y ahora.

☿ ▲ La perfección del intelecto a través de la concentración y enfoque en lo que es, en vez de en lo que podría ser o ha sido. **La inocencia del ser y su protección solo pueden ser mantenidas en el aquí ahora.**

♂ ▽ Una dedicación que nunca puede estar libre de motivos personales y de sus consiguientes proyecciones. **Una falta de inocencia en el presente que arriesga su protección al proyectarse.**

Línea 1 • Desinterés

Acción desmotivada.

♆ ▲ La universalización de la actividad. Armonía psíquica que es su propia recompensa. **El potencial para centrarse mediante la sintonización con los desafíos.**

☿ ▽ Una tendencia a anunciar el propio desinterés. **La inseguridad del ser se manifiesta en momentos de desafío.**

Puerta 26: El poder domesticador de lo grande • El egoísta

La maximización del poder de la memoria aplicado a alimentar la continuidad

Línea 6 • Autoridad

La natural obtención de influencia, justificada por la corrección de las acciones.

☉ ▲ La encarnación de la razón y del propósito que supera las pruebas del tiempo. **El ego poderoso cuya influencia está justificada por la corrección de sus acciones.**

☽ ▽ La autoridad como símbolo y foco, pero no necesariamente como una verdadera encarnación de ella. El monarca constitucional, desprovisto de poder real, pero todavía el símbolo de la continuidad de la autoridad. **La expresión del ego como un rol cuya influencia es simbólica y carece de autoridad.**

Línea 5 • Adaptabilidad

♂ ▲ La comprensión de las mecánicas y la aplicación de la energía para alcanzar el máximo potencial.

♀ ▽ **El poder de la memoria que maximiza el potencial del ego para atraer a otros.** Resistencia e insatisfacción cuando son necesarios cambios básicos en la naturaleza de las cosas. **La resistencia del egoísta a la adaptación.**

Línea 4 • Censura

La alteración de la memoria a través de la eliminación.

♇ ▲ La habilidad, a través de la censura, de salvar de sí misma a la colectividad. **El mantenimiento del poder del ego mediante el olvido.**

♄ ▽ El uso de la censura para mantener el statu quo; memoria selectiva por miedo a consecuencias incontrolables. **El poder del ego mantenido a través de la memoria selectiva.**

Línea 3 • Influencia

La habilidad para, una vez preparado, encontrar el apoyo necesario.

☉ ▲ La autoridad para concentrar y dirigir el esfuerzo comunal. **El poder del ego para reunir apoyos.**

♄ ▽ El liderazgo que, aun reuniendo el apoyo de los demás, subestimará las dificultades potenciales. **El egoísta incapaz de reconocer los retos que otros encarnan potencialmente.**

Línea 2 • Las lecciones de la historia

☉ ▲ La energía y profundidad de reflexión para aprender del pasado en previsión del futuro. **El poder del ego de madurar a través de la experiencia.**

♇ ▽ El afán de actuar a pesar de la evidencia de la historia. **El fracaso del ego al no respetar la experiencia.**

Línea 1 • Pájaro en mano

♆ ▲ La capacidad de disfrutar los sueños generados por las metas alcanzadas, lo que evita el autoengaño de posibilidades irrealizables. **El ego que trasciende las limitaciones soñando despierto.**

♂ ▽ Los logros como licencia para tomar riesgos temerarios. **La negativa del ego a darse por satisfecho.**

Puerta 27: La nutrición • El cuidado

El mejoramiento de la calidad y de la sustancia de todas
las actividades a través del cuidado

Línea 6 • Cautela
Una protección contra el abuso de generosidad.

☽ ▲ Un acercamiento práctico y realista a la nutrición y el cuidado, cuya adecuación está guiada por sentimientos e instinto. **El poder y la fuerza de ser realista en cuanto a las propias capacidades para nutrir y cuidar.**

♀ ▽ Una tendencia a ser excesivamente receloso. **El poder de las sospechas para limitar la expresión del cuidado.**

Línea 5 • El albacea
La habilidad de distribuir eficazmente los recursos de otros.

♃ ▲ O bien el agente dotado de principios y de la capacidad de distribución, o el sentido común y la capacidad para encontrar a semejante persona. **El poder y la fuerza para custodiar los bienes de otros.**

♄ ▽ Una naturaleza restrictiva que obstaculiza la distribución o la búsqueda de consejo y de ayuda. **La debilidad y el riesgo de perder la fuerza que restringen la capacidad de cuidar.**

Línea 4 • Generosidad
Compartir de manera natural la abundancia obtenida.

♃ ▲ Compartir magnánima y cualitativamente. El don de recompensar a los que lo merecen. **El poder y la fuerza para compartir generosamente.**

♂ ▽ El compartir indiscriminado. **La pérdida potencial del poder y de la fuerza por compartir indiscriminadamente.**

Línea 3 • Codicia
La obsesión de tener mucho más que lo que uno necesita.

♀ ▲ Aquí, la manifestación psicológica. La obsesión y dependencia de conocer lo que está oculto. El policía secreto. **El poder que se deriva de tener más de lo que uno necesita, sea esto sexual, mental o material.**

♂ ▽ Avaricia mundana y absolutamente carente de valores redentores; una codicia que inevitablemente incapacita y crea adicción. **El afán de poder que quiere más de lo que necesita.**

Línea 2 • Autosuficiencia
La ley obvia de que para dar hay que tener.

☽ ▲ La Madre. La gran nutridora. **La fuerza para nutrir y el poder de cuidar.**

♂ ▽ El niño que agota los recursos de otras personas. **La debilidad que puede socavar la fuerza y la energía de otros.**

Línea 1 • Egoísmo

☉ ▲ La primera ley, que emerge de los impulsos del ego, de cuidar de uno mismo, lo que no se hace necesariamente a expensas de otros. **El poder de cuidarse a uno mismo en primer lugar.**

⊕ ▽ La envidia y sus desgracias correspondientes. **La fuerza del egoísmo manifestada a través de la envidia.**

Puerta 28: La preponderancia de lo grande • El jugador

La transitoriedad del poder y de la influencia

Línea 6 • Halo de gloria
Sacrificio antes que capitulación a las leyes del deterioro.
♇ ▲ Regeneración y renovación a cualquier precio. **El empuje profundamente intuitivo para ganar, cueste lo que cueste.**
♆ ▽ Autodestrucción. **El miedo profundo e intuitivo a ser derrotado, y una desesperanza potencialmente profunda en tiempos de lucha.**

Línea 5 • Traición
El abuso de confianza.
♇ ▲ La manipulación de la colectividad que, mientras enemista a una facción contra la otra, no apoya o rechaza directamente a ninguna. **La capacidad intuitiva del jugador para provocar la lucha entre otros.**
☉ ▽ La ruptura de las alianzas con fuerzas de confianza, para alinearse con fuerzas más poderosas, con la consecuente desestabilización de la totalidad. **El reconocimiento intuitivo en tiempos de lucha para saber cuándo se deben romper las alianzas y conocer su efecto desestabilizador en otros.**

Línea 4 • Aferrarse
La capacidad de usar cualquier medio para seguir aferrándose.
♃ ▲ La aplicación del conocimiento para sacar provecho de las oportunidades y, en general, para el bien común. **La profunda intuición que en la lucha se optimiza y, con frecuencia, es de valor para otros.**
☿ ▽ La aplicación de la inteligencia para aferrarse, exclusivamente por interés propio. **Una profunda intuición que es obstinadamente egoísta en su capacidad de aferrarse.**

Línea 3 • Aventurismo
Correr riesgos innecesariamente.
♄ ▲ Un conservadurismo básico que, incluso en acciones aventuradas, mantiene la prudencia necesaria. **Precaución intuitiva en tiempos de lucha.**
♃ ▽ Aquí, una manifestación perversa de la expansividad de Júpiter, en la que el correr riesgos es racionalizado y el fracaso es seguro. **La racionalización intuitiva de los riesgos asumidos en tiempos de lucha.**

Línea 2 • Dando la mano al diablo
Alianzas desagradables.
☉ ▲ Un medio, no importa cuán desagradable, que está justificado por su fin. **Cuando el juego se convierte en lucha, la aceptación intuitiva de cualquier alianza con tal de ganar.**
♃ ▽ La ansiedad generada al sacrificar principios superiores sin que haya garantías de éxito. **El riesgo al sacrificar principios cuando no hay garantías para la victoria.**

Línea 1 • Preparación
♂ ▲ El deseo de ser eficaz que se manifiesta en la aplicación de energía al detalle. **La intuición para potencialmente aplicar energía al detalle.**
♀ ▽ La valoración estética de planes que pueden carecer de aplicación real. **Intuición para el detalle sin potencial para su aplicación.**

Puerta 29: Lo abismal • Perseverancia

Lo hondo dentro de lo hondo. La persistencia a pesar de las dificultades tiene sus inevitables recompensas

Línea 6 • Confusión
El estado que existe cuando el impulso del momento rebasa la conciencia.

♂ ▲ Dar palos de ciego, y dada la energía y determinación de Marte, a menudo suerte ciega. **El poder de perseverar en lo que no tiene sentido.**

♃ ▽ En la confusión, una tendencia a retirarse en vez de aceptar la situación y seguir perseverando. **El poder de ser cauto en la confusión en vez de decir que sí.**

Línea 5 • Sobreexcederse
La tendencia a morder más de lo que uno puede masticar.

☉ ▲ El Sol exaltado, donde el empuje está en el diseño y no guiado por la ambición. **El impulso incontrolable de decir que sí.**

⊕ ▽ Ambición fallida. **Decir que sí, sobreexceder los propios recursos y no poder perseverar.**

Línea 4 • Franqueza
La distancia más corta entre dos puntos es la línea recta.

♄ ▲ La sabiduría de usar el modo más directo y sencillo para resolver las dificultades. **El poder de comprometerse con el proceso más simple y directo.**

♀ ▽ La simplicidad y la franqueza consideradas demasiado a menudo como inarmónicas y estéticamente burdas. **La fuerza de la franqueza a menudo ofende a otros.**

Línea 3 • Evaluación
En este contexto, inacción adecuadamente evaluada.

♂ ▲ A pesar del afán y del precio de la inacción, el conocimiento de que, a veces, es mejor aplazar la lucha para otro día. **La fuerza para esperar.**

♃ ▽ La predilección por la retirada en principio, con poca consideración por su efecto. La incapacidad para el compromiso. **El poder de la precaución.**

Línea 2 • Valoración
La persistencia forjada por la precaución.

☉ ▲ El poder de mantenerse sirve como luz guiadora. **Decir que sí y tener fuerza para perseverar.**

♀ ▽ Una tendencia a ser excesivamente cauteloso cuando se percibe que la persistencia incrementa en vez de acabar con la desarmonía. **Precaución al decir que sí, cuando la perseverancia conduce a la desarmonía.**

Línea 1 • El recluta
La habilidad de adaptarse a la lucha cuando es necesario, pero no como un estado permanente.

♂ ▲ La naturaleza innata para aplicar la energía en tiempos de guerra y paz. **El poder de perseverar cuando es necesario, pero no en general.**

♆ ▽ Una profunda impresionabilidad, en la que la impronta dejada por los tiempos de lucha puede hacer extremadamente difícil la vuelta a las condiciones normales. **La indecisión para comprometerse basada en experiencias del pasado.**

Puerta 30: El fuego adherente • Sentimientos

La libertad reconocida como una ilusión
y la limitación reconocida como destino

Línea 6 • Imposición
La disciplina para mantener la acción correcta.

♂ ▲ La asertividad para purgar al inferior, mientras se acepta guiar al débil. **La fuerza para eliminar sentimientos negativos.**

☽ ▽ Una apacibilidad inherente que demasiado a menudo tolerará la presencia de fuerzas inferiores. **Falta de fuerza para eliminar sentimientos negativos.**

Línea 5 • Ironía
El reconocimiento y la dedicación a metas transitorias.

♃ ▲ La fuerza derivada de la experiencia y el conocimiento de que dos pasos adelante y uno atrás sigue siendo un paso adelante. **Cada sentimiento nuevo vuelve a traer uno viejo antes de que pueda tener lugar el progreso.**

♀ ▽ La rabia generada por la ironía de un proceso, la frustración por sus limitaciones, y el deseo de dar todo el proceso por zanjado. **La frustración y el enojo con los sentimientos del pasado traídos a la conciencia emocional con cada nueva experiencia.**

Línea 4 • Agotamiento
Un ritmo irrealista que atrae el infortunio.

♀ ▲ Una naturaleza hiperactiva y compulsiva que lleva todos los signos del agotamiento, pero que no necesariamente llega a él. A menudo, a través del análisis los resultados positivos son posibles. **Sentimientos que pueden conducir al colapso emocional debido a la intensidad de su energía.**

♃ ▽ La expansión incontrolable, con el inevitable reventón de la burbuja. **Sentimientos incontrolables y las explosiones emocionales consiguientes.**

Línea 3 • Resignación
La aceptación de lo que es.

♀ ▲ La conciencia y la manifestación de la ley de la regeneración. Las leyes del karma, la reencarnación y la resurrección. **El sentimiento de aceptar lo que es.**

♃ ▽ La tendencia, por su propio conocimiento, a provocar o a evitar la desesperación. **Los sentimientos, positivos o negativos, que vienen con la aceptación de lo que es.**

Línea 2 • Pragmatismo
El equilibrio entre extremos.

☉ ▲ La aplicación productiva de la energía sin sufrir desgaste. **El individuo que no derrocha su energía con los sentimientos.**

♂ ▽ La agresividad excesiva que se exaspera contra las limitaciones. **Los sentimientos que exigen recibir energía.**

Línea 1 • Compostura
El equilibrio ante el desorden.

☉ ▲ La maximización de las limitaciones en todos los casos. **La estabilidad a través de los sentimientos, no importa en qué situación.**

♃ ▽ La habilidad de mantener la compostura, pero a costa del progreso. **Equilibrado a través de los sentimientos, pero incapaz de desprenderse de ellos.**

Puerta 31: La influencia • Liderar

La ley de la fricción, sea activa o pasiva, que genera transferencia
y, por consiguiente, influencia

Línea 6 • Aplicación

☉ ▲ Acciones que se corresponden con las palabras y, por ende, garantizan el éxito. **El liderazgo cuya expresión y acción deben ser una misma cosa.**

☽ ▽ Una superficialidad en la aplicación que raya en la hipocresía y que es, justificadamente, tratada en consecuencia. **La hipocresía de liderar con palabras, pero no con acciones.**

Línea 5 • Fariseísmo

La carencia de influencia externa asegurada por la actitud.

♀ ▲ Una especialización natural que solo se desarrolla en el aislamiento. Sin embargo, cuando el desarrollo ha terminado, la extremadamente difícil y generalmente imposible tarea de exteriorizar la influencia. **Una especialización que exige que uno sea su propio líder.**

☽ ▽ Un enfoque profundo en la experiencia personal, que se basta a sí misma y carece de ambición externa. **La ausencia de ambición, con la que uno está satisfecho con ser su propio líder.**

Línea 4 • Motivación

El éxito de la influencia se basa en cómo es percibida.

☽ ▲ El reconocimiento público de una influencia nutridora y protectora. **Reconocimiento positivo externo de la propia capacidad de liderazgo.**

♂ ▽ El autoengrandecimiento y el intento de manipulación percibidos. **La proyección negativa externa de la propia capacidad de liderazgo.**

Línea 3 • Selectividad

☉ ▲ La habilidad de valorar y elegir cuidadosamente la influencia apropiada, y de ajustar el comportamiento conforme a ello. **La capacidad para liderar realzada por la asociación con las influencias apropiadas.**

♃ ▽ Una selección cualitativa, con el riesgo de un entusiasmo excesivo que puede conducir a la humillación. **El impulso de liderar que aceptará cualquier seguidor y los riesgos consiguientes.**

Línea 2 • Arrogancia

Acción independiente sin guía.

♃ ▲ Dedicación a principios superiores que no pueden esperar al consenso. **El liderazgo que no puede esperar al consenso.**

☿ ▽ Una arrogancia razonada que, en momentos de tensión nerviosa, se precipita con la pistola y, a menudo, yerra el tiro. **El impulso para la expresión que no sabe esperar y que puede costar el liderazgo.**

Línea 1 • Manifestación

La influencia no puede existir en el vacío.

☉ ▲ El Sol no puede abstenerse de emitir su luz y, por tanto, su influjo sobre toda vida. **La expresión natural de liderazgo.**

⊕ ▽ La absorción de la luz, que en la oscuridad únicamente puede prometer su manifestación. **La expresión no natural del liderazgo.**

PUERTA 32: LA DURACIÓN • CONTINUIDAD

Lo único que perdura es el cambio

Línea 6 • Tranquilidad

La necesidad de afrontar la transitoriedad con calma.

♇ ▲ Una aceptación subyacente del cambio que puede, o no, llevar a la tranquilidad. **La conciencia instintiva para aceptar el cambio y la transformación.**

♆ ▽ La transitoriedad de todo como prueba de que nada tiene sentido, con sus manifestaciones negativas consiguientes: depresión, autoengaño, y en caso extremo, autodestrucción. **El miedo engendrado cuando el cambio se experimenta como transitoriedad, con un potencial para la depresión.**

Línea 5 • Flexibilidad

La fácil adaptación a las circunstancias.

☽ ▲ La Luna exaltada. Donde la superficialidad es un valioso instrumento que, a la vez que encubre la luz interior, permite adaptarse a las condiciones prevalecientes. **Un instinto para adaptarse en tiempos de cambio.**

♂ ▽ El afán de expresarse, de manera directa y a menudo violenta, rechazando la conformidad. **El potencial del instinto de rechazar la adaptación y la conformidad en tiempos de cambio.**

Línea 4 • La razón es la fuerza

♃ ▲ Incluso en tiempos de cambio, perduran ciertos principios subyacentes. **El instinto de mantener los propios principios en tiempos de cambio.**

♄ ▽ Donde Júpiter establece la acción correcta en el ámbito social más amplio, Saturno lleva a la fuerza interior y persistencia, mientras no se vea amenazado desde el exterior. **El instinto de mantener los principios personales mientras la seguridad personal no se vea amenazada.**

Línea 3 • Falta de continuidad

☿ ▲ Indecisión y reevaluación constante, que solo se sobrelleva debido a su inteligencia básica. **Indecisión en momentos de transformación.**

♃ ▽ El exceso de confianza en patrones tradicionalmente legitimados, que en tiempos de cambio pueden estar fuera de lugar y llevar a sufrir humillaciones inesperadas. **La falta de instinto en tiempos de transformación.**

Línea 2 • Restricción

♀ ▲ El control del poder en beneficio y realce de la armonía. **El potencial para la transformación que puede ser beneficioso para otros.**

♃ ▽ Una tendencia en la frustración, particularmente en posiciones de poder, al retraimiento social en vez de al control persistente. **La frustración con los controles y el ser controlado.**

Línea 1 • Conservación

☉ ▲ El respeto y la atención vivificantes a todos los aspectos de un proceso. **El potencial para desarrollar el instinto mediante la atención detallada a un proceso.**

♂ ▽ El afán incontrolable de saltarse pasos esenciales, lo que conduce a la interrupción de la continuidad. **El miedo a la falta de potencial y la correspondiente falta de atención.**

Puerta 33: La retirada • Privacidad

La retirada activa y la transformación de una posición
débil en una fuerza

Línea 6 • Disociación
La habilidad de dejarse ir.

☉ ▲ La voluntad de concentrarse en la revitalización y de no dejarse detener por recriminaciones persistentes. **La habilidad de dejarse ir en la retirada, de disfrutar la privacidad.**

♃ ▽ La habilidad de librarse del marco de acción que precipitó la retirada, dejando dudas tortuosas que impiden la revitalización. **La incapacidad de dejarse ir totalmente.**

Línea 5 • Oportunidad del momento

♀ ▲ Tan importante como aprovechar el momento adecuado es la habilidad de mantener en secreto las propias intenciones mientras sea conveniente. **La habilidad de mantener en secreto las propias intenciones.**

♃ ▽ La tendencia a querer que otros participen en la selección del momento adecuado, lo que puede llevar a la confusión. **Careciendo del sentido del momento apropiado, compartir el secreto con otros prematuramente, con la confusión resultante.**

Línea 4 • Dignidad
La retirada sin tumultos.

♀ ▲ La fe subyacente en la resurrección, que convierte la retirada en una oportunidad de renovación y regeneración. **La retirada saludable para la regeneración.**

♆ ▽ Sin la luz guiadora de la resurrección, la disolución inevitable que conduce a la degeneración. **La retirada forzada, e incapaz de ver sus cualidades regeneradoras.**

Línea 3 • Espíritu
La actitud que convierte la retirada en una victoria.

♃ ▲ La retirada responsable y con principios, basada en la preservación, pero con la determinación de perseverar. **La privacidad como camino al éxito.**

♂ ▽ Falta de responsabilidad en la retirada. Quemar las naves. **Un deseo de privacidad que abortará sus relaciones, a menudo de manera abrupta.**

Línea 2 • Rendición

♃ ▲ El reconocimiento de que rendirse a fuerzas superiores puede ser una oportunidad para expandir las propias fuerzas y finalmente triunfar. **Aceptar las fuerzas poderosas para sentar las bases del éxito futuro.**

♆ ▽ A diferencia de la rendición razonada y calculada de arriba, una rendición más profunda y personal. La sensación de que la postura original propia era una equivocación, y la impresionabilidad que convierte a la fuerza en razón. **La aceptación pública de las fuerzas poderosas, y en privado, un resentimiento por su poder.**

Línea 1 • Evitación

☉ ▲ La sabiduría, en una posición débil, de reconocer que la supervivencia exige una retirada total. **Retirarse cuando uno percibe que está en una posición débil.**

♂ ▽ Donde la valentía es pura necedad. **Incapacidad de retirarse al ser abrumado por estímulos.**

PUERTA 34: EL PODER DE LO GRANDE • PODER

El poder solo es grande cuando su despliegue o uso sirve al bien común

Línea 6 • Sentido común
Saber cuándo es suficiente.

⊕ ▲ La sensatez, cuando uno ha mordido más de lo que puede masticar, de escupir parte de ello. **La restricción en el despliegue de poder cuando uno no tiene la fuerza para mantenerlo.**

♃ ▽ El entusiasmo que eclipsa el buen juicio, e invariablemente conduce a complicaciones. **La falta de restricciones que puede agotar las propias fuerzas.**

Línea 5 • Aniquilación
La eliminación de toda resistencia.

♂ ▲ El poder de destruir totalmente, y una vez hecho esto, la habilidad de transferir el poder a propósitos normales. **La resistencia a desplegar el poder a menos que sea necesario.**

☽ ▽ La dificultad para abandonar las estructuras que ayudaron a combatir la resistencia. Las fases de la Luna como símbolo de la sensación de que nada puede ser destruido para siempre. **La incomodidad de necesitar desplegar poder a todas horas.**

Línea 4 • Triunfo
La libertad, cuando la victoria es absoluta, para el uso ilimitado del poder.

♇ ▲ Una tendencia en la victoria a restringir los excesos del poder, favoreciendo así estilos más encubiertos y sutiles. **La confianza inherente para usar el poder con sutileza.**

♂ ▽ La gratificación del ego al usar ilimitada e impunemente el poder, conduciendo inevitablemente al abuso. **Falta de confianza que puede llevar al abuso de poder.**

Línea 3 • Machismo
El despliegue indiscriminado de poder.

♄ ▲ El gran maléfico, en el que desgraciadamente el machismo está sustentado por el poder. Esto solo es una exaltación en el sentido de que es natural y no fingido. **El despliegue de poder que define cualquier rol.**

☿ ▽ Un despliegue razonado y calculado. El fomento de la desinformación. **El despliegue calculado de poder para definir cualquier rol.**

Línea 2 • Impulso

♂ ▲ La habilidad de no perder la perspectiva cuando la victoria está a la vista. **El poder que crece cuando la victoria está a la vista.**

♀ ▽ La tendencia a ser arrastrado emocionalmente por el olor de la victoria. **El poder para el crecimiento limitado por la impaciencia.**

Línea 1 • El matón
El uso indiscriminado de poder.

♄ ▲ En el mejor de los casos, recurrir al poder como manifestación de la frustración. **La energía para desplegar el poder como respuesta a la frustración.**

♇ ▽ El castigo merecido, que es el destino inevitable de todos los matones. **El riesgo siempre presente de la represalia al despliegue de poder.**

Puerta 35: El progreso • Cambio

Por diseño, el progreso no puede existir en un vacío
y es dependiente de la interacción

Línea 6 • Rectificación
La energía para corregir.

♄ ▲ El proceso de cristalización unido a la ambición, lo que asegura una corrección efectiva en el momento adecuado. **El cambio progresivo que resulta de la corrección.**

♂ ▽ Una tendencia destructiva que en su aplicación personal puede tener la severidad necesaria para asegurar la corrección, pero que, al ser aplicada por regla general, se topará con resistencias y tenderá a empeorar en vez de a rectificar las situaciones. **La corrección que trae el cambio usando la severidad e incluso la destrucción, y siempre topará con resistencias.**

Línea 5 • Altruismo
El sacrificio del progreso personal por el de la comunidad.

☿ ▲ Los principios de la interacción y de la armonía comunicados con éxito para el beneficio de la totalidad. **La comunicación progresista que puede traer cambios beneficiosos para la totalidad.**

♃ ▽ Júpiter en detrimento. Aunque en general altruista y cooperativo, el lamento de que en la interacción se haya perdido una mayor expansión personal. **Comunicación progresiva, pero siempre con la sensación de haber sacrificado el progreso personal.**

Línea 4 • Hambre
El insaciable apetito de progreso.

☽ ▲ Menos severo. Simbolizado por las fases de la Luna, el afán puede ser obsesivo cuando la Luna está llena, pero así como la Luna decrece, la obsesión disminuye. El cambio por el cambio mismo. **El afán disminuye con la edad.**

♂ ▽ El abuso de una posición para acumular beneficios, con el inevitable y justo castigo que viene de aquellos injustamente despojados. **El afán de progreso que al final ofenderá a alguien y llevará a recriminaciones.**

Línea 3 • Colaboración
La totalidad es mayor que la suma de sus partes.

♃ ▲ El estímulo benéfico de otros, que expande tanto el bien personal como el de la comunidad. **La habilidad de traer cambios progresivos a la vida de otros.**

☉ ▽ La necesidad de ser el centro que ignora la importancia de los demás. **La necesidad de ser el centro del progreso.**

Línea 2 • Bloqueo creativo
La falta de inspiración que detiene el progreso.

♀ ▲ La armonía con los caprichos de las musas, y el reconocimiento de que la creatividad es como las mareas que suben y bajan. **La creatividad y la musa siempre vienen y van.**

☽ ▽ La necesidad de pasar a la acción, no importa cuán mundana, para superar la sensación de vacío. Las acciones carentes de inspiración no apoyan el progreso. **La necesidad de cambio y el miedo al estancamiento.**

Línea 1 • Humildad
La habilidad de aceptar el rechazo.

♀ ▲ El artista que acepta el rechazo como parte del proceso. **La aceptación del cambio y del rechazo como parte del proceso.**

♆ ▽ Una reacción autodestructiva ante el rechazo. Pérdida de valor y de autoestima. **El cambio y el rechazo como una humillación.**

PUERTA 36: EL OSCURECIMIENTO DE LA LUZ • CRISIS

La ley de los ciclos, en la cual el declive es un estado natural, pero no persistente

Línea 6 • Justicia

La supervivencia inevitable de la justicia.

♃ ▲ El conocimiento y la fe resultante en que los poderes de la oscuridad acaban por destruirse a sí mismos. «A los que los dioses desean destruir, primero los hacen enloquecer.» **La corrección de la crisis cuando surge de sentimientos puros.**

♄ ▽ Un profundo pesar y cinismo que no se ve disminuido por el conocimiento de que la oscuridad se autoaniquila. **La pena o el cinismo que surgen al ver que, a pesar de la adecuación de los sentimientos, la crisis siempre se produce.**

Línea 5 • El submundo

♇ ▲ Supervivencia perfecta cualesquiera que sean las condiciones. **La inmunidad a las crisis tanto como generador como superviviente.**

☿ ▽ Un nerviosismo que puede traicionarse a sí mismo. **El nerviosismo que se traiciona a sí mismo en tiempos de crisis.**

Línea 4 • Espionaje

♇ ▲ La habilidad de prever y de prepararse para el declive mediante la acumulación de información secreta o privilegiada. **La comprensión de que el conocimiento oculto y esotérico es necesario si uno quiere estar preparado para la crisis y el cambio.**

☽ ▽ La tendencia, al reconocer las fuerzas de la oposición, a aceptar la inevitabilidad del declive, y en vez de oponer resistencia, ofrecer los propios servicios como garantía de supervivencia. El doble agente. **El conocimiento de la crisis que está disponible por un precio.**

Línea 3 • Transición

El punto en el que el declive ha agotado su poder.

♇ ▲ La habilidad de establecer un nuevo orden con las cenizas del viejo. **La profundidad emocional para superar la crisis y aceptar gustosamente el cambio.**

♃ ▽ La tendencia, en la renovación, a querer integrar los remanentes del viejo orden en el nuevo, con el riesgo de que se alce contra el orden nuevo una vez haya recuperado sus fuerzas. **La aceptación del cambio, pero con sentimientos que no dejan soltar el pasado.**

Línea 2 • Apoyo

Asistencia a otros en tiempos de declive.

♆ ▲ La aplicación de la imaginación a proyectos que benefician a otros. **Los sentimientos que pueden beneficiar a otros en tiempos de crisis.**

☽ ▽ La asistencia más práctica e individual, pero solo cuando es inevitable, no como principio general. **La asistencia selectiva en tiempos de crisis.**

Línea 1 • Resistencia

♂ ▲ La energía y determinación para perseverar frente a la oposición. **El poder emocional para manejar las crisis.**

♃ ▽ Una resistencia demasiado basada en principios que, en vez de ser selectiva en su resistencia y, por tanto, correr menos peligro, mantendrá los patrones usuales y provocará la oposición. **Una resistencia al cambio que siempre acarreará la crisis.**

Puerta 37: La familia • Amistad

La manifestación macro y microcósmica de la naturaleza orgánica
de las comunidades

Línea 6 • Propósito
La energía para mantener la familia se incrementa al reconocer sus valores.

♀ ▲ El don, no solo de reconocer el significado interno de la familia, sino también un aprecio de sus valores. **La posibilidad de expandir las amistades mediante el aprecio de su valor.**

☿ ▽ Una necesidad de diversidad que podría ignorar los logros de la familia en pro de la retirada. **La necesidad de diversidad que, a pesar del aprecio, preferirá las amistades casuales.**

Línea 5 • Amor
Natural devoción a la familia, libre de amaneramientos.

♀ ▲ Armonía natural y compartir perfecto. **La armonía natural y el compartir posibles a través de la amistad.**

♂ ▽ La dependencia emocional que con frecuencia transforma el amor en odio. **La posibilidad de que la dependencia convierta el amor en odio.**

Línea 4 • Liderazgo por el ejemplo
Cualquier miembro de la familia puede tomar el rol de guía, mediante un comportamiento ejemplar.

☽ ▲ La manifestación de los principios más elevados en asuntos prácticos y cotidianos. **La posibilidad de que los principios superiores en todas las relaciones resulten en un rol de liderazgo.**

♄ ▽ Un conservadurismo que generalmente solo acepta el liderazgo del padre, quien puede ser, o no, un valioso modelo de conducta. **La posibilidad de ser insensible al liderazgo de cualquiera que no sea aceptado por la tradición.**

Línea 3 • Imparcialidad
El éxito de cualquier grupo depende de mantener el orden.

♃ ▲ La habilidad de juzgar cuál es el comportamiento más apropiado, y de reaccionar de manera equilibrada ante las transgresiones. **La posibilidad de tener la sensibilidad para saber cuál es el comportamiento más apropiado en una relación.**

♂ ▽ La tendencia irónica a poner a prueba los límites de la aceptabilidad, o bien a responder con severidad a esta misma tendencia en los demás. **La posible falta de sensibilidad al comportamiento más apropiado.**

Línea 2 • Responsabilidad
♃ ▲ La comprensión del principio de la responsabilidad individual como fundamento para la cooperación exitosa. **La posibilidad de la amistad a través de la responsabilidad individual.**

☿ ▽ Una tendencia a señalar las responsabilidades de los demás. **La posibilidad de que la amistad conduzca a señalar las responsabilidades de los demás.**

Línea 1 • La madre / el padre
Una posición de respeto inherente que asegura un foco para el desarrollo de líneas maestras.

♀ ▲ La armonía es la clave para mantener relaciones con éxito. La belleza y los valores de la familia solo pueden perdurar a través de la armonía. **La amistad que está enraizada en la sensibilidad y asegura la armonía. Sin polaridad.**

▽ Ningún planeta en detrimento.

PUERTA 38: LA OPOSICIÓN • EL LUCHADOR

La capacidad de preservar la integridad individual mediante la oposición a fuerzas perjudiciales

Línea 6 • Malentendido

La oposición que carece de base.

♄ ▲ La cristalización eventual que aclara los malentendidos. **La energía que atrae el malentendido, y la obstinación para enfrentarse a la oposición.**

⊕ ▽ El reconocimiento de que en la raíz de la oposición reside el malentendido, pero insistiendo en que se trata del malentendido de las fuerzas oponentes. **Aunque el malentendido está en la raíz de la lucha, la energía de la obstinación insiste en mantener la propia postura.**

Línea 5 • Alienación

Una fase de la oposición en la que uno está totalmente aislado.

♄ ▲ La ambición y concentración para perdurar. **La energía necesaria para luchar obstinadamente solo.**

♇ ▽ Alienación experimentada como doloroso confinamiento y que, por su propia naturaleza, nos ciega a la posibilidad de que, en algún momento, podría venir alguien dispuesto a ayudarnos. **La energía de la obstinación es tan poderosa que es difícil reconocer que hay otros dispuestos a ayudarnos en tiempos de lucha.**

Línea 4 • Investigación

El análisis que fortalece la oposición.

♇ ▲ El detective que desarrolla, o el informador que acepta, una oposición común cuyo éxito solo puede estar basado en la confianza mutua. **La energía para reconocer quién puede ser útil en tiempos de lucha.**

♂ ▽ La agresividad en la oposición que perjudica la investigación y limita la fiabilidad. **El poder de la adrenalina para provocar agresividad.**

Línea 3 • Alianza

☉ ▲ La habilidad de mantenerse mediante la integración con fuerzas similares, asegurando así la vitalidad para perseverar. **La energía para integrarse con otros en tiempos de lucha.**

⊕ ▽ Alianza interesada que debilita la energía de los compañeros para asegurar la vitalidad personal. **La energía para usar a otros egoístamente en tiempos de lucha.**

Línea 2 • Cortesía

La oposición que no viola los códigos de comportamiento normales.

♇ ▲ El valor de la discreción. **La energía para la conciencia intuitiva a través de la discreción.**

☽ ▽ Una cortesía exagerada que, siendo servil y obviamente superficial, frustra sus propias intenciones. **La energía para la cortesía exagerada en tiempos de lucha.**

Línea 1 • Cualificación

Moderar la oposición basándose en las circunstancias.

♆ ▲ Una sintonización psíquica que garantiza la acción correcta. **El don psíquico de saber cómo y cuándo luchar.**

♂ ▽ La tendencia a oponerse como norma general. **El impulso de luchar como norma general.**

Puerta 39: El impedimento • Provocación

El valor del impedimento está en que provoca el análisis,
la valoración y la reevaluación

Línea 6 • El solventador
El don natural para resolver los problemas.

☽ ▲ El sentido práctico y la habilidad para guiar y nutrir a otros. **La energía para provocar el espíritu de otros al intentar resolver sus problemas.**

♂ ▽ El dominio del ego que generalmente abusa de sus dones para el engrandecimiento y la ambición personales en vez de para el beneficio de los demás. **El afán emocional de dominar que provoca a otros.**

Línea 5 • Resolución
La rara habilidad de rodear un obstáculo en vez de superarlo.

♆ ▲ La imaginación para establecer nuevos patrones que hacen que el obstáculo sea irrelevante. **La imaginación para provocar al dejar a un lado los obstáculos.**

♂ ▽ Simple tozudez. Aunque menos exaltado, a menudo puede conducir al éxito y reunir apoyo por su mera determinación. **La energía para provocar a través de la terquedad.**

Línea 4 • Templanza
Evaluación y consideración cuidadosas antes de pasar a la acción.

☽ ▲ La importancia de los sentimientos y los instintos para determinar el momento adecuado. **La energía para provocar exactamente en el momento adecuado.**

☉ ▽ La creencia equivocada en que la voluntad basta para superar cualquier obstáculo, a pesar de las circunstancias. **La energía para provocar que ignora las circunstancias.**

Línea 3 • Responsabilidad
La evitación de confrontar obstáculos si el fracaso pone en peligro a terceros.

♃ ▲ El gran benéfico cuya primera consideración es para el marco de acción más amplio. **La energía para provocar a través del autosacrificio.**

⊕ ▽ Con frecuencia, la desastrosa suposición de que otros corren más peligro si no se confronta un obstáculo. **La energía para provocar mediante la negativa a sacrificarse.**

Línea 2 • Confrontación

☽ ▲ Acometer los obstáculos instintiva y directamente. **La energía para provocar a través de la acometida directa.**

♃ ▽ El principio de preservación que nos tienta a bordear un obstáculo que debería ser abordado directamente. **La incomodidad emocional cuando la arremetida directa es esencial.**

Línea 1 • Desasimiento

♂ ▲ La determinación, al afrontar obstáculos, de retirarse aunque solo sea temporalmente. **La energía para provocar rehuyendo confrontar los obstáculos.**

☿ ▽ Desasimiento, con la resultante indecisión acerca de cuándo reengancharse. El rechazo a confrontar obstáculos sin la capacidad de saber cuándo asociarse. **Esta indecisión es también una provocación.**

Puerta 40: La liberación • Soledad
El punto de transición entre la lucha y la liberación

Línea 6 • Decapitación
La necesaria destrucción de las fuerzas inferiores en puestos de poder antes de que la liberación pueda tener lugar.

☉ ▲ La autoridad, unida a la magnanimidad, para destituir del poder solo a aquellos que merecen un tratamiento tan drástico. **El poder y la autoridad del ego para expulsar a individuos en legítima defensa del grupo.**

⊕ ▽ Ejemplificada por el terror de la Revolución francesa, en la que la idea de quién merecía castigo fue cruelmente extendida a toda una clase social. **La distorsión del ego con el poder y la autoridad.**

Línea 5 • Rigidez
El reconocimiento de que, para alcanzar la liberación, todas las fuerzas negativas deben ser rechazadas.

♅ ▲ El revolucionario que exige una victoria absoluta. **El poder del ego se mantiene con el rechazo de las relaciones negativas.**

⊕ ▽ Una tendencia en la revolución a aceptar una cierta cantidad de desviación necesaria, suponiendo que se podrá purgar con éxito más adelante. **La debilidad del ego que, en su soledad, mantiene en vez de rechazar las relaciones negativas.**

Línea 4 • Organización

♅ ▲ El poder de transformar y el intelecto intuitivo para seleccionar y organizar, con el propósito de mantener la liberación. **El poder del ego, al estar organizado y activo, para mantener las distancias.**

♂ ▽ Un empeño incontrolable que ignora la calidad de los apoyos prefiriendo la cantidad, lo que a largo plazo puede desestabilizar la liberación. **El fortalecimiento del ego a través de la capacidad de organizar a otros.**

Línea 3 • Humildad
Un modo calculado en la liberación que evita atraer la atención de fuerzas negativas.

♀ ▲ La sutileza de disfrutar la liberación sin hacer ostentación de ella. **La capacidad del ego de evitar las fuerzas negativas aunque esto signifique estar solo.**

♂ ▽ El ego arrogante que exige atención y la recibe. **La capacidad del ego de exigir atención.**

Línea 2 • Resolución

☉ ▲ El poder y la autoridad en la liberación para deshacerse de una vez por todas de las cualidades que impedían liberarse. **El poder, a través de la soledad, de reconocer la importancia y el potencial efecto perturbador de los demás.**

☽ ▽ Una apacibilidad natural que, en la liberación, puede simpatizar con las fuerzas que impedían la liberación e intentar nutrirlas. **La capacidad de la soledad para cegar al ego con respecto al posible efecto desestabilizador de otros.**

Línea 1 • Recuperación

☉ ▲ La capacidad de relajarse y de disfrutar de los frutos de la propia labor. **La fortaleza del ego para disfrutar la soledad.**

☽ ▽ La Luna nunca está quieta. **El ego incómodo al estar demasiado tiempo solo.**

Puerta 41: La disminución • Contracción

La limitación de los recursos que maximiza el desarrollo del potencial

Línea 6 • Contagio

La ley de que la maximización del potencial no solo acaba con el decrecimiento, sino que semejante trascendencia beneficia inevitablemente a los demás.

♄ ▲ La maximización del potencial de la forma. El padre cuyo éxito beneficiará a sus hijos. **El combustible para el reconocimiento a través de los sentimientos.**

♇ ▽ La tendencia en la trascendencia a mantenerla en secreto por miedo a ser privado de sus ventajas especiales. **El combustible para los sentimientos secretos o reprimidos.**

Línea 5 • Autorización

El reconocimiento externo del propio potencial, a pesar de las limitaciones.

♂ ▲ El valor de la energía cuando es canalizada debidamente. **El combustible para los sentimientos canalizados debidamente, a pesar de las limitaciones.**

♀ ▽ Una persistente insatisfacción con la limitación, que impide el desarrollo incluso al recibir asistencia. **Las limitaciones activan el combustible para los sentimientos negativos.**

Línea 4 • Corrección

La adaptación exitosa a la limitación.

⊕ ▲ La supervivencia de los más capaces y su eventual florecimiento. **La energía para la adaptación, y un profundo sentimiento para la supervivencia.**

♀ ▽ El gasto de energía para mantener relaciones, en vez de para la corrección. En tiempos de decrecimiento, hay que evitar las asociaciones débiles, no importa lo atractivas que sean. **La energía que fomenta aferrarse a los sentimientos en vez de la adaptación.**

Línea 3 • Eficiencia

En tiempos de merma, el egoísmo está justificado.

♄ ▲ La ambición material y la disciplina para luchar solo. **La energía que alimenta el sentimiento de ambición personal.**

☽ ▽ La asistencia instintiva, admirable, pero en este caso desencaminada, donde dos agotarán los recursos el doble de rápido que uno solo. **La energía que alimenta el sentimiento de compartir.**

Línea 2 • Precaución

Humanismo moderado por el pragmatismo.

♄ ▲ Una naturaleza conservadora que no arriesga su propia seguridad al ayudar a otros. **Energía para los propios sentimientos, pero no para los ajenos.**

♂ ▽ Un deseo de reconocimiento que deja de lado toda precaución, derrochando recursos valiosos para obtener solo ganancias temporales. **La energía para el despliegue de los sentimientos en busca de reconocimiento.**

Línea 1 • Sensatez

La delegación apropiada de la responsabilidad.

♆ ▲ La imaginación para, de muy poco, sacar lo mejor de lo mejor. **Aplomo, con el que la energía para liberar sentimientos es selectiva.**

☿ ▽ La tendencia del entendimiento a asumir la capacidad propia, lo que puede conducir a la tensión. **El acalorado; la prisa por dar rienda suelta a los sentimientos.**

Puerta 42: El aumento • Crecimiento

La expansión de los recursos que maximiza el desarrollo
de todo el potencial

Línea 6 • Nutrir

☽ ▲ Nutrir a otros natural e instintivamente. **El poder de compartir el proceso de crecimiento con otros.**

♄ ▽ Un materialismo restrictivo y maléfico que es autoalienante y atrae la agresión. **La negativa a compartir los beneficios del crecimiento con otros.**

Línea 5 • Autorrealización

☉ ▲ La satisfacción y realización del propósito como camino natural, cuya recompensa no son el poder y la influencia que siguen naturalmente, sino una saludable autoestima. **El crecimiento que se realiza a sí mismo y conduce naturalmente a la influencia.**

♀ ▽ La autorrealización como una experiencia estrictamente interior que puede requerir o resultar en una naturaleza recluida. **Crecimiento interior que fortalece la reclusión.**

Línea 4 • El mediador

☽ ▲ La manifestación de la quintaesencia del mediador. **La madurez para traer el crecimiento mediante la mediación.**

♀ ▽ Donde el don de establecer y de mantener relaciones es inapropiado para actuar como mediador en esta posición, en la que la armonía debe ceder lugar al pragmatismo. **Falta de madurez, que hace que la necesidad de armonizar distorsione la mediación y limite el crecimiento.**

Línea 3 • Prueba y error

En tiempos de aumento, los errores son una parte natural del proceso.

♂ ▲ La energía y aserción para transformar los errores en ventajas. **El poder de aceptar los errores como parte del crecimiento.**

☽ ▽ Un humor cambiadizo que, al errar, puede sucumbir a la obsesión y tomar precauciones innecesarias. **Los errores fortalecen la precaución y los cambios de humor.**

Línea 2 • Identificación

☉ ▲ El reconocimiento y el aprovechamiento perspicaz de las corrientes de moda. **El poder para el crecimiento mediante la participación en las corrientes de moda.**

♀ ▽ Un retiro motivado por el ascetismo en tiempos de cambio progresivo. **El crecimiento que se detiene como reacción a los cambios y a las modas.**

Línea 1 • Diversificación

☉ ▲ La habilidad, cuando se dispone de recursos excedentes, de expandir las actividades propias más allá de su ámbito normal. **El crecimiento mediante la expansión, particularmente cuando está definido a la Raíz.**

♀ ▽ La tendencia, cuando se dispone de recursos excedentes, a malgastarlos. Decadencia. **Demasiada expansión puede conducir a la decadencia.**

Puerta 43: La resolución • Visión interna

Para que los logros puedan ser mantenidos, un nuevo orden debe ser establecido con firmeza

Línea 6 • La resolución

☉ ▲ La realización y la centralización que, en la resolución, establecen naturalmente un nuevo orden, tanto interior como exterior. **El saber único que es valioso tanto individual como colectivamente.**

♂ ▽ La tendencia del ego a querer justificar sus atributos inferiores y retenerlos en el nuevo orden. **Donde el valor del saber es más importante que otros aspectos de la vida.**

Línea 5 • Progresión

☽ ▲ La adaptación, paso a paso, a las relaciones que impedían la resolución, mediante acciones prácticas que no ponen en peligro el éxito eventual. **El don de saber cuándo una visión interior única puede ser compartida eficazmente con otros.**

♀ ▽ Una tendencia a concentrarse en armonizar las relaciones, lo que no favorece la resolución, sino que fortalece los impedimentos. **Un exceso de confianza en la receptividad de los demás que convierte la armonía en el condicionante de la expresión individual.**

Línea 4 • La mente de piñón fijo

☿ ▲ La confianza excesiva y la obstinación con las propias habilidades mentales ante obstáculos recurrentes. Este diseño, dados los dones mentales de Mercurio, puede, aunque raramente, alcanzar el éxito. **Una confianza obstinada en los propios dones mentales que requiere una habilidad mental centrada para ser conceptualizada adecuadamente.**

♃ ▽ La creencia en la acción correcta inherente, basada en conocimientos limitados que rechazan el buen consejo. **La vanidad de buscar la expresión sin profundidad.**

Línea 3 • Conveniencia

♇ ▲ El poderoso impulso para la regeneración que, cuando la resolución se ve amenazada, usará cualquier medio, se alineará con cualquier fuerza y resistirá cualquier condena, para alcanzar la meta. **Una certidumbre en el saber que puede soportar el reproche.**

☽ ▽ Una hipersensibilidad al reproche que puede imposibilitar beneficios justificados, y así conducir al fracaso. **El abandono de la visión interior por temor al reproche.**

Línea 2 • Dedicación

♇ ▲ El mantenimiento de actitudes específicas que promueven la resolución. **Hábitos mentales y procesos de pensamiento únicos que promueven la visión interior.**

☽ ▽ Una predisposición para la acción que, cuando la realización está a la vista, puede volverse imprudente. **El afán de expresión que abandona sus procesos normales cuando surge una oportunidad.**

Línea 1 • Paciencia

♇ ▲ El reconocimiento de que no se puede establecer un nuevo orden hasta que hayan sido eliminadas las resistencias. **La profundidad necesaria para dar forma a una visión individual.**

♀ ▽ La impaciencia por disfrutar de la dulzura del logro, lo que inevitablemente deja un amargo sabor de boca. **Un deleite en la visión, pero falta de profundidad para establecerla.**

PUERTA 44: IR AL ENCUENTRO • ESTAR ALERTA

El éxito de cualquier interacción se basa en la ausencia de todo tipo de precondiciones

Línea 6 • Desapego

♇ ▲ Una renovación perfecta en la que el establecimiento de una nueva forma te curte para aguantar la condena de los rechazados. **La conciencia de los patrones que asegura el bienestar personal instintivo.**

⊕ ▽ Intolerancia y arrogancia con el común de los mortales. **La conciencia de los patrones que puede afianzar el ego a costa del bienestar de otros.**

Línea 5 • Manipulación

♅ ▲ La habilidad de transformar la interacción con elementos inferiores en fomento del proceso progresivo, con el beneficio adicional de que, a pesar de su aportación, los elementos inferiores permanecen débiles. **Donde el reconocimiento instintivo de los patrones lleva a la posible manipulación de otros.**

♂ ▽ La tendencia, en esta forma de manipulación, a volverse abusivo y degenerar al mismo nivel que las fuerzas inferiores. **La posibilidad de que el reconocimiento intuitivo de los patrones pueda conducir a abusar de otros.**

Línea 4 • Honestidad

El rechazo a participar en interacciones hipócritas.

♇ ▲ La indiferencia más lógica y cortante. **La indiferencia posible al ser guiado por la memoria instintiva.**

☉ ▽ El Sol en detrimento, que en situaciones extremas, en casos de autopreservación, esperará ayuda de fuerzas que había rechazado totalmente. Aquí, la honestidad es la necesidad más genuina. **Sacrificar la indiferencia para sobrevivir.**

Línea 3 • Interferencia

El fracaso de la interacción debido a las circunstancias.

♂ ▲ La habilidad de reconocer la amenaza de la interferencia y de prepararse para sus efectos. **La vigilancia y el instinto para manejar el ego de otros.**

♆ ▽ Una respuesta ilusa a la interferencia, que se queda bloqueada en sus proyecciones y, consiguientemente, no es realista en su apreciación y tiende al error. **La posibilidad de que el instinto no sepa manejar el ego de otros.**

Línea 2 • Administración

♃ ▲ El desarrollo y la dirección de un estructura colectiva apropiada, que restringe a los elementos inferiores creando modelos cooperativos que integran a estas fuerzas con fuerzas progresistas y superiores. **La posibilidad de que la alerta a los patrones resulte en habilidad administrativa.**

♂ ▽ La tendencia en la gestión a concentrarse exclusivamente en las metas, ignorando los elementos inferiores, lo que inevitablemente conduce al éxito cuantitativo y al fracaso cualitativo. **La memoria instintiva para los patrones que deja a un lado el desarrollo de la habilidad administrativa.**

Línea 1 • Condiciones

El establecimiento de marcos de acción como resultado de la interacción.

♇ ▲ Una influencia sobre la colectividad que puede establecer condiciones restrictivas para componentes inferiores, con la habilidad de hacer que se cumplan. **Una percepción alerta de los patrones que puede conducir al control de la colectividad.**

♀ ▽ Una naturaleza atrayente que se relacionará con fuerzas inferiores sin acertar a establecer restricciones, lo que supondrá un riesgo para la continuidad de la armonía. **El fracaso del instinto debido a la necesidad de armonía.**

Puerta 45: La reunión • El recolector

La natural y generalmente beneficiosa atracción de fuerzas similares

Línea 6 • Reconsideración
Generalmente, un marginal que puede admitir que su rechazo previo fue un error, será aceptado en la reunión.

♅ ▲ Una empatía congénita con la mentalidad marginal y con su lógica excéntrica y a menudo malentendida. **Una dirección material que presta servicio al marginal.**

♃ ▽ Donde Urano innova para hacer sitio al marginal, Júpiter exige que se adapte. **Una dirección material que se concentra en condicionar al marginal para que se amolde.**

Línea 5 • Liderazgo
Toda reunión debe tener un centro y un enfoque.

♅ ▲ El intelecto intuitivo y el talento innovador que realzan los esfuerzos del grupo, y asegura la continuidad mediante el respeto al centro. **El don para expresar el liderazgo en el plano material.**

♃ ▽ Un sentido de la acción correcta que presupone un respeto que posiblemente aún no se ha merecido. **El afán de liderazgo que puede no haberse ganado aún el derecho.**

Línea 4 • Dirección

♃ ▲ La habilidad de enfocar la oportunidad de unirse en servicio de principios superiores. **La expresión de principios superiores en el plano material.**

♂ ▽ La tendencia a intentar influir en la acción de un grupo en beneficio propio. **La falta de expresión de principios superiores en el plano material.**

Línea 3 • Exclusión

♆ ▲ La habilidad, al verse excluido, de tomar todas las medidas necesarias para disolver las formas antiguas, y de aceptar incluso la humillación para ser incluido. **El instinto de encontrar alguna manera de ser incluido en el proceso material.**

♂ ▽ Una respuesta agresiva, y a menudo violenta, a la exclusión. **La expresión de la frustración al ser excluido de un proceso material.**

Línea 2 • Consenso
La unión se ve fortalecida por el reconocimiento del interés común.

♅ ▲ La inventiva para establecer técnicas con las que se puede evaluar lo que se tiene en común. **Una dirección material a través de la expresión de técnicas en beneficio de otros.**

♂ ▽ Una rebelión innata contra el conformismo. **El rechazo a aceptar las técnicas materiales de otros.**

Línea 1 • Propaganda

♃ ▲ La habilidad de promover y desarrollar la reunión mediante la educación de los no comprometidos. **La dirección material reside en la educación.**

♂ ▽ Un entusiasmo excesivo que convierte el sondeo en proselitismo, y tiende a alienar en vez de ganar apoyo. **La ambición de lo material que conduce a la educación agresiva.**

Puerta 46: El empuje hacia arriba • La determinación del ser

Buena suerte que puede ser percibida como resultado de serendipia, pero que deriva del esfuerzo y de la dedicación

Línea 6 • Integridad

♄ ▲ La sabiduría de asegurar la identidad propia mediante la cuidadosa consideración del potencial restrictivo de los compromisos. **La determinación de decir no a los compromisos restrictivos.**

♆ ▽ Engañarse a uno mismo y a otros rebasando los propios recursos, cayendo finalmente en la posición de tener que romper promesas. **Un afán de éxito que no sabrá decir que no y terminará teniendo que romper promesas.**

Línea 5 • Mantener la marcha

☽ ▲ El mantenimiento del ritmo apropiado que, con su instintivo sentido práctico, evita divergencias radicales de los patrones que trajeron el éxito. **La determinación de perseverar con el ritmo que conduce al éxito.**

♆ ▽ Un rechazo irracional de los mismos patrones que demostraron ser exitosos. **La determinación de decir que no al mismísimo ritmo que lleva al éxito.**

Línea 4 • Impacto

⊕ ▲ La habilidad, una vez reconocido, de pasar rápidamente del anonimato a la influencia. **La buena suerte que se deriva de ser decidido y que finalmente, en el lugar y en el momento adecuados, conduce al reconocimiento.**

♇ ▽ Una reacción, al alcanzar el éxito, que tiende a morder la misma mano que le dio de comer. **La determinación, en el éxito, de ignorar a los que ayudaron a crearlo.**

Línea 3 • Proyección

☽ ▲ Un acercamiento práctico a la buena suerte, que mantiene los mismos patrones y actitudes que trajeron el éxito y no se deja desviar por otras expectativas. **La determinación de perseverar en lo que ha traído el éxito.**

♂ ▽ La tendencia, mediante la proyección, a tratar un futuro potencial como si fuera el presente, lo que conduce a un egoísmo injustificado y a la pérdida de impulso y apoyo. **La determinación de considerar real un éxito proyectado.**

Línea 2 • La diva

☉ ▲ Una naturaleza difícil y exigente que, a pesar de su comportamiento, tiene éxito debido a la profundidad de su talento. **La determinación de triunfar que puede ofender a otros.**

♂ ▽ Las exigencias poco realistas y la naturaleza ofensiva de una mediocridad egocéntrica. **La determinación de desear reconocimiento por el éxito, antes de haberlo cosechado.**

Línea 1 • Ser descubierto

La dedicación en el anonimato que es descubierta inesperadamente.

♆ ▲ El arte por amor al arte. Toda dedicación creativa autosatisfactoria será reconocida tarde o temprano. **El potencial para el éxito creativo a través de la dedicación.**

♃ ▽ La habilidad de juzgar el potencial de los que trabajan en el anonimato, pero, con frecuencia, solo en beneficio del propio éxito. **La determinación para reconocer y beneficiarse del éxito de otros.**

PUERTA 47: LA OPRESIÓN • CAER EN LA CUENTA

Un estado restrictivo y adverso como resultado de debilidad interior, o de fortaleza exterior, o de ambas cosas

Línea 6 • Inutilidad
Una posición difícil para la que no hay exaltación.
▲ **Sin polaridad.**
☉ ▽ El Sol en detrimento, donde solo la fuerza de voluntad puede hallar una forma de adaptarse y sobrevivir, pero sin ninguna esperanza de superar alguna vez la opresión. **La vida como una prueba penosa desprovista de realización.**

Línea 5 • El santo
Esta posición tiene un significado especial y no hay ningún planeta en detrimento.
♀ ▲ El don, en tiempos de opresión, de mantener sin hipocresía una relación armónica con los opresores, a la vez que se ofrece ayuda y socorro a los oprimidos. El entendimiento en su máxima exaltación. **La aceptación de la carga del proceso abstracto y la gracia que naturalmente sigue. Sin polaridad.**
▽ **Ningún planeta en detrimento.**

Línea 4 • Represión
Las restricciones de la opresión externa.
♄ ▲ La fuerza de identidad que, incluso en tiempos de la más poderosa opresión, puede mantener sus recursos y, en alguna medida, asegurar la supervivencia en beneficio de otros. **Un sentido de la identidad que puede ser mantenido a pesar del condicionamiento externo.**
☽ ▽ Despojada de su luz, la Luna se pierde en la oscuridad; apenas capaz de nutrirse a sí misma, y mucho menos a otros. **La identidad abrumada por el condicionamiento externo.**

Línea 3 • Autoopresión
♃ ▲ La persona consciente e integrada, cuya acción natural es correcta, finalmente comprobará lo infundada que era la autoopresión. **La realización final de que a uno realmente no le pasa nada.**
♂ ▽ Una autoopresión tan enérgica que puede resultar irreversible y destructiva. **Dificultad extrema para cristalizar la propia autoestima.**

Línea 2 • Ambición
♄ ▲ La ambición y el empuje para superar la opresión personal y lograr la seguridad. **Darse cuenta de que mantenerse ocupado es sano para la mente.**
♇ ▽ La indecisión, en momentos de opresión personal, acerca de aplicar la inteligencia para recuperarse de la opresión, o aceptar su peso para sacar partido de otras condiciones prevalecientes que podrían ser solo temporales. **La incapacidad para sentir cuándo y qué actividad es sana.**

Línea 1 • Hacer inventario
♄ ▲ La habilidad, en tiempos de infortunio, de concentrarse en erradicar los factores negativos que llevaron a la opresión. **Percatarse de que los pensamientos negativos deben ser erradicados.**
♆ ▽ El autoengaño de ver la opresión como un fenómeno exclusivamente externo, frecuentemente con resultados desastrosos. **La sensación de que el mundo está contra uno.**

Puerta 48: El pozo • Profundidad

El fundamento necesario y cualitativo que es un prerrequisito para establecer el bien común

Línea 6 • Autorrealización
Un recurso inagotable.

♀ ▲ El centro altamente valorado que recibe al mismo tiempo que da y, por tanto, puede continuar dando. **Una profundidad y talento potenciales que son valiosos para otros.**

☽ ▽ Una tendencia a la superficialidad que, aunque generosa y nutriente, carece de la inspiración necesaria para transformar su don en un bien común. **Cuando la profundidad es limitada, el gusto será superficial y afectará la calidad del talento posible.**

Línea 5 • Acción

♂ ▲ El impulso natural de pasar a la acción con energía. **Un gusto por la acción.**

☽ ▽ Una dependencia excesiva a la necesidad de protección que, en tiempos de renovación social, se obsesiona con los detalles de la planificación, a costa de la acción. **La inseguridad en la propia profundidad que impide emprender la acción.**

Línea 4 • Reestructurar

☉ ▲ El buen sentido de aprovechar la restricción en actividades a corto plazo para evaluar la situación y reestructurar las metas a largo plazo que facilitarán el desarrollo cuando la actividad se reanude. **La conciencia de que la profundidad y su posible expresión toparán con restricciones, con un gusto resultante por proyectos a corto plazo.**

⊕ ▽ Una resistencia a la reestructuración basada en la especulación, con la tendencia, cuando la actividad se reanude, a tener que someterse a la reestructuración de todos modos. **Un gusto por los proyectos a largo plazo que se frustrará ante las restricciones.**

Línea 3 • Incomunicado

☽ ▲ Simbolizado por la fase de la luna nueva, en la que el potencial de la luz no es reconocido, no está presente y no se puede conocer. El aspecto positivo está en lo transitorio de semejante estado, que puede fortalecer a los que lo padecen. **Donde el desarrollo del gusto y de la profundidad es un proceso a largo plazo.**

☿ ▽ La profunda ansiedad cuando una inteligencia profunda se pierde en el desierto del anonimato. **La tendencia a la ansiedad en procesos a largo plazo (el desarrollo del gusto y la profundidad).**

Línea 2 • Degeneración

♀ ▲ La conciencia de que para establecer con éxito una nueva forma no se pueden desatender los atributos más positivos solo para acomodar elementos inferiores. Esto conduciría al deterioro. **La confianza en la conciencia para resistir influencias inferiores.**

♀ ▽ Un descaminado afán de armonía que degenera en decadencia cuando se asocia con fuerzas y valores inferiores. **Una falta de confianza en la conciencia, que invita a la interferencia y la decadencia.**

Línea 1 • Insignificancia

☽ ▲ Un reconocimiento instintivo de lo que es práctico y merece atención. **El gusto para reconocer lo que es práctico y merece atención.**

♂ ▽ La tendencia del ego a poner energía en consideraciones triviales. **Un gusto por lo trivial.**

PUERTA 49: LA REVOLUCIÓN • PRINCIPIOS

Idealmente, la transformación de las formas basada en los principios más elevados, y no solamente por el poder

Línea 6 • Atracción

El poder de una revolución activa de expandir su apoyo.

♆ ▲ Una impresionabilidad innata que hace que se comprometan los indecisos. **La sensibilidad y el potencial de aceptar y de transformar a otros.**

♄ ▽ El rechazo obstinado y a menudo fatal. **La hipersensibilidad que, como norma, conduce al rechazo de los principios y de los demás.**

Línea 5 • Organización

☽ ▲ Las previsiones prácticas para las necesidades de los demás en tiempos de revolución, asegurando así la continuación del apoyo y del entendimiento. **Una sensibilidad potencial para las necesidades prácticas de los demás.**

♂ ▽ La concentración en la organización del poder para definir claramente la autoridad, a menudo a costa de principios superiores. **El rechazo de los principios elevados al querer organizar a los demás.**

Línea 4 • Plataforma

♃ ▲ Una agenda política y social que incorpora garantías a los derechos humanos, lo que asegura una sustitución justa y apreciada del orden viejo. **Una sensibilidad potencial para las necesidades de la sociedad.**

♂ ▽ Promesas, promesas y nada más que promesas, únicamente con el propósito de obtener apoyo, con muy pocas probabilidades de cumplimentarse. **Un potencial para aprovecharse insensiblemente de las necesidades de la sociedad.**

Línea 3 • Descontento popular

♆ ▲ La habilidad de destruir formas anticuadas una vez eliminadas las restricciones. **El potencial en la sensibilidad de rechazar los principios y las relaciones que fracasaron.**

♇ ▽ Plutón en detrimento, con el apoyo general, un salvajismo al eliminar el orden viejo, que deja para siempre cicatrices en el nuevo. **Falta de sensibilidad al rechazo y a ser rechazado.**

Línea 2 • El último recurso

⊕ ▲ La determinación de agotar todas las vías pacíficas posibles para el cambio. Luego, ante la certeza de que no es posible ningún otro camino, la planificación detallada antes de intentar la revolución. **El potencial para explorar todas las posibilidades antes de rechazar.**

♇ ▽ El irresistible impulso revolucionario que es impaciente con la negociación y con los convenios. **La tendencia aquí es al «pucherazo» que encuentra escaso apoyo colectivo. Impaciencia con la adaptación.**

Línea 1 • La ley de la necesidad

La revolución no encuentra apoyo, a menos que sea percibida como necesaria.

♃ ▲ La comprensión y aplicación de esta ley para maximizar la expansión del apoyo y, de este modo, asegurar su viabilidad. **La conciencia de que el potencial de cualquier principio se basa en si es percibido como viable.**

☉ ▽ El abuso de influencia, que insiste en que la necesidad puede ser creada desde la acción. El síndrome del desbarajuste: Cometer actos de desorden para probar que el desorden existe. **La hipersensibilidad al rechazo que puede convertir un principio en una cruzada.**

Puerta 50: El caldero • Valores

El valor de la continuidad histórica, cuyos valores tradicionales sirven
y enriquecen el presente y el futuro

Línea 6 • Liderazgo

♀ ▲ El don, en una posición de poder, de mantener la armonía, incluso cuando se es severo. **La fuerza para mantener los propios principios con vigor y, al mismo tiempo, mantener relaciones armoniosas con los demás.**

☽ ▽ Un humor cambiante innato, que en una posición de poder puede ser alienante u ofensivo, y afectar la efectividad del conjunto. **La fuerza de mantener los propios principios, pero a costa de las relaciones armoniosas.**

Línea 5 • Consistencia
Cuando la continuidad ha traído el éxito, no se debería jugar con ella.

♄ ▲ El conservadurismo natural y disciplinado para evitar cambios innecesarios. **La conciencia conservadora de que los principios básicos no deberían ser abandonados de modo casual.**

♂ ▽ La reacción perversa de rebelarse contra la metodología del propio éxito. **Al ser estimulado con efectividad, el impulso de rebelarse contra principios básicos.**

Línea 4 • Corrupción
La falta de valores enriquecedores.

♄ ▲ El don maléfico de convertir valores inferiores en éxito material. Dada la difícil posición, la exaltación de Saturno consiste en que sus acciones se limitan al egoísmo y la fealdad, más que a la criminalidad. **La capacidad de mantener la propia fuerza a pesar de valores inferiores.**

♂ ▽ Con esta energía y sin valores tradicionales, se puede esperar lo peor. **El descuido potencial de los valores que podría llevar a la corrupción y al colapso del sistema de defensa.**

Línea 3 • Adaptabilidad

☽ ▲ La Luna exaltada. La unión natural con fuerzas nutrientes y protectoras cuando uno no puede hacerlo solo. **La conciencia de que es necesario tener el poyo de otros para poder mantener los propios principios y valores.**

♀ ▽ El resentimiento cuando los dones mentales naturales propios no son reconocidos y uno se ve obligado a adular para sobrevivir. **Descontento al tomar conciencia de que uno no puede mantener los propios principios y valores solo.**

Línea 2 • Determinación

☉ ▲ La fuerza de propósito que supera la adversidad con alegría para alcanzar sus metas. **La fuerza derivada de mantener los propios valores ante la adversidad o el condicionamiento.**

♀ ▽ Un malestar ante la adversidad que puede llevar al retiro categórico. **Carencia de fuerza, donde los valores se ven amenazados por la oposición o el condicionamiento.**

Línea 1 • El inmigrante
El origen humilde que beneficia el destino en vez de restringirlo.

♂ ▲ El deseo de ser eficaz y de tener éxito, construido sobre las fuerzas más elementales al tiempo que refina su carácter. **La conciencia de que el crecimiento y el refinamiento de los valores beneficiarán el destino.**

♀ ▽ Insatisfacción, o vergüenza, con respecto al propio origen, que lleva a una obsesión por el refinamiento. **Una insatisfacción con los valores originales que pone empeño en el refinamiento.**

Puerta 51: Lo suscitativo • Shock

La habilidad de responder al shock y al desorden a través del reconocimiento y la adaptación

Línea 6 • Separación

☉ ▲ La habilidad en tiempos de crisis, cuando todos alrededor están confundidos y en desorden, de no sucumbir al pánico, y de superarlo uno solo, con la voluntad y vitalidad propias. **El poder del ego para afrontar los retos solo.**

♇ ▽ Curiosamente, el mismo don, solo que, por su actitud, este genera la desaprobación que, en su extremo, puede impedir hasta una separación exitosa. **La vanidad de enfrentarse a los retos solo, lo que puede provocar y fortalecer a los contrincantes.**

Línea 5 • Simetría

☉ ▲ La iluminación perfecta que, al captar la naturaleza del shock, puede transformar sus patrones normales en una adaptación simétrica que cabalga sobre la ola del shock y evita así ser devastado. **La perfección del ego guerrero mediante la adaptación instintiva.**

♂ ▽ La tendencia, al buscar el meollo de las cosas, de adaptarse a un shock, tan solo para ser abrumado por el siguiente. **El egoísmo y la vanidad de ser inmoderado en la victoria y perder la vigilancia.**

Línea 4 • Limitación

♅ ▲ La pura inventiva y, a veces, el genio para encontrar alguna oportunidad, incluso en medio de los shocks más devastadores. **El ego guerrero que encontrará alguna manera de responder al desafío.**

☿ ▽ Una mentalidad racional basada en ir tirando, que resulta ineficaz en tiempos de shock severo. **El ego superficial que carece de los recursos y de la profundidad para responder al desafío.**

Línea 3 • Adaptación

☉ ▲ La conciencia revitalizadora que piensa con ambos pies en el suelo y, por tanto, crea oportunidades. **El poder de la espontaneidad en momentos de desafío.**

♃ ▽ La desestabilización que se produce cuando el propio ámbito normal de actividad es perturbado radical e imprevisiblemente, surgiendo la tendencia a la retirada en vez de a la adaptación. **El ego que puede ser desestabilizado en los momentos de desafío.**

Línea 2 • Retirada

♂ ▲ El reconocimiento de los mecanismos del shock, que hace ver cuándo la retirada es la única acción lógica. **La retirada instintiva cuando el poder del ego se ve amenazado.**

☿ ▽ Querer pasarse de listo y rechazar la retirada, en la vana creencia de poder burlarse de las fuerzas de la naturaleza. **La vanidad de rechazar la retirada y enfrentarse a una posible derrota.**

Línea 1 • Referencia

La ventaja que da la experiencia de crisis anteriores.

♇ ▲ El don de la reexaminación, que es la base para estar preparado. **El poder del ego condicionado por la experiencia.**

♀ ▽ Una tendencia a retirarse emocionalmente después de un shock. **La debilidad del ego en momentos de desafío.**

Puerta 52: La quietud (de la montaña) • Inacción

Inacción temporal y autoimpuesta en beneficio de la evaluación

Línea 6 • Apacibilidad

♀ ▲ Una sintonización armónica y equilibrada que está cómoda en cualquier situación. **La ausencia de presión en momentos de quietud.**

♆ ▽ El autoengaño como sustituto de una tranquilidad genuina. Dada la naturaleza positiva de esta posición, el engaño puede ser tan efectivo como lo auténtico. **Cuando la pacificación de la energía es extrema, la presión real o imaginaria no perturba la tranquilidad.**

Línea 5 • Explicación

En tiempos de inacción, la habilidad, frecuentemente importante, de explicar la postura propia.

⊕ ▲ La declaración concisa, y a menudo lacónica, pero extremadamente precisa. **Donde la inacción y el enfoque pueden conducir al detalle.**

♀ ▽ Las explicaciones retorcidas cuya naturaleza enigmática es malentendida, normalmente con consecuencias imprevisibles. **Donde demasiada inacción puede conducir a una pérdida de enfoque, y no al detalle.**

Línea 4 • Autodisciplina

♄ ▲ La autodisciplina y la contención perfectas que afrontan las tentaciones impulsivas con soltura y sabiduría. **La energía para la restricción que reconoce el valor de la inacción y el enfoque.**

♃ ▽ Aunque es consciente de la necesidad de un control con principios, basado en el entendimiento de las condiciones, existe una tendencia, debido a su expansividad natural, a la duda y al desasosiego. **Energía inquieta y dudas cuando sufre restricciones.**

Línea 3 • Control

La imposición externa de la inacción.

♄ ▲ La habilidad, por su propia naturaleza, de comprender la restricción, y el potencial, al aceptarla, de usar el tiempo que dure para redefinir las estrategias. **La energía para aceptar en la inacción.**

♀ ▽ La profunda insatisfacción con los controles que roban la tranquilidad lleva a la retirada emocional y afecta la visión. **La presión de la restricción perturba la tranquilidad.**

Línea 2 • Concernimiento

♀ ▲ La pausa que se inicia para beneficiar a otros. **La presión de restringir la energía en beneficio de otros.**

♂ ▽ Una pausa egoísta y abrupta que puede poner a otros en peligro innecesariamente. **La presión de restringir egoístamente la energía a expensas de los demás.**

Línea 1 • Piensa antes de hablar

⊕ ▲ La pausa que es tan profunda que conduce al silencio. **La pacificación de la energía que conduce a la quietud.**

♂ ▽ Hablar primero y luego cargar con las consecuencias. **La energía que no se puede aquietar.**

Puerta 53: El desarrollo • Inicios

El desarrollo como progresión estructurada que es tan paciente como persistente

Línea 6 • Secuenciar

☽ ▲ La utilización exitosa de la conclusión de una fase del desarrollo, que por su evidente éxito y valor puede ser usada como ejemplo para atraer apoyo para la fase siguiente. **La energía para atraer apoyo en los comienzos basada en los éxitos anteriores.**

♀ ▽ Una tendencia, en esta posición, a ocultar el éxito, por el miedo perverso a que, o el éxito cree exigencias excesivas, o a que aquellos que prestaron su apoyo en la fase inicial lo retiren al concluir. **La presión de ocultar los inicios por miedo a perder el apoyo obtenido.**

Línea 5 • Aserción

♆ ▲ El reconocimiento subyacente, y a menudo psíquico, de los valores intrínsecos del desarrollo que, incluso en periodos de aislamiento, tiene la asertividad para mantener la dirección. Su mismo poder aglomera el apoyo incluso de las fuerzas que en principio eran opuestas. **La presión de reconocer el valor del desarrollo y la energía para iniciar algo, independientemente de las circunstancias.**

⊕ ▽ Una asertividad exagerada que, en vez de aplicarse a mantener el apoyo frente a la oposición y el aislamiento, de hecho puede fortalecer con su actitud a las fuerzas oponentes. **Donde la energía para los comienzos atrae a las mismísimas fuerzas que los pueden abortar.**

Línea 4 • Confianza

☽ ▲ La habilidad de mantener la fuerza de la propia individualidad en situaciones complejas y a menudo comprometedoras, lo que asegura la protección y el desarrollo continuado. **La presión de mantener la propia individualidad en comienzos confusos.**

♀ ▽ La dificultad persistente con situaciones embarazosas o comprometedoras en las que las reacciones emocionales normales pueden resultar perjudiciales. **La presión individual de comenzar algo, que crea situaciones comprometedoras y a menudo embarazosas.**

Línea 3 • Sentido práctico

☽ ▲ En su posición más natural, la concentración en evitar el conflicto para asegurar la protección y el desarrollo continuado. **La presión de eliminar el conflicto para hacer posible el desarrollo.**

♂ ▽ La provocación inconsciente del conflicto, que lógicamente amenaza la seguridad y el desarrollo. **La energía que provoca el conflicto y amenaza el desarrollo.**

Línea 2 • Impulso
El éxito lleva al éxito.

☽ ▲ La protección del éxito temprano lleva a logros posteriores. **La presión de comenzar algo nuevo basado en el éxito del pasado.**

♂ ▽ Una tendencia, con el éxito temprano, a las prisas y a las acciones imprudentes. **La presión, basada en el éxito, de desear impacientemente algo nuevo.**

Línea 1 • Acumulación

♆ ▲ La disolución de las formas viejas, pero no a costa de los componentes preciados, que serán conservados y transformados. **La presión de comenzar algo nuevo, pero no desde cero, sino sobre los cimientos de lo viejo.**

♀ ▽ El desarrollo entorpecido por la crítica, y la tendencia a retirarse en vez de hacer uso de estas experiencias. **La dificultad para comenzar algo nuevo por las críticas que acompañaron a lo viejo.**

Puerta 54: La muchacha que se casa • Ambición

La interacción en su contexto mundano y social, pero también
las relaciones místicas y cósmicas

Línea 6 • Selectividad

♄ ▲ La profundamente arraigada responsabilidad que, vigilando su seguridad e identidad personal, restringirá naturalmente sus relaciones a aquellas mutuamente beneficiosas. **La energía para restringir las relaciones que ponen trabas a la ambición.**

♃ ▽ Una naturaleza generalmente expansiva y beneficiosa que asume poder imbuir en sus socios y compañeros aquello de lo que carecen. Una pérdida de energía. **El derroche de energía al mantener relaciones que ponen trabas a la ambición.**

Línea 5 • Magnanimidad

☉ ▲ La autoridad natural y el espíritu realizador que, en una posición de poder, puede mantener relaciones fructíferas y genuinas con los menos afortunados. (Mientras estén a su servicio y no tengan exigencias.) **La energía para la realización de sus metas que, a pesar de su poder, nutre relaciones fructíferas con otros. Sin polaridad.**

▽ Ningún detrimento.

Línea 4 • Iluminación / Oscurecimiento

Aquí, en la más mística de las posiciones, no existe ni la exaltación ni el detrimento porque, en verdad, son una misma cosa.

▲ ▽ El Alfa y el Omega. El fin y el principio. No hay descripción posible. Cada planeta manifestará esta energía de manera única, sin garantía alguna en absoluto de que sus efectos serán siquiera percibidos. No obstante, el potencial siempre está presente. **El combustible para la transformación en su nivel más puro. Sin polaridad. No tiene acentos planetarios específicos.**

Línea 3 • Interacción encubierta

♀ ▲ La capacidad, al verse bloqueado en relaciones formales, de usar canales secretos o puramente informales, cuando es la única salida. **El impulso, al ser bloqueado, de usar medios secretos para fortalecer la ambición.**

♀ ▽ La insistencia en que los canales formales, no importa cuán frustrantes sean, pueden ser superados por el poder de atracción. **La energía de la ambición que, al ser bloqueada, usará todo su poder de atracción para superar el obstáculo.**

Línea 2 • Discreción

♄ ▲ La sabiduría, una vez que una relación es formalmente reconocida, de contenerse ante la tentación de aprovecharse de interacciones informales pasadas. **La energía de la restricción da auge a la ambición.**

♂ ▽ El reconocimiento, en el sentido formal, considerado como licencia para sacar partido de conocimientos informales. Falta de lealtad. **La energía de la ambición que puede dar pábulo a la deslealtad.**

Línea 1 • Influencia

♀ ▲ La habilidad de obtener influencia a través de relaciones secretas en cualquier ámbito, desde el asesor privado al satanista. **La ambición alimentada por relaciones secretas que fomentan la influencia.**

♀ ▽ Una insistencia, socialmente descaminada, en el reconocimiento formal de una relación que, en lo tocante a la influencia, disminuirá su poder. **La ambición que exige reconocimiento formal, limitando así la influencia.**

Puerta 55: La abundancia • Espíritu
La abundancia es estrictamente una cuestión de espíritu

Línea 6 • Egoísmo
♄ ▲ La obsesión adquisitiva que, aunque alienante, es, de manera indirecta, materialmente beneficiosa para otros. **La posibilidad de encontrar el espíritu a través del materialismo.**

☽ ▽ Donde la abundancia material existe, pero nadie llega a compartir su brillo. La fase de la Luna Nueva. **La posibilidad de que el materialismo llegue a ser obsesivo, con un espíritu «mísero» que no quiere compartir.**

Línea 5 • Crecimiento
♅ ▲ La habilidad inusual, en una posición de poder, de aceptar consejos y de transformarlos innovadoramente. Esta cualidad en una posición de poder permite que uno siga siendo el líder, en lugar de ser percibido como dirigido por otros. **La fuerza emocional y el espíritu que se derivan de posiciones de poder.**

☉ ▽ Una apertura dirigida a la integración, que en su aceptación tan extensa de consejos, puede finalmente ser eclipsada. **Una apertura emocional en la que el espíritu corre el riesgo de ser condicionado.**

Línea 4 • Asimilación
♃ ▲ El establecimiento de un marco de visión que equilibra los principios con la energía, y conduce inevitablemente a la expansión y a la prosperidad. **El espíritu posible que llega cuando la conciencia y la energía emocionales están equilibradas y sujetas a principios.**

♂ ▽ Energía ilimitada que no conoce el comedimiento. **La energía ilimitada que ignora la conciencia, con riesgo del espíritu.**

Línea 3 • Inocencia
Aquí, la frase «Yo solo seguí órdenes» es una defensa legítima.

♄ ▲ Cuando la forma es correcta y las tentativas de realización han sido disciplinadas y encauzadas, el fracaso no puede ser achacado personalmente. **La posibilidad emocional de reconocer que, a pesar de los mejores esfuerzos personales, el fracaso es posible y no tiene por qué afectar al espíritu.**

♂ ▽ Marte en detrimento, donde una lucha contra la conformidad, o una iniciativa personal, pueden arruinar a un superior mientras se oculta seguro detrás de su escudo. **La energía para proteger egoístamente el propio espíritu a costa de otros.**

Línea 2 • Desconfianza
La abundancia obstaculizada por la calumnia y el chismorreo.

♀ ▲ El don de ser capaz de penetrar hasta el centro, que puede demostrar con eficacia, a través de su talento para las relaciones públicas, que es genuinamente digno de confianza. **La estabilidad emocional y la fuerza del espíritu dependen de la confianza de los demás.**

⊕ ▽ El desafío directo a los calumniadores que siempre tendrán la ventaja de poder citar a Shakespeare: «Se me antoja que protesta demasiado». Solo el ejemplo continuado puede disipar las desconfianzas. **El impulso emocional de insistir en la fiabilidad, que no garantiza su aceptación por parte de los demás ni beneficia al espíritu.**

Línea 1 • Cooperación
♃ ▲ La expansión de la actividad al cooperar con fuerzas poderosas, a través de acciones con principios, que garantizan el apoyo continuado y traen la prosperidad. **El potencial de encontrar el espíritu a través de la cooperación con fuerzas poderosas.**

♀ ▽ La concentración en mantener relaciones armónicas con fuerzas poderosas que provee una continuidad, pero no necesariamente un avance. **El potencial de armonizar con fuerzas poderosas, pero no necesariamente en beneficio del espíritu.**

PUERTA 56: EL PEREGRINO • ESTIMULACIÓN

La estabilidad a través del movimiento. La perpetuación de la continuidad mediante el enlace de actividades de corto plazo

Línea 6 • Precaución

☉ ▲ La prudencia, al haber alcanzado la conexión, de honrar los nuevos compromisos para afianzar sus bases. **Honestidad en la expresión. Vivir cumpliendo con su palabra.**

♇ ▽ El vagabundo profundamente inconsciente. Donde el ansia externa de aceptación liberará inconscientemente la energía precisa que genera el rechazo. Un rol difícil, donde el yo es desconocido y no recibe reconocimiento, con los resultados previsibles. **Andar por la vida yendo de una idea a la siguiente, incapaz de encontrar la estimulación según la cual vivir.**

Línea 5 • Atraer atención

♅ ▲ Singularidad, innovación y a veces genio como garantías para, a la larga, atraer la atención y el apoyo. **La estimulación más innovadora e inusual.**

♂ ▽ Demasiado a menudo, la tendencia a atraer la atención que tiene efectos contraproducentes. **El poder de la estimulación para provocar y contrariar.**

Línea 4 • Conveniencia

☽ ▲ La perfección de la personalidad superficial que, cuando es necesario, puede enmascarar sus sentimientos reales para asegurar su protección. **El don de la estimulación como un rol y para la protección propia.**

☿ ▽ El comportamiento apropiado cuyo precio es un estado de alerta tenso y permanente y una ansiedad nerviosa por miedo a perder lo que se ha alcanzado. **El rol como realidad. El miedo al silencio y a ser descubierto.**

Línea 3 • Alienación

Autosuficiencia categórica.

☉ ▲ Voluntad y egoísmo que a menudo resultan ser opresivos, garantizando el aislamiento continuado. Aquí, esto es aceptable dada la vitalidad intrínseca del Sol. **El afán de controlar y ser el foco de la expresión.**

♀ ▽ La estética trastocada que es ofensiva para otros, asegura el aislamiento y elimina el apoyo. **El afán de controlar la expresión a expensas de la estimulación.**

Línea 2 • Vinculación

♅ ▲ El genio aislado que finalmente hallará la continuidad a través del reconocimiento y el apoyo. **El talento para la expresión estimulante que necesita tiempo para madurar y también a otros que lo reconozcan.**

☽ ▽ Una superficialidad que se viene abajo al ser reconocida y que, finalmente, es forzada a seguir su camino. **Un don para la comunicación que carece de profundidad.**

Línea 1 • Calidad

☽ ▲ El sentido práctico de que incluso las actividades a corto plazo deberían tener valor y sentido. **La expresión de ideas prácticas que son de valor.**

♂ ▽ El afán del ego de causar impresión que malgastará energía en propósitos triviales. **El afán de estimular, que expresará cualquier idea por trivial que sea.**

Puerta 57: Lo suave • Claridad intuitiva
El extraordinario poder de la claridad

Línea 6 • Utilización

♅ ▲ La aceptación de que la claridad es una espada de doble filo. Se dan situaciones en las que la comprensión no sirve para rectificar. Aquí, las cualidades innovadoras de Urano generalmente pueden sacar el mejor provecho de una situación que, de otro modo, es dificultosa pero raramente permanente. **Cuando no hay respuesta, solo la intuición puede sacar el mayor partido de una situación difícil.**

♂ ▽ Cuando la claridad señala un problema que uno no es capaz de resolver debido a las circunstancias, una tendencia al enojo y a la frustración que invariablemente provoca la acción vana. **La posibilidad de una tendencia al enojo y a la frustración cuando la intuición no puede resolver un problema.**

Línea 5 • Progresión

♀ ▲ La habilidad natural de establecer formas nuevas mientras se mantienen los poderes de reexaminación y reevaluación. Esto provee claridad para examinar los datos y evaluar el proceso. **La posibilidad de un don intuitivo para la evaluación.**

☽ ▽ La tendencia a persistir persistiendo, lo que puede terminar siendo un misil mal dirigido. **En la acción, la intuición puede ser arrastrada y ser incapaz de evaluar la situación y su desarrollo.**

Línea 4 • El director

♀ ▲ La maestría de las relaciones que, mediante la claridad, puede maximizar la productividad, a la vez que la sensibilidad a las interrelaciones asegurará la armonía. **La claridad intuitiva como posibilidad de maestría en las relaciones.**

♂ ▽ Una tendencia, dada esta posición, a ser dictatorial más que directivo. **Con el don de la claridad que lleva a la maestría en las relaciones, la posibilidad de ser intuitivamente dictatorial.**

Línea 3 • Agudeza

☿ ▲ La inteligencia perfeccionada, en la que la claridad elimina la duda y asegura la manifestación. **La posibilidad de la intuición perfecta. Sin polaridad.**

▽ Ningún planeta en detrimento.

Línea 2 • Depuración

La claridad de establecer valores e ideales apropiados debe estar acompañada de una determinación resoluta de mantenerlos.

♀ ▲ La depuración perfecta mediante la realización interior. **La posibilidad de valores e ideales adecuados a través de la intuición.**

☽ ▽ Una depuración superficial que tiende a ocultar el polvo bajo la alfombra. **La posibilidad de que la profundidad de la intuición sea tratada superficialmente.**

Línea 1 • Confusión

♀ ▲ El don de profundizar en el significado interno de las cosas, lo que asegura la acción en el momento adecuado. **La posibilidad de que la intuición penetre en el significado interno.**

☽ ▽ La Luna en detrimento. Los sentimientos no son sustitutos de la claridad, y pueden conducir a la indecisión. **La posibilidad de que la confusión domine a la intuición.**

PUERTA 58: LO JOVIAL • VITALIDAD

La estimulación es la clave de la alegría

Línea 6 • Arrebato

☽ ▲ El sentido práctico que, a la vez que disfruta plenamente de estímulos externos, tiene el instinto de retirarse cuando su integridad independiente se ve amenazada. **La energía para alimentar la integridad independiente que sabrá mantener su identidad en momentos de estimulación.**

☿ ▽ Cuando su inteligencia básica es estimulada eficazmente, su deseo natural de sintonización lo llevará a identificarse tan profundamente con el estímulo, que corre el riesgo de perder su identidad. **La energía que alimenta la pérdida de identidad en momentos de estimulación.**

Línea 5 • Defensa

☽ ▲ El instinto natural y práctico de protegerse a uno mismo a pesar de las tentaciones. **El combustible para la autodefensa a pesar de la estimulación.**

☉ ▽ La asunción de que la mejor defensa es un buen ataque, que puede permitir al carácter fuerte disfrutar de estímulos cuestionables sin sucumbir a ellos. **La energía vital que abandona la defensa y acepta estímulos cuestionables.**

Línea 4 • Enfocar

♇ ▲ Una especialización natural que, al verse confrontada con una multiplicidad de estímulos, no tendrá dificultad para centrarse en la influencia más apropiada. **La energía que alimenta el reconocimiento de cuál estimulación tiene valor.**

♆ ▽ Una impresionabilidad que es confundida al enfrentarse a una multiplicidad de estímulos, y que en el intento de acomodarlos todos, se desestabiliza. **La energía que se desestabiliza cuando es estimulada en exceso.**

Línea 3 • Electricidad

♅ ▲ El individuo cuya vitalidad eléctrica genera su propia estimulación y no depende de otros para ella. **La energía para alimentar la estimulación independiente.**

♂ ▽ La calidad del fuego depende del combustible y está sujeta a su influencia, para bien o para mal. **La energía vital que depende de otros para su estimulación.**

Línea 2 • Perversión

▲ **Sin polaridad. No hay exaltación.**

♅ ▽ Un ingenio para la estimulación perversa que aflige a uno mismo y a otros al promover la degeneración y reducir la alegría a indulgencia y decadencia. **La energía que alimenta el impulso para la estimulación perversa.**

Línea 1 • Amor a la vida

♀ ▲ La estimulación misma del mundo es la base de la apreciación estética de su belleza y maravilla. A solas, o compartida con otros, esta profunda realización interior es la clave de una armonía jovial con el proceso de ser. **La energía que alimenta el amor a la vida.**

☽ ▽ La Luna tiene sus fases, sus fluctuaciones, que limitarán la alegría a una experiencia cíclica e intermitente. **Una energía cíclica que intermitentemente alimenta el amor a la vida.**

Puerta 59: La dispersión • Sexualidad

La habilidad de echar abajo las barreras y alcanzar la unión

Línea 6 • El amor de una noche

La tendencia, basada en la personalidad o en las circunstancias, a aceptar solamente uniones temporales, que de otro modo podrían ser peligrosas o imposibles de continuar.

♀ ▲ La relación perfecta, tanto si dura un momento o una eternidad. **La fuerza para la intimidad, independientemente de las circunstancias.**

☿ ▽ El impulso básico de seguir adelante, que busca la transitoriedad como un sobreentendido y no como una respuesta inevitable a las circunstancias. **El impulso para la diversidad, tanto íntima como sexual.**

Línea 5 • La mujer fatal o el Casanova

☉ ▲ El poder de utilizar el amor para derribar cualquier barrera. Dada la «liviandad» del Sol, no hay ninguna connotación negativa en esta descripción. **El poder de la sexualidad para atraer a otros.**

♅ ▽ Urano en detrimento, donde el potencial negativo de esta fuerza se hace evidente. El gigoló, la aventurera. **La fuerza de la sexualidad expresada como poder.**

Línea 4 • Hermandad / Fraternidad

♀ ▲ El dejar caer las barreras que obstaculizan la unión, para establecer la unión universal. **La fuerza que se deriva de la intimidad que no es sexual.**

☿ ▽ Un entendimiento intelectual que raramente se transforma en acción. **Donde la sola idea no basta para contener el impulso sexual.**

Línea 3 • Apertura

♄ ▲ Saturno exaltado. Donde la búsqueda de identidad y de seguridad solo puede ser realizada al dejar caer las barreras, para poder definirse a uno mismo a través de la unión. **Donde uno sale fortalecido de la unión y la intimidad con otros.**

♂ ▽ Donde la apertura se convierte en promiscuidad, con sus problemas subsiguientes. **Donde el impulso de fortalecerse mediante la unión y la intimidad puede conducir a la promiscuidad.**

Línea 2 • Timidez

Barreras autoimpuestas.

♅ ▲ Una tendencia natural y predilecta a la separación, que protege contra la inestabilidad inevitable generada por la unión. **La restricción del impulso sexual para mantener la separación.**

♇ ▽ Una timidez calculada, arraigada en profundas barreras psicológicas, que aun en individuos dinámicos restringirá siempre la interacción. **Infertilidad, con raíces biológicas o psicológicas, que condiciona el impulso de separarse.**

Línea 1 • El ataque preventivo

☉ ▲ La autoridad y vitalidad que, comprendiendo el propósito y la dirección a seguir, puede reconocer y eliminar las barreras antes de que se vuelvan inexpugnables. **El poder de la fertilidad para fecundar.**

☿ ▽ En esta posición, la habilidad y la inteligencia para reconocer cómo y cuándo actuar, pero una profunda indecisión en torno a ello. **El potencial de la fertilidad limitado por la incertidumbre.**

Puerta 60: La limitación • Aceptación

La aceptación de la limitación es el primer paso hacia la trascendencia

Línea 6 • Rigidez

♅ ▲ El intelecto intuitivo que sabe cuándo es necesario mantener una rigidez absoluta, pero con aplicaciones innovadoras que aminoran su severidad. **Una fijeza energética que es inusual en su capacidad de contención.**

☿ ▽ El entendimiento dogmático, cuidadosamente razonado y fiel a sus principios, que es inflexible en su severidad y a menudo actúa fría y brutalmente. **Una severa aceptación de las restricciones, tan carente de capacidad para el compromiso que las restricciones podrían llegar a ser insoportables y llevar a la depresión crónica.**

Línea 5 • Liderazgo

♆ ▲ La conciencia de que la destrucción de las viejas limitaciones trae consigo la creación de otras nuevas. Esto resulta en patrones de comportamiento que demuestran este entendimiento con sus acciones, y aumentan el potencial de liderazgo. **La energía para afrontar de por vida un proceso sujeto a limitaciones.**

♃ ▽ Donde el deseo natural de expansión, cuando las restricciones son ineludibles, genera confusión desde arriba. **Energía expansiva que no sabe manejar las limitaciones.**

Línea 4 • Inventiva

☿ ▲ La maximización razonada e inteligente del potencial dentro de las limitaciones. **La maximización del potencial dentro de la limitación.**

♀ ▽ La tendencia, en tiempos de restricción, a buscar el significado interno de la restricción, en vez de usar sus dones para llegar a una aplicación armoniosa dentro de la limitación. Lo primero conduce al retiro, lo segundo a la trascendencia. **La energía para conocer la limitación más que para aceptarla, a costa de una posible mutación, lo que puede conducir a la depresión.**

Línea 3 • Conservadurismo

♄ ▲ El lúcido interés propio que maneja las restricciones y las limitaciones con naturalidad, asegurando la identidad y la seguridad. **La energía para mantener la identidad y la seguridad a pesar de las limitaciones.**

♂ ▽ El interés propio que gratifica al ego e ignora los límites, con lo cual sufre de un modo predecible. **La energía que ignora las limitaciones y paga su precio.**

Línea 2 • Decisión

♄ ▲ La comprensión de la naturaleza de la limitación, para aceptar sus restricciones cuando es necesario y, de este modo, ser capaz de sacar provecho de las oportunidades cuando surgen. **Energía que sabe adaptarse a la restricción.**

⊕ ▽ Una adaptación a la restricción que se vuelve habitual y mantiene la naturaleza de la limitación aun cuando esta ya ha dejado de existir. **La energía para la adaptación que puede quedarse estancada sin mutación final.**

Línea 1 • Aceptación

♀ ▲ La capacidad de mantener la armonía interior al verse confrontado con restricciones externas. **Energía armoniosa que sabe manejar las restricciones externas.**

☿ ▽ El ansia de diversidad que, al verse limitada, puede llevar al desasosiego y a la agitación. **Energía desasosegada al enfrentarse a limitaciones externas.**

PUERTA 61: LA VERDAD INTERIOR • MISTERIO

La conciencia de los principios universales subyacentes

Línea 6 • Poder de atracción

♇ ▲ La profunda sintonización con la colectividad, que es capaz de persuadir a la opinión pública de una verdad. **La inspiración que puede traer claridad a la colectividad.**

♂ ▽ Una confianza en clichés y eslóganes gastados, que pueden ser nuevos en su nivel de energía, pero que inevitablemente caen en oídos sordos. **El autoengaño de que la inspiración puede traer claridad a la colectividad.**

Línea 5 • Influencia

♄ ▲ La esclarecida figura del Padre, cuya sabiduría reconocida y poderosa aserción pueden moldear a una generación con su influencia. **La presión de saber que puede resultar en influencia y sabiduría.**

♂ ▽ La tendencia en el poder a querer imponer la sumisión para asegurar una influencia duradera. **En el conocimiento, la presión de ofenderse por los desafíos y exigir aceptación.**

Línea 4 • Investigación

♄ ▲ La capacidad de concentración para explorar la verdad interior en profundidad, y de potenciar su aplicación a principios fundamentales. **La presión de conocer los principios fundamentales.**

♃ ▽ Donde la tendencia a la expansión y a la integración puede involucrar a otros en la investigación y acabar en una diversidad de aplicaciones confusas. **La ilusión de que la colaboración enriquecerá la inspiración.**

Línea 3 • Interdependencia

Para la verdad, es extremadamente difícil mantenerse sola.

☽ ▲ La capacidad de establecer relaciones para la realización de verdades y, a través de su fuerza nutriente y protectora, para asegurar un entorno estable en el que puedan continuar creciendo. **La presión de saber realzada mediante la colaboración.**

♂ ▽ Con abundante energía y en posesión de una verdad, la tendencia a abandonar a otros, o a sentirse apabullado por su resistencia. **La impaciencia con los demás y el abandono de las relaciones.**

Línea 2 • Brillo natural

☽ ▲ La Luna exaltada y, así, dotada por esta posición de una influencia nutritiva de gran alcance, libre de astucia y poderosamente atractiva. **El don de la inspiración que es atractivo y beneficioso para los demás.**

♂ ▽ Donde el reconocimiento temprano de su influencia hace que el ego se obsesione con maximizar sus efectos. **El autoengaño de que toda inspiración merece reconocimiento.**

Línea 1 • Conocimiento oculto

♆ ▲ Una conciencia psíquica natural que fomenta los principios de universalización. **La presión de conocer el misterio mediante el esoterismo.**

♀ ▽ Donde la confianza en conocimientos ocultos exige paulatinamente un retiro ascético que, finalmente, puede conducir a la oscuridad. **Donde la presión para conocer los misterios puede ser tan fuerte que uno puede llegar a ser incapaz de manejar las realidades exotéricas.**

Puerta 62: La preponderancia de lo pequeño • Detalles

La precaución, la paciencia y el detalle transforman la limitación en excelencia

Línea 6 • Autodisciplina

♄ ▲ Un céntimo ahorrado es un céntimo ganado. El detalle como camino al éxito material. **El entendimiento de que el éxito material depende de la expresión del detalle.**

☿ ▽ Las habilidades, pero no la disciplina necesaria, para tener éxito. **El don, pero no la disciplina, para hacer el trabajo detallado necesario para tener éxito.**

Línea 5 • Metamorfosis

Cuando se ha alcanzado la excelencia, se hace necesaria la acción.

☽ ▲ El saber abrirse a otros para compartir, simbolizado por las fases de la Luna al moverse desde la oscuridad hasta finalmente compartir plenamente su luz. **El entendimiento de que la expresión y la acción solo pueden ser iniciadas cuando los detalles están completos.**

♆ ▽ Una tendencia en la metamorfosis a buscar el aplauso mediante una presentación dramática de las cosas. **Cuando los detalles están organizados, la necesidad de atención exige expresión.**

Línea 4 • Ascetismo

♀ ▲ El retiro ascético perfecto, en búsqueda de armonía y sencillez, en el que los peligros externos son inexistentes y sobra tiempo para ahondar detalladamente en el significado interno. **Detalle que solo puede ser expresado después de periodos de aislamiento y reflexión.**

♇ ▽ El afán de tomar medidas contra valores establecidos que, cuando las circunstancias no lo permiten, conduce al retraimiento en espera de oportunidades. **Cuando el detalle está organizado, el aislamiento como estrategia, a la espera de la oportunidad adecuada para la expresión.**

Línea 3 • Descubrimiento

♅ ▲ El genio para lo inusual. La habilidad de descubrir información valiosa en el trabajo detallado, y de encontrar aplicaciones innovadoras para este conocimiento. **El don inusual de encontrar y expresar detalles valiosos.**

♀ ▽ Una insatisfacción con la monotonía del trabajo detallado, en la que lo pasado por alto puede ser de gran importancia y valor. **La expresión de insatisfacción y aburrimiento en el trabajo detallado.**

Línea 2 • Comedimiento

♄ ▲ La contención y la disciplina innatas para acatar las restricciones y exaltarlas. **La disciplina necesaria para el trabajo detallado.**

☿ ▽ El intelecto, bloqueado por restricciones severas, tiende a la ansiedad y a la inquietud. **La expresión de ansiedad y desasosiego ante el trabajo detallado.**

Línea 1 • Rutina

♆ ▲ La capacidad de trascender el tedio de la rutina mediante una fantasía rica y atrevida. **La habilidad de organizar el detalle a través de la fantasía.**

♂ ▽ La rebelión y su enorme desgaste energético. **La necesidad de expresión que ignora los detalles.**

Puerta 63: Después de concluir • Dudas

En la espiral de la vida, todos los finales son comienzos

Línea 6 • Nostalgia

♃ ▲ La sensatez de evitar convertir la lucha previa en una obsesión. **La lógica de dejar atrás viejas dudas.**

♇ ▽ Nostalgia revolucionaria. **La lógica y su obsesión potencial con viejas dudas y sospechas.**

Línea 5 • Afirmación

☉ ▲ La autoridad y sinceridad de propósito para persistir, en el nuevo comienzo, con los mismos valores que habían permitido trascender el viejo. **El entendimiento de que las dudas son necesarias y valiosas.**

♂ ▽ Una tendencia en el éxito a honrar de palabra esos valores, y dado semejante liderazgo, estos valores se verán reducidos a meros rituales vacíos y carentes de significado. **Dudar del propio proceso a pesar de entenderlo.**

Línea 4 • Memoria

☿ ▲ La contabilidad detallada del proceso que llevó al éxito, cuya base de información puede preparar un orden nuevo para el futuro. **La presión de explorar las dudas en detalle como base para la formulación final.**

♂ ▽ La inclinación en la victoria a olvidar, por lo que quizá tendrá que pagar un precio más adelante. **La presión y el riesgo de olvidar los detalles cuando las dudas han sido respondidas.**

Línea 3 • Continuación

♃ ▲ La dedicación al nuevo comienzo, que insiste en mantener los principios logrados con esfuerzo, a pesar de tener que relacionarse con personas que todavía no han alcanzado este estado. **Dudas acerca de si uno podrá mantener sus principios al interactuar con otros.**

♄ ▽ El éxito a cualquier precio. **La presión de eliminar las dudas a cualquier precio.**

Línea 2 • Estructurar

♃ ▲ El establecimiento de un marco de acción amplio, mediante el cual los logros pueden ser expandidos y compartidos; compensando a otros por sus contribuciones mientras se mantiene el control de la dirección. **La presión de compartir las dudas con otros a la vez que se mantiene el control.**

♅ ▽ Inestabilidad al lograr algo, que en posiciones de poder conduce a la arrogancia y al deseo de mantener a otros alejados del centro del poder. **Dudas al lograr objetivos que pueden llevar a sospechar de otros.**

Línea 1 • Compostura

☉ ▲ El tipo de personalidad que acepta los logros con ecuanimidad y permite que la continuación del desarrollo siga su curso natural. **La aceptación de lo alcanzado, pero con dudas acerca de si tendrá lugar la continuación del desarrollo.**

♂ ▽ La tendencia, al lograr algo, de fijarse inmediatamente nuevas metas, con el riesgo de desestabilizar lo que ya ha sido alcanzado. **La presión, ante el éxito, de seguir dudando de las propias capacidades y de buscar inmediatamente nuevas metas.**

Puerta 64: Antes de concluir • Confusión

La transición, al igual que el nacimiento, requiere de una fuerza
determinada para el pasaje a través

Línea 6 • Victoria

☿ ▲ La certeza mental que sabía que la victoria era inevitable, lo que da al triunfo un sabor dulce, pero sin ceder al exceso. **El don mental de saber disfrutar la confusión y su diversidad de datos.**

♀ ▽ Como en la historia del Caballo de Troya, puede ser peligroso dejarse llevar en exceso por las celebraciones. Lo menos que uno pierde es la vigilancia y la perspectiva. **Con tantos datos, es fácil perder la perspectiva.**

Línea 5 • Promesa

♀ ▲ Los valores prometidos en cualquier orden nuevo se evidencian mediante interacciones armoniosas con los demás. Esto fortalece la justificación de la lucha. **Confusión acerca de cuáles son los valores y las relaciones que traerán la armonía.**

♃ ▽ Una tendencia a tratar de justificar la lucha centrándose exclusivamente en el fracaso del viejo orden, lo que no basta para demostrar la calidad del nuevo. **Centrarse en las confusiones del pasado acerca de los valores y las relaciones.**

Línea 4 • Convicción

☽ ▲ Simbolizado por sus fases, la Luna tiene la transición garantizada, convencida por su propio proceso de que triunfará. **La certidumbre de que la confusión es un proceso que lleva a la claridad.**

♂ ▽ Donde la fuerza y la energía solas no bastan para superar las dudas. **Cuando la confusión alcanza tal intensidad, la certeza no trae alivio.**

Línea 3 • Extralimitarse

♄ ▲ La sabiduría de reconocer cuándo uno carece de los recursos necesarios para completar la transición. La conciencia de esto, en el momento adecuado, puede darle la oportunidad de buscar ayuda. **La sabiduría de aceptar la confusión como algo temporal, que se resolverá con el tiempo o a través de otros.**

☽ ▽ El riesgo de una personalidad superficialmente confiada es que, cuando la transición se desmorone, no quede nadie a quien acudir. **El exceso de confianza en que el destino sonreirá al antojo de uno.**

Línea 2 • Cualificación

♀ ▲ Un desarrollo interior que reconoce las cualidades que son esenciales para la trascendencia, y la conciencia de que sin ellas toda acción será un fracaso. **El desarrollo interior que puede poner fin a la confusión acerca de lo que tiene sentido.**

☽ ▽ Constantemente en acción, malgasta las mismísimas cualidades y recursos que luego necesitará. **Perderse en la confusión agobiando la psique.**

Línea 1 • Condiciones

♀ ▲ Al penetrar hasta el centro de las cosas, el entendimiento que trae la armonía necesaria para sobrevivir al desorden. **En medio de la confusión, la dificultad para ir al grano.**

♂ ▽ La poderosa tentación, cuando la transición está a la vista, de actuar apresuradamente. **El afán de actuar cuando uno cree haber superado la confusión.**

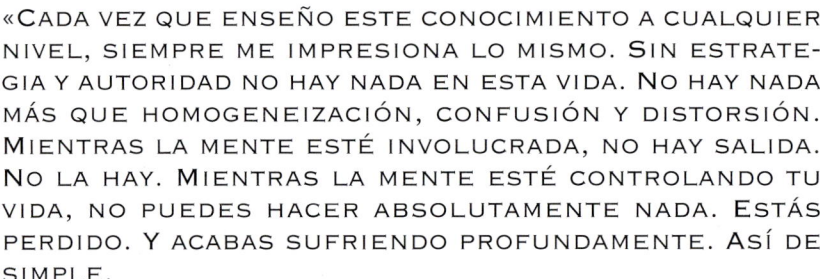

«Cada vez que enseño este conocimiento a cualquier nivel, siempre me impresiona lo mismo. Sin estrategia y autoridad no hay nada en esta vida. No hay nada más que homogeneización, confusión y distorsión. Mientras la mente esté involucrada, no hay salida. No la hay. Mientras la mente esté controlando tu vida, no puedes hacer absolutamente nada. Estás perdido. Y acabas sufriendo profundamente. Así de simple.

Esta es la cuestión. Es el descondicionamiento. Es el descondicionamiento que lleva de la homogeneización a la diferenciación. Tiene que ver con ser capaz de aceptar una posibilidad, y es solo una posibilidad, no es una probabilidad; una posibilidad de que por esta vía encuentres a las personas con las que puedes compartir armoniosamente de una manera extraordinaria. Para eso estamos aquí.

He disfrutado mucho pudiendo enseñar a un nivel intelectual muy elevado, pudiendo tratar de cosas que son verdades esenciales sobre la naturaleza del ser y de la vida. Es un privilegio, es un gran privilegio. Y es más que simple cháchara, porque soy un 5; es práctico. Adiós por ahora.»

Ra Uru Hu

Sección Once

Otros recursos

Glosario, ideas clave y más...

Apéndice A
Pasos recomendados

Paso primero • Recibe una Lectura de Diseño Humano. En www.humandesignhispania.com está la lista de los/as analistas y profesoras/es certificados/as que trabajan en español. La lista internacional la puedes encontrar en www.ihdschool.com. La Lectura te ayudará a comprender cómo empezar a vivir conforme a tu Estrategia y Autoridad y así comenzar a experimentar con lo que has aprendido.

Paso segundo • Ra Uru Hu, la primera persona en iniciar el viaje de «llegar a ser él mismo» con el Sistema de Diseño Humano, comprendió claramente lo que se requiere para vivir de acuerdo a tu ser verdadero. Consiguientemente, estructuró programas experienciales y educativos que pudieran guiarnos en ese camino. El segundo paso es el curso experiencial *Vivir Tu Diseño*. En todo el mundo, y también en el mundo hispánico, hay muchos/as Guías de Vivir Tu Diseño que ofrecen este taller para ayudarte en tu viaje.

Paso tercero • Vive lo que has aprendido. Eso es todo. Es sencillo; no es fácil, pero sí sencillo. Vive cada momento de cada día a través de la lente de todo lo que has aprendido hasta ahora y observa lo que sucede. También puedes unirte a algún grupo de apoyo y estudio de la comunidad de Diseño Humano.

Para quienes quieran más...

Paso cuarto • El Diseño Humano es divertido y profundo. Los cursos *ABC del Rave* y *Cartografía del Rave* (que constituyen la Formación General) fueron diseñados por Ra para las personas que deseen una comprensión más profunda. Originalmente, estos cursos los ofrecía Ra. Ahora los ofrecen, en persona u *on line*, profesionales certificados oficialmente. En www.humandesignhispania.com aparece la lista de los/as profesoras/es certificados/as para ofrecer estos cursos en español, así como el listado de los cursos ofrecidos en cada momento.

Para quienes deseen hacerse profesionales del Diseño Humano...

Paso quinto • Inscríbete en la Formación Profesional de Analistas de Diseño Humano. Se trata de un programa completo de cuatro niveles que ofrece a las/os estudiantes la destreza de sintetizar eficazmente la información de la Carta Gráfica para proporcionar al público Lecturas de Diseño Humano profundas y transformadoras. El programa incluye Lecturas Individuales, Compuestas (de relación), de Retorno Solar, Retorno de Saturno, Oposición de Urano, Retorno de Kirón y de Cruz de Encarnación.

Paso sexto • Los estudios avanzados incluyen análisis del Núcleo Familiar, Desarrollo Infantil, Consultor BG5 de Carrera y Empresas, Psicología del Rave, Sistema Primario de Salud, Análisis Holístico y Cosmología del Rave. En las páginas siguientes se ofrece una breve descripción de estos programas. Para más información puedes ponerte en contacto con cualquiera de las organizaciones oficiales que aparecen en la página 8.

Apéndice B
Áreas de estudio e interés disponibles en el Sistema de Diseño Humano

Lectura individual

Esta poderosa y fundamental Lectura inicial es tu punto de partida para descubrirte a ti mismo. Es un verdadero viaje de autopotenciación. Te ayudará a comprender tu Estrategia, tu Autoridad y las características de tu diseño. Entenderás por qué estás aquí, el potencial de tu contribución única, cómo expresar tu ser verdadero y tu propósito vital y cómo vivir auténticamente tu diseño. Cada uno de nosotros tiene una manera única en la que está diseñado a transformarse. Descubrirás tu «mapa» para trascender tu condicionamiento y aprenderás a conectar con tu proceso único de tomar decisiones. El Sistema de Diseño Humano es una herramienta increíble para observarte a ti mismo y continuar tu propio camino de autodescubrimiento; te ayudará a identificar los desafíos que afrontarás por el camino y la mejor manera de trabajar con ellos en tu vida diaria.

Análisis de ciclos

Hay varios momentos críticos que nos suceden a todos en épocas específicas de nuestra vida. Estos puntos de transición llegan generalmente con decisiones fundamentales y lecciones importantes acerca de la trayectoria de tu camino. Cuanto más conocimiento tengas de ti mismo, mejor equipado estarás para tomar estas decisiones importantes en épocas complicadas. Estos ciclos incluyen el Retorno de Saturno aproximadamente a los 28 años, la Oposición de Urano alrededor de los 40 años, el Retorno de Kirón hacia los 49 años y el Retorno Solar anual tres meses antes de tu cumpleaños cada año. Las Lecturas de Ciclos te ofrecen indicaciones y señales, una previsión meteorológica por así decirlo, para pasar por estas transiciones de la manera más liviana posible y mantenerte bien encaminado.

Lectura de relación

Todos estamos diseñados de manera diferente y merecemos que nos respeten y apoyen para ser nuestro ser único. Cuando una pareja se comprende desde la posición ventajosa de conocer su diseño individual y su diseño compuesto, existe el potencial de una relación basada en la autenticidad, la compasión, la aceptación y el respeto. En una Lectura Compuesta (de relación) aprenderás a comunicarte de persona a persona con tu pareja, hijos, miembros de la familia, colegas y amigos. Podemos nutrir correctamente la salud y el bienestar de una relación cuando comprendemos la atracción y los compromisos potenciales que.nos unen y nos mantienen unidos, y a veces nos separan. El Sistema de Diseño Humano clarifica las diferencias en vuestros diseños para que la conciencia pueda sustituir a los malentendidos.

Núcleo familiar

Una Lectura Familiar es muy beneficiosa para todos los miembros de la familia, especialmente los niños. Al explorar el Penta (el aura de un grupo de 3 a 5 personas), cada miembro puede ver la dinámica de sus relaciones familiares y la manera en que esas dinámicas están siempre mecánicamente presentes. Cuando comprendemos cómo opera el Penta, tenemos la oportunidad de crear un entorno sin culpas ni acusaciones que acepta y apoya a cada miembro de la familia y a la familia misma.

Desarrollo infantil

A fin de cuentas, el conocimiento del Sistema de Diseño Humano es para los niños, y el Desarrollo Infantil le enseña al adulto a interactuar con los niños de maneras muy prácticas que nutren su desarrollo. Este estudio incluye: la dinámica del condicionamiento tanto de los niños como de los padres; cuál es el condicionamiento correcto; los diferentes tipos de interacción entre la madre o el padre y el niño; qué es la autoridad condicionada de los padres; la manera correcta de criar a los niños Generadores, Manifestadores, Proyectores y Reflectores; qué es la «disfunción»; los patrones de los perfiles y cómo alinear a un niño con su personalidad. Se trata de información esencial para el bienestar y el desarrollo propicio de los niños y de sus familias.

Consultoría BG5 y OC16 de empresas y carrera individual

El Sistema de Diseño Humano es una manera fascinante de investigar la mecánica de las dinámicas de grupo en empresas tanto pequeñas como grandes. BG5 y OC16 se centran en las diferentes naturalezas energéticas de los seres humanos y el papel más adecuado para cada uno desde el punto de vista del entorno laboral. Explora todos los aspectos de un equipo de trabajo funcional y las maneras en que los individuos pueden contribuir con sus puntos fuertes para formar un conjunto mayor, efectivo y eficiente. Este estudio incluye información detallada sobre los perfiles de carrera personal, así como sobre las dinámicas laborales de las pequeñas y grandes empresas. Determina con precisión los puntos fuertes y las disfunciones específicas en un equipo o grupo de trabajo, y también lo que es necesario en concreto para crear un rendimiento laboral óptimo que aproveche los puntos fuertes y las habilidades de los individuos involucrados.

Psicología del Rave

La Psicología del Rave es la clave para utilizar tu mente como aliada. Cuando descubres cómo funciona tu cognición única, eres capaz de crear una relación de colaboración entre la mente y el cuerpo. La mente tiene estrategias para hacer frente a la apertura que hay en tu carta. Estas estrategias intentan controlar las energías siempre cambiantes que fluyen a través de ti y a tu alrededor. Estos mecanismos de defensa tratan de mantener a la mente en una posición dominante en tu vida, reforzando así la contradicción entre cuerpo y mente. El reconocimiento del funcionamiento correcto de tu propia mente comienza viendo lo que es natural para ti. La Psicología del Rave explora los niveles más profundos de la manera en que tu mente digiere la información que recibe del mundo que te rodea. La Psicología del Rave ofrece un entendimiento completo de la manera en que la mente humana funciona en su dualidad fundamental, la mente homogeneizada y la mente diferenciada. Despacio pero seguro, este entendimiento impregna al ser y conduce al despertar de la consciencia de pasajero.

SISTEMA PRIMARIO DE SALUD (SPS)

Lo que la Psicología del Rave es para la mente, el Sistema Primario de Salud lo es para el cuerpo. El SPS ofrece una aproximación revolucionaria al bienestar mediante el realce del potencial del cuerpo a través de la ingesta correcta de alimentos y encontrar el entorno correcto en el que vivir. El SPS nos enseña la manera en que estamos diseñados para ingerir y digerir de la comida para un funcionamiento óptimo del cerebro, así como nuestra salud general y nuestra longevidad. Los efectos potenciales de seguir tu estrategia única para la salud pueden incluir la mejora de la digestión, una mayor conciencia sensorial, un mejor funcionamiento del cerebro y mejoras únicas en tu estilo de vida.

ANÁLISIS HOLÍSTICO

El Análisis Holístico es la integración de los conocimientos del Sistema Primario de Salud, la Psicología del Rave, la Variable, la Resonancia Lunar y Planetaria y la Orientación de Base con la interpretación tradicional de la Carta. El Análisis Holístico es la realización plena del potencial analítico del Diseño Humano.

SOCIOLOGÍA DEL RAVE

La fuerza más poderosa que se opone a la diferenciación es el condicionamiento. La Sociología del Rave se dedica a explorar las mecánicas de la interacción en grupo y su impacto condicionador. Esta es la sombra y la ventana al mundo homogeneizado. Comprender estas mecánicas es el contrapunto para vivir el potencial de tu propósito único. Es una oportunidad para ver la manera en que estás diseñado para transformarte bajo la influencia del otro, la familia, la clase, el grupo o la multitud.

ANÁLISIS ONÍRICO

El Análisis Onírico nos ayuda a comprender la manera en que somos vulnerables al condicionamiento mientras dormimos. Al dormir, los niveles más elevados de nuestra consciencia de 9 centros simplemente desaparecen y volvemos a la vieja configuración de 5 centros. Esta información cambia el modo en que los sueños han sido interpretados históricamente; no son lo que cabría esperar.

Cosmología del Rave

La Cosmología del Rave se ocupa del misticismo y la ciencia del Sistema de Diseño Humano. Hay varios niveles, incluyendo el *Bhan Tugh*, mitología y mecánica del «Biverso» tal como las transmitió «la Voz»; *El Camino Místico*, el recorrido de Ra Uru Hu por el entramado de la Espiritualidad Humana que ofrece un profundo entendimiento de la relación de la humanidad con Dios y el imperativo genético que nos impulsa a todos a despertar; *Morir, Muerte y Bardo*, el análisis más profundo hasta la fecha de las mecánicas de morir y la muerte, y un viaje extraordinario a las mecánicas del «Bardo»; 2027, que se ocupa del cambio del ciclo en el que estamos actualmente y el surgimiento de la «forma transáurica», el Penta consciente; *La Noche de Brahma y Más Allá*, una consideración de lo que le espera a la humanidad en el futuro; *Perfil, Propósito y Función*, que contempla los «patrones en ser» y la «complejidad del propósito», y *La Naturaleza de las Estrellas*, que se ocupa del funcionamiento del Océano de Neutrinos a través de un análisis profundo de 11 estrellas.

Apéndice C
Material recomendado

Además de los libros digitales en inglés disponibles en la página web de Jovian Archive, en www.humandesignhispania.com, puedes encontrar una gran variedad de libros en formato pdf y audios en español. Una pequeña selección:

Vivir tu Diseño
Ra Uru Hu
Introduce los conceptos básicos del Diseño Humano y sirve de manual para el curso del mismo nombre.

I Ching del Rave
Ra Uru Hu
Una excelente herramienta de referencia que incluye cada puerta, línea, nombre del hexagrama, nombre del canal, puerta armónica, nombre del circuito, posición y signo astrológicos, imagen del hexagrama, descripción de la línea, lección vital para cada línea y nombres de las Cruces de Encarnación correspondientes.

Enciclopedia de las Cruces de Encarnación
Ra Uru Hu
Basado en una transcripción de Ra Uru Hu, este libro explica la Cruces de Encarnación de Ángulo Derecho, Ángulo Izquierdo y Yuxtaposición, organizadas por Cuartos.

El Directorio
Ra Uru Hu
Una exploración en detalle de las 48 combinaciones de los cuatro Tipos con los 12 Perfiles. La combinación del Tipo con el Perfil revela las claves mecánicas de la naturaleza de cualquier ser humano y su manera de entrar correctamente en cualquier tipo de relación, sea esta de trabajo, de amor, de amistad…

Guía a los Canales y Circuitos
Richard Rudd
Redactado por Richard Rudd siguiendo la información original de Ra Uru Hu, constituye una valiosa referencia y una guía detallada a los Circuitos, Canales y Puertas, incluyendo sus respectivas ideas clave avanzadas.

Los 36 Roles
Ra Uru Hu
En esta transcripción del curso *Los 36 Roles. Continuidad Genética y Maestría de las Líneas*, Ra Uru Hu nos lleva a una comprensión más profunda de un ingrediente esencial en la vida: encontrar nuestro propósito.

Mecánicas de la Sexualidad
Ra Uru Hu
Un análisis detallado de las claves mecánicas de la sexualidad humana, en todas sus variantes. Tener una sexualidad sana comienza por reconocer de qué modo fuimos condicionados y dónde está nuestro potencial para desarrollar la sexualidad.

Apéndice D
Índice de canales, puertas y sus ideas clave

Puerta e idea clave	Puerta armónica e idea clave	Canal e idea clave
1 Lo creativo Autoexpresión	8 La solidaridad Contribución	1 - 8 Inspiración El modelo de conducta creativo
2 Lo receptivo Dirección del ser	14 La posesión en gran medida Habilidad en el uso del poder	14 - 2 Compás El que custodia las llaves
3 La dificultad inicial Ordenación	60 La limitación Aceptación	60 - 3 Mutación Energía que inicia y fluctúa - Pulsación
4 La locura juvenil Formulación	63 Después de concluir Dudas	63 - 4 Lógica Facilidad mental mezclada con dudas
5 La espera Ritmos fijos	15 La modestia Extremos	5 - 15 Ritmo Dejarse fluir
6 El conflicto Fricción	59 La dispersión Sexualidad	59 - 6 Intimidad Enfocado en la reproducción
7 El ejército El rol del ser	31 La influencia Liderazgo	7 - 31 Alpha Para bien o para mal, liderazgo
8 La solidaridad Contribución	1 Lo creativo Autoexpresión	1 - 8 Inspiración El modelo de conducta creativo
9 El poder domesticador de lo pequeño Foco	52 La quietud (de la montaña) Inacción	52 - 9 Concentración Determinación
10 El porte El comportamiento del ser	20 La contemplación Ahora	10 - 20 Despertar • Compromiso con principios de un orden superior
10 El porte El comportamiento del ser	34 El poder de lo grande Poder	34 - 10 Exploración Seguir las propias convicciones
10 El porte El comportamiento del ser	57 Lo suave Claridad intuitiva	57 - 10 Forma perfeccionada Supervivencia
11 La paz Ideas	56 El peregrino Estimulación	11 - 56 Curiosidad Un buscador
12 La paralización Cautela	22 La gracia Apertura	22 - 12 Apertura Un ser social
13 La comunidad de los hombres Saber escuchar	33 La retirada Privacidad	13 - 33 El pródigo Testigo

SECCIÓN ONCE: OTROS RECURSOS 453

Apéndice D
Índice de canales, puertas y sus ideas clave

Puerta e idea clave	Puerta armónica e idea clave	Canal e idea clave
14 La posesión en gran medida / Habilidad en el uso del poder	2 Lo receptivo / Dirección del ser	14 - 2 Compás / El que custodia las llaves
15 La modestia / Extremos	5 La espera / Ritmos fijos	5 - 15 Ritmo / Dejarse fluir
16 El entusiasmo / Habilidades	48 El pozo / Profundidad	48 - 16 La longitud de onda / Talento
17 El seguimiento / Opiniones	62 La preponderancia de lo pequeño / Detalle	17 - 62 Aceptación / Un ser organizador
18 Ocuparse de lo echado a perder / Corregir	58 Lo jovial / Vitalidad	58 - 18 Juicio / Insaciabilidad
19 El acercamiento / Querer	49 La revolución / Principios	19 - 49 Síntesis / Sensibilidad
20 La contemplación / Ahora	10 El porte / El comportamiento del ser	10 - 20 Despertar / Compromiso con principios de un orden superior
20 La contemplación / Ahora	34 El poder de lo grande / Poder	34 - 20 Carisma / Donde la conciencia debe convertirse en acción
20 La contemplación / Ahora	57 Lo suave / Claridad intuitiva	57 - 20 La chispa cerebral / Conciencia penetrante
21 La mordedura tajante / El cazador / La cazadora	45 La reunión / El recolector	21 - 45 Dinero / Materialismo
22 La gracia / Apertura	12 La paralización / Cautela	22 - 12 Apertura / Un ser social
23 El fraccionamiento / Asimilación	43 La resolución / Visión interna	43 - 23 Estructurar / Individualidad
24 El retorno / Racionalización	61 La verdad interior / Misterio	61 - 24 Conciencia / Un pensador
25 La inocencia / El espíritu del ser	51 Lo suscitativo / Shock	51 - 25 Iniciación / Necesitar ser el primero
26 El poder domesticador de lo grande / El egoísta	44 Ir al encuentro / Estar alerta	44 - 26 Rendición / Un transmisor
27 La nutrición / Cuidados	50 El caldero / Valores	27 - 50 Preservación / Custodiar

Apéndice D
Índice de canales, puertas y sus ideas clave

Puerta e idea clave	Puerta Armónica e idea clave	Canal e idea clave

28 La preponderancia
      de lo grande
      El jugador
	38 La oposición
	      El luchador
		38 - 28 Lucha
		              Obstinación

29 Lo abismal
      Perseverancia
	46 El empuje hacia arriba
	      Determinación del ser
		29 - 46 Descubrimiento
		              Triunfar donde otros fracasan

30 El fuego adherente
      Sentimientos
	41 La disminución
	      Contracción
		41 - 30 Reconocimiento
		              Energía enfocada (sentimientos)

31 La influencia
      Liderazgo
	7 El ejército
	      El rol del ser
		7 - 31 Alpha
		              Para bien o para mal, liderazgo

32 La duración
      Continuidad
	54 La muchacha que se casa
	      Ambición
		54 - 32 Transformación
		              Ser movido por la ambición

33 La retirada
      Privacidad
	13 La comunidad de los hombres
	      Saber escuchar
		13 - 33 El pródigo
		              Testigo

34 El poder de lo grande
      Poder
	10 El porte
	      El comportamiento del ser
		34 - 10 Exploración
		              Seguir las propias convicciones

34 El poder de lo grande
      Poder
	20 La contemplación
	      Ahora
		34 - 20 Carisma • Donde la conciencia
		              debe convertirse en acción

34 El poder de lo grande
      Poder
	57 Lo suave
	      Claridad intuitiva
		57 - 34 Poder
		              Arquetipo

35 El progreso
      Cambio
	36 El oscurecimiento de la luz
	      Crisis
		36 - 35 Transitoriedad
		              Un «bufón de mil caminos»

36 El oscurecimiento
      de la luz • Crisis
	35 El progreso
	      Cambio
		36 - 35 Transitoriedad
		              Un «bufón de mil caminos»

37 La familia
      Amistad
	40 La liberación
	      Soledad
		37 - 40 Comunidad
		              Una parte buscando un todo

38 La oposición
      El luchador
	28 La preponderancia
	      de lo grande • El jugador
		38 - 28 Lucha
		              Obstinación

39 El impedimento
      Provocación
	55 La abundancia
	      Espíritu
		39 - 55 Liberar emociones
		              Estados de ánimo fluctuantes

40 La liberación
      Soledad
	37 La familia
	      Amistad
		37 - 40 Comunidad
		              Una parte buscando un todo

41 La disminución
      Contracción
	30 El fuego adherente
	      Sentimientos
		41 - 30 Reconocimiento
		              Energía enfocada (sentimientos)

42 El aumento
      Crecimiento
	53 El desarrollo
	      Inicios
		53 - 42 Maduración
		              Desarrollo equilibrado, Ciclos

43 La resolución
      Visión interna
	23 El fraccionamiento
	      Asimilación
		43 - 23 Estructurar
		              Individualidad

Apéndice D
Índice de canales, puertas y sus ideas clave

Puerta e Idea clave	Puerta armónica e Idea clave	Canal e Idea clave
44 Ir al encuentro / Estar alerta	26 El poder domesticador de lo grande • El egoísta	44 - 26 Rendición / Un transmisor
45 La reunión / El recolector	21 La mordedura tajante / El cazador / La cazadora	21 - 45 Dinero / Materialismo
46 El empuje hacia arriba / Determinación del ser	29 Lo abismal / Perseverancia	29 - 46 Descubrimiento / Triunfar donde otros fracasan
47 La opresión / Caer en la cuenta	64 Antes de concluir / Confusión	64 - 47 Abstracción / Actividad mental mezclada con claridad
48 El pozo / Profundidad	16 El entusiasmo / Habilidades	48 - 16 La longitud de onda / Talento
49 La revolución / Principios	19 El acercamiento / Querer	19 - 49 Síntesis / Sensibilidad
50 El caldero / Valores	27 La nutrición / Cuidados	27 - 50 Preservación / Custodiar
51 Lo suscitativo / Shock	25 La inocencia / El espíritu del ser	25 - 51 Iniciación / Necesitar ser el primero
52 La quietud (de la montaña) • Inacción	9 El poder domesticador de lo pequeño • Foco	52 - 9 Concentración / Determinación
53 El desarrollo / Inicios	42 El aumento / Crecimiento	53 - 42 Maduración / Desarrollo equilibrado, ciclos
54 La muchacha que se casa • Ambición	32 La duración / Continuidad	54 - 32 Transformación / Ser movido por la ambición
55 La abundancia / Espíritu	39 El impedimento / Provocación	39 - 55 Liberar emociones / Estados de ánimo fluctuantes
56 El peregrino / Estimulación	11 La paz / Ideas	11 - 56 Curiosidad / Un buscador
57 Lo suave / Claridad intuitiva	10 El porte / El comportamiento del ser	57 - 10 Forma perfeccionada / Supervivencia
57 Lo suave / Claridad intuitiva	20 La contemplación / Ahora	57 - 20 La chispa cerebral / Conciencia penetrante
57 Lo suave / Claridad intuitiva	34 El poder de lo grande / Poder	57 - 34 Poder / Arquetipo
58 Lo jovial / Vitalidad	18 Ocuparse de lo echado a perder • Corregir	58 - 18 Juicio / Insaciabilidad
59 La dispersión / Sexualidad	6 El conflicto / Fricción	59 - 6 Intimidad / Enfocado en la reproducción

Apéndice D
Índice de canales, puertas y sus ideas clave

Puerta e idea clave	Puerta armónica e idea clave	Canal e idea clave
60 La limitación Aceptación	3 La dificultad inicial Ordenación	60 - 3 Mutación Energía que inicia y fluctúa • Pulsación
61 La verdad interior Misterio	24 El retorno Racionalización	61 - 24 Conciencia Un pensador
62 La preponderancia de lo pequeño • Detalle	17 El seguimiento Opiniones	17 - 62 Aceptación Un ser organizador
63 Después de concluir Dudas	4 La locura juvenil Formulación	63 - 4 Lógica • Facilidad mental mezclada con dudas
64 Antes de concluir Confusión	47 La opresión Caer en la cuenta	64 - 47 Abstracción • Actividad mental mezclada con claridad

SECCIÓN ONCE: OTROS RECURSOS

Apéndice E
El Diseño de las Formas

En la astrología tradicional, una carta astrológica sería la misma para un pollo que para un ser humano. El extraordinario potencial del Sistema de Diseño Humano es que el diseño de los humanos es tan solo un aspecto de los conocimientos revelados, que incluyen diseños específicos para todas las formas de vida, hasta la célula. La interconexión de todas las formas queda ilustrada en los siguientes diseños.

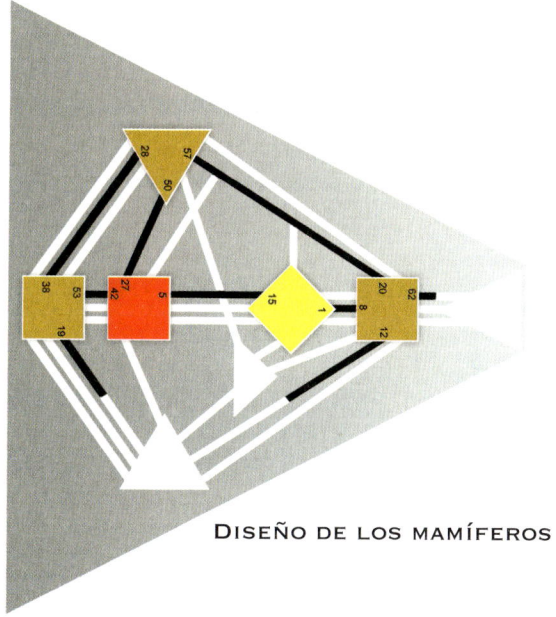

DISEÑO DE LOS MAMÍFEROS

Los mamíferos, como los humanos, están dotados de dos Cristales de Consciencia y un Monopolo Magnético. Todas las formas de vida, incluidos los humanos, tienen un impacto directo entre ellas y pueden ser agentes de condicionamiento. En todo el mundo, los mamíferos tienen una amplia influencia en la vida cotidiana de los humanos. El aura de un gato doméstico es tan grande como la de cualquier humano. El potencial de su diseño deja claro que los animales pueden condicionar nuestro ritmo y dirección. Tener perros en nuestra vida es una prueba de ello, ya que nos levantan por la mañana para llevarnos con su correa.

Los mamíferos también pueden traernos un condicionamiento beneficioso para nuestra salud a través de su Centro del Bazo. El Diseño Humano no es solo sobre los humanos. Si vas a poner a un animal en tu vida, es una buena idea conocer su diseño. La mayoría de los criadores tiene un registro de nacimientos y sería sensato apuntar el momento de nacimiento de cada animal, en vez de una hora de nacimiento general para la camada. Con datos exactos, puedes asegurar un entorno saludable para el animal y compañía excelente para el humano.

Ejemplos adicionales del Diseño de las Formas

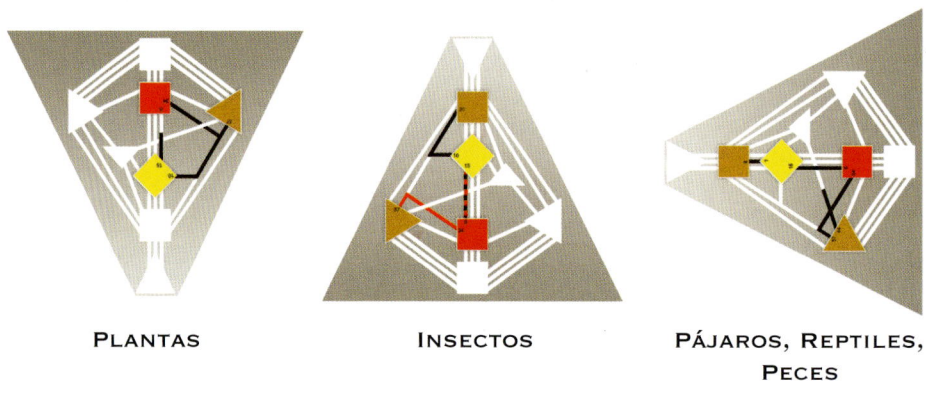

PLANTAS   INSECTOS   PÁJAROS, REPTILES, PECES

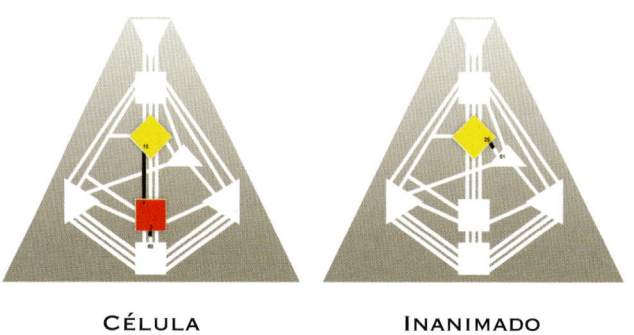

CÉLULA   INANIMADO

La célula y lo inanimado no tienen Cristal de la Personalidad, pero ambos están dotados de Cristal del Diseño y Monopolo Magnético. Lo inanimado, sin un canal completo, no puede ser biológico; sin embargo, todo participa en la evolución. Todo está vinculado e interconectado en este gran movimiento.

Este es un tema muy amplio. Si sientes curiosidad por saber más, en la tienda *on line* de www.humandesignhispania.com hay disponibles varios audios en español sobre el Diseño de las Formas. También puedes encontrar más información en inglés en www.jovianarchive.com y www.ihdschool.com

> «SEGÚN "LA VOZ", EL UNIVERSO ENTERO ES UNA ENTIDAD QUE AÚN NO HA NACIDO. TODO FORMA PARTE DE ESTA VIDA. ES NOSOTROS Y NOSOTROS SOMOS ELLA.»
> RA URU HU

Apéndice F
Glosario de términos de Diseño Humano

Abstracto:
Una cualidad asociada con los canales y puertas del Circuito Abstracto: experiencias, sentimientos, emociones y reflexiones; buscarle el sentido al pasado en beneficio del Colectivo. Lo opuesto del proceso Lógico. (véase Lógico)

Activación:
Cualquier puerta que está coloreada en el Cuerpo Gráfico, ya forme parte de un canal definido o no.

Amargura:
El tema del no-ser del Proyector o los canales proyectados. (Véanse Proyector y Tipos de Canales.)

Apertura:
Lo que está en blanco, o no definido, en el Cuerpo Gráfico; la fuente del condicionamiento, la educación, la nutrición y la sabiduría potencial en la vida.

Armonía:
En la Teoría del Hexagrama, las líneas que ocupan posiciones paralelas en los trigramas inferior y superior están en armonía entre sí. Representan un tema común. Estas armonías son las Líneas 1 y 4 (que representan una línea de base para sus trigramas respectivos), las Líneas 2 y 5 (que representan líneas de proyección) y las Líneas 3 y 6 (que representan líneas de mutación). (Véanse Disonancia y Resonancia.)

Astrología:
El antiguo estudio de las estrellas, los planetas, los cuerpos celestes y su influencia en nuestra vida o entorno; precursora de la ciencia moderna de la astronomía; un cálculo astrológico proporciona una instantánea de las posiciones de los planetas en el momento del nacimiento y las sitúa en la síntesis, en el Mandala.

Aura:
Un campo energético invisible que rodea a las criaturas vivas y se extiende aproximadamente 1,80 metros en todas las direcciones. Su frecuencia, o cómo comunica a los demás quiénes somos, gobierna la manera en que impactamos o conectamos con los demás. (Véase Tipo.)

Autoridad:
Una de las herramientas para vivir y tomar decisiones.
La **Autoridad Interna (personal)** es la fuente de guía interna para tomar decisiones siendo tú mismo; nuestro propio GPS personal.
La **Autoridad Externa** es el ámbito apropiado de la mente, liberada de tomar decisiones y capaz de usar sus dones al servicio de los demás.

Big Bang:

Desde el punto de vista del Sistema de Diseño Humano, el Big Bang es Concepción. La unión del Yin original (el óvulo) y el gran Yang (la simiente), que entonces inició el universo en expansión. En el lenguaje de «la Voz», la concepción del «bebé» que aún no ha nacido.

Binario:

Cualquier sistema que acepta y adopta los polos opuestos como parte integral de su entendimiento de la totalidad: el Diseño Humano se basa en la yuxtaposición de los opuestos, el «esto» y «aquello» de todo.

Biverso:

Un término utilizado por Ra Uru Hu para representar la naturaleza dualista del cosmos. (Véase Binario.)

Cábala:

Árbol de la Vida, del misticismo judío; una de las cuatro partes de la síntesis dada a Ra Uru Hu; representa los grupos de circuitos en el Cuerpo Gráfico.

Cálculo de la Personalidad:

Momento del nacimiento; se basa en la fecha, hora y lugar de tu nacimiento.

Cálculo del Diseño:

88 grados del Sol antes del cálculo natal (nacimiento) o de la Personalidad. (Véase 88 grados del Sol.)

Canal:

Un quantum creado con la unión de dos puertas; caminos que llevan o unen y transforman la energía entre los nueve centros del Cuerpo Gráfico. (Véanse la Sección Seis y el Apéndice E)

Canal de Integración:

Un componente central del proceso de individuación; un grupo de cuatro canales que funciona como fundamento del mecanismo de defensa de la forma; idea clave: potenciación; canales 34-30, 57-10, 34-57 y 10-20. (Véase Sección Seis.)

Canales tántricos:

Los canales 5-15, 14-2 y 29-46, entre los Centros Sacral y G; las energías vitales fértiles del Sacral que potencian la identidad en una dirección específica como expresión del ser elevado a través del Centro G.

Carta / Carta del Rave:

Cuerpo Gráfico. El plano de tu energía, cómo funciona dentro de ti y cómo interactúa con la energía de los demás. La herramienta principal del análisis de Diseño Humano.

Carta compuesta (de conexión):

La integración de dos diseños; la base para la relación se establece donde existe definición en la carta compuesta. Hay cuatro tipos de conexiones. (Véanse Compañía, Compromiso, Dominio y Electromagnético.)

Cartografía / Cartografía del Rave:

El estudio o mapeo del flujo de energía por los canales, puertas y centros del Cuerpo Gráfico, es decir, de las mecánicas de la superficie del Sistema de Diseño Humano. (Véanse Circuitos y Grupos de Circuitos.)

Célula:

El Diseño de la célula es la Puerta 15, en el Centro G, conectada a la Puerta 5, en el Centro Sacral. Su potencial integrador es la Puerta 3 - Mutación.

Centros:

Núcleos de energía del Cuerpo Gráfico que transforman la energía cuando circula por él; se asocian con el sistema endocrino del cuerpo.

Ajna: centro de conceptualización; prepara y dirige la conciencia mental hacia la Garganta.

Bazo: centro de la conciencia de la supervivencia, nos conecta con nuestros instintos animales; estado existencial de conciencia/seguridad/salud física en el momento; nuestras respuestas inmunológicas.

Cabeza: centro de la inspiración; presiona para pensar y hacer preguntas.

Corazón/Ego: centro del mundo material, la fuerza de voluntad, la fortaleza del ego y la autoestima.

G: centro de la identidad, el amor y la dirección; donde conectamos con nuestra geometría a través de nuestro Monopolo Magnético; el centro del ser elevado; nuestra manera de conectar con la totalidad.

Garganta: centro del metabolismo, la manifestación y la comunicación; representa la mutación más importante y más reciente de la bioforma de 7 centros (junto con el Ajna); abrió el camino al desarrollo de la comunicación verbal sofisticada hace 85.000 años.

Plexo Solar: centro de la inteligencia emocional, la ola emocional; actualmente está experimentando una mutación como centro de conciencia (conciencia del espíritu), en preparación para el cambio evolutivo que llegará en 2027.

Raíz: centro de mantener el impulso para vivir; presión de adrenalina para poner en marcha las cosas.

Sacral: centro de nuestra fuerza vital creativa que opera en respuesta.

Centros de conciencia:

Todos los seres humanos están dotados de tres campos de conciencia potenciales: Ajna • conciencia de la mente; Bazo • conciencia del cuerpo; Plexo Solar • conciencia del espíritu. (Véase Centros.)

Chakras:

Siete centros de energía usados durante siglos en Oriente para relacionar la energía corporal con el cuerpo físico, lo exotérico con los ámbitos esotéricos; en 1781 los humanos comenzaron a evolucionar a nuestra forma actual de 9 centros.

Chófer:

La Puerta 2 es la sede del Monopolo Magnético (el Chófer), que conoce la trayectoria del vehículo, adónde va la forma y cómo llegar allí; el Chófer no está influenciado por el Pasajero. (Véase Monopolo Magnético.)

Ciclo de vida:

Basado en la órbita del planeta Urano, que tarda 84 años en girar alrededor del Sol. Cuando Urano llega a la posición exactamente opuesta a su posición original en el momento del nacimiento, ese es el punto de la Oposición de Urano.

Ciclo Lunar:

La órbita de 28 días de la Luna alrededor de la Tierra; un ciclo pasa por las 64 puertas del Mandala; el Ciclo Lunar es la Estrategia del Reflector para tomar decisiones, y es su versión de la Autoridad Interna (personal).

Ciclos:

Puntos de transición medibles cruciales en la vida. El punto mismo es el punto medio en un ciclo de 7 años que representa un proceso de transición por el que pasamos. Las Lecturas de Ciclos de Retorno proporcionan señales que sirven de guía en el viaje de la vida. Además, pasamos también por un ciclo anual conocido como nuestro Retorno Solar.

Retorno Solar: Una «previsión meteorológica» de lo que experimentarás en el año que tienes por delante desde el punto de vista de nuestra educación, desarrollo y conexiones personales.

Retorno de Saturno: Explora las mecánicas y los patrones revelados en el Cuerpo Gráfico entre las edades de 28 y 32 años, y nos proporcionan señales que sirven de guía para la evolución de nuestra madurez.

Oposición de Urano: Explora las mecánicas y los patrones revelados en el Cuerpo Gráfico, mostrando el cambio de dirección y entorno, tras los primeros 40 años, para la segunda mitad de nuestra vida (la llamada «crisis de los cuarenta»).

Retorno de Kirón: Explora las mecánicas y los patrones revelados en el Cuerpo Gráfico para el florecimiento final de nuestro propósito vital, empezando entre las edades de los 48 y los 52 años.

Ciencia de la Diferenciación:

El Diseño Humano es el estudio de nuestra unicidad, nuestra diferenciación; una ciencia que se verifica mediante nuestra propia experimentación con sus herramientas para vivir; no es un sistema de creencias.

Circuitos:

Organizan y trazan un gráfico del flujo de la energía por el Cuerpo Gráfico; seis circuitos en tres grupos de circuitos principales y el Canal de Integración básico; los circuitos y sus grupos representan la manera en que conectamos y funcionamos los unos con los otros.

Circuitos Colectivos:

(Véase Grupos de Circuitos.)

Circuitos Individuales:

(Véase Grupos de Circuitos.)

Circuitos Tribales:
(Véase Grupos de Circuitos.)

Compañía:
Ambas personas tienen el mismo canal o puerta definidos en su Cuerpo Gráfico. Es el potencial para la amistad, la experiencia compartida.

Compromiso:
Una de las personas de la pareja define el canal entero y la otra persona define solo una de las puertas de ese canal. La persona que solo tiene activada una puerta del canal siempre tiene que avenirse a la persona que tiene el canal completo.

Concepción:
La amplia mayoría de los Cristales de Consciencia no están encarnados en formas vivas y nunca lo estarán. Agrupados en «Fardos», mantienen un campo de consciencia planetaria constante. Sin embargo, en cada uno de estos «fardos» hay Cristales específicos que están esperando a encarnarse. Cuando no están encarnados, los Cristales del Diseño, con sus monopolos magnéticos incorporados en ellos, se aglomeran en el estrato de la Tierra. Los Cristales de Personalidad están en órbita en la atmósfera. La iniciación de la secuencia de concepción tiene lugar cuando el Monopolo Magnético y su Cristal de Diseño son atraídos desde el «fardo» bajo tierra por el Monopolo Magnético del hombre. El Cristal del Diseño atraído entra en el Centro del Plexo Solar del Hombre y se aposenta en la Puerta 6.

En el momento del orgasmo, el Cristal del Diseño, que ahora está en un espermatozoide y está dirigido por el Monopolo Magnético del Cristal, pasa por el Canal del Apareamiento y la Reproducción (59-6) desde el Solar Plexo del hombre al Centro Sacral de la mujer y de ahí al óvulo. Este es el momento de la concepción y el inicio de un ciclo de encarnación. Cuando la corriente de neutrinos penetra en la madre, penetra también en la célula y pasa por el Cristal de Diseño de la célula, que entonces comienza la tarea de crear el cuerpo del niño.

Conciencia:
Un punto de transformación/despertar en el que uno se vuelve un observador objetivo de su propia vida.

Condicionamiento:
La presión, expectativas o influencias de fuentes externas que la mente usa para avenirse a patrones que no son parte de lo que somos (no-ser); estrategias de adaptación que se convierten en hábitos y reprimen, ocultan o nos alejan de nuestro ser y propósito de encarnación verdaderos.

Consciente:
Todos los datos de la Personalidad, en negro en el Cuerpo Gráfico, que experimentamos, de los que nos damos cuenta y con los que nos identificamos.

Constelación de los Hexagramas:
Parte del Mandala que incluye los grados del zodiaco y las puertas/líneas/hexagramas del I Ching; cada constelación tiene un arco de 5° 37' 30".

Continuidad genética:

Una interrelación cualitativa que existe en el Cuerpo Gráfico entre partes similares de la totalidad; por ejemplo, todas las Líneas 1 de los 64 hexagramas tienen una cualidad introspectiva, o todas las puertas del Grupo de Circuitos Individual son potencialmente potenciadoras.

Cosmología del Rave:

El estudio del fundamento cosmológico de la revelación de la Ciencia de la Diferenciación y el Sistema de Diseño Humano; información que «la Voz» dio a Ra Uru Hu en 1987 para comprender el Principio de la Forma y nuestro lugar en el cosmos.

Cristales de Consciencia:

Toda cosa viviente está dotada de dos Cristales de Consciencia: el Cristal de Diseño, un aspecto del Yin original, y el Cristal de Personalidad, un aspecto del Yang original. No hay Cristal de Personalidad ni en la célula ni en lo inanimado. (Véanse Cristal de Diseño y Cristal de Personalidad.)

Cristal de Diseño:

Un aspecto del Yin primario original que transforma los datos de los neutrinos en el cuerpo y la vida. Reside en el Centro Ajna. (Véase Vehículo.)

Cristal de Personalidad:

Un aspecto del Yang primario original que transforma los datos de los neutrinos en el potencial de la conciencia autorreflejada; situado justo encima del Centro de la Cabeza; manifiesta la percepción consciente de «quien piensas que piensas que eres».

Cruz de Ángulo Derecho:

Destino personal. (Véanse Cruz de Encarnación y la Sección Ocho.)

Cruz de Ángulo Izquierdo:

Destino Transpersonal. (Véanse Cruz de Encarnación y la Sección Ocho.)

Cruz de Encarnación:

Una combinación de las puertas y líneas del Sol y la Tierra en los datos de tu Personalidad y tu Diseño; registra polaridades que forman una «cruz» en el Mandala; indica el propósito vital de la persona y proporciona un índice del potencial evolutivo humano; hay 768 Cruces de Encarnación (192 cruces básicas con muchas variaciones). (Véase la Sección Nueve.)

Cruz de Yuxtaposición:

Destino Fijo. (Véanse Cruz de Encarnación, la Sección Siete y la Sección Ocho.)

Cuerpo Gráfico o Cuerpo Gráfico del Rave™:

La matriz de circuitos (canales y puertas) y centros, situada en medio del Mandala del Rave, que recoge la impronta de los neutrinos, tanto del Cristal de Personalidad como del de Diseño, y define la diferencia única de uno en esta vida, lo que diferencia a un humano de todos los demás; fue trazado por vez primera el 5 de enero de 1987 por Ra Uru Hu, siguiendo las instrucciones de «la Voz». La herramienta principal para el análisis de Diseño Humano.

Definición/definido:
Los canales que están coloreados en tu Cuerpo Gráfico y las dos puertas y centros en ambos extremos del canal; la definición representa lo que es consistente y fiable en ti. (Véase No definido.)

Desilusión:
El tema del no-ser del Reflector. (Véase Reflector.)

Detrimento (▽):
Una de las dos influencias energéticas que puede fijar un planeta y que entonces queda acentuada en una línea. (Véase Líneas.)

Diseño:
La impronta de neutrinos que pertenece a la bioforma; una consciencia que está por debajo del nivel de la percepción consciente; se registra en rojo en un Cuerpo Gráfico; distingue al sistema de Diseño Humano de todos los demás sistemas. (Véase Vehículo.)

Disonancia:
En la Teoría del Hexagrama, cualquier relación entre dos líneas que no crea armonía (p.e. 1/4) o resonancia (p.e. 1/1) entre ellas se considera en disonancia. Hay un conflicto o incongruencia entre las dos líneas (p.e. 2/3 o 1/6). (Véanse Armonía y Resonancia.)

Dualidad:
El universo y todo lo que contiene es dualista por naturaleza. Los humanos, a través de su estructura genética (ADN/ARN), también están diseñados como biosistemas dualistas. En física, el universo comenzó como una dualidad, con su expansión a través de los quarks y los leptones. Esta es nuestra realidad basada en arriba-abajo, dentro-fuera, bien-mal. En Diseño Humano, la dualidad se refleja mediante los dos conjuntos de datos (Personalidad y Diseño) que determinan la unicidad de un individuo en el Cuerpo Gráfico.

Efemérides:
Cálculos astrológicos de las posiciones de los planetas, el Sol y los Nodos de la Luna.

Electromagnético:
Cada miembro de una pareja define una puerta (una mitad) de un canal, definiendo así el canal entero y creando energía vital; representa la dinámica básica de una relación: atracción y repulsión.

Emisores:
Lo que está definido (coloreado) en el Cuerpo Gráfico; cómo comunicamos áuricamente nuestra definición, o quiénes somos consistentemente para los demás; cómo condicionamos a otros a través de su apertura. (Véase Receptores.)

Energías Formato:
Energías específicas, alimentadas por el Centro de la Raíz y guiadas por las respuestas del Sacral, que ejercen una poderosa influencia en todos los demás canales del circuito y en la totalidad del diseño; los Canales Formato unen los Centros de la Raíz y Sacral: 53-42 (Colectivo/Abstracto), 60-3 (Individual) y 52-9 (Colectivo/Lógico). No hay ningún canal formato en el Circuito Tribal.

Estrategia:
Una rendición lógica a nuestra Forma, basada en nuestro Tipo individual, que permite que nuestro vehículo se rinda al flujo de la vida.

Estrategia de cada Tipo:
Los **Manifestadores** informan antes de iniciar la acción.
Los **Generadores** esperan a que les pregunten para poder responder.
Los **Proyectores** esperan a ser reconocidos e invitados.
Los **Reflectores** esperan a que pase un Ciclo Lunar antes de tomar una decisión.

Exaltación (▲):
Una de las dos influencias energéticas que puede fijar un planeta y que entonces queda acentuada en una línea. (Véase Líneas.)

Firmas:
Lo opuesto a la resistencia; lo que experimentas cuando vives plenamente tu Tipo y tu propósito: **Sorpresa** para los Reflectores. **Paz** para los Manifestadores. **Satisfacción** para los Generadores. **Éxito** para los Proyectores.

Forma / Principio de la Forma:
Nuestras formas físicas. Nuestra forma física fue el foco de la revelación de «la Voz» y la base del Sistema de Diseño Humano.

Fractal:
Todo ser humano, a través de su Cristal de Personalidad, está vinculado mediante una línea fractal a otros Cristales de Personalidad. Las líneas fractales se formaron en el Big Bang cuando el Cristal de Consciencia primario se hizo añicos. La información pasa por nuestras líneas fractales individuales. Hay 66 líneas fractales, 66 caminos arquetípicos en que se mueve la información, y cada una de ellas tiene matices que son fundamentalmente diferentes de los de las demás. Cada una de estas líneas fractales está asociada con una estrella de nuestro universo (incluido nuestro Sol), ya que las estrellas producen neutrinos. Cada estrella es un banco de datos de consciencia y, a través de su corriente de neutrinos, establece líneas específicas de información en movimiento. Cada ser humano está conectado a uno de estos fractales y a todas las demás personas que comparten esa línea fractal. Esto crea una sensación de familiaridad entre personas cuanto más cerca están de sus respectivas líneas fractales.

Frecuencia de consciencia:
Cada centro de consciencia opera con una frecuencia diferente: Ajna • a lo largo de todo el tiempo; Bazo • en el ahora; Plexo Solar • en una ola con el paso del tiempo.

Frustración:
El tema del no-ser del Generador o los canales generados. (Véanse Generador y Tipos de Canales)

Generador:
Uno de los cuatro Tipos; tiene definido el Centro Sacral; está aquí para trabajar y proporcionar fuerza vital; los Generadores comprenden alrededor del 70 por 100 de la población; aura abierta y envolvente que opera mediante la respuesta. (Véanse Generador Manifestante y Sección Cuatro)

Generador Manifestante:
Un Generador con capacidades manifestadoras; el buda guerrero que opera (toma decisiones mediante la respuesta y entonces pasa a la acción rápidamente. (Véase Sección Cuatro.)

Geometría:
Trayectoria, ángulo de encarnación o camino en la vida; el ángulo está determinado por los incrementos de 88 grados que separan los cálculos del Sol de la Personalidad y del Diseño en una carta. (Véanse Fractal, Perfil y Cruz de Encarnación.)

Geometría de Ángulo Derecho: destino personal, absorto en su propio proceso, menos consciente de los demás.

Geometría de Yuxtaposición: destino fijo, una geometría de unión entre los Ángulos Derecho e Izquierdo.

Geometría de Ángulo Izquierdo: destino kármico transpersonal; intersecta con aliados para cumplir su destino.

Grupos de Circuitos:
Los tres Grupos de Circuitos principales son:

Colectivo, idea clave: compartir; reflexionar sobre lo que ha sucedido o anticiparse a lo que podría hacer avanzar de forma segura a la vida como grupo grande.

Individual, idea clave: potenciación; inspirado en el saber intuitivo que surge en el momento presente.

Tribal, idea clave: apoyo; asegurar la reproducción continuada de la especie haciendo lo necesario para asegurar la supervivencia; éxito/vitalidad en los planos material y espiritual.

Hexagrama:
Una estructura de 6 líneas horizontales apiladas que son enteras (yang) o partidas (yin); la base del I Ching clásico y del I Ching del Rave; los 64 hexagramas que forman la base del I Ching se corresponden matemáticamente con la estructura de codones de nuestro ADN, nuestra composición genética. (Véase Puertas.)

I Ching:
Un sistema de la sabiduría china antigua que adivina e interpreta los cambios que experimentamos según vamos pasando por la vida; data de 3.000-2.000 años antes de Cristo. (Véase I Ching del Rave.)

I Ching del Rave:
    Una descripción de los valores de las líneas de los 64 hexagramas. Completado por Ra Uru Hu el 12 de diciembre de 1989, en Frankfurt, Alemania; se basa en el antiguo Libro Chino de los Cambios. Una herramienta fundamental en el análisis del Diseño Humano. (Véase I Ching.)

Ideas clave:
    El lenguaje dinámico del Diseño Humano que condensa mucha información en una sola palabra o frase; habla directamente a nuestras células.

Inconsciente:
    Todos los datos prenatales del Diseño (88 grados del Sol antes del nacimiento) se experimentan inconscientemente; los datos del Diseño representan nuestra herencia genética; características que otros sienten en nosotros y que llegamos a reconocer con el paso del tiempo; aparece en rojo en el Cuerpo Gráfico.

Individualidad:
    Una cualidad asociada con los canales y puertas del Circuito Individual; la energía de la mutación, la melancolía, la potenciación y la unicidad que aseguran la supervivencia de la Tribu.

Informar:
    La Estrategia de los Manifestadores; trae paz a su manifestación. (Véase Sección Cuatro.)

Invitación:
    La Estrategia de los Proyectores; esperar a la invitación trae reconocimiento. (Véase Sección Cuatro.)

Línea:
    Seis subdivisiones en correlación con las de seis líneas del hexagrama; seis temas que representan y describen el progreso o desarrollo de la puerta; el nivel por debajo de la puerta en el análisis de Diseño Humano. Cada hexagrama tiene 6 líneas. Hay 64 hexagramas. Hay 384 líneas en el I Ching del Rave. 375 de estas líneas son dualidades, cuya polaridad se expresa mediante los términos «exaltación» y «detrimento», que denotan la polaridad en la línea. Cuando no están fijadas, hay un flujo de energía e influencia entre la exaltación y el detrimento. (Véase Continuidad genética.)

Lógico:
    Una cualidad asociada con los canales y puertas del Circuito Lógico; patrones, fórmulas, validación y prueba; mirar hacia delante, comprender y proporcionar patrones probados para el futuro para guiar de forma segura al Colectivo. Lo opuesto al proceso Abstracto. (Véase Abstracto.)

Mandala del Rave™:
    Síntesis mística que «la Voz» dio a Ra Uru Hu; marca registrada del Sistema de Diseño Humano. Su fórmula se compone de cuatro antiguos sistemas: la astrología, que enmarca los cálculos del Cuerpo Gráfico; el I Ching, que integra nuestra genética en el Cuerpo Gráfico; el sistema hindú de los chakras, que se corresponde con los núcleos energéticos de los Centros, y la Cábala y su Árbol de la Vida, que se corres-

ponde con los grupos de circuitos y los canales que crean la definición de la fuerza vital en nuestros diseños.

Manifestador:

Uno de los cuatro Tipos; tiene el Centro Sacral no definido y algún otro motor conectado al Centro de la Garganta; los Manifestadores representan el 9 por 100 de la población; tienen la capacidad de iniciar o manifestar; aura cerrada y que repele. (Véase Sección Cuatro.)

Mecánica:

Los criterios de operación de nuestra forma humana; el Diseño Humano revela la mecánica de nuestras experiencias y existencia.

Mente:

La autoridad pensante y la conciencia interna de la forma de 7 centros; con la aparición de los seres de 9 centros en 1781, la Autoridad se transfirió al Vehículo; gran parte de nuestro condicionamiento y la resistencia que experimentamos es la incapacidad de nuestra mente de realizar o aceptar ese cambio.

Monopolo Magnético:

Nuestro Monopolo primario, situado en el Centro G, que solo atrae; nos va trayendo nuestra vida a lo largo de una geometría específica determinada por líneas fractales que nos conectan con la totalidad. (Véanse Chófer y Fractal.)

Motores:

Los centros de energía que se manifiestan en acción cuando están conectados al Centro de la Garganta; son los Centros de la Raíz, Sacral, Plexo Solar y Corazón (Ego).

Neutrino:

Partícula subatómica producto de la fusión en el centro de las estrellas; contiene una cantidad diminuta de masa; llevan información por el espacio.

No definido:

Las áreas en blanco en una carta se describen también como «abiertas», inconsistentes y flexibles; fuentes de condicionamiento y de sabiduría; donde vamos a la «escuela» para aprender sobre la vida; nuestra experiencia del otro. (Véase Definido.)

No-ser:

El constructo de la mente cuando se identifica con lo que no eres. (Véase Condicionamiento.)

No tener elección:

Permitir que tu vida se desarrolle con conciencia mediante la interacción áurica correcta con los demás (Estrategia) guiada por la Autoridad Interna (personal) de tu forma; el resultado de no tener elección es que, al observar lo que te trae tu vida y no tratar de controlarlo o manipularlo, despiertas.

Nodos de la Luna:

Cada uno de los dos puntos en los que la órbita de la Luna corta la elíptica. Los Nodos de la Luna determinan la geometría de nuestro movimiento en el espacio; en lenguaje místico, nuestro «destino».

Ochenta y ocho (88) grados del Sol:

El Cristal de Personalidad, o alma, es llamado a entrar en el feto en el momento en que la estructura básica del neocórtex cerebral está completa y el vehículo está listo para comenzar su viaje de autoconsciencia en una forma. El momento de entrada es exactamente 88 grados (88 u 89 días) del movimiento del Sol antes del nacimiento. Los nacimientos prematuros no alteran esta fórmula, sino que son una indicación de que el neocórtex del feto se ha desarrollado más rápidamente de lo habitual. En la mayoría de los embarazos, esta entrada tiene lugar al final de segundo trimestre. Durante el trimestre final, la Personalidad puede adaptarse a su nuevo vehículo. El momento del nacimiento nos muestra el potencial de la Personalidad tras su periodo de adaptación.

Ola emocional:

El movimiento de la esperanza a la desesperanza (dolor), de lo alto a lo bajo; la ola, que se origina en el Plexo Solar, se experimenta de tres maneras generales: como necesidad (Tribal), como incertidumbre (Individual) y como deseo (Colectivo/Abstracto).

Pasajero / Consciencia del pasajero:

El potencial funcional saludable del Cristal de Personalidad; consciencia autorreflejada y rendida que es testigo de la vida desde el asiento de atrás del Vehículo.

Perfil:

La «vestimenta» que llevas, o el papel que desempeñas, cuando vives el propósito de tu Cruz de Encarnación; se deriva de las líneas de las puertas del Sol y la Tierra de la Personalidad y del Diseño.

Personalidad:

Se registra en negro en tu Cuerpo Gráfico; la mente/psique/luz del alma, que es eterna; quien «piensas que piensas que eres».

Planetas / Tránsitos planetarios:

Cada cuerpo celeste y nodo tiene su ámbito de influencia; sus movimientos se pueden seguir alrededor del Mandala y añaden matices temáticamente a nuestra definición de puerta y línea:

- ☽ **Luna:** fuerza impulsora
- ☿ **Mercurio:** comunicación
- ♂ **Marte:** inmadurez / mutación
- ♆ **Neptuno:** ilusión / lo que permanece velado para ti
- ☊ **Nodo Norte:** dirección / entorno, futuro
- ☋ **Nodo Sur:** dirección / entorno, pasado
- ♃ **Júpiter:** ley / protección
- ♀ **Plutón:** verdad mantenida en común por una generación
- ♄ **Saturno:** disciplina

- ☉ **Sol:** expresión máxima de la Personalidad / propósito
- ⊕ **Tierra:** los pies en la tierra / equilibrio
- ♅ **Urano:** lo inusual / expansividad
- ♀ **Venus:** valores

Programa:
La corriente de neutrinos que constituye la información base de nuestro programa evolutivo. (Véase Neutrino.)

Proyector:
Uno de los cuatro Tipos; tiene el Centro Sacral no definido y ningún motor conectado al Centro de la Garganta; los Proyectores representan el 22 por 100 de la población; cuando son invitados, en base al reconocimiento de sus habilidades y frecuencias específicas, pueden actuar como guías de los Generadores y los Manifestadores; aura enfocada y penetrante. (Véase Sección Cuatro.)

Psicología del Rave:
Disciplina dentro del Sistema de Diseño Humano que estudia la complejidad de la mente, su potencial como Autoridad Externa y las fuerzas de condicionamiento que la influencian.

Puerta armónica:
Término usado para describir la relación entre dos puertas que están en ambos lados de un canal.

Puerta colgante:
Una puerta que está sola en un canal (ya sea durmiente en un centro no definido o activa en un centro definido), abierta a recibir a la puerta armónica mediante un tránsito o de una conexión electromagnética a través del aura de otra persona.

Puerta durmiente:
Una puerta (en un centro no definido) que está sola en un canal, abierta a recibir a la puerta armónica mediante una conexión electromagnética a través del aura de otra persona o de un tránsito.

Puerta puente:
Cualquier activación de puerta que une una partición en la carta de una persona y define un canal que de otra manera no estaría definido.

Puertas:
La denominación que se da a los hexagramas cuando pasan de la rueda externa del Mandala al Cuerpo Gráfico; en el Cuerpo Gráfico representan aperturas a los centros, en ambos extremos de un canal, que filtran el flujo de la energía entre los centros. (Véase Hexagrama.)

Quantum:
Un todo que es mayor que la suma de sus partes; p.e., un canal, que está formado por dos puertas.

Rabia:
El tema del no-ser del Manifestador o los canales manifestados. (Véase Manifestador y Tipos de Canales.)

Rave:
La palabra de «la Voz» para referirse a los humanos.

Receptores:
Áreas no definidas (en blanco) en una carta; abiertas a recibir energía del entorno; cómo somos condicionados por los demás. Una puerta no definida también es un receptor. (Véase Emisores, Puertas durmientes y Puertas colgantes.)

Reflector:
Uno de los cuatro Tipos; no tiene definición; conectado a la Luna y el Ciclo Lunar; los Reflectores representan el 1 por 100 de la población; tienen la capacidad de sentir quién está viviendo auténticamente y quién ha sido condicionado por el campo de tránsitos; aura que toma muestras del entorno. (Véase Sección Cuatro.)

Resistencia:
Lo que encontramos cuando olvidamos seguir la Estrategia de nuestro Tipo. (Véase Temas del no-ser.)

Resonancia:
En la Teoría del Hexagrama, cuando una línea se encuentra con otra que tiene el mismo valor de línea, tienen un tema en común y resuenan mutuamente. Las resonancias en las líneas son 1/1, 2/2, 3/3, 4/4, 5/5 y 6/6. (Véase Armonía y Disonancia.)

Respuesta:
La manera en que los Generadores interactúan áuricamente con la vida según va llegando a ellos; los Generadores están diseñados para vivir respondiendo; su Estrategia es esperar a su respuesta. (Véase la Sección Cuatro.)

Retorno de Kirón:
Explora las mecánicas y los patrones revelados en el Cuerpo Gráfico cuando Kirón vuelve al punto exacto en el que estaba cuando nacimos. Ocurre entre las edades de los 48 y los 52 años. (Véase Ciclos.)

Ser verdadero:
La identidad personal diferenciada que expresa su unicidad; consciente y rendido a las mecánicas de su diseño; nuestra verdadera naturaleza libre de condicionamiento.

Sistema de Diseño Humano:
La Ciencia de la Diferenciación, fundada por Ra Uru Hu, que nos permite comprender la profundidad de nuestra unicidad; se basa en la revelación del Principio de la Forma dada por «la Voz» en 1987.

Sistema Primario de Salud:
Disciplina dentro del Sistema de Diseño Humano que estudia la cognición de la

Forma; un régimen dietético que apoya óptimamente el complejo y único desarrollo del cerebro de cada persona.

Sol y Tierra del Diseño:
El Sol y la Tierra en el cálculo del Diseño. Representan la herencia directa del Padre (Sol) y la Madre (Tierra).

Temas del no-ser:
Una señal que indica que una decisión se tomó con la mente, resultando en resistencia.
Rabia: experimentada por los Manifestadores cuando no informan antes de pasar a la acción.
Amargura: experimentada por los Proyectores cuando inician y se invitan a sí mismos.
Desilusión: experimentada por los Reflectores cuando inician para hacerse notar.
Frustración: experimentada por los Generadores cuando inician la acción.

Tipo:
La población del mundo se divide, según su aura, en cuatro Tipos de seres humanos, cada uno de ellos con una estrategia diferente para funcionar óptimamente sin resistencia: Manifestadores, Generadores, Proyectores y Reflectores. (Véase Aura y Manifestador, Generador, Proyector y Reflector.)

Tipo energético / Tipo no energético:
Los tipos energéticos son los Generadores, que tienen definición en el Sacral, y los Manifestadores, que tienen un canal definido entre los Centros de la Raíz, Ego o Plexo Solar y el Centro de la Garganta. Los tipos no energéticos son los Proyectores y Reflectores, que sin esa definición no tienen acceso consistente a la energía motor.

Tipos de canales:
Canal **Generador**, energía diseñada para responder.
Canal **Proyector**, energía diseñada para ser reconocida e invitada.
Canal **Manifestador**, energía diseñada para iniciar e impactar.
Canal **Reflector**, sin definición, diseñado para reflejar.

Tipos de definición:
Representan cómo fluye la energía, o si está interrumpida por huecos en los circuitos, entre áreas definidas en un Cuerpo Gráfico; los Tipos son: sin definición, singular, partida doble, partida triple, partida cuádruple. (Véase la Sección Cinco.)

Tránsito:
El movimiento o ubicación de los cuerpos celestes en un momento particular en el espacio; el movimiento alrededor del Mandala del Rave del Sol, los planetas y los nodos en relación con el condicionamiento en el Cuerpo Gráfico.

Transpersonal:
Más allá de lo personal; en lo relacionado con el Cuerpo Gráfico, denota la interacción con otros que es necesaria para cumplir el propio propósito en la vida.

Trayectoria:
>Nuestra geometría/movimiento a través del espacio; nuestro camino en la vida y la manera en que estamos diseñados para conectar con los demás. Gobernada por el Monopolo Magnético, el Chófer.

Trigrama:
>Una estructura de 3 líneas horizontales apiladas que son enteras (Yang) o partidas (Yin); dos trigramas uno encima del otro —un trigrama «superior» y un trigrama «inferior»— forman la base de los 64 hexagramas del I Ching y del I Ching del Rave. (Véase Hexagrama) (Véase Sección Diez.)

Universo:
>Según «la Voz», una dualidad viva en evolución. Aún sin «nacer», es todavía un feto dentro del útero. (Véase Voz, Introducción y la Sección Uno)

Vehículo:
>La parte del Diseño en la carta; nuestra bioforma, que nunca se repite y que lleva a la consciencia de pasajero de la Personalidad durante nuestra vida. (Véase Diseño y Cristal del Diseño.)

Voz, la:
>El medio de transmisión que en 1987 dio a Ra Uru Hu la información que condujo a la creación del Sistema de Diseño Humano. (Véase Introducción y la Sección Uno.)

Yin / Yang:
>Antigua filosofía asiática que expresa el concepto de la dualidad de la experiencia humana. Yin y Yang son opuestos complementarios que interactúan en una totalidad mayor, como parte de un sistema dinámico; polos opuestos interconectados e interdependientes que se engendran mutuamente. Todo tiene aspectos Yin y Yang. Yin es el principio pasivo femenino en el mundo natural, tierra, receptivo; Yang es el principio activo masculino, sol, creativo; Yang se simboliza con una línea entera y Yin con una línea partida.

Yuxtapuesto / Yuxtaposición:
>Mantener dos polos opuestos en un quantum; por ejemplo, el Diseño y la Personalidad mantenidos unidos por el Monopolo Magnético para formar un «yo» en el Cuerpo Gráfico, o dos puertas unidas como un canal.

Yuxtaposición en la Fijación (✷):
>Cuando tanto la exaltación como el detrimento están fijados y enfatizados en la descripción de una línea. (Véase Línea y Sección Diez.)

«ÁMATE A TI MISMO.»

Ra Uru Hu

Es lo que es.

«Espero que hayas disfrutado este libro. Ha sido realizado con mucho amor y trata de poner por escrito y dejar constancia del Sistema de Diseño Humano tal como quería Ra Uru Hu. Es muy difícil saber dónde y cuándo parar. Hay mucho más que incluir sobre este conocimiento. Para darlo a conocer al mundo, debemos empezar de alguna manera.

Ra Uru Hu tenía una manera de ser admirable y única, y a muchos de los que tuvimos la gran fortuna de haberle conocido y haber estudiado con él nos encanta citar sus palabras. Espero que al incluir muchas de sus citas en este libro, tú también sientas un poco cómo era. Esta es mi gran favorita y tiene un significado especial para mí.»

Lynda Bunnell

En esta misma editorial

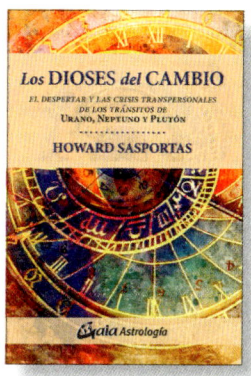

LOS DIOSES DEL CAMBIO

El despertar y las crisis transpersonales de los tránsitos de Urano, Neptuno y Plutón

HOWARD SASPORTAS

Los dioses del cambio, un auténtico clásico de la astrología, nos enseña a responder a los intensos tránsitos de Urano, Neptuno y Plutón y a reconocer lo que sucede cuando estos planetas exteriores transitan por nuestra carta astral. Howard Sasportas combina sus profundos conocimientos psicológicos con su experiencia práctica como astrólogo para enseñarnos a ver las crisis de la vida como oportunidades de crecimiento y evolución.

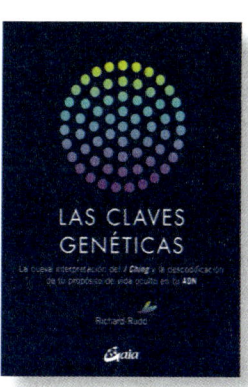

LAS CLAVES GENÉTICAS

La nueva interpretación del I Ching y la descodificación de tu propósito de vida oculto en tu ADN

RICHARD RUDD

Las Claves Genéticas aporta un conjunto completo de enseñanzas basado en el *I Ching* y diseñado para la vida moderna. Aplicando estas sabias claves conseguirás descubrir el propósito superior de tu vida y suprimir los obstáculos que impiden su manifestación, para finalmente desplegarlo activamente hacia tu entorno y el mundo.

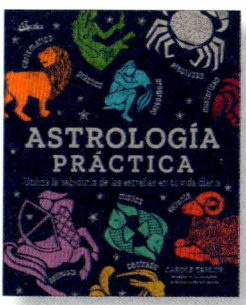

ASTROLOGÍA PRÁCTICA

Utiliza la sabiduría de las estrellas en tu vida diaria

CAROLE TAYLOR

Provista de abundantes consejos prácticos y de estudios de casos expuestos en un lenguaje claro y ameno, *Astrología práctica* te enseñará a interpretar la sabiduría de las estrellas y a sacar el máximo provecho de los retos y oportunidades que ofrece la vida.

GRUPO GAIA

Para más información
sobre otros títulos de
GAIA EDICIONES

visita
www.grupogaia.es
Email: grupogaia@grupogaia.es
Tel.: (+34) 91 617 08 67